국가운영 시스템

과제와 전략

나남
nanam

나남신서 1278

국가운영 시스템
과제와 전략

2008년 2월 18일 발행
2008년 2월 18일 1쇄

편자_ 최병선 · 최종원
발행자_ 趙相浩
발행처_ (주) 나남
주소_ 413-756 경기도 파주시 교하읍
출판도시 518-4
전화_ (031) 955-4600 (代)
FAX_ (031) 955-4555
등록_ 제 1-71호(79.5.12)
홈페이지_ http://www.nanam.net
전자우편_ post@nanam.net

ISBN 978-89-300-8278-5
ISBN 978-89-300-8001-9
책값은 뒤표지에 있습니다.

나남신서 1278

국가운영 시스템

과제와 전략

최병선 · 최종원 공편

나남
nanam

National Governing System

Agendas and Strategies

edited by

Byung-Sun Choi
Jongwon Choi

nanam

머 리 말

한 국가의 발전수준과 학문(좁게는 사회과학, 더 좁게는 행정학과 정책학)의 발전수준은 어떤 관계일까? 말만 들어도 신물이 날 만큼 개혁, 개혁하는 나라의 행정학도로서 늘 생각해 보지 않을 수 없는 것이 개혁의 공전(空轉)과 악순환 현상이다. 긴 눈으로 보면 우여곡절을 거치면서 점차 제도화되는 것들도 있지만, 좁혀서 보면 개혁으로 해결하려 했던 문제가 더 복잡하게 얽히고설키어 더 풀기 어려운 악성문제가 되고, 그래서 또 한바탕 개혁이 불가피한 상황으로 몰린 경우가 비일비재하다고 보아서다.

지속적 개혁이 불가피하고 바람직한 경우도 물론 있기는 하지만, 개혁의 공전과 악순환 현상이 심각하다면 그 원인은 개혁에 대한 관점이나 접근방식의 착오, 궁극적으로는 지식의 부족에서 찾아야만 할 것이다. 또 지식의 축적이 이루어지지 않는 것은 과거의 경험으로부터 철저하게 배우려 하지 않으려 하기 때문이고, 이는 다시 개혁의 인과관계에 대한 분석이 학문적으로 치밀하게 이루어지지 못해 왔기 때문이다.

이 책자는 이런 문제의식과 반성 아래 서울대학교 행정대학원의 교수진이 각자의 전공분야에서 진행되어 온 각종 개혁의 경과와 공과를 평가해 보고 실현가능성이 높은 개혁방향과 방안을 검토해 제시한 결과물이다. 숱한 정부개혁 관련 주장이나 논의들과는 달리 이 책에 실린 글들은 최소한 상당한 길이의 논문형식을 빌려서 논지를 전개하고 있다는 점에서 차별화될 수 있을 것으로 생각된다.

우리나라의 국가운영 시스템의 선진화 논의에 필요한 모든 이슈가 이 책자에 망라되었다고 말할 수는 없지만 서울대학교 행정대학원, 한 기관의 구성원만으로 이렇게 폭넓게 관련이슈를 다룰 수 있었다는 점에 스스로 놀라기도 하였다. 시간제약이나 특별한 사정으로 집필진에 참여하지 못한 교수님들에게는 죄송하고 아쉬운 마음이다. 한편 이 간극을 메우기 위해 급히 차출되었던 이송호(경찰대학), 이원희(한경대), 이근주(이화여대) 교수에게는 특별히 감사하지 않을 수 없다. 한편 외부의 영향을 완전 배제한다는 취지에서 외부의 재정지원 없이 자체재원으로 이 일을 감당해 낸 것도 참으로 자랑스럽고 다행스런 일이다.

동료교수간의 공동작업임에도 이 책자가 출간되기까지 무척 힘든 고비와 과정을 거쳐야 했다. 작년 봄 계획에 착수한 이래 4차례의 워크숍에도 불구하고 원고마감 기일에 임박해서야 밤을 새우는 버릇은 여전하였고, 전공분야에 대한 학자적 고집은 꺾기 어려웠으며, 나름대로 고착된 글쓰기 스타일은 침범이 불가능하였다. 필자를 도와 편집작업을 책임진 최종원, 전영한, 금현섭 교수에게 특별히 감사하지 않을 수 없는 이유다. 이 과정을 거든 본 대학원 BK 21 사업단의 이재성, 한형서, 이환성 박사, 그리고 박사과정의 윤영근, 권태욱, 정경호 군에게도 고마운 마음이다. 무례하게도 턱없이 부족한 시간을 주면서 출간일자는 못 박아 진퇴양난을 겪으신 나남의 조상호 사장님과 방순영 편집장에게 변함없는 찬사와 감사의 말씀을 드린다.

책을 내는 것은 학자의 특권인 동시에 올무이다. 책자를 내고 보니 두려움이 앞선다. 더 나은 책을 낼 수 있었다는 아쉬움을 떨칠 수 없다. 반신반의로 출발했지만 이런 일을 다시 하게 된다면 이보다 나은 결과물을 만들어낼 수 있겠다는 생각을 가지게 된 것만도 큰 소득이라고 자위할 뿐이다. 부족한 점이 많지만, 우리 학계, 관계, 언론계 등 각계에서 널리 참고해 주시기만을 바랄 뿐이다.

2008년 2월

서울대학교 행정대학원

원장 최 병 선

나남신서 · 1278

국가운영 시스템

과제와 전략

차 례

제 2 부 큰 시장, 작은 정부

제 3 부 더불어 사는 사회

제 4 부 국가운영시스템의 재설계

제 5 부 행정관리시스템의 개혁

제 1 부 바람직한 차기 정부상

제1장 선진법치국가 / 홍준형

제2장 신뢰받는 정부 / 이달곤

1 선진법치국가

홍준형

1. 문제 제기

새 정부가 해결해야 할 과제는 의당 새 정부의 정체성과 이념, 정치적 목표, 그리고 새 정부가 처하게 될 국내외적 환경여건과 변화 등을 고려해야만 도출할 수 있을 것이다. 새 정부는 무엇보다도 정부에 대한 국민의 여망과 기대에 부응해야 한다는 정치적 과제를 안고 있다. 그런 배경에서 관점이나 정치적 입장 또는 이해관계에 따라 매우 다양한 새 정부의 과제목록들이 나오고 있는 것도 충분히 이해할 수 있는 일이다. 그러나 무엇보다도 새 정부의 과제는 바로 그 전임정부, 즉 노무현정부의 과오로부터 나온다. 그 과오의 목록 역시 다양하게 짜여 있지만 언제나 빠짐없이 등장하는 이슈들이 있다. 그중 하나가 법치주의의 문제이다. 법치주의의 문제는 법치주의의 위기로까지 연결된다.[1] 그만큼

---

1) 가령 김해룡, "정치권력의 포퓰리즘(대중인기영합주의) 극복해 '법에 의한 지배' 확립해야", [차기정부 10大 국정과제], (5) 법치가 살 길이다(www.chosun.com)를 참조.

문제의 심각성이 크다.

법치주의 또는 '법의 지배'(*Rule of Law: Herrschaftdes Rechts*)는 '국가권력은 사전에 공포된 법에 따라 행사되어야 한다'는 원리를 말한다.[2] 이 원리는 과거에는 영국이나 독일, 미국 등 서구사회 법질서에 특유한 공유자산이었지만, 이미 오래전부터 서구 근대사회의 법적 패러다임 또는 근대성의 징표로 일반화되어 이해되고 있다.[3] 즉, 헤이거(Barry M. Hager)가 정리한 바와 같이[4] 그 핵심적 구성요소에 있어 고도의 보편성을 가지는 가치이자 원리로 인식되고 있는 것이다.[5] 물론 법치주의는 민주주의와 필연적으로 일치하는 것은 아니지만, 법에 의한 정부권력의 기속과 국민의 권리보호를 구성요소로 한다는 점에서 민주주의의 필수적 전제조건이라 할 수 있다(Konrad Adenauer Foundation, 2006: 9).

법치주의는 우리에게 글로벌 환경에서 지속가능한 발전을 추구할 수 있도록 해주는 조건이자 관건이다. 그런데 새 정부의 과제목록에서 빠짐없이 법치주의 문제가 등장하는 까닭은 무엇일까? 그것은 노무현정부 임기 내내 법치주의 문제가 가장 심각한 문제의 하나로 대두되었고 또 논란을 불러일으킴으로써 사회 전체에 혼란과 불확실성을 가져왔기 때문이다. 특히 대통령의 헌법준수 시비나 법질서 위기논란은 법치주의 문제를 새 정부의 가장 긴급한 과제의 하나로 이월하는 계기가 되었다.

우리는 현 시점에서 법치주의의 확립을 새 정부가 떠맡아야 할 가장 중차대한 과제의 하나로 설정한다. 그러나 새 정부가 구현해야 할 법치주의는 단순히 준법의식이나 법질서 회복이라는 과거지향적 방향이 아니라 그동안 드러난 기존의 재래식 법치주의의 맹점과 한계를 교정한

2) Collins, 1982: 21; Aubert, 1983: 34~36; Wade and Bradley, 1985: 97~99.

3) Weber, 1967: 329ff.; Unger, 1976: 134ff. 등.

4) Hager, Barry M., *The Rule of Law, A Lexicon for Policy Maker*, 1999, The Manesfield Center for Pacific Affairs.

5) Hong, Joon-Hyung, "The Rule of Law and Its Acceptance in Asia: A View from Korea," *Asia Perspectives*, December 1999, pp.11~13.

진화된 법치국가의 건설이라는 미래지향적 방향으로 한 단계 더 나아가야 한다. 새 정부의 정부개혁은 바로 그런 의미에서 선진법치국가 건설을 목표로 삼아야 한다고 믿는다.

이러한 관점에서 어떤 연유에서 법치주의가 문제로 대두되었고 또 새 정부에서는 이 문제를 어떻게 해결해야 하는가를 밝히고자 한다. 우선 노무현정부의 법치주의 이력을 살펴보고 무엇이 문제였는가를 따져보고 이어서 새 정부가 적어도 전임자들의 과오를 되풀이하지 않기 위해서 무엇을 어떻게 해야 하는지, 나아가 새 정부의 임기 동안 한국의 법치주의를 어떻게 구현해야 하는지 고민해보아야 할 것이다.

2. 노무현 정부와 법치주의

1) 노무현정부의 법치 이력: 헌법적 혼돈

노무현정부의 법치 이력(*curriculum vitae*)은 적어도 두 가지 의미에서 이전 정부들에 비해 현저히 화려하다. 우선 노무현정부 법치주의 이력은 '위헌의 시리즈'라 할 정도로 치열하고 또 참담한 것이었다. 다음 한 일간신문의 사설이 그 점을 여실히 보여준다.

> 노무현 대통령의 위헌 역사는 길고 무겁다. 그의 대통령 당선에는 위헌 공약의 힘이 컸다. 행정수도가 위헌이라는 게 투표 전에 드러났다면 그는 충청도에서 그만큼의 표를 얻지 못했을 것이다. 노 대통령은 집권초반 지지가 흔들리자 국민투표로 재신임을 묻겠다고 했다. 헌법에 없는 발상이었다. 그와 열린우리당이 매달렸던 4대 개혁과제 가운데 신문법은 '부분 위헌' 결정을 받았다. 사학법에 대해선 위헌소송이 제기되어 있다. 노 대통령은 전효숙 헌법재판소장 후보를 임명하면서도 헌법을 어겼다. 위헌시비 끝에 결국 후보가 사퇴했다. 노 대통령이 강행하고

> 있는 기자실 폐쇄도 헌법에 보장된 국민의 알 권리를 침해하고 있다. 최근 이에 대해 헌법소원이 제기됐다. '위헌정권'의 대통령은 다수가 반대하는데도 개헌하겠다며 한바탕 소동을 벌였다.
>
> 대통령은 헌재가 대통령의 선거중립 의무를 합헌이라 인정했는데도 다시 헌법소원을 냈다. 선관위로부터 수차례 경고를 받을 정도로 선관위를 무시해왔다. 대통령이 헌법을 경시하면 국민은 법을 무시한다. 현 정부 들어 시위대가 군인을 패고, 시위군중이 공공청사에 불을 지르고, 데모한다며 서울 시내 한복판을 점거하고, 쇠고기에 쇠똥을 퍼붓는 일이 대통령의 헌법모독과 무관치 않을 것이다. 법치 없는 민주주의는 민중독재의 길로 통한다.[6]

이러한 평가에 대해 당사자들은 결코 동의하지 않을 것이다. '보수언론의 중상모략'쯤으로 치부할 것이다. 사실 위 사설에서 법치 실종의 사례로 든 문제 하나하나를 어떻게 볼 것인지를 떠나, 노무현정부의 위헌 이력을 꼭 부정적으로만 볼 것은 아니며 노무현 대통령이야말로 집중적인 헌법문제들이 제기되도록 함으로써 헌법과 헌법재판제도의 중요성을 부각시켰고 결과적으로 일종의 헌법 르네상스의 길을 열어주었다는 의견도 있다. 무엇이 법인가를 밝혀가는 사법적 절차와 과정을 통해 우리 사회의 법적·제도적 시스템이 건강하게 작동하고 있다는 것을 내외에 과시함으로써 우리 사회의 법문화가 크게 상향되는 결과를 거둔 측면도 있으며, 그런 점은 긍정적으로 평가할 수 있다는 것이다(김형성, 2007). 아닌 게 아니라 탄핵제도와 행정수도 문제, 신문법과 사학법 파동, 헌법재판소 소장의 임기문제, 대통령의 정치적 중립문제 등 굵직굵직한 한국 헌법의 근본문제들이 제기되고 헌법재판소의 재판을 통해 해결될 수 있었던 것은, 임기 내내 헌법 논란의 장본인이었던 노무현정부의 역설적 업적이라고 해도 과히 틀리지는 않을 것이다.

6) 〈중앙일보〉 2007.7.17 사설(article.joins.com).

그러나 다분히 비우호적인 평가가 일어나지도 않은 사실들에 대한 것은 아니라는 데 문제가 있다. 물론 기자실 폐쇄문제라든가 대통령의 헌법소원 제기 등과 같이 헌법이론상 논란의 여지가 있는 쟁점들이 없지 않았지만, 역대 어느 정권보다 헌법문제를 더 많이 일으켰고 그로 인한 국론분열이나 국정혼란 등 막대한 정치적 비용을 치러야 했던 것은 부인할 수 없는 사실이다. 참여민주주의와 개혁을 표방한 정부가 어째서 이렇게 임기 내내 헌법적 곤경에 시달려야 했던 것일까.

사실 '인권변호사 출신'이란 배경을 지닌 노무현 대통령의 집권은 한국 법치주의의 차원을 한 단계 올려줄 것이라는 기대를 불러일으킬 만했다. 법조경력자들의 참여 또한 역대 어느 정권에 못지않았다. 개혁정책의 의제에 포함된 법제개혁 프로그램 역시 직전 김대중정부보다도 진일보한 것으로 평가되었기에, 그 같은 기대는 비교적 실현가능성이 높을 것으로 예상되었다. 우여곡절을 겪은 끝에 단행된 사법개혁[7]은 대표적 사례였고, 그밖에도 정부업무평가기본법, 정부조직법, 전자정부법의 제·개정 등 정부혁신을 위한 제도개혁들이나 행정절차법·정보공개법·지방자치법 등의 개정 등 중요한 실적들이 달성된 것도 그 같은 기대가 헛되지 않았음을 반증해주었다.

노무현정부의 주도세력들은 정책추진을 위한 도구로서 법과 법제도가 가지는 중요성을 누구보다 잘 인식하고 있었다. 특히 역사상 유례없는 대통령 탄핵사건과 '신행정수도의 건설을 위한 특별조치법' 위헌결정이라는 쓰라린 경험을 통해 헌법의 중요성을 더할 나위 없이 뼈저리게 인식할 수밖에 없었다. 정책도구로서 법의 중요성·유용성에 대한 인식

7) 사법개혁의 주요내용으로는 법학전문대학원 제도의 도입 및 법조일원화 채택, 국민의 재판참여제도의 도입, 형사절차의 개혁에 관련된 구속제도의 개선, 국선변호의 확대, 공판중심주의 확립, 경죄사건의 신속처리절차 도입, 범죄피해자 보호의 확충, 재정신청 확대, 양형제도 개선과 군 사법제도의 개혁, 고등법원 상고부 제도의 도입, 사법서비스의 개혁에 관련된 법조윤리 확립, 재판기록 및 판결문 공개 개선 등을 들 수 있다. 이에 대해서는 홍기태, "사법개혁의 현황과 전망", 서울대학교 제 282회 정책&지식 포럼 발제문(2006.6.19)을 참조.

은 법, 특히 정책수단으로서 입법에 대한 도구주의의 과잉으로 이어졌다. 물론 정치적 목적달성을 위한 수단으로서 법을 중시하면서도 법의 선별적·자의적 집행을 통해 법의 (자기)구속으로부터 자유를 누렸던 군사정권과는 경우가 달랐다. 노무현정부는 법집행보다는 입법 수준에서 지나칠 정도로 도구주의적으로 접근함으로써 게임의 룰로서 법에 순응하기보다는 적극적으로 현행법에 대한 이의를 제기하고 이를 개정하려고 시도하는 일종의 '변법개혁' 성향을 보이는 경우가 드물지 않았다. 대통령의 정치적 중립성에 관한 선거법 위반 여부가 문제되었을 때, 노무현 대통령이 보인 반응은 그와 같은 성향을 단적으로 드러내주었다.[8] 위헌논란 끝에 무산돼버린 대연정 및 대통령 임기단축 제안이나 위헌시비 끝에 결국 후보사퇴로 끝난 전효숙 헌법재판소장 임명시도는, 보수언론에 의해 헌법 무시행태로 지탄을 받았던 부적절한 언사와 함께 노무현정부의 헌법적 모험주의를 보여준 대표적 사례로 기록될 것이다. 헌법준수에 신경을 쓰기보다는 오히려 헌법으로부터 자유로워지려는 의도가 앞섰다. 임기 후반기에 이르러 전격 제안된 대통령중임 및 임기조정을 내용으로 한 이른바 'one point 개헌' 제안은 다행히 여야 정당들에 의해 수용됨으로써 더 큰 정치적 파문을 일으키지 않고 무사히 넘어갔지만, 이는 그 정당간 합의가 새 정부에서 이행될 것인지 여부와는 무관하게 노무현 대통령의 헌법적 조급증을 다시금 적나라하게 확인시켜주는 계기가 되었다.

위에서 지적한 바와 같은 헌법적 모험주의는 실은 노무현정부의 주도세력들이 보인 뿌리 깊은 법 도구주의적 태도에서 비롯된 것이었다. 이를테면 노무현정부는 독재와 불법에 항거해 희생을 무릅쓰고 투쟁했다

---

8) 2007년 11월 1일자 청와대 브리핑, "대통령은 왜 헌법소원을 제기했나"(www.president.go.kr, 제706호)는 선거법과 선관위의 해석에 대하여 입법의 문제점으로 선거법은 개정되어야 하고, 해석의 문제점으로 법개정 이전이라도 법해석은 선진적으로 해야 하며, 선관위는 최종 판결기관이 아니라 집행기관이라고 지적하고 있다.

는 경력으로부터 그들이 표방한 참여민주주의라든가 개혁 등의 정치적 목적에 법과 법치주의를 종속시켰다. 그들은 이렇듯 법 도구주의(*legal instrumentalism*)를 노골적으로 정당화하려고 시도했다. 마음만 먹으면 목적이 수단을 정당화하므로 언제라도 법을 만들거나 뜯어 고칠 수 있다는 도구주의는 노무현정부 5년 대부분의 기간을 지배했다. 결국 법치주의는 도구주의에 의한 끊임없는 도전에 시달리면서 새로운 도약보다는 정체·퇴행의 늪에 빠지고 말았다.

2) 노무현정부와 법치: 정치의 사법화?

앞서 보았듯이 노무현정부의 법치 성적은 매우 저조하다. 보는 관점에 따라 평가가 다른 것은 당연한 일이고 또 여기서 모든 견해를 상세히 논할 수는 없지만, 전반적 평가는 혹독할 정도로 부정적이라고 해도 지나친 말은 아니다.

물론 민주주의의 신장과 함께 의회에서의 입법절차와 그 내용은 점차 개선되는 방향에 있으며, 법치행정의 원리에 대해서도 긍정적 평가를 내릴 수 있다는 목소리가 나오고 있다. 예를 들어 송기춘(2007: 311~318)은 노무현정부에서 법치주의가 상당한 정도로 신장되었다고 보았다. 국회에서 의원의 법안발의가 활발해지고 있는 반면, 법안의 중복발의 또는 부실한 법률안 발의가 아울러 나타나고 있고 한미 FTA나 미군기지 재배치사업과 관련하여 적절한 통제를 하지 못하고 있다는 문제점이 있다고 한다. 반면 대통령탄핵심판사건은 법치주의의 진전을 상징하는 사건이라고 한다. 헌법재판소가 '대통령에 대한 탄핵제도는, 누구든지 법 아래에 있고, 아무리 강한 국가권력의 소유자라도 법 위에 있지 않다는 법의 지배 내지 법치국가원리를 구현하는 것'이라고 선언함으로써, 대통령도 헌법과 법률의 아래에 있음을 확인하였다는 점에서 이 사건은 법치주의의 큰 진전이라 평가할 수 있다는 것이다.[9] 대통령탄핵

사건의 경우 대통령의 (헌)법적 모험주의의 결과로 빚어진 일이었다는 점을 간과해서는 안 되겠지만, 어떻든 이 사건에서 헌법재판소가 보여준 법치주의에 대한 기여는 부인하기 어려울 것이다.

한편 사법개혁 관련법제나 정부혁신 관련법제, 행정절차법, 정보공개법, 정보보호관계법 등에서 주목할 만한 법제개혁의 성과를 거둔 것도 부정할 수 없는 사실이다. 행정에 있어 법치주의, 즉 법치행정 또는 행정의 적법성 수준이나 위임입법의 통제문제에 있어서도 점진적이지만 안정적인 진전을 보았고, 행정심판과 행정소송 등 행정상 권리구제제도의 개선이라든가 '알기 쉬운 법령 만들기', 법령해석제도의 확충 등 주목할 만한 제도개선이 이루어지기도 하였다.

다른 한편 노무현정부의 법치주의를 논하기 위해서는 '법치주의'를 어떻게 보고 있느냐, 다시 말해 그 개념 자체를 짚어보아야 한다는 입장도 나타나고 있다. 예를 들어 김형성(2007)은 법치주의를 법률의 내용이 정의에 합치하여야 한다는 실질적 법치주의로 이해할 수 있으므로, 그런 관점에서는 평가도 상대적일 수 있다고 한다. 가령 노무현정부의 법치를 논함에 있어 피해갈 수 없는 문제 중 하나가 대통령의 (헌)법위반 시비인데, 대통령의 행위를 이른바 '형식적 법치주의'에 대한 도전으로 이해할 여지가 있는가, 또 공무원의 선거중립의무 대상자에 대통령을 포함시키는 것이 제정된 법으로서 실효성을 가지고 있지만 과연 그 내용까지도 타당한가라는 문제에 대해서는 의견이 다를 수 있는데, 적어도 노무현정부의 입장에서는 타당성이 없다고 보고 있으므로 이들의

9) 반면 그는 현재의 권력자 측근이나 유력 정치인을 사면하는 것은 변함이 없다는 점, 한국사회의 연줄결속체의 관점에서 볼 때 법원의 경우 소수의 법조인 중에서 법관이 모두 충원되고 법조집단이 넓게 가족적 유사성을 가지고 있어 법원 내부에서의 독립성 문제가 제기되며, 헌법재판소의 경우 국가안보와 관련한 편협성, 재산권 강조, 노동과 자본 사이에서 자본편향성, 정보인권에서 국가권력 옹호 등의 경향이 두드러지게 나타난 점을 지적하면서, 군대에서의 법치주의는 외관상 진전된 것으로 보이지만 군인복무기본법안에서 보듯이 근본적 의식의 변화가 보이지 않는다는 점에서 긍정적 평가를 하기에는 매우 미흡하다고 지적한다.

행위를 법치주의에 대한 도전이라 비난할 수 있는지 생각해볼 필요가 있다고 한다. 재신임 국민투표와 헌법재판소의 행정수도 결정에 대해서도 법의 타당성에 대한 논의와는 다른 차원이긴 하지만 비슷한 시각이라고 한다(김형성, 2007). 물론 그는 노무현정부가 감행하였던 위법 (또는 위법시비를 낳았던) 행위들 모두가 그런 식으로 정당화될 수는 없다는 점을 지적한다. 실례로 전효숙 헌법재판소장임명사건과 같은 경우에는 형식적으로 법준수의 모양을 취하면서 실제로는 헌법과 헌법재판소법의 정신을 형해화시키고 자신의 의사를 관철하려고 한 것이고, 측근인사들에 대한 사면 역시 같은 맥락에서 부정적 평가를 면하기 어렵다고 지적한다(김형성, 2007).

아무튼 앞서 지적한 바 있듯이, 위헌·위법시비를 낳았던 대통령과 노무현정부의 행위 또는 사건들이 적어도 겉보기에는 법치의 원칙에 따라 처리되었던 것이 사실이다(김형성, 2007). 그런 한도에서 법치주의 메커니즘이 제대로 작동한 결과라고 볼 여지도 없지 않다(송기춘, 2007). 그러나 행정부 수반인 대통령이 의도적으로 법을 위반하는 인상을 주는가 하면 위헌·위법의 논란을 무릅쓰고 무리하게 정책을 밀어붙인 사례가 드물지 않았다. 더욱이 대통령 자신이 법위반에 대한 지적을 받을 때마다 자신이 아니라 법이 문제라며 변명하는 행태, 즉 자신의 위법적 행위에 문제가 있는 것이 아니라 법제도가 후진적이거나 잘못된 것이어서 형식적으로는 자신의 행위가 법에 위반된 것으로 보일지 모르지만 실제로는 법에 문제가 있다고 주장하는 경향을 보인 것(김형성, 2007)은 법치주의의 관점에서 헌법준수 및 법질서 유지의 책무를 지닌 대통령의 행위로는 결코 쉽사리 정당화할 수 없는 일이었다.

대통령이나 노무현정부 주도세력들의 모험주의적·도구주의적 시도들은 개개의 위헌·위법시비 자체로서도 문제가 되었지만, 헌법재판소와 법원 등 사법의 입장에서는 동시에 영향력과 부담을 현저히 증가시키는 결과를 가져왔다. 대통령의 탄핵, 행정수도 이전 등 국정현안을 둘러싸고 빚어진 정책갈등들이 법적 분쟁의 형태로 사법부에 전가되는 일이 끊이지 않았고, 그와 아울러 국정의 주요 정책현안들이 행정부나 입법부에 의해 결정되기보다는 사법부의 판단에 의해 좌우되는 사례들이 빈발하였다. 이러한 현상들은 노무현정부 임기 내내 지속되었고, 그 결과 이른바 '정치의 사법화' 경향이 두드러지게 나타났다.

'정치의 사법화'란 법치주의의 관점에서 볼 때 정상적 현상은 아니다. 오히려 '정치의 사법화 = 사법의 과잉'이란 등식이 가지는 병리적 함축(*connotation*)은 법치주의의 변질 또는 왜곡이라는 평가로 이어질 공산이 크다. 실제로 '정치의 사법화 과정'(김형성, 2007), '정치의 사법화' 또는 '사법의 과잉'(김중권, 2007), 헌법(재판)의 전성시대(김중권, 2007) 등과 같은 표현들은 노무현정부 기간 동안 법치의 특징적 경향을 대표하는 키워드로 등장하였다.

물론 사법부의 영향력 증대는 뒤에서 지적하는 바와 같이, 법치주의의 진전에 따라 불가피한 현상일 수 있다. 게다가 사법부는 법 도구주의의 과잉을 억제함에 있어 중추적 위치(*pivotal position*)를 차지한다(Tamanaha, 2006: 249).[10] 대통령탄핵사건이나 신행정수도건설사건 등에서 헌법재판소가 수행한 역할은 이를 여실히 보여준다.

그럼에도 불구하고 정치의 사법화는 결코 간과할 수 없는 병폐를 안고 있다. 먼저 과잉된 사법보다는 사법을 헌법적 모험주의의 도전을 위한 시험대(*test bed*)로 활용하거나 정책결정의 책임을 회피하기 위한 수단으로 남용하려는 행정부와 입법부의 태도와 행태를 지적하지 않을 수 없다.

둘째, 민주화가 진전됨에 따라 사법권의 독립에 대한 위협은 거의 사

10) 미국의 경우 과거에는 법관들이 사적 이익을 위한 입법과 정부권력의 도구적 사용을 견제하는 역할을 수행하였지만 그와 같은 역할은 20세기 초에 이르러 불신을 받았고 또 앞으로도 되살리기 어려울 것으로 평가되고 있다고 한다. 그럼에도 불구하고 제도 설계상 사법부는 여전히 다른 정부권력들이 법준수를 확보하기 위한 최종적 견제장치로 남아 있으며, 시민이나 단체, 집단들 사이의 분쟁해결을 위한 최종단계의 기관이라고 한다(Tamanaha, 2006: 249).

라진 반면, 사법부가 아무리 법적 측면에 국한하여 다룬다 할지라도 국가의 주요정책의 향배를 좌우할 수 있는 정당성과 능력(특히 전문성)을 갖추고 있느냐 하는 문제는 사법의 영향력이 증대될수록 더욱더 심각한 문제점으로 대두되었고 여전히 해결책을 기다리고 있다.

> 사법적극주의의 대척개념인 사법소극주의 또는 사법자제론(*theory of judicial restraint*), 존중의 이론(*deference theory*) 등이 등장한 것도 바로 그런 맥락에서 이해할 수 있다. 사법소극주의 경향은 여러 가지 이유에 의해 그리고 다양한 행태로 나타난다. 가령 비교형량해야 할 법익의 복잡성이나 전문기술성이 클수록, 사건의 중요성이나 파급효과, 이해관계 집단간 대립·갈등의 심각성이 클수록 또는 정책판단에서 요구되는 대안을 제시할 수 없거나 곤란하여 처분을 취소하는 등 과감한 판결을 내리기 어려울수록, 사법으로 하여금 적극적인 법 발견을 꺼리게 만들어 사법소극주의로 흐르게 된다. 특히 사법은 그 속성상 그 판결의 대상이 된 정책에 대한 대안을 제시하거나 수립할 수 있는 처지에 있지 못한 경우가 많다. 특히 법관들의 판결관행상 주문(*tenor*)은 일반상식의 눈으로는 허무하다고 느낄 만큼 극히 간결한 청구취지에 대한 응답부분과 소송비용 부담 부분으로 구성되는 것이 일반적이며 법정에서 판사들은 꼭 누가 시키지 않더라도 '판결문으로만 말하려는' 경향을 보인다(홍준형, 2006: 53).

셋째, 사법의 공정성 또는 내적 편향도 문제가 될 수 있다. 사법의 공정성을 근본적으로 그리고 범주적으로 불신하는 목소리는 아직 나오지 않지만, '사법의 정치화'(*politicization of the judiciary*) 위험은 상존한다. 사법의 정치화는 법 도구주의가 사법에 반영된 결과, 이를테면 사법도구주의(*judicial instrumentalism*)의 주된 유형이다. 법관들은, 그들이 정치적 분쟁에 말려들거나 적나라한 정치적 판결을 내리게 될 경우 자신들의 목적을 증진하기 위하여 법을 이용하고자 하는 세력들의 표적이 된다. 법관들이 법규범을 그 구속적인 규범내용에 따르지 아니하고 결과를 정당화하기 위한 방편으로 조작하는 일이 일상화되는 등 사법적 결정에 법적용에 대한 도구주의적 태도가 만연하게 되면, 구속적인 규범체계로서 법의 마지막 보루가 무너지고 만다. 사법의 정치화는 이처럼 법질서 전체에 대해 막대한 영향을 끼쳤다(Tamanaha, 2006: 250). 최근 사법부 내부의 연줄에 의한 결속이 강화되고 점점 더 기득권층으로부터 충원되는 경향을 보이는 1만여 명으로 구성된 법조집단에 의한 사법독점이 법집행과 법해석에서 일정한 편향성을 보이고, 특히 법해석의 보수성을 강화할 가능성을 높여준다는 점에서 법치주의가 오히려 기득권층의 자기이익 옹호의 논리를 법적 논리로 포장하는 위험도 수반한다는 우려가 나오고 있음을 주목할 필요가 있다(송기춘, 2007: 331). 물론 정치적 영향이나 파급효과가 크다는 점에서 정치적 연관성을 부인할 수는 없을지라도, 재판관이나 판사들이 '정치적으로 심판한다'는 데 찬동하는 견해는 드물다(홍준형, 2006).[11] 그럼에도 불구하고 법률의 내용이 정의에 합치하여야 한다는 실질적 법치주의의 맥락과 사법적극주의가 결합하면 이러한 상황에서 자칫 사법독재의 가능성마저 배제하지 못하는 상황이 벌어질 수 있다는 경고(송기춘, 2007: 332)는 경청할 필요가 있다. 사실, 정치의 사법화 현상이 수반하는 가장 큰 위험은 사법의 정치화와 연결될 때 발생한다. 정치의 사법화가 사법의 정치화와 만나면 법질서 전체가 정당성 위기에 직면하게 되기 때문이다.

> 법치국가라는 유령은 여기서 만들어진다. '법의 지배'라는 시민사회의 요청이 '법조의 지배'로 왜곡되고 국민의 법이 아니라 그들의 법이 국민을 지배한다. 그리고 법원·검찰과 행정부를 장악한 법률회사는 이런 법의 이름을 빌려 고객인 기업이 원하는 바를 이루어낸다. 국가와 기업 사이에 대형 법률회사 혹은 법조인들이 개입하면서 양자의 유착을 합법

11) 미국의 경우 연방대법원 대법관들을 지명한 대통령의 소속정당과 대법관들의 사법적 표결 패턴(*judicial voting pattern*) 간에 현저한 연관성이 있다는 연구가 있다(Sunstein et al., 2006).

화하고 이 과정에서 이른바 돈세탁이 아닌 법세탁의 무한한 가능성이 펼쳐지는 것이다(한상희, 2006).

3) 노무현정부와 법치주의의 위기

(1) 법 도구주의: 법치주의에 대한 위협

법 도구주의는 위에서 본 바와 같이, 노무현정부와 노무현정부가 추진했던 각종 정책들을 지배했다. 법의 도구화 경향은 한국에서는 전혀 낯설지 않은 현실이다. 한국에서 법 도구주의의 역사는 깊다.

> 법 도구주의는 근대사 100년의 역사를 통하여 행정과 법의 관계에 있어 일관되게 관측되는 현상이었다. 특히 1960년대 이후 선발자본주의국가의 법제도를 근대화의 수단으로 도입하여 경제성장을 추구하는 과정에서 법에 대한 도구주의 사고가 널리 확산되었다. 한국에 있어 법의 도구적 사용경향을 가져 온 보다 근본적인 요인을 찾는다면, 이른바 '법자보치'(法者補治), 즉 법은 정치를 보필하는 수단이라는 유교법적 전통을 꼽을 수 있다. 여기에 다시 식민지법의 잔재요인들이 가중됨으로써 법의 도구화 경향은 정치적 목적에 의한 법의 남용을 가져오는 원인이 되었다.
>
> 법의 도구화는 그 선별적 사용과 맞물려 있다. 법은 정치적 반대파를 억압하거나 노동대중의 통제를 위해서는, 그 억압과 이데올로기로서의 양면성에 있어, 노골적인 폭력의 행사보다는 훨씬 효과적인 수단이었던 반면, 통치의 효율성이나 행정목적의 달성을 위해서는 대단히 거추장스러운 제약이었다. 법의 정책수단으로서의 가치는 주로 정치적 편의의 차원에서 평가되었다. 국가보안법, 집회와 시위에 관한 법률, 각종의 노동통제법 및 형사관계법들이 극단적인 권력집중 또는 외견상의 권력분립하에서 적용되었던 사례들은 법이 지배권력의 전횡을 위한 정치도구로 사용될 수 있었음을 반영한다. 반면 법에 의한 권력의 통제는 충분히 실현되지 못했고 또한 권력남용의 무수한 사례들이 비공식화되거

> 나 은폐되는 경우가 빈번했다. 가령 사면(赦免) 제도는 은전(恩典)의 이데올로기적 치장 아래에서 다분히 정치적 상황에 따라 범죄를 생산하고 또 이를 해제하는 "선별의 논리"에 따라서 자의적으로 적용되는 예가 빈번했고, 노동문제의 치안적·억압적 처리관행 역시 유사한 의미에서 법의 도구화경향을 보여주는 실례였다. 기소편의주의나 사면제도, 보안처분 등과 같은 법적 수단들은 정치적 합목적성을 우선시키는 기능적인 통로가 되었다. 이와 같은 법 도구주의 경향은 한국사회의 법현실에 널리 만연된 법불신현상으로 이어졌고, 결국 1980년대 말 법질서 전반의 정당성 위기를 초래하는 원인이 되었다(홍준형, 1998b: 103~146).

역사는 반복하는가? 역사가 반복한다는 생각은 미신으로 간주해도 무방하게 되었지만, 역사적으로 발생한 현상들이 그 본질과 맥락에 있어 반복의 유추를 가능케 한다는 것은 냉철한 역사적 관찰의 결과일 것이다. 그런 뜻에서 법에 있어 도구주의는, 노무현정부에서 과거 군사정권 시절과는 사뭇 달랐을지라도 사실상 반복되었다고 해도 과언은 아니다. 다만 그 시계바늘이 군사정권 시절과는 반대방향으로 움직였을 뿐이다.

물론 법에 있어 도구주의 자체가 모든 문제의 근원이 아닐뿐더러, 자연법론을 위시하여 법이 원리, 이성이나 도덕을 구현한다는 비도구주의적 사고가 항상 정당한 것도 아니다.[12] 또 법에 대한 비도구주의적 사고(*non-instrumental view of law*)하에서도 외형상 법에 대한 갈등이 적고 사회적 합의 수준이 높을지라도, 그것은 그만큼 법제도적 배제 또는 차별을 통해 반대자 집단을 억압하거나 축출시키는 사회·법의 질서에서의 강요된 동질성(*enforced homogeneity in the socio-legal order*)의 소산인 경우가 적지 않다는 지적도 있다(Tamanaha, 2006: 246). 법률이 정치적 타협의 결과이며 당시 다수의 가치관과 태도를 대변한다는 사실을 직시하지 않고 어떤 절대적 가치를 구현한 것처럼 인식하는 폐쇄적 관점이

---

12) Tamanaha(2006: 246)에 따르면 '비도구적 법'(*non-instrumental law*)이 오히려 그 자체로서 도구주의적이며 기득권 질서를 정당화하기도 한다는 점을 인정한다.

자리잡을 경우, 그러한 법률에 근거한 국가작용을 정당화하는 논리로서 법치주의는 사회적 소수자 또는 약자에 대해서는 매우 폭력적인 성격을 가질 수 있으며 법의 이름으로 특권층의 이익을 옹호하는 논리로 전락할 가능성을 내포한다는 지적도 있다(송기춘, 2007: 305).

법 도구주의, 특히 도구주의적 법 사용은 법치주의에 대한 가장 중대한 도전이자 위협요인이 되고 있다. 법 도구주의가 가지는 무엇보다도 심각한 문제는 그것이 법과 법질서에 대한 신뢰를 저하시킴으로써 법치주의에 대한 직접적 위협요인으로 작용할 수 있다는 점이다. 법 도구주의는 법을 목적달성을 위한 수단에 불과한 것으로 볼 뿐만 아니라, 사실상 거의 모든 영역에서 각 집단들이 다른 집단과의 투쟁에서 법이라는 이름의 칼을 휘두르는 결과를 초래하며, 그리하여 대중들의 눈에 법은 어떤 공공선이나 가치를 구현하는 것이 아니라 각 집단이나 세력들의 이익실현을 위한 수단으로 전락하고 만다. 그러한 의식이 확산되면 될수록 법치주의의 정당화 기능은 점점 더 큰 손상을 입을 수밖에 없다. 개혁 또는 실질적 법치주의를 표방한 노무현정부의 법 도구주의를 법치주의의 위기를 초래하게 된 가장 두드러진 원인으로 꼽을 수 있는 소이이다.

(2) 법과 신뢰의 위기

앞서 지적한 바와 같이, 노무현정부 임기 동안 두드러지게 나타난 법의 도구주의적 동원 경향은 법질서에 대한 불신을 초래하는 하나의 원인이 되었다. 한국사회에서 법에 대한 불신은 어제 오늘의 이야기가 아니다. 법에 대한 불신의 만연은 전환기 한국사회에서 관측되는 법질서의 가장 특징적인 징후였고, 법질서의 정당성 위기를 말해주는 바로미터의 하나였다(홍준형, 1993, 1998a; 김해룡, 1998).

한국에서 법에 대한 불신은 법질서의 정당성에 대한 일상화된 의심으로부터 출발한다. 일차적으로는 한국 법에 역사적 제약을 가했던 제 요인들, 즉 근대 이전의 법적 전통과 일제 식민지법의 체험, 그리고 해방 이후의 서구법의 이입과 법문화의 왜곡, 그리고 현실과 법규범 간 괴리로부터 배양된 법에 대한 불신, 그리고 특히 1960년대부터 1980년 중반까지 군사정권 아래 지속된 법의 도구적, 선별적, 정치적 사용경향 등으로 말미암아 법질서 전반의 정당성이 손상되기 시작했고, 그에 따라 법 불신이 확산되어 대중의 의식 속에 뿌리를 내리게 된 것이다. 법 불신 현상은 오늘날에도 지속되고 있다.

> 일례로 2003년 11월 KBS에서 실시한 여론조사 결과에 따르면 "재판이 공정한가"라는 질문에 대하여 68.6%가 부정적인 대답을 한 것으로 나타나고 있다. 또 같은 해 12월 대법원에서 실시한 여론조사 결과에서는 "형사사법제도에서의 피고인, 피의자에 대한 인권보장이 충분한가"라는 질문에 53.9%가 부정적인 답을, "범인처벌이 충분한가"라는 질문에 대하여는 89.7%가 부정적인 답을, "피해배상이 충분한가"라는 질문에는 93.2%가 부정적인 답을 하였다(사법개혁위원회, 2004: 9~14).

법 불신 현상은 사회 전반에 만연된 불신풍조가 법분야에 투영된 결과라고도 볼 수 있지만, 오히려 법과 법질서 자체로부터 배양된 결과이며 그 점에서 일반적인 사회적 불신과는 뚜렷이 구별된다. 그것은 현실적으로도 불신풍조라는 일반적인 사회심리의 차원을 넘어, 훨씬 직접적이고 구체적인 사회적 효과를 발생시킨다. 무엇보다도 개혁의 실행수단으로서 법의 기능을 감퇴시키고 현행 법질서의 실효성을 손상시킴으로써 궁극에 가서는 법질서의 정당성을 손상시키는 요인으로 작용할 수 있다.

가령 적법한 토지수용이나 공공사업에 대한 집단항의와 시위에는 단순히 하나의 '잘못된' 행정처분의 적법성에 대한 이견이 아니라, 국가기구와 공공사업의 수혜자, 토지수용 및 그에 따른 사업실시의 결과 반사적 이익을 향수할 가상적 사회계층에 대하여 개발이익으로부터 배제되거나 사실상 추방되었다고 생각하는, 무허가주택 거주자들의 박탈감이 깔려 있다. 이들은 법규범의 현실적 효과, 다시 말해 이익배분의 실질적 불평등에 대해 저항하는 것이다. 법에 의해 보장된, 또는 정책적 시혜에 의해 고려된 보상방법의 상당성은 삶의 터전을 상실하게 된 수몰지역 주민들에게 있어서는 이미 현실적 정의가 아니다. 법은 정의의 등가물이 아니며 더욱이 자유와 권리의 방법이 아니라는 인식이 이들의 현실경험 속에 확고히 뿌리내리지 않을 수 없다.

우리는 법 불신의 사례를 개발사업으로 인한 철거민이나 수몰지구 주민들의 절규를 통해 또는 집단이기주의로 낙인찍혔던 지역주민의 환경분규에서 생생히 목격할 수 있다. 법에 대한 반발과 법집행당국에 대한 불신은 노사분규나 재해보상 또는 시민운동 등을 둘러싼 일련의 사회적 갈등 속에서 공통적으로 표출되고 있고, 심지어는 노골적인 현행법 침범을 통해서 표면화되기도 한다. 여기서 사태의 핵심은 언제나 합법성이 아니라 법의 정당성에 맞춰져 있다. 법 불신 현상은 법질서의 정당화 이데올로기인 법치주의에 대해 중대한 함축을 가진다. 법치주의가 약속하는 법적 절차와 실제가 만인에게 적용될 수 있는 공정한 법규에 따라 공평무사하게 운용될 것이라는 믿음은 법의 제정·집행·분쟁해결 등 현실의 법 과정을 통해 침식되고 만다. 반면 법 불신은 거꾸로 법제개혁을 통한 법치주의의 실현가능성을 현실적으로 제약한다. 한국사회에 만연된 법 불신 현상은 법치주의가 직면한 위기상황을 반영하는 주된 징후이다.

그렇다면 이러한 광범위한 법 불신 현상을 초래한 원인은 무엇일까? 그 원인은, 우선 이미 앞에서 살펴본 바와 같이, 역사적으로 한국인의 의식구조에 자리잡은 부정적 법 체험에서 찾을 수 있다. "법보다 주먹이 가깝다"는 말이 여전히 통용되는 상황에서, 법은 권리보호를 위해서는 오히려 비효율적 수단으로서 간주되었고, 이 같은 인식은 법제도나 법조직능의 전문성과 복잡성, 법률서비스에 대한 접근곤란성 등과 더불어 대중의 법 불신을 조성하는 원인이 되었다.

이러한 구조적 악순환의 메커니즘은 노무현정부 임기 내내 지속되었고, 오히려 법이 문제를 해결하기보다는 법제도 자체가 대립과 갈등의 원인을 제공하는 양상으로 더 악화된 측면이 없지 않았다. 정치개혁을 명분으로 선거법 등 현행법을 무시하다가 위헌시비를 불러일으키거나, 사회적 합의 형성을 충분히 거치지도 않은 채 그때그때 정치적 목적달성을 위해 헌법 자체의 정당성을 문제 삼았던 대통령과 정부의 헌법적 모험주의 역시 법 불신 현상과 그로 인한 법치주의의 정당성 손상에 기여했음은 물론이다. 반면 공공갈등관리를 위한 시스템 구축이라는 차원에서 노무현정부가 시도했던 갈등관리기본법 제정시도는 입법부의 이해부족 등으로 인하여 성공을 거두지 못했다.

각종 국경일에 맞춰 정례화된 빈번한 사면권 행사 또는 일반 형사범과의 관계나 사면기준에 있어 형평을 잃은 사면권 행사 또한 사법권과 입법권의 본질적 내용을 손상시킴으로써 법치주의를 위협한다. 사법부가 심사숙고하여 내린 판결을 일거에 무력화시킬 수도 있는 사면권의 행사는 국가의 법규범의 정당한 집행을 부인 또는 약화시키는 결과가 되어 사법권을 침해하는 것이 되며, 한편으로는 입법행위의 성격을 가진다.[13] 우리나라 역대 정부가 답습한 사면관행은 자의적 기준이나 정치적 목적에 의한 남용 등의 비판을 받았다. 노무현정부 시기에도 예외는 아니었다(송기춘, 2007: 317). 노무현정부는 전체 7회에 걸쳐 37,145명에 대해 특별사면을 단행하였다. 민주당과 한나라당의 대통령선거관리대책위원회 위원장, 김종필, 서영훈 등 정치인, 대통령의 재정적 후원자라는 강금원, 김대중 대통령의 아들인 김홍일, 김홍업, 한총련 관계자, 국회의원 선거사범 등이 대상이 되었다.[14]

---

13) Moore, Kathleen Dean, *Pardons–Justice, Mercy, and the Public Interest*, New York: Oxford University Press, 1989, p.24(송기춘, 2007: 12에서 재인용).

14) 사면권에 관한 자세한 것은 송기춘(2002)을 참조.

3. 새 정부의 법치주의, 방향과 과제

1) 법치주의의 핵심가치들

그렇다면 새 정부에서는 앞으로 어떠한 법치주의를 지향해야 하는가? 이미 앞에서 살펴본 문제점들은 새 정부가 지향해야 할 법치주의의 모습을 시사해주는 일종의 반사경이다. 그로부터 우리는 무엇을 하지 말아야 하는지, 무엇을 극복하고 해소해야 하는지 알 수 있기 때문이다. 그렇지만 그와 같은 회고적 반사작업만으로는 법치주의의 미래상을 온전히 그려낼 수 없다. 말하자면 법치주의도 다른 국가전략처럼 미래비전이 필요한 것이다. 우리는 그것을 '선진법치주의'라는 개념으로 구현하고자 한다. 선진법치주의는 단순한 국가권력의 제한과 국민의 권리보호를 핵심요소로 하는 재래식 법치주의로부터 한 단계 더 업그레이드된, 성숙한 거버넌스를 토대로 한 차세대 법치주의를 의미한다. 그 요소들은 다음과 같이 집약될 수 있다.

글로벌 스탠더드로서 법치주의의 핵심가치들을 재확인하는 데서 출발하여야 한다. 물론 법치주의의 핵심가치들이 무엇인지 보편적 합의는 존재하지 않는다. 그것은 콜린스(Collins)가 말하는 이상일 수도 있고(Collins, 1982: 161),[15] 앞서 본 헤이거(Hager)가 제시한 집약한 요소들,[16] 콘라드 아데나워 재단에서 집약한 일곱 가지 지표들(Konrad Adenauer Foundation, 2006: 9) 또는 타마나하(Tamanaha, 2006)가 추출한 미국에 있어 법의 지배의 핵심가치들일 수도 있다. 그러나 오늘날

15) 콜린스에 따르면 법의 지배는 국가권력의 구조에 대한 기술(記述)인 동시에 하나의 이상(理想)으로서 ① 제 계급 및 이익집단들로부터 국가의 중립성이 확보되어야 한다 ② 법은 누가 정치적 권력을 가져야 하고 어떻게 그 권력이 행사되어야 하는가를 결정함에 있어 최고성을 가진다 ③ 법은 이용가능하고 쉽게 이해될 수 있으며 또 그 명확한 의미에 따라 집행된다는 도덕적 판단을 내포하고 있다고 한다.

16) 각주 4번 참조.

현존하는 법치주의의 이념과 그 구현을 토대로 그 최소한의 공통적 핵심가치들을 꼽아볼 수는 있을 것이다. 그 경우 적어도 사람의 지배가 아닌 법의 지배, 입헌주의, 인권보호, 특히 소수자 인권의 보호, 사법권 독립을 축으로 하는 권력의 분립, 특히 권력의 견제와 균형 등을 빼놓을 수 없을 것이다.

이러한 의미의 법치주의는 9·11 테러 이후 미국에서 대두된 이른바 '일원적 행정권 이론'(*the theory of a unitary executive branch*)과는 근본적으로 다른 것이다.[17] 이 이론은 대통령제를 택하고 있을지라도, 미국과는 그 구조가 다른 우리나라 헌법에서는 성립할 여지가 없을 뿐만 아니라 미국에서조차도 근본적 반론에 직면하고 있다.

> 2007년 법의 날(5월 1일)을 맞아 부시 대통령은 "미연방은 법의 지배에 공고히 기초하고 있다"고 선언했다. 그러나 바로 같은 날 워싱턴포스트는 "대통령에게 있어 법의 날"이라는 제목의 사설을 통해 "부시는 대통령의 권한 위에 무엇을 더 가지려 하는가?"라는 질문을 제기했다.[18] 부시 대통령은 대통령의 권한을 광의로 이해하는 것이 곧 입헌주의적 정부를

---

17) 이것은 미연방헌법 제2조의 해석에서 비롯된 것인데(Calabresi & Rhodes, 1992; Yoo & Calabresi, 1997, 2003; Yoo, Calabresi & Nee, 2004, 2005), 연방헌법 제2조 제1항은 "미연방의 행정권은 미합중국의 대통령에 속한다"(*The executive power shall be vested in a President of the United States of America*)고 규정하고 있고, 같은 조 제3항은 미연방대통령에게 "법이 충실하게 집행되도록 할"(*take care that the Laws be faithfully executed*) 의무를 부과하고 있다. 이 이론은 그러한 조항들에 따라 미연방대통령은 민·군을 총괄하여 연방정부의 행정권 행사에서 배타적이고 전속적인 권한을 가진다고 한다. 즉, 대통령에의 "행정권"의 부여를 '모든' 행정권이 유일하게 대통령에게만 귀속된다는 의미로 해석하므로, 그런 입장에서 보면 미연방의회는 행정각부의 장 또는 기타 행정부 공무원에게 독립적 행정권한을 부여할 수 없게 된다. 마찬가지로 이 이론에 따르면, 대통령의 충실한 법집행의무 조항을 연방의 민·군 행정에 있어 입법부와 사법부의 역할을 심대하게 제한하는 것으로 보게 된다. 단, 이 이론에 따르더라도 대통령이 모든 행정권을 단독으로 행사할 것이 요구되는 것은 아니며, 따라서 대통령이 자신보다 하위직에 있는 행정공무원에게 권한을 위임하는 것은 허용될 수 있다. 이러한 대통령 일원적 행정부 또는 대통령 일원적 행정권 이론은 역사 및 전통적인 공공행정이론에서 그 근거를 찾고 있다. 이에 관하여 상세한 것은 Rosenbloom, 2007(이우영 번역)을 참조.

18) Marcus, Ruth., "A Law Day Unto Himself," *Washington Post*, May 1, 2007, A17.

> 강화시킨다고 주장해왔다. 그러나 '일원적 행정부'(*unitary executive branch*) 내지 대통령 일원적 행정권' 주장은 미국의 법의 지배를 위협해 왔다는 비판을 받았다. 2006년 미국변호사협회(ABA)는 부시 대통령이 취해 온 사상적 기조와 입장은 "법의 지배와 미국헌법상의 권력분립에 반하는 것"이라고 이례적으로 강한 어조로 비판하였다.[19] 같은 맥락에서 로젠블룸은 첫째, 대통령이 법률의 확정에 요구되는 서명을 함에 있어 서명과 동시에 발하는 '대통령의 입법성명'(*signing statement*)의 사용, 둘째, 적군(*enemy combatants*)으로 분류된 개인에 대한 처우, 셋째, 초법적 감청(*wiretaps*)의 승인, 넷째, 대통령 직무수행 관련기록의 공개여부 및 절차를 규정하는 법률인 Presidential Records Act를 행정명령을 통해 개정하려는 시도 등 네 가지 측면에서 부시 행정부의 대통령 일원적 행정권 이론이 법의 지배에 위험을 초래하였다고 비판하였다(Rosenbloom, 2007).

특히 강조되어야 할 점은 법치주의를 국가공동체가 토대로 삼는 공통의 가치질서를 구성하는 헌법의 지배로 받아들이는 자세를 가다듬어야 한다는 것이다. 헌법이 규정하는 바에 따라 헌법을 개정할 수는 있으나 누구도 헌법 위에 있을 수는 없다는 것이 입헌주의의 불변의 요구이다. 헌법개정이 필요한 사항에 관해서는 그러한 헌법개정이 이루어질 때까지는 현행 헌법에 따라야 하며, 헌법을 개정하는 경우에도 헌법이 예정한 요건과 절차에 따라, 그리고 충분한 공론화를 거쳐 최대한 국민의 의견을 수렴하여 질서 있는 방식으로 개정해야지 정치적 목적에 사로잡혀 행동을 앞세우며 개헌의 문제제기를 하는 태도는 더 이상 용납되어서는 안 된다. 그리고 이러한 핵심가치들을 구현하고 보장하는 데 대통령을 위시하여 행정, 입법과 사법 등 모든 국가권력의 담지자들이 서로 협력하여야 한다.

---

19) Savage, Charlie, "American Bar Association Urges Halt to 'Signing Statements'," *Boston Globe*, August 9, 2006. www.commondreams.org(accessed May 7, 2007).

한국에 있어 법치주의의 역사적 교훈은 행정의 법으로부터의 일탈과 국회에 대한 행정부의 사실상 우위가 반드시 행정효율성을 증대시키는 방향으로 작용하지는 않았다는 점이다. 일상화된 법의 도구화 현상과 처벌·통제 중심의 법 사용 결과, 법에 대한 불신이 확산·고착됨으로써 행정이 법적 수단을 사용하거나 적법한 범위 내에서 법적 조치를 취할지라도 필요한 국민의 신뢰와 순응을 획득하지 못해 결국 정부의 정당성 위기를 초래할 수 있다는 것은 1960년대부터 30여 년간 지속된 군사정권의 경험을 통해 충분히 증명되었다. 이러한 관점에서 법치주의에 대한 근본적 반성이 필요하다. 법치주의는 '법률에 의한 행정'을 통한 행정의 정당화로 끝나는 것이 아니라 '법률에 의한 행정권력의 제한'을 요구하며, 이 두 가지 요소가 균형 있게 실현될 때에 비로소 행정의 목표도 효과적으로 달성될 수 있다. 새 정부는 이러한 법치주의의 권력제한적 측면을 올바르게 인식하고 권력분립의 게임에 참가하려는 의지를 가져야 할 것이다. 특히 법치주의의 전제조건인 권력분립의 원리에 따라 국민을 대신하여 국가권력을 나누어 담당하고 있는 입법, 행정, 사법은 다음과 같은 핵심가치를 실현시킬 책무를 진다.

첫째, 입법은 당파적 이해관계보다는 국가·사회 전체의 관점에서 공동선 또는 공공이익을 증진하고 또 그에 부합하는 입법을 지향하여야 한다. 이는 비단 의회입법권자만의 책임은 아니다. 정부 역시 헌법상 국회의원과 더불어 입법과정의 주역이며 법률안을 발의하거나 대통령의 손을 빌어 거부하거나 공포하는 권한을 행사하기 때문에 그에 상응하는 입법적 책무를 져야 마땅하다.

둘째, 정부공직자들은 그들의 직무를 수행함에 있어 법준수를 신성한 의무로 삼아야 하며, 자신의 목표달성을 위하여 법과 법적 절차를 조작해서는 안 된다. 그리고 그와 같은 사리추구 행위에 대해서는 효과적 법적 통제 및 제재 메커니즘이 작동하도록 해야 한다.

셋째, 법관들은 재판에 있어 가장 설득력 있고 정확한 법적 해결책을 찾는 데 헌신하되, 그 재판권을 남용하여 법에 내재하는 불확정성을 토대로 자신들이 바라는 결과를 얻으려는 유혹으로부터 벗어나야 한다. 특히 판례법을 통해 법 형성에 참여하고 있다는 사실을 직시함으로써 판결의 법리적 타당성뿐만 아니라, 그것이 가지는 사회적 효과와 영향에 대해서도 진지한 관심을 기울여야 한다.

2) 선진법치주의에의 길

(1) 인식의 전환

과거의 법치주의는 국가권력의 제한과 국민의 권리보호를 핵심으로 하는 법질서의 정당화 원리로 인식되었지만, 오늘날 법치주의는 그와 같은 차원을 넘어 일종의 국가 거버넌스를 최적화하는 전략적 의미를 가지는 규범질서로 진화하고 있다. 이제 법치주의는 과거와 같이 국내적 차원에서 국가권력과 시민 간의 관계를 규율하는 데에만 머물지 않고, 국가정책 전 과정에서 헌법과 법이 작동하도록 함과 아울러 국가와 시민사회, 시민들이 쌍방향(*interactive*)으로 교섭하도록 함으로써 세계화에 따른 무한경쟁 환경에서 한 국가공동체의 운용을 최적화하는 게임의 규칙이 되고 있다. 이러한 맥락에서 선진법치주의는 적어도 다음과 같은 추가적 요소들을 포함하여야 한다.

- 법과 입법의 공익성 보장
- 사법의 공정성 확립
- 정부 책임성의 강화
- 새로운 거버넌스의 구현: 분권화 · 자치 · 참여
- 법 도구주의의 극복, 그리고 법체계의 정합성 및 집행의 일관성 확보
- 법과 법질서의 자기교정 및 적응

(2) 선진법치주의의 요소들

① 법과 입법의 공익성 보장

민주적 법치국가에서 입법은 국민 대표성의 본산인 입법부의 전담 책무이지만, 행정부도 위임입법 등의 방식으로, 또 사법부도 판례법 형성을 통해 입법에 관여한다. 특히 입법부는 법치주의의 원천을 만드는 임무를 띠고 있어 입법이 공익을 지향하도록 하는 데 결정적 역할을 수행한다. 반면 입법은 이를 정치적 목적 또는 경제적 이해관계를 위하여 도구화할 유혹을 가장 많이 받는 국가작용의 영역이기도 하다. 무엇이 공익인지, 특정 입법이 공익에 부합하는지 등을 판단하는 것은 입법이 헌법 등 상위법에 저촉되지 아니하는 한, 입법부의 입법재량, 즉 입법형성의 자유에 속한다. 그럼에도 불구하고 헌법재판이나 행정소송을 통해 제한적이나마 입법재량의 통제가 이루어질 수 있다. 행정부 역시 위임입법의 제약을 받지만 그 한도 내에서 하위법령의 내용을 공익을 지향하도록 할 책무를 진다. 결국 입법의 공익성을 위해서는 의회입법의 정상화 · 활성화가 선행되어야 하며 구체적 수단으로는 입법실명제, 입법평가제 등을 도입하는 방안(최윤철, 2005)을 생각해볼 수 있다. 새 정부 역시 이러한 정책과제에 배전의 관심을 기울여야 할 것이다.

② 사법의 공정성 확립

아무리 훌륭한 정책이라도 현대 법치국가에서 요구되는 합법성을 결여해서는 존속할 수도 성공할 수도 없다. 민주주의를 공고화하는 과정에서 뼈저리게 배울 수 있었던 가장 중요한 교훈은, 합법성의 문제는 단순한 정책의 외양이 아니라 정책 자체의 성패를 좌우하는 실질적 요인이라는 것이었다. 민주적 법치국가에서 정부 행위의 합법성을 통제할 책무는, 법원으로 대표되는 사법부, 특히 헌법재판소와 대법원을 정점으로 하는 법원에 있다.

앞서 본 바와 같이, 정치의 사법화가 진전될수록 사법의 공정성과 그에 대한 신뢰가 그만큼 중요해진다. 가령 법 적용에 대한 도구주의적 태도가 만연됨에 따라 사법의 공정성이 의문시될 경우 법치주의의 근간이 위험에 처하게 된다(Tamanaha, 2006: 250). 그런 배경에서 사법의 공정성을 확보하는 일이 무엇보다도 절실한 과제로 대두된다. 특히 법조의 폐쇄적 충원구조나 연줄주의에 의한 사법부 내부의 결속 등을 해소하기 위한 법정책적 장치를 마련하는 일이 급선무다. 새 정부에서도 이와 같은 방향으로 사법개혁을 지속적으로 추진해야 할 것이다.

③ 정부 책임성의 강화

정부의 책임성은 고전적 법치주의의 요소지만, 여기서는 대표되어지는 자(국민)와 대표(국가권력) 간의 이해갈등 및 정보 비대칭성 등으로 인한 대의민주제의 끊어진 고리(*missing link*)를 이어주기 위한 법제도적 처방을 요구하는 의미로 확장된다. 처방의 출발점은 주인과 대리인의 관계에서는 이해갈등과 정보 비대칭성(*information asymmetries*)으로 인한 역선택(*adverse selection*)과 도덕적 해이(*moral hazard*)가 발생한다는 대리인이론(*Agency Theory*)에 의하여 설명될 수 있다. 물론 주인-대리인(*Principal-Agent*) 문제[20]를 완전히 해결하는 것은 불가능하다. 다만 그와 같은 문제를 완화시키거나 최소화하고 또 통제가능한 범위 내에 유지시키기 위한 노력이 필요하다.

공공부문에서 권력의 담지자들이 그들에게 국가권력을 위임한 주권자인 국민의 뜻을 어기고 공익에 반하는 결정을 내리거나 권력집중을

20) 대리인 문제(*agency problem*)는 주인과 대리인의 목표가 일치하지 않고 주인이 대리인이 무엇을 하는지 아는 것이 어렵거나 비용이 많이 들게 되는 목표 불일치와 정보·비대칭성 문제와 주인과 대리인의 위험에 대한 태도가 달라 생기는 위험분담(*risk sharing*)의 문제를 말한다.

통해 독재화할 가능성 때문에 국가권력간에 견제와 균형을 이루도록 하고, 사람의 지배가 아니라 객관적인 법의 지배를 통해 권력의 남용을 방지하며 나아가 정기적으로 민주적 선거를 통해 정치적 심판을 받도록 한다는 것이 법치주의의 기본설계이기 때문이다. 그렇다면 그와 같은 대의민주제의 끊어진 고리를 잇기 위한 법제도적 처방은 무엇일까? 사실 법치주의를 구현 또는 보장하기 위한 제도적 메커니즘의 대부분이 그러한 문제점을 통제 또는 방지하기 위한 것이라 해도 과언은 아니다. 그러나 여기서 말하는 선진법치주의라는 관점에서 보면 특히 다음과 같은 요소가 강조되어야 한다.

- 성과주의 강화(정부업무평가제도의 강화, 공무원인사제도의 개선 등)
- 공직윤리제도 강화(공직자재산등록공개제의 확충, 윤리규제의 강화 등)와 부패방지제도 보강(국가청렴위의 조사권 부여 등)
- 법치국가적 제재 강화(국가배상법상 개인 책임의 확대 등 공무원 책임 강화, 징계제도 개선 등)
- 행정통제 강화 및 실효성 제고(행정쟁송제도의 확충·개선, 소환[*recall*], 주민소송제 개선 등)

④ 새로운 거버넌스의 구현: 분권화·자치·참여

거버넌스, 즉 협치의 요소로서 분권화·자치·참여는 선진법치주의가 수용하고 또 구현해야 할 또 하나의 핵심가치이다(강재규, 2007; 홍준형, 2007). 여기서 말하는 거버넌스란 그 번역어인 '협치'란 용어가 시사하듯, 과거의 국가·정부 중심의 중앙집권적 통치방식이나 위계질서와는 달리 네트워크, 상호의존성, 파트너십, 합의된 규칙과 신뢰, 자율성과 독립성 등을 핵심요소로 하는 협치 및 패러다임 또는 다양한 정치·경제·사회 영역에서 나타나는 자율적·탈규제적 사회운영 방식이나 사회지배 원리를 말한다.[21] 거버넌스의 관점에서는 중앙집권보다는 분권과 자치, 명령·통제보다는 참여와 협력이 더욱 중요한 의미를 가지게 되는데, 선진법치주의는 바로 이러한 요소들을 핵심가치로 받아들이고 또 실현시켜야 한다.

권력분립의 원리는 비단 중앙정부 수준에서의 입법, 행정, 사법 등 국가권력간에 분리와 견제·균형(수평적 권력분립)을 이루는 데 그치는 것이 아니라 중앙과 지방 간의 관계를 통해서도 관철되어야 한다(수직적 권력분립). 그런 의미에서 분권화와 자치가 선진법치주의가 지향해야 할 또 하나의 권력분립의 조건이 되는 것은 극히 당연한 일이다. 그러나 새로운 거버넌스의 관점에서는 분권화와 자치를 중앙정부 수준에서의 수평적 권력분립을 보완하는 부차적 의미를 가지는 요구로서가 아니라 중앙의 국가권력들에 대해서도, 특히 시민사회와 시민에 대한 관계에서 실현되어야 할 새로운 권력분립의 중추적 구성요건으로 부각시키며, 나아가 참여의 계기를 통해 과거 정부·국가권력과 국민 간의 단절된 관계를 다시 소통시킬 것을 요구한다. 선진법치주의는 이러한 의미의 참여 확대 및 충실화, 분권과 자치의 확대를 핵심가치로 삼아야 하며 또 이를 달성하기 위하여 자치분권형 국가를 지향한 헌법개정이라든가 지방자치단체의 국정참여 확대를 위한 헌법, 지방자치법 및 국회법의 재구조화 등의 옵션을 진지하게 고려하여야 한다.

새로운 거버넌스의 구현을 위한 실천전략은 첫째, 법 형성과정에 대한 참여의 계기를 증진시키고, 둘째, 법 과정에 대한 '아래로부터의 압력'(*pressure from below*)을 제도적으로 흡수하는 데 충분한 쟁송수단과 쟁송범위를 확대하는 데 있다. 첫째 전략은 주로 입법과정에 대한 비정부단체(NGO) 또는 시민단체(CSO)의 참여를 확대하는 데 초점을 맞추는 것이지만, 배심재판제 또는 참심제(*Laienrichter or Schöffen*), 집단소송(*class action or Verbandsklage*)처럼 사법과정에 대한 참여의 기회를 부

---

21) 거버넌스의 개념에 관해서는 이명석(2002: 322~328), 강재규(2007), 우천식 외(2007: 465) 등을 참조.

여하는 제도의 도입이나 입법 형성적 효력을 가지는 헌법소원의 제기, 또는 시민단체에 의한 사법감시 등 환류과정(*feedback*)을 통해 법 형성에 영향을 미치는 방식으로도 구체화될 수 있다. 한국에서 입법과정에 대한 시민참여는 정보공개법이나 행정절차법, 공공기관개인정보보호법, 정보통신망이용에 있어 개인정보보호법,[22] 혐오시설 또는 환경관련 시설의 입지선정 및 설치에 대한 주민들의 의견수렴 및 지원을 위한 각종 법률의 제정 등 주로 행정의 투명성, 행정에 대한 시민들의 접근성을 제고하기 위한 개혁적 입법을 통해 가장 두드러지게 나타나고 있다. 두 번째 전략은 주로 행정에 대한 쟁송(*suing government*)을 통해 경직화될 우려가 있는 제도화된 행정국가의 대민접점을 법치주의로 통제함으로써 그 반응성(*responsiveness*)을 제고하는 방안이다. 사법과정이 법치주의가 구체적으로 실현되는 미시적 메커니즘이라면, 행정소송이나 행정심판을 통해 위법한 행정결정을 취소시키거나 그로 인한 배상책임을 관철시키는 것이야말로 법이 행정을 규율하도록(*Law governs the Government*) 만드는 가장 효과적인 방법이라 할 수 있다.

⑤ 법 도구주의의 극복, 그리고 법체계의 정합성 및 집행의 일관성 확보

앞에서 본 바와 같이, 법 도구주의는 법과 법질서에 대한 신뢰를 저하시킴으로써 법치주의에 대한 가장 중대한 도전이자 위협요인으로 작용한다. 선진법치주의 역시 이러한 법 도구주의 문제에 직면하게 될 것이다. 그러나 이미 지적한 바와 같이, 법 도구주의 자체를 죄악시하는 것은 정책수단으로서 법의 용도를 완전히 폐기할 수 없는 이상 결코 올바른 태도라고 보기 어렵다. 그런 뜻에서 선진법치주의의 전략은 법 도구주의를 타파하기보다는 발전적으로 지양하는 데 초점을 맞춰야 한다.

---

22) 최근 정보통신망이용촉진 등에 관한 법률 개정 법률안이 국회에 상정되었다.

법에 대한 또는 법을 통한 집단갈등은, 타마나하(2006: 248)에 따르면, 시대적으로 바뀌기는 했지만 특히 오늘날 다시금 정점으로 치닫고 있는 미국 법문화의 상소(*constant*)였다고 한다. 집단들과 법조 공직자들은 오랫동안 법, 특히 입법을 그들의 목표달성을 위한 도구로 인식해 왔고 또 그렇게 활용해 왔기 때문에 법도구주의란 별반 새로운 얘기가 아니지만, 그럼에도 불구하고 가장 우려할 만한 변화는 미국 사회와 법문화에 존재해 왔던 기본적인 가치와 이상에 대한 최소한의 합의들이 붕괴되고 변질되거나 위협을 받고 있다는 현실이며, 그 과정에서 법 도구주의가 결정적인 영향을 미쳤다는 것이다. 그 기본적인 가치와 이상은 첫째, 법은 원칙 있는 정의의 수호자이며(*principled preserver of justice*), 둘째, 법은 공공의 이익을 위해 봉사하며, 셋째, 법적 규범들은 (대중뿐만 아니라) 정부관리들을 구속하며, 넷째, 법관들은 법에 입각한 객관적인 방식으로 판결을 내려야 한다는 것이다. 법 도구주의도 이러한 네 가지 이상들에 대한 강력한 서약(*commitment*)을 통한 더 넓은 체계 속에 통합된다면 하나의 긍정적 요소가 될 수도 있겠지만, 그러한 이상들의 비옥한 토양 없이 법을 하나의 도구로만 본다면 법이 결국 순전한 사리추구를 위한 편의주의(*expediency*)로 전락하는 것을 막을 길이 없다고 한다. 타마나하는, 법이 원칙 있는 핵심(*principled core*)을 가지고 있다는 명제는 다른 네 가지 이상들 대부분을 손상시켰고, 근대 상대주의에 의해 침식을 당했으며, 공익에 관한 이상 역시 같은 이유에서, 특히 정부관리들에 대한 그리고 정부관리들 사이에 널리 퍼져 있는 냉소주의(*cynicism*)로 인하여 쇠락을 겪었으며, 셋째와 넷째 이상은 아직 죽지는 않았지만 특히 사법부의 정치화(*politicization of the judiciary*)로 인하여 강력한 압박을 받고 있다고 한다. 그는 이들 네 가지 이상들은 모두가 법이 누구나 탈 수 있는 빈 배(*empty vessel*)이며 법규범들은 목적달성을 위해 조작할 수 있는 도구라는 메시지가 법학교육이나 법조실무를 통해 전파됨으로써 계속 침식되고 있다고 지적한다. 법률가들은 법에 대한 이러한 생각을 완전히 내면화하고 있는데 그들이야말로 사회, 기업, 정치, 정부 그리고 법에 있어 지도적 역할을 수행하는 사람들이라는 것이다(Tamanaha, 2006).

법 도구주의는 타파할 대상이 아니라 앞서 본 선진법치주의의 최소공통적인 핵심가치들에 종속·통합시키는 것이 현명하다. 그중에서 특히 강조해야 할 것은 소수자 인권을 포함하는 인권의 보호와 법과 입법의 공익성이다. 또한 법 도구주의의 과잉을 억제함에 있어 중추적 지위(*pivotal position*)를 가지는 것은 사법부이므로(Tamanaha, 2006: 249),[23] 사법의 독립과 실질적 공정성의 조건을 확보하는 것이 그 무엇보다도 긴요하다.

아울러 법체계의 정합성을 기하고 그 집행의 일관성을 유지하는 일은 법 도구주의의 극복 못지않게 중요한 법치주의의 과제이다. 우선 법체계 전체가 상호모순이 없고 법전문가나 관료뿐만 아니라 보통 시민도 쉽사리 알 수 있을 정도로 잘 짜여 있어야 하며, 그에 대한 자유로운 접근이 허용될 수 있어야 한다. 법체계의 정합성을 위협하는 요인으로는 특별법의 남발 경향을 들 수 있다. 물론 특별법이란 특별한 목적을 달성하기 위하여 일반법으로는 고려할 수 없는 특수한 대상이나 사실관계, 규율방식이 필요한 경우 채택되는 불가피한 입법방식이지만, 남발하면 효과가 반감될 뿐만 아니라 법체계의 혼란을 초래할 수 있다는 점에서 신중을 기할 필요가 있다. 그러나 노무현정부는 균형발전 등을 표방한 각양각색의 특별법들을 남발함으로써 법체계를 혼란에 빠뜨렸다는 비판을 면하기 어렵게 되었다.

> 노무현 정부 들어 특별법이 홍수를 이루고 있다. 과거 정부에서 10~13건에 불과했던 특별법 제정은 현 정부 들어 6월까지 46건에 달했다. 현재 국회에 계류 중인 특별법도 69건에 이른다. 올해 국회 통과가 유력시되는 법도 5~6개에 달해 현 정부가 만든 특별법은 50개를 훌쩍 넘길 전망이다. 대한민국 전역이 특별법으로 중무장한 셈이다. 특별법 남발은 국가 균형발전 정책에서 비롯됐다. 노무현 정부는 출범하자마자 균

23) 각주 10번 참고.

> 형발전을 내걸고 지역특구, 기업도시, 혁신도시, 행정중심복합도시, 경제자유구역 특별법을 잇달아 쏟아냈다. 정치권과 지방자치단체도 합세해 지역개발 특별법을 경쟁적으로 만들었다. 결과는 전국의 투기장화였다. 특별법이 적용된 곳의 땅값은 예외 없이 폭등했다. 현 정부 하에서 이미 풀렸고, 풀릴 보상금만 110조 원에 달한다. 앞으로 지역개발 특별법이 본격 시행되면 이보다 훨씬 많은 보상금이 또 풀린다. 이는 그대로 국민 부담으로 전가될 수밖에 없다.
>
> 각종 인허가를 면제해 주는 특별법이 남발되면서 법체계도 뒤죽박죽이 됐다. 국토개발의 기본법인 국토의 이용 및 계획법과 수도권 정비법은 이미 온갖 특별법의 예외규정 때문에 누더기 상태다. 예컨대 기업도시개발특별법은 인허가 사항에 대해 일반법 적용을 배제(의제처리)한 조항이 40건, 각종 조세 감면 등 특례를 규정한 조항은 46건에 이른다. 80여건의 일반법이 특별법에 의해 무력화한 것이다.[24]

그때그때 목적달성을 위해 양산된 특별법들은 기존 법령체계를 뒤죽박죽으로 만들어버렸고, 그 결과 법치주의에 있어 법에 대한 인지적 접근성과 신뢰를 크게 저하시키고 말았다. 따라서 새 정부에서는 노무현정부에서 균형발전 등을 이유로 남발된 특별법들의 난맥상을 해소하고 그 입법수요를 가능한 한 기존의 일반법령체계 속에서 소화시킨다는 원칙하에 체계적 법령정비작업을 추진할 필요가 있다.

나아가 법집행에 있어 이른바 포퓰리즘(*Populism*) 또는 인기영합을 위한 기회주의적 태도에 빠지지 않고 집행의 일관성을 유지하는 것이 법질서에 대한 신뢰를 제고하고 그 안정성을 확보하는 데 매우 중요하다는 점을 인식할 필요가 있다.

그동안 포퓰리즘으로 인한 법집행의 무력화나 일관성 결여는 김대중정부 이래 노무현정부에 이르기까지 점증적으로 제기된 가장 두드러진 문제점들 중 하나였다. 실례로 우리나라의 법치는 지금 네 가지 중병을

---

24) 〈중앙일보〉 2007.7.17 기사(article.joins.com).

않고 있는데, 첫째, 법 자체가 바로 서 있지 않고, 둘째, 힘없는 국민이 억울함을 풀 길이 없으며, 셋째, 법집행이 너무 무르고, 넷째, 국민의 준법의식도 약하다는 이야기가 나오고 있다(김해룡, 2006). 특히 그 중 첫째와 셋째, 넷째의 문제점들은 노무현정부의 법치주의 공격에 빠짐없이 등장하는 근거였다. 실제로 조직폭력이나 불법시위 등에 대해 공권력이 너무 무력하며 공권력의 허약성이 다시 일탈행위를 조장하는 악순환을 낳는다는 비판이 제기된다. 또 공권력의 약화가 정치권력의 포퓰리즘적 고려에 기인한 것이 아닌가 혐의를 두기도 한다(김해룡, 2007). 그러나 국민의 준법의식이나 정부의 법집행이 너무 무르다는 지적에는 법치주의를 법질서 유지라는 관점에서 접근함으로써 자칫 문제의 기원을 국민에게 돌려 국가권력의 타율적 억제와 진압, 제재 또는 교육, 홍보 등을 통한 법질서에의 복종과 순응을 강요하는 데 빌미를 제공할 위험이 따른다. "실질적 법치국가론의 차원에서 언급되는 전투적 민주주의의 이름으로 시민들에게 헌법충성이 요구될 경우 개인의 사적 영역이 상대적 자율성을 누리는 고전적 법치국가이기를 그만두고 준법의 논리가 압도적 우위를 차지하는 사이비법치주의, 즉 가장 타락한 형태의 준법국가로 전락하게 된다"(국순옥, 2000: 111)고 하거나, 국민의 준법의무 또는 준법의식을 강조하는 것은 대체로 권력자 중심의 관점이라는 비판(송기춘, 2007: 300~301)이 제기되고 있는 것도 바로 그와 같은 맥락에서이다.

일상생활에서 법치주의는 국가기관의 권한행사와 관련해서만 아니라 일반국민의 법의식 또는 준법의식 고양을 위해서 매우 광범위하게 사용되는 경우도 있다. '법의 날(4월 25일)'을 맞아 발표하는 담화에 법치주의의 정착을 위하여 국민의 준법의식 강화를 당부하는 구절이 들어 있는 것이나 법을 존중하지 않거나 준법의식이 약한 것을 법치주의의 문제로 파악하거나,[25] 법치주의를 "우리나라 사회의 공동체로서의 생존·번영을 위한 절실한 필요성 때문에 선"으로서 '선한 사회'의 조건으로 파약[26]하는 입장은 이러한 확대된 개념의 한 예라고 생각된다(송기춘, 2007: 300).

법치주의는 본래 인치(人治), 즉 사람의 지배가 아닌 객관적인 법의 지배를 의미하는 것이므로 국민뿐만 아니라 지배자(정부 또는 국가권력)까지도 법에 기속되어야 한다는 법 이데올로기로 발전된 것이다. 따라서 앞선 비판들은 기본적으로 타당하다고 볼 수 있다. 그렇지만 법치주의의 정착과 개화를 위해서는 책임 있는 민주시민의 준법의식과 법준수 역시 불가결한 전제조건을 이룬다는 점은 쉽사리 부인할 수 없다. 법치주의는 권력과 자유의 기술일 뿐만 아니라 현장에서의 법의 지배(*street level rule of law*)를 통해 완전해질 수 있기 때문이다. 그럼에도 불구하고 시민들의 준법의식과 법준수 또는 순응은 상당 부분 학교 및 학교 외 교육에서 습득되는 것일 뿐만 아니라 법집행당국의 일관성 있는 법집행을 통한 일종의 학습을 통해서 형성되는 것이라는 사실을 직시할 필요가 있다. 따라서 빈번하게 주장된 바와 같이 '법집행을 엄정하고 강력하게 하는 것'보다는 '법집행을 엄정하게 하되 그 상대방이나 일반대중이 수긍할 수 있는 방식으로 일관성 있게 하는 것'이 상대적으로 더 우월한 전략이라고 볼 수 있다. 법질서라는 관점보다는 협치에 입각한 설득과 일관성 있는 법집행을 통한 학습에 초점을 맞추는 것이 법준수 확보를 위한 성공전략이 된다. 그런 의미에서 그때그때 상황에 따라 법을 탄력적으로 집행함으로써 법집행의 일관성을 기하지 못하다가 여론이 악화되면 갑자기 과도한 엄벌주의에 의존하기보다는 공격을 받을지라도 법집행의 기준과 요건을 명확히 전파하면서 일관성 있게 집행하는 의지와 자세를 견지하는 것이 훨씬 더 효과적이다.

---

25) 송기춘(2007: 300)은 2001년 대한변호사협회장(정재헌)이 법의 날 기념사에서 당시 대우자동차 노조원에 대한 경찰의 과잉진압사건을 예로 들고 있다.

26) 최대권, "선한 사회의 조건: 법치주의를 위한 담론", 서울대 〈법학〉 제 40권 제 3호, 1999, p.71 이하 참조.

⑥ 법과 법질서의 자기교정 및 적응

법과 법질서 역시 환경변화에 적응하지 않으면 안 된다. 그러나 법은 시간의 경과와 그에 따른 상황변화에 매우 둔감하다. 가령 헌법은 그 제정 당시의 현실과 현실인식을 토대로 제정된다. 그러나 경성헌법은 일반법률에 비해 개정이 곤란하게 되어 있어 오랜 기간이 지나도 그대로 유지되는 경우가 많은데, 그러한 경우 동일하거나 대동소이한 내용의 헌법이 수십 년이 지난 후에도 그대로 적용될 수 있는지 의문의 여지가 있다. 이론상 헌법개정이나 헌법변천을 통해 오래된 헌법이 변화된 환경에 적응할 가능성도 없지는 않지만, 헌법과 그것에 입각한 국법질서의 안정성을 저해하지 않는 범위 내에서 환경변화에 적기에 적응할 수 있도록 헌법을 개정하는 헌법정책적 의지가 무엇보다도 필요하다. 이와 같이 법과 법질서를 변화하는 상황에 맞게 적응시키는 것은 법치주의의 적실성을 확보하는 데 매우 중요한 의미를 가진다. 이를 위해서는 법과 법제도가 당초 약속했던 사회적 성과를 가져왔는지, 향후에도 그와 같은 결과를 예상할 수 있는지 등을 객관적으로 측정하고 평가하여 입법과정에 환류시키는 일종의 입법평가 메커니즘을 제도화할 필요가 있다.

마찬가지 이유에서 사법과 사법제도 역시 시대상황의 변화에 적기에 적응할 수 있도록 하는 혁신이 필요할 것이다. 선진 각국에서 국정혁신 프로그램의 일환으로 법제도의 구조개혁을 추진하면서 사법개혁을 빼놓지 않는 까닭도 그와 같은 맥락에서 이해될 수 있다. 사법적 결정은 국정의 최고책임자인 대통령의 파면 여부에서 세세한 영업규제 등 정책 전반에 걸쳐 전방위적 영향을 미치고 있다. 그럼에도 불구하고 많은 사례들이 정책결정자 등 정책담당자들이 사법적 결정과 그 임팩트에 대해 제대로 준비되어 있지 않았다는 것을 보여준다. 헌법재판소나 법원 등 사법적 기능을 수행하는 기관이나 사법적 결정이 정책에 중대한 영향을 미칠 수 있고 또 미쳤다면, 그로부터 도출되는 함의 또한 분명하다. 무엇보다도 정책담당자들은 사법적 결정에 의한 정책의 좌절, 변질 또는 왜곡, 부작용의 가능성에 대비해야 한다. 정책이 의제설정부터 집행 및 환류에 이르는 전 과정에서 사법적 심급에 의해 영향을 받을 가능성이 있고, 역사적으로도 그 가능성이 그 어느 때보다 더 높고 현실적인 상황에서 정책의 법적 오류나 결함을 방지·회피하고 그로 인한 손실과 비용을 감소·최소화하는 대안을 강구해야 할 것이다. 아울러 정책에 대한 사법적 결정의 결과를 우연의 소치로 돌리지 않고 다시 정책적 체크리스트(*check list*)에 넣어 최대한 반영함으로써 그러한 사법적 결정에 따른 정책 좌절의 결과가 반복되지 않도록 대비할 필요가 있다.

⑦ 사법통치를 넘어서

앞에서 살펴본 바와 같은 정치의 사법화 현상은 자칫 사법의 과잉, 다시 말해 과도한 영향력 증대로 이어질 수 있으며 그에 따른 병폐도 확대재생산될 우려가 크다. 물론 사법부의 영향력 증대 자체는 법치주의의 진전에 따른 불가피한 현상일 수도 있다. 법치주의가 강조되면 될수록 법의 해석과 적용을 담당하는 법원과 헌법재판소 등 사법부의 권한과 비중은 더욱 강화되기 마련이기 때문이다(송기춘, 2007: 331). 또한 오늘날 사법부는 행정부나 입법부 못지않게 국정에 지대한 영향을 미친다. 몽테스키외의 권력분립 원리에 따라 다른 두 개의 권력으로부터 상대적으로 고립되고 절연된 사법부의 모습은 오래전부터, 특히 민주주의와 법치주의의 선진국들에서는 더 이상 현실이 아니다. 심지어 '사법통치'(*Juristocracy*)의 시대라는 말까지 거론되는 상황이다.[27]

---

27) 이에 관해서는 양건, "헌법재판소의 정치적 역할: '제한적 적극주의'를 넘어서", 제 51회 헌법실무연구회 발표문(2004.12.3)을 참조. 양건 교수는 여기서 Goldstein, Leslie Friedman, "From Democracy to Juristocracy," 38 *Law and Society Review* 3(September 2004), pp.611~629를 인용하면서, '사법의 정치화'는 오늘날 한국만의 특수현상이 아니라 범세계적인 현상이라고 지적하고 있다.

오늘날 거의 모든 정책문제들이, 심사의 범위나 대상, 심도는 다를지라도, 사법심사를 받는다 해도 과언이 아니다. 국민생활에 파급효과가 큰 정책들이 사법적 심급에서 통제 또는 제재를 받거나 확인되는 광경을 보는 것은 결코 드문 일이 아니다. 대법원의 새만금사건 판결, 천성산 도롱뇽사건 판결 등 많은 사례들이 그 점을 잘 보여준다. 나아가 사법부, 즉 법원이 그 재판기능을 통해 정책과정에 심대한 영향을 미칠 수 있고 또 현실적으로 미치고 있다는 사실은 누구도 부정하지 않는다. 환경소송이나 소비자소송, 집단소송, 기타 공익소송 등 공공소송이 허용되는 경우 사법부가 정책이나 정책과정에 영향을 미칠 여지도 그만큼 커지게 된다.[28] 한편 사법적극주의란 행정부나 입법부의 의사나 정책결정에 대해 적극적인 견제기능을 수행하려는 사법부의 성향이나 철학 또는 입장을 뜻하는 개념인데, 사법적극주의가 지배하거나 우세한 상황에서는 그만큼 사법의 정책적 영향도 강화된다.[29] 사법부가 정책과정

28) 공공소송에 관해서는 徐元宇, "公共訴訟에 관한 硏究(I)(II)", 서울대 〈법학〉 제26권 제1·2·3호(통권 61·62·63호 1985.4.10)을 참조.

29) 사법적극주의와 사법소극주의의 개념에 대해서는 임지봉, "사법적극주의와 사법소극주의", 〈고시계〉 46권 7호(533호), 2001.7, p.4 이하를 참조. 그는 사법소극주의와 사법적극주의의 개념을 기존의 방식처럼, 사법부가 이전의 선례에 어느 정도 따르는지 여부나, 창조적인 헌법·법률의 해석에 의하여 정책형성에 개입하는지 여부에 따라 정의하지 아니하고, 권력분립의 원리에 착안하여 다음과 같이 정의한다. 즉, 사법적극주의는 "권력분립의 원리가 기초하고 있는 '견제와 균형'의 이상을 실현하기 위해 행정부나 입법부의 의사나 결정에 곧잘 반대를 제기하여 두 府에 의한 권력의 남용을 적극적으로 견제하는 사법부의 태도나 철학"이고, 반대로 사법소극주의는 "판결을 통해 다른 두 府의 의사나 결정에 개입하고 반대하기보다는 자주 '사법부 자제'의 미명하에 심리 자체를 회피하거나 두 府의 의사나 결정을 존중하고 이에 동조하는 판결을 내리는 사법부의 태도나 철학"이라고 한다(같은 글, p.7). 상세한 것은 Lim, Jibong, "A Comparative Study on the Judicial Activism Under the Separation of Powers Doctrine," J.S.D. Dissertation, Boalt Hall School of Law of the U.C. Berkeley 중 IV. Conclusion 부분을 참조.

한편, Sujit Choudhry and Claire E. Hunter, Measuring Judicial Activism on the Supreme Court of Canada: A Comment on Newfoundland (Treasury Board) v. NAPE(2003) 48 McGill L.J. 525 처럼 'judicial activism'은 사람에 따라 또는 사용 맥락에 따라 확립된 선례로부터의 이탈, 법원의 선호(*judicial preferences*)에 의거한 심판, 법원과 그 밖의 국가권력간의 제도적 역할의 사법적 재배분(*judicial reallocation of institutional roles between the courts and other branches of government*) 등 다양한 의미를 가지는, 불분명하기로 악명 높은 용어(*a notoriously slippery term*)라고 하면서 그 개념을 계량화하는 견해도 있다(*a quantitative definition of judicial activism*).

에 영향을 미치게 되는 경우는 매우 다양하지만, 대체로 몇 가지 유형으로 나뉜다. 첫째, 정책의제의 설정이나 정책결정 과정에 관여하거나 영향을 미치는 경우로서, 사법적 결정을 통해 정책의제가 새로이 설정되거나 사법적 심급에서 최초로 정책이 결정 또는 형성되거나 또는 기존의 정책이 취소·번복 또는 변경되기도 한다. 이는 주로 헌법재판소의 위헌법률심사나 헌법소원 또는 법원의 위헌·위법명령규칙심사나 행정소송 등을 통해 일어난다. 둘째, 사법이 정책의 집행과정에 영향을 미치는 경우로서, 주로 행정소송법에 의한 행정소송이나 제한적으로 헌법소원에 의한 검찰의 불기소처분 통제 같은 방식으로 이루어진다. 정책집행에 대한 사법심사의 결과 환류가 이루어져 새로운 정책변경이 이루어질 수도 있다. 정책평가나 환류과정에 대해서도 사법적 결정이 영향을 미칠 수 있음은 물론이다. 실효성이 상실된 법령이나 관습법에 대한 사법적 해석이나 결정을 통해 정책에 대한 환류가 촉발될 수 있고 사법적 결정들이 축적되어 정책평가에 영향을 미치는 경우도 있다. 이처럼 정책과정에 사법이 영향을 미칠 수 있게 되는 이유는 의도적으로 또는 의사와 무관하게 정책결정 책임이 사법부에 전가되기 때문인데, 그런 경우는 가령 정책결정 또는 정책변경에 관한 결정권을 지닌 기관에서 그 결정권의 행사를 회피하거나 방치하는 경우, 정치적 의도에서나 당파적 갈등으로 인해, 또는 이해관계집단간 대립 격화로 인해 정책에 관한 결정을 내릴 수 없는 때에 발생한다. 경우에 따라서는 사법적 심급에서 처음으로 정책의 결정이나 변경, 또는 그에 대한 환류가 이루어지기도 한다. 사법이 정책에 영향을 미치게 되는 계기는 대개는 입법실패나 행정 실패로 주어진다. 실패의 원인은 정보와 유인의 두 가지 측면으로 나누어볼 수 있는데, 입법부의 경우 정보 측면에서는 국민의 대표자인 입법부 구성원이 국민의 선호를 왜곡하거나 잘못 반영하는 경우가 생길 수 있다. 유인 측면에서도 입법부가 국민의 합리적 무지(*rational ignorance*)를 부추기거나 조직화된 집단이 입법결정에 영향을 미치는 경우가 생길 수 있다. 행정 실패의 경우, 정보 측면에서는 정책담당자가 이해관계자에 포획되는 경우나 입법 실패가 행정과정에까지 연장되는 경우를 생각해볼 수 있다. 유인 측면에서 각 부처의 목표를

> 최우선시함으로써 갈등을 유발하는 부처이기주의나 관리적 차원에서 자발적 개선노력이 미비한 경우에 행정 실패가 일어날 수 있다(기형진, 2006).

그러나 '사법통치'가 아무리 전 세계적인 경향이라 할지라도 이를 당연시할 수는 없을 것이다. 또한 사법통치로 인한 폐단과 부작용에 대해서도 관심을 기울일 필요가 있다. 특히 '법의 지배'(*rule of law*)가 '법률가의 지배'(*rule of lawyers*)로 변질되는 경향[30]에 대해서는 경계를 늦추지 말고 더욱더 강화시켜 나가야 할 것이다. 사법권력을 법조집단이 독점하여 사유화하는 문제는 이제 법치주의의 위험의 차원에서 다뤄져야 할 문제이다(송기춘, 2007: 332).

4. 맺는말

선진법치국가를 만들기 위하여 새 정부가 관심을 가지고 실천해야 할 과제 중 가장 중요한 것은 역시 국가 전체의 시스템을 변화하는 환경과 그 환경 속에서 대두되는 새로운 수요에 부응할 수 있게 뜯어 고치는 일이다. 그것은 이미 앞서 본 선진법치주의의 핵심가치들을 구현할 수 있는 시스템을 구축하는 데서 출발한다. 우선 법과 입법을 단순한 정치적 목표달성을 위한 도구로서가 아니라 공익실현을 위한 수단으로 회복시키고, 법 도구주의의 지양을 위해 중추적 역할을 수행해야 할 사법의 공정성이 확보될 수 있도록 법제도적 메커니즘을 개선 · 확충하며, 대의

30) 'Rule of Lawyers'란 미국에서 만들어진 개념이다. 가령 올슨(Olson, 2003)은 미국에서 이러한 현상이 일어난 과정을 담배소송, 가슴성형소송, 석면소송 등을 통해 분석함으로써 새로운 소송엘리트(*new litigation elite*)들이 어떻게 미국과 법의 지배를 위협하기에 이르렀는지 서술하였고, 크리어(Crier, 2002)는 법조인들이 정치인, 관료들과 함께 법을 폭정의 도구(*Instrument of Tyranny*)로 전락시켜 버렸다고 비판한 바 있다.

민주제의 끊어진 고리(*missing link*)를 이어주기 위한 법제도적 처방을 통해 정부의 책임성을 강화하는 일, 그리고 새로운 거버넌스의 요구인 분권화 · 자치 · 참여를 법치주의의 실체적 내용으로 반영 · 구현하며, 법 도구주의를 극복하고, 법체계의 정합성 및 집행의 일관성을 확보하는 일, 사법통치 현상이 수반하는 위험을 방지하고, 법과 법질서의 자기교정 및 적응 메커니즘을 제도화하는 일 등이 그것이다.

그러나 이러한 시스템 요소들의 혁신보다 더욱 중요한 과제가 하나 있다. 그것은 우리나라 정부형태와 구조, 임기 및 선거제도 등을 합리화 · 효율화하기 위한 헌법개정 문제이다. 노무현정부 임기 말에 대통령에 의해 제기된 이 문제는 여야 정치권에 의해 다소 모호하기는 하지만 기본적으로 수용된 바 있다. 따라서 새 정부 임기 내에 이러한 정치시스템 개혁을 위한 헌법개정을 추진해야 할 것이다. 헌법개정은 헌법 스스로 규정하고 있는 헌법개정 절차에 따라, 그리고 충분한 공론화 과정을 거쳐 최대한 국민의 의견을 수렴하여 질서 있는 방식으로 추진되어야 한다. 특히 새 정부가 정부를 인수하면서 헌법개정의 일정과 로드맵을 국민에게 공표하여 예측가능성을 높이는 동시에 사회 각계각층으로부터의 의견수렴 등 개헌일정에 따른 충실한 준비작업이 이루어지도록 할 필요가 있다. 이를 위하여 국회 차원에서 당리당략에서 벗어나 대승적 견지에서 국리민복을 위한 정치세력간의 타협 · 합의를 주도하고 우리나라의 발전전략과 여건에 가장 적합한 헌법개정안을 만들어 제시할 의무를 띤 기구로서, 국회의원들과 더불어 학계와 법조계 등 관계 전문가들이 함께 참여하는 가칭 '헌법개정추진위원회'와 같은 기구를 설치해 운영할 필요가 있다. 그리고 이 기구에서 개헌의 범위를 대통령중임 및 임기조정을 내용으로 한 이른바 'one point 개헌'에 국한할지 아니면 의원내각제 등 정부형태의 변경, 분권자치형 국가를 위한 제도개혁, 기본권목록의 개선 · 조정 등 더욱 폭넓고 파급효과가 큰 안건들을 다룰지 심사숙고하여 개헌안을 준비하도록 해야 할 것이다. 참여의 확대 및 충실화, 분권과 자치의 강화를 위한 자치분권형 헌법개정, 그리고 지방자치단체의 국정참여 확대를 위한 헌법, 지방자치법 및 국회법의 재구조화 방안 등을 전향적으로 강구해볼 필요가 있다.

법치주의는 오늘날 근대적 존재구속성을 넘어서 현대세계의 법적 가치질서를 향도하는 보편적 구조원리로 발전하고 있다. 법치주의는 세계화(*Globalization*)에 따른 국경 없는 무한경쟁 속에서 이미 지구표준(*global standard*)의 하나가 되었다. 우리보다 남이 오히려 우리의 사정을 더 소상히 아는 일이 비일비재한 극단적 개방구조에서 법치주의는 더 이상 다른 나라의 간섭이 배제되고 고작해야 개별 국가의 정치적·법적 문명 수준을 가늠해주는 內政의 공서(*ordre public*)만은 아니다. 그것은 글로벌 공간에서 탈경계·실시간으로 이루어지는 국가, 기업, 개인 간의 전방위 교섭과 거래를 위한 교역조건의 일부가 되고 있을 뿐만 아니라 법치주의를 통한 국제비교 및 평가, 또 그것을 토대로 한 법치주의의 확산, 협력 및 보편화의 문제로 확대되고 있다.[31)]

이와 같이 법치주의의 문제는 문화와 문명의 문제인 동시에 생존과 경쟁력의 문제이기도 하다. 다시 말해 우리나라가 선진국 대열에 합류하여 세계적 수준에서 전개되는 무한경쟁을 이겨내고 또 선도적 역할을 수행할 수 있기 위해서 해결해야 하는 관건과제이다. 새 정부가 다른 어느

---

31) 일례로 독일의 콘라드 아데나워 재단에서는 입헌민주주의의 핵심을 이루는 다음 일곱 가지 지표를 사용하여 전 세계 15개국에 대하여 법치주의의 발전을 비교·평가하고 있다(Konrad Adenauer Foundation(ed.), 2006: 13).

1. 헌법(*Constitution*): 헌법규범 및 현실에 있어 권력균형 및 인권보호의 제도적 구조
2. 입법(*Legislation*): 법률 제·개정의 조건
3. 법원(*Courts*): 법원에 있어 정부의 책임, 공정한 재판 및 관할상 편견 유무
4. 사법의 독립(*Judicial Independence*): 국가 및 국가 이외의 힘에 의한 법관 및 배심원의 독립에 대한 위협
5. 형사적 정의(*Criminal Justice*): 집행의 편파성과 인권남용
6. 법집행 및 사법에서의 부패(*Corruption in Law Enforcement and the Judiciary*): 부패, 그 원인 및 방지 대책
7. 공공행정(*Public Administration*): 공공행정의 합법성과 위법행위에 대한 구제

분야보다도 이 문제에 비상한 관심과 노력을 기울여야 하는 이유는 이를 통해 우리가 지난 반세기 동안 쌓은 경제사회적 성과와 정치적 발전을 토대로 선진국으로 도약할 수 있는지 여부가 판가름되기 때문이다.

참고문헌

강재규(2007). "New governance 구현 과제와 전망—지방정부 차원에서의 문제점과 과제를 중심으로—". 〈선진한국을 위한 국가 및 지방자치단체 관계의 정립〉(2007. 11. 3 한국공법학회 제 140회 학술대회 발제문).

구병삭 외(1991). 《한국법학의 회고와 전망》. 법문사.

국순옥(2000). "법치국가의 신화와 현실". 〈민주법학〉 18.

기형진(2006). "정책과정에서 사법부의 역할 검토". 서울대학교 대학원 석사학위논문.

김남진(1998). "법치국가의 현실과 당면과제". 〈공법연구〉 26(2): 59~62.

김창록(1996). "한국법의 역사적 형성". 서원우 편. 《한국법의 이해》. 두성사. 3~21쪽.

______(1995). "식민지 피지배기 법제의 기초". 〈법제연구〉 8: 49~77.

김중권(2007). "참여정부에서의 법치주의의 발전: 평가와 전망". 〈공법연구〉 35(4): 337~376.

김해룡(1998). "한국에서의 법치국가의 위기와 그 극복방안". 〈공법연구〉 26(2): 97~117.

김형성(2007). "참여정부의 법치주의". 〈한국 법치주의의 전개와 차기정부의 과제〉(2007. 6. 29 한국공법학회 제 138회 국제학술대회 발제문.

박병호(1991). "법치주의 실현에의 역사적 교훈". 〈법제연구〉 창간호: 12~31.

송기춘(2007). "참여정부에서의 법치주의의 발전: 평가와 전망". 〈공법연구〉 35(4): 297~336.

______(2002). "헌법상 사면권의 본질과 한계". 〈공법연구〉 30(2).

우천식·정재호·김주훈·김태종·박정수·박진·서종해·임영재·조병구·최경수 외(2007). 〈선진한국을 위한 정책방향과 과제: 6대 전략분야를 중심으로〉. KDI.

유진오(1975). "한국의 법제와 법학". 《헌법과 현대법학의 제문제》(현민 유진오 박사 고희기념론문집). 일조각. 493~502쪽.

이상규(1991). "행정구제법의 회고와 전망". 《한국법학의 회고와 전망》. 법문사. 147~1943~21..

이명석(2002). "거버넌스의 개념화: 사회적 조정으로서의 거버넌스". 〈한국행정학보〉 36(4): 321~338.

최대권(1997). 《사례중심 헌법학》. 박영사.

최대권(1999). "선한 사회의 조건: 법치주의를 위한 담론". 서울대학교 〈법학〉 40(3).

최윤철(2005). "입법평가의 제도화에 관한 연구". 〈토지공법연구〉 28: 324~352.

홍기태(2006). "사법개혁의 현황과 전망". 서울대학교 제282회 정책&지식 포럼 발제문(2006.6.19).

홍준형(1987). "법의 지배와 마르크스주의 법이론에 관한 연구". (문교부 학술연구비지원에 의한 논문). 〈아주사회과학논총〉. 93~135쪽.

______(1993). "법치주의의 좌절과 법적 허무주의의 극복 — 한국행정법학의 반성과 과제 —". 〈법과 사회〉 7: 97~132.

______(1998a). "한국행정법에 있어 법치주의의 시련과 과제". 1998 한국법학자대회 발표논문.

______(1998b). "행정과 법". 강인제·이달곤 외. 《한국행정론》. 대영문화사. 103~146쪽.

______(1999). "신공공관리론의 공법적 문제-공무원인사제도개혁을 중심으로-". 〈행정논총〉 37(1). 서울대학교 행정대학원.

______(2000a). "제도화된 행정국가와 법치주의". 〈행정논총〉 38(2). 서울대학교 행정대학원.

______(2000b). "법정책학의 의의와 과제—법정책학의 구축을 위한 시론—". 〈행정법연구〉 6.

______(2005). "갈등관리와 공적해결 시스템". 대통령자문 지속가능발전위

원회 편. 《공공갈등관리의 이론과 기법(下)》. 514~547쪽.
______(2006). "공공정책에 대한 사법적 결정의 법이론적 한계—대법원의 새만금사건 판결을 중심으로—". 〈법제〉(2006. 4~5).
______(2007). "국가 입법·정책결정에 대한 지방자치단체의 참여". 〈선진 한국을 위한 국가 및 지방자치단체 관계의 정립〉(2007. 11. 3 한국공법학회 제 140회 학술대회 발제문).
사법개혁위원회(2004), 《사법개혁위원회 자료집(Ⅲ)》. 9~14쪽.

Aubert, W. (1983). *In Search of Law: Sociological Approaches to Law*. Martin Robertson.
Calabresi, Stephen and Kevin Rhodes(1992). "The Structural Constitution: Unitary Executive, Plural Judiciary." *Harvard Law Review*. 105: 1153~1216.
Collins, H. (1982). *Marxism and Law*. Clarendon Press.
Cotterell, Roger(2006). *Law, Culture and Society, Legal Ideas in the Mirror of Social Theory*. ASHGATE.
Crier, Catherine(2002). *The Case Against Lawyers*. Broadway Books.
Dam, Kenneth(2006). *The Law-Growth Nexus-The Rule of Law and Economic Development*. Brookings.
Ely, John Hart(1980). *Democracy and Distrust—A Theory of Judicial Review*. Harvard University Press.
Ghai, Y. (1986). "The Rule of Law, Legitimacy and Governance." *International Journal of Sociology of Law*. Vol. 14. Academic Press.
Hong, Joon Hyung(1995). "Rule of Law and Law Reform in Korea." Paper presented at Annual Meeting of Research Committee on Sociology of Law, International Sociological Association(August 1-4, 1995, Univ. of Tokyo).
______(1999). "The Rule of Law and Its Acceptance in Asia: A View From Korea." *Asia Perspectives*. December: 11~18.
______(2000). *Administrative Law in the Institutionalized Administrative*

State, Recent Transformations of Korean Law and Society. Seoul National University Press.

______(2005). "Law, Policy and Institutions for Alternative Dispute Resolution in Korea." 〈Comparative Studies in Public Conflict Resolution〉(KDI School of Public Policy and Management).

Hunt, Allan(1978). *The Sociological Movement in Law*. Macmillan.

______(1985). "The Ideology of Law: Advances and Problems in Recent Applications of the Concept of Ideology to the Analysis of Law." *Law and Society Review* 19(10.

______(1992). "A Socialist Interest in Law." *New Left Review* 192(March/April): 111~112.

______(1993). *Explorations in Law and Society, Toward a Constitutive Theory of Law*. Routledge.

Jakob and Blankenburg, Kritzer, Provine, Sanders(1996). *Courts, Law & Politics in Comparative Perspective*. Yale University Press.

Konrad Adenauer Foundation(Ed.)(2006). *Rule of Law-The KAF Democracy Report 2006*. Bouvier.

MacCormick, D. N.(1984). "Der Rechtsstaat und die rule of law." *Juristenzeitung*. 1984. 65ff.

Olson, Walter K.(2003). *The Rule of Lawyers*. Truman Talley Book-St. Martin Press.

Posner, Richard A.(2006). *Catastrophe: Risk and Response*. 김소연 역(2006). 《대재앙》. 말글빛냄.

Rosenbloom, David H.(1994). "Evolution of Administrative State, Transformations of Administrative Law." *Handbook of Regulation and Administrative Law*. Marcel Dekker.

______(2007). "President George W. Bush's Theory of a Unitary Executive Branch and the Rule of Law in the United States." 〈한국 법치주의의 전개와 차기정부의 과제〉(2007.6.29 한국공법학회 제138회 국제학술대회 발제문).

Rosenbloom, David H. and Rosemary O'Leary(1997). *Public Adminis-*

tration and Law. 2nd ed.. Marcel Dekker, Inc.

Selznick, Philip and Philip Nonet(1978). *Law and Society in Transition: Toward Responsive Law*. Harper & Row.

Sunstein, Cass R. and David Schkade, Lisa M. Ellman, Andres Sawicki(2006). *Are Judges Political?, An Empirical Analysis of the Federal Judiciary*. Brooking Institution Press.

Tamanaha, Brian Z.(2004). *On the Rule of Law: History, Politics, Theory*. Cambridge University Press.

______(2005). "The Tension Between Legal Instrumentalism and the Rule of Law." 33 Syracuse J. of Int. L. & Commerce 131.

______(2006). *Law as a Means to an End-Threats to the Rule of Law, §Law in Context*. Cambridge University Press.

______(2006). "The Tensions Between Legal Instrumentalism and the Rule of Law."(April 17, 2006). Center for the Study of Law and Society Jurisprudence and Social Policy Program. Papers Presented in the Center for the Study of Law and Society Bag Lunch Speaker Series. Paper 33. (http://repositories.cdlib.org/csls/lss/33).

Thompson, E. P.(1975). *Whigs and Hunters: the Origin of the Black Act*. Pantheon Books.

Trägårdh, Lars and Carpini, Michael X. Delli(2005). The Juridification of Politics in the United States and Europe: Historical Roots, Contemporary Debates and Future Prospects(http://www.law.fsu.edu/faculty/2005workshops/tragardh.pdf).

Trubek, David M. and Alvaro Santos(2006). *The New Law and Economic Development, A Critical Appraisal*. Cambridge.

Unger, R. M.(1976). *Law in Modern Society: Toward a Criticism of Social Theory*. Free Press.

Wade, E. C. S. and A. W. Bradley(1985). *Constitutional and Administrative Law*(10th. Ed.). Longman.

Weber, Max(1967). *Rechtssoziologie*. Luchterhand.

Yoo, Christopher and Stephen Calabresi(1997). "The Unitary Executive during the First Half-Century." *Case Western Reserve Law Review*. 47: 1451~1561.

______(2003). "The Unitary Executive during the Second Half-Century." *Harvard Journal of Law & Public Policy* 26: 667~801.

Yoo, Christopher, Stephen Calabresi and Laurence Nee(2004). "The Unitary Executive During the Third Half-Century, 1889~1945." *Notre Dame Law Review*. 80(November). http://ssrn.com/abstract=559581(accessed May 13, 2007).

______(2005). "The Unitary Executive in the Modern Era, 1945~2004." *Iowa Law Review*. 90(2): 601. http://ssrn.com/abstract=690822 (accessed May 13, 2007).

2 신뢰받는 정부

이달곤

1. 서언

우리 국민의 정부에 대한 신뢰의 수준은 어느 정도이며, 신뢰가 낮다면 그 원인은 무엇일까? 오늘날 정부신뢰가 날로 중요해지고 있는 이유는 무엇일까? 최소한 유지해야 하는 정부신뢰의 수준은 어느 정도이고, 신뢰를 향상시킬 수 있는 방도는 무엇일까? 이 글에서는 정부신뢰의 현 수준을 진단하고 그에 따른 문제점과 대응방안을 제시하고자 한다. 정부 내부의 공직자들이 스스로 판단하는 신뢰뿐만 아니라 정부가 시민사회와 시장을 믿는 수준도 중요하다는 인식하에, 시민과 시장의 정부신뢰를 제고하기 위하여, 단기적 처방보다는 중장기적 처방을 중심으로 논의를 전개하고자 한다.

우선 신뢰(*trust*)의 개념정의와 신뢰의 원천에 대한 기존연구들을 간략히 살펴보자. 푸트남(Putnam, 1993)이나 후쿠야마(Fukuyama, 1995)는 신뢰를 '사회적 자본의 가장 중요한 부분으로서, 의심하지(*doubt*) 않는 심적 상태'로 정의하고, 대상에 대한 확신과 예측가능성을 신뢰의 전제조건으로 제시하였다. 한편 신뢰는 배신이나 피해가 발생할 가능성이 있음에도 불구하고, 그 위협과 손실을 무릅쓰고 상대방에게 호의를 베푸는 것으로서, 배신의 가능성과 위험성을 내포하는 개념이라고 보는 학자들도 있다(Luhmann, 1988; Mayer, Davis & Schoorman, 1995). 신뢰의 원천에 있어서도 개인의 합리적 효용이나 공감(公感: *public emotion*)과 같은 행위자 수준의 요인들을 강조하는 학자들이 있는 반면, 신뢰가 공식적·비공식적 사회관계에 내재되어 있는 규범과 의무에 기인한다고 주장하는 학자들도 있다(Lewis & Weigert, 1985). 신뢰의 원천으로 행위자 수준의 요인을 강조할 경우, 신뢰 수준의 측정에 있어서도 개인들의 합리적 효용을 측정함으로써 신뢰 수준을 도출하기도 하고, 사회적 요인들을 강조할 경우 사회나 정체(*polity*)의 공식적·비공식적 제도적 특성이 신뢰 수준에 미치는 영향을 측정하기도 한다(Brehm & Rahn, 1997; 양건모, 2007).

이러한 신뢰에 대한 기존연구의 개념정의에 따라, 이 연구에서는 정부신뢰를 '정부로부터 손해를 볼 개연성에도 불구하고 정부를 지지하는 태도(*attitude*)'로 정의한다. 보다 구체적으로 불확정적 상황에서 정부가 정책을 추진하거나 행정적 조치를 취할 때, 시민사회나 시장이 취하는 긍정적 기대 혹은 심리적 지지를 정부신뢰라고 정의하려는 것이다(채원호·손호중, 2005; 서문기, 2001; Mayer, Davis & Schoorman, 1995). 이 논의에서 정부는 행정부를 일차적 대상으로 하며, 행정부의 구성과 운영의 주체인 집권자를 포함한 집권당을 일부 포함할 수 있을 것이다. 한편 정치적 신뢰나 사회적 신뢰, 시장의 신뢰가 모두 연결된 것으로 이해되지만, 논의의 일관성을 유지하기 위해 일단 논의에서 제외한다.

2. 정부신뢰의 현황

1) 정부신뢰 형성에 있어 한국의 특수성

한국의 상황에 국한된 논의를 전개하는 이 글에서 한국역사와 문화적 특수성을 감안하지 않을 수 없다. 따라서 이 절에서는 압축적 경제성장과 권위주의체제의 경험이라는 한국의 역사적 맥락 속에서, 시민사회, 시장, 정부 간 상호작용의 특수성이 정부신뢰의 형성과 수준에 어떠한 영향을 미쳤는지 간략히 살펴보고자 한다.

시민사회, 시장, 그리고 국가의 실질적 운영체인 정부, 이들은 서로 믿기도 하지만 불신하기도 한다. 시민사회는 공권력이 작용하는 국가영역과는 다른 공공영역으로 국가의 공권력에 대한 비판, 견제, 저항을 통해 자신들의 요구를 정책으로 이끌어내는 자발적 영역이다. 다양한 민중들의 자발적이며 의식 있는 요구를 반영하면서 대의적 정치체가 탄생하기도 한다. 그런데 한국을 비롯한 동양사회는 서구사회와 비교할 때, 국가와 사회의 발전과정이 달랐다. 국가가 위세를 떨쳤으며 시민사회는 20세기 후반에서야 겨우 성장의 기회를 잡았다. 이러한 시각이 한국 시민사회의 역사적 성립배경과 변증법적 발전을 경시하는 것으로 파악하여 이론(異論)을 제기하기도 한다.[1] 민주화 과정에서 반체제인사나 학생들이 시민(*citizen*)의 역할을 전담하면서 정부를 비판했고, 노동운동, 환경운동도 반정부운동을 출발점으로 삼았다. 불신을 넘어 적대적 관계에서 시민사회가 자극받았다. 신뢰란 인간이나 사물의 특성에

1) 일제식민지, 해방 후의 혼란, 권위주의 국가체제 등을 거치면서 한국 시민사회는 복종적이거나 침묵으로 일관하지 않았기에 약한 사회(*weak society*)로 규정하기 어렵다고 한다. 강력한 반외세운동, 반체제운동, 학생데모, 풀뿌리 노동자의 저항 등으로 점철되면서 폭발적이고 분출성향이 강한 사회적 힘을 축적하여 다투기 좋아하는 사회(*contentious society*)의 성격을 갖추게 되었다는 고찰도 있다. 그리하여 한국을 강한 국가와 다투는 사회(*strong state and contentious society*)로 규정하기도 한다. 이러한 견해는 Koo(1993: 231～249) 참조.

관한 진실의 확신을 의미한다고 볼 때, 시민사회가 정부를 진실하게 믿은 경험은 얼마 되지 않았다.

한편 시장의 입장에서도 정부는 중요한 존재였다. 경제개발 초기의 계획경제체제에서 시장의 존재는 미미했다. 몇 안 되던 기업의 입장에서 정부는 각종 지원을 통해 기업활동을 뒷받침해주는 은덕의 주체이기도 하면서, 동시에 감찰을 하는 공포의 대상이기도 했다. 계획경제의 성과는 정부신뢰를 증가시키는 요인이었지만, 동시에 통제 메커니즘은 정부불신의 대상이었다. 불확실성을 줄이고 시장원리를 신장시켜야 한다는 논쟁이 아직도 사라지지 않는 현실은 정부가 시장의 신뢰를 적정 수준으로 확보하는 데 실패하고 있다는 증거이다. “정부가 시키는 것과 반대로 하면 돈을 번다”는 시장의 속언은 바로 정부불신에서 유래하는 것이다.

그러나 정부의 일부 공직자들은 정부에 대한 도를 넘는 불신을 표출하는 시민사회와 시장, 심지어는 언론까지 비판하기도 한다. 시민사회의 성숙도와 자기정화작용이 대단히 취약하다는 것이다. 시민사회의 책무성에 대한 비판도 적지 않게 발견된다. 공직자 중 상당수는 현대적 거버넌스(*governance*)를 이해하고 있으므로, 정책결정 과정에 이해관계자의 참여를 허용하고 시민사회단체에 대한 지원까지 하고 있다. 그러나 적정한 수준의 정책결정권이 민간참여자들에게 이양돼 있다고 믿는 사람은 드물다. 경제관료 상당수는 자신이 시장주의자라고 주장하지만, 관료들이 주장하는 시장주의를 순수하게 받아들이는 기업인은 드물다.

2) 정부신뢰의 수준

정부신뢰는 정부기관과 시민이나 기업인을 연결하는 관계를 합리화함으로써 협력적 가치를 증대시킬 수 있다. 따라서 행정과 정책수행의 거래비용을 줄이고 효과성을 제고할 개연성을 높인다(Evans, 1996). 보통 시민들은 이기적 동기에 의하여 행동하고 이것이 공익을 훼손하는 사태까지 나아가기도 하는데, 정부신뢰가 높다면 공익을 증대시키는 정책을 이해관계자들에게 설득하기가 용이해진다.

그러나 불신을 완전히 제거하는 것은 불가능하다. 정부는 항상 어느 나라에서나 불신의 대상이었다. 한국에서도 권위주의 압박통치가 사라지고 국민의 경제적 수준이 증대되면서 반국가주의적 사조가 등장하고 있다. 동시에 민주주의의 공고화 속도가 늦어지면서 광범위하게 정부에 대한 불만과 불신이 증대되고 있다. 이러한 경향은 증대된 경제력에 기인하는 후기물질주의(*post-materialism*) 가치관을 지닌 사람들이 생기면서 더욱 심화되고 있다(임혁백, 2001). 또한 일반시민들의 편견이나 오해로 인해 정부불신이 가중되는 경우도 있다(이종범, 1986).

비록 문화적 요소가 강한 정부신뢰 문제에 관해 국가간에 직접적 비교가 가능할 만큼 정보와 데이터가 축적된 것은 아니지만, 국내외의 다양한 연구를 통해 이와 같은 경향이 실증적으로 입증되고 있다. 우선 정부신뢰의 수준을 살펴보기에 앞서 논의의 배경으로서 한국에서의 사회적 신뢰 수준부터 살펴보자. 2001년 '세계가치조사'(*World Value Survey*) 결과에 따르면, 한국의 전반적 사회적 신뢰는 낮은 편인 것으로 나타났다. '사람들에 대한 일반적 신뢰의 국제비교'를 위한 완전 신뢰 10, 극단적 불신 0인 스펙트럼에서, 스웨덴 6.63, 일본 4.31, 미국 3.63, 그리고 한국 2.73이 나왔다. 이러한 실상은 역사적·구조적 문제에 기인한다. 6·25 이후 급변한 사회구조, 정부주도의 급격한 경제성장, 세계에서 유례를 찾기 어렵게 빠른 속도로 진전된 도시화로 인한 공동체의 해체, 카리스마와 독단이 혼재된 리더십, 시민사회의 위축과 저항적 발달, 시장의 무질서와 경제윤리의 저하 등이 정부불신의 벽을 쌓았음을 부인하기 어렵다. 크낵과 키퍼(Knack and Keefer, 1997)의 연구는 사회적 자본의 수준과 정부신뢰의 수준을 동시에 제시하고 있다. 이 연구 결과에 따르면 한국은 조사된 29개국의 사회적 신뢰 수준과 시민적 규범의 강도, 그리고 정부신뢰의 수준에 있어 대체로 전체 조사대상 국가

〈표 2-1〉 국가별 사회적 자본 수준

국가	신뢰	시민적 규범	정부신뢰
스웨덴	57.1	41.57	0.65
덴마크	56.0	40.34	0.76
미국	45.4	40.55	0.61
영국	44.4	40.07	0.54
일본	40.8	41.79	0.46
한국	38.0	39.64	0.61
전체 평균 (총 29개국)	35.8	39.4	0.605

자료: Knack and Keefer(1997)에서 발췌 및 보완.

의 평균값보다 약간 높은 것으로 나타나고 있다. 그러나 스웨덴, 덴마크, 미국, 영국, 일본 등 선진 5개국 등과 비교해볼 때는 사회적 신뢰 자본의 수준이나 시민적 규범에 대한 신뢰 수준이 낮으며, 정부 신뢰는 미국과 동일한 수준으로 분석되었다(〈표 2-1〉 참조).

설문조사를 통하여 정부의 신뢰를 측정한 국내 연구결과를 살펴보면 낮은 수준의 정부 신뢰를 보였다. 〈표 2-2〉에서 보는 바와 같이 입법부, 사법부, 행정부의 모든 정부기관에 대해 신뢰 수준이 낮았다.[2] 이 중에서 신뢰가 가장 낮은 정부기관은 입법부(2.15)였으며, 상대적으로 신뢰가 높은 기관은 사법부(2.89)로 조사되었다. 행정부에 대한 신뢰는 중앙행정기관(2.62), 광역자치단체(2.70), 기초자치단체(2.72) 등으로 나타났다(박희봉·이희창·조연상, 2003). 이러한 정부 신뢰 수준을 일반인에 대한 신뢰를 의미하는 대인 신뢰의 수준과 비교해보자. 연구결과에 의하면, 이미 인간관계를 통해 네트워크가 형성된 개인에 대한 신뢰

2) 〈표 2-2〉에서 보는 바와 같이, 5점 척도로 측정된 정부 신뢰 평균값은 2.62로, 이를 100점 만점으로 환산할 경우 40.5점이다. 이는 긍정보다는 부정이 많은 결과이다(박희봉·이희창·조연상, 2003).

를 의미하는 '사적 신뢰'의 수준(3.68)은 정부기관에 대한 신뢰 수준보다 높은 반면, 개인적 네트워크가 형성되어 있지 않은 일반인에 대한 신뢰를 의미하는 '일반 신뢰'의 수준(2.42)은 정부기관에 대한 신뢰 평균값보다 오히려 낮았다. 결론적으로 개인적 친분관계가 있는 사람에 대한 신뢰 수준이 가장 높고, 정부, 그리고 개인적 친분관계가 없는 일반인의 순으로 신뢰 수준이 낮아진다는 것이다. 일반적으로 친분관계가 없는 일반인과의 관계가 공적·사회적 제도를 통해 형성된다는 점을 감안한다면, 연구자들이 밝히고 있는 바와 같이, 정부기관을 비롯한 한국사회의 공적·사회적 제도와 그에 기반한 공적 관계가 신뢰받고 있지 못한 것으로 해석할 수 있을 것이다(박희봉·이희창·조연상, 2003).

이러한 경향은 비록 수치의 차이는 있지만 2006년에 실시된 한국개발연구원(KDI)의 조사에서도 확인할 수 있다. 한국개발연구원(2006)의 조사에서는 정부 신뢰는 10점 척도에서 4점 미만으로 정당을 제외하고

〈표 2-2〉 정부기관에 대한 신뢰 수준

구 분			신뢰도	표준편차	사례수
정부 신뢰	정부 신뢰 평균		2.62	0.66	7,162
	입법부		2.15	0.85	7,282
	사법부		2.89	0.83	7,235
	행정부	중앙행정기관	2.62	0.78	7,249
		광역자치단체	2.70	0.75	7,237
		기초자치단체	2.72	0.76	7,225
대인 신뢰	대인 신뢰 평균		3.26	0.48	6,633
	사적 신뢰		3.68	0.52	6,864
	일반 신뢰		2.42	0.72	6,916

자료: 박희봉·이희창·조연상(2003).

〈표 2-3〉 한국에서의 정부 신뢰에 대한 세계가치조사 결과(단위: %)

답변 항목	1996년	2001년
매우 신뢰 (*A great deal*)	4.8	3.3
상당히 신뢰 (*Quite a lot*)	39.0	25.6
크게 신뢰하지는 않음 (*Not very much*)	47.7	51.8
전혀 신뢰하지 않음 (*None at all*)	8.1	14.6
잘 모름 (*Don't know*)	0.2	4.7
결측치 (*Missing*)	0.2	0
N	1,249	1,200

자료: 세계가치조사(www.worldvaluesurvey.org), 각 연도.

는 가장 낮았다. 공공기관들 중 행정부에 대한 신뢰가 매우 낮았다. 특히 중앙정부가 지방정부보다 낮았다. 정당을 제외한 제도화된 공공기관들 중에서 정부 신뢰가 가장 낮다는 점에 그 심각성이 있는 것으로 판단된다. 정부 주도의 발전을 한 국가에서 법질서, 계약, 그리고 정부 신뢰가 상대적으로 낮다는 것은 많은 문제가 내재해 있음을 암시한다. 이 같은 공적 제도에 대한 낮은 신뢰는 사회적 자본의 축적에도 큰 장애요인이 될 것으로 판단된다. 아울러 행정 주도의 사회운영에 대한 대안이 구상되고 현실화되지 않는 상황에서 당면한 문제의 해결책이 쉽게 강구되기 어렵다.

시계열적인 자료가 부족하여 변화를 추적하기는 어렵지만, 정부 신뢰는 증가하지 않은 것으로 추정된다. 〈표 2-3〉에서 보는 바와 같이, '세계가치조사'(*World Value Survey*)에서 정부에 대한 신뢰는 1996년, 2001년 계속 하락세였다. 즉, '정부를 어느 정도로 신뢰하는가?'라는 질문에 대해, 1996년 조사에서는 긍정적 답변이 전체의 43.8%, 부정적 답변이 55.8%를 차지한 반면, 2001년 조사에서는 긍정적 답변이 28.9%로 줄고, 부정적 답변이 66.4%로 증가하였다.

여론조사기관인 갤럽의 조사결과에서도 동일한 경향이 나타나고 있다. 1990년, 1996년, 2002년 조사결과에 따르면, 입법부, 사법부, 행정부, 정당, 군대, 경찰 등 정부기관에 대한 신뢰도가 모두 하락하고 있는 것으로 나타나고 있다. 2002년 조사에서 나타난 기관별 신뢰도를 살펴보면, 정당(12.0), 국회(13.3)의 신뢰도가 가장 낮았고, 행정부(34.6)와 경찰(34.6), 그리고 사법부(52.8), 군대(59.1)의 순으로 신뢰도가 높았다(박미옥(2003)에서 재인용).

이와 같은 결과는 1996년 IMF 외환위기 이후 한국사회의 변화에 대한 조사에서도 그대로 나타나고 있다. 서울대 사회발전연구소의 조사결과, IMF 외환위기 이후 조직과 제도에 대한 불신은 지속적으로 증가하고 있는 것으로 나타났다. 정부부문(34%→30%)과 비정부부문(50.5%→44.8%)으로 나눠볼 때 1996년과 비교해 양쪽 모두 신뢰도가 하락했다. 특히 정당(2.9%), 국회(3.2%), 행정부(8%), 사법부(10.1%) 등 정부 및 정치기관에 대한 불신이 높은 것으로 나타나고 있다(서울대 사회발전연구소, 2007).

이러한 경향은 미국에서의 조사결과와도 일치하는 것이다. 1964년에 미국 연방정부가 '대체로 적절한 일'(*the right thing most of the time*)을 한다고 믿는 사람은 75%였는데, 1995년경에는 25% 정도로 감소했다. 1995년의 조사에서는 연방정부에 대해서 15%, 주정부에 대해서 23%, 지방정부에 대해서 38%의 신뢰를 보였으며, 1997년에는 각각 22%, 32%, 38% 정도의 신뢰를 보였다. 아울러 1960년대 중반에서 1990년대 중반까지 30년 동안 대학은 61%에서 30%로, 대기업은 55%에서 21%로, 의료계는 73%에서 29%로, 언론은 23%에서 14%로 신뢰가 저하되었다. 이렇듯 공적 제도나 기구에 대한 신뢰 저하, 그중에서도 정부 신뢰가 정치 다음으로 상대적으로 낮은 수준에 머무는 것은 미국, 캐나다. 이탈리아, 스페인, 노르웨이, 스웨덴, 일본 등에서도 흔히 찾아볼 수 있는 현상이다(Nye, Zelikow and King, 1997: 1~2).

그렇다면 한국사회에서의 정부 신뢰 저하는 전 세계적인 보편적 현상이며 그리 심각한 문제는 아니지 않을까? 물론 조사방식이 각기 다르기 때문에 직접 수치를 비교하여 어떤 유의미한 실상을 파악할 수는 없다. 그러나 권력과 정부에 대한 불신을 기초로 민주주의를 건설한 역사에 비추어볼 때, 정부 신뢰가 낮은 것이 역으로 건강한 사회라는 징표는 아닐까? 민주주의 정체에서 권력의 분립과 견제, 주기적 감시, 정당체제를 통한 경쟁과 대결, 시민사회와 국가의 길항관계 유지, 시장원리와 정부규제라는 이질적인 두 가지 원리의 동시 채택은 모두 권력에 대한 불신에서 유래한다. 아울러 정부 불신은 감시를 활성화하고 시민의 입장에서 공적 제도를 운영케 하는 동인을 제공할지도 모른다. 이와 같은 점을 고려한다면, 문제는 정부 불신의 정도와 그 원인에 있는 것이라 하겠다. 회의론과 불신의 수준이 적정할 경우, 정부를 바람직한 방향으로 변화시키는 촉매제로 작용할 수 있지만 적정 수준을 넘게 되면 국정관리에 막대한 지장을 초래할 수도 있기 때문이다(Miller, 1974).

3) 원인인가, 맥락인가

정부 신뢰의 문제를 연구함에 있어, 정부 신뢰뿐만 아니라 정부 신뢰의 사회적 맥락으로서 사회적 자본도 함께 고려되어야 한다. 정부 신뢰는 사회 전반의 사회적 자본의 축적과정 및 수준과 깊은 관계를 맺고 있기 때문이다.[3] 이와 같은 관점에서 볼 때, 높은 수준의 사회적 자본

---

3) 시민들의 대인 신뢰와 정부 신뢰 간의 긍정적 상관관계는 국내 연구에서도 동일하게 나타나고 있다. 사적 신뢰와 일반 신뢰를 포함한 대인 신뢰, 수직적 단체 및 수평적 단체 가입과 참여, 투표참여, 정치 관심 등 소극적 정치참여가 정부 신뢰에 긍정적 영향을 미치는 변수들로 분석되었다(박희봉 · 이희창 · 정연상, 2003; 오경민 · 박흥식, 2002). 그러나 이와 같은 상관관계는 연구변수와 연구가 이루어지는 사회적 맥락에 따라 통계적으로 유의미하지 않거나 상반된 것으로 나타나기도 한다(Kolankiewicz, 1994; Whiteley & Seyd, 1997). 그렇기 때문에 현재로서는 그 상관관계의 유의

은 인간관계 네트워크 및 사회참여를 활성화시켜 결국 정치적 관심과 참여를 증가시키며, 이러한 신뢰 및 참여의 확산은 정치인과 관료 엘리트의 책임의식을 제고하여 결국 정부 효율성에도 긍정적 영향을 미치게 된다(Inglehart, 1999a, 1999b, 1997; Levi, 1996; Brehm & Rahn, 1997).

정부 신뢰가 다른 분야의 사회적 자본에 의하여 수동적으로 규정되는 정도가 큰 경우, 정부 신뢰의 개선방법은 범사회적 개선조치와 더불어 전개될 때 의미 있는 변화가 가능할 것이다. 예를 들어 2007년 투명사회협약실천협의회(2007)는 사회지도층에 대한 신뢰도가 15.8%라는 조사결과를 발표했다. 이런 상황에서 정부만의 신뢰를 개선한다는 것은 대단히 어려운 과제다. 예를 들면 노사갈등이 심각하고 상호불신이 높은 상황에서 노동자들이나 사용자들의 노동행정에 대한 불신을 노동부만의 노력으로 해소하기 어렵다. 정부의 다양한 제도들이 사회적 굴절을 제대로 반영하면서 적절한 진화과정을 거쳤다면 다소간 믿음을 얻을 수 있었을 것이다. 그러나 개혁이라는 이름 아래 국적 없는 제도들이 대거 수입되어 강제 이식되었고, 이는 정부 내부는 물론 국민들로부터 신뢰 받지 못하는 원인이 되었다.

그러나 과연 시민사회나 시장이 주체가 되어야 할 것인지, 아니면 정부가 사회적 신뢰형성의 주체가 될 수 있을 것인지를 양자택일적으로 접근하기는 어렵다. 한국에서 시민사회의 발전은 1980년대 민주화를 출발점으로 이후 급속하게 진전되었으며, 1990년 지방자치제의 도입으로 그 바탕을 넓혀가고 있지만, 책무성과 자발성 면에서 여러 가지 어려움에 직면하고 있기 때문이다. 시민의 참여 부족과 엘리트 중심 운영은 물론이고, 대안 부족, 전문성 부족, 영세 재정 등으로 시민사회단체에 대한 일반 시민의 신뢰는 낮은 수준에 머물고 있다. 한 연구에 의하면 사회자본의 형성에 정부가 나서길 기대하고 있는 비율이 43.3%, 시

미성과 방향을 단정짓기는 어려운 것으로 판단되며, 좀더 많은 연구가 축적돼야 할 것으로 보인다.

민사회단체 26.5%, 교육기관 21.3%, 언론 5.7% 순이었다(황영호·박종관, 2004).

이와 같은 사정과 함께 한국에서 가장 효과적인 변화 주체가 정부이며 정부는 집권자에 따라 변화가 가능하다는 점을 고려한다면, 정부를 통한 사회적 자본의 축적과 정부 신뢰의 축적이 가능할 것이라는 가설을 세울 수 있다. 특히 정부 신뢰가 한 국가의 독특한 역사적·문화적 산물이라는 관점에서 본다면(오경민·박흥식, 2002), 한국의 경우 정부의 적극적 역할을 강조할 수도 있다. 예를 들면 한국의 연고주의는 서양의 시각에서 볼 때 사회적 자본을 잠식한다는 측면에서 약점이지만(Lingle, 1998), 한국사회의 강력한 역동주의의 밑바탕으로서 일정 부분 기여하는 측면도 있었다. 실제로 일부 학자들은 개발도상국의 경우 정부의 적극적 역할을 주장하기도 한다(Evans, 1996; Skocpol, 1996). 그러나 정부의 역할을 중시하는 서구권 학자는 실제로 그리 많지 않을 뿐만 아니라(Putnam, 1993; Fukuyama, 1995), 정부의 적극적 역할을 강조할 경우 자칫 잘못하면 행정만능주의의 또다른 형태로 변질될 위험이 있다. 이런 모든 점들을 고려할 때, 우선 정부 내부의 개선노력을 통해 변화를 보이는 것이 중요하다.

여기서 강조하고자 하는 바는 시민의 민주적 능력이 사회적 자본의 구축에 가장 중요한 요건이지만, 정부의 노력도 무시할 수 없는 영향을 미칠 것이라는 점이다. 신뢰는 정부와 시민사회, 그리고 시장 간에 흐르고 축적되는 것으로 보아야 한다. 미국과 같은 계약적 성격이 강한 사회에서는 정부 신뢰가 환경적 요인의 영향을 상대적으로 크게 받았을 수도 있다. 그러나 한국에서는 정부가 민주적 과정을 거쳐 국민으로부터 신탁을 받아 출발했다고 보기는 어렵다. 해방 이후 혼란이 계속되면서 외부적 여건에 의해 정부가 구성되었고, 동시에 정부 중심적 사회구조가 오래 지속되었기 때문에 정부 신뢰는 다른 신뢰에 영향을 미치는 원인이 될 개연성이 높다.

정부가 사회적 신뢰의 중심에 있다면 정부가 사회적 자본을 축적함으로써 신뢰문제를 개선할 여지가 많다. 예를 들면 한국개발연구원(2006)의 조사에서 일선 행정기관의 민원서비스가 공정하다는 인식은 70%로 불공정하다는 인식(14%)을 크게 능가하고 있다. 이것은 지방자치제 이후 민선단체장들이 공무원의 친절도 제고, 민원처리의 공정성 개선을 위해 투명한 절차를 도입하고 신속성을 높이는 등 다양한 노력을 기울인 결과로 볼 수 있다. 이러한 사례는 사회 전반의 공정성 인식 문제를 해결하지 않고서도 정부의 내부적 노력만으로도 정부 신뢰의 수준이 개선되는 측면이 있음을 보여주는 것으로 생각된다.

이와 같은 관점에서 볼 때, 정부부문에 존재하는 불신의 원인으로 지적할 수 있는 것은 다음과 같다. 첫째는 도덕성 문제로, 부정부패가 그 핵심에 있다. 정직과 성실성(*integrity*)의 문제로, 낭비는 물론이고 권력을 다른 각종 효용과 개인적 용도로 교환하는 것이다. 한국 정부에서도 고질적 문제로 이 점이 지적되고 있다. 국세청의 수뢰나 병무청의 부정은 곧바로 정부 전반의 불신(*mistrust*)으로 확산된다. 정치지도자나 고위공직자의 행태적 문제도 신뢰에 영향을 미친다. 거짓말, 스캔들, 외양과 괴리가 있는 사생활, 과대한 언약 등이 축적되면 일반 시민의 정부에 대한 믿음도 줄어든다. 대통령이나 장관의 행태에 대한 실망이 정부나 정책의 신뢰상실로 연결되는 경우도 적지 않다.

둘째, 정부의 비능률과 규제 위주의 행정이다. 비능률의 범위는 대단히 넓다. 공공시설 건설비의 과다책정에서 시작하여 인력의 과잉에 이르기까지 다양하다. 복잡한 행정절차와 수많은 규제도 시민과 기업인의 불만대상이다. 특히 정부의 행정범위(*scope of government*)가 넓다고 인식되는 상황에서 정부가 비능률적일 경우, 정부 불신이 커지며 정부의 개입범위에 대한 문제제기가 강하게 나타나게 된다.

셋째, 정부의 능력(*capacity*)과 성과(*performance*)이다. 사회문제가 제대로 정책의제로 설정되지 않거나 정책문제의 해결이 지연되는 경우,

시민은 정부에 대한 신뢰를 철회할 것이다. 정부 성과가 계속 미미할 때, 정부가 강제로 요구하는 것을 부담은 하겠지만 정부를 믿지는 않을 것이다. 특히 정부의 경제적 실패가 신뢰상실에 결정적으로 작용한다는 분석이 우세하다. 1997년 외환위기 이후 정부 능력에 대한 믿음은 상당히 줄어들었다(서울대 사회발전연구소, 2007). 비정규직 양산, 실업자 양산, 부동산 가격의 급등 등과 같은 현상에서도 정부는 믿기 어려운 실체로 비추어진다.

넷째, 정부의 이념적 색채가 강해지면 사회적 파편화가 심해지고 그것이 정부의 신뢰추락으로 연결될 수 있다. 정치권에 대한 불신이 극단적 정책방향과 결부되면서 행정부에 대한 신뢰까지 낮아지는 것이다. 시민 전체가 동일한 수준의 신뢰를 갖지 않는 것은 현대사회의 다기화된 이해관계와 가치에 대한 믿음, 정치적 복수주의를 전제할 때 당연한 현상이다. 대북정책과 같은 영역에서 정부의 정책방향이 진보적으로 나아가면 보수집단이 정부를 불신한다. 이념갈등은 자유, 평등, 정의, 권력 등의 가치를 둘러싼 정도(*degree*)의 문제가 아니라, 구성체의 본질에 관한 갈등을 불러오기 때문이다(Sowell, 2002). 국민적 동의가 없는 한, 정파의 극단적 정책의 추진은 국민의 분열을 심화시키고 신뢰를 저하시킨다.

다섯째, 전통적 행정가치라 할 수 있는 민주성과 공정성도 정부 신뢰의 주요한 원천이 된다. 다시 말하면, 정부가 비민주적이고 권위주의적으로 정책을 결정하고 집행하거나, 혹은 절차적 공정성을 결여한 정책을 밀어붙이면 정부에 대한 신뢰를 떨어뜨리는 원인이 된다. 때로는 정부정책의 민주성과 공정성이 정책의 성과나 효율성보다 정부 신뢰에 더 큰 영향을 미치기도 한다. 한 연구에 따르면, 정책 수혜의 절대적 수준이나 상대적 수준보다는 정책과정의 절차적 공정성과 정책 대상집단에 대한 공정성 평가가 정부 신뢰를 증진하는 데 더 큰 영향을 미치는 것으로 분석되었다(박종민·배정현, 2007). 특히 지역간, 계층간 상대적

격차가 큰 한국의 경우 공정성은 정부 내부 관리에 있어서도 매우 중요한 가치가 아닐 수 없다. 예를 들어 정부고위직에 대한 인사가 어느 지역 출신으로 편중되면 자연히 과대포장되어 시민사회에 전달된다. 그렇게 되면 시민사회의 일부가 반감을 가지게 되면서 정부를 불신하게 된다. 아울러 국민적 공감대를 확보하지 못하거나 절차적 민주성을 결여한 채 특정 정책을 일방적으로 결정하고 집행할 경우, 시민의 비판에 직면하게 됨으로써 정책의 정당성과 추진력을 상실하게 되고 이는 정부에 대한 신뢰의 저하로 이어진다.

4) 인과성의 문제: 사실과 전달

시민들이 정부활동에 대해서 정확하고 광범위한 공공적 사유(*public reason*)를 한다고 하더라도, 사실에 접근할 수 없는 것이 현대 민주주의가 안고 있는 현실적 한계다. 정부나 정부 내의 정책결정자가 비공공적 사유로 행한 행위에 대한 윤리적 판단을 할 수 없는 경우도 적지 않다(MacGilvray, 2004: 181~207).

대인간에는 행위의 의도성(*intent*) 여부가 신뢰에 결정적 영향을 미치지만, 사회적 관계에서 이러한 점은 고려될 필요가 없다. 그러나 의도성의 여부를 정보의 발신자가 아닌 전달자 미디어(*media*)의 의도로 파악해야 할 필요는 있다. 정부의 실책과 실수를 시민과 기업가들이 어떤 경로를 통해 어떻게 수신하느냐에 따라 정부 신뢰에 대한 시민의 태도 형성이 달라질 수 있다. 사회적 자본이 취약해 일반적 신뢰(*generalized trust*)가 낮은 사회에서는 다른 사람이나 다른 조직에 대한 믿음이 희박하다. 게다가 의도를 가진 언론매체가 사실을 왜곡 전달하여 불신을 부추기는 경우에 대비해야 한다.

언론의 사회비판 기능에 언론사의 입장이 개입되고 다른 집단에 대한 불신이 일반화되어 독자들이 정부 불신을 키우고 있다는 비판이 적지 않다(윤영철, 2007). 우리 언론의 과다한 선정주의와 냉소주의는 주지의 사실이며, 가십이 난무하고 편파적 보도도 줄어들지 않고 있다. 상대방의 조그마한 실수에 대해서도 비난을 퍼붓기 일쑤다. 한국사회에서 가장 강력한 리바이어던(*leviathan*)인 정부에 대한 폄하와 과도한 비판(*denunciation of government*)이 마치 언론의 관례처럼 굳어졌다. 권한과 규모가 가장 큰 조직인 정부의 비리나 실책을 선정적으로 전달함으로써 시민의 주목을 받으려는 언론매체가 경쟁적으로 활동한다면, 정부 실책의 과장보도로 인한 정부 신뢰의 훼손 가능성이 커지게 된다. 이러한 언론의 행태는 신뢰의 문화적·심리적 속성상 현실적으로 정부 신뢰에 큰 타격을 입히며 정부활동에 대한 비용을 높여가는 문제를 유발한다. 반대로 언론과 정권 간에 밀착관계가 형성돼도 국민의 불신이 커진다.

3. 정부 신뢰의 제고방안

그렇다면 과연 정부의 추락한 신뢰가 개선될 수는 있을까? 기업의 경우 비의도적 행위나 사고에 의한 신뢰추락을 사후의 노력으로 개선한 사례는 적지 않다. 1989년 한국에서는 수입 우지(牛脂)로 라면을 만들어 판매한 '우지파동'이 있었다. 그러나 미국에서 공업용으로 분류된 우지의 사용을 중단하고 식물성 기름으로 교체하는 한편, 경영진의 뼈를 깎는 원가인하 노력을 통해 결국 신뢰를 얻어 기업회생을 이뤄냈다. 정부의 경우에도 장기적·지속적으로 문제된 분야를 개선하면 시민의 신뢰가 높아지지 않으리라는 법은 없다.

그러나 문제는 그리 단순하지 않다. 앞서의 논의를 통해 규명된 한국정부의 신뢰추락의 원인이 많은 부분 밝혀졌지만, 원인으로 지적된 사안의 개선만으로 가능할지 의문이다. 원인으로 지목된 사안의 개선도 다른 연계된 문제가 선결되지 않고서는 해결될 수 없다는 점을 고려한다면, 전혀 다른 차원에서 신뢰의 향상을 위한 노력을 집중해야 할지도 모른다. 그럼에도 불구하고 정확한 인과관계의 확인도 쉽지는 않겠지만, 문제의 원인이 확실한 경우 정부가 이를 개선하는 것은 매우 중요하다. 이하에서는 위에서 원인으로 지적된 사안의 개선에 대해서는 간략하게 언급하고, 이들 문제가 동시에 해결될 수 있는 보다 통합적인 과제(*totality of the problem*)를 중점적으로 논의하겠다.

1) 정부 내부 기본문제의 개선

정부 내부의 부조리 해결을 위해 가장 중요한 사안은 구조와 운영방식의 개선이다. 출발점은 투명성 증대에서 찾을 수 있다. 투명성이란 실제 있는 대로 진실히 이야기함으로써 사람들에게 입증하는(*verify*) 것이다. 이는 정직과 공개, 진정성과 성실성의 원칙 위에서 가능하다. 정부공직자의 일부가 부정, 비리, 부패와 연계되는 상황을 조기에 차단해야 한다. 부정부패는 정부의 집권성과 경직성, 폐쇄성과 불명확성, 규제남용과 넓은 재량 등으로 인해 발생할 소지가 크므로, 이러한 구조적 문제를 선결해야 한다.

부패문제를 정부만의 문제로 따로 떼어서 접근할 수 없다. 정부의 부패문제는 대출비리, 분식회계, 정경유착, 기업관행 등과 깊은 관련을 맺고 있기 때문이다. 따라서 이에 대한 다방면의 점검과 대안이 요구된다. 예를 들면 부패방지법과 자금세탁방지법 등이 이미 제정되어 운영되고 있지만, 제도상의 미비점은 없는지, 싱가포르의 경우와 같이 공직자의 처우를 개선하면서 문제 발생 시 처벌을 강화하는 방안의 실현가능성 등을 검토할 필요가 있다. 그러나 새로운 제도의 도입에 앞서, 기존제도를 엄정하게 운용하고 빈번하게 문제가 발생하는 일부 영역에 대해서는 감시와 벌칙을 강화할 필요가 있다. 부패의 근원에 가장 가까운 곳에 있는 공직자가 비리의 발생소지를 잘 알고 있다는 점을 전제로,

공직분류에서 감사직렬을 신설하여 중앙정부와 지방정부 공히 주변 감시기능을 공고화하는 방안이 필요하다. 또한 내부고발자 제도를 우리 문화에 부합하게 잘 발전시켜야 한다. 그리고 고위직의 비리발생으로 정부 신뢰가 추락하는 경우가 많으므로 고위직에 대해서는 감시와 사정을 엄중히 해야 할 것이다. 직무권한의 사적 이용과 불공정한 업무처리에 대한 감시의 수위를 높여야 한다.

동시에 분권적이며 자율적인 정부운영 기조가 침해되어서는 안 된다. 형식적 참여에서 과감히 벗어나 정책공동체를 고도화하는 조치와 더불어 전문성을 보강하면서 이해관계자의 이해를 조정할 수 있는 실질적 참여가 확대되어야 한다(임현진, 2005). 아울러 정보공개법의 내실 있는 운영과 행정절차법의 취지를 살리는 운용이 절실하다. 제도상의 문제점이 있다면 반드시 보완해야 하지만, 효과적 제도 운영에 대한 의지도 그에 못지않게 중요하기 때문이다.

2) 사회통합을 위한 정부의 정책적 노력

최근 한국사회가 안고 있는 문제 중 하나는 과거의 경직된 이분법적 이념도식을 그대로 대입한 이념적 스펙트럼에 따라서 일부는 정부를 비난 일색으로 몰고 가고, 일부는 지지일변도로 몰고 가는 경향이 나타나고 있다는 것이다. 그리고 중간층은 점점 취약해지고 있다는 분석이 지배적이다. 좌, 중, 우의 인구분포가 30 : 40 : 30이라는 해석도 있지만, 극단적 좌우 인구분포는 의외로 매우 작을지도 모른다(송호근, 2005). 그러나 이해관계와 이념적 시각이 결부될 때, 정책문제나 정부의 자세 등에 대해 극단적 불신을 보이는 사례가 비일비재하다.

정부가 이념적 틀 속에서 정체성을 확보하는 것은 불가피하지만, 이미 퇴색된 과거의 이념도식을 극복하는 자세를 보여야 한다. 유럽에서도 제 3의 길은 물론, 신중도(新中道: *neue Mitte*)라는 기치를 내걸고 변화된 국제관계, 사회적 양식, 경제적 수준 아래서 새로운 길을 모색하고 있다. 독일이 대표적이다(박성조, 2005; 임현진, 2006). 이는 좌우의 극단적 대결을 지양하고 새로운 공통선을 추구하는 것으로, 정치인과 더불어 정부의 인식변화가 필요한 부분이다. 특히 정부의 정책개발 과정에서 거버넌스 체계를 구축하고, 좌우 극단의 정책보다는 국가적 이익과 최대다수의 최대행복이라는 공공복리의 실질적 증대에 초점을 맞추어야 할 것이다. 아울러 급격한 정책변화를 자제하고, 국민생활을 안정적으로 보호하기 위해 노력해야 할 것이다.

3) 정부역량의 강화

최근 공직자의 개인적 자질이 우수함에도 불구하고, 주요 정책결정 권한의 상층부로의 집중, 각종 위원회의 정책결정 권한 강화, 정책분석 및 대안제시를 위한 정부 산하 연구원의 설립과 활동 등으로 인해 공직자의 전문성보다 관리능력을 우선시하는 경향이 생겨났다. 그러나 공직자에게 가장 먼저 요구되는 전문성은 업무와 관련된 정책문제의 해결능력(*problem-solving capacity*)임을 잊지 말아야 한다. 사회문제가 이념적 혹은 정치적 견해 차이로 해결되지 못하고 있는 경우도 적지 않지만, 효과적 처방책을 찾지 못하여 지연되는 사례가 더 많다. 전문지식과 다기화된 전문적 판단을 통합할 수 있는 정책관리 능력(*policy management capacity*)의 취약, 그리고 정책리더십(*policy leadership*)의 부족을 주요원인으로 꼽을 수 있다(이달곤, 2005a).

정책문제를 종합적으로 접근할 수 있는 능력을 갖춘 정책전문가의 기용을 확대하는 인사제도의 개선이 필요하다. 외부인사를 정부에서 영입할 경우 초기에는 적응에 다소 문제가 수반된다. 따라서 외부인사를 단독으로 영입하여 바로 업무에 종사하게 하는 현재의 외부공모제와 아웃소싱(*outsourcing*)보다는, 조직적 유연성을 확보하고 영입된 전문가가

능력을 발휘할 수 있는 여건 개선이 뒤따라야 할 시점이다(윤태범, 2007).

더불어 정책의 일관성과 계속성이 유지되어야 한다. 부분적·파편적 접근은 억제하고 전반적으로 장기적 관점에서 수립된 정책을 집행할 수 있는 구조와 문화를 만들어야 한다(이달곤, 2005b). 특히 경제문제나 환경문제와 같이 광범위한 정책은 분야별 정책도 중요하지만, 체계성과 계속성을 갖춘 '정책다발'(*policy bundle*)이 꾸준히 추진되어야 효과를 볼 수 있다. 또한 시장원리를 무시하고 정책의 기본틀을 도외시한 채 이념적으로 편향된 정책수단을 통해 정책목표를 달성하려 할 경우, 특정 분야에 막대한 피해를 초래하게 된다. 특히 서구 선진국에서는 경제정책의 효과가 줄어들면서 경제사정이 악화되는 것이 정부 신뢰 상실의 주요원인으로 지목되고 있다(Brock, 2002). 정부는 신뢰할 만한 약속(*credible commitment*)을 해야 한다. 규제완화와 같은 친기업적 정책을 실질적으로 '네거티브 시스템'(*negative system*)으로 전환한다든지 아니면 규제일몰제의 확실한 도입과 같이 장기적으로 불확실성을 없애는 정책기조를 선택해야 할 것이다.

계속적으로 반복되는 재해나 사고도 정부 신뢰를 악화시키는 주요원인이다. 전형적 예로서 매해 반복적으로 발생하는 수해는 근원적 조치를 취한다는 정부의 발표에도 불구하고 지속되고 있다. 이러한 문제에 대한 보다 창의적인 접근이 필요하다.

4) 좋은 거버넌스(*good governance*)

정부는 시민사회와 시장의 원리에 충실한 좋은 거버넌스를 만들어내야 한다. 21세기 초반의 지구적 추세는 개인의 자율 신장과 시장원리의 확충이다. 이와 같은 추세를 고려할 때, 한국의 정부 중심적 현실에서는 먼저 정부의 역할범위를 적정선으로 축소 조정하는 것이 중요하다.

정부가 주도적으로 정부와 외부환경과의 경계를 관리(*boundary management*) 한다는 관점에서 접근해야 한다. 정부가 스스로 기능을 축소 조정함으로써 시민사회의 공간과 시장원리의 범위를 확장하는 것이다(이달곤, 2005a).

이것은 민주적인 거버넌스를 정착시키는 문제로 연결된다(Maloney, 2000). 민주적 거버넌스의 정착을 위해서는 시민사회와 시장의 참여가 견실해야 한다(Przeworski et al., 2000). 따라서 정부가 이들을 현실적으로 어떻게 지원할 것인가에 대한 구체적 방안의 모색뿐만 아니라 이들과 정부의 의사를 공유하는 노력도 필요하다. 최근 반정부적 분위기는 많이 줄어들었지만, 사회적 중재구조(*mediation structure*)에 속하는 다양한 시민사회단체와 지역기반 단체들의 역할을 사실상 인정하지 않을 수 없다(임현진, 2005).

작은 정부를 지향하면서 정부기능이 축소 조정된다면, 공적 기능의 적지 않은 부분이 자주적 시민의 손에 의해 수행되어야 할 것이다. 예를 들어 복지다원주의(*welfare pluralism*)와 같이 정부가 복지의 책임자라는 시각에서 벗어나 정부와 더불어 가족, 지역과 직장공동체, 시장기제가 다 같이 복지문제의 해결에 나서는 구조를 만들어야 한다. 환경보전, 소비자 구호, 범죄예방, 청소년 보호, 식품안전 등 실제로 다양한 시민조직이 적극적으로 나서야 할 영역이 대단히 많다. 이렇듯 다양한 조직이 공적 업무에 적극 참여함으로써 주체적이고 자주적인 시민(*emancipated citizen*)으로 등장할 때, 정부는 새로운 지원방법을 고안하여 이들로부터 신뢰를 받는 것이 중요하다. 기존의 지원방식은 정부의 간섭을 증대시켰다. 공직자에 대한 비난과 정책수단에 대한 불평은 자연히 정부 불신으로 연결되었다.

구체적으로 공론조사와 같은 방식을 정책결정 과정에 도입하여, 시민사회의 참여와 이해당사자들의 의견을 사전에 참조하는 절차의 개선이 필요하다(Fishkin, 1991). 시민사회의 활성화를 위한 중부유럽의 퍼센트

법(자신이 납부한 세금의 1% 내에서 선택한 시민단체에 재원을 지원하는 방법) 등과 같은 방법을 동원하여 정책의 주도권을 정부에서 시민사회로 옮기는 것도 고려해볼 만하다(김태종, 2006).

5) 너무 높은 기대

우리 정부는 경제발전의 기적을 이룬 성과가 있기 때문에 국민들로부터 일정 기간 일정 수준의 신뢰를 받았다. 한때 불신의 대상이 되기도 했지만 아시아에서 빠른 속도로 민주화를 이룩함으로써, 이 분야에서도 적지 않은 신뢰를 받게 되었다. 이러한 과정을 거치면서 국민들의 정부에 대한 실질적 기대가 커진 것 또한 사실이다. 어떤 윤리적 사건이 터지거나 정부가 기능적 정책 면에서 취약함을 보이는 경우에도 완전히 낙심하지 않고 '한 번 더 믿어보자'는 사회적 심리상태로 복원이 되곤 했다. 그러나 최근에는 국민들의 기대와 실상 간의 괴리(*gap*)가 커지고 있는 것으로 보인다. 따라서 실상을 개선하는 본질적 문제해결이 중요하지만, 여러 가지 방도를 활용하여 기대와 관련된 격차를 관리하는 것도 필요하다.

이러한 격차를 관리함에 있어 언론의 기능이 중요하다. 언론이 그 격차를 줄이기도 하고 넓히기도 하기 때문이다. 국민이 정부의 능력과 도덕성을 감지하는 방법은 다양하지만, 이는 주로 직접적 경험과 다양하게 전개되는 정보의 수신과 해석에 의존한다. 따라서 정부로서는 정확한 정보를 공급하는 문제가 중요해진다. 아울러 언론은 주체적으로 정부가 제공하는 정보를 해석하여 전달하는 기능을 수행하므로 언론이 정부 신뢰에 매우 지대한 영향을 미친다. 특히 최근에 발달된 사이버 언론은 신속성과 다양성, 그리고 익명성과 쌍방향성이라는 속성을 지니고 있다. 이러한 언론환경의 변화에 대응하기 위해 정부가 정보를 생산하고 전달하는 수단 측면에서 한층 더 노력을 기울여야 할 것이다(박통희 · 양건모, 2005).

정부와 언론 간의 관계는 통상적으로 적대적이거나 감시적이다. 언론은 권력의 감시자이다. 어떤 기능을 수행하든지 간에 정확한 사실이 보도되도록 정부가 먼저 나서서 노력해야 된다. 무엇보다도 정부의 투명성을 높여야 한다. 정책문제 발생 시, 정부가 신속히 문제의 핵심을 인지하고 공개적으로 대안을 형성하고 정책결정을 한다면, 정책결정의 번복이나 대응의 지연으로 인한 정부 신뢰의 추락은 막을 수 있을 것이다. 그 공개과정이란 바로 언론에 사실 그대로를 알리는 것이다. 아울러 불공정한 언론보도에 대한 수정을 요구하는 것도 필요하지만, 정부의 영향력을 과대하게 확장하려고 해서는 안 될 것이다.

4. 결론

마지막으로 제기하고자 하는 문제는 높은 정부 신뢰가 무조건 좋은 것인가 하는 것이다. 물론 낮은 수준의 정부 신뢰, 또는 계속적인 신뢰 수준의 저하는 민주주의 가치와 제도 기반의 붕괴로 이어지게 된다. 그러나 논리적으로 볼 때, 사회적 신뢰나 정부 신뢰를 지나치게 강조하면 역으로 개인의 자율성이나 조직적 다양성이 줄어들 가능성도 존재한다(Putnam, 2000). 지난 20여 년간 신뢰가 경제발전, 정치참여, 민주주의의 공고화, 사회적 질서와 통합, 사회적 발전 등 광범위한 문제들을 개선 내지 유도하는 만병통치약으로 간주된 것에 대한 반성 또한 필요하다. 물론 정부 신뢰도 높이고 사회적 관용이나 다원성도 높일 수 있다면 금상첨화일 것이다. 그러나 한국 관료제의 신뢰를 높이면서 동시에 조직구성원의 다양성과 창의성을 살리는 일은 그리 쉽지 않다. 이는 아직도 수직적 통제나 권위주의적 리더십이 용이하게 침투하고 작동할 수 있는 본래적 바탕이 엄연히 존재하고 있기 때문이다.

결론적으로 현재 낮은 수준의 정부 신뢰와 그 원인이 되는 한국 정부의 구조적 문제점들, 그리고 신뢰가 과도하게 강조되었을 때 나타날 수 있는 부작용 등을 종합적으로 고려할 때, 시민사회, 시장과의 건강한 긴장관계 속에서 신뢰받는 정부를 구현하는 것이 요구된다 하겠다. 이를 위해 미시적 노력과 거시적 노력이 동시에 병행되어야 할 것으로 판단된다. 즉, 미시적으로는 정부 내부 문제의 개선에 집중해야 할 것이다. 정부의 투명성 제고, 더 높은 정책성과를 달성할 수 있는 정책역량의 축적, 그리고 민주적이고 공정한 정책추진을 위한 제도적 개선이 요구된다. 거시적으로는 정부 주도의 경향을 축소시키는 가운데 시장과 시민사회와의 관계 속에서 정부가 새로운 기능과 역할을 담당하도록 재위치시키는 사회구조적 변화의 창출이 요구된다 하겠다.

참고문헌

김태종(2006). "'비전 2030'과 사회적 자본". 21세기 국가 장기 발전 비전과 전략 국제회의. 한국개발연구원.

박미옥(2003). "정부의 신뢰성 제고와 NGO의 역할". 〈한국사회와 행정연구〉 14(4): 239~265.

박성조(2005). 《좌우파간 갈등을 넘어》. 법문사.

박종민·배정현(2007). "정부신뢰와 정책혜택 및 정부공정성에 대한 태도". 한국행정학회 동계학술대회 발표논문집.

박통희·양건모(2005). "정책과정 참여와 효능감이 정부 신뢰에 미치는 영향: 보건복지부와 의사, 약사의 관계를 중심으로". 한국행정학회 춘계학술대회 발표논문집.

박희봉·이희창·조연상(2003). "우리나라 정부신뢰 특성 및 영향 요인 분석". 〈한국행정학보〉 37(3): 45~66.

서문기(2001). "한국사회의 정부신뢰구조". 〈한국사회학〉 35(5): 119~146.

서울대 사회발전연구소(2007). 《IMF 10년, 한국사회 어떻게 변했나》. 서울대학교.

송호근(2005). "합의되지 않은 미래의 이념갈등". 서울대학교 사회과학대학 30주년 기념 학술심포지움 발표논문.

양건모(2007). "정부신뢰 개념의 이론적 논의 및 타당성 검증". 한국행정학회. 한국정책학회 학술대회 발표논문집.

오경민 · 박흥식(2002). "정부신뢰 수준의 측정과 비교에 관한 연구". 〈한국정책학회보〉 11(3): 113~135.

윤영철(2007). "불신받는 언론보도". 한국정책지식센터. 서울대학교 행정대학원.

윤태범(2007). "그들만의 리그-관료사회를 개방하라!". 프레시안-참여연대 공동기획. 〈프레시안〉 2007. 11. 27.

이달곤(2005a). 《협상론》. 법문사.

______(2005b). "시차적 관점에서 본 정책의 일관성 연구". 정정길 외. 《행정의 시차적 접근》. 박영사.

이종범(1986). 《국민과 정부 관료제》. 고려대학교 출판부.

임혁백(2001). "한국에서의 정치적 신뢰회복". 서울대 사범대학 지구촌 시대의 신뢰회복과 신뢰구축 세미나 발표논문.

임현진(2005). 《전환기 한국의 정치와 사회》. 집문당.

______(2006). "자본주의의 다양성과 한국의 진로: 소강강중국 발전모델의 탐색". 한국정책지식센터. 서울대학교 행정대학원.

채원호 · 손호중(2005). "정책실패와 신뢰". 〈한국행정논집〉 17(1): 103~129.

투명사회실천협의회(2007). 〈한국사회 부패수준에 대한 인식도 조사〉.

한국개발연구원(2006). 〈한국의 사회자본축적에 관한 예비연구〉.

황영호 · 박종관(2004). "지역사회자본의 실태와 형성전략". 〈한국사회와 행정연구〉 14(4): 183~209.

Brehm, John & Wendy Rahn(1997). "Individual-level evidence for the causes and consequences of social capital." *American Journal of Political Science* 41(3): 999~1023.

Brock, David(2002). *Blinded by the Right: The Conscience of an*

Ex-Conservative. New York: Three Rivers Press.

Evans, Peter(1996). "Government Action, Social Capital and Development: Reviewing the Evidence on Synergy." *World Development* 26(4).

Fishkin, James(1991). *Democracy and Deliberation.* New Haven: Yale University Press.

Fukuyama, Francis(1995). *Trust : the social virtues and the creation of prosperity.* N.Y.: Free Press.

Inglehart, Ronald(1999a). "Trust, well-being and democracy." In Mark E. Warren(Ed.). *Democracy and Trust.* Cambridge University Press.

______(1999b). "Postmodernization Erodes Respect for Authority, but Increase Support for Democracy." In Pippa Norris(Ed.). *Critical Citizens: Global support for democratic government.* London: Oxford University Press.

______(1997). *Modernization and Postmodernization: Cultural, Economic, and Political Change in 43 Societies.* Princeton: Princeton University Press.

Knack, S. and P. Keefer(1997). "Does Social Capital Have an Economic Payoff?: A Cross-Country Investment." *The Quarterly Journal of Economics* 1286.

Kolankiewicz, G.(1994). "Elites in Search of a Political Formula." *Daedalus* 123(3): 143~157.

Koo, Hagen(Ed.)(1993). *State and Society in Contemporary Korea.* Ithaca: Cornell University Press.

Lewis, J. D. & A. Weigert(1985). "Trust as a social reality." *Social Forces* 63: 967~985.

Levi, M.(1996). "Social and unsocial capital." *Politics and Society* 24: 45~55.

Lingle, Christopher(1998). *The Rise and Decline of the Asian Century.* Hong Kong: Asia 2000 Limited.

Luhmann, N. (1988). "Familiarity, confidence, trust: Problems and alternatives." In D. G. Gambetta (Ed.). *Trust.* New York: Basil Blackwell. pp. 94~107.

Maloney, William, Graham Smith & Gerry Stoker (2000). "Social Capital and Urban Governance: Adding a more conceptualized 'Top-down' Perspective." *Political Studies* 48: 802~820.

Mayer, R. C., J. H. Davis & D. Schoorman (1995). "An integrative model of organizational trust." *Academy of Management Review* 20: 709~734.

MacGivaray, Eric (2004). *Reconstructing Public Reason.* Cambridge, Massachusetts: Harvard University Press.

Miller, Arthur H. (1974). "Political Issues and Trust in Government: 1964~1970." *American Political Science Review* 68(3): 951~972.

Nye, Joseph S. Jr., Philip D. Zelikow and David C. King (Eds.) (1997). *Why People Don't Trust Government.* Cambridge, M.A.: Harvard University Press.

Przeworski, A. et al. (2000). *Democracy and Development: Political Institutions and Well-Being in the World. 1950~1990.* Cambridge: Cambridge Univ. Press.

Putnam, R. (1993). *Making Democracy Work.* Princeton, N. J.: Princeton University Press.

Putnam, R. (2000). *Bowling Alone.* New York: Simon and Schuster.

Skocpol, Theda (1996). "Unsolved Mysteries: The Tocqueville Files." *The American Prospect* 7(25).

Sowell, Thomas (2002). *A Conflict of Visions: Ideological Origins of Political Struggles.* New York: Basic Books.

Whiteley, Paul & Patrick Seyd (1997). "Political Capital Formation Among Vritish Party Members." In J. van Deth (Ed.). *Private Groups and Public Life: Social Participation, Voluntary Associations and Political Involvement in Representative Democracies.* London: Routledge.

제 2 부 큰 시장, 작은 정부

3 규제개혁

최 병 선

1. 규제개혁의 의의

1) 21세기는 제도경쟁의 시대

규제개혁 없이 선진한국의 실현은 불가능하다. 21세기는 시스템경쟁의 시대, 제도경쟁의 시대이다. 이 경쟁에서 낙오하는 국가, 이 경쟁의 의미를 모르는 국가는 장래가 없다. 경제발전을 위해 부존자원이 있고 없고가 중요했던 시대는 지나간 지 오래다. 《자유의 미래》(2003)의 저자 자카리아(Fahreed Zakaria)는 "부존자원이 많은 국가는 민주주의도, 경제발전도 못한 것이 인류역사의 증언"이라고 단언하고 있다. 노벨경제학상 수상자인 더글러스 노스(Douglass North, 1990)는 "한 사회의 성패를 좌우하는 가장 큰 요인으로서 제도만큼 중요한 것이 없다"고 주장한다.[1)]

1) 저명한 과학기술사가인 Landes(1999)는 《국가의 부와 빈곤》에서 "부국과 빈국의 차이는 결국 서

제도는 나라마다 문명권마다 다르다. 제도는 한마디로 말해, 사회의 게임규칙(*the rules of the game*)으로서 이 제도가 어떻게 형성되어 있느냐, 어떤 특성을 지니고 있느냐에 따라 사람들의 의식과 행태, 사고방식과 행동양식은 달라진다. 사회의 분업구조와 협력구조가 변화한다. 국민이 창의적으로 능동적으로 사고하고 행동하는지 아니면 별 생각 없이 수동적으로 사고하고 행동하는지가 제도에 달렸다. 사람들의 생각과 행동이 얼마나 다양하고 사회에서 이루어지는 일들이 얼마나 변화무쌍한지가 제도에 달려 있다. 국민과 기업이 얼마나 열심히, 그리고 부단하게 변화를 꾀하고 혁신을 추구하는지가 제도에 달렸다.

전형적 예로서 사유재산권이 보장된 사회에서 합리적인 사람들은 자기이익의 극대화를 위해 부지런히 땀 흘려 일하지만 그렇지 못한 사회에서는 그럴 이유를 발견하지 못한다. 아무리 노력해도 노력한 결과가 자기 것이 되지 않기 때문이다. 사회주의를 지향했던 구소련과 동구권, 중국 등이 오늘날 경제사회체제의 변환에 매진하고 있는 것은 이들이 시장의 가치와 기능을 재발견하였기 때문이다. 시장을 배격하는 사회주의의 이상이 환상이었음을 깨달았기 때문이다. 어떤 이유로든 사유재산권을 박탈하거나 제한해서는 인간이 최선을 다해 일하려는 동기와 유인을 갖도록 만들 수 없다는 사실을 값비싼 비용을 지불하면서 터득하였기 때문이다.

사실 오늘날 제도에 대한 관심이 크게 일어난 것은 사회주의 실험의 실패 때문이었다고 말해도 과언이 아니다. 1990년대 말에 파급되었던 여러 국가의 연쇄적 외환위기 사태는 기본적으로 자본주의국가이지만 서로 다른 경로를 걸어온 국가들, 그래서 서로 다른 특성과 성과를 보이는 국가들의 제도에 대한 연구를 촉발시키는 또 하나의 계기를 제공

양문명(지식, 기술, 정치사회 이념)에 대한 수렴도(*degree of convergence*)의 차이" 라고 말하고 있다. 이 말에 전적으로 동의하기는 어렵지만, 이 말 역시 합리적 제도의 중요성을 강조하고 있음은 분명하다.

하였다. 금융·투자자본, 자연자원, 인간, 정보가 거의 무제한적으로 국경을 넘나드는 세계화시대, 정보통신혁명의 시대, 무한경쟁의 시대로 불리는 21세기에 제도가 국가경쟁력 경쟁의 요체로 부각되고 있는 것은 결코 우연이 아니다. 21세기의 예측불가능한 환경변화, 높은 불확실성 속에서 국가가 생존하고 번영하기 위해서는 국민과 기업의 창의적 대응능력, 신속하고 유연한 적응능력을 키우고 부추기는 방법 외에 다른 길이 없다.

2) 규제는 공식적 제도의 전형

제도는 크게 비공식제도와 공식제도로 나뉜다. 먼저 비공식제도(*informal institutions*)는 문화, 사회규범, 관습 등 보통 제도로 간주되지 않는 경향이 있지만,[2] 이런 비공식제도야말로 제도의 원형에 속한다. 공식제도보다 더 강력한 힘과 영향력을 행사한다. 비공식제도는 오랜 역사를 두고 형성되고 전래되어 애당초 누가 만들었는지 알 수 없으나 사람들이 그것에 따라 살고 행동하는 것이 서로에게 최선이라고 믿었기 때문에 후대로 계속 전승되고 있는 것들이다. 따라서 단기간에 변화하지 않는 속성이 있다. 흔히 문화, 사회규범, 관습을 역사의 유물이자 잔재로, 비합리적인 것으로, 극복해야만 할 대상으로 비하하는 경향이 있지만, 그런 시도가 성공한 예를 찾아보기 어렵다.[3]

---

2) 이것은 비공식제도가 특별한 의도나 목적을 담고 있지 않기 때문이다. 이 점이야말로 공식제도와 뚜렷이 구별되는 점이다. 특별한 의도나 목적의 실현을 위해 만들어지는 공식제도에 비하여, 비공식제도는 그저 사람들간의 원만한 관계, 상호협력을 조장하고 발전시키는 그런 일반적 기능을 수행할 뿐이다. 그러나 바로 이 이유로 인해 비공식제도는 역설적으로 공식제도가 커버하지 못하는 상황에서 더 유용한 기능을 수행한다.

3) 예컨대 중국의 문화대혁명조차 사람들의 의식 저변에 깊게 자리잡고 있는 문화, 사회규범, 관습의 혁명을 일으키지 못하였다. 과거의 식민국들이 종주국의 제도를 거의 그대로 답습하고 있는 것도 좋은 예이다. 식민지 유산의 청산을 외치면서도 법제도와 관행은 예전 그대로인 경우가 대부분이다. 이것은 제도가 역사적 산물로서, 기왕에 형성된 법제도적 전통을 하루아침에 쉽게 무너뜨리거

한편 공식제도(*formal institutions*)는 우리가 보통 제도라고 인식하고 그렇게 일컫는 것들이다. 헌법과 법률, 시행령과 규칙, 고시, 예규, 통첩은 물론이고 사적 계약(*private contracts*)이 대표적이다. 이런 것들은 누군가 어떤 사회적 의도와 목적을 갖고 그것을 실현하기 위해 인위적으로 설계하고 고안한 것들이다. 그때그때 정치적 과정을 거쳐 생성된 정치적 타협의 산물로서, 당시의 정부가 지향하는 가치와 우선순위, 그리고 정치세력의 판도와 여론의 변화에 따라 언제라도 쉽고 빠르게 바뀔 수 있고 실제로 자주 바뀌고 있다.

크든 작든, 공적인 것이든 사적인 것이든, 공식제도가 추구하는 가치는 간단히 말해 질서이다. 사회의 발전을 위해서는 사람들간에 협력이 원활하고 활발하게 이루어져야 한다. 그런데 이 협력은 기본적으로 서로간의 거래, 교환, 계약을 통해 이루어지는 것이므로, 이것들을 규율하는 질서로서 공식제도가 등장하게 되는 것이다. 공식제도가 없이도 기본적 질서는 우선적으로 비공식제도에 의해 공급되지만,[4] 이것으로 부족하다고 또는 이것은 부적절하다고 생각해 정부는 공식제도를 만들어나가는 것이다.[5]

공식제도에는 헌법과 같이 국민의 기본권 보장을 위해 국가권력을 제한하는 성격과 내용을 가진 제도가 있지만, 공식제도의 대부분은 국가권력이 '공익'목적을 위해 또는 그것을 내세워 국민과 기업의 자유와 권

나 건너뛸 수 없음을 보여준다. 제도는 긴 역사 속에서 형성된 경로에서 쉽게 이탈하지 못하는 경향이 있다. 제도연구자들은 이것을 제도의 경로의존성(*path-dependence*)이라고 부른다. 예외가 없지는 않지만 우수한 제도를 가진 선진국이 높은 경제성장을 계속하는 반면에, 후진국은 정체와 퇴보를 면치 못하는 경향성을 보이는 것도 제도의 이런 속성 때문이다(North, 1990).

4) 참고로 공식제도에 기반을 둔 인위적 질서와는 달리 비공식제도에서 유래하는 질서는 누가 어떤 의도를 갖고 만들거나 부과한 것이 아니라 사회에서 저절로 생겨난(또는 사회구성원 대부분이 타당한 것으로 수용하고 그것에 따라 행동한 결과로 나온) 질서라는 의미에서 자생적 질서(*spontaneous order*)라고 부른다(Hayek, 1979; 최병선, 2000).

5) 아이러니컬하게도 헌법과 법률, 사적 계약 그 어디에서든 "이 법률(계약서)에서 정하지 않은 사항은 일반적 관습 또는 관례에 따른다"고 규정하는 것이 일반적인데 이는 비공식제도의 성격과 기능이 무엇인지 잘 시사해주는 것이 아닐 수 없다.

리를 제한하는 공통점을 지니고 있다. 이것이 바로 규제이다. 국민과 기업이 무제한의 자유를 누리도록 해서는 공익을 확보할 수 없다고 보아 규제가 만들어진다. 그러나 그런 의도와는 다르게 규제로 인해 세상이 크게 달라지는 것은 아니다. 어제와 오늘의 각종 사건과 사고가 크게 다르지 않은 것이 이를 방증한다. 수많은 규제에도 불구하고 사건과 사고는 증가하면 증가하였지 줄어들지 않는다. 규제의 선한 의도만 본다면 규제가 늘어날수록 세상은 나날이 살기 좋아지고 편해져야 하련만, 사실은 오히려 그 반대인 경우가 더 많다. 아무도 지키지 않아 있으나마나고 시민의 법의식만 마비시키는 규제, 기대했던 효과보다 역효과가 더 큰 규제, 시장의 원리(경제원리)와 동떨어져 기회주의적 행동만 야기하는 규제가 오히려 더 많다. 이것이 규제의 역설이다(김영평·최병선·신도철, 2006).

규제는 공익의 실현을 위해 인간의 의식과 행태를 고치려는 의도를 갖고 있다. 그래서 인간의 의식과 행태가 바뀌게 되면 그것이 공식제도의 성과라고 생각하는 경향이 있다. 그러나 그것은 공식제도가 있었기 때문이 아니라 사회의 변화와 진화에 따라 어차피 그리될 일이 된 것이라고 보는 것이 옳다. 사람이 자신의 의식과 행태를 바꾸는 것은 그것이 자기에게 이롭다고 생각하기 때문이다. 정부가 그렇게 하라고 명령해서가 아니라, 그렇게 하는 것이 사회에서 자신에게 유리하기 때문이다. 세상이 발전하면 사람들은 새로운 가치를 추구한다. 시장은 이렇게 변화하는 인간의 가치에 적응한다. 그런 가치를 반영하는 방향으로 끊임없이 변화한다. 규제가 이런 사회변화의 이치를 확인하고 제도화하는 수준을 넘어서서 앞서가려고 하면 부작용과 역효과를 파생시키면서 실패하게 된다. 더 복잡한 문제를 야기하고 정부를 비대하게 만들 뿐이다(최병선, 2006).

3) 규제의 역설: 정치경제적 이해의 필요성

이런 규제의 역설을 불러오는 것은 규제에 대한 환상이다. 각종 경제 사회 문제의 근본원인에 대한 깊이 있는 이해와 고찰 없이 규제의 강제력을 동원하면 그런 문제들을 손쉽게 바로잡을 수 있을 것 같은 착각이, 규제가 의도한 결과를 만들어내지 못하면 규제의 강도를 높이면 된다는 단순한 생각이 규제의 실패를 부른다. 병의 원인을 정확히 진단하기도 전에 처방을 하고 그 처방이 듣지 않으면 고강도 처방으로 나아가는 것은 무모한 일이다. 무리한 규제의 도입과 시행→규제회피 행동 유발→규제의 강화→더 큰 규제회피 행동 유발로 이어지는 규제의 악순환을 부를 뿐이다.

무리한 규제란 대부분 누군가가 자기의 뜻대로, 의도대로 세상이, 그리고 시장이 굴러가고 돌아갈 것으로 보고 만든 규제들이다. 그러나 어떤 경우에도 세상이 굴러가는 이치, 시장이 돌아가는 이치에 반하는 규제는 실패하고야 만다. 흔히 세상이 복잡해지고 그 속의 각종의 경제·사회관계가 변화하였으므로 어제는 필요하지 않았던 규제가 오늘 필요한 것처럼 말하고 그것을 규제의 명분으로 삼는 사람들이 많다. 그러나 이는 구실에 불과한 경우가 대부분이다.

경제규제(*economic regulations*)의 대부분은 시장경쟁이 강화됨에 따라 불리한 입장에 서게 된, 혹은 적절히 적응하기 어려운 입장에 있는 사람, 집단, 산업의 보호를 위해, 이들의 기득권의 유지를 위해 동원되는 경우가 대부분이라는 것이 정통 경제학계의 기본관점이다(Stigler, 1971). 그러므로 어떤 명분으로 경제규제가 행해지든 시장경쟁을 억제하는 속성을 지닌 경제규제하에서 경제의 효율성은 떨어지게 된다. 또한 규제를 통해 보호받는 사람, 집단, 산업의 경쟁력을 강화시키는 것이 아니라 약화시킴으로써 향후 더 큰 경제사회의 문제들을 잉태하도록 만들고 이런 문제의 해결비용은 국민의 몫으로 남게 된다.

한편 환경규제, 소비자안전규제, 산업재해규제 등 사회규제(*social regulations*)는 공익지향성이 강하다. 이들은 대부분 시장실패(*market failure*)에 근거를 두고 있다. 그러나 규제의 피할 수 없는 속성인 획일성과 경직성으로 인해 규제가 합리적으로 설계되고 집행되기는 매우 어렵다. 이런 규제가 없으면 세상은 온통 문제 천지가 될 것처럼 생각하는 사람들이 많지만 사실은 그렇지 않다. 사회문제를 일으키는 기업은 전체의 20%에 불과하며, 이 가운데 10%의 기업이 90%의 문제를 일으킨다(Bardach and Kagan, 2002). 이들의 반사회적 행동을 다스리기 위해 도입된 획일적이고 경직적인 규제는 대부분의 기업에 불합리하고 비현실적인 부담을 지우는 경우가 많다. 이들이 규제에 순응하는 이유는 규제 때문이라기보다는 규제를 위반할 경우 돌아오게 될 사회적 비난과 손해를 인식하고 있기 때문이라고 보는 것이 옳다. 기업은 어떤 경우에도 규제에 순응하는 것이 자신에게 이익이 되지 않는다고 생각하면 규제를 회피할 수 있는 길을 찾기 마련이다.

사회규제가 실제로 법규정 그대로 강력하게 집행되는 경우도 의외로 드물다. 행정력이 충분히 뒷받침되지 않아서 그런 경우도 있지만 사실은 강력한 규제의 집행이 경제와 산업에 미치게 될 영향을 고려하는 경우가 많다. 사회의 강력한 요구에도 불구하고 기업이 환경문제, 안전문제를 일으키는 근본원인은 그런 문제를 일으키지 않을 방법이 없거나 몰라서가 아니다. 그런 문제를 완전하게 해결하려고 하면 상품과 서비스 가격이 상승하고 그러면 소비가 줄기 때문이다. 선진국의 경험이 말해주듯이 이런 문제들은 결국 국민의 소득 수준, 의식 수준의 향상이 뒤따르지 않으면 성공하기 어렵다. 이런 사실에 눈감은 채 기업에 회초리를 든다고 해서 기업이 순순하게 따르리라고 생각한다면 천진난만한 생각이다. 시장경쟁 속에서 성장하고 살아남기를 바라는 기업이 회피하는 일을 정부가 일방적으로 강제한다고 해서 될 일이 아니다. 일방적 규제강화는 기업의 부담만 키우고 부정부패의 만연을 초래할 뿐이다.

4) 규제개혁의 목표와 지향점: 시장과 정부의 역할 및 기능의 재정립

공식적 제도, 즉 규제를 통해 사회의 운영을, 사람들의 의식, 태도, 행동을 크게 바꾸고 바로잡을 수 있을 것으로 생각한다면 이는 망상이다. 세상의 이치를 모르고 세상을 너무 간단하게 보는 것이다. 세상의 이치는 그리 쉽게 변하지 않는다. 특히 인간의 의식과 행태, 삶의 방식은 어제와 오늘이 크게 다르지 않다.[6] 아무리 사회가 변화해도 인간의 의식과 행동은 문화, 사회규범, 관습 등 비공식제도의 지대한 영향에서 크게 벗어나지 않는다. 자연만물이 질서에 순응하고 조화를 이루듯이, 무한히 다양하고 가변적인 인간과 이들의 행동이 만들고 이끄는 사회에도 자연적으로 자라난 질서가 있고 이 질서가 조화를 이루어낸다. 이것이 시장의 질서이고, '보이지 않는 손'이 만들어내는 질서이다.

시장경쟁을 통해 조화를 만들어가는 '보이지 않는 손'의 작용은 세상의 어떤 것보다도 강력한 힘이 있다. 시장실패가 존재하는 것도 사실이지만, 많은 사람들이 믿고 있는 정도로 문제가 대단치 않은 경우들이 많다는 것도 사실이다. 여하튼 시장의 힘은 정부도 어찌지 못한다. 이 힘을 무시하거나 거부하고 뜻대로, 의도대로 무슨 일이든 이루어낼 수 있다고 생각하는 정부가 결코 강한 정부가 아니다. 시장의 힘을 올바로 이해하고 적절히 사용할 줄 아는 정부가 참으로 강한 정부다(Ikenberry, 1986).

세상의 이치를 무시하고 세상을 뜻대로, 멋대로 끌고 가려고 하면 할수록 정부는 비대해질 수밖에 없다.[7] 그러나 시장에 대한 정부의 개입

---

6) 그렇지 않다고 한다면 수천 년 전 얘기인 삼국지나 로마인 이야기를 읽으며 사람들이 오늘의 얘기인 양 실감을 느낄 수가 있겠는가.

7) 몽골제국의 초기 칭기즈칸의 아들 오고다이칸이 대를 이어 즉위하면서 칭기즈칸을 섬긴 공신 야율초재에게 물었다고 한다. "아버지가 이룩한 대제국을 개혁하려 한다. 좋은 방법이 있으면 말해보라"고 하자 이렇게 대답하였다고 한다. "한 가지 이로운 일을 시작하는 것은 한 가지의 해로운 일을 제거하는 것만 같지 못하고, 한 가지 일을 만들어내는 것은 한 가지 일을 줄이는 것만 같지 못

과 규제가 성공할 확률은 낮다. 이 점을 인식하지 못하고 맹목적으로 규제에 의존하려는 정부는 무책임한 정부다. 세상의 이치에 맞지 않는 비현실적이고 불합리한 규제로 인해 사회가 지불해야 하는 비용은 막대하다. 이런 규제는 불필요하게 국민과 기업의 자유와 권리를 구속하고, 사회의 다양성과 창의력을 파괴하거나 제약하고야 만다. 거듭되는 규제의 실패는 규제의 실패로 끝나지 않고 정부와 정치에 대한 불신을 키우고, 서로가 서로에게 책임을 전가하고 비난하는 사회, 그래서 갈등과 불신만 증폭되는 비민주적 사회를 만들고 만다.

바로 이런 관점에서 규제개혁은 "강한 정부"를 만드는 작업이다. 정부가 "꼭 해야 할 일"과 "하지 않아도 될 일", 정부가 "잘할 수 있는 일"과 "잘할 수 없는 일"을 구분해, 정부가 "꼭 해야 할 일"을 "제대로 잘 해내는 것", 이것이 진정한 의미에서 "강한 정부"가 되는 길이다. 동시에

〈표 3-1〉 정부역할과 기능의 분류

	정부가 꼭 해야 할 일	정부가 하지 않아도 될 일 (시장이 해결할 수 있는 일)
정부가 잘할 수 있는 일	국방, 치안, 법질서 확립 거시경제의 안정	간섭과 규제 **규제철폐 대상**
정부가 잘할 수 없는 일	교육, 복지(보건의료) 정책 SOC 등 각종 지원정책 **규제개혁/민영화/분권화 대상**(경쟁 유도)	각종 산업정책, 진흥(조장, 촉진) 정책 **규제개혁 대상** (시장과 민간주도로)

합니다." 나라의 진정한 개혁은 새로운 일을 더해가는 것보다는 그간의 일 가운데 잘못된 부분을 떨어내는 것이라는 게 그의 말의 요지이다. 20세기 초 미국의 대법관으로 명성을 떨친 브랜다이스는 이렇게 말했다. "정부가 선한 뜻에서 일을 벌일 때 가장 큰 경계심을 갖고 자유를 지켜야 한다. 경험이 우리에게 가르쳐주는 바가 이것이다. 자유롭게 살도록 태어난 인간은 사악한 심성의 지배자가 자유를 침해하려고 하면 본능적으로 경계하며 배격한다. 자유에 대한 더 큰 위험은 열정적 인간, 좋은 뜻을 가졌으나 (그들의 행동이 초래할 결과에 대한) 이해는 부족한 사람들이 저지르는 은밀한 침해 속에 숨어 있다." 참으로 되새겨보아야 할 말이다(김영평 · 최병선 · 신도철, 2006에서 재인용).

"작은 정부" 실현의 길이다(〈표 3-1〉 참조). 흔히 "기업하기 좋은 나라"를 만드는 것이 규제개혁의 목표인 양 착각하는 사람들이 많다. 그러나 규제개혁은 일방적으로 기업을 편하게 해주기 위해 하는 일이 아니다. 사회에는 다양한 목표가 있고 돌보아주어야 할 집단과 계층이 많다. 규제개혁은 국민 누구나 "살기 좋은 나라", "살고 싶은 나라"를 만드는 일이다. 규제만능주의와 행정편의주의가 아니라 시장기능과 민간부문의 자율성을 신뢰하고 이것을 최대한 활용하고 촉진하는 방향으로 규제개혁이 제대로 이루어지면 기업을 불필요하게 옥죄는 규제가 사라질 것이고, 그 결과로 "기업하기 좋은 나라"도 만들어지게 될 것이다.

2. 왜 다시 규제개혁인가

1) 현 정부 이전까지의 경과

우리나라는 일찍이 규제개혁에 나선 나라에 속한다. 1980년대 초반 우리나라가 규제개혁에 눈을 뜬 것은 민주화 역정을 되돌린 전두환 정부의 대국민 회유책의 성격도 지녔었지만 극도의 경제적 난경에 처하여 영국의 대처 수상의 민영화와 규제개혁, 미국의 레이건 대통령의 규제개혁의 성과에 눈을 돌렸기 때문이다. 이때 이루어진 규제개혁의 성과로 치부하기는 곤란한 일이지만 아무튼 우리나라는 1980년대 후반에 다시 고도성장 기조를 회복하였고, 이런 기반 위에서 세계화의 기치를 내걸고 "작은 정부"를 표방하면서 김영삼정부는 규제개혁에 열심이었고, 이 열기는 집권 후반기까지 이어졌다. "행정규제기본법"이 제정되고 여기에 OECD 각국의 선진 규제개혁 기법이 총망라되었다.

외환위기 속에서 출범한 김대중정부는 이 법을 통과시키면서 규제개혁위원회를 설치하고 최대한 활용하였다. 집권 초기 2년에 걸쳐 기존규제의 약 50%를 덜어내는 대수술 작업을 벌였다. 이 시기의 규제개혁은 양적인 면에서는 OECD가 '단두대 접근'(*guillotine approach*)이라고 명명하고 있을 정도로 가히 혁명적인 것이었다. 그러나 질적인 면에서 우리 경제사회에 현격한 변화를 불러오지는 못하였다. 왜 그랬을까? 우리나라의 기존규제의 50%가 일시에 사라졌다면 사회가 혼란에 빠지든지 현격하게 달라져야 했을 것이 아닌가?

김대중정부 초기의 과감한 규제개혁이 우리 경제사회의 모습이나 운영방식을 크게 바꾸지 못한 이유는 다음 두 가지로 설명이 가능하다. 하나는 공식적 법제도의 변화보다 더 중요한 것은 법제도가 운영되는 방식으로서, 이것은 관습과 관행에 속하기 때문에 쉽게 바뀌지 않는다는 것이다. 다른 하나는 외환위기의 여파 속에서 IMF 등의 압력을 의식하는 가운데, 충분한 국민적 합의형성을 이루지 못한 채 단기간에 추진되었기 때문에 반전의 씨앗을 내포하고 있었다는 것이다. 실제로 김대중정부 후기에 속하는 2001년부터 규제개혁 추진력은 급속하게 약화되고 대통령의 관심도 식으면서 규제는 다시 증가추세로 반전되기 시작하였다. 특히 이후의 구조조정이나 빅딜 추진과정에서 정부가 보여준 태도는 집권 초반과는 상당히 다른 것이었다.

2000년에 발간된 한국의 규제개혁에 대한 OECD 평가보고서는 당시의 상황을 예리하게 분석하고 있다. 요지는 이러하였다. "김대중정부 초기 2년간의 규제개혁 성과는 OECD가 주창하는 규제개혁의 원리와 개혁전략을 적극적으로 수용한 결과로서 매우 후한 점수를 주지 않을 수 없다." 그러나 "실천적 면에서 한국이 아직 규제개혁 원리와 전략을 충분히 체득한 것 같지는 않다." 특히 "한국이 규제개혁을 통해 이룩하려는 것이 시장경제원리의 창달이라고 한다면 개혁의 과정과 방법도 그것에 걸맞게 시장지향적이어야 하는데, 당면 경제위기의 극복을 이유로 단기적 관점에서 재량적인 정책개입을 계속하고 있을 뿐만 아니라, 더 장기적인 관점에서 시장이 자율적으로 기능할 수 있도록 제도적 틀을 만들고 운영하는 측면에서는 별 변화가 없다." "한국의 규제개혁은 완성된 것이 아니며 개혁이 지속되지 않는다면 경제는 다시 어려워지고 문제에 빠질 위험이 있다." "규제개혁의 지속적 추진을 위해서는 대통령을 비롯한 고위층의 지속적 관심과 의지가 절대적으로 중요하다." "규제개혁의 핵심수단인 규제영향분석(RIA: *Regulatory Impact Analysis*) 제도를 극히 피상적으로 받아들이고 그나마 형식적으로 운영하고 있다."

김대중정부의 규제개혁 성과에 대한 설문조사 결과들도 시큰둥한 반응이 대부분이었다. 2002년 행정개혁시민연합의 조사결과에 의하면, 학계전문가들 중 규제개혁이 "잘 되었다"는 응답은 8%에 불과한 반면, "미흡했다"는 응답은 34%에 달했다. 기업인들의 평가는 더 부정적이었다. 2001년 전경련의 조사에 의하면, "성과가 있었다"는 응답은 7%에 불과하였고, "약간의 성과가 있었다"는 응답은 63%로서, 이런 응답자들은 "유무형의 정부간섭이 과거와 변함이 없다"고 지적하였다. 이것이 노무현정부 출범 직전의 상황이었다.

2) 노무현정부의 규제개혁 노력과 성과

2002년 노무현정부가 집권하자마자 규제개혁 전선에 이상 징후가 나타나기 시작하였다. 대통령직인수위원회가 무수한 정책과제에 대한 로드맵을 작성하면서도 규제개혁은 외면한 것이다. 노태우 정부로부터 김대중정부에 이르기까지 규제개혁이 줄곧 대통령의 주요 개혁 아젠다(*agenda*) 중 매우 높은 우선순위를 차지한 것과 너무나 대조적이었다. 이와 더불어 세계화의 구호나 기치도 거의 자취를 감추고 말았다. 세계화 대신에 지방화와 지역의 균형발전이 강조되었다. 경제성장의 촉진보다 부와 소득분배의 공평성 확보가 우선되었다. 과거 20년간 "작은 정부"를 지향했던 정부개혁의 기치도 슬그머니 사라져버렸다. "작은 정부보다 할 일은 하는 효율적인 정부"를 주창한 노무현정부에서 공무원의 숫자, 특히 고위공무원의 숫자는 크게 증가하였다. 거의 완성단계에 이르러 있었던 민영화 계획은 전면적으로 유보되었다. 이런 노무현정부의 정책방향, 제도개혁의 방향선택은 불가피하게 보수 대 진보의 열띤 논쟁을 불러일으켰고, 그에 따라 경제사회의 분위기는 경색을 면치 못하였다.

노무현정부가 이처럼 과거 정부와는 대조되는 이념과 철학에 기초하여 국정을 운영했지만 그렇다고 규제개혁을 계속 외면한 것은 아니다. 기업투자가 위축되면서 경제성장률이 주요 선진국과 경쟁국가의 수준을 밑돌고 산업의 고용흡수력은 떨어져 일자리 창출이 정체상태를 면치 못하는 가운데 30만 명에 달하는 청년실업이 사회문제로 부각되자 정부는 2004년 8월경 새로운 일자리의 창출을 위해 다각적 정책수단을 모색하게 되었고 규제개혁에도 눈을 돌렸다. 우선 실무조직형인 규제개혁기획단을 가동하였다.

이 기획단은 2006년 말까지 존속할 한시조직(후에 현 정부 임기 말까지로 연장됨)으로서 민간에서 차출된 전문가와 규제개혁조정관실의 관료들로 구성되었다. 동시에 각 부처장관들로 구성되고 대통령이 주재하는 규제개혁추진회의도 설치하여 월 1회 핵심 규제개혁과제를 심의하고 각 부처의 개혁추진상황을 점검하도록 하는 한편, 국무총리가 주재하는 규제개혁장관회의라는 것도 만들어 규제개혁기획단이 건의하는 규제정비방안을 확정하도록 하였다.

노무현정부가 이렇게 민관합동의 규제개혁위원회와 병렬적으로 관주도의 규제개혁기구를 별도로 설치해 운영하게 된 배경은 분명치 않다. 왜냐하면 김대중정부 시절 법정기구인 규제개혁위원회를 통해 대대적 규제개혁을 추진해낸 실적이 있고 그것을 잘 알고 있었을 것이기 때문이다. 짐작컨대, 한편으로 규제개혁위원회 위원의 구성이 초창기와는 달리 전문성보다는 대표성 중심으로 바뀐 점, 위원회의 위상과 권위가 다소간 약화된 점, 부처의 위원회 기피성향 등이 고려되었을 것이다.

다른 한편으로는 집권 초기에 외면한 규제개혁 작업을 집권 중반기에 들어서 강하게 내세우기 어려웠던 점, 후속조치의 이행에 필요한 시간을 줄이기 위해서는 이런 구조가 유리하다는 판단 등이 작용했을 것이다.

아무튼 이런 새로운 규제개혁기구를 가동하면서 노무현정부는 2006년 하반기까지 약 60여 건의 주요 전략기획과제를 선정하여 처리하였다. 물론 핵심적 덩어리 규제는 제외되었다거나 주로 행정절차의 간소화에 치우친 개혁이었다는 비판도 있기는 하다. 그러나 규제개혁에 대해 노무현정부가 보였던 초기의 시각과 이념적 성향을 고려할 때 이것은 결코 적은 성과라고 말할 수 없지만, 이조차 크게 부각되지는 못하였다. 아마도 노무현정부가 고집스레 밀어붙인 3불정책 등 교육정책, 아파트분양원가공개제도와 "세금폭탄"이라는 악명이 붙은 부동산정책, 출자총액제한제도 등 대기업집단정책, 수도권 공장 신증설 억제정책, 신문정책 등이 국민과 기업의 머릿속에 강하게 각인된 나머지 빛이 바랜 결과라고 해석함이 옳을 것이다. 언론의 보도태도 역시 미온적이거나 부정적으로 평가하는 경우가 꽤 많았던 것도 사실이다.

어떤 이유에서든 노무현정부의 이런 규제개혁 노력의 성과에 대한 경제계, 기업, 국민의 평가는 박하다. 2005년 12월 청와대의 규제개혁추진보고회의를 대비해 국무조정실이 한국갤럽에 의뢰해 학계와 경제계 전문가, 기업인, 일반국민 등 327명을 대상으로 실시한 자체 조사결과에서조차 응답자의 70%가 정부의 규제개혁 노력을 긍정적으로 평가한 반면, 성과에 대해서는 38%만이 만족스럽다고 응답한 것으로 되어 있다. 개혁의 후속조치가 더디고, 일선 공무원의 규제집행 절차나 행태가 변화되지 않고 있다는 불만은 역시 상대적으로 높게 나타났다. 2006년 7월 대한상공회의소가 전국의 320개 업체를 대상으로 실시한 규제개혁에 대한 인식조사결과는 더 부정적이다. "규제개혁 성과가 거의 없다"는 응답이 73%에 달했다. 기업활동 여건을 4년 전과 비교할 때, "이전과 별 차이가 없다"는 응답이 83%, "더 불편해졌다"는 응답도 8%에 달했다.

3) 규제개혁의 관점에서 본 우리 사회의 현실

이상에서 고찰한 바와 같이 우리나라는 지난 20여 년간 규제개혁을 지속적으로 추진했다. 그럼에도 불구하고 달라진 것은 별로 없다. 무엇보다도 먼저 행정관청이 국민과 기업 위에 군림하는 현상이 여전하다. 우선적으로 행정책임의 모면을 위해 편의적으로 도입된 규제가 많아 현실에 맞지 않고 불합리한 규제가 많다. "법 지키는 놈이 바보"라거나 "정부가 하라는 대로 하면 손해", "정부가 하지 말라는 것을 해야 성공"이라는 말이 나돌 지경이다. 규제의 불투명성은 "되는 것도 없고 안 되는 것도 없는 나라", 이른바 "빽 없고 힘없는 놈만 살기 힘들고 서러운 세상"이라는 자조를 낳고 있다. 시대변화를 무시하거나 시대변화에 둔감한 규제가 많아서 "교육(인적자원)부가 교육을 망친다"는 말도 흔히 듣는 말이 되었다. 관념적 평등주의가 지배하는 우리나라에서 규제는 하향평준화의 수단으로 전락하고 있는 것을 비꼬는 말이다.

복잡하고 까다로운 규제법절차와 행정은 규제회피 행동과 기회주의적 성향을 조장하고 있을 뿐이다. 규제효과는 오간 데 없이 부정부패의 온상을 제공할 뿐이다. 이런 규제행정의 관행으로 인해 국가의 권위, 국가법질서의 위엄성이 심각한 위협을 받게 된 지 오래다. 법치주의에 대한 회의가 유포되고 있다. 과도한 중앙집권적 행정은 규제의 획일성과 경직성으로 인한 폐해를 가중시키고 있다. 정치적 계산과 무책임한 타협에서 비롯된 경제규제는 보호하지 않아도 될 집단과 계층에 특권을 제공하고 있을 뿐만 아니라, 우리 경제와 산업의 국제경쟁력의 약화를 초래하고 신속하고 유연한 적응을 가로막고 있는 암적 존재가 되고 있다. 반면 국민의 성화가 빗발치는 사회규제의 영역에서는 합리성을 결여한 규제가 난무해 효과는 거두지 못한 채 기업의 발목을 잡고 있다.

20여 년의 규제개혁 추진에도 불구하고 왜 이런 결과가 빚어지고 있는가? 우선 그동안의 규제개혁은 주로 경제활성화를 목적으로 삼아 추진되었다는 점을 지적하지 않을 수 없다. 이런 구호를 내걸고 추진하는 규제개혁(규제완화)는 경제침체기에 규제개혁에 대한 저항을 누그러뜨리는 정치적 효과가 있긴 하였지만, 경제가 호전되기가 무섭게 역풍(*backlash*)을 초래하였다.[8] 더 중요하게는 규제개혁의 진의에 대한 국민들의 올바른 이해를 방해하였다. 특히 경제활성화 구호하의 규제완화는 기업에 부담을 주는 환경보호, 산업안전, 소비자안전의 확보, 사회적 차별의 방지 등 공익적 성격이 강한 사회규제의 약화를 초래해 국민들의 반감을 조장하였다.

여기에 더하여 노무현정부는 철 지난 이념과 체제논쟁 속으로 우리 사회를 몰아가면서 시대역행적인, 그리고 세계표준(*global standard*)에서 벗어난 규제의 도입을 서슴지 않았다. 과도한 직접(참여)민주주의의 요구, 대중민주주의(*populism*)에 영합하면서 반기업 정서를 부추기는 우를 범하였다. "무엇이든 법이 될 수 있다"는 오만에서 3불정책, 아파트분양원가규제 등 무리수를 연발하였다. 이상한 자존심으로 국수주의 편향을 보이는가 하면, 인류역사의 보편적 진리를 외면한 채 한국의 특수성(?)을 부각하는 규제들이 등장하면서 민주주의 시장경제체제의 근간인 법의 지배(*rule of law*) 원리는 크게 훼손되었다. 힘과 정서에 호소하는 문제해결 요구에 정부는 무원칙적으로 대처함으로써 정부에 대한 국민의

---

8) 이 점은 선진국의 경우도 크게 다르지 않다. 선진국 역시 규제강화와 완화의 시계추(*regulatory pendulum*) 현상을 노정하였다. 미국에서 규제개혁이 고조된 시기는 제1차 석유쇼크로 스태그플레이션이 가열되던 1974~1975년, 그리고 경제가 불황의 늪 속에 빠져 있었던 1978~1983년이다. 영국, 캐나다, 호주, 뉴질랜드 등 영미계통 선진국 역시 각국의 경제침체기와 일치하고 있다. 일본은 1990년대 이후 이른바 "잃어버린 10년"을 보내면서 규제개혁(과 민영화)이 본격화되었다. 다만 선진국의 경우와 차이점이 있다면 선진국에서 볼 수 있는 규제개혁 추진강도의 기복은 우리나라보다 적은 편이다. 여기에는 여러 가지 이유가 있겠으나, 역시 규제개혁을 전담하는 상설 정부조직이 있고 규제개혁과정이 확실하게 제도화(*institutionalize*)되어 있기 때문이라고 보아야 할 것이다. 이 점에 대해서는 규제개혁 추진주체의 문제와 관련하여 아래에서 재론하고 있다.

불신이 극에 달하게끔 만들고 말았다.

4) 당면한 규제개혁 과제와 목표

우리 사회가 아직도 이런 수준에 맴돌고 있는 것은 우연이 아니다. 어떤 면으로 보든 우리나라는 성공적 규제개혁 추진이 쉽지 않은 국가이다. 무엇보다도 시장에 대한 불신이 강하고, 민간의 자율성과 자율능력에 대한 신뢰와 지지가 부족하다. 반면에 정부에 대한 의존성이 매우 강하다. 오래된 중앙집권적 정치행정의 누습과 관행 탓으로 민간에서 자율적으로 해결해야 할 사회문제들을 정부가 떠맡는 일이 많다. 한편으로 권위주의를 비판하면서 다른 한편으로 권위주의를 동경하는 이중성을 보인다. 무수한 정책실패를 보면서도 "도무지 실패할 수밖에 없는 일을 정부가 하고 있어서"라고 보기보다는 "정부의 의지가 미약해서"라고 생각하는 경향이 있다. 한마디로 말해 아직도 우리나라에서는 1960~1970년대식 발전국가(*developmental state*) 관념의 기세가 꺾이지 않고 있는 것이다.

이런 현실에 비추어볼 때 차기정부는 규제개혁에 최대의 역점을 두는 것은 물론 다음과 같은 목표를 세워 추진해야 한다. 첫째, 권위주의적이고 지시·명령·통제에 의존하는 낡은 행정관행을 청산해야 한다. 둘째, 21세기의 국가간 제도경쟁에서 낙오하지 않기 위해 공명정대하고 투명한 선진 법제도의 확립에 힘써야 한다. 무엇보다도 시장경쟁체제, 민간의 자율과 혁신(과 경쟁)을 조장하고 유도하는 경제사회 시스템과 제도의 구축에 중점을 두어야 한다. "법의 지배"(*rule of law*) 원리의 확립에 두어야 한다(최병선, 2003). 이런 방향의 규제개혁이야말로 이 시대에 우리 정부가 지향해야 할 "작은 정부"의 이상을 구현하는 길이다.

흔히 "작은 정부"라고 하면 정부조직과 인력의 감축을 연상하곤 하지만, 우리나라에서 적절한 "작은 정부"는 정부규모의 축소가 아니라 "정부가 하고 있는 일"의 감축이 되어야 하고 그 핵심은 정부간섭과 규제를 줄이는 것이 되어야 한다.[9] 정치적 이유로 힘에 벅찬 줄 알면서 수많은 일을 끌어안지만 결국 어떤 일도 제대로 해내지 못하고, 그래서 실제로는 정부의 책임을 충실히 다하지 못하는 현재의 정부 모습에서 과감하게 탈피하는 것이 "작은 정부" 실현의 목표가 되어야 한다. 정부조직의 개편이 불가피한 경우라 할지라도 정부조직의 개편에 있어서는 우선적으로 규제개혁을 대전제로 삼아 조직개편의 방향을 정해야 한다. 무엇보다도 시대에 뒤떨어져 효과는 미약한 채 부담만 가중시키고 있는 규제가 많은 행정기관을 조직개편의 중점대상으로 삼아야 한다. 이런 행정기관은 주로 경제규제 담당기관들로서 오랜 발전국가적 행정운영으로 규제기관과 관료의 포획(*regulatory capture*) 현상이 심각한 편이다. 이런 행정기관의 조직과 사명을 일신할 필요가 있다. 모든 행정기관은 공익(소비자 이익, 환경보호, 안전성 확립 등)의 증진을 우선하고 이것에 기여하도록 해야 한다. 특정산업을 육성하고 발전을 촉진하는 일은 시장에 맡겨야 한다.

요컨대 진정한 의미의 "작은 정부" 실현을 위해서는 규제개혁을 최우선과제로, 대전제로 삼아야 한다. 규제개혁을 통해 시장이 더 잘 작동하도록 함으로써 시장경쟁질서가 경제의 활력을 부추기고 혁신을 일으키고 우리 사회의 다양성과 신축성을 높일 수 있도록 해야 한다. 정부는 이 과정에서 발생하는 문제들에 대하여 규제를 능사로 삼을 일이 아니라 시장경쟁과정이 사회적 가치와 공익의 보호에 유리한 방향으로 작동할 수 있도록 해주어야 한다. 지금까지 정부가 담당한 역할과 기능 가운데 시장기능에 맡길 수 있는 것들을 과감하게 시장에 넘겨줄 때 비로소 정부는 더 중요한 공익가치의 수호자로서의 위상을 재확인할 수 있게 될 것이다. 특히 사회통합, 국제적 환경문제, 그리고 고령화 사회로의 급

9) 이런 진정한 의미에서 "작은 정부"를 실현하는 수단으로는 규제개혁과 함께 민영화와 지방분권의 강화가 중요하다.

속한 진입 등으로 야기되고 있는 새로운 정책이슈들에 정부의 역량을 집중할 수 있게 될 것이다. 선진국에서 규제개혁에 대한 국민의 신뢰와 지지도가 높은 중요한 이유는 그것이 정부와 시장 간의 역할분담체계의 개선을 위한 효과적 수단이라는 인식 때문이다(OECD, 1997: 12).

3. 차기정부의 규제개혁체계의 개선방안

지면의 제약으로 인하여 우리나라에서 시급하게 추진해야 할 규제개혁 과제에 대한 논의를 여기서 할 수는 없다.[10] 아래에서는 이런 과제들을 효과적으로 다루어나가기 위한 규제개혁체제에 대한 논의에 집중하기로 한다.

1) 규제개혁의 통합성 · 일관성 확보

(1) 개혁기구 다기화 현상의 최소화

앞에서 지적한 바와 같이, 우리나라의 규제개혁은 아직 선진국의 규제개혁 수준이나 단계에 이르지 못하고 있다. 여러 가지 이유가 있지만 무엇보다도 강조되어야 할 사항은 국정의 여러 분야에서 추진되게 될 각종의 개혁은 규제개혁의 큰 틀 안에서 혹은 규제개혁의 기본정신을 공유하는 선에서 추진되어야 한다는 점이다. 그동안 우리나라에서는 규제개혁의 근본취지를 깊이 있게 이해하지 못함으로써, 규제개혁을 공통분모로 삼아 추진되어야 할 여러 정책분야의 국정개혁이 제각각 별도의

---

10) 차기정부가 집중적 노력을 기울여야 할 규제개혁 과제는 이미 정리되어 있다고 해도 과언이 아니다. 2007년 7월 한덕수 총리의 의뢰로 전경련과 한국경제연구원이 기존규제 중 개혁이 필요한 규제에 대한 전수 검토를 마치고 보고서가 제출되어 있다. 자세한 내용은 한국경제연구원, 〈규제개혁 종합연구〉 (2007.10.17) 참조.

개혁기구를 통해 이루어짐으로써 정작 그 핵심이 되어야 할 규제개혁은 주변화되고 마는 현상을 보였다.

예를 들면 김영삼정부의 경우 금융개혁위원회, 노사개혁위원회(노사정위원회), 교육개혁위원회, 사법제도개혁위원회, 의료제도개혁위원회, 정부혁신위원회 등 부문 특정적인(*sector-specific*) 개혁기구가 병존하였다. 김대중정부도 금융개혁, 노사개혁, 교육개혁, 의료제도 개혁 등을 중시해 별도의 위원회를 설치하였다. 이런 현상은 각 개혁과제의 중요성과 정치적 상징성 측면에서 정당화할 수 있는 면이 없지 않으나, 이런 다수의 개혁위원회가 다루어야 할 핵심적 개혁과제들은 모두 규제와 관련된 것들이었다.[11] 이런 주된 개혁대상 분야마다 독자성을 강조할 수도 있겠으나, 개혁기구가 다기화되면 될수록 국정개혁의 일관성 확보는 어려워진다는 사실에 대한 인식이 필요하다(최병선, 2002b). 특히 이런 개혁과제들이 모두 우리 사회의 이념적 분화의 문제를 안고 있는 이상, 이들을 관통하는 규제개혁의 철학이 전제되어야만 할 필요성은 과거 어느 때보다 크다.

(2) 규제(개혁)와 재정(개혁)의 상관성

규제는 숨겨진 조세(*hidden tax*)에 해당된다(Posner, 1971). 정부의 기능수행방식은 기본적으로 두 가지가 있을 뿐이다(최병선, 2007). 국민으

11) 이처럼 별도의 개혁기구를 설치한 배경에는 각 분야의 개혁과제가 "정책적 규제"라는 이유로 일반적 규제개혁 차원의 문제와는 다르다는 논리가 작용하고 있다. 그러나 "정책적 규제"라는 이름하에 이들을 규제개혁의 '성역'으로 취급하는 것은 곤란하다. 예를 들면 금융(은행, 보험, 증권, 외환 등), 토지(부동산투기 억제시책, 수도권 인구집중 억제시책 등), 노동 등 생산요소시장에 대한 규제와, 경직적 사고에서 벗어나지 못해 실효성도 없이 계속되고 있는 물가규제, 재벌의 경제력집중 억제시책 등은 일각의 주장처럼 규제개혁 차원에서 접근할 수 없는 "고도의 정책적 판단을 요하는 사항"이라는 묘한 논리를 내세우고 있으나 이것들이야말로 우리나라의 규제개혁에서 가장 핵심적인 개혁대상으로 부각되어야 할 규제들이 아닐 수 없다. 이른바 "정책적 규제"는 동일한 정책목적의 달성을 위해 동원된 다양한 제도, 시책, 정책의 체계로서 본질 면에서 상호연관된 규제의 집합(*set of inter-related regulations*)에 불과하다.

로부터 거둔 세금(또는 공채)으로 필요한 일을 하거나 정부가 필요하다고 생각하는 일에 민간이 돈을 쓰도록 강제하거나 유도한다. 이 후자의 방식이 바로 규제이다. 논리적으로 보면 규제로 할 수 있는 일은 조세와 재정으로, 조세와 재정으로 할 수 있는 일은 규제로도 가능하다. 양자는 대체적 관계에 있다. 예를 들면 장애인의 고용확대를 위해 정부가 민간기업에 보조금을 주는 방식을 쓸 수도 있고, 민간기업에 장애인 고용을 의무화하는 규제를 할 수도 있다. 여기서 주목해야 할 점은 후자를 따를 경우 해당기업이 생산하는 제품이나 서비스의 가격은 올라가고 그 부담은 소비자(국민)가 지게 된다. 결국 정부가 세금으로 하든지, 규제로 하든지 정부가 하는 일의 재정적 부담은 궁극적으로 국민에게 귀착되는 것이다.

문제는 정부가 재정으로 해야 할 일을 규제로 하는 경우가 많다는 데 있다. 이것은 양자의 정치경제적 속성의 차이에서 비롯된다. 세금에 의존할 경우 직접적으로 조세저항이 따를 뿐만 아니라 정치적 논란, 형평성 논란이 야기되기 쉽다. 반면에 규제에 의존할 경우 국민들은 재정적 환상(*fiscal illusion*)에 빠져 규제로 인해 민간이 부담하게 된 비용의 궁극적 부담자가 결국 자기들이라는 사실을 잘 인식하지 못하는 경향이 있다. "공짜 점심은 없다"는 말을 이해하지 못하는 경향이 있다(Friedman, 1983). 사회문제에 대한 책임은 피규제자에게 있으므로 규제를 통해 이들에게 부담을 지우는 것은 당연하다고만 생각한다. 정부의 입장에서 보면 세금의 증가보다는 규제의 부과가 정치행정적으로 훨씬 쉽고 따라서 매력적인 수단이다. 그러나 정치행정적 편의를 우선하여 당연히 세금으로 해야 할 일을 규제로 하게 될 경우 정책목적 자체를 손상하고 마는 경우가 많다는 사실에 주목해야 한다. 예를 들면 민간기업에 장애인 고용을 의무화하게 되면 장애인이 일자리를 구하기가 더 어려워질 수도 있다. 문화재 보호를 위해 재정을 투입하는 대신에 규제를 하면 오히려 문화재 파괴를 조장할 수 있다.

정부의 규제선호 성향은 정부가 해야 할 일은 계속 증가하나 조세부담을 증가시키기 어려운(만성적 재정적자) 상황에서 더욱 조장된다.[12] 이 점은 우리나라에서 매우 주목해야만 할 사항이 아닐 수 없다. 사회복지 지출의 증가 등 재정수요의 증가추세에 대응하려다 보면 세금으로 대응해야 마땅한 일을 규제를 통해 할 수밖에 없는 상황으로 몰릴 가능성이 크기 때문이다.[13] 비유적으로 표현한다면 양자는 마치 고무풍선 속의 바람과 같아서, 한 쪽을 누르면 다른 쪽이 부풀고 다른 쪽을 누르면 또다른 쪽이 부풀어오르게 되어 있다. 무리한 예산지출의 축소(또는 예산지출의 증가억제)는 규제의 증가를 초래할 가능성이 크다. 실제로 미국의 경우 1988~1996년간 연방예산지출은 약 10% 증가하였지만, 규제순응비용은 20% 이상 증가한 것으로 나타났다(Economist, 1996. 7. 27, p. 18).

(3) 규제(개혁)와 정부조직 규모의 관계

이와 유사한 논의가 규제와 정부조직의 관계에서도 그대로 적용될 수 있다. 정부의 "규제하려는 속성"에 비추어 정부조직의 비대화가 규제증가의 중요원인이라는 주장을 흔히 듣는다. 그러나 우리나라의 규제현실 속에서 이것이 과연 타당한 주장인지 의문이다. 우리나라 정부가 과연 "큰 정부"인지 여부를 가리기는 쉽지 않다. 국제적으로 비교해볼 때 "큰 정부"에 속한다고 보기는 어렵다. 오히려 비교적 작은 정부가 다른 어

---

12) 예컨대 미국에서 연방정부규제(*federal regulation*)의 순응비용이 1990년 연방예산의 40% 수준에서 1995년 47.2% 수준으로 증가하고 있는 것은 이런 추세를 반영하는 것이다. Thomas Hopkins 교수는 1995년 미국의 연방정부예산이 1.5조 달러인 데 비해, 연방정부규제의 순응비용은 약 6,680억 달러에 달하는 것으로 추정하고 있다. 더 나아가 그는 미국 가구당 평균소득세액이 6천 달러인데 비해, 규제로 인한 비용은 7천 달러에 달한다고 밝히고 있다(*Economist*, 1996.7.27, p.17).

13) 예를 들면 1980~1995년간 일본 정부의 대 GDP 비중은 32.4%로서 미국보다 약간 낮은 수준이었다. 그러나 누구도 일본 정부가 자유방임적이라고는 보지 않을 정도로 일본은 규제가 많고 정부에 대한 국민의 불만은 높다. 미국 국민들이 균형재정을 원하는 것 이상으로 일본 국민들은 규제개혁을 열망하고 있다.

떤 국가보다도 많은 일을 감당하고 책임져야 하는 행정현실에서 편의주의가 발동하고 규제의존 현상과 규제의 악순환 현상이 더 극심하게 나타난다고 보는 것이 맞다. 예를 들면 미국의 연방보건의약국(FDA)의 직원수는 8천 명에 달한다. 이에 비해 식품의약안전청을 비롯해 우리나라 중앙정부 수준의 보건안전 관련조직의 소속공무원의 숫자는 고작 5백~6백 명 수준을 넘지 못하고 있다. 이렇게 부족한 조직과 인력으로 더 많은 일을 감당해야 할 때 유일한 문제해결 방법은 민간에게 더 큰 부담을 지우는 길밖에 없다. 정부조직과 인력의 감축을 내용으로 하는 "작은 정부"를 추구한다면 결국 규제의 증가를 불러올 수밖에 없다는 사실을 잘 인식해야 할 이유가 바로 여기에 있다.

(4) 규제개혁과 반부패개혁은 동전의 양면

우리나라에서는 부정부패의 원인을 주로 공직윤리의식의 결여에서 찾는 경향이 강하다. 부정부패도 주로 공금의 유용이나 금전(뇌물) 수수로 국한시켜 보는 경향이 있다. 그러나 부정부패의 최대의 원천은 불합리하고 비현실적인 규제이다(최병선, 1997). 또한 규제와 관련한 비리의 사회적 비용은 뇌물의 수십·수백 배에 이르는 것이 보통이다. 이런 면에서 규제제도와 체제를 정비하지 않은 채 사정(司正)을 통해 부정부패를 통제하기는 불가능하다. 불합리하고 비현실적인 규제야말로 부정부패의 온상이다. 이런 규제를 그대로 둔 채 부패가 사라지기를 바란다면 그것은 연목구어나 마찬가지다.

경제규제의 경우 산업정책, 중소기업정책, 물가안정, 소비자보호 등 각종의 정책목적을 내세워 규제가 도입되고 유지되고 있지만, 이런 규제들이 실제로 어떤 의도적인 또는 비의도적인 결과를 파생시키고 있는지 비판적으로 검토해보아야 한다. 인허가로 대표되는 경제규제가 과연 누구를 위해 이루어지고 있으며, 인허가를 둘러싸고 얼마나 많은 부정부패가 양성적·음성적으로 야기되고 있는가를 심각하게 검토해보아야 한다. 다음으로 사회규제의 경우에는 주로 규제수단의 불합리성과 비경제성, 그리고 규제의 집행 측면에서 부정부패의 소지가 마련된다. 특히 규제의 실효성을 신중하게 검토하지 않은 채 성급하게 졸속으로 도입된 규제일수록 자의적으로 불공평하게 집행되면서 부정부패를 만연시킬 공산이 크다.

규제와 관련한 부패를 차단하기 위해서는 규제의 투명성(*transparency*) 확보가 관건이다. 규제에 부패가 기생하게 만드는 최대의 암적 요인은 규제권한의 자의적 행사 여지와 가능성이기 때문이다. 규제권한을 자의적으로 행사할 수 있는 소지가 클수록 지대추구행위(*rent-seeking activities*)는 활발하게 일어난다. 일반적으로 규제기관과 관료는 규제기준과 내용에 최대한의 재량성을 확보하려고 하는 경향이 있다. 이는 변화하는 행정여건 속에서 규제문제에 신축적으로 대응하기 위함이다. 이것이 화근이다. 규제의 투명성을 제고하기 위해서는 무엇보다도 규제의 법적 근거가 명료해야 한다. 상하위 관련법체계가 명확해야 하며 법률에 근거하지 않은 규제들이 행정부 재량으로 생산되지 않도록 해야 한다.

규제방식의 전환도 규제의 투명성 확보를 위해 적극적으로 고려해야 한다. 예를 들면 면허와 인허가가 불가피한 경우 막연한 공익기준에 의존할 것이 아니라 공개경쟁입찰 방식 등을 활용함으로써 규제에서 발생하는 지대의 가치를 합리적으로 평가하고 이것이 개인에게 귀속되는 것이 아니라 국고에 귀속되도록 하는 방안을 모색할 필요가 있다(최병선, 1992: 292~301). 급행료의 수수가 일상화되어 있는 규제의 경우에는 대기시간에 따라 수수료를 차등화하거나 프리미엄을 부과하는 방법 등이 있다.

(5) 규제개혁과 민영화의 관계

규제개혁과 민영화는 상호연결된 동일한 차원의 정책과제이다. 규제개혁과 민영화 모두 시장경쟁원리를 존중한다는 점에서 동일하다. 특히 공기업의 민영화는 민영화와 동시에 관련규제의 개혁이, 시장경쟁체제의 작동에 대한 고려가 뒷받침되지 않는다면 공공독점을 민간독점으로 전환하는 것에 불과하다. 그럼에도 불구하고 선후발기업간의 공정경쟁을 유도한다는 이유로 비대칭규제(*asymmetric regulation*)를 한다거나 공정경쟁 확보 명분으로 자의적 정부간섭을 지속한다면 민영화의 효과는 반감될 수밖에 없다. 한편 노무현정부에서와 같이 공기업노조의 강력한 반발에 직면하여 벽에 부딪친 민영화의 대안으로서 규제개혁을 새롭게 인식할 필요가 있다. 예를 들면 발전사업의 경우 5개 발전회사의 분리와 이들간의 경쟁체제의 구축만으로도 상당한 효율성의 증가를 꾀할 수 있었다는 점에 유의할 필요가 있다.

2) 규제개혁위원회의 조직개편 필요성과 방향

(1) 민 · 관 합동위원회 조직의 문제점

우리 사회에서는 규제개혁을 관료의 손에 맡겨서는 안 된다는 사고가 매우 강하다. 이것은 다음의 두 가지 문제인식에 기초한 것이다. 하나는 현상유지와 기득권에 집착하는 경향이 있는 관료의 손에 규제개혁을 맡기는 것은 어불성설이라는 것이다. 다른 하나는 규제로 인해 막대한 부담을 지고 있는 민간부문의 요구와 압력이 강하게 투입되지 않는 한 규제개혁이 정치적 힘을 얻을 수 없고, 규제개혁과정에 민간부문의 전문성을 가미해야 할 필요성도 높다는 것이다. 이런 문제인식하에서 전두환 정부로부터 김대중정부에 이르기까지 우리나라는 규제개혁기구를 민 · 관 합동위원회 형태로 운영했다.[14] 다만 김영삼정부 말기까지 규

14) 5공화국 시절 국무총리가 위원장인 '성장발전을 위한 제도개선위원회'에 관련부처 장관과 함께 각계의 민간대표가 참여하였고, 1991년 노태우 정부가 '행정규제완화민간위원회'를 설치하면서 전례없이 전경련회장을 공동위원장으로 위촉한 바 있다. 그러다가 김영삼 정부에 와서는 다시 '행정쇄신위원회'는 민간위원 중심에 민간인 위원장이, 동 '실무위원회'는 국무총리 행정실장이 위원장을 맡고, '경제행정규제완화위원회'는 경제기획원(후에 재정경제원) 차관이 위원장을 맡는 것과 동시

제개혁기구가 자문위원회 성격의 한시적 기구였다고 한다면, 김대중정부 이후 규제개혁기구는 '행정규제기본법'에 근거를 둔 대통령 직속의 법정위원회라는 차이가 있다. 이런 차이에도 불구하고 현재에도 규제개혁위원회는 종전의 유사 위원회와 크게 다르지 않은 방식으로 운영되면서 다음과 같은 문제점을 노정하고 있다.

첫째, 현행 규제개혁위원회는 기본적으로 정부부처 주도의 규제개혁 추진을 전제로 하고 있다. 다시 말하면 '규제개혁위원회'는 기본적으로, 아래에서 구체적으로 설명하게 될 중앙행정기관의 규제개혁기구의 상위 심사(*oversight*) 기구로서의 성격을 지니고 있다(〈그림 3-1〉 참조). 그럼에도 불구하고 현재 규제개혁위원회는 종래의 민·관 합동의 조직형태, 종래의 자문위원회의 운영방식을 답습하는 등 모순에 처해 있다.

구체적으로 설명한다면, '행정규제기본법'은 핵심적 규제개혁 수단과 방법으로서 ① 신규규제의 생산 시 사전에 규제영향분석을 실시하고, ② 규제일몰제를 적용해야 하며, ③ 모든 규제를 등록하고, ④ 기존규제에 대해서는 매년 규제정비계획을 수립하여 자체적으로 규제개혁을 추진해야 하는 책임을 일차적으로 각 부·처·청에 지우고 있다. 동법은 이를 전제로 규제개혁위원회에 각 부·처·청이 시행하는 규제영향분석 내용과 일몰기간의 적정성, 그리고 각 부·처·청의 연간 규제정비계획 내용과 추진상황 등을 심사하고 점검하며, 각 부·처·청의 시행상황이 부진할 때 대통령에게 시정조치를 건의하는 등 각 부·처·청의 규제개혁 추진을 지도하고 독려하는 것을 주된 임무로 부여하고 있는 것이다.

동법에 반영되어 있는 이런 규제개혁위원회의 위상과 업무의 성격에 비추어볼 때 동위원회를 민·관 합동의 자문위원회 형태로 운영하는 것

에 여기에 관계부처 차관과 민간인이 참여하는 형태로 변화하였다. 한편 김영삼 정부 말기의 '규제개혁추진회의'는 국무총리와 민간인 공동위원장 체제로 다시 전환하였고, 현재의 '규제개혁위원회'는 이 체제를 대체로 이어받고 있다.

은 매우 부적절하다. 동위원회를 상설기구로 설치한 것은 큰 진전이지만, 국무총리가 공동위원장이 되고 각계의 고위 민간대표가 위원으로 되어 있는 이 기구가 명실 공히 상설기구로서 기능하기를 기대하는 것은 무리다. 실제로 그간의 규제개혁위원회 운영은 업무의 폭주와 전문성의 한계라는 매우 중대한 문제에 봉착했다. 앞에서 언급한 바와 같이, 노무현정부가 규제개혁위원회와 별도로 규제개혁장관회의 등을 운영하였던 것은 규제개혁위원회가 안고 있는 이런 문제점과 한계를 우회하기 위한 방편이었다고 볼 수 있다.

〈그림 3-1〉 현행 규제개혁 추진체계

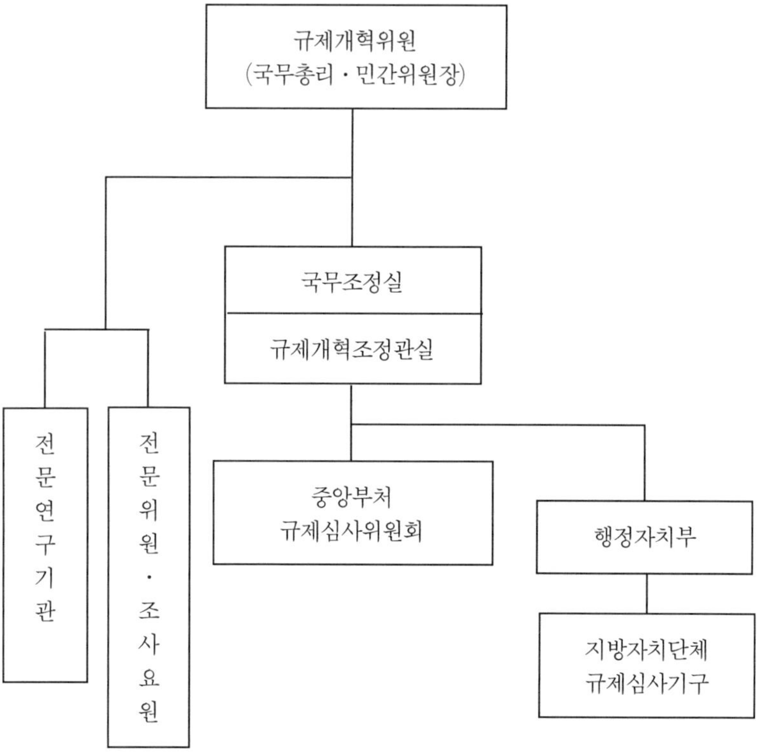

우선 국무총리는 말할 것도 없고, 위원회의 정부위원인 6개 부처장관이 이 위원회에 정규적으로 참가하기가 어렵다는 점이 엄연한 현실로 드러났다. 또한 민간위원의 경우도 경제단체 대표자들은 아예 처음부터 참가가 어려운 실정이고, 따라서 대리참석이 관행화되어 있다. 언론계, 학계, 시민단체를 대표하는 민간위원의 경우도 업무의 폭주를 호소하고 있다. 다음으로 대부분의 위원이 어떤 분야나 산업의 규제개혁 과제에 대해서는 다소간 전문적 식견이 있을지 모르나, 위원회의 핵심기능이요 업무라 할 수 있는 부·처·청에서 수행한 규제영향평가서를 비판적으로 검토할 수 있는 정도의 전문성을 갖추고 있는 인사라고 보기에는 문제가 있다. 범정부 차원의 위원회에 전문가가 아니라 각계를 대표할 수 있는 인사로 위원을 선정하는 관행에 비추어볼 때, 이 문제의 해결은 난망이다. 이런 이유로 위원회 위원들은 시간과 열성의 부족, 전문성의 부족을 고백하고 있는 반면, 관료들은 이들의 전문적 식견에 대해 의문을 표시하고 있는 것이 숨길 수 없는 현실이다.

둘째, 위원회 산하에 이 기구의 활동을 지원하기 위해 국무조정실 소속으로 규제개혁조정관실을 두고 있으나 이 기구 역시 위원회와 유사한 문제를 안고 있다. 우선 규제영향분석이나 일몰제도의 적용 등에 필요한 전문성을 지닌 관료의 충원이 매우 어려운 실정이다. 이런 문제를 보완하기 위해 전문위원제도를 운영하고 있으나 그 숫자가 너무 적다. 또한 55개 민간연구기관을 전문연구기관으로 지정해두고는 있으나 이를 효과적으로 활용할 수 있는 준비나 여건이 전혀 갖추어져 있지 않다. 더 나아가 위원회와 사무국 격인 규제개혁조정관실의 업무분담도 그리 명확하게 설정되어 있지 않다. '행정규제기본법'에는 민간위원 중에서 임명되는 상근간사가 위원회와 사무국의 연계 및 조정역할을 담당하도록 되어 있으나, 실제로는 이 역할이 규제개혁조정관(1급 공무원)에게 맡겨져 있고 그 결과 위원회 운영은 사실상 규제개혁조정관실이 좌지우지하고 있다고 해도 과언이 아니다.

규제개혁위원회가 이처럼 기형적으로 운영되고 있는 것은 '행정규제기본법'의 법정신이나 취지와는 다르게 위원회가 구성되고 사무국이 편제된 불가피한 결과라고 밖에는 볼 수 없다. 이 법이 상정하고 있는 규제개혁 추진체계는 사실 선진 외국, 특히 영미계통의 국가, 그것도 미국의 제도와 흡사하다. 이것이 이 법안의 작성과정에 참여했던 규제개혁 전문가들의 일치된 견해로서, 이들은 규제개혁위원회에 부여된 사명과 업무의 성격에 비추어 이를 독립된 행정기구로 설치할 것을 강력히 제안하였으나 입법과정에서 무시되고 말았던 것이다.

〈표 3-2〉와 같이, 오늘날 선진 각국은 범정부적 규제개혁기구를 공식적 행정기구가 담당하게 하고 있다. 미국을 비롯한 OECD 회원국 거의 모두가 그러하다(OECD, 1996). 예외가 있다면 일본과 한국 정도에 불과하다. 여기서 우리가 확인할 수 있는 사실은 OECD 회원국 거의 모두가 관료 중심으로 규제개혁을 추진해나가고 있다는 것이다. 특히 미국을 위시해 영미계통의 국가에서는 중앙행정부처가 자발적으로 규제개혁을 추진하도록 하되, 강력한 권한을 지닌 상위심사기구가 부처의 규제개혁을 지도하고 지휘하며, 규제개혁의 기준을 설정하여 규제개혁을 통일성·일관성 있게 추진해나가도록 하고 있다.[15] OECD도 지금까지의 경험에 비추어볼 때, 범정부적 규제개혁 기구는 ① 특정분야의 규제를 담당하는 규제기관으로부터 독립적이고, ② 정부부처와 최소한 수평적이며, ③ 독립적 판단을 내릴 수 있을 정도로 전문성이 있고, ④ 주도권을 행사해 규제개혁을 촉진할 수 있으며, ⑤ 집권층 또는 상위심사 권한이 있는 정부부처(재무성, 무역성 등)와 연결되어 있을 때 가장 효과적으로 기능한다고 말하고 있다.

---

15) 특히 미국의 경우 클린턴 행정부가 추진한 일련의 국가성과평가(NPR: *National Performance Review*) 작업과정에서 개혁과제를 선정하고 개혁방안을 마련한 것은 앨 고어 부통령이 이끄는, 각 부처에서 선발된 유능한 전문관료와 외부컨설턴트로 구성된 실무팀이었고(Gore, 1993; Kettl and Dilulio, 1995), 이런 관료 중심적 접근은 이 작업의 중요한 일부분이었던 규제혁신(*reinventing regulation*) 작업과정에서도 예외가 아니었다.

〈표 3-2〉 OECD 회원국의 규제영향평가제도 운영개요

국 명	실시 연도	시행형태	분석 시행기관	통제기관	공개 여부
호 주	1985	B/C	규제기관	산업위원회	공 개
오스트리아	1992	재정분석	규제기관	규제기관	비공개
캐나다	1977	사회경제 영향분석	규제기관	재무성	공 개
	1986	일반영향분석			
	1992	B/C, C/E			
핀란드	1990	일반영향분석, 재정분석	규제기관	규제기관	의회에 제출된 Bill만 공개
독 일	1989	B/C, 예산비용분석	규제기관	규제기관	비공개
아이슬란드	1995	재정분석	규제기관	규제기관	의회에 제출된 Bill만 공개
일 본	1988	일반영향분석	규제기관	규제기관	비공개
네덜란드	1985	일반영향분석	규제기관	법무성, 경제성, 독립위원회	공 개
뉴질랜드	1995	재정분석; 순응비용분석	규제기관	규제기관, 재무성이 감독	불필요함
노르웨이	1995	결과분석; 경제비용분석 중심	규제기관	규제기관, 재무성	불필요함 (보통 협의과정에서 공개됨)
스웨덴	1994	B/C, C/E	규제기관	감사원	공 개
영 국	1985	사업비용분석	규제기관	각부 장관, 산업성	공 개
미 국	1993	B/C	규제기관	OMB	공 개

자료: OECD(1996)을 재정리.

B/C: 비용편익분석(*Benefit-cost analysis*). C/E: 비용효과분석(*Cost-effectiveness analysis*).

(2) 규제개혁위원회의 재편방안

현재의 규제개혁위원회는 공정거래위원회와 매우 유사한 형태의, 독립적인 합의제 행정위원회로 재편하고, 상시운영체제로 정상화해야 한다.[16] '행정규제기본법'에 따라 각 부 · 처 · 청이 제정하는 신설 또는 강화규제의 심사분석기능을 전담하고 있는 이 위원회가 상시적으로 운영되지 않고서는 행정의 지체를 막을 수 없다. 이미 이 문제는 각 부처가 심각하게 지적하고 있는 문제이다. 이 위원회의 심사를 거치지 않고서는 법안이나 시행령의 제정 및 개정의 다음 단계를 밟아나갈 수 없도록 되어 있기 때문이다. 행정의 지체를 막는다는 이유로 오늘날 규제개혁에 있어서 핵심요소인 동시에 가장 강력한 개혁수단이 되고 있는 규제영향평가가 형식적으로 이루어지는 폐단을 없애기 위해서는 위원회의 상시운영체제 구비가 필수적이다.

규제개혁은 고도의 전문성을 요하는 업무이다. 지금까지 그럭저럭 잘 해오지 않았느냐고 반문한다면 이것은 어불성설이다. 지금까지의 규제개혁은 어떤 의미에서 상식과 건전한 판단능력만 있으면 그럭저럭 처리해낼 수 있는 수준이었는지 모른다. 그러나 앞으로는 다르다. 왜냐하면 지금까지의 주요 규제개혁 과제는 민원을 해결하고 행정절차를 간소화하는 차원을 크게 넘어서지 못하였기 때문이다. 앞으로는 국민경제 전체의 안목에서 산업의 조직을 재설계하고 시장경쟁과 정부규제를 적절히 조화시키며 규제의 비용편익분석을 통해 규제적 대안 혹은 비규제적 대안(*non-regulatory alternatives*)을 발굴하는 등 고도의 전문성을 요하는 과제들을 다루어나가야 한다.

현재의 위원회의 위원 구성방식하에서 이런 수준의 전문성을 기대하

---

16) 여기서 제안하고 있는 바와 같이, 현재의 규제개혁위원회를 공정거래위원회와 흡사한 형태의 독립된 합의제 행정위원회로 전환할 경우 세부적으로 고려해야 할 사항은 많다. 특히 ① 위원회 결정사항과 사무국 전결사항을 구분하기 위한 "중요규제" 기준의 설정, ② 상임위원의 숫자와 자격, ③ 비상임위원의 숫자와 자격, ④ 상임위원과 사무국의 사무총장 간의 업무 및 책임한계 설정 등의 문제가 중점적으로 검토되어야 할 것이다.

기는 어렵다. 현 체제를 그대로 유지하는 가운데 민간위원 중 상근간사를 보좌할 다수의 박사급 전문위원을 정부산하 연구기관 등으로부터 파견받아 상근직원으로 확보하고, 이들을 중심으로 사무기구의 조직을 편성하는 한편, 이들로 구성되는 '전문위원회'의 기능을 대폭 강화하는 방식을 생각해볼 수는 있겠으나, 이 경우 현행 규제개혁조정관실과의 업무분담 및 책임한계의 모호성 등으로 실현가능성이 매우 낮다고 판단된다. 이런 면에서 업무폭주와 더불어 전문성 강화의 필요성에 부응하기 위해서는, 또한 규제개혁 업무가 정부의 핵심사무가 되어야 한다는 견지에서 본다면 역시 규제개혁위원회를 공식적 행정기구로 전환해 자체적으로 전문가를 충원하고 양성해나가는 체제를 갖추도록 하는 것이 최선이다. 이때 비로소 여기에 규제개혁에 대한 열정과 전문성을 가진 관료들이 모여 안정감과 소속감을 갖고 일을 할 수 있을 것이며, 이 기구에서 경력을 쌓는 것이 이 기구 또는 각 부처의 규제개혁 관련기구 등을 통해 고위관료로 성장할 수 있는 좋은 길이라는 인식이 확실하게 자리잡게 될 것이다.

규제개혁위원회를 이와 같이 독립된 합의제 행정위원회 형태로 개편할 경우 제기될 가장 큰 문제가 바로 이 위원회의 정치적 위상과 개혁추진력의 확보문제이다. 규제개혁은 항시 기득권 집단이나 NGO 등의 저항과 반발에 부딪칠 가능성이 높다는 점에서 이 점은 매우 중요하다. 이런 점을 고려해 관료기구로 전환될 규제개혁위원회의 정치적 위상을 보완하고, 이 위원회가 국민의 정치적 지지를 받아 규제개혁을 효과적으로 추진해나갈 수 있도록 하기 위해서는 이 기구의 상위기구로서 각계의 대표(15명 내외)가 위원이 되는 '규제개혁추진회의'를 대통령 자문위원회 형태로 설치하고, 이것이 한편으로는 민간부문의 규제개혁 압력을 지속적으로 전달하고, 다른 한편으로는 행정조직인 규제개혁위원회를 정치적으로 지원하는 역할을 담당하도록 하는 방안을 고려해볼 수 있다. 경우에 따라서는 이 기구가 규제개혁위원회와 관련 부·처·청간의 심각한 이견과 갈등을 조정하는 역할을 수행하도록 할 수도 있을 것이다. 또한 규제개혁에 대한 대통령의 관심과 의지를 분명히 하고, 정부조직인 규제개혁위원회와 대통령 자문기구인 규제개혁추진회의의 상호관계를 정립해 일사불란한 규제개혁 추진체제를 이끌어나가도록 하기 위해서는 대통령비서실에 규제개혁 전담 수석비서관을 두는 것도 좋을 것이다.

한편 위에서 제안한 바와 같이, 현재의 규제개혁위원회를 독립된 합의제 행정위원회로 전환할 경우 이 기구와 법제처를 통합하는 방안도 고려해볼 만하다. 현재 행정부처가 법률이나 시행령에 규제를 신설하거나 기존규제를 강화할 경우 규제개혁위원회의 규제심사분석 절차를 거친 후 법제처의 법안심사를 받아 국무회의에 법안을 상정하도록 되어 있는데, 여기서 규제심사와 법안심사의 중복문제가 제기되고 있다. 법률과 시행령의 제정 및 개정과정에서 합헌성, 합법성, 관련법간의 모순과 상충을 가려내는 것도 중요하지만 이런 심사기준에 더하여 규제의 합목적성과 경제적 효율성을 판단하는 규제심사절차를 병행한다면 현재와 같이 동일한 법안(개정안)에 대하여 서로 다른 기준으로 2중의 심사를 거치도록 하는 데 따른 시간적 부담과 입법행정의 지체를 대폭 완화할 수 있을 것이다. 이렇게 하면 규제개혁위원회는 미국의 관리예산처(OMB)와 유사해져 법(규칙)안의 심사 및 규제심사 기능을 통합적으로 수행하는 기구로 변모하게 될 것이다. 다만 이 경우 현재 법제처가 담당하고 있는 행정심판 관리기능은 행정심판위원회의 위상을 재정립하는 방향으로 검토하면 될 것이다.

이와 관련하여 한 가지 더 지적해야 할 사항이 있다. 규제개혁 측면에서 평가해볼 때 우리나라의 법체계는 근본적 검토를 필요로 하고 있다는 것이다. 규제개혁 전선에서 오늘날 영미계통의 국가들이 대륙국가보다 현저한 앞서 가고 있는 것은 결코 우연이 아니다. 우리나라의 법제는 일본의 법제를, 일본은 독일의 대륙법제를 이어받고 있다. 그 결과 새로운 업종, 직종, 산업, 제품, 서비스가 출현할 때면 이를 규율할 법이 새롭게 제정되어야만 하도록 되어 있다. 몇 년에 어쩌다가 이런 일이 발생한다면 모르겠으나 하루가 멀게 신산업, 신직종, 신제품과 서비스, 신사업유형과 방식, 모델이 등장하는 판에 이는 여간 심각한 문제가 아니다. 개별법이 아니라 일반법으로 동종의 유사한, 그리고 앞으로 태동할 새로운 것들까지 널리 포괄할 수 있는 입법방식의 전환이 시급하다.

3) 중앙부처 규제개혁 기능의 강화

(1) 정부부처의 소극성 극복이 최우선과제

우리나라에서 그동안 규제개혁이 미흡했던 중요한 원인 중 하나는 직접 규제를 만들고 관장하는 정부부처들의 소극성·피동성이다. 특히 각 정부부처의 장·차관과 고위관료가 규제개혁에 각별한 관심과 노력을 기울였다고 보기 어렵다. 장·차관이나 고위관료가 규제개혁에 적극적·능동적으로 임하지 않은 가장 중요한 이유는 이들에 대한 유인과 보상체계가 미비하기 때문이다. 규제개혁은 항시 다소의 예기치 못한 또는 의도하지 않은 부작용을 수반한다. 적어도 과도기적으로 복잡한 문제를 야기할 가능성이 있다. 그럼에도 불구하고 이런 모든 부작용을 충분히 예측하지 못해 실제로 어떤 문제가 발생할 경우 어떤 변명도 통하지 않고 모든 책임을 고스란히 뒤집어쓰게 되고야 말 것을 너무나 잘 아는 이들이 이런 위험성을 내포하고 있는 규제개혁 업무에 적극적으로 나서기를 바라는 것은 곤란한 일이다.

역대 대통령이 기회가 있을 때마다 규제개혁의 중요성을 강조했음에도 불구하고, 각 부처의 장·차관급 인사들 가운데 규제개혁의 의의를 제대로 이해하고 자기 부처 소관의 규제합리화 노력을 기울인 경우가 별로 없다는 사실은 역설적이다. 역대 대통령(국무총리)처럼 원론적으로 규제개혁의 필요성을 역설하면서도, 규제개혁 추진의 직·간접적 결과로 사회적 물의가 빚어질 때 국민들에게 규제개혁의 불가피성을 설득하고, 규제개혁 과정에서 발생하는 부작용에 대해 이해와 인내를 촉구하고 호소하기는커녕 물의를 야기한 고위직 인사를 희생양으로 삼는 관행을 더 이상 계속해서는 규제개혁의 분위기를 고양해나갈 수 없다.

이런 모든 문제를 의식하여 '행정규제기본법'에는 장·차관의 인사에 규제개혁 실적을 반영할 것을 규정해놓고 있다. 그러나 무수한 장·차관 인사에서 이 점이 고려된 예는 거의 없었다. 바로 여기에 규제개혁에 있어서 대통령과 총리의 중요한 역할이 있다. 이와 관련하여 '행정규제기본법'이 마련해두고 있는 제도적 장치를 적극적으로 이용할 필요가 있다. 우선 규제개혁위원회는 각 부처의 규제개혁 추진상황을 점검하고, 규제개혁 노력이 미흡하거나 성과가 부진한 부처에 대한 시정조치를 대통령에게 건의하는 기능을 십분 활용해 각 부처 장·차관이 규제개혁에 경쟁적으로 나설 수 있도록 분위기를 조성해야 할 것이다. 또한 향후 국무총리, 장·차관 인사에 있어서는 규제개혁의 의지와 추진능력을 인재등용의 중요한 기준 가운데 하나로 삼아야 할 것이다.

(2) 부처 차원의 자체 규제개혁 노력의 강력한 유도

앞에서도 지적한 바와 같이, '행정규제기본법'은 각 중앙부처가 규제개혁을 주도적으로 추진하는 것을 전제로 하고 있다. 그러나 이 부분은 아직도 가장 취약한 부분으로 남아 있다. 규제개혁은 규제생산자인 정치인(국회)과 행정부 관료의 의식전환 없이는 결코 성공할 수 없다. 각 부처가 강한 문제의식을 갖고 자율적 개혁노력을 기울이도록 만들어야 한다. 이런 문제의식하에 행정부처 스스로가 규제에 대한 비용편익분석을 실시하고 이를 통해 정책결정 및 의사결정 내용을 수정하고 절차를 바꾸어나가도록 만들어야만 한다.

현재 행정 각 부처는 규제에 대한 문제의식 없이 새로운 규제를 도입하거나 기존규제를 강화하는 종전의 사고와 행태에서 좀처럼 벗어나지 못하고 있다. 여기에는 분명한 이유가 있다. 기존규제에 대하여 문제의식을 갖고 있을지라도 규제개혁을 추진할 경우 의도하지 않은 혹은 예기치 못한 부작용이 나타날 수 있고 이 경우 행정책임을 져야 하기 때문이다.[17] 반면에 기존규제의 불합리성으로 인한 부작용을 치유한다는 명분을 내세워 기존규제를 강화하거나 새로운 규제를 도입하게 되면 적어도 행정책임을 져야 하는 일은 발생하지 않는다.

요컨대 규제관료들의 유인 및 보상체계가 잘못 작동되고 있는 것이다(최종원, 1999). 바로 여기에 마지못해 규제개혁에 응했다가 사고라도 발생하면 기다렸다는 듯이 규제를 부활시킴으로써 규제개혁이 제자리에서 맴돌게 만드는 근본이유가 있다. 이런 현상은 현재의 감사원의 감사방식과 관행으로 인해 더욱 조장되고 있다. 행정감사에서 가장 중요한 기준은 합법성이다. 물론 이 기준은 중요하다. 그러나 합법성 위주의 감사는 결과적으로 공무원들로 하여금 규제개혁에 적극적으로 임하게 하는 걸 어렵게 만들고 있다. 감사원은 때때로 행정부처가 당연히 내주어야 할 인허가를 내주지 않는 소극성을 감사하겠다고 말하기도 하지만, 실제 감사에서는 "왜 당연히 내주어야 할 인허가를 내주지 않았는가?"가 아니라, "왜 내주어서는 안 될 인허가를 내주었는가?"를 문제 삼는 현재의 감사방식과 관행에서 벗어나지 못하고 있는 것이다.[18]

이런 문제를 의식하여 '행정규제기본법' 37조에서, 공무원이 적극적 규제개혁을 추진하는 과정에서 예기치 못한 문제나 사회적 물의를 야기

17) 흔히 행정기관이 규제완화 조치를 취한 다음에도 여전히 간접적이고 음성적인 방법으로 규제와 간섭을 계속하는 성향을 보이는 경우가 많은데 이 역시 과도기적 문제에 대한 우려에서 비롯되는 경우가 대부분이다.

18) 이와 관련하여 규제개혁에 대한 공무원의 인식전환을 촉진하는 의미에서, 행정내부규제(*administrative regulations*)를 정비해나가는 데도 관심을 기울일 필요가 있다. 행정내부규제 중 특히 예산회계제도, 조달 및 납품제도, 국유재산관리제도, 행정 하부조직 관리, 인사규칙 등은 지나치게 공무원에 대한 불신을 바탕에 깔고 있는 바, 이러한 행정내부규제의 개선은 행정의 효율성과 책임성 향상은 물론, 공무원들의 규제마인드 개선에 기여하게 될 것이다.

한 경우 인사상의 불이익을 가하지 못하도록 규정함과 동시에, 규제개선 업무에 현저한 공로가 있는 공무원에 대해 인사우대하도록 한 것은 대단히 바람직하다. 이 규정이 선언적 규정에 그치지 않도록 해야 할 것임은 물론이고, 이 규정이 중하위 공무원만이 아니라 장·차관 및 고위 정책결정자들에게도 동일하게 적용되도록 해나가야 할 것이다. 특히 장·차관을 비롯하여 정책결정권자들이 의욕적으로 규제개혁을 추진해나가는 과정에서 발생할 수도 있는 논란이나 사회적 물의와 관련하여 종래와 같이 언론의 일방적이고 "무책임한" 보도나 비판의 희생양이 되게 해서는 안 된다.

요컨대 규제개혁은 정치적 비용(*political costs*)을 수반하는 매우 어려운 작업에 속한다. 기득권에 안주하려는 세력(독점적 지위 사업자와 업계, 관료사회 등)의 강력한 저항과 반발이 쉽게 야기되곤 한다. 한편 규제개혁의 궁극적 수혜자는 국민(소비자와 기업) 모두이다. 그러나 개혁의 효과는 즉각적으로 나타나지 않기 때문에 무임승차 현상이 심하고 따라서 규제개혁에 대한 국민의 강력한 지지를 동원하기가 쉽지 않다. 이런 점을 고려할 때 규제개혁에 대한 확고한 철학과 신념을 갖고 국민의 지지와 인내를 이끌어낼 수 있는 대통령의 설득력과 리더십의 중요성은 아무리 강조해도 지나치지 않을 것이다. 집권 초기 개혁 드라이브를 걸었다가 중반기를 넘어서면서 흐지부지한 것이 지금까지의 경험이고 보면, 규제개혁은 대통령의 강력한 의지와 집념이 없이는 성공 불가능한 개혁과제임이 틀림없다.

(3) 지방분권과 병행추진

현재의 지방분권 수준에서 무리가 없지 않지만 지방자치단체가 규제개혁의 첨병으로 나서도록 만들 필요가 있다. 지방자치제 실시 14년째에 접어든 지금 지방자치단체간 경쟁이 상당히 불이 붙었다. 세수의 확보를 위해, 지역의 발전을 위해 기업유치에 열을 올리고 있다. 그럼에도 불구하고 지방자치단체가 제도경쟁을 벌일 수 있는 여지는 현재로서는 매우 적다. 바로 이런 면에서 차후 개헌이 논의되는 경우에 지방분권을 강화할 필요가 있다. 만일 이런 조건이 갖추어져 지방자치단체들이 제도경쟁을 벌일 수 있게 된다면 우리나라의 규제개혁은 일대 전환기를 맞이하게 될 것이다. 노무현정부는 균형발전의 시각에서 고루 나눠주기 방식으로 지방분권에 접근하는 경향을 보였지만 지방마다 특색있게, 다양하게 발전할 수 있도록 만드는 가장 유력한 수단은 이들을 경쟁체제로 끌어들이는 일이고, 이때 비로소 지방의 발전을 가로막는 비합리적이고 비현실적인 규제들이 개혁의 도마에 오르게 될 수 있을 것이다.

4) 규제개혁 추진방식의 개선

(1) 규제영향분석제도의 본격 시행

OECD를 중심으로 오늘날 규제개혁의 큰 방향은 "더 나은 규제"(*better regulation*) 만들기다. 다시 말하면 규제의 질(*quality*)의 제고가 규제개혁의 요체가 되어야 한다는 것이다. 이런 접근방식의 이면에는 무조건적인 규제완화나 철폐는 현실적 대안이 되기 어렵다는 규제정치(*regulatory politics*)의 현실인식이 깔려 있다. 이 점은 규제철폐와 완화→규제의 복원 및 강화→규제완화와 철폐의 악순환 현상을 보이고 있는 우리나라에서 주목해야 할 사항이다. 무조건적으로 규제의 철폐와 완화를 외치기보다는 이런 악순환을 막기 위한 노력이 긴요하다. 재규제(*re-regulation*)는 없앤 규제를 다시 살리는 것이 아니라 규제를 현실에 맞게 재설계하는 것을 말한다.

규제의 질의 제고와 관련하여 중요하게 거쳐야 할 과정이 규제영향분석(RIA)이다.[19] 그러나 우리나라는 규제개혁위원회가 출범한 지 10년이 넘도록 제대로 RIA를 시행할 수 있는 체제를 전혀 갖추지 못하고 있다. 무엇보다도 자원이 투자되지 않고 있다. 좋은 개혁은 투자 없이는 이룩되지 않는다. 비현실적이고 불합리한 규제가 일으키는 천문학적 비용, 이런 규제를 개혁할 경우 얻게 될 엄청난 이득을 생각해 개혁에 투자해야 한다.

미국의 경우 관리예산처(OMB)는 의회의 요청으로 해마다 각종 규제가 야기하는 사회비용을 계산해 보고하고 있다. 이 비용은 GDP의 10% 수준으로 나타나고 있다. 미국의 GDP를 약 14조 달러 정도로 본다면 불합리한 규제로 인해 미국 국민이 해마다 지불해야 하는 비용이 1.4조 달러에 달한다. 이 금액을 염두에 둔다면 RIA에 들어가는 돈은 "새 발의 피"다. 실제로 OMB는 중요규제의 분석에 건당 평균 60만 달러의 연구비를 사용하고 있다. OECD(1997: 41)의 계산에 의하면 미국에서 RIA의 비용 대 사회적 편익의 비율은 1 : 1000이라고 한다. 우리나라는 어떤가? 형식과 체제는 미국의 보고서와 같건만 3~4페이지로 끝내고 만다. 개혁에 대한 투자에 이렇게 인색한 채 어찌 우리가 좋은 규제체제 아래서 살아가기를 바랄 수 있으랴.

규제영향분석의 본격적 시행을 위해서는 전문인력의 확보 역시 시급하다. 규제개혁위원회는 물론이고 각 부처 수준의 규제개혁 전담기구가 제 기능을 다할 수 있도록 하기 위해서는 규제영향분석을 수행할 수 있는 수준의 우수한 인력확보가 관건이다. 이런 능력을 갖춘 전문인력의 확보를 위해서는 기존 공무원의 재교육을 통한 충원을 포함해 개방형 임용, 계약제 임용, 특별채용 등 인사정책의 획기적 전환을 필요로 한다.

---

19) 중앙행정부처 수준의 규제영향분석 기능강화의 의의는 다음과 같다(McGarity, 1991). 첫째, 규제입법과정(*regulatory legislation process*)의 질을 향상시키고, 규제지향적 문화(*regulation-prone culture*)를 변화시키는 매우 중요한 학습의 기회를 제공한다는 것이다. RIA의 시행을 의무화하고 강력하게 시행하면 적어도 규제비용과 편익에 대한 비교평가가 선행되지 않는 한 규제의 신설이 불가능해지고, 규제정책과정의 공개에 따라 다양한 이해집단의 참여가 촉진되기 때문이다. 둘째, 관료의 정치적 책임성(*bureaucratic accountability*)이 강조됨에 따라 규제관료들이 규제의 신설이나 개체에 신중을 기하게 된다.

참고: 호주의 규제영향분석 체크리스트

① 정부가 다루려고 하는 문제가 도대체 무엇인가?
② 이 문제를 해결함에 있어서 정부행동이 꼭 필요한 이유가 무엇인가? 시장 기능을 통해서는 문제가 해결될 수 없을 것으로 보는 근거가 무엇인가?
③ 현재 그 문제를 다루기 위한 규제 또는 정책이 존재하지 않는가?
④ 규제가 불가피하다면, 현실적으로 적절하면서 효과적인 규제수단이 존재하는가?
⑤ 규제문제로 인해 영향을 받고 있는 집단은 누구이고, 규제가 시행되게 되면 누가 어떤 영향을 받게 될 것인가?
⑥ 각각의 규제수단별로 비용과 편익을 비교해본다면? 이 비용과 편익은 서로 다른 집단에 어떻게 분포되고 있는가? 계산에 사용된 가정들은 현실적으로 타당성이 있는가?
⑦ 선택된 규제정책수단은 효과적으로 집행될 수 있을 것인가?
⑧ 규제내용이 투명하고, 일관성이 있으며, 그에 관한 정보를 누구나 쉽게 입수하고 얼른 이해할 수 있을 것인가?
⑨ 규제의 효과성은 어떻게, 그리고 얼마나 자주 평가되어야 할 것인가?

안타깝게도 우리나라에서는 잘못된 "작은 정부" 개념에 사로잡힌 나머지 정말 필요한 정부조직과 인력의 확보, 예산의 사용을 가로막는 일이 비일비재하였다. 이것이야말로 대단히 어리석은 일이 아닐 수 없다. 우리나라가 필요로 하고 우리나라에 적합한 "작은 정부"는 정부의 조직, 인력, 예산을 줄이는 것이 아니라 민영화, 규제완화, 분권화를 통해 정부가 떠맡고 있는 일의 양 자체를 줄이는 것이 핵심이다. 이런 의미에서 정부의 역할과 기능의 합리적 재배분, 재정립 수단인 규제개혁에 충분한 조직, 인력, 예산을 확보해주는 일은 무엇보다도 중요하다.

(2) 규제기획제도의 도입

규제기획제도(*regulatory planning system*)는 1985년 미국의 레이건 행정부가 제정한 '대통령령'(*Executive Order*) 제 12498호(1985. 1. 4), '규제기획과정과 절차'(*Regulatory Planning Process*)에서 유래한다. 동제도는

1993년 클린턴 행정부의 '대통령령 제 12866호'(1993. 9. 30)의 '규제기획 및 심사'(*Regulatory Planning and Review*) 제도로 발전하여 오늘에 이르고 있으나, 양자간에 뚜렷한 차이가 있다고 보기는 힘들다. 이들 대통령령에 표현되어 있는 이 제도의 도입목적과 의의는 다음과 같다. ① 연도별로 행정부의 규제 프로그램(*Regulatory Program*)을 발전시키기 위해 필요한 규제에 관한 일련의 조정과정과 절차를 수립하고, ② 행정부의 규제 우선순위를 정하며, ③ 규제기관이 생산하는 규제에 대해 기관장이 좀더 큰 책임을 지도록 하고, ④ 대통령이 규제의 전 과정을 통할할 수 있도록 하며, ⑤ 기존 및 신설규제로 인한 부담을 축소함과 동시에, ⑥ 규제간 모순이나 중복을 최소화하고, ⑦ 행정부의 규제목표를 의회와 일반국민이 잘 이해할 수 있도록 한다는 것이다.

규제기획제도에서 가장 핵심적인 사항은 역시 규제개혁과 관련한 기획의 과정과 절차라고 말할 수 있다. 미국의 규제기획 메커니즘을 중요 단계별로 간략하게 살펴본다면 우선 매년의 규제기획 주기(*each year's regulatory planning cycle*) 초반에 부통령은 규제관련 고위인사(*Advisors*) 및 독립규제위원회를 포함한 각 규제기관의 장으로 구성되는 규제기관 정책회의(*Agencies' Policy Meeting*)를 주재하고, 당해 연도 규제정책의 우선순위에 대한 공통이해를 추구함과 동시에 다음 해에 추진하게 될 규제관련 제반사항을 조정한다. 동 정책회의 산하에는 동일한 멤버 또는 부서의 대표자로 구성되는 규제작업단(*Regulatory Working Group*)을 두고 있다. 이 회의는 OIRA 실장이 소집하고 주재하며 동 작업단의 활동상황에 관해 주기적으로 부통령에게 자문할 수 있게 하고 있다. 회의는 매 분기별로 개최하도록 되어 있으며, 필요시에는 전체회의가 아닌 부분회의를 개최하기도 한다.

규제기획의 두 번째 단계는 연도별 '통합 규제 안건'(*Unified Regulatory Agenda*)의 작성이다. 각 규제기관의 장은 OIRA의 지침에 따라 다음 해에 자기 기관이 심사 또는 제정, 수정, 보완 등의 조치를 취할 계획인 모든 규제안건을 개발하게 된다. 여기에는 최소한 각 규제의 식별을 위한 고유번호, 취하려고 하는 행동의 개요, 법적 근거, 동 규제행동에 대한 관련법상의 시한(*deadline*), 담당자의 성명과 연락처 등을 명시하도록 하고 있다. '통합 규제 안건'의 작성방법과 양식은 레이건 행정부에서 개발된 것을 그대로 답습하여 6개월 주기(10월과 4월)로 작성하고, 관보(*Federal Register*)에 고시하도록 하고 있다.

규제기획제도는 각 규제기관이 작성하는 규제계획(*regulatory plan*)을 토대로 진행되도록 되어 있으며,[20] 규제계획의 조정권한과 책임은 부통령에게 주어져 있다. 부통령은 적절한 규제관련 고위인사의 도움을 얻어 규제계획에 관해 규제기관의 장들과 협의할 수 있으며, 적절한 경우에는 추가적 고려나 기관간 조정(*inter-agency coordination*)을 요청할 수 있도록 하고 있다. 이런 과정을 거쳐 확정된 각 규제기관의 규제계획은 매년 10월 '통합 규제 안건'에 수록되어 발간된다. 이 발간물은 의회, 주정부와 지방정부, 그리고 일반국민이 이용할 수 있도록 하고 있는데, 이들은 규제기관의 규제계획에 대한 의견(계획된 규제행동이 다른 규제와 갈등을 일으킨다거나 국민에게 의도하지 않은 결과를 초래한다거나 부당한 이익을 가져다주게 될 것이라는 등)을 해당 규제기관에 제출할 수 있도록 하고 있다.

규제기획 및 심사제도의 원형을 제시하고 있는 미국의 경우, 행정부가 주도하는 규제기획 및 심사는 어디까지나 행정부 소속 규제기관의 비법률적 규제사항에 한해 적용될 수밖에 없으며, 의회가 제정한 법률사항에 대해서는 아무런 효력을 가질 수 없기 때문에 동제도의 효과가 근원적으로 제한적일 수밖에 없다. 이에 비해 우리나라에서는 대부분의

---

20) 각 규제기관의 규제계획의 작성 및 확정은 다음과 같은 과정과 절차를 따른다. 먼저 각 규제기관은 당해 연도 중 또는 차후 연도에 시안 또는 확정안의 형태로 개발하게 될 중요규제에 대한 행동계획을 작성하게 되는데, 바로 이렇게 작성된 규제계획이 전 정부적 차원에서 작성되는 연도별 '통합 규제 안건'의 핵심내용이 된다.

규제가 행정부에서 만들어지고 있을 뿐만 아니라, 규제입법도 대부분 행정부 주도하에 이루어지고 있을 뿐만 아니라, 비록 규제법률이 의원입법의 형식을 빌었을지라도 행정부가 일정한 기준에 따라 얼마든지 해당법률을 수정·보완할 수 있는 길이 열려 있다는 점에서, 규제기획 및 심사제도의 효과성은 매우 크다고 말할 수 있다.

더 나아가 연방제국가와 달리 법률의 제정 및 수정권한이 전적으로 중앙정부에 귀속되어 있다는 점 역시 행정부 주도의 규제기획 및 심사제도의 효과성을 높이는 데 기여하는 요소라고 말할 수 있다. 또한 현행 '행정규제기본법'의 체계상 이상에서 설명한 바와 같은 규제기획제도를 비교적 용이하게 접목시킬 수가 있다는 사실 역시 동제도의 도입에 유리한 점 가운데 하나다. 사실상 동법은 이런 제도적 과정과 절차의 도입을 충분히 염두에 두고 제정되었다고 말할 수도 있다. 이상과 같이 우리나라는 규제기획제도의 도입에 유리한 조건을 갖추고 있는 것이다.

반면에 제도도입의 난점도 만만치 않다. 우리나라에서 규제기획제도를 도입하려 할 경우 봉착하게 될 최대의 난관은 역시 졸속한 입법관행이다. 위의 설명에서 잘 나타난 바와 같이, 규제기획제도는 최소한 향후 1년을 기획단위로 삼아 운영되도록 되어 있다. 이런 면에서 우리나라처럼 졸지에 입법이 추진되고 예측가능성이 매우 낮은 행정풍토 속에서 향후 1년에 걸쳐 추진할 규제행동계획을 사전에 작성하도록 요구하는 것은 적어도 현재로서는 실행가능성이 낮다고 말하지 않을 수 없다. 그러나 이는 역설적으로 우리가 동제도를 도입할 경우 그 이익이 매우 클 것임을 시사한다. 다시 말하면 규제기획 및 심사제도의 도입은 그것이 궁극적으로 추구하는 목표인 동시에 더 일반적으로 행정합리화의 중요목표이기도 한 행정기관의 의사결정(*decision-making*)의 합리화와 행정의 정치적 책임성(*accountability*) 제고에 혁신적 변화를 초래하게 될 것이며, 궁극적으로 우리나라 행정관행과 풍토를 근본적으로 변화시키는 혁명적 시도가 될 수도 있다. 이런 점을 고려하여 앞으로 규제개혁위원회는 이와 유사한 규제기획제도의 도입을 적극적으로 검토할 필요성이 있다(최병선, 2002a).

참고문헌

김영평·최병선·신도철(2006). 《규제의 역설》. 삼성경제연구소.

최종원(1999). "불확실성하에서의 정부의 규제정책결정의 한계: '잘못된 긍정'의 오류 최소화전략의 문제점과 대안적 전략". 〈한국행정학보〉 33(4).

최병선(1992). 《정부규제론: 규제와 규제완화의 정치경제》. 법문사.

______·사공영호(1997). "부정부패와 정부규제". 〈한국행정연구〉 5(4).

______(2000). "하이에크의 자유주의 사상과 정치경제학 이론". 안청시 외 편. 《현대 정치경제학의 주요 이론가들》. 아카넷.

______(2002a). "규제개혁 추진체제". 최병선·신종익 공편저. 《시장경제와 규제개혁》. 전경련.

박세일·김병국(공편저) (2002b). "대통령과 규제개혁". 《대통령의 성공조건》. 나남출판.

______(2003). "법의 지배와 행정: 행정/복지국가에서의 법과 정책". 한국제도경제학회 창립학술대회 〈인치·법치·관치: 법의 지배 확립〉 발표논문. 서울 프레스센터. 2003. 6. 13.

______(2006). "코우즈: 시장의 진실과 세상의 이치". 김한원·정진영 편. 《자유주의: 시장과 정치》. 부키.

______(2007). "규제도 세금이다". 최광·곽태원 편저. 《세금경제학》. 자유기업원.

Bardach, Eugene and Robert A. Kagan(2002). *Going by the Book: The Problems of Regulatory Unreasonableness*. New Brunswick: Transactions Publishers.

Friedman, Milton(1983). *Bright Promises. "Dismal Performance: An*

Economist's Protest". 안재욱·이은영 역(2005). 《화려한 약속, 우울한 성과》. 나남출판.

Hayek, Friedrich A. (1979). *Law, Legislation, and Liberty*. London: Routledge.

Ikenberry, John(1986). "The Irony of State Strength: Comparative Responses to the Oil Shocks in the 1970s." *International Organization* 40(1) (winter).

McGarity, Rhomas O. (1991). *Reinventing Rationality: The Role of Regulatory Analysis in the Federal Bureaucracy*. Cambridge: Cambridge University Press.

North, Douglass C. (1990). *Institutions, Institutional Change, and Economic Performance*. Cambridge: Cambridge University Press.

OECD(1996). "Approaches to Regulatory Reform In OECD Countries."

______(General Secretariat) (1997). "Draft Report to Ministers on Regulatory Reform."

______(1997). "The OECD Report on Regulatory Reform."

______(2000). "Regulatory Reform in Korea: OECD Review of Regulatory Reform."

Posner, Richard(1971). "Taxtation by Regulation." *Bell Journal of Economics and Management Science* 2(1) (Spring).

Stigler, George J. (1971). "The Theory of Economic Regulation." *Bell Journal of Economics and Management Science*(Spring).

Zakaria, Fahreed(2003). *The Future of Freedom: Illiberal Democracy at Home and Abroad*. New York: W. W. Norton & Co.

4 공기업의 개혁과 민영화*

김준기

1. 서론

공기업의 비효율성에 대한 우려는 어제오늘의 일이 아니다. 이미 1988년 당시 경제기획원은 공기업백서를 출간하면서 "공기업의 경영내용이 복잡화되고 조직이 비대화함에 따라 이에 연유한 비효율성에 대한 비판이 점증하게 되었다"라는 표현을 쓸 정도로 공기업에 대한 문제의식을 가지고 있었다. 이보다 앞서 1962년 유훈 교수는 "소위 정부기업이라고 부르는 보통의 정부부처의 유형을 지니는 공기업에 있어서는 공공성이나 민주성이라는 것은 별로 문제가 될 것이 없고 주로 능률 또는 기업성이 문제"가 된다고 주장하였다. 또한 유훈 교수는 전통적으로 공기업은 정치적 제약, 조직적 제약, 인사상의 제약, 예산상의 제약에 직면한다고 분석하였다(유훈, 1969).

이러한 공기업부문에 대한 문제제기에 따라 역대 정부는 공기업의 구

* 이 논문의 기초자료 수집을 위하여 김주애 박사과정생과 정홍규 석사과정생이 수고하였다.

조조정과 민영화를 공공부문의 주요 개혁과제로 채택하였다. 특히 IMF 외환위기에 직면한 김대중정부는 정권 초기부터 강도 높은 공기업 경영 혁신 및 민영화 프로그램을 도입하였다. 노무현정부도 공기업과 관련된 각종 운영시스템 및 법제도의 개선을 시도하였다.[1)]

이렇게 역대 정부에서 공기업부문에 대한 개혁의 시급성이 부각된 가장 큰 이유는 공기업부문이 국민경제에서 차지하고 있는 비중이 큰 데다가 공기업의 '방만 경영'에 대한 국민의 시각이 매우 안 좋은 데서 기인한다.[2)] 보다 근본적으로 공기업은 시장적(경제적) 합리주의보다는 특정지역에 대한 투자 및 고용창출 등의 정치적 합리주의로 인하여 조직의 운영목표가 변질될 가능성이 높아 전형적 공공부문 실패(*government failure*)로 이어지게 된다. 이러한 공기업의 한계를 일반적으로 '연성예산제약'(*soft budget constraint*)의 문제로 보고 이를 '최종종결기제의 부재' 또는 '파산 가능성의 부재'로 부르기도 한다. 또한 공기업은 '주인 없는 기업' 또는 중첩대리인의 문제(*double agency problem*)로 인하여 효율적인 경영 및 감시·감사제도의 운영이 매우 어렵다는 게 학계의 정설이다.

이러한 공기업부문에 대한 문제인식에 따라 이 글은 지난 10년 동안의 공기업개혁(1998~2007년)의 성과를 평가하고 새 정부가 취해야 할 민영화정책의 핵심적 내용에 대하여 언급하고자 한다. 김대중정부와 노무현정부가 추진한 공기업개혁정책의 주요내용을 비교·분석하되, 특

1) 과거 정부별 공기업정책의 핵심적 내용을 살펴보면, 해방 후 이승만 정부는 귀속 국가자본을 민영화하였으며 민영화되는 기업의 운영주체인 관리인을 민간기업인으로 육성하고자 하는 입장을 취했다. 박정희 정부는 경제발전을 위한 정책적 도구로서 공기업을 다수 신설하면서 일부 기능을 다한 공기업의 민영화를 추구하는 등의 다원적 전략을 추구하였다. 한편 전두환 정부는 은행 및 제조시설의 민영화와 정부투자기관 경영평가제도 도입을 추진하였으며, 노태우 정부는 한전 및 포항제철의 국민주 발행으로 부분 민영화를 시도하였다. 또한 김영삼 정부는 과감한 민영화계획을 수립하였으나 집행상의 문제로 점진적 개혁으로 회귀하였다는 비판을 받았다(이주선, 1998).

2) 이관섭(2007)에 의하면 최근 들어 공공기관의 경영정보 공개시스템(알리오)에 대한 언론기관의 자체 분석결과를 토대로 한 보도가 확대되고 있다고 한다. 이에 따라 국민의 공기업에 대한 인식은 악화될 수밖에 없다.

히 공기업개혁의 점진적 정책도구 중의 하나인 운영시스템 개선 및 내부지배구조 개선에 치중한 노무현정부의 개혁정책의 세부적 내용을 살펴보고 공기업 민영화정책의 현주소를 살펴본다. 그리고 정부가 추진해야 할 산업구조개편(자유화) 및 민영화정책의 주요내용에 대하여 논하기로 한다. 마지막으로 정치경제학적 관점에서 성공적인 민영화 추진전략을 도출하기로 한다.

2. 국내외 민영화 동향

1) 국외 공기업개혁 및 민영화 추세

민영화정책은 흔히 영국의 대처 수상과 연계시키는 것이 일반적이지만 전후에 최초로 탈국유화 프로그램을 시도한 것은 독일의 아데나워(Konrad Adenauer) 수상이었다. 1961년 독일연방정부는 Volkswagen의 주식을 소규모 투자자인 대중에게 판매하는 국민주 방식으로 매각하였고, 뒤이어 VEBA도 주식시장에 상장하였다. 한편 대처 정부는 1980년대 초반부터 민영화 프로그램을 본격적으로 도입하였으며 독일의 민영화정책을 일부 모방하게 된다. 일부 기업의 경우 민영화에 따라 가격상승 및 경제력 집중 등에 관한 많은 비판이 제기되고 심지어 노조가 British Aerospace와 Cable and Wireless에 대한 재국유화를 주장하였지만 대처 정부는 지속적인 민영화정책을 추구하였다. 민영화를 통한 공기업 매각수익을 통해 공공부문의 부채 및 차입금을 줄일 수 있다는 점에 착안하여 1983년 제 2기 대처 행정부는 공기업 민영화를 더욱 가속화하였다. 특히 네트워크산업의 대표기업 중 하나인 British Telecom의 성공적 민영화를 통하여 정책을 확산시킬 수 있었다. 그 당시로서는 역대 최고 금액인 48억 달러의 주식매각대금을 확보하였으며 영국에서만 약 2백만 명의 국민에게 주식을 매각하여 기업의 규모가 민영화의 걸림돌이 되지 못한다는 것을 증명하게 되었다.

그 후 많은 국가들이 민영화정책을 채택하게 된다. 덴마크, 이탈리아, 칠레, 말레이시아, 싱가포르 등이 해당 공기업의 주식을 상장(*share issue*)하는 방법으로 민영화를 실시하였으나 제한적 범위에 그쳤다. 이러한 주식상장의 방식으로 프랑스가 민영화를 채택하였고 이어서 오스트리아, 벨기에, 폴란드, 자메이카, 일본, 스페인, 스웨덴 등이 국민주 발행을 통해서 민영화를 실시하였다. 1987년 이후 민영화 프로그램은 전 세계적으로 급속하게 번져나가 남아메리카, 아프리카, 남아시아 등의 개발도상국도 이에 동참하게 되었다. 특히 이 시기에는 주식상장보다는 경영권을 매각하는 방식이 선호되었다. 1990년대 초에는 동유럽과 구소련이 이 대열에 동참했고 결국 1990년 중반에는 EC(European Community)와 개발도상국의 대부분이 민영화정책을 중요한 국가과제로 고려하게 되었다.

이러한 현상에 따라 지난 1990~2003년 동안 120여 개발도상국에서 약 7,860개 공기업이 민영화되었으며 금액으로는 4,100억 달러의 거래가 진행되었다(Kikeri & Kolo, 2005). 최근 자료에 의하면 그 이후 2004~2005년 동안 62개 개도국에서 4백 개 공기업, 9백억 달러의 거래가 추가적으로 진행된 것으로 분석되고 있다(Kikeri & Burman, 2007). 〈그림 4-1〉에서도 볼 수 있듯이 세계의 민영화 추세는 1997년을 정점으로 줄었다가 다시 회복하는 중이며 과거에 비해 개별 거래금액이 커지는 현상을 보이고 있다. 이는 과거 민영화하기가 어려운 대상으로 여겨진 네트워크산업이 대거 민영화되면서 매각규모가 늘어났기 때문으로 해석되고 있다.

지역별 민영화 추세를 보면 최근 들어 유럽과 중앙아시아, 동아시아 국가들의 민영화가 전체 민영화 실적의 80%를 차지하고 있다. 과거 활발한 민영화 실적을 보인 중남미 국가의 공기업 민영화는 급감한 것으로 조사되고 있다. 키케리와 코로(Kikeri & Kolo, 2005)에 따르면 1990~2003년의 세계 민영화 중에서 47%를 중남미 국가들이 차지할 정도로 가장 활발한 실적을 보였으나 2000년 이후 급감하여 2000~2003년 사이에는 17%, 2004~2005년 사이에는 불과 3%만을 차지하고 있다. 특히 과거 활발하던 아르헨티나와 멕시코의 민영화는 2000년 이후 중단된 것으로 조사되고 있다. 이는 대상 공기업이 대부분 민영화된 이유도 있지만 공기업정책의 변화에서도 유래하고 있다. 베네수엘라와 볼리비아를 포함한 일부 중남미 국가들은 일부 민간기업의 국유화를 추진하고 있고, 주로 에너지산업과 네트워크산업에서 정책의 전환이 발생하고 있다. 다만 중남미 국가 중 칠레와 브라질은 민영화정책을 보다 적극적으로 추진한 것으로 조사되고 있다.

〈그림 4-1〉 개발도상국가의 민영화 실적(1990~2005년)

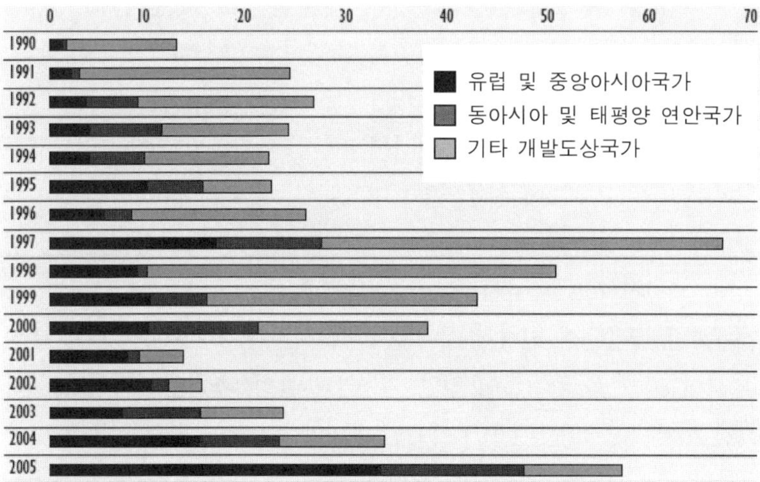

유럽과 중앙아시아 국가들은 지속적인 민영화를 추진하여 1990~2003년의 세계 민영화 중에서 25%를 차지하고 있으며, 2000년 이후로는 중남미 국가 실적의 2배가 넘는 것으로 조사되고 있다. 이에 따라 이들 국가가 차지하는 실적 비중은 2000~2003년 40%에서 2004~2005년 54%로 크게 증가하였다. 개별 국가별로 보면 과거 헝가리, 러시아, 폴란드, 체코, 슬로바키아 등이 민영화를 주도하였으나 2004~2005년 사이의 실적으로 보면 EU 가입 등에 따라 터키와 루마니아의 민영화가 활발한 것으로 조사되었다.

동아시아 및 태평양 연안국가의 민영화 성과의 특성을 보면 1990~2003년 동안은 세계 민영화 수입 중에서 16%를 차지했으나, 2000~2003년 사이에는 17%, 2004~2005년 동안에는 3%만을 차지하여 2000년 이후 감소하고 있는 것으로 조사되었다. 큰 규모의 민영화 거래 실적이 많았으며 주로 중국의 비중이 커서 1990년대의 이 지역 물량의 50% 수준, 2000년 이후 90% 수준을 차지한 것으로 분석되고 있다. 한편 중동 및 아프리카 국가의 비중은 1990~2003년의 세계 민영화 중에서 5%에 불과하였으나 최근 들어 다소 증가하는 추세로 2000~2003년 사이에는 11%, 2004~2005년간에 8%를 차지하고 있다. 국가별로 보면 이집트와 모로코에 집중되었으며 1990년대에는 주로 이들 국가의 제조업이 주된 민영화 대상이었으나, 2000~2005년에는 통신사업의 민영화가 전체의 70%를 차지하고 있다.

남아시아 국가들의 민영화 실적을 살펴보면 1990~2003년 세계 민영화 실적의 4%만을 차지하고 있었으나 최근 들어 다소 증가하여 2000~2003년 사이에는 4%, 2004~2005년 동안에는 9%를 차지한 것으로 조사되었다. 국가별로 살펴보면 1990~2003년 사이에는 인도와 파키스탄, 스리랑카 등이 민영화를 적극적으로 추진하였다. 그러나 점차 파키스탄의 비중이 늘어나면서 2000~2003년 사이에는 이 지역 매각대금의 15%에서 2004~2005년 동안 53%로 크게 증가하였다.

마지막으로 사하라 이남의 중남부 아프리카 국가의 경우 소수의 국가에서만 민영화가 이뤄진 것으로 조사되었다. 따라서 이 지역 국가들이 세계 민영화 실적에서 차지하고 있는 비중은 2000~2003년 3%에서 2004~2005년 1%로 감소하였다. 국가별로 살펴보면 1990년대에는 가나, 남아공, 나이지리아(유전) 등이 주도하였다면 2000~2003년 사이에는 남아공(통신)이 절반을 차지하였고, 그 이후에는 나이지리아 70%(공항, 비료, 호텔), 탄자니아 12%, 가나 12%(통신) 등이 중요한 민영화 과제를 수행하였다.

민영화 사례를 산업별로 구분해보면 최근 들어 인프라(통신, 전기), 금융(예금, 보험), 에너지(유전, 정유) 등이 전체 민영화 매각대금의 90%를 차지하는 것으로 조사되었다. 인프라산업의 경우 2000~2003년 동안 세계 민영화의 55%를 차지하였으며 2004~2005년 사이에는 42%를 차지하였다. 구체적으로 매각대금 기준으로 2000~2003년 사이 통신 50%, 전력 39%, 운송 8%, 수력발전 3% 등으로 구분할 수 있었으나 2004~2005년 사이에는 통신 60%, 운송 21%, 전력 16%, 수력 3% 등의 비중을 차지한 것으로 분석되고 있다. 따라서 통신과 운송의 비중이 크게 증가하는 반면 전력산업의 민영화 비중은 감소하였다. 이에 비해 금융산업이 전체 민영화 매각대금에서 차지하는 비중은 2000~2003년 19%에서 2004~2005년 30%로 급증하는 추세이다. 2000년대 들어 EU 가입국들의 금융산업 민영화가 급증하였으며 2004~2005년 사이에는 중국의 7개 주요은행과 폴란드와 루마니아 은행의 민영화가 큰 비중을 차지하고 있다.

경쟁(제조)부문의 경우 1990년대 전체 민영화 매각대금의 22%, 2000~2003년 사이에는 9%, 2004~2005년 동안은 13%를 차지하였다. 1990년대의 제조업체 민영화는 유럽과 중앙아시아 국가들이 선도하였으며 서비스업체는 중남미 국가에서 주로 진행되었다. 그러나 2004~2005년의 경쟁부문 민영화 금액의 40%가 우크라이나의 제철회사의

〈그림 4-2〉 개발도상국가의 분야별 민영화 실적(2000~2003년, 2004~2005년)

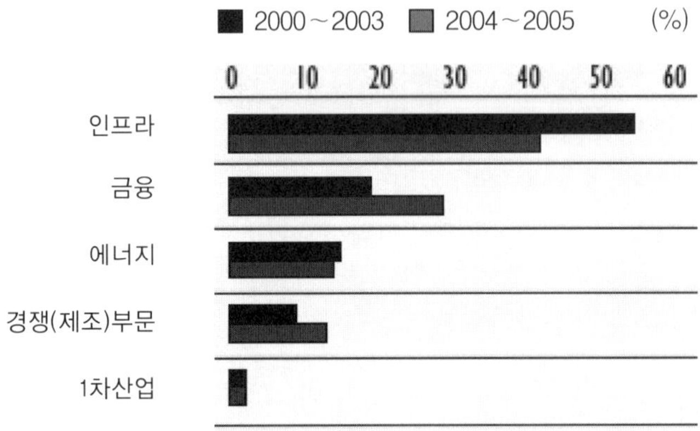

자료: Kikeri & Burman, 2007.

민영화에 의한 것이며 2004~2005년의 경쟁부문 민영화 중 서비스업체로는 항공사가 다수를 차지하고 있다. 한편 제1차 산업 민영화를 선도하고 있는 것은 에너지부문으로서 전체 물량의 15%가 러시아, 루마니아, 폴란드의 민영화에 기인한다. 제1차 산업부문의 민영화는 전체 물량의 2%를 차지하고 있으며 주로 체코, 우크라이나, 아르메니아, 터키, 페루가 이 분야의 민영화를 주도하고 있다.

이러한 해외의 민영화 사례를 분석하면 민영화를 통하여 대부분의 국가는 첫째, 정부수입을 증가시켰으며, 둘째, 개별기업의 효율성을 개선하였고, 셋째, 시장에 대한 정부의 개입을 축소하였으며, 넷째, 주식소유의 범위를 확대하였고, 다섯째, 개별산업의 경쟁을 도입하였으며, 여섯째, 정부소유의 기업을 시장논리에 노출시켰다. 그리고 추가적으로 공기업의 주식상장을 통하여 정책의 일관성을 지켜나갔다.[3]

3) 다수 국민에 의한 민영화된 기업의 주식소유는 재국유화 등 정책의 전환을 어렵게 하기 때문이다.

2) 국내 공기업개혁 및 민영화 추세

(1) 김대중 정부의 공기업개혁

IMF 외환위기라는 태생적 한계를 지니고 태동한 김대중정부는 153개 공기업에 대한 경영구조 개선실태에 대한 특별감사를 1998년 6월 마무리하고 이를 토대로 대대적 구조개편 작업에 착수하였다. 감사원은 주요 101개 공기업이 각종 충당금을 제외하고 환차손까지 고려할 경우 약 2조 5천억 원의 적자가 발생하고 공기업의 부채규모가 과거 5년 사이에 190조 원에서 454조 원으로 2.4배 가까이 급증하여 재무구조가 크게 악화된 것과, 같은 기간 동안 공기업부문의 종사자 수도 1만 8천 명 증가한 점 등을 들어 대대적 구조조정 및 민영화정책 수립 등을 권고하였다.

김대중정부는 1998년 7월 4일 경쟁원리를 도입하고 책임경영을 정착시켜 공기업의 경영효율을 개선하기 위한 '제1차 공기업 민영화 및 경영혁신계획'을 마련하였다(기획예산위원회, 1998a). 제1차 계획에서는 11개 공기업과 이들의 21개 자회사에 대한 민영화계획을 확정하였다. 포항종합제철, 한국중공업 등 5개 모기업(21개 자회사)은 완전 민영화하기로 결정하였으며 한국통신공사, 한국담배인삼공사, 한국전력공사, 한국가스공사 등 6개 기관은 단계적 민영화를 통하여 정부지분을 매각하기로 결정하였다. 이후 정부는 '제2차 공기업 민영화 및 경영혁신 계획'을 발표하였으며 그 핵심내용은 19개 모기업의 자회사 55개를 대상으로 한 구조조정 및 민영화를 포함하고 있다. 이 계획에서는 19개 모기업의 자회사 55개 중 40개는 완전 또는 단계적 민영화, 6개는 통폐합, 8개는 자회사로 존치하면서 강도 높은 구조조정을 시행하기로 하였다. 또한 19개 모기업에 대한 구체적인 인력 및 조직 등에 대한 경영혁신계획을 확정하여 인력은 1998년 3월의 정원인 143,063명의 20.1%인 28,813명을 조정하기로 발표하였다.

〈표 4-1〉에서 볼 수 있듯이 김대중정부의 주요 민영화계획은 대부분 성공적으로 진행되었다. 과거 정부와 달리 민영화계획은 체계적으로 진행되었으며 대표 공기업 중 하나인 한국통신(KT), 포철, 한국중공업, 한국담배인삼공사(KT&G) 등이 2002년까지 완전 민영화하였고 국정교과서, 한국종합기술금융 등도 성공적으로 민영화하였다. 부분 민영화(*partial privatization*) 계획도 추진되어 한국전력 및 지역난방공사의 안양·부천 열병합발전소가 민간에 경영권을 양도하였으며 한국가스공사의 일부 지분도 1999년 매각되었다.

이와 더불어 김대중정부는 전력, 가스, 상하수도 및 철도 등 국가경제에 높은 연관효과가 있는 네트워크산업(*network industry*)의 경쟁도입 등을 통한 산업구조개편을 시도하게 된다. 특히 전력산업의 구조개편에 있어 김대중정부는 "거대 독점기업"의 문제와 "합리성과 효율성보다는 감사·규제를 의식한 준법적·경직적 운영으로 급변하는 환경변화에 신속한 대응 불가" 및 "총괄원가보상주의에 의한 전기요금 결정으로 비용

〈표 4-1〉 김대중 정부의 주요 공기업 민영화 추진실적

대 상	당초 추진 일정	민영화 실적
한국통신	· 1999년 하반기: 전략적 제휴 추진(구주 5%, 신주10%) · 2000년: 정부지분 33.4% 제외한 나머지 지분(12~13%) 국내매각	· 전략적 제휴·국내외 매각 등 단계적 매각 · 2002년 5월 민영화 완료
담배인삼공사	· 1999년 3/4분기: 증시상장 및 정부지분 15% 매각 · 1999년 4/4분기: 정부지분 15% 해외 DR발행 · 2000년: 정부 및 은행출자 지분 매각	· 1999년 9월 정부지분 15% 매각완료 · 2002년 10월 해외DR 및 교환사채 발행(15%) 등으로 민영화 완료

〈표 4-1〉 계속

대 상	당초 추진 일정	민영화 실적
포항제철	· 1998년~2000년 단계적으로 해외 및 포철에 지분 매각	· 2000년 10월 매각 완료
한국전력	· 1999년10월: 안양, 부천 열병합 매각 · 1999년 말: 발전 자회사 1개 매각 · 발전/송전/배전부문 구조조정 계획 수립	· 2000년 안양, 부천 열병합 매각 · 발전부분 분리 및 경쟁도입 실행 2002년 발전부분매각 계획 유보
한국중·공업	· 1999년 8월: 삼성, 현대, 한중 간의 사업양수 계약 체결 후 입찰공고 · 1999년 10월: 입찰실시	· 2000년 12월 국내공모 (1,250억 원) 및 지배주주 경영권 매각 완료
한국가스공사	· 1999년 6월: 1단계 증자 (888억, 25%) · 1999년 말: 2단계 증자 · 2002년 하반기: 민영화완료	· 국내일반공모 매각 (9,900억 원, 12.6%) · 민영화 및 경쟁 도입계획 유보
한국종합화학	· 1999년 8월: 수의계약추진 · 1999년 말: 종합화학 및 남양화성 청산	· 경쟁입찰 실패로 수의계약 추진 · 2000년 11월 주총에서 해산결의
지역난방공사	· 1999년 10월: 안양, 부천 지사 매각 · 2001년 10월: 정부 및 한전지분 주식 매각	· 2000년 안양, 부천 사업소 매각 · 공사 지분 매각계획 유보
대한송유관공사	· 1999년 하반기: 자산실사 및 매각계획 수립	· 2000년 4월 기존주주에게 매각 완료
국정교과서	· 1998년 매각계획 수립	· 1998년 대한교과서에 매각 완료
한국종합기술금융	· 1999년 매각계획 수립	· 1999년 (주)미래와 사람들 매각 완료

자료: 기획예산위원회(1999a), 기획예산처(2000b, 2000c, 2000d, 2000e)를 기초로 저자가 평가.

절감을 위한 인센티브가 부족하여 방만한 경영 초래" 등의 문제를 들어 전력산업을 한전 독점체제에서 경쟁구조로 전환하는 내용을 핵심으로 한 '구조개편 기본계획'을 1999년 1월에 확정하고 '전력산업구조개편 촉진에 관한 법률' 및 '전기사업법' 개정안을 2000년 가을 국회에서 통과시키게 된다.

이러한 개정안의 주요내용은 발전부문부터 경쟁구조로 개편하여 민영화하고, 유통단계(배전, 판매)까지 확대함과 동시에 송전부문은 네트워크산업으로 규모의 경제를 위해 계속 공기업체제를 유지한다는 것이다. 이와 더불어 전력시장의 공정경쟁여건 조성 및 안정적 전력공급을 도모하기 위해 전력거래소를 설립하여 경쟁시장을 조성하고 전력을 상품처럼 거래하며 규제기관인 전기위원회를 설치하여 공정한 시장감시와 소비자보호 기능을 수행하기로 합의하였다. 그리고 '전력소비가 급증하고 전기요금체계가 차등화된 특수한 여건을 감안하여' 구조개편을 단계적으로 시행하는 계획을 수립하였다.

단계별 추진계획에 따르면 1단계(1999~2002년)에서는 발전경쟁체제를 확립하여 발전부문을 수 개의 자회사 형태로 분할하여 경쟁을 도입한 후 단계적으로 민영화함과 동시에 발전회사들이 전력거래소를 통해 시간대별 경쟁입찰방식으로 전력을 판매할 수 있도록 계획하였다. 2단계(2003~2008년)에서는 도매경쟁을 도입하여 배전과 판매부문도 수개 회사로 분할하여 민영화를 추진하기로 하였다. 따라서 일반소비자는 지역배전회사에서 전력을 공급받게 되며, 대소비자는 시장에서 직접구매가 가능하도록 하였다. 3단계(2009년 이후)에서는 소매경쟁을 도입하여 일반소비자가 전력회사를 직접 선택할 수 있는 완전경쟁단계로 이행하도록 계획하였다. 이러한 계획에 따라 김대중정부는 2001년 4월 전기위원회를 산업자원부 산하에 설치하고 전력거래소를 설립하여 계통운영과 시장운영의 기능을 부여하였다. 이와 더불어 정부는 한전의 발전부문을 6개의 발전자회사로 분리하여 경쟁체제를 구축하게 된다.[4] 그리고 2단계 구조개편 추진은 다음 정부로 이관하게 된다.

가스산업의 경우 이미 김영삼 행정부에서 민영화 결정→보류→재추진→보류의 과정을 겪으면서 정부 민영화정책의 비일관성을 단적으로 드러내게 된다. 김대중정부의 제 1차 민영화계획에 따르면 가스산업의 공정한 경쟁체제를 보장하기 위해 한국가스공사의 민영화를 2002년까지 완료한다고 발표하였다. 이를 위하여 산업자원부는 1999년 10월 19일 개최한 가스산업구조개편 공청회에서 2001년까지 도입·판매부문을 3~5개 자회사로 분할하여 민간에 매각한다는 내용을 골자로 한 시안을 발표하였다. 또한 1999년 3월 2일에 개최된 '공기업민영화추진

〈그림 4-3〉 전력산업 구조개편안

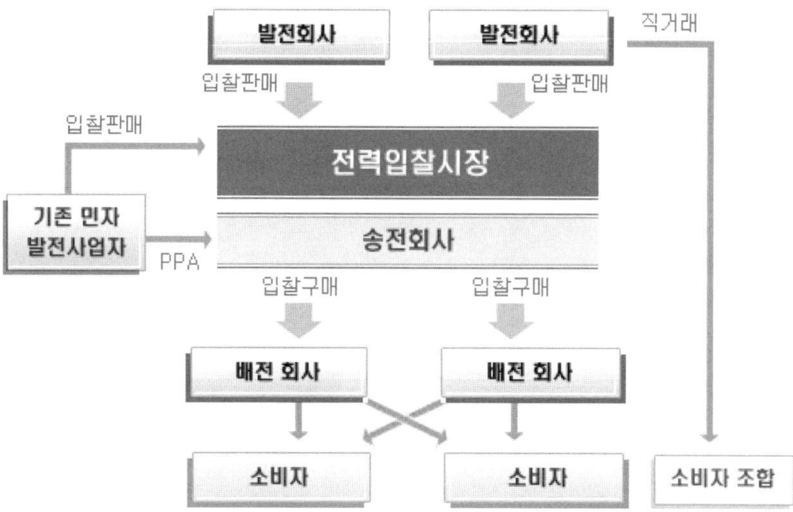

자료: 전력위원회 홈페이지(2007).

4) 따라서 한전의 발전부문은 수력과 원자력의 발전을 전담하는 한국수력원자력과 나머지 화력발전을 균등하게 분할한 동서발전, 남동발전, 남부발전, 중부발전, 서부발전 등 6개 발전자회사가 출범하게 되었다.

위원회'에서는 1999년 하반기에 1,500~2,000억 원 규모의 국내 공모증자를 하기로 결정하였고, 국내 상장 후 500~1,000억 원 규모의 해외 DR 발행을 추진하기로 하였으며, 2002년까지 민영화를 완료하는 것으로 결정하였다. 그러나 당시 정부의 계획에서는 민간독점을 우려하여 단계적 지분매각방식을 채택하였고 인수기지 및 주배관망에 대한 정부 지분은 51%로 유지하기로 하였다. 이후 정부는 증자규모를 제1차 민영화계획 대비 하향 조정하였다. 그러나 이러한 계획은 제16대 국회에서 관련법안이 계류된 채 통과하지 못하여 자동 폐기되었다.

한편 김대중정부는 2001년 12월 "철도산업발전 및 구조개혁에 관한 법률"을 국회에 제출하였다. 동법률의 핵심은 철도산업을 철도시설관리와 철도시설운영으로 분리하여 철도시설은 네트워크산업의 자연독점적 특성을 감안하여 정부가 공기업(철도시설공단) 형태로 운영하되 철도운영부문은 독립시켜 향후 단계적으로 민영화하는 내용이다. 그리고 일부 노선의 운영은 민간 위탁하여 노선간의 비교경쟁이 가능하도록 하였다. 이러한 민영화 및 위탁계획은 다음 정부로 이관되었다.

마지막으로 김대중정부는 택지개발사업 등에서 상호중복되는 업무를 수행하고 있는 한국토지공사와 대한주택공사를 통합·정비하여 공기업의 효율성 향상을 시도하였다. 이에 정부는 1998년에 발표된 '공기업 민영화 및 경영혁신 계획'에서 양 공사를 통합하기로 결정하고 2001년 10월 '한국토지주택공사법안'을 국회에 제출하였다. 그러나 양 공사의 설립목적 및 취지가 다르고 원가절감 및 시너지 효과는 통합에 따른 유·무형 비용에 비해 크지 않으며, 통합 시 막대한 부채규모로 인한 재무구조 악화가 발생하는 것 등의 이유를 들어 통합을 미루게 된다. 따라서 국회에 제출한 통합과 관련된 법안은 자동 폐기되었다.

(2) 노무현 정부의 공기업개혁

노무현정부는 공기업부문의 경영효율성 및 경영혁신 제고시스템에 착안하여 경쟁촉진, 성과지향적인 경영, 대국민 서비스 제고 등의 소프트웨어적인 운영시스템 도입 및 제도 구축에 공기업정책의 초점을 맞추게 된다. 이에 따라 기획예산처는 공기업 경영혁신에 대한 기본방침으로 2004년과 2005년 '공기업 경영혁신 추진 지침'을 각 공기업에 전달하고 고객만족도 조사, 경영평가 등을 통해 공기업 경영혁신을 추진하였다. 동지침의 적용대상은 정부투자기관 기본관리법 및 민영화 적용대상기관(17개), 정부산하기관 관리기본법 적용대상기관(88개), 출연연구기관 관리기본법 적용대상기관(47개) 등 총 152개 기관이다. 그외에 주무부처별로 소관 산하기관 중에서 경영혁신이 필요한 경우 자율적으로 적용대상기관으로 선정하여 총 61개의 기관이 선정되었다.

경영혁신 추진 및 점검은 '경영혁신 추진계획 수립 및 제출→경영혁신 추진실적 점검→우수혁신사례 공유 확산' 절차로 진행되며 혁신의 내용은 공통추진과제와 자율추진과제로 나눠졌다. 공통추진과제의 내용은 인사, 보수, 예산, 윤리경영 등 크게 네 가지 영역으로 구분하고 있다(〈표 4-2〉 참조). 계획된 혁신의 성과에 대해서는 정부혁신관리 기본계획에 따라 신설된 혁신평가제도에 의해 점검·평가되었다.

이와 더불어 노무현정부는 경영실적에 대한 종합적 평가체계 등 법적 기반의 미비로 정부산하기관의 경영혁신이 추진되지 못하고 있는 상황이라고 파악하고 정부산하기관 전반에 걸쳐 경영혁신사례 보급 및 적극적 혁신 분위기의 확산을 시도하게 된다. 따라서 기획예산처는 산하기관의 경영혁신 목표를 '공공서비스 품질향상을 통한 국민신뢰도 제고' 및 '자율·책임 경영체계 확립'으로 설정하였다. 그리고 산하기관 경영혁신을 위하여 첫째, 정부산하기관 관리기본법 제정 및 시행령 마련 등 법적 기반 마련, 둘째, 경영실적 평가 등 종합 경영평가시스템 구축, 셋째, 자율경영혁신 및 우수 경영혁신사례 확산을 통한 경영혁신 강화

〈표 4-2〉 노무현 정부의 경영혁신 공통추진과제 내용

공통추진과제	과제의 내용
인사관리의 합리화	· 경영합리화차원에서 필요 최소인력 운영 · 공정하고 투명한 인사시스템 강화 · 투명한 인력관리
보수관리의 합리화	· 보수 관련 정부지침 준수 · 인건비 편법 운용 금지
예산의 적정 운용	· 사내복지기금 운영 합리화 · 경비예산절감 및 투자예산 확대
반부패 · 윤리경영 강화	· 부패취약분야 진단 및 개선방안 · 감사 지적사항 중 미완료과제의 특별이행계획

자료: 정부혁신지방분권위원회(2007).

등을 추진하였다. 이러한 과제 중 산하기관 관리에 관한 법적 기반 마련과 경영평가시스템 구축, 자율경영혁신 지원 등은 다소 개선실적을 보이고 있다. 예를 들어 기획예산처는 2003년 12월에 정부산하기관 관리기본법을 제정하고, 2004년 7월 처음으로 정부산하기관별 고객만족도 조사와 경영평가를 실시하였다. 그리고 우수혁신사례의 확산보급과 혁신토론회 등을 보완하였고 공공기관 경영정보 공개시스템 구축으로 산하기관의 경영혁신을 추진하였다.

한편 노무현정부는 '공공기관의 운영에 관한 법률안'을 2006년에 제정하였다. 동법률은 크게 ① 공공기관의 범위설정 및 유형분류를 통하여 이들에 대한 관리시스템을 개선하고, ② 내 · 외부 경영 및 감시감독시스템 등의 강화를 통하여 내부지배구조를 개선함과 동시에, ③ 임원인사시스템의 개선을 통하여 책임경영체제를 구축하려는 의도에서 접근되고 있다. 동법률은 과거 불분명한 기준 및 개념에 따라 체계적 관리가 어려웠던 점을 감안하여 유엔 및 OECD 등의 국제적 기준에 따라 공공기관의 범주를 지정하고 이중 규모가 상대적으로 큰 기관들을 개혁대상으로 삼고 있다.[5] 또한 동법률의 핵심적 내용 중 하나는 내 · 외부 지배

구조의 개혁이다. 특히 과거 형식적으로 운영되었던 이사회의 권한과 책임을 강화하여 기관 내부의 '균형과 견제'를 확보하려 시도하였다.

또 하나의 중요한 변화는 공공기관의 관리체계를, 특히 공기업의 경우 기획예산처로 일원화한다는 것이다. 주무부처의 경우 통상적으로 공공기관을 특정 정책수단으로 보고 있기 때문에 효과적 공공기관 관리에 대한 정책적 우선순위가 높지 않고 공공부문 혁신에 대한 의지도 강하지 않아 체계적 관리가 어렵기 때문에 취한 조치로 알려져 있다. 그리고 과거 이원화되어 있는 정부투자기관 운영위원회 및 정부산하기관 운영위원회를 통합하여 공공기관 운영위원회로 일원화하였다. 또한 동법률은 공공기관 임원의 임명권을 주무부처에서 기관장 또는 운영위로 이관하였다. 특히 공기업 상임이사의 임명권을 기관장에게 부여하여 기관장의 경영권 및 자율책임 경영체제 보강을 시도하였다.

3) 노무현정부 공기업개혁정책에 대한 평가

이러한 노무현정부의 공기업부문에 대한 다소 미온적인 대처는 공기업 경영진에게 구조조정 및 민영화에 대한 잘못된 시그널을 주게 되고 '개혁 = 시스템 개선'에만 한정시키는 오류를 범하게 된다. 공기업부문의 정책적 과제를 점진적 개혁에 한정함에 따라 단기적으로는 공기업부문의 부채 및 인원이 증가하고 장기적으로는 공공부문의 팽창으로 이어졌기 때문이다. 한국은행에 따르면 2006년 말 현재 공기업의 부채규모는 295조 8,243억 원으로 파악되고 있다.[6] 이는 노무현정부 출범 직전인 2002년 194조 8,985억 원에 비해 4년간 51.8%, 금액으로는 100조

5) 법률안 제정 당시에 공공기관 범주에 포함된 기관은 314개였으며 운영체계개선 대상기관은 94개였다.

6) 한은이 기준으로 삼고 있는 공기업이란 중앙과 지방공기업의 특별회계 등 정부기업을 포함, 한전 · 토지공사 · 도로공사 · 관광공사 · 조폐공사 · 수자원공사 · 주택공사 · 농수산유통공사(aT) · 무역투자진흥공사 등 정부관리기업 등을 총칭한다.

9,258억 원 늘어난 규모다. 공기업 부채규모는 2003년 206조 원 정도였으나 2004년 228조 원, 2005년 266조 원 등 매년 크게 증가하고 있다. 공기업 부채 중 기업어음(CP)·공공채권·회사채·해외증권 등 채권발행에 따른 부채가 2006년 현재 68조 8,761억 원, 단순 대출금액이 38조 5,461억 원이었다. 주식과 출자지분 발행을 위해 조달한 금액도 125조 7,076억 원에 달했다.

또한 공기업부문의 인력도 노무현정부하에서 증가하였다. 기획예산처 홈페이지에 공개된 288개 공공기관의 인사자료를 취합한 결과 지난 4년간(2002~2006년) 공공기관의 인력이 평균 12.1% 증가한 것으로 조사되었다. 일부 기관의 경우 그 증가폭이 우려할 수준이다. 지난 4년 동안 대한주택공사의 경우 49.4%, 한국마사회가 36.6%, 국민연금관리공단이 23.3% 증가하는 등 공기업개혁과는 무관하게 인력을 늘리고 있다. 이러한 결과는 정부가 '일 잘하는 정부'의 모습만을 강조했을 뿐 '일을 잘하는 효율적인 정부'의 청사진을 제시하지 못하였으며 공공부문의 기능 재조정 및 구조개편을 중요 정책과제로 취급하지 못했기 때문으로 판단된다. 즉, '일하는 방식'을 개선하기 위한 단기적 과제에만 치중했을 뿐 '왜 공공부문이 이러한 일'을 해야 하는지에 대한 깊은 성찰이 없었기 때문에 공공과 시장부문의 경계가 일부 허물어지게 되었으며 일부 분야에서는 시장에 대한 구축효과(*crowding-out*)가 나타나기도 하였다.

이뿐만 아니라 공기업들은 국내사업의 한계를 해외진출로 해결하려 하고 있다. 조성봉(2007)은 특히 한국전력, 도로공사, 주택공사, 토지공사를 포함한 SOC 기관의 경우 이러한 공기업의 해외진출이 민간부문의 영역과 상충될 수 있으며 과다인력의 해소 차원에서 접근되고 있다는 문제점을 지적하고 있다. 해외사업은 석유공사와 광업진흥공사 등 일부 기관의 경우 고유한 업무영역으로 볼 수도 있다. 그러나 해외진출에 따른 정치·경제·사회적 위험의 관리 등 산적한 과제가 존재하고 일부 SOC 기관의 경우 민간기업과 유사한 영역에 진출을 시도하고 있어 문제점으로 지적되고 있다. 특히 해외사업에 있어 공기업 역할에 대한 논의가 개별기업 차원에서만 진행되고 있을 뿐 정부의 입장과 장기적 전략이 부재한 상황이기 때문에 이에 대한 논의가 필요하다고 생각된다.

그리고 김대중정부에서 추진한 네트워크산업의 구조개편 및 민영화 정책은 노무현정부에서는 완전 중단되는 상황에 직면하게 된다. 전력산업의 경우 김대중정부가 추진한 배전 및 송전 분할계획을 전면적으로 재검토하여 분할의 전면중단 및 한전 배전부문의 사업부제 도입을 결정하였다.[7] 한편 우선 민영화 대상기관으로 지정받은 남동발전의 경우 미국 캘리포니아의 정전사태 및 엔론사 파산 등의 여파로 경영권 민영화방식으로는 추진이 어렵게 되었다. 이에 따라 정부는 주식시장 상장으로 방식을 전환하여 재추진하였으나 증권시장의 침체로 인하여 예상 상장주가가 장부가격에 미치지 못한다는 이유로 계속 민영화를 미루다가 현재 완전 보류된 상태이다.

가스산업의 경우 사실상 기존의 가스도입부문 분할안은 폐기되었으며 신규진입방식으로 전략을 수정한 것으로 보인다. 당초 도입·판매부문을 3~5개 자회사로 분할하여 민간에 매각하려는 계획은 폐지된 것으로 보인다. 이에 따라 산업자원부는 POSCO와 SK콘소시움의 자가용 직도입을 허용하였고 LG에 대해서도 발전용 가스의 직도입을 허용하였다(조성봉, 2007).

또한 노무현정부는 2003년 7월 '철도산업발전기본법'을 통과시켜 기존의 철도산업의 단계적 민영화안을 포기하고 공사체제로 전환하는 방향으로 선회하게 된다. 따라서 정부는 철도시설부문과 철도운영부문을 분리하는 구조개혁은 원안대로 추진하되 철도시설은 국가소유를 원칙으

7) 더욱 이해하기가 어려운 점은 이러한 정책결정을 주무부처가 내린 것이 아니라 '노사관계 개선'을 위해 출범한 노사정위원회에서 내렸다는 것이다.

로 하고, 집행조직으로 한국철도시설공단을 설립하였다. 또한 철도운영 관련사업은 특별법에 따라 한국철도공사라는 공기업을 설립하였다. 이는 2001년 계획한 정부지분의 매각 및 민간위탁 등 민영화 관련조항의 삭제를 의미하고 당초 철도구조개혁의 의지를 크게 퇴색시키는 조치였다(조성봉, 2007).

공기업의 태생적 한계를 극복할 수 있는 근원적 치유책을 내놓기보다는 기관운영과 경영개선을 위한 점진적 개혁에 치중했기 때문에 이러한 문제가 발생하고 있다. 노무현정부가 추진한 점진적 제도 및 운영시스템의 개혁은 일시적 효과를 거둘 수는 있으나 지속적 성과를 거두기 위해서는 근본적으로 연성예산제약을 강성예산제약으로 전환할 수 있는 대안이 있어야 한다. 그리고 운영기조의 '탈정치화'를 추구할 수 있는 획기적 개혁이 필요하며 기관 및 개인의 성과를 정확하게 측정할 수 있는 성과지향적 제도가 동시에 도입되어야 한다. 뿐만 아니라 이러한 제

〈표 4-3〉 김대중 정부와 노무현 정부의 공기업정책 비교

구 분	김대중 정부	노무현 정부
공기업 핵심정책	주요 공기업의 민영화 및 인력감축을 포함한 기능 개편	공기업 운영시스템 개선 및 내부지배구조 개선
평가제도	기존의 정부투자기관평가제도 개선	정부산하기관평가제도 도입
산업구조개편	네트워크산업의 구조개편(자유화) 및 민영화계획 수립	산업구조개편 및 민영화의 전면 중단
내부지배 구조	사외이사제도 도입	사외이사 및 감사 기능 강화
공기업 관리체계	정부투자기관 및 산하기관 분류	공공기관의 운영에 관한 법률안 제정을 통한 분류체계 개선
관리체계	기획처와 주무부처의 이원화된 관리체계	대부분의 관리기능을 기획처로 통합

도개선이 지속적으로 유지될 수 있도록 최고 의사결정자의 정치적 공약과 이를 실행에 옮길 수 있는 효과적 집행수단이 필요하다. 그러나 현실적으로 이러한 조치들은 도입하기도 어려울 뿐만 아니라 지속적으로 성과를 거두기는 더욱 어렵다. 즉, 점진적 개혁은 여러 정치경제적 한계에 직면할 수밖에 없다는 것이다.

3. 민영화의 성과에 대한 논의

공기업에 관한 실증적 연구는 크게 ① 경영성과와 소유구조와의 상관관계에 대한 연구와 ② 민영화 이전과 이후에 대한 성과비교 등으로 구분할 수 있다. 우선 〈표 4-4〉는 주로 소유권구조가 경영성과에 미치는 영향에 대한 실증적 조사연구들을 요약하고 있다. 이 분야의 대부분의 연구에서는 공기업과 부분 민영화된 기업의 생산성과 성과지표가 민간소유의 기업보다 저조한 것으로 조사되고 있다. 특히 Boardman & Vining(1989, 1992)의 연구에 따르면 민간기업의 수익과 효율성이 공기업보다 월등하게 좋은 것으로 조사되고 있다. 또한 La Porta 외(2000)의 92개 국가 금융공기업에 대한 대표적 연구에 의하면 정부소유의 은행들이 금융시스템 발전, 경제성장률, 생산성 증가율에 오히려 부정적 영향을 미쳐 개별기업의 성과는 물론 거시경제에도 부정적 영향을 미치는 것으로 조사되었다.

한편 〈표 4-5〉는 민영화를 통하여 주식이 상장된 기업의 민영 이전과 이후의 성과에 대한 실증적 연구결과를 요약하고 있다. 대부분의 연구에 따르면 민영화에 따른 소유권 변화가 해당기업의 핵심 경영지표에 긍정적 효과가 있는 것으로 조사되고 있다. 대표적 민영화 성과에 대한 연구인 Megginson, Nash, & van Randenborgh(1994)에 따르면 민영화 이후 통계적으로 매출, 운영 효율성(*operating efficiency*), 수익성, 자

〈표 4-4〉 경영성과와 소유구조의 상관관계에 관한 실증적 연구

연구	연구방법론	연구결과
Boardman and Vining (1989)	1983년의 500대 기업(미국기업 제외)의 경영성과를 소유구조에 따라 분석	공기업과 부분 민영화기업의 성과 및 생산성이 민간기업보다 저조함. 완전 민간소유의 기업만이 효율적임
Vining and Boardman (1992)	공기업의 효율성을 결정하는데 소유권이 중요한지 경쟁의 정도가 중요한지를 문제제기. 캐나다의 500대 비금융기업의 1986년의 데이터를 이용.	민간기업은 수익이나 효율성 측면에서 공기업 또는 부분 민영화기업보다 뛰어남. 경쟁과는 별도로 소유권도 중요.
Pinto, Belka and Krajewski (1993)	1990년 1월의 Big Bang 개혁 이후 3년간의 폴란드 공기업부문의 대응을 살펴보고 공기업의 성과향상을 위해서는 민영화가 요구되는지를 살펴봄	민영화 없이도 거시경제의 안정이 성과향상의 요인
Ehrlich, Gallais-Hamonno, Liu and Lutter (1994)	1973~1983 동안 23개 국제항공회사의 장기적인 생산성 향상과 비용절감에 정부 소유가 미치는 영향 분석	정부 소유기업의 경우 생산성 향상은 1.6~2.0%, 비용절감은 1.7~1.9% 가량 낮음
Majumdar (1996)	산업 데이터를 가지고 소유구조에 따른 인도기업 (1973~1989)의 성과 평가	효율성지수는 평균적으로 민간기업이 0.975로 부분 민영화 기업 0.912, 공기업 0.638보다 높음
Dewenter and Malatersta (2000)	1975, 1985, 1995년의 500대 기업(미국 제외) 가운데 공기업의 수익성, 노동집약도, 부채수준을 민간기업과 비교 분석	민간기업은 공기업보다 많은 성과, 더 적은 부채와 더 적은 노동집약생산을 달성한다.
La Porta, Lopez-de-Silanes, Shleifer (2000)	92개국의 데이터를 통해 정부소유의 은행이 금융시스템 발전, 경제성장률, 생산성증가율에 미치는 영향 평가	정부소유는 집중적이며 (특히 가난한 나라들), 생산성에 부정적인 영향을 미쳐 금융시스템 발전을 저해하며 경제성장률을 제한함
Tian (2000)	1998년에 825개 중국 상장기업의 정부 소유지분과 기업성과간의 관계분석	민간기업이 정부 지분이 있는 기업보다 좋은 성과를 냄. 정부지분 증가에 따라 기업가치가 하락하나 지분이 45%를 넘으면 오히려 상승
Karpoff (2000)	1819년과 1909년 사이 북극원정에 35개 정부가 재정지원, 57개 기업이 지원한 비교 분석	민간이 지원한 탐험이 정부가 지원한 원정대보다 더 좋은 성과 거둠.

〈표 4-5〉 민영화된 기업의 성과분석에 관한 실증적 연구*

연 구	표본기술(*sample description*), 연구기간, 방법론	결과의 요약과 결론
Megginson, Nash, and van Randenborgh (1994)	1961~1989년까지 18개국, 32개 산업으로부터 추출된 61개 기업에 대한 민영화 이전 3년간 성과와 민영화 이후 3년간 평균 성과비율을 비교. 민영화 이전과 이후 기간 사이의 중앙값 변화에 대한 유의성 검정(*tests significance*). 예측과 같이 변화한 기업의 비중에 대한 이항검정 시도	민영화 이후 경제적, 통계적으로 매출, 운영 효율성, 수익성(*profitability*), 자본투자지출(*capital investment spending*), 배당지급의 현저한 증가, 타인자본을 이용한 자기자본비율의 상승효과인 부채비율(*leverage*)의 현저한 감소; 고용 감소에 대한 증거 없으나, 기업 관리직(*firm directors*)에서 현저한 증가 발생
Macquieira and Zurita (1996)	1984~1989년 동안 22개의 민영화된 칠레기업의 민영화 이전과 민영화 이후의 성과를 비교. 총체적인 시장운동(*overall market movements*)에 대한 통제를 하지 않고, 동시대적 변화(*contemporaneous changes*)에 대한 조정을 하여 분석하기 위해 MNR(Megginson, Nash, and vanRandenborgh)의 방법론을 사용	통제하지 않은 결과는 MNR(Megginson, Nash, and vanRandenborgh)의 연구와 거의 일치함. 산출, 수익성, 고용, 투자, 배당지급의 현저한 증가. 시장운동에 대한 조정 이후는 산출, 고용, 유동자산(*liquidity*)의 변화가 더 이상 유의미하지 않고, 부채비율은 현저하게 증가
Boubakri and Cosset (1998)	1980~1992년 동안 21개 개도국, 32개 산업으로부터 추출된 79개 기업에 대한 민영화 이전 3년간 가치와 민영화 이후 3년간 평균 성과비율을 비교. 민영화 이전과 이후의 비율가치(*ratio values*)의 중앙값 변화에 대한 유의성 검정. 예측과 같이 변화한 기업비중에 대한 이항검정	민영화 이후 산출(실질판매량), 운영 효율성, 수익성, 자본투자지출, 배당지급, 고용의 현저한 증가. 부채비율은 현저한 감소. 성과개선은 MNR(Megginson, Nash, and vanRandenborgh)의 연구보다 일반적으로 더 크다는 결과

* 이 연구들은 하나의 국가, 하나의 산업 이상으로부터의 표본들을 추출하고 있으며 주로 사회주의 국가는 제외하고 있다.

〈표 4-5〉 계속

연 구	표본기술(*sample description*), 연구기간, 방법론	결과의 요약과 결론
D'Souza and Megginson (1999)	1990~1994년 동안 10개의 개도국, 15개의 선진국으로부터 추출된 78개 기업의 민영화 결과로서 판매방식과 소유구조 연구. 민영화 이전/이후 3년간 평균 성과비율을 비교. 민영화 이전과 이후의 비율가치의 중앙값 변화에 대한 유의성 검정	민영화 이후 산출(실질판매량), 운영 효율성, 수익성의 현저한 증가. 레버리지의 현저한 감소. 자본투자지출은 미미하게 증가한 반면, 고용은 현저하게 감소. 1990년대 민영화된 기업은 통신과 다른 피규제 산업에서 보다 많음
Verbrugge, Megginson, Owens (2000)	1981~1996년까지 완전하게 혹은 부분적으로 민영화된 65개 은행에 대한 제공가격, 주식소유를 연구. 다음으로, OECD 국가와 5개 개도국의 32개 은행에 대한 민영화 이전과 이후의 성과변화를 비교	OECD 국가의 평균적인(*moderate*) 성과개선에 대한 연구. 수익성, 사용료 소득과 자본 적정성(*capital adequacy*)을 대리하는 비율은 현저하게 증가. 부채비율은 현저하게 감소. 대규모의, 진행중인 국가소유권 및 현저한 양(*positive*)의 IPO(*Initial Public Offering*) 투자자에 대한 초기수익에 대한 결과
Boubakri and Cosset (1999)	1989~1996년 동안 공공주식제공(*public share offerings*)을 통해 민영화된 16개 아프리카 기업의 민영화 이전과 이후의 성과를 연구	민영화된 기업에 의한 자본지출의 현저한 증가, 그러나 수익성, 효율성, 산출과 부채비율의 변화는 미미함을 보고
D'Souza and Megginson (2000)	1981~1994년 동안 지분제공(*share offerings*)을 통해 민영화된 17개의 국립통신회사에 대한 민영화 이전과 이후의 성과변화를 연구	민영화 이후 수익성, 산출, 운영 효율성, 자본지출, 접근선(*access lines*)의 수, 고용자 1인당 평균임금의 현저한 증가. 부채비율은 현저하게 감소. 고용은 미미하게 감소

〈표 4-5〉 계속

연 구	표본기술(*sample description*), 연구기간, 방법론	결과의 요약과 결론
Dewenter and Malatesta (2001)	1981년~1994년 동안 단기(+1부터 +3, -3부터 -1)와 장기(+1부터 +5, -10부터 -1) 시계에서 63개의 대규모의, 정보수준이 높은(*high-information*) 기업의 민영화 이전과 이후의 성과를 비교. 민영화된 기업의 장기충격수익성과(*long-run shock return performance*) 연구와 대규모 표본(1,500개의 기업)에서 1975년, 1985년과 1995년 동안 국가소유기업과 사적으로 소유된 기업의 성과 비교	단기와 장기 시계 동안 수익성(순소득의 사용)의 현저한 증가, 부채비율과 노동집약성(고용/판매량)의 현저한 감소. 운영이윤(*operating profits*)은 민영화 이전에 증가했으나, 이후는 증가하지 않음. 헝가리, 폴란드, 영국의 경우 현저한 양(*positive*)의 장기(1~5년) 비정상적 충격수익(*abnormal shock returns*) 발생. 결과는 사기업이 공기업보다 성과가 높음을 의미함
Boardman, Laurin and Vining (2000)	1988~1995년 동안 민영화된 9개의 캐나다 기업에 대한 민영화 이전 5년간 가치와 민영화 이후 3년간 평균 성과비율을 비교. 매각된 기업에 대한 장기(5년까지) 충격수익을 계산	민영화 이후 판매량 혹은 자산에 대한 수익으로 측정된 수익성은 두 배 이상으로 증가. 효율성과 판매량은 아주 크게 증가한 것은 아니지만, 현저하게 증가. 부채비율과 고용은 현저하게 감소. 자본지출은 현저하게 증가. 모든 장기보유기간 동안 민영화된 기업은 캐나다 주식시장에서 높은 성과를 보임
김현숙(2007)	1998~2002년 사이 민영화 한국기업의 성과를 국민경제적 관점에서 분석	포스코나 KT&G 등 7개 민영화 기업이 2조 8,700억 원의 민영화 효과를 거둔 것으로 조사. 구조조정 등을 통해 경영 효율성이 크게 높아졌기 때문으로 분석. 반면 민영화에 따른 서비스 가격 상승과 이에 따른 소비자 부담 증가는 크지 않은 것으로 조사됨

본투자지출(*capital investment spending*), 배당지급(*dividend payments*) 등의 지표가 현저하게 증가함과 동시에 타인자본을 이용한 자기자본비율의 상승효과인 부채비율(*leverage*)이 통계적으로 유의미한 수준에서 감소하였다. 그리고 노조에서 우려하는 고용감소는 증거가 없는 것으로 조사되었다.[8)]

한편 국내연구로는 김현숙(2007)의 7개 민영화된 기업의 성과에 대한 연구가 있다. 이에 의하면 참여정부가 민영화한 포스코, KT&G 등 7개 민영화 기업이 2조 8,700억 원의 민영화 효과를 거둔 것으로 조사되었다. 이는 구조조정 등을 통해 경영효율성이 크게 높아졌기 때문으로 분석되고 있다. 반면 민영화에 따른 서비스가격 상승과 이에 따른 소비자 부담증가는 크지 않은 것으로 조사되었다. 특히 포스코는 민영화 이후 1인당 인건비가 오르고, 1400억 원의 인건비 손실이 있었지만 이익분배 제도를 시행하고 부품의 국산화율을 높여 1조 6천억 원의 순익을 추가로 올릴 수 있었다고 분석하고 있다. 한편 KT의 경우 요금의 실질적 하락과 경쟁심화에도 불구하고 경영성과는 완만한 개선추세를 보이고 있는데 이는 경영성과의 개선이 내부효율 제고에 기인했을 가능성이 큼을 의미한다고 보고 있다.

4. 주요 공기업의 민영화 과제

민영화정책의 핵심은 어떠한 방식으로 해당기업 또는 산업의 작동에 있어 정부의 역할을 조정하는가에 있다. 과거에는 정부가 산업정책과 규제정책 등을 공기업정책과 연계하여 직접적 소유권을 행사하였다. 그

8) Macquieira and Zurita(1996), Boubakri and Cosset(1998), D' Souza and Megginson(1999), D' Souza and Megginson(2000) 등의 연구에서도 유사한 결과가 보고되고 있어 민영화의 긍정적 효과는 일반적인 것으로 판단된다.

러나 이제 정부는 다른 정책과 공기업정책을 분리하여 운영해야 할 시기가 왔다고 본다. 더 중요한 것은 공기업 민영화에 있어 해당기관에 대한 정부의 소유권 행사에 대한 문제이기는 하지만 거시적으로 보면 해당산업과 거시경제에 대한 정부의 역할 재조정이라는 보다 근본적인 문제부터 접근되어야 한다. 〈그림 4-4〉에서 볼 수 있듯이 특정 민영화 정책과 전략을 결정하는 기업별 특성, 산업별 특성, 그리고 거시경제적 특성이 존재하기 때문에 이를 연계할 수 있는 접근이 필수적이다. 민영화정책은 국가별 변수, 산업별 변수, 기업별 변수 등의 고려를 통하여 종합적으로 결정되어야 한다는 것이다. 따라서 민영화정책은 우선 시장에서의 국가의 역할에 대한 검토, 즉 공공부문에 대한 근본적 역할 재조정부터 시작해야 한다. 이를 위해서는 공기업 기능의 시장성 실험(*market test*)을 통하여 상업성을 추구하는 기능을 공공부문에서 분리하는 과제부터 시작해야 한다. 새 정부가 유념해둘 사항이다.

〈그림 4-4〉 민영화의 다원적 시각

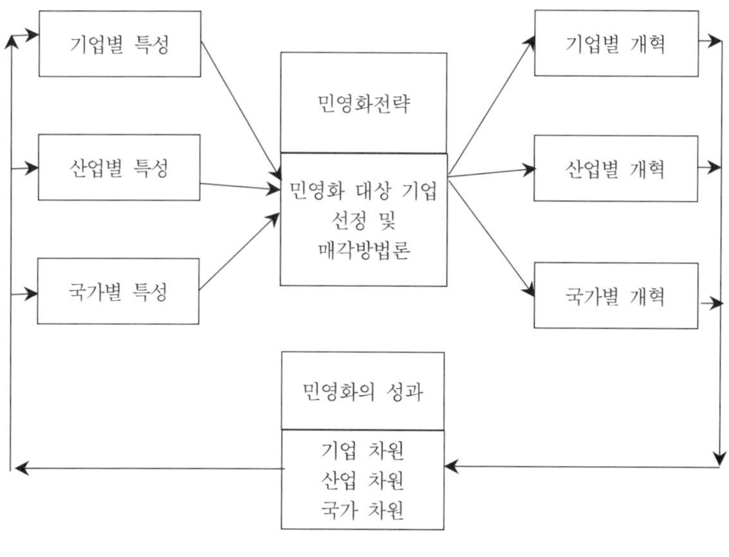

그리고 공기업개혁과 민영화에 대한 로드맵을 작성하여 개혁프로그램과 민영화전략의 일정과 내용을 확정하는 일도 새 정부의 당면과제이다. 이미 Shirley(1998)는 12개의 개발도상국을 대상으로 진행된 연구에서 공기업개혁과 민영화는 프로그램의 집행에 있어 상충적(*tradeoffs*)인 것이 아니라 상보적 개혁(*complementary reforms*)임을 지적하고 있다. 그의 연구에 의하면 하나의 개혁이 성공적일 경우 다른 하나의 개혁도 성공적이었으며 반대의 경우 또한 그러했다는 것이다. 정치적으로 민영

〈그림 4-5〉 공기업부문의 개혁과제

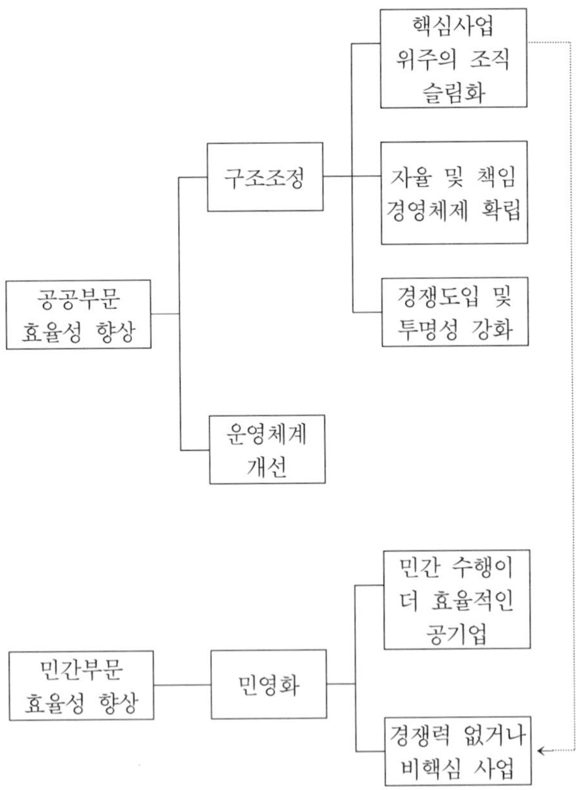

화에 대한 준비가 되지 않은 국가는 다른 유형의 개혁 역시 수행할 준비가 되어 있지 않기 때문이다. 공기업개혁은 인적 구조조정, 공급자와 소비자에 대한 보조금의 삭감, 관료와 관련 이해당사자의 지대 조정, 관리상의 변화, 상환이 불가능한 관련 기업채무의 변제 등을 수반한다. 따라서 이러한 제반문제를 종합적으로 검토함과 동시에 절차적 정당성을 확보할 수 있는 체계화된 공기업개혁 및 민영화 추진체제의 구축이 실로 중요하다고 하겠다. 〈그림 4-5〉에서도 볼 수 있듯이 이러한 종합적 개혁에서는 해당 공기업의 구조조정 및 운영시스템 개선, 그리고 민영화 대안 등이 동시에 고려되어야 한다.

다음은 해당산업의 구조개편과 자유화에 대한 논의이다. 특히 네트워크산업의 경우 산업의 특성에 따라 성장잠재력과 경쟁 및 규제와 관련된 위험도 등이 상이하다는 점에 유의해야 한다. 따라서 이러한 관련산업의 민영화는 산업개편과 더불어 관련된 관리 및 규제제도의 개선, 그리고 이해당사자의 정치경제학에 대한 고려가 필요하다(〈표 4-6〉 참조). 예를 들어 철도산업의 경우 보편적 서비스에 대한 문제해결과 더불어 철도가 지역경제 및 사회에 미치는 영향과 더불어 성장잠재력 등에 대한 고려가 민영화의 논의에 포함되어야 한다는 것이다. 전력산업의 경우 발전분야의 경쟁도입이 허용된다면 규제적 절차에 대한 상당한 전문성과 기술적 노하우도 필요하기 때문에 정부의 규제기능에 대한 논의가 민영화 이전에 정리되어야 한다.

1) 전력산업

전력산업은 한국전력 발전부문의 분할을 통하여 이미 경쟁이 도입된 상태이다. 전력산업의 구조개편 및 민영화계획은 지난 김대중정부 당시 수년간의 연구와 정책대안 검토를 통하여 구체적 로드맵이 설정된 상태이기 때문에 새 정부에서는 이러한 로드맵을 실행에 옮겨야 한다.

다만 구조개편 및 발전 자회사의 민영화 일정과 매각방식에 대한 일부 재검토가 필요하다. 예를 들어 매각방식에 있어 높은 자산가치를 지니고 있는 발전 자회사의 특성을 고려하여 민영화 가능성을 높일 수 있

〈표 4-6〉 네트워크산업의 특징 비교

부문 (sector)	성장 잠재력 (*growth potential*)	양의 현금 입출 잠재력 (*positive cash-flow potential*)	경쟁적, 규제적 위험 (*competitive and regulatory risks*)	외부성 및 보조금의 필요성 (*externalities and need for subsidies*)
통신	높음	높음, 회수기간 단기	보통의 경쟁적, 규제적 위험	보편적 서비스를 유지하기 위해 일부 지역에 대한 보조금 및 기금조성 필요
도로	중간	낮음, 회수기간 장기	불확실한 비용과 수요로 인한 높은 규제적 위험, 대안들과의 경쟁이 약할 경우 고압적(*heavy handed*) 규제 가능	높은 외부성, 보조금은 요금을 낮은 수준으로 유지하기 위해 필요
철도	낮음	중간, 신규투자 요구 거의 없고, 현존자산의 직접구매보다 저리의 임대가 일반적	운송의 대체수단으로부터의 경쟁이 존재할 경우 규제적 위험은 낮아짐	높은 외부성, 오지 개발에 대한 기여와 도시지역 운송에서의 혼잡문제 존재 및 보편적 서비스에 대한 문제
상수도 하수도	중간	낮음, 대규모의 선불투자가 필요하나, 소비자의 지불능력은 낮기 때문	퇴화거래(*obsolescing bargain*)의 문제와 물의 고유특성으로 인해 높은 규제적 위험, 낮은 경쟁잠재력	생산의 고유특성과 건강/안전에 대한 고려 때문에 높음

도록 전략적으로 추진해야 한다. 우선 민영화 대상기관으로 선정된 남동 발전의 경우 매각 가능성과 다른 자회사 민영화에 미치는 영향 등을 고려하여 경영권 매각을 통하여 접근하는 것이 적절하다.

나머지 발전 자회사의 민영화는 주식시장 상장 및 경영권 매각을 병행하여 접근하는 방식이 선호된다. 특히 발전 자회사의 경우 규모가 상대적으로 크기 때문에 매각방식의 합리적 조합을 통하여 접근하는 것이 매우 중요하다. 그리고 외국투자가의 참여 및 국내 콘소시움 구성 등을 통한 매각가격 극대화를 추구하는 전략도 중요하다고 하겠다. 이와 더불어 노무현정부 초기 노사정위원회의 개입으로 중단된 배전 및 판매부문의 분할도 다시 추진되어야 한다. 초기에 검토한 배전 및 판매부문의 분할 및 민영화 대안과 환경변화의 요인을 고려하여 보다 면밀한 민영화 방법을 고안해야 한다. 마지막으로 한국전력의 자회사인 한국전력기술(KOPEC)과 한전기공(KPS)의 민영화도 심각하게 검토해야 한다.

2) 지역난방산업

지역난방산업의 핵심적 과제는 발전용 LNG 가격과 도시가스 가격의 합리화에서부터 시작한다. 현재 교차보조로 인해 정상적 가격책정이 되지 않고 있어 민영화의 걸림돌이 되고 있기 때문에 지역난방, 도시가스, 그리고 전력간 공정한 경쟁을 유도하고 소비자선택이 합리적으로 이루어질 수 있는 정책선택이 필요하다. 이를 위해서는 조성봉(2007)이 이미 언급하였듯이 지역난방공사의 민영화는 전력과 가스산업의 경쟁도입과 민영화 과정에서 예상되는 가격구조의 왜곡과 교차보조 문제가 해소되어가는 시점에서 수행하는 것이 바람직하다.

이 과정에서 정부가 염두에 두어야 할 문제는 지역주민들의 민영화에 대한 반대의사이다. 특히 수도권 주민들이 지역난방공사 주식상장 및 민영화를 반대하는 이유는 김대중정부 당시 GS에 매각된 안양부천 지역난방의 요금인상에 대한 학습효과 때문이다. 주민들은 어차피 독점인 지역난방을 주식상장을 통해 민영화하는 것보다는 공기업으로 유지하는 것이 바람직하다는 입장이다. 따라서 이러한 문제가 발생하기 이전에 가격의 합리화를 통한 민영화 장애요인 극복이 중요하다.

3) 가스산업

가스산업의 경쟁도입과 민영화 역시 김대중정부가 이미 수립한 계획을 전면적으로 재추진하여야 한다. 그 핵심적 내용은 전력산업의 구조개편과 같이 네트워크 부분(가스배관망)의 운영은 정부가 지속적으로 담당하되 천연가스의 도입과 인수·저장기능은 경쟁도입이 가능한 부문이므로 분할하는 것이 바람직하다는 것이다. 그리고 전력산업과 같이 시장에서의 공급방식을 다양화시켜 장기계약시장, 선물시장, 현물시장 등으로 구분하여 거래가 가능하도록 허용해야 하며 거래소의 기능을 전문화시켜 운영해야 한다. 그리고 도시가스 회사의 판매 및 설비운영은 회계 분리하며 소매경쟁을 장기적으로 도입해야 한다.

4) 철도산업

철도산업은 이미 김대중정부에 의하여 철도시설관리와 철도시설운영으로 분리하여 철도시설은 철도시설관리공단에서, 시설운영은 공사화된 철도공사에 의하여 운영되고 있다. 따라서 네트워크산업의 자연독점적인 특성을 감안하여 정부가 공기업(철도시설공단) 형태로 지속적으로 운영하되 철도운영부문은 독립시켜 향후 단계적으로 민영화해야 한다. 구체적 방법론에 있어 노선분할을 통한 일본식의 민영화와 일부 노선운영의 민간위탁 등의 다양한 방식이 존재하기 때문에 철도공사의 고속철도 부채 등의 문제를 포함하여 종합적 검토가 필요하다.

5) 상 · 하수도사업

현재 상수도의 공급체계는 수자원의 개발과 도매공급은 수자원공사가 담당하고 소매공급은 각 지역별로 지방자치단체가 담당하고 있다. 반면 하수도사업은 전적으로 지방자치단체에서 담당하고 있다. 현재 지방자치단체의 상 · 하수도사업은 공공조직의 비효율성과 소규모 운영단위의 비경제성 등의 문제에 직면해 있다. 또한 상수도 서비스공급의 지역적 격차, 수원확보의 어려움 및 물자원 사용에 따른 비용부담금 등도 구조적 문제점으로 대두되고 있다(한국환경정책평가연구원, 2002). 또한 하수도사업도 규모의 경제 문제, 공공조직의 비효율성의 문제와 더불어 지역간 시설 및 용량의 불균형 및 규모의 경제 확보를 위한 지자체간의 조정체계의 부재 등의 문제가 제기되고 있다.

따라서 한 가지 대안으로는 상 · 하수도사업의 민간위탁을 통해 규모의 경제를 확보할 수 있는 방법이 있다. 인위적으로 상 · 하수도사업의 광역화를 추구한 후 민영화를 하는 방식보다는 시장경쟁을 통하여 자연스럽게 규모의 경제를 확보할 수 있는 체계를 구축하는 것이 선호되며 상수도 소매시장의 자유화를 유도해야 한다. 이에 따라 수자원공사도 국내 소매시장의 경쟁에 참여하는 것이 바람직하다고 판단된다.

6) 고속도로산업

한국도로공사는 고속도로시설의 건설 및 유지관리를 담당하는 대표적 SOC 기관의 하나이다. 2006년 고속도로 건설 정부예산은 2조 8천억 원으로 5년 전의 3조 7천억 원보다 오히려 줄었다. 기간시설 투자의 무게중심이 도로에서 항만 및 항공 등의 분야로 옮겨진 결과다. 그럼에도 불구하고 도로건설을 목적으로 설립된 도로공사의 인원은 같은 기간 4,827명에서 5,238명으로 4백 명 정도 늘었다. 일부 학자들은 행담도와 덕평개발사업 등 도로공사의 고유사업과는 거리가 먼 수익사업과 해외사업 등으로 사업영역을 확장하고 있기 때문으로 보고 있다.

이미 고속도로의 건설이 어느 정도 계획대로 완결되고 있는 현 시점에서 중요한 것은 시설 유지·관리사업의 효율을 추구하기 위한 조치들이다. 따라서 새 정부는 노선별 운영의 민간위탁 및 규모의 경제 확보를 위한 영업소 운영조치들을 구상해야 한다. 물론 현재의 노선별 교차보조 및 운행요금의 '보편적 서비스화'에 대한 문제 등이 산적해 있으나 이러한 문제는 보편적 서비스 기금제도의 도입으로 해결할 수 있을 것으로 본다.

7) 기타

방송산업에 대한 민영화도 고려되어야 한다. 특히 방송광고공사의 민영화와 KBS2 및 MBC의 민영화는 새 정부에서 심각히 고려되어야 할 이슈 중 하나이다. 그리고 해당 공기업의 민영화가 정치적, 기술적 등의 이유로 불가능할 경우 일부 주식의 상장을 통한 부분 민영화를 정책대안으로 고려할 수 있다. 예를 들어 한국수력원자력의 경우 안보 및 환경리스크 등의 문제로 완전 민영화가 불가능할 가능성이 높다. 이러한 경우 정부는 일정 부분의 소유권을 유지하되 경영권을 민간에게 이양하거나 또는 배당권 민영화를 통하여 기업에 대한 정보 및 감시·감독기능을 증대시키고 해당기업의 효율성을 증가시킬 수 있다. 민영화 매각대금 확보를 통한 정부의 부담감소도 또 하나의 장점이기도 하다. 예를 들어 한국석유공사의 해외유전개발은 막대한 자금을 필요로 하나 정부지원은 제한적일 수밖에 없기 때문에 주식상장을 통한 자금확보는 하나의 대안이 될 수 있다. 그리고 민영화가 어려운 산업의 경우 일부 정부소유 주식을 주식시장에 상장할 수 있는 방법을 고려해야 한다. 마지막으로 정부소유로 남을 수밖에 없는 공기업의 경우 현재의 사외이사

중심의 통제지향적 관리정책은 한계에 직면해 있기 때문에 정부의 소유권을 직접 행사할 수 있는 '정부이사제도' 도입을 고려해야 한다.

5. 결론

공기업의 민영화와 구조조정은 역대 정부의 주요 개혁과제 가운데 하나였다. 각 정부는 공기업의 비효율성에 대해 그 심각성을 인식하고 정권 초기부터 강도 높은 계획을 수립하였다. 특히 김대중정부는 정권 초기 3년간 총 41,704명을 감축하였으며 주된 비판대상이었던 복리후생제도를 개혁하였고 외부위탁 및 자산매각을 통하여 기업의 효율화를 추구하였다. 그리고 한국통신, 포스코, 한국중공업 등의 매각을 통하여 정부와 시장의 재구조화 정책을 추구하였다. 반면 노무현정부는 운영시스템 개혁 및 지배구조 개선을 통한 점진적 개혁을 추구하였다.

공기업의 본질적 문제는 시장메커니즘이 작동하지 않는 공기업부문 특유의 '연성예산제약'에서 비롯되며 정부(정치인)의 기회주의적 개입을 가능하게 하는 소유권의 고리에서부터 시작된다. 그 결과 공기업부문의 생산성이 저하되는 현상이 여러 부문에서 나타나고 있고 국민의 공기업부문에 대한 인식도 크게 악화되고 있다. 따라서 정부가 민영화 이외의 점증적 공기업개혁 수단에만 의존하는 전략은 지속가능하지 않다. 그런 개혁은 실패로 돌아갈 가능성이 높다. 이러한 이유로 많은 학자들이 민영화만이 구조적 공기업부문의 문제해결의 길이라고 주장하고 있다.

특히 노무현정부에서는 대부분의 네트워크산업에 경쟁이 존재하지 않는다는 이유와 정치적 문제를 들어 독점적 공기업체제를 유지하려 하였다. 또한 공기업의 거시적 운영 측면의 한계를 고려하지 못한 가운데 지나치게 세부적인 운영제도 개선에 치우쳤다는 비판을 피하기 어렵다.

새 정부는 공공부문의 역할에 대한 명확한 비전설정에 기초하여 구체적이고 본질적인 민영화 로드맵을 수립해야 하며 합리적 민영화추진체계를 구축하여야 한다. 이를 위해서는 최고 정책결정자의 지속적 관심 표명, 이해당사자들의 '지대' 문제를 해결할 수 있는 전략적 계획수립이 필요하다고 하겠다. 강력한 민영화추진체계의 설계, 통합된 기획 및 집행체계의 구축도 필요하다. 이 모든 과정에서 정부는 독점공기업의 민영화 이후 경쟁촉진 및 소비자보호를 위한 시장구조와 규제제도를 어떻게 설계할 것인지에 대한 정부의 방침을 충분히 제시해야 할 것이다.

과거 공기업 민영화가 실패한 주된 이유는 정부가 민영화와 공기업개혁의 정치경제학을 제대로 이해하지 못했기 때문인 것으로 분석되고 있다(김준기, 1999). 특히 실패를 경험한 대부분의 정부들은 민영화를 많은 이해당사자들이 관련된 복잡한 정치경제적 과제로 이해하지 못하고 단순한 기술적 문제 또는 집행과제로 보았기 때문이다. 따라서 민영화 정책이 성공을 거두기 위해서는 정치적으로 바람직하고(*politically desirable*), 정치적으로 실행가능하며(*politically feasible*), 신뢰할 만한(*credible*) 정책으로 설계되고 집행되어야 한다(Shirley, 1999). 보다 구체적으로 공기업개혁은 리더십의 구성원이 개혁으로부터 얻는 정치적 이득이 정치적 비용보다 크도록 설계되어야 한다. 둘째, 공기업개혁은 리더십이 공기업관련 이해당사자들의 지지를 확보할 수 있어야 정치적으로 실행가능하다. 특히 가외인력을 보유한 기업일수록 일자리를 위협받는다고 느끼기 때문에 과다인원배치(*overmanning*)의 범위평가, 개혁에 대한 과거의 파업 빈도수 등을 감안하여 개혁전략을 수립해야 한다. 그리고 정부 개혁정책에 대한 반대집단의 저항 수준은 개혁으로부터의 손실을 강제하거나 보상할 계획을 설계했느냐의 여부와도 연계되기 때문에 이에 대한 고려가 필수적이라 하겠다. 셋째, 개혁은 또한 정책에 대한 신뢰가 따라야 성공할 수 있다. 그렇지 않을 경우 손해를 보는 집단은 미래에 보상을 받을 수 있다고 믿지 못한다. 투자자는 정부가 개혁을 유지하고 민영화된 기업을 다시 국영화하거나 민영화 기업의 이윤을 몰수하기 위한 규제를 사용하지 않음을 신뢰할 수 없다.[9] 정책에 대한 신뢰를 높이기 위해서는 첫째, 정부의 일관된 정책기조와 이에 따른 명확한 로드맵 구축이 중요하다. 정부(정책)신뢰를 확보하기 위해서는 정책전환(*policy reversal*)에 대한 제약을 가하는 국내 정치행정적 제도의 효율성이 중요한 변수로 작동한다.[10] 둘째, 신뢰를 확보하기 위해서는 정책전환과 관련된 비용을 높이는 것도 방법이다. 예를 들어 바우처(*voucher*)제도와 '국민주'제도는 민영화와 관련된 강력한 지지기반을 구축하게 되며 정책전환에 저항하는 구성원을 형성하게 되어 높은 신뢰도의 확보가 가능하다.[11]

마지막으로 정부는 민영화의 성공가능성을 높이기 위해서 관련산업의 규제체제, 규제방법, 요금체계의 합리화 및 교차보조를 포함한 정부보조금의 단계적 폐지 등에 전략적으로 접근해야 한다. 또한 민영화 이후의 효율적 기업지배구조의 형성, 경영권의 안정적 보장, 국가기간산업에 있어서 산업주권의 확보 등을 담보할 수 있는 제도적 보완장치를 마련하는 데도 역점을 둬야 한다. 단기간에 가시적 성과를 확보하는 것보다 더 중요한 것은 민영화 이후에 해당산업의 경쟁력과 기업의 경영성과를 개선할 수 있는 제대로 된 민영화를 실현하는 것이다.

---

9) Shirley(1999)는 신뢰성에 대한 측정을 위하여 ICRG(the International Country Risk Guide)의 사적 투자자 위험평가등급(*private investor risk ratings*)을 사용하여 판단되는 명성(*reputation*)을 활용하고 있다. 명성은 또한 국가들이 개혁을 발표한대로 수행하는지의 여부나 개혁전환(*reform reversal*)의 역사를 가지는가의 여부로 측정이 가능하다.

10) 예를 들어 독립적인 입법부, 정치시장에서 경쟁을 통하여 선출된 입법가와 전문적인 행정관료의 존재여부, 합법적이며 합리적인 의사결정과정 등이 포함된다. 따라서 이러한 견제와 균형(*checks and balances*) 때문에 개혁은 독재보다는 민주주의에서 더 신뢰가 높다.

11) Shirley(1999)는 이러한 세 가지 조건에 대한 모든 측정수단을 12개국 표본에 적용한 결과 상대적으로 덜 성공적이었던 이집트, 가나, 필리핀, 인도, 세네갈, 터키 6개국의 개혁가들은 세 가지 조건 중 최소한 하나를 만족시키는데 실패했음을 발견했다.

참고문헌

감사원(1998). 〈공기업에 대한 경영구조 개선실태에 대한 특별감사보고서〉.
곽채기(1998). "공기업 민영화 정책의 성공적 집행 요인". 1998년도 공기업 추계학술대회.
경제기획원(1988). 《공기업백서》. 경제기획원.
기획예산위원회(1998a). 〈제 1차 공기업 경영혁신과 민영화 방안〉.
______(1998b). 〈'공기업민영화추진위원회' 설치 · 운영〉.
______(1998c). 〈2차 공기업 민영화 및 경영혁신 계획〉.
______(1999a). 〈98 공기업 경영혁신 추진실적 평가계획〉.
______(1999b). 〈99년 공기업 민영화 추진계획〉.
기획예산처(1999a). 〈공기업 구조조정 추진계획〉.
______(1999b). 〈공기업 민영화 및 경영혁신 추진실적〉.
______(1999c). 〈공기업민영화추진위원회 제 5차 회의 개최〉.
______(2000a). 〈공기업 경영혁신 추진실적〉.
______(2000b). 〈공기업민영화추진위원회 제 6차 회의 개최〉.
______(2000c). 〈공기업민영화추진위원회 제 7차 회의 개최〉.
______(2000d). 〈정부혁신추진위원회 제 2차 회의 개최〉.
______(2000e). 〈포항제철(주) 민영화 완료〉.
______(2001). 〈공기업민영화추진위원회 제 8차 회의 개최〉.
김준기(1999). "공기업개혁과 민영화: 정책의 부재?". 〈한국정책학회보〉 8(1): 207~229.
김현숙(2007). "공기업 민영화효과에 대한 연구". 한국조세연구원.
노성태(1998). "공기업 민영화에 따른 규제완화의 방향". 서울대학교 행정대학원 제 54회 국가정책세미나 자료.
유 훈(1962). "공기업과 예산제도". 〈행정논총〉. 서울대학교 행정대학원.
______(1969). 《공기업론》. 법문사.
이관섭(2007). "공공기관 방만 경영의 원인과 근원적 대응과제". 서울대학교 행정대학원 제 342회 정책&지식 포럼 발표문.
이주선(1998). "공기업의 민영화와 구조개혁". 〈공기업민영화와 통신산업의 구조조정〉. 연세대학교 동서문제연구소.
재정경제원(1997). 〈공기업의 경영구조개선 및 민영화에 관한 법률안〉.
정부혁신지방분권위원회(2007). 〈참여정부의 재정세제개혁〉.
조성봉(2007). "김대중행정부의 민영화정책: 평가와 시사점".
한국개발연구원(1998). 〈민영화 내부자료〉.
한국환경정책평가연구원(2002). 〈환경산업의 경쟁력강화방안 연구〉.
각종 언론기사.

Beesley, M. E. and S. Littlechild(1986). "Privatisation: Principles and Practices." In Kay, Mayer and Thompson(Eds.). *Privatisation and Regulation: The U.K. Experience.* London: Clarendon Press.

Boardman, A. E. and A. R. Vining(1989). "Ownership and Performance in Competitive Environment: A Comparison of the Performance of Private, Mixed, and State-Owned Enterprises." *Journal of Law & Economics* 32.

______(1992). "Ownership versus competition: Efficiency in public enterprise." *Public Choice* 73(2).

Boubakri, Narjess and Jean-Claude Cosset(1998). "The Financial and Operating Performance of Newly Privatized Firms: Evidence from Developing Countries." *Journal of Finance.* forthcoming.

D'souza, J. and Megginson, W. L.(1999). "The Financial and Operating Performance of Privatized Firms during the 1990s." *The Journal of Finance* 54(4).

______(2000). "Sources of Performance Improvement in Privatization Firms: A Clinical Study of the Global Telecommunications Industry." Working Paper, U. Oklahoma.

Dewenter, K. L and Malatesta, P. H.(2001), "State-owned and Privately-owned firms: An empirical analysis of profitability, leverage, and labor intensity". *American Economic Review* 91(1).

Donahue, John D.(1989). *The Privatization Decision.* New York, NY: Basic Books.

Ehrlich, I., Gallais-Hamonno, G., Liu. Z. and Lutter, R. (1994). "Productivity Growth and Firm Ownership: An Analytical and Empirical Investigation". *Journal of Political Economy* 102.

Foster, C. D. (1992). *Privatization, Public Ownership and the Regulation of Natural Monopolies.* Oxford: Blackwell Press.

Galal, A, L. Jones and L. Vogelsang (1994). *Welfare Consequences of Selling Public Enterprises: An Empirical Analysis.* Oxford: Oxford University Press.

Gomez-Ibanez, Jose A. and John R. Meyer (1993). *Going Private: The International Experience with Transport Privatization.* Washington D.C.: The Brookings Institution.

Karpoff, J. M. (2001). "Public Versus Private Initiative in Arctic Exploration: The Effects of Incentives and Organizational Structure". *Journal of Political Economy* 109: 1.

Kay, J. A., C. P. Meyer and D. J. Thompson (1986). *Privatisation and Regulation: The U.K. Experience.* Oxford: Clarendon.

Kikeri, S. and A. Burman (2007). "Privatization Trends." Public Policy for the Private Sector. Note No. 314. Washington D.C.: The World Bank.

Kikeri, S. and A. F. Kolo (2005). *Privatization: Trends and Recent Developments.* Washington: World Bank.

Kim, Junki (1995). "Korean SOE Sector Reform and Privatization: Changing Managerial Incentive and the Transfer of Control Rights." *The Korea Journal of Policy Studies* XI (1): 47~71.

La Porta, R., F. Lopez-de-Silanes, A. Shleifer and R. Vishny (2000). "Investor protection and corporate governance." *Journal of Financial Economics* 56 (1~2).

La Porta, R. and F. López-de-Silanes (1997). "The Benefits of Privatization: Evidence from Mexico." Working Paper, Harvard University.

López-de-Silanes, Florencio (1994). "Determinants of Privatization

Prices." mimeo, Harvard Economics Department.

Macquieira, C. and S. Zurita (1996). "Privatizaciones en Chile: Eficiencia y Politicas Financieras". *Estudios de Administracion* 3.

Majumdar, S. K. (1996). "Government policies and industrial performance: An institutional analysis of the Indian experience". *Journal of Institutional and Theoretical Economics* 152(2).

Megginson, W. L. and Netter (2001). "From State to Market: A Survey of Empirical Studies on Privatization." *The Journal of Economic Literature* 39(2).

Megginson, William, Robert C. Nash and Matthias Van Randenborgh (1994). "The Financial and Operating Performance of Newly Privatized Firms: an International Empirical Analysis." *Journal of Finance* 49(2): 403~452.

Pinto, B., Belka, M. and Krajewski, S. (1993). "Transforming State Enterprises in Poland: Evidence on Adjustment by Manufacturing Firms". *Brookings Papers on Economic Activity* 1.

Ramamurti, R. and R. Vernon (1991). *Privatization and Control of State-Owned Enterprises*. Washington D.C.: The World Bank.

Shirley, Mary (1998). "Trends in Privatization." *Economic Reform Today* 1(1): 23~45. Center for International Private Enterprise, Washington D.C.

The World Bank (1995). *Bureaucrats are Still in Business: The Economics and Politics of Government Ownership*. Washington, D.C.

Vining, A. R. and Boardman, A. E. (1992). "Ownership versus competition: Efficiency in public enterprise". *Public Choice* 73(2).

Vuylsteke, C. (1988). "Techniques of Privatization of State-Owned Enterprises." *Technical Paper* 88. Washington D.C.: The World Bank.

제3부 더불어 사는 사회

5 교육 및 인력정책 개편

김신복

1. 서론

정부의 기능 중에서 교육 및 인력개발이 점하는 비중과 중요성은 지대하다. 정부예산 중에서 교육예산이 점하는 비율은 20%를 넘고 있어 국방비보다 훨씬 많다. 학교교육 외에 광의의 인적자원 개발 기능은 노동부, 과학기술부, 산업자원부, 정보통신부, 행정자치부, 국방부를 비롯하여 사실상 모든 중앙행정기관이 관여하고 있어 이를 모두 합한다면 그 비중은 더욱 커진다.

국가발전 내지 국가경쟁력 제고에 있어 교육 및 인적자원개발이 갖는 중요성은 새삼 강조할 필요가 없을 것이다. 특히 부존자원이 부족한 우리나라에서 인적자원개발의 중요성은 절대적이며, 21세기 지식기반사회에 접어들면서 그 중요성은 더욱 증대되고 있다.

우리나라 국민들은 평균 교육이수년수 등으로 나타나는 교육수준이 세계 최고 수준이며, 고등교육취학률, 대학진학률 등은 명실 공히 세계에서 가장 높다. 그에 따라 지출하고 있는 총교육비 역시 국제 비교상으로 최고의 수준에 있으며, 특히 사교육비는 학부모들에게 세계에서 가장 무거운 부담을 안겨주고 있다.

그럼에도 불구하고, 우리교육은 많은 문제점을 안고 있으며 인적자원개발 기능 역시 매우 취약한 상태에 있다. 그러한 문제점을 정확히 진단하고 정책적 해결방안을 모색하는 것은 정부개혁에 있어 가장 중요한 과제 중 하나이다. 그러나 그것은 범위도 넓을 뿐 아니라 국민 모두가 높은 관심과 이해관계를 갖고 있는 영역이기 때문에 누구나 공감할 수 있는 개선방안과 정책들을 도출한다는 것은 지극히 어려운 일이다. 여기서는 현황과 문제점을 검토한 다음, 그 개선을 위한 정책방안들을 제시하고, 그것들을 수행하는 데 필요한 기본적 접근방법과 전략, 그리고 행정기능의 재조정 방안을 모색해 보고자 한다.

2. 현황과 문제점

1) 초·중등 학교교육 내지 공교육의 부실

우리나라 학부모들은 학교 교육만으로는 만족하지 못하여 막대한 사교육비를 지출하면서 자녀들에게 별도의 교육을 받게 하고 있다. 2003년 한국교육개발원 조사에 의하면, 72.6%의 학생들이 각종 사교육을 받고 있을 정도로 각급 학교에서 사교육 의존도가 높게 나타났다. 즉, 전체학생 중에서 사교육을 받고 있는 학생비율은 초등학교 83.1%, 중학교 75.3%, 일반계 고등학교 56.4%, 실업계 고등학교 19.2%로 집계되었다. 그 결과, 2003년도에 지출된 초·중·고등학교 학생들의 사교육비는 총 13조 6천억 원으로 추정되었고, 통계청의 가계조사연보에 나타난 2006년도의 보충교육비는 22조 7천억 원이었으며 매년 현저하게 증가하고 있는 것으로 나타났다.

우리나라의 정부 부담 공교육비 비중은 OECD 국가들의 평균치 수준이지만 학부모 부담 공교육비가 매우 높아, 총 공교육비 비중은 세계 최고 수준이라고 할 수 있다. 결국 우리 학부모들은 막대한 사교육비를 지출하고 있을 뿐 아니라, OECD 국가들 중 가장 높은 비율의 공교육비를 부담하고 있는 것이다.

사교육에 대한 지나친 의존은 학부모들에게 과중한 경제적 부담을 지울 뿐 아니라, 학교의 정상적인 교육과정 운영을 방해하여 교육경쟁력을 약화시키고, 자기주도적 학습 능력을 저해하여, 창의적 능력 개발을 저해하는 결과를 가져온다.

OECD에서 각국의 15세 학생들의 학력을 비교 평가한 결과에 따르면, 우리나라 전체 학생들의 학력은 세계 최상위 수준을 유지하고 있지만 과학적 소양은 최근 현저하게 하락한 것으로 나타났다. 특히, 상위

〈표 5-1〉 국가별 GDP대비 공교육비 비중

(단위: %)

	OECD평균	한국	미국	캐나다	독일	영국	일본
공교육비/GDP	6.2	8.2	7.3	6.1	5.3	5.5	4.6
정부부담	4.8	4.8	5.1	4.9	4.3	4.7	3.5
학부모부담	1.6	3.4	2.3	1.3	1.0	0.8	1.2

자료: OECD(2004), *Education at a Glance*.

〈표 5-2〉 한국 학생의 학력 수준

구 분	문제해결력	읽 기	수 학	과 학
2003년	1위	2위	3위	4위
2006년	-	1위	3위	10위

자료: 한국교육과정평가원(2007), OECD 학업성취도 국제비교연구 주요 결과.

5% 학생들의 과학적 소양은 17위에 머물렀으며, 학생들 중에서 과학에 흥미를 가지고 문제풀이를 즐기는 학생비율은 OECD 국가 평균치보다 낮았다.

많은 초·중등 학생들이 대학입시준비 교육에 치중하여 자기주도적 학습보다는 타율적 학습에 익숙하다. 치열한 입시경쟁 상황에서 학교교육은 공교육으로서 본래 지향해야 할 교육방향을 확실히 정립하여 이를 주도하지 못하고, 변화하는 입시체제에 무력하게 대응해 왔다고 할 수 있다.

많은 학부모들은 일선 학교에서 이른바 "교실붕괴" 현상이 나타나고 있다고 비판한다. 즉, 수업질서가 붕괴하고, 학생들의 불순응 현상이 만연하고 있으며, 학교폭력도 상존하고 있다는 것이다. 교실 내에서는

〈표 5-3〉 학교별 학급당 학생수

(단위: 명)

초등학교	중학교	실업계 고등학교	일반계 고등학교
30.9	35.3	29.9	33.7

자료: 한국교육개발원(2006)

〈표 5-4〉 주요국의 교원 1인당 학생수

(단위: 명)

구 분	유치원	초등학교	중학교	고등학교	전체 고등교육기관
미 국	14.5	15.0	15.5	21.5	15.8
영 국	17.6	21.1	14.4		17.8
독 일	13.9	18.8	15.1	14.9	12.7
일 본	17.7	19.6	14.1		11.0
한 국	20.8	29.1	17.9		25.2
OECD 평균	14.8	16.9	13.3	12.8	15.5

자료: OECD(2006), *Education at a Glance.*

이질적 학생들이 공존하여 학습지도의 효율성이 저하되고 면학분위기가 저해되고 있으며, 교사들의 근무의욕과 사명감이 저하되는 현상이 만연되어 있다는 것이다. 또한 많은 초·중등학교에서 암기위주의 대학입시 준비 교육에 치중하여 개성존중·창의성 개발 교육이 미흡하며, 중·고등학교의 평준화 시책으로 인하여 영재교육·특수목적 교육의 실현이 크게 제약을 받고 있다. 이는 물론 외국에 비해 아직도 교원 1인당 학생수 및 학급규모가 과다한 우리의 미흡한 교육여건에서 비롯된 바 적지 않다.

이와 같은 부실한 학교 교육에 대한 학부모들의 총체적 불신과 불만은 결국 이른바 교육 엑소더스로 이어져 초·중등학교 단계의 해외 조기유학생이 2007년 현재 약 3만 5천 명에 이르고 있는 것이다.

2) 교육의 소득계층간·지역간 격차 심화

우리 교육이 안고 있는 문제 중 하나는 교육을 받을 기회 및 교육의 성과가 소득계층간 그리고 지역간에 큰 격차를 보이고 있다는 사실이다. 우선, 교육비 지출에 있어 소득 1분위와 소득 10분위 계층 간에 약 7배 차이가 있다. 즉, 통계청 가계수지 동향 조사의 2007년 1~2분기 평균치를 비교하면 소득 1분위 가구의 교육비 지출액은 7.9만 원인 데 비해서 소득 10분위 가구의 교육비 지출액은 54.8만 원으로 나타난다. 소득수준에 따른 연간 사교육비 지출액도 큰 격차를 보인다. 월 평균소득 100만 원 미만 가구의 연간 사교육비 지출액은 167만 원인 데 비해, 월 평균소득 500만 원 이상 가구의 연간 사교육비 지출액은 436만 원으로 조사된 것이다.

다음으로 학습결과도 소득계층간에 격차를 보이고 있다. 소득이 200만 원 이하인 가계출신 학생의 수학능력시험 성적평균은 287.6점인 데 비해 500만 원 초과 가계출신학생의 성적은 317.6점으로 조사되어 최상위와 하위의 소득계층 간 수학능력시험 점수 차이가 약 30점에 이르고 있는 것이다. 소득계층간에는 대학취학률[1]도 큰 차이가 있는 것으로 나타났다. 1998~2003년 도시가계연보에 의하면, 소득 1분위 계층의 대학취학률은 67%인 데 비해 소득 10분위 계층의 대학취학률은 76%로 조사되었다.

한편, 지역간에도 교육기회의 격차는 현저한 것으로 나타나고 있다. 2006년 현재 수도권(서울·경기·인천)의 대학입학 정원은 21만 4천 명으로 대학전체 정원(59만 6천 명)의 약 36%를 차지하고 있다. 전체인구의 약 절반가량이 수도권에 거주하고 있기 때문에 인구대비 대학입학 정원은 상대적으로 적은 편이며 이는 그동안 정부가 수도권 대학들의 입학정원 증원을 지속적으로 억제해온 결과이다. 그러나 2003년 2월 대학 졸업자 중 100대 기업 취업자는 수도권 대학 출신은 졸업자의 9.9%, 지방대는 4.8%였다. 이는 수도권과 지방 간에 대학졸업생들의 질적 수준에 큰 격차가 있음을 반영한다. 기업들이 직원채용에 있어 지방대학을 차별하고 있다는 비판이 있지만 그 역시 졸업생들의 질적 수준 차이를 반영한다고 할 수 있을 것이다. 그 결과 최근 대학 신입생 미충원의 대부분이 지방대학에서 발생하고 있다. 2003년의 미충원율을 보면 전국 4년제 대학평균은 9.4%인 데 비해 경북은 38.1%, 전북은 26.4%에 달했고 전국 전문대 평균은 17.6%였던 데 비해, 경북은 38.1%, 전북은 33.6%에 달하였다. 이러한 양적 측면의 교육기회 격차보다도 교육성과의 격차는 더욱 심한 상태이다.

2005년에는 수능성적 상위 5% 이내 학생 중에 62% 이상이 서울소재 대학에 진학한 데 비해 지방대에는 18.8%만이 진학해 우수한 학생들의 수도권 집중이 현저하게 나타났다. 그 결과 각종 국가고시 합격자의 90% 이상을 수도권 대학에서 배출하고 있다. 사법고시 합격자의

1) 여기서 대학취학률은 실제 대학취학 자녀수를 대학생 연령 자녀수로 나눈 백분율을 말한다.

92.6%, 행정·기술·외무고시는 92.1%가 수도권대학 졸업자 또는 재학생인 것이다.

3) 대학진학자원의 감소와 정원미달 사태

우리 국민들의 자녀 교육열은 지속적으로 높아지고 있으며, 부모들은 거의 모두가 자녀들을 대학 이상의 교육을 시키기 원하고 있는 것으로 나타나고 있다. 그러나 2003년에 이미 대학진학률이 79.7%(일반계 고교는 90.1%)에 달하여 고졸자들의 대학진학은 거의 최고수준에 이르렀다고 할 수 있다.

고등학교 졸업생들의 진학률은 이처럼 높지만 학령인구의 감소에 따라 고등학교 졸업생수는 최근 수년 동안 현저하게 감소하였다. 2008년도는 2002년에 비해서 17만 명 정도가 감소된 상태이며, 2008년 이후부터 2015년까지는 약간씩 증가하다가 그 이후에는 감소할 전망이다.

한편, 대학의 입학정원은 해마다 꾸준히 증가해왔기 때문에 2003학년도에는 역사상 처음으로 고등학교 졸업생수가 대학 입학정원보다 훨씬 적은 상황에 접어들었다. 대학정원 책정은 수도권을 제외하고는 각 대학의 자율에 맡겨져 있으므로 대학의 정원미달사태는 앞으로도 지속

〈표 5-5〉 가구주의 자녀에 대한 기대교육수준

(단위: %)

	1990			2000		
	전체	아들	딸	전체	아들	딸
고등학교 이하	19.0	13.7	24.3	4.0	3.8	4.1
대학교	61.6	61.9	61.3	74.1	74.9	73.3
대학원 이상	19.4	24.4	14.4	21.9	21.3	22.6

주: 대학교에는 전문대학 포함.

자료: 통계청(각년도), 〈한국의 사회지표〉.

〈표 5-6〉 고등교육기관 입학정원 대비 고졸자 변화 추이

(단위: 천 명)

구 분	2002	2005	2008	2011	2014	2017	2020
대학·전문대학 입학정원 합계(A)	663	660	605	596	595	595	595
고졸(예정)자(B)	735	588	566	650	655	590	560
고졸자·정원 차이(B-A)	72	-72	-39	54	60	-5	-55

* 2012학년도 이후 대학정원은 동결 전제임.
자료: 교육인적자원부.

될 전망이다. 이러한 문제를 해결하기 위해 정부는 2009년까지 국립대학교 정원의 15%(약 1만 2천 명)를 의무적으로 감축하게 하고 사립대학교는 학생정원을 감축하거나 전임교원을 확충하여 교원확보율을 높이도록 하였으며, 대학간 통폐합을 적극 장려하고 있다.

4) 대학의 국제경쟁력 약화 및 교육투자 저조

고급인적자원의 양성·배출은 대학을 통해 이루어진다. 우리나라의 고등교육은 양적인 측면에서는 세계 최고 수준이지만 질적 경쟁력은 매우 낙후된 상태이다. 가장 큰 문제점 중 하나는 대학의 기능이 분화되지 못하고, 특성을 살리면서 상호 보완하는 방향으로의 발전노력이 미흡하다는 점이다. 특정 일류대학을 모델로 하는 동일한 유형의 양적 성장을 추구한 결과, 대학교육의 획일성이 초래되고 있으며 국·공립대학과 사립대학 간의 기능분화도 거의 없는 상태이다.

대학간 비교우위분야를 집중 육성하는 특성화노력이 부족하여 간판위주의 대학간 서열화가 조장되고 있다. 그리고 교수실적 평가체제가

〈표 5-7〉 국제적 학문 · 연구수준

대학명(순위)	Harvard(1)	Tokyo(2)	UCLA(3)	Toronto(4)	서울대(32)
논문수	10,200	6,768	5,864	5,710	3,635

* 서울대 1997: 1,395편(127위), 1999: 1,924편(74위), 2001: 2,589편(40위).
자료: 2006, SCI 기준.

확립되지 못하여 교수간 선의의 경쟁풍토가 미약하며, 학생들에 대한 학사관리의 엄정성 부족으로 입학은 어렵고 졸업은 쉬운 현상이 만연됨으로써 대학교육의 질적 수준이 저하되고 있다.

스위스 국제경영개발원(IMD)에 의하면, 2006년 현재 우리나라의 국가경쟁력은 조사대상국 61개국 중 38위인데, 대학교육의 경제적 수요충족도는 50위, 교사 대 학생비율 56위, 교육에 대한 공공예산지출은 52위로 평가되고 있다. 저명한 국제학술지(SCI)에 게재된 논문수는 2006년 현재 세계 13위로, 미국의 7.5%, 일본의 31.3%, 영국의 31.0%에 해당하는 편수의 논문을 게재한 데 그치고 있으며, 인용된 실적을 감안한 Impact factor는 더욱 저조하다. 서울대 교수들의 논문발표실적은 해마다 증가하고 있지만, 세계 유수한 대학들과 비교하면 아직도 큰 격차가 있다.

우리나라의 고등교육은 지난 수십 년 동안 급속한 양적 팽창을 이룩하였으나, 교육여건은 오히려 악화된 측면이 있다. 4년제 대학의 수는 1970년 71개교로부터 2006년 204개교로 약 2.9배 증가하였고 학생수는 1970년 146,414명으로부터 2006년 198만 명으로 약 13.5배 증가하였다. 그에 비해, 교수수는 1970년 7,779명에서 2006년 53,081명으로 약 6.8배 증가하는 데 그쳐, 교수 1인당 학생수는 1970년 18.8명이었던 것이 2006년에는 36.0명으로 30년 동안 현저하게 많아졌다.

이처럼 고등교육의 여건이 나빠진 것은 공공투자가 미흡한 데 기인한

〈표 5-8〉 교원 1인당 학생수 비교(초·중·고등교육)

(단위: 명)

구 분	초등학교	중학교	고등학교	전문대학	대학
1970	56.9	42.3	29.7	20.5	18.8
1980	47.5	45.1	33.3	30.1	27.9
1990	35.6	25.4	24.6	43.9	31.2
2005	25.1	19.4	15.1	70.9	39.4
2006	24.0	19.4	15.8		36.0

자료: 교육인적자원부(2006), 인적자원정책관련 주요통계자료.

다. 2002년 현재 고등교육지원 예산은 GDP 대비 0.48%(2조 8,800억원)로, OECD 국가평균인 1.06%의 절반수준에 머물고 있다. 2002년 현재 우리나라 고등교육기관의 재원구조를 보면, 국립대학의 경우 국고부담 57.2%, 학생부담 33.4%(기타 9.4%)로 구성되어 있고, 특히 사립대학의 경우는 2003년 현재 학생등록금 72.9%, 재단전입금 6.8%, 기부금 8.1%, 국고보조금 5.3%로서 대학설립자인 법인의 부담보다 학생부담 비율이 현저하게 높고, 국립대학에 비해 국고지원이 미미한 수준이다. 고등교육의 수혜자이며 육성책임자인 국가가 제 역할을 수행하지 못하고 있음을 의미한다.

대학의 재정은 규모가 영세하고 학생 부담에 크게 의존하고 있을 뿐 아니라 교육활동에 대한 직접지원이 미약하다. 고등교육기관들의 연간 지출구성비를 보면 국립대학은 인건비가 약 50%, 사립대학은 자본적 경비가 약 30%를 차지하고 있다. 특히 사립대학의 경우 학생등록금에 주로 의존하면서도 자본적 경비의 지출이 지나치게 높게 나타나고 있어 대학교육연구활동에 대한 직접지원보다는 건물신축 등 외형적 팽창에만 관심을 기울이고 있음을 알 수 있다.

대학교육재정에 대한 정부투자가 상대적으로 저조하다는 사실은 관

〈표 5-9〉 GDP 대비 고등교육에 대한 교육비 비교

(단위: %)

		OECD	한국	영국	일본	미국	독일	프랑스
초·중등교육	공공	3.5	3.5	3.4	2.7	3.8	2.9	4.0
	민간	0.3	1.0	0.5	0.2	0.3	0.7	0.2
	계	3.8	4.6	3.9	2.9	4.1	3.6	4.2
고등교육	공공	1.0	0.4	0.8	0.5	0.9	1.0	1.0
	민간	0.3	2.3	0.3	0.6	1.8	0.1	0.1
	계	1.4	2.7	1.1	1.1	2.7	1.0	1.1
합		5.2	7.3	5.0	4.0	6.8	4.6	5.3
학생 1인당 고등교육기관교육비 (US$, ppp 환산액)		10,052	6,618	10,753	11,164	22,234	10,504	8,837

주: 통계는 2001년 기준임.

자료: OECD(2004), *Education at a Glance*.

련지표를 통해 쉽게 발견할 수 있다. 2005년 정부예산을 보면, 고등교육기관 학생수가 전체 학생수에서 차지하는 비율은 29.8%인 데 비해 고등교육예산이 전체 교육예산에서 차지하는 비율은 12.4%에 불과하다. 외국의 경우, 교육예산 중 고등교육예산 비율은 15~30% 수준으로 우리나라보다 훨씬 높은데, 이는 우리 정부의 지원이 미약함을 반증한다.

결과적으로, 우리나라 대학 학생 1인당 공교육비 수준은 미국의 3분의 1, OECD평균의 2분의 1 정도에 불과하다. 공공투자가 저조하여 부실한 여건 속에서 이루어지는 대학교육이 높은 질적 수준을 실현하기를 기대하는 것 자체가 무리라고 하겠다.

더욱이 국·공립대학들은 재정 운영상 많은 제약을 받고 있어 경직성을 면치 못하고 있다. 정부기관과 동일한 예산회계 법규 및 기준을 적

용받고 있어 재정운영에 대한 통제가 과다하므로 효율적인 예산운영을 저해하고 있는 것이다.

5) 청년층의 경제활동 참여 저조와 유휴인력

세계 여러 나라와 비교할 때, 우리나라 청년층의 경제활동 참가율은 매우 낮은 편이다. 고등학교 및 대학의 취학률이 높고 군복무로 인해 취업시기가 지연되는 등의 복합적 요인 때문에 청년층(15~24세)의 경제활동 참가율이 30.2%로서, 선진국(OECD) 평균치인 49.5%에 비해 현저하게 낮아 인적자원의 활용면에서 낭비가 있음을 알 수 있다.

남자들이 처음 취업을 하는 평균연령은 서구 선진국의 경우 20대 초

〈표 5-10〉 청년층 경제활동 참가율 국제비교

(단위: %)

구 분	OECD평균	한 국	미 국	영 국	일 본	독 일
전 체	49.5	30.2	60.6	66.6	45.0	50.7
남 자	54.2	24.3	63.3	69.1	44.7	53.9
여 자	66.4	35.5	57.9	64.1	45.3	47.3

자료: OECD(2007), *Employment Outlook*.

〈표 5-11〉 고등고시 응시 현황(2007)

(단위: 명)

구분	사법 고시	행정 고시	외무 고시	기술 고시	지방 고시	공인 회계사	계
응시자	17290	8508	1324	1957	1276	8582	38937
합격자	994	204	31	51	44	830	2154

주: 1) 사법고시는 2006 자료.
2) 응시자 대비 합격률 5.5%.

자료: 중앙인사위원회(2007), 〈시험통계〉.

반인 데 비해 우리나라는 20대 후반으로 상당한 차이를 보인다.

우리나라 청년들의 경제활동 참가율이 낮은 것은 높은 대학취학률과 군복무이외에도 낭비적 청년층 유휴인력이 과다한 것에서도 기인한다. 대학입시에 실패하여 재도전하는 20세 전후의 재수생이 2006년 현재 약 17만 명에 이르고 있는데, 이는 수능시험 응시자의 25.0%, 대학입학생 대비 25.2%에 달하는 숫자이다. 또한 각종 국가고시 응시생이 약 4만 명으로 추정되고 있다. 응시자 대비 합격률이 5.5% 미만에 불과한 상황에서 응시준비자까지 포함하면 거의 10만 명으로 추정되는 우수한 젊은이들이 고시준비에 몰두하고 있어 고급인적자원의 낭비를 가져오고 있는 것이다. 또한 고시와 관련 없는 학과나 교과목의 강의는 신청자가 감소하고 학문의 탐구가 아닌 시험 준비 위주의 대학생활을 조장하는 부작용을 낳고 있다.

6) 실업고교 및 이공계 대학의 인력수급 불균형

1980년대 이후 우리나라 고등학교 졸업자들의 대학진학률은 지나치게 빠른 증가 추세를 보였다. 대학진학률 추이를 보면, 1980년에 32.8%였던 것이 1995년에는 51.4%였고, 2005년에는 82.1%에 달하였다. 한편 미국의 대학진학률을 보면 59.9%였고, 2000년까지 10년 동안에 불과 3.4% 증가하는 데 그쳤다. 일본의 경우도 1990년에 36.3%였는데 2000년에는 49.1%로 10년 동안 12.8% 증가하는 데 그쳤다.

우리나라의 경우 대학진학률이 급격히 높아짐에 따라 2005년 현재 일반계 고교 졸업생의 88.3%가 진학하기에 이르렀다.

특히 실업계 고교 졸업생들은 양적으로 축소되었을 뿐 아니라 전반적인 산업인력 공급 기능은 저하되는 결과를 가져왔다. 실업계 고교의 인문계 전환 시책이 지속적으로 추진된 데다 고등교육기관 진학자의 증가로 종국교육보다는 계속교육의 비중이 증대된 것이다. 실업계 고교의 고등교육진학률은 2002년에 49.8%, 2005년에 67.6%로 높아졌고 그에 따라 산업인력양성을 위주로 교육을 실시한다는 방침도 흔들리고 있다.

실업계 고교의 산업인력 공급기능이 약화됨에 따라 산업계의 기능인력 부족이 심각하여 외국인 산업연수생 등 취업이 증가하였다. 외국인 산업연수생은 법무부의 통계에 의하면 2003년도에 95,676명이었으나, 실제로는 35만 명 정도로 추산되고 있다. 그럼에도 불구하고 2006년 노동통계에 의하면 산업현장의 인력부족은 22만 5천 명에 달하는 것으로 추산되고 있다.

산업현장에서는 이른바 3D업종의 기피현상과 함께 이공계 기피현상

〈표 5-12〉 연령별 취학률(2004)

(단위: %)

구 분	의무교육 종료연령	3~4세 취학률	5~14세 취학률	15~19세 취학률	20~29세 취학률	30~39세 취학률	40세 이상 취학률
평 균	16	66.3	98.3	80.5	24.7	5.6	1.6
한 국	14	20.3	93.5	85.2	27.4	1.9	0.4
영 국	16	76.7	100.4	79.0	27.8	15.6	7.8
미 국	17	52.9	97.3	76.5	23.4	5.2	1.5

자료: OECD(2006), *Education at a Glance.*

〈표 5-13〉 수능시험 영역별 지원자

(단위: %)

	1998	1999	2000	2001	2002	2003
인문사회계	48.3	49.1	52.1	55.2	56.4	53.5
이공계	42.4	39.9	34.6	29.4	26.9	31.3
예·체능계	9.3	11.0	13.3	15.4	16.7	15.1

자료: 한국교육과정평가원(2003).

을 우려하고 있다. 실제로 수능시험 지원자 중 이공계 지원자의 비율은 해마다 감소하고 있다.

우리나라 대학졸업생들의 취업난이 악화되고 이공계 대학 지원율이 감소되고 있는 배경에는 대학졸업 수준의 인력에 대한 수급상황이 불균형을 나타내고 있는 데 기인한 바 크다. 대학의 이공계 학생정원의 비율은 한국이 선진국보다 현저하게 높은 편이다. 그러나 취업자들의 산업별 분포는 서비스업 중심으로 전환되고 있어 괴리를 보이고 있는 것이다. 우리나라 제조업 취업자 비율은 2000년 20.2%로부터 2010년 16.9%로 낮아지는 추세에 있다. 반면에 서비스업 및 SOC부문 취업자는 2000년 68.9%로부터 2010년에는 75.9%로 높아질 것으로 추정된다. 이렇게 볼 때 우리나라 대학에서는 이공계열에 과도하게 높은 비율의 학생정원을 배정하고 있는 것이다.

〈표 5-14〉 주요국의 전공계열별 대학졸업생 구성비 비교

(단위: %)

구분	이공계 전체	생명 물리 과학 농업	수학/컴퓨터 관련	공학, 제조 및 건축	의료보건	인문사회 교육
OECD평균	26.4	8.2	5.6	12.6	11.7	62.4
프랑스	28.8	10.9	5.5	12.4	2.7	68.3
독 일	32.8	9.7	6.6	16.5	14.2	53.1
일 본	28.2	8.0	—	20.2	6.3	61.6
영 국	25.3	8.9	7.7	8.7	11.4	61.7
미 국	15.9	4.7	4.8	6.4	7.6	76.7
한 국	40.1	7.8	5.1	27.1	8.2	51.7

주: 1) 과학분야: 생명/물리/과학/농업, 수학컴퓨터과학, 공학, 제조·건축분야를 합한 비율(의료보건 분야 제외).
2) 일본의 경우 '수학/컴퓨터 관련' 수치가 '생명/물리/과학/농업'에 포함.
자료: OECD(2006), *Education at a Glance*.

7) 산업부문간, 지역간 인력수급의 불균형

고등교육을 받은 고급인력의 경우 수요와 공급 사이에 괴리가 있을 뿐 아니라 특정한 분야를 우수인재들이 집중적으로 선호하여 심한 불균형을 빚고 있다. 인문사회분야에서는 법학·경영학, 자연계에서는 의학·한의학 분야 등에 우수한 고교 졸업생들이 집중적으로 지원하고 있는 것이다. 정부가 지방대학 정원조정 시에 자연계 위주로 증원해 주고 있지만, 최근 대학 내의 계열별 정원조정은 각 대학의 자율에 맡겨지고 있을 뿐 아니라 인문사회계 학과의 폐지나 정원감축에는 강한 저항이 수반되기 때문에 한계가 있다. 그러나 이공계 학생의 규모나 비율은 선진국과 비교해도 상대적으로 결코 적은 것은 아니다.

〈표 5-15〉 고등교육기관의 전공분야별 학생비율 국제비교

(단위: %)

구분		교육	인문 예술	사회과학 경영법학	서비스 계열	공학 제조 및 건축	농학
한 국	(A)	5.2	21.4	22.3	2.9	27.4	2.6
	(B)	9.0	14.8	15.9	8.1	32.4	1.0
OECD 평균	(A)	12.9	11.6	32.3	2.9	13.3	2.2
	(B)	12.2	7.9	25.1	9.7	16.3	2.0
구분		보건 복지	생명 과학	자연 과학	수학 통계학	컴퓨터 과학	기타
한 국	(A)	7.1	2.1	3.5	1.9	3.5	—
	(B)	9.6		0.2		8.8	—
OECD 평균	(A)	12.9	2.9	2.8	1.0	3.9	1.7
	(B)	17.9				8.0	1.0

주: (A) 이론적 교육에 중점을 두는 고등교육기관(일반대학, 대학원).
(B) 직업관련 고등교육기관(교육대학, 산업대학, 전문대학 등).
자료: 한국교육개발원(2004), 〈OECD 교육지표〉.

대학원졸업 수준의 고급인력의 경우에, 정보통신 등 첨단분야 석·박사 고급인력은 크게 부족한 반면에 인문·사회·자연과학분야 박사급 고등인력은 취업난이 심각한 상태로 대조를 보이고 있어 이 역시 수급상의 조절이 제대로 안 되고 있음을 나타낸다.

우수인재의 특정분야 집중현상은 대학입시에서 극명하게 나타난다. 수학능력시험 성적 고득점자의 대부분이 법학이나 의학전공을 지원·희망하였으며 실제로 그들 중 상당수가 의대 및 법대에 진학하였다.

우수한 인재들은 지역간에 골고루 분포되어야 함에도 불구하고 서울에서 근무하며 생활하기를 선호하고 있으며 그들을 양성하는 대학들도 서울지역에 편중되어 있다. 2005년도의 경우 서울지역대학 신입생 중 지방출신 비율이 48.8%를 점하고 있으며, 2005년도 수학능력시험 성적 5% 이내인 자의 서울소재대학 진학률은 62%에 달하였다. 서울소재 대학의 입학정원이 지방캠퍼스를 포함하더라도 총정원 대비 46%에 불과하다는 사실을 감안하면 우수한 학생들의 서울 편중 정도를 가늠할 수 있다.

모 사설기관에서 시행한 수능모의고사에서 성적 5% 이내인 응시자들 중 서울소재대학 진학희망자 비율이 인문계 97%, 자연계 85%이상에 달하는 것으로 조사된 바 있다.

이러한 서울소재대학 선호현상 때문에 서울지역대학과 지방대학 진학자들 간 수능평균점수 격차는 50여 점으로 나타나 지역간 학력차가 심하다는 사실을 알 수 있으며 이는 그동안 계속적으로 추진해온 지방대학 육성시책이 큰 효과를 거두지 못하고 있음을 반영한다.

결과적으로 우수인재의 서울편중현상은 대학 졸업 후에까지 이어지고 있다. 서울출신 대학생의 비율은 전체의 13.0%에 불과한 데 비해서 국가고시 합격자의 90% 이상이 서울지역 대학 출신자로 집계되었다.

8) 학교교육과 취업 간의 괴리

교육과 자격, 직업내용이 상호 연계되지 않아 직업교육이 비효율적으로 이루어지고 있다. 각급 학교의 직업교육과정을 이수한 후에도 자격 취득이나 직장에서의 적응을 위해서는 수개월 이상 별도의 교육이 필요하다는 것이 산업계의 주장이다. 따라서 채용 후에도 바로 활용하지 못하여 손실이 클 뿐 아니라 추가로 교육훈련을 실시해야 하는 데서 오는 비용의 증가로 이중의 부담을 안게 되어 인력 수요자인 기업의 불만이 고조되고 있다.

그리고 학교교육과 노동시장의 연계성 부족으로 취업률이 저조하고 취업자도 전공과 상이한 분야에 취업하는 경우가 많다. 2004년 현재 고등교육이수자의 취업률은 대졸자가 56.4%, 전문대졸업자가 77.2%로서 저조할 뿐 아니라 이수한 전공과 상이한 분야에 취업하고 있다.

〈표 5-16〉 청년층 졸업 · 중퇴자의 최종학교 전공과 일자리의 불일치

(단위: %)

		매우 불일치	약간불일치	그런대로 일치	매우 일치
고졸	인문계	17.7	26.5	18.9	11.7
	실업계	23.2	33.8	12.3	2.6
전문대졸		17.3	24.9	21.0	13.8
대졸		12.3	20.0	24.4	19.8
전체		18.1	26.7	18.6	11.4

자료: 통계청(2004), 〈사회통계〉.

3. 문제 유발요인

우리나라 초·중등 교육단계에서 사교육이 일반화되고 학부모들이 과도한 사교육비 부담에 시달리게 된 데에는 여러 가지 원인이 있지만, 근본적으로 공교육만으로는 부족한 부분이 많기 때문이다. 학교에서의 학습이 교실붕괴로 표현되듯이 부실하고 파행적으로 이루어지고 대학입시 준비를 위해서는 학교교육만으로는 부족함을 느끼기 때문에 과외공부를 하게 되는 것이다. 이는 불합리한 대학입시제도, 개인차를 고려한 학습지도가 어려운 고교평준화 제도 및 과밀학급 등에서 비롯된 문제라고 볼 수 있다.

학원이나 학원강사들에 비해 중·고등학교의 운영방식과 교사들의 근무자세가 안이하고 의욕이 저하되어 있는 것도 공교육 부실의 주요 원인 중에 하나이다. 이는 지역간, 학교간, 학급간 학업성취도 평가를 통해 교육성과에 대한 책무성을 분석하여, 이를 지원 및 보상과 연결시키는 체제가 미비된 데 기인한 바 크다. 그리고 교육행정이 획일적 지침과 기준에 의해 하향식 지도·감독 위주로 이루어져 하급 교육행정기관이나 학교 그리고 교원 개개인의 자율성과 창의성이 제약을 받고 있는 현실도 공교육의 효율성을 저해하는 요인이 되고 있다.

대학 교육체제의 비효율성과 부실화를 가져온 기본적 요인은 교육여건이 열악하고 체제운영의 다양성과 경쟁을 통한 질적 개선노력이 미흡한 데서 찾을 수 있을 것이다. 오랜 기간 동안 대학에 대한 공공투자에 소홀했기 때문에 대학교육여건은 선진국에 비해 날로 낙후되고 있으며, 각 대학들도 양적 성장위주의 획일적 대학발전을 추구한 결과 특성화, 다양화에 소홀히 하여 비교우위를 살리면서 발전하지 못하고 대학간의 서열화를 자초하고 있다. 대학차원에서 엄정한 학사관리 및 교수평가관리체제가 정착되지 못함으로써 교육 및 연구의 경쟁력 저하를 초래하였으며, 인력수요를 반영하지 못한 학생정원관리 및 교육과정 운영으로 대학교육의 생산성이 저하되고 있는 것이다.

그동안 대학입시경쟁이 과열될 수밖에 없었던 것은 사회통념상 교육을 받아야 하는 대상이 학령인구(18~21세)로 압축되어 있고, 적령인구 이외에는 대학으로의 복귀가 어려웠던 데에 기인한 바 크다. 그리고 입시경쟁을 완화한다는 명분과 각 지역에 대학을 신설하겠다는 정치적 공약에 의해 대학정원을 대폭 확대한 결과, 고등교육을 받기에 부적합한 학생들까지도 진학경쟁에 나섰고, 그에 따라 고등교육에 대한 수요가 대폭 늘어나는 악순환이 되풀이되었으며 결과적으로 대학교육인구의 과도한 팽창을 가져온 것이다.

교육내용 면에서도 공급자 중심의 교육훈련이 지속되어 수요자의 요구와 괴리가 있다는 사실은 이미 지적한 바 있다. 이러한 결과를 초래한 원인은 인적자원의 양성기관인 교육훈련기관의 교과편성 및 교육훈련내용의 결정 등에 인적자원 수요자인 기업의 의견을 반영할 수 있는 제도적 장치가 미비하기 때문이다. 그리고 교육과 훈련 사이 괴리 현상도 심각한 문제점 중에 하나이다. 교육기관과 훈련기관 간 연계가 부분적으로 이루어지고 있으나, 여전히 그 기능이 중복되거나 상호 연계가 미흡한 실정이다.

오늘날 대학교육이 과거의 중등교육정도로 일반화될 만큼 학력인플레가 조장되고 대학진학을 부추기고 있는 배경에는, 부분적으로 변화하고 있기는 하지만 전문적 능력이나 실력보다는 학력위주의 고용관행이 상존하고 있기 때문이다. 2004년 현재 대졸 취업자의 보수는 고졸 취업자의 1.52배 정도로서 학력간 임금격차는 축소되고 있으나, 인사관리상 학력에 따른 차별은 해소되지 않고 있다. 대학졸업자, 그중에서도 이른바 명문대학 출신을 우대하는 신입사원 모집 관행이 지속되고 있으며 승진 시 학벌을 중시하는 관행도 없어지지 않고 있는 것 같다.

우수 인재가 서울 소재 명문 대학의 특정 분야에 편중되는 현상은 이러한 인사관리상의 관행과 더불어 학연 또는 학벌을 통한 집단주의적

〈표 5-17〉 학력별 임금격차 비교

학 력	중졸 이하	고 졸	전문대졸	대졸 이상
임금률(%)	85.5	100.0	103.5	154.9

주: 전체 근로자의 평균임금 기준.
자료: 노동부(2005), 〈임금구조기본통계조사보고서〉.

서열의식 및 귀속주의적 업무처리 태도 등 우리의 전통적 가치관과 문화에서 비롯된 바 크다. 국내 주요기업들이 신입사원 채용에서 지방대학이나 비명문대학 졸업자의 취업기회를 제한하고 인사관리에 있어 학벌을 중심으로 한 연고주의가 만연되어 있는 현실은 이른바 간판위주의 대학진학을 조장하는 요인이 되고 있는 것이다.

우수 인재들이 전공에 상관없이 고시준비에 매달리고 있는 것은 판검사나 고급공무원 등에 임용될 수 있는 유일한 길이기 때문에 높은 진입장벽이 있고, 기대수익과 실제 특혜가 과다한 현실적 요인이 작용한 것으로 해석된다. 이처럼 사회전반에 팽배한 학력중시 및 출세지향 풍조는 능력에 상관없이 대학에 진학하도록 조장하고 실용적 직업교육을 저해하고 있는 것이다.

첨단산업분야 인력의 부족은 양성·배출되는 인력의 질이 수요에 못 미치는 기능불일치(*Skill Mismatch*)에 근본적 원인이 있다. 공급되는 인력의 전체규모가 부족한 것은 아니며, 일부대학을 제외하고는 이공계열이나 인문사회계열 대졸자의 경우 여전히 취업에 어려움을 겪고 있다. 기초기술을 가진 생산현장의 인력부족은 경제의 급속한 회복, 실업계 기피현상과 일자리 불일치(*Job Mismatch*)에 근본 원인이 있다. 고학력 선호현상으로 인해 실업계 고교 지원자가 줄고 있으며, 그나마 작업조건이 좋은 직장에만 몰리고 있는 실정이다.

4. 교육정책의 이념적 갈등과 현안과제

1) 교육정책을 둘러싼 이념적 갈등

정책이념은 정책이 추구하는 궁극적 가치를 의미한다. 물론 대부분의 정책이념은 복합적 성격을 띠는 경우가 많지만, 특정 정부의 교육정책 이념은 통치이념에 따라 특징지을 수 있다. 교육정책의 경우 가장 큰 이념적 갈등은 신자유주의와 평등주의의 대립으로 요약 가능할 것이다.

신자유주의는 상당한 정도 고전적 자유주의의 복원을 의미하며 보수주의와 상통한다. 그러나 자유방임주의 노선을 추종하는 것은 아니며 그 문제점을 수정 · 보완하고자 한다. 신자유주의 정책의 특징적 요소를 요약하면 다음과 같다. 우선 작은 정부를 지향하고 정부의 개입을 최소화하려 한다. 아울러 시장원리를 적용하여 경쟁과 자율을 조장하며 규제를 철폐하거나 완화하고자 한다. 또한 공공지출을 삭감하고, 세금감면을 확대하며 사회복지 지출을 축소하면서 정부기능 또는 국영기업체를 민영화하여 자유경쟁을 통해 효율성을 향상시키고자 한다. 기본적으로 개인의 권익과 자율 및 책임을 존중하는 것이 공공선(公共善, *public good*) 내지 공동체(共同體)의 바탕임을 강조하는 기조라고 할 수 있다.

이에 반해 평등주의는 기회균등, 분배의 공정, 왜곡된 시장구조 하의 자유경쟁제한, 구조적 개혁을 위한 정부의 개입을 주장하며 진보주의와 상통하는 이념이다.

기존 교육정책을 둘러싼 이념적 갈등, 특히 신자유주의와 평등주의 간의 갈등은 김대중정부로부터 노무현정부를 거치면서 한층 심화되었다. 기존 정책들 중에서 신자유주의 교육정책으로 비판 받는 정책은 자립형 사립학교, BK21 사업, 선택기회를 확대한 제 7차 교육과정, WTO 교육시장 개방, 교원 성과급제도 등을 꼽을 수 있다.

한편 평등주의적 성향의 정책으로는 유치원 공교육화, 의무교육연장,

고교평준화제도, 전국적 인터넷 방송과외 실시 그리고 학교차를 인정하지 않는 내신제도 등이 대표적이다.

2) 현재 논란의 대상이 되고 있는 교육정책

(1) 고등학교 평준화

평등주의 이념을 적용한 대표적 정책이면서 폐지 또는 유지를 주장하는 논란이 끊이지 않고 있는 시책이 고등학교 평준화제도이다. 고등학교 평준화 조치는 1974년 서울·부산에서 처음 실시한 후, 1980년 20개 지역으로 확대하였으며, 그 이후 축소되어 1995년부터 14개 지역에 실시되고 있다.

고등학교 평준화 조치를 도입한 목적 내지 기대 효과는 여러 가지이지만, 가장 기본적인 목적으로는 중학교 교육과정 운영의 정상화와 고등학교 교육기회 확대 및 교육격차 완화를 표방하였다. 그리고 부수적인 목적은 초·중학교 단계의 과열과외를 해소하고 사교육비 부담을 완화한다는 것이며 대도시로의 학생유입을 억제한다는 것도 중요한 목적 중에 하나이다.

반면에, 정책입안 당시부터 우려되었고 또 실제로 나타나고 있는 부작용들로는 우선 학급 내 학생들의 이질화로 학습지도가 곤란하고 우수학생들의 능력개발기회가 부족하다는 점이다. 그리고 학부모 및 학생들의 학교 선택권을 제한하고 사학운영의 자율성을 저해한다는 점에서 반자유주의적 정책이라고 할 수 있다.

또한 사학을 준공립학교화하여 독자성을 상실하게 할 뿐 아니라 재정난을 유발하여 정부의 재정보조를 불가피하게 한다. 그것은 곧 사학운영에 대한 정부의 간섭을 야기하며 다른 한편으로는 정부의 재정적 부담을 가중시키는 결과를 초래하고 있다. 또한 잘못된 평등의식을 확산시키고 능력에 상관없이 대학진학을 희망하게 하여 대학진학의 가수요를 촉발하는 부작용을 가져온다.

가장 근본적인 문제는 지난 30여 년 동안 고교평준화 시책을 실시한 결과 과연 평준화가 실현되었는가 하는 점이다. 많은 통계와 조사자료에 나타나듯이 교원, 시설, 재정 등 교육여건상의 격차는 상존하고 있으며, 학습지도 및 학업성취도 측면의 격차도 현저한 채로 남아 있다. 결국 해결방향은, 학부모 대상의 설문조사에서도 잘 나타나듯이 평준화의 기본골격은 유지하면서 보완해 나가야 한다는 데 공감대가 형성되고 있다. 그러나 그 정도와 구체적 대안을 두고 이념적 대립이 계속되고 있으며, 그와 관련한 현실적 대안으로 제시되고 있는 자립형 사립학교, 외국어 고등학교, 자율학교 등의 존폐 및 확대 여부를 둘러싸고 논란이 그치지 않고 있다.

(2) 대학입시제도

우리나라의 대학입시제도는 조령모개의 대명사처럼 변경과 개편을 거듭해왔다. 2008학년도 이후 입시제도의 기본방향은 수능성적 및 내신성적에 등급제를 적용하고 내신의 반영 비율을 확대한다는 것이다. 이와 관련하여 제기되고 있는 현안쟁점은 3불정책 재검토, 내신반영 적정 비율, 본고사형 논술·면접 시행 허용여부 등으로 요약할 수 있다.

그러나 수능등급제는 시행 첫해부터 심각한 문제점을 드러내, 새 정부가 폐지할 것으로 보이고, 대학입시의 총괄관리를 대학교육협의회에 맡기면서 대폭 자율화한다는 대통령선거 공약을 실천에 옮길 것으로 보여 그에 따른 문제점을 둘러싸고 새로운 논란이 일 것으로 예상된다.

(3) 교원평가제 및 성과급 적용

교원의 근무실적에 대한 평가를 강화하여 보수의 일부를 성과급으로 지급하겠다는 제도는 외국에서 널리 적용되고 있는 제도이다. 그러나 국내에서는 교원단체들을 중심으로 평가기준 및 방법의 객관성을 확보하기 어렵다는 등의 이유로 강한 반대에 직면하여 제대로 시행하지 못하고 있으며 논란이 거듭되고 있다.

(4) 국립대학 법인화

국·공립대 법인화 특별법은 정부로부터 국회에 제출되었으나 본격적 논의조차 못하고 있다. 국·공립대를 법인으로 전환하려는 취지는 운영의 경직성을 탈피하고 고도의 자율성을 갖게 하여 효율적 운영을 가능하게 하고 경쟁과 자구적 노력을 통해 대학발전을 촉진하려는 것이다. 그러나 법인으로 전환되면 정부로부터의 재정지원 전망이 불투명해지고 교직원 신분이 불안해지는 등의 문제점을 우려하여 대부분의 국·공립대, 특히 지방 국립대학들은 강력한 반대입장을 보이고 있다.

5. 주요 정책 방안

1) 학교교육내실화를 통한 사교육 수요 흡수

학교 교육의 질을 높이기 위해서는 무엇보다도 지속적으로 학급당 학생수를 감축하여 개별지도를 강화해 나가야 한다. 이를 통해 학생들의 개인차를 반영한 교육을 실시하고 창의성을 개발해야 할 것이다. 이와 함께 교원들의 자질과 사기를 높이는 일이 가장 중요한 과제이다. 교사의 능력개발 및 근무의욕 제고를 위해 평가 및 인센티브 시스템을 강화하여 우수하고 최선의 노력을 다하는 교사들이 대우받는 체제를 확립해야 한다. 학교수업을 통해 통합교과 논술, 토론 등의 체계적 지도를 확대하여 사교육을 받지 않고도 대학입시에 지장이 없도록 해야 하며, 방과후 학교 프로그램을 확충하여 사교육 수요를 학교 내로 흡수해야 할 것이다.

2) 유아교육을 포함한 국민기초교육보장

날로 중요성이 강조되고 있고 보편화되고 있는 5세 아동 유치원 교육을 정규학제화하고 교육비를 지원하여 유아교육을 내실화해야 한다. 그리고 초·중등교육 각 단계에서 학업성취 기준을 설정하고 정기적으로 그 달성정도를 평가하여 개인별 학급별 교육목표설정과 국가 교육정책 수립에 반영하는 초·중등교육 학업성취도 평가체제를 정착시켜야 할 것이다. 평가 결과 교육목표 달성도가 낮은 학교에 대해서는 일정기간 지원을 확대하면서 그 책무성을 따지는 체제를 확립하고 각 학교의 운영 및 그 성과에 관한 모든 정보를 공개하면서 학부모 및 학생들의 학교선택권을 확대할 필요가 있다.

3) 고교평준화 시책의 획기적 보완

고등학교 평준화 시책은 근본적인 개편이 요망된다. 기본틀은 유지하더라도 학교선택 기회를 획기적으로 확대하는 것이 바람직하다. 고등학교 종류의 다양성을 확대하여 영재학교, 자립형 사립학교, 특성화 고교, 특수목적 고교, 자율학교 등을 대폭 증설해야 한다.

고등학교의 교육과정 운영에 있어서도 학교 내 프로그램을 다양화하고 학생들의 선택권을 확대해야 한다. 평준화 지역 내에서도 학군 내 추첨배정의 예외학교를 확대하는 것이 바람직하며 현재 운영되고 있는 자율학교를 일반계와 실업계 고교까지 확대 적용할 필요가 있다.

4) 대학교육의 경쟁력 제고

대학교육의 질적 수준과 생산성을 높이기 위해서는 다각적 노력이 병행되어야 한다. 학사관리를 엄격히 하고 교수업적 평가를 강화하여 면

학풍토와 연구의욕을 개선해야 할 것이며 이를 뒷받침할 수 있도록 대학의 교육·연구활동에 대한 투자를 확대함과 아울러 지원체제를 확충하지 않으면 안 된다. 대학의 교육여건을 개선하기 위한 투자는 획기적으로 증대되어야 한다.

이와 아울러 학위의 질적 수준을 높이는 노력이 필요하며 특히 전문학위과정을 정착시켜 교육과 취업의 연계를 강화해야 한다. 그리고 지방대학을 육성하면서 특성화시켜 우수한 인재들이 여러 대학에서 배출되도록 해야 할 것이다. 또한 국·공립대학과 사립대학, 연구중심대학과 교육중심대학의 기능을 분화하여 상호 특성을 가지고 보완적으로 발전해 나가도록 유도해야 한다.

그리고 주요 국립대학의 운영체제 개편, 사립대학의 지배구조 개선, 대학의 학사관리 및 재정운영의 자율성 확대 등을 통해 고등교육체제의 효율성을 높여야 한다. 교육재원을 확대하고 특히 고등교육에 대한 상대적 투자비율을 높여나가는 것은 가장 절실한 과제이다. 그러나 한정된 자원을 가지고 모든 부문에서 선진국과 인적자원개발경쟁을 벌이는 것은 비효율적이므로, 경쟁력 있는 부문을 선택하여 가용 자원과 정책적 노력을 집중하는 선택과 집중의 전략이 필요하다고 본다.

5) 교원의 근무여건 개선과 책무성 제고

초·중등교육의 질적 향상을 위해서는 무엇보다도 교원들이 우수한 자질을 소유해야 함은 물론, 높은 근무의욕을 가지고 가르치는 일에 전념할 수 있는 여건을 조성해 주어야 하며, 실적에 상응하는 보상을 받을 수 있는 제도가 확립되어야 한다. 우수한 교사가 가르치는 일에 자긍심을 갖도록 교사자격체계를 교수직과 관리직으로 이원화하고 수석교사제를 도입할 필요가 있다. 그리고 자질향상을 위한 노력이 보상과 연결되도록 연공서열 중심의 단일호봉제를 복선형 보수체제로 전환하여 학위취득, 연수결과, 복수자격취득 등을 반영할 수 있어야 한다. 이와 함께 교원들의 수업개선 노력과 근무실적 향상을 반영하는 교원평가체제를 확립하고 인센티브를 강화해야 할 것이다. 교장임용에 있어서도 경력과 함께, 능력을 중시하는 방향으로 교장자격인정의 폭을 확대하고 교장초빙제를 확대하는 것이 바람직하다.

6) 교육복지 확충 및 교육격차 완화

교육의 기회 및 질적 수준면에서의 격차를 완화하고 복지차원의 교육적 혜택을 확충해야 한다. 우선 취업주부를 위한 보육서비스 차원에서 유치원 종일반 운영을 확대할 필요가 있으며, 저소득층 학생들을 위한 방과후 특별지도 멘토링(*mentoring*) 프로그램도 확대해 나가야 한다. 그리고 장애아를 위한 평생에 걸친 특수교육 체제를 확립하여 일반학생들과 동등한 교육기회를 부여하지 않으면 안 된다. 또한 교육복지 투자우선지역을 선정하여 집중 지원하되 점차 그 대상지역을 확대해 나가야 할 것이다. 고등교육단계에서도 대학입시의 특별전형에서 농어촌 학생, 장애자, 저소득층 학생들을 위한 정원 외 입학제도를 확대하여 소외계층의 교육기회 확충에 역점을 두어야 한다.

7) 교육과 취업의 연계 강화

인적자원수급의 적정성을 확보하는 차원에서 교육기관으로부터 적정인원을 양성·공급할 수 있는 질 높은 직업능력개발 학습이 이루어져야 한다. 특히 향후 국가발전 전략과 직결되는 전문분야의 인력양성 기능이 확대되어야 하는 바, 대학에서 6대 전략분야(IT, BT, NT, ET, ST, CT 등) 연구개발 및 우수인력 양성을 위한 선택과 집중 위주의 지원이 필요하다. 그러나 문제는 우수한 인력이 부족한 상태이지 결코 총량이 부족한 것은 아니므로 양(量) 확대 위주의 이공계 정원정책을 시정해야 하며, 제조업 인력양성 위주의 직업교육은 정원을 감축하고 수요와 직결되는 교육을 제공해야 할 것이다. 이에 반해서 유통, 금융, 관광, 문화산업 등 현대적 서비스 부문은 인력양성체제를 대폭 확충해야 한다.

또한 분야별 직업능력 표준을 설정하고 인적자원 수급 예측역량배양 및 DB(*data base*)구축 등 인프라를 확립해야 하며, 지역별 산업발전 전략과 연계하여 지역인적자원개발 기능에 대한 지원을 확대하고 그와 관련한 산학협력을 강화해야 할 것이다.

8) 평생교육 및 여성직업교육 강화

평생교육이 불가피한 시대를 맞아 성인계속교육을 활성화하는 정책이 강화되어야 한다. 우선 기업의 사내교육을 강화하도록 유도하고 대학과 연계하여 공식적 학력을 인정받을 수 있는 체제를 갖추어 나감으로써 피교육자의 동기유발과 교육의 질적 내실화를 촉진할 필요가 있다. 앞으로 계속교육과 평생교육에 있어서는 사이버교육과 원격교육을 확대하여 시간적·공간적·경제적 제약을 해소하면서 교육내용과 방법면에서 21세기 지식기반산업에 걸맞은 성인교육 및 직업훈련이 이루어지도록 해야 할 것이다. 이와 함께 평생교육 계좌제를 도입하여 개인별 교육이수 실적을 체계적으로 관리하는 평생교육정보시스템을 구축하는 것이 바람직하다.

잠재적 인적자원의 개발·활용과 관련하여 여성의 산업사회 진출에 필요한 분야에 대한 교육을 확충해야 한다. 우선 대학에서 정보통신, 유전공학을 비롯한 수요가 급증하는 분야에 여학생들이 많이 진출하도록 유도·지원하고 고학력 실업여성에 대한 성인교육도 단순교양교육보다는 취업과 연계시킨 교육과정을 강화해야 할 것이다.

이러한 사회교육과 직업교육에 있어서는 정부투자보다 민간투자를 유도하여 수요와 니즈(*needs*)에 맞는 교육과정을 효율적으로 개선·운영하도록 해야 할 것이다.

9) 교육행정의 기능재정립 및 쇄신

현재의 중앙집중적이고, 경직적인 교육체계로는 다양하고 유동적인 현장의 교육수요를 충족할 수 없다. 과거에 교육개혁이라는 명목하에 많은 시행착오를 겪었지만, 앞으로는 교육에 대한 전국적이고 획일적인 개혁 실험을 지양하고, 지역중심, 학교현장중심의 교육행정 및 운영체제로의 개편이 요구된다. 무엇보다도 교육부 시·도 교육청의 기능을 기획과 정책수립에 국한하고 규제 및 집행기능을 최소화해야 한다. 이와 관련하여, 교육부장관은 임기제를 적용하고 초당적 교육정책결정기구를 운영하여 교육정책의 일관성, 안정성을 확보해야 할 것이다.

학교차원에서는 학교장 중심의 책임운영제를 강화하고 대학과 초·중등학교 운영의 자율성을 보장하지 않으면 안 된다. 이와 같이 교육행정의 획기적인 분권화, 자율화를 추진하면서 행정기관 및 행정가, 교원, 직원들에 대한 엄정한 평가와 그에 따른 차등보상 등 책무성 제고장치를 확립해야 한다. 그리고 최근 지방교육자치제의 지배구조 개선, 즉 교육감 직선제, 교육위원회의 지방의회 편입조치가 이루어짐에 따라, 지방교육 행정체제를 쇄신하면서 일반 행정과의 연계를 강화해야 한다.

10) 교육재정의 확충과 효율성 제고

교육발전을 위한 핵심적인 과제는 필요한 재원을 확보하고 그것을 가장 효율적으로 활용할 수 있는 제도적 장치를 확립하는 일이다. 여기에는 무엇보다도 국가발전은 인적자원개발의 성패에 달렸다는 통치권의 신념이 형성되어야 하며, 대통령 선거공약에 번번이 제시되고 있는 정부의 공공교육투자(예산)를 GDP 6%까지 확대한다는 목표를 조속히 달성하도록 연차적으로 확대해야 한다. 특히, 고등교육 예산을 OECD 국가 평균치인 GDP의 1%에 이르도록 현재의 두 배 이상으로 확대하지 않으면 우수한 고급인재 양성에 있어 국제경쟁력을 확보하기 어렵다고 본다.

대학에 대한 정부지원 예산이 안정적으로 확보되도록 고등교육재정교부금 제도를 신설하여 대학에 대한 투자재원을 법제화할 필요가 있다. 이와 병행하여, 국립대 법인화, 대학회계의 개혁, 평가를 통한 국가지원금 차등지원 등 제한된 재원의 효율적 활용을 촉진하는 제도적 개혁도 함께 추진되어야 할 것이다. 한편 초·중등교육 재원의 확충을 촉진하기 위해서는 지방차치단체의 교육행정 참여 채널을 확대하면서 교육재정에 대한 지원을 확대하는 제도적 개선을 추진하는 것이 바람직하다.

6. 정책추진의 기조

향후 교육정책을 수립·추진함에 있어서는 이념적 기조를 전환하는 것이 바람직하다. 지나친 평등주의적 통치이념을 교육정책의 이념으로 삼는 것은 지양해야 하며, 다음과 같은 기조를 채택할 것이 요망된다.

1) 형평성의 바탕 위에 수월성(탁월성)추구

형평성과 수월성은 상호 배타적으로 선택해야 할 이념이 아니며 교육단계에 따라 비중을 달리하면서 조화롭게 추구되어야 한다. 우선 기초교육단계에서는 기회균등과 형평성에 기초를 둔 정책 및 행정을 전개해

나가야 한다. 반면에 고등학교와 대학단계에서는 선택의 기회를 확대하고 능력과 실적에 상응하는 보상과 지원을 받도록 하여 경쟁의 원리를 적용하는 것이 바람직하다. 교육목표의 경우도 초·중등교육에서는 민주시민의 자질을 함양하는 국민기초교육의 충실화에 역점을 두고 고등교육에서는 질적 수월성과 우수인재 양성에 집중 지원할 필요가 있다.

2) 교육내용과 운영의 다양성·창의성 존중

자유민주주의 사회의 시민들은 획일적 인성이나 정형화된 자질을 갖기보다 서로 다른 개성과 다양한 자질을 갖는 사람들로 구성되는 것이 바람직하다. 특히 현대 지식기반사회에서는 다양성과 창의성이 경쟁력의 주요 원천이 되므로 교육내용과 교육운영에서도 이러한 가치가 최대한 존중되지 않으면 안 된다. 물론 국민기본 교육단계인 초·중학교에서는 상당한 정도 보편성이 유지되어야 하지만 고등학교 및 대학 단계에서는 학교의 유형과 프로그램, 그리고 교육과정을 다양화하고 선택의 기회를 확대하여 사회의 다양한 수요에 부응하고 개성을 살리는 교육을 실현해야 한다.

초·중등 교육에 있어서도 객관식 시험대비 위주로 단편적 지식을 암기하는 교육방식을 탈피하고 자기주도적 문제해결력과 창의성을 기르는 교육에 역점을 두지 않으면 안 된다. 교육내용 및 방법차원에서만이 아니라, 교육제도의 운영 및 행정에 있어서도 획일주의를 지양하고 다양성 및 유연성을 유지하도록 하며, 각 운영주체들의 창의적 노력을 존중하고 조장할 것이 요망된다. 각급 교육행정에 있어서는 중앙집권적인 지시·감독 위주의 운영방식을 지양하고, 분권화를 통해 자율성을 부여하되 그에 상응하는 책임을 부과하는 방식을 적용해야 한다.

3) 분권화와 자율화를 강화하면서 책무성 강조

우선 구체적 정책수립과 의사결정은 현장에 가까운 하급단위에서 이루어지도록 최대한 기능과 권한을 이양 또는 위임해야 한다. 고등교육행정의 경우 교육부로부터 대학본부로, 대학본부로부터 단과대학으로 이양하고 초·중등 교육행정은 교육부로부터 교육청으로, 교육청으로부터 학교로 권한과 업무를 최대한 이양하는 것이 바람직하다. 이와 함께 상급행정기관의 획일적 규제를 최소화하고 교육주체들이 자율적으로 판단하여 실천하도록 해야 하며, 자유와 재량권이 행사된 결과에 대해서는 그에 상응하는 책임을 부과함과 동시에 평가를 통해 제재나 포상 또는 차등지원으로 연결시킴으로써 책무성을 확보해야 할 것이다.

7. 실행전략 및 행정기능 재조정 방향

위에서 설정한 정책추진 기조에 따라 앞서 제시한 주요정책 방안들을 추진하려면 교육행정 영역별로 우선적 실행전략의 수립 및 행정기능의 재조정이 필요하다.

1) 초·중등교육

초·중학교의 경우는 현재의 학군별 배정에 의한 평준화 체제를 유지하면서 교육의 질을 높이는 정책에 역점을 두어야 한다. 시·군단위 지역교육청은 교육여건을 개선하고 교원들의 근무의욕을 높이면서 교수·학습지원 활동을 대폭 강화해야 한다.

한편 고등학교의 경우는 평준화의 기본틀은 유지하되 학교의 종류와 교육프로그램을 대폭 다양화하여 학생들의 적성과 수요에 부응하는 교육을 제공할 수 있게 해야 하며 학교와 교원에 대한 평가를 강화하고 그 결과를 지원과 보상에 반영하여 선의의 경쟁을 유발할 필요가 있다.

대학입시에 있어서는 내신성적 산출 시 고등학교간의 교육과정 차이와 학생들의 평균 학력차이를 반영할 수 있도록 각 대학에 자율권을 부여하는 것이 바람직하다. 이와 병행하여 교육기회와 교육의 질적 수준면에서 불리한 여건에 있는 지역 또는 계층의 고등학생들에 대해서는 대학입시에서 특별전형을 확대하고 교육방송을 비롯한 보완적 교육프로그램을 확충해야 할 것이다.

초·중등 교육과 관련한 집행적 행정기능은 중앙부처로부터 시·도 교육청에 대폭 이양하고 시·군 지역교육청은 지원기능 위주로 개편하여 단위학교 운영의 자율성을 강화해야 한다. 그리고 교육시설 및 재정 확충과 관련된 업무는 지방자치단체의 연계·협조 체제를 강화하면서 공동책임을 강조하여 교육에 대한 지원을 유도할 필요가 있다.

2) 고등교육

우리나라 대학교육에 있어서 최우선적 과제는 질적 개선을 통한 경쟁력 강화이며 여기에 가장 중요한 관건이 되는 것은 교육여건의 획기적 개선이 가능하도록 대학에 대한 재정지원을 확충하는 일이다. 이를 위해서는 정부의 역할이 가장 중요하지만 대학들 스스로의 자구적인 노력도 그에 못지않게 요망되고 있다.

고등교육의 수월성은 개별대학들의 창의적이고 독자적인 발전노력과 치열한 경쟁을 통해 실현될 수 있다. 따라서 정부의 간섭 없는 지원을 제도화하여 대학행정의 자율성을 확립해야 할 것이다. 한정된 자원을 가장 효율적으로 활용하려면 국가차원에서나 대학 내부적으로도 기능분화와 특성화를 조장하고 평가를 통해 선택과 집중에 의한 자원배분이 이루어져야 한다. 또한 재량권과 결정권을 행사한 데 대해서는 응분의 책임이 부과되는 명실상부한 자율성과 책무성이 확립되어야 할 것이다.

국립대학의 법인화도 이러한 관점에서 추진되어야 할 것이며 운영의 자율성을 확보할 수 있는 지배구조(*governance*)와 재원확보가 가능한 제도적 장치가 전제되지 않으면 안 된다. 입학전형제도와 예산·인사 등의 운영에 있어 고도의 자율성을 부여하되 대학에 대한 평가를 강화하여 그 결과에 따라 통제와 지원을 차등화하는 행정방식이 바람직하다.

대학에 대한 R&D 재원의 지원에 있어 여러 부처간에 연계체제를 강화하여 효율성을 높이는 노력이 요망된다. 특히 과학기술 분야의 연구개발비 지원에 중복 가능성과 관리체계의 이원화에 수반하는 문제점 해소를 위한 방안이 강구되어야 한다.

3) 평생·직업교육

지식과 기술이 급변하는 21세기 후기 산업사회에서 평생교육체제를 확립하는 일은 교육행정에 있어 가장 중요한 과제 중 하나이다. 각 분야별 부처별로 산발적으로 이루어지고 있는 재교육, 성인교육 프로그램들을 체계화할 필요가 있으며, 여기에는 군복무 중의 교육과 취업 후 교육이 포함된다.

학교에서 이수한 전공교육과 취업 전 직업훈련 간에 연계가 강화되어야 하며 이를 위한 행정관리체계의 조정이 요망된다. 또 근로자들이 필요에 따라 다시 고등교육기관에서 계속교육 내지 재교육을 받을 수 있는 기회를 확대해야 하며 직업교육과 취업을 효과적으로 연결시키기 위한 행정체제의 조정도 필요하다.

이러한 과제들을 효율적으로 추진하려면 산학협력이 한층 강화되지 않으면 안 된다. 현장실습 및 인턴제도의 확대, 교육내용에 산업계의 필요(*needs*) 반영, 취업지도와 취업알선 등을 공동으로 추진하는 산학협력체제의 확립이 요망된다.

그리고 여성들의 경제활동 참여와 취업을 조장하기 위한 종합적 노력이 요망되며, 여기에는 관련 부처간의 연계와 기능 조정도 필요하다.

4) 국제교육 및 협력

우리 교육의 국제경쟁력을 높이고 세계화를 촉진하려면 다각적 노력이 필요하며 그에 따른 행정기능이 대폭 강화되지 않으면 안 된다. 과도한 해외유학 및 연수 수요를 국내에서 해소할 수 있는 근본적 방안과 아울러 외국 유학생들을 획기적으로 많이 유치하기 위한 방안수립과 노력이 요망된다. 이와 함께 우수한 외국인 교수 및 원어민 교사들을 확대하기 위한 정부차원의 지원책도 강구되어야 한다. 또 국제개발협력(ODA) 프로그램에 의한 외국의 교육훈련 지원사업도 대폭 확대해야 할 것이다.

고등교육의 국제적 질 보장(*quality assurance*)과 인증(*accreditation*)도 중요한 과제이다. 이를 위해서는 고등교육평가원을 설립하여 평가인증 기능의 국제간 협력체제를 강화할 필요가 있다.

5) 인적자원개발 정책 조정

국가전체의 인적자원수요를 분야별, 직종별로 예측하고 양성·공급계획을 수립하면서 관련한 제반정책들을 조정한 후 집행과정을 점검하고 결과를 평가하여 환류시키는 기능을 더욱 체계적으로 추진할 수 있도록 제도적 장치를 강화해야 한다. 현재 수행되고 있는 인적자원정책 조정기능은 관련부처간의 협력부족, 예산배분과의 연계 미비, 조사·분석·평가의 미흡 등으로 실효성이 낮은 상태이므로 이를 개선하기 위한 제도 및 행정기능의 개편이 이루어져야 한다.

부총리제도는 관련부처의 정책들과 이해관계를 조정하는 데 효과적인 장치이다. 인적자원개발에 관해서는 교육인적자원부가 전반적 총괄조정기능을 수행하도록 장관이 부총리를 겸하고 있다. 그런데 과학기술분야 인적자원의 개발은 과학기술부가 맡고 있으면서 장관이 부총리를 겸하고 있다. 이는 총괄조정기능의 중복과 갈등, 비효율을 가져올 수 있는 조직체계이니만큼 개선이 필요하다.

8. 결어

우리나라의 교육과 인적자원 수급은 많은 문제점을 안고 있으며 그 대부분은 일시적 현상이 아니라 고질적 구조적인 성격을 띠고 있다. 그러한 문제들을 유발한 원인 또는 관련요인들은 정부의 불합리한 정책 및 행정에서 비롯된 경우도 있지만 경제 및 경영부문은 물론 사회문화적 요소들과 복합적으로 연결되어 교육정책만으로 해결하기 어려운 것들이 많다.

우리나라 교육행정은 자유민주주의 정부하에서는 중앙집권적이고 정부주도적 성격이 강하였으며 국·공립학교는 물론 사립학교에 대해서도 광범한 통제가 이루어져 왔다. 교육정책의 이념적 기조는 김영삼정부 이후 신자유주의와 평등주의 간의 갈등 양상을 보여 왔으며 노무현정부에 와서는 평등주의 방향으로 편향된 정책기조를 유지했다.

향후 교육 및 인적자원개발 정책은 국민기초교육과 공교육을 내실화하면서 평준화 시책을 대폭 수정해야 하며 특히 대학의 경쟁력을 높이는데 역점을 두어야 한다. 교육과 취업 간의 연계를 강화하고 특히 여성직업교육과 평생교육을 확충해야 할 것이다. 교육행정은 기능을 재정립하고 조직편제를 포함한 행정체제를 쇄신해야 하며 교육의 질적 개선을 위해서는 교육재원을 확충함과 아울러 재정운영을 효율화해야 한다.

이러한 정책들을 수립·추진함에 있어서는 종래의 집권적이고 획일적인 방식을 지양하고 분권적이고 자율적인 방식을 채택해야 하며 교육내용과 방법에 있어서도 다양성과 창의성을 존중해야 한다. 국민기본교육에 있어서는 평등주의를 적용하더라도 상급교육으로 갈수록 수월성과 경쟁력을 강화하는 데 역점을 두지 않으면 안 된다.

향후 교육정책과정 및 행정에 있어 가장 강조되어야 할 원칙은 자율성과 다양성이며 지원의 준거는 경쟁을 통한 선택과 집중이어야 할 것이다. 물론 여기에는 교육의 공공성을 존중하면서 교육기회의 균등성을 유지하고 자유재량에 따른 책무성을 요구하는 보완장치가 확립되지 않으면 안 된다.

참고문헌

교육인적자원부(2006). 인적자원정책관련 주요통계자료.

노동부(2005). 〈임금구조기본통계조사보고서〉.

통계청(2004). 〈사회통계〉.

______(각년도). 〈한국의 사회지표〉.

한국교육개발원(2004). 〈OECD 교육지표〉.

한국교육과정평가원(2007). OECD 학업성취도 국제비교연구(PISA 2006) 주요결과.

OECD(2004). *Education at a Glance.*

______(2006). *Education at a Glance.*

______(2007). *Employment Outlook.*

교육인적자원부. http://www.moe.go.kr.

중앙인사위원회. http://www.csc.go,kr.

통계청 국가통계포털. http://www.kosis.kr.

한국교육개발원 교육인적자원 통계서비스. http://std.kedi.re.kr.

한국교육과정평가원. http://www.kice.re.kr.

6 성장과 분배

일자리 문제를 중심으로

금현섭

1. 서론

1) 성장과 분배 그리고 노무현정부

최근 언론과 미디어를 통해 알려진 우리 국민의 새 정부에 대한 요구는 수많은 조사에도 불구하고 상당히 일관적인데, 경제성장, 일자리 창출 그리고 양극화 문제해결이 그것이다. 예를 들어 지난 10월 실시된 한 일간지의 설문조사를 보면, 응답자의 70% 이상이 경제성장, 일자리 창출, 그리고 사회양극화 해소를 위한 복지정책 강화를 새 정부가 담당해야 할 최우선의 국정과제로 꼽았다.[1] 이러한 설문조사 결과에 대한 해석은 다양하겠지만 먼저 경제성장에 대한 요구가 크다는 점은 그동안

---

1) 하지만 동일한 설문조사(〈한국일보〉 2007년 10월 17일)에서 정책간 우선순위를 묻는 질문에 대해서는 응답자의 48.8%는 '복지예산을 줄여서라도 경제성장에 힘을 기울여야 한다'고 답한 반면, 47%는 '경제적 약자를 위한 분배가 우선이므로 복지에 치중해야 한다'고 응답했다. 성장과 분배에 대한 이념적 대치는 아직도 중요한 사회적 이슈라고 하겠다.

분배개선을 강조해 온 노무현정부의 정책방향에 대한 전환을 국민들이 요구하고 있다고 볼 수 있으며, 또한 양극화 해소가 여전히 중요한 정책가치로 인식되고 있다는 것은 노무현정부의 지난 5년간의 분배개선 성과가 국민의 기대에 미치지 못하고 있음을 반영한다고 할 수 있다. 그리고 일자리 창출에 대한 높은 기대는 무엇보다 청년실업의 증가, 비정규직의 확대, 일상적 구조조정으로 인한 고용불안과 같은 노동시장의 문제를 국민들이 심각하게 받아들이고 있다는 점을 말해준다고 하겠다.

사실 경제성장과 분배, 그리고 일자리 문제는 지난 5년간 노무현정부가 역점을 두고 노력한 부분이다. "동반성장을 위한 비전과 전략", "희망한국을 위한 비전 2030", 그리고 "참여정부 4년 평가와 선진한국 전략" 등을 통해 노무현정부의 정책기조를 살펴보면,[2] 균형성장, 동반성장, 그리고 성장·고용·분배의 순환 고리의 복원을 강조하면서 성장측면에서는 구조조정과 노동시장 유연성을 통한 경쟁력 강화, 그리고 세계화에의 적극적 편입이라는 전략을 추구하였으며, 분배 측면에서도 양극화 논의를 적극적으로 선도하면서 이전 어느 정부보다 뚜렷한 복지프로그램의 확대를 추구하였음을 알 수 있다. 특히 분배문제의 심각성과 그 영향에 대해서 사회적 측면(사회통합에의 영향)뿐 아니라 경제적 측면(성장잠재력에의 영향)까지 고려하면서, 그 대안으로 일자리 확충을 중심으로 고용가능성(일자리 창출)과 고용안전성(인적자본 확충)의 제고와 함께 사회안전망 확충을 위해 노력하였다고 볼 수 있다.

문제는 이러한 노력에도 불구하고, 각 측면의 성과에 있어 국민들의 평가는 앞의 설문조사 결과에서 볼 수 있듯이 냉담할 뿐 아니라 성장지향의 보수진영은 물론 분배지향의 진보진영으로부터도 많은 비판[3]을

2) 노무현정부의 성장과 분배에 대한 정책논리는 노무현정부의 공식 홍보 웹사이트인 청와대브리핑에 제시된 자료와 논거를 기초로 살펴본다. 다양한 자료소스가 있지만 노무현정부의 정책논리를 제3자가 아닌 당사자 입장에서 밝히고 있다고 판단했기 때문이다. 특히 "참여정부 4년 평가와 선진한국전략"에 수록된 자료의 경우 필요에 따라 재인용하였다.

3) 노무현정부의 성격에 대해 보수진영에서는 분배지향의 좌파정부라는 비판을 하는 반면, 진보진영

받고 있다는 점이다. 그 이유에 대해서는 이념적 차이로부터 개별 정책에 이르기까지 다양한 범위와 시각에서 분석이 가능하다. 하지만 구체적 정책이라는 측면에서 본다면 비판의 초점은 결국 문제해결을 위한 정책목표와 수단선택이 적절했는지에 놓여있다. 다시 말하면, 주어진 문제를 어떻게 파악(*framing*)하고, 이를 해결하기 위한 목표와 수단을 어떤 논리(*logic*)에 의해 형성하고 집행하였는지에 따라 정책의 적절성과 효과성이 결정된다는 것이다. 따라서 이러한 조건이 충족되지 않았을 때, 예를 들어, 문제의 핵심을 놓침으로써 정책목표의 설정이 잘못된 경우, 또는 정책목표의 설정은 적절했으나 이에 따른 문제해결의 수단이 적절치 않은 경우(목표와 수단의 불일치), 또는 문제해결의 개별수단은 적절하지만 복수의 정책수단 간의 상충으로 일관성이 떨어지는 경우, 기대했던 정책효과는 달성하기 어려울 뿐 아니라 도리어 그 부작용까지 우려해야 할 수도 있다. 불행히도 이러한 비판으로부터 노무현정부는 자유롭지 못한 것으로 보인다.

2) 노무현정부의 정책논리와 일자리 문제

경제사회정책에 있어서 이전 정부와 구별되는 노무현정부의 특징은 무엇보다 그들이 표방하는 분배지향적 논리구조라고 할 수 있다. 즉,

---

에서는 신자유주의 이념을 따르는 성장지향 정부라고 비판하고 있다. 진보진영에서는 성장의 목표가 삶의 질 향상에 있다고 보며, 그 향상은 먼저 사회안전망의 확충 및 복지정책의 확대를 통한 빈곤문제의 해결과 실업의 감소에서 찾아야 한다고 주장한다. 따라서 노무현정부의 한미 FTA 협상과 같은 개방화전략은 성장만능의 신자유주의 기조에서 벗어나지 못하고 있다고 비판한다. 한편, 성장문제를 중시하는 보수진영에서의 주장은 외환위기로 인한 실업과 빈곤문제의 심화로 발생한 양극화 문제는 결국 성장을 통한 실업의 감소와 빈곤완화로 풀어야 한다는 것으로 고도성장을 통한 빈곤으로부터의 탈피는 그 어떤 분배정책보다도 효과적이었다는 점을 강조한다. 따라서 노무현정부의 분배강화정책은 성장의 발목을 잡는 정책으로 좌파적이며, 지나치게 부유층의 희생을 요구하는 공정하지 못한 경우라고 비판하고 있다. 결국 논리의 방점이 성장과 분배 중 어디에 놓여있는지에 따라 문제의 원인과 해결책에 대한 비판의 초점이 다르다.

경제성장과 분배에 대한 비대칭적 논리구조가 그것이다. 먼저 노무현정부의 분배지향적 발전전략의 기저에는 경제가 성장을 해도, 수출이 증가해도 경제의 양극화(부익부 빈익빈) 현상은 더욱 심화되고 있으며, 따라서 성장을 통한 분배문제 해결의 경제전략은 더 이상 유효하지 않다는 판단이 자리잡고 있다. 따라서 정부의 적극적 개입을 통한 분배향상을 도모해야 한다는 것이다. 한편 이러한 적극적 분배개입은 지속적 경제성장을 위해서도 필요하다고 주장하고 있는데, 이것이 사회투자를 강조하는 기본논리이다. 즉, 복지수준을 높이고 사회안전망을 튼튼히 하는 것은 소모적 복지지출이 아니라 사회적 투자이며, 이를 통해 인적자원을 육성하고 성장동력을 만들어내는 새로운 투자전략이라는 것이다.

이러한 논리가 받아들여지기 위해서는 일단 세 가지 측면에서 그 타당성이 검토 되어야 한다.

첫째, 기존의 성장을 통한 분배향상이라는 인과성이 부정되거나 그러한 인과성이 부정되는 조건(*condition*)들이 밝혀져야 한다. 일반적으로 성장을 통한 분배향상의 연결고리는 일자리 창출인데, 노무현정부의 판단은 바로 이 연결고리가 단절되었다는 것이다. 따라서 일자리 창출이 일어나지 않는 이유가 밝혀져야 한다.

둘째, 노무현정부는 분배향상을 통한 성장잠재력의 확충과 이를 통한 경제성장에의 기여 가능성을 강조하고 있다. 특히 사회안전망과 인적자본 확충과 같은 분배개선(사회투자)을 통해 개인의 일자리 획득 및 소득향상이 이루어질 수 있는 기반이 마련될 수 있다고 본다. 따라서 이러한 분배의 성장효과에 대한 구체적 경로가 이론적, 실증적으로 뒷받침되어야 한다.

셋째, 결국 노무현정부는 성장과 분배의 관계에 있어 가장 중요한 요인으로 일자리 창출과 그 획득 가능성을 보고 있으나, 성장측면에서의 문제(경제성장과 분배간의 연결고리 단절)와 분배측면에서의 문제(양극화 심화현상)로 인하여 자율적 시장원리보다는 '일 잘하는 정부'에 의한 문제해결(일자리 창출)을 주장한다. 사회적 일자리에 대한 강조는 바로 이러한 점에서 노무현정부의 적극적 정책수단의 하나로 간주될 수 있다. 하지만 이러한 주장은 정부개입을 통해 창출된 사회적 일자리의 성격이 생산적이며 안정적이라는 점이 구체적으로 확인되었을 때 그 의의가 있다. 그렇지 않다면 정부의 개입은 또 다른 실패를 야기할 가능성만 높일 뿐이기 때문이다.

이 장에서는 상기한 노무현정부의 경제사회발전전략이 내포하는 정책논리의 적절성을 비판적으로 검토하고자 한다. 특히 성장과 분배의 관계에 있어 일자리 창출문제가 갖는 의미는 노무현정부의 정책전반을 이해하는 데 매우 중요하다는 점에 착안하여, 이와 관련한 노무현정부의 정책논리의 적절성을 앞서 제기한 세 가지 타당성 조건을 중심으로 살펴보고자 한다. 지면제약으로 그중 성장의 분배효과 단절에 대해서는 자세히, 다른 두 조건에 대해서는 간략히 살펴볼 것이다. 이러한 논의의 기본적 가정은, 문제의 적절한 파악과 면밀한 이론적 검토 및 실증분석에 기초한 해결책만이 그 효과를 기대할 수 있는 정책이 될 수 있으며, 그렇지 않은 경우 문제의 해결보다는 도리어 새로운 문제를 초래할 수 있다는 점이다.

이 장의 구성은 다음과 같다. 먼저 제 2절에서는 노무현정부 기간 동안 진행된 성장과 분배에 대한 현황을 살펴보고, 제 3절에서는 노무현정부가 밝히고 있는 일자리 문제와 관련된 정책논리를 살펴본다. 그리고 제 4절에서는 노무현정부의 논리가 상기한 타당성 조건을 충족하는지를 비판적으로 검토한다. 제 5절에서는 그동안의 논의를 요약하며 새 정부의 개혁과제에 대한 시사점을 간단히 밝힌다.

2. 노무현정부 기간 동안의 현황

1) 저성장에 대한 우려

먼저 노무현정부 기간 동안의 경제성장 상황을 살펴보자. 노무현정부의 정책방향에 대해 분배지향적이라는 비판이 많지만, 노무현정부는 실제 경제성장에 대해서도 강한 애착을 보였다. 공식 홍보 웹사이트인 '청와대브리핑'에 공개된 자료를 살펴보면 노무현정부는 성장과 분배의 상충이 아닌 조화를 표방하며 국정기조로 이들을 동시에 추진하고 있다고 밝히고 있다. 예를 들면, 먼저 지속성장을 위해 불필요한 규제를 완화하는 제로베이스 금융규제완화 방안을 도입하였고, 자본시장 관련 법률 통합을 추진하였으며, 선진국 수준의 노동시장 유연성을 확보하고자 하였으며, 한미 FTA를 적극적으로 추진하였음을 강조한다.[4)]

하지만 통상적 성장지표로 이용되고 있는 GDP 성장률[5)]을 중심으로 살펴본다면, 노무현정부 기간 동안 평균 4.2%의 실질 GDP 성장률을 기록하고 있는데, 이는 외환위기 이전의 김영삼(문민)정부가 이룩한 평균 7.1%는 물론, 외환위기 복구 기간인 김대중정부의 평균 4.4%에 비해서도 낮은 결과로 이른바 성장률 저하의 우려를 낳았다(〈그림 6-1〉 참조).[6)] 물론 우리나라의 소득수준이 2만 불에 가까워지면서 경제적으로 어느 정도 성숙되었음을 고려해 볼 때, 과거와 같은 7~8%의 고도성장을 매년 기대하기는 무리일 수 있다.[7)] 미국, 일본 및 서구 유럽의 경우 소득 1만 5천 달러를 넘어선 1980년대 중반 또는 1990년대 초반 이후 평균 2~3% 이하의 성장률을 기록하고 있다는 점을 고려해 본다면 현재 우리나라의 성장률은 객관적으로 보았을 때 그리 나쁜 것만은 아닐

---

4) 청와대브리핑(2006), "양극화 쟁점, 따져봅시다: 경제만 성장하면 양극화 해결?".
5) 성장지표로서 실질 GDP 성장률의 타당성에 대해서는 논란이 많지만 일단 이를 논외로 한다.
6) 세계평균성장률(PPP기준)인 4.8% 수준에 미치지 못하다는 비판도 부가된다.
7) 물론 이에 대한 반론도 많으나 이전과 같은 고도성장의 가능성은 낮다고 보는 것이 일반적이다.

수 있다. 하지만 그동안의 고도성장에 익숙해진 우리 국민의 일반적 기대수준에 미치지 못함으로써 기업의 투자심리와 가계의 소비심리를 위축시켰으며, 또한 그동안 고도성장을 통해 가능했던 안정적 일자리 제공이 급격히 감소함으로써 실업률의 상승을 통한 심리적 박탈감 역시 높아진 것도 사실이다.

이러한 성장률 저하 원인에 대해 경기적 요인을 지목하는 경우도 있지만 구조적 요인으로 보는 경우가 많다. 1997년 외환위기 이후 투자위축, 내수부진, 그리고 연구개발 투자가 제대로 이루어지지 못하면서 성장잠재력의 둔화에 의한 것으로 보는 견해가 그것이다. 한국은행의 분

〈그림 6-1〉 실질 GDP 증가율

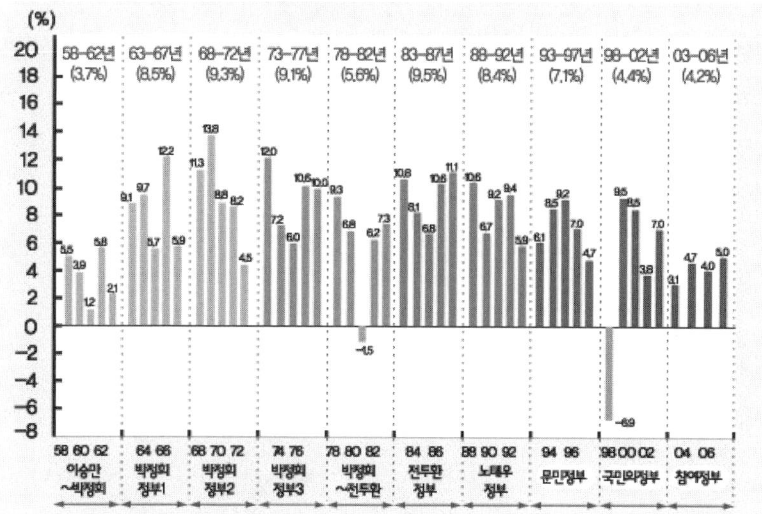

주: 1) 괄호 안은 기간별 연평균 증가율임.

2) 해방 이후 5년 단위로 기간을 구분하고, 국민의 정부 기간의 경우 금융위기 충격 전후의 영향을 배제하여 처음 2년(1998~1999년)을 제외한 연평균 성장률을 나타냄.

자료: 한국은행, IMF.

석[8]에 따르면 노무현정부 기간 동안 그 이전의 10년에 비해 잠재성장률은 6.1%에서 4.8%로 감소하였고, 노동의 성장기여도는 1%에서 0.9%로, 자본의 성장기여도는 3.3%에서 2.3%로, 그리고 생산성의 성장 기여도 역시 1.8%에서 1.6%로 그 증가추세가 둔화되었다. 특히 기업의 투자 부진이 저성장의 가장 중요한 원인으로 많이 거론되는데, 경제성장의 중요한 선행지표인 설비투자 증가율이 2005년의 경우 5.7%, 그리고 2006년의 경우 7.5%에 머무르고 있어 적정증가율 10%에 훨씬 미치지 못하고 있는 실정이다.

물론 이러한 투자부진의 이유로, 부분적이지만 사회적 불평등 수준의 상승으로 정치적 불안이 형성되어 투자심리에 부정적 영향을 미치고 있다는 주장도 있고, 대기업들이 막대한 현금을 보유하면서도 단기적 해외 투기자본에 대한 경영권 방어를 위해 실제 투자를 미루고 있다고 보는 견해도 있다.[9] 또한 지나친 정부규제를 투자부진의 이유로 들기도 한다.[10] 하지만 무엇보다 중요한 문제는 기업이 투자를 하지 않아도 살아남을 수 있다는 투자유인의 부족과 이러한 투자심리 위축을 조성하거나 방치한 정부의 태도를 지적할 수 있다. 이에 대해서는 4절에서 살펴볼 것이다.

2) 불평등 수준의 악화

1997년 외환위기 이후 그동안 성장의 과실로 가려져 왔던 부문간/부문내 분배불평등 문제가 동시다발적으로 빠르게 나타나기 시작했다.[11]

8) 청와대 브리핑, "참여정부 4년 평가와 선진한국전략"에서 재인용.
9) 삼성경제연구소(2007)에 따르면 2007년 9월 현재 기업의 총자산 중 현금성자산(현금 및 현금등가물+단기유가증권)의 비중이 9.4%로 추정되고 있다.
10) 이에 대해서는 본 저서의 최병선 글을 참조하기 바란다.
11) 1980년대 이후 분배문제는 빈곤 문제, 임금격차 문제, 산업간 격차 문제, 지역간 격차 문제, 기업규모별 격차 문제, 교육 격차 문제, 부의 편중 문제 등과 같이 다양한 양상을 띠며 세계적으로 나타나고 있다. 각 국가 상황의 특수성에 따라 개별적 문제로 나타나기도 하고, 우리나라와 같이 복

대통령이 직접 국정의 중심 화두로 양극화 문제를 설정할 만큼 과거에 비해 소득격차는 물론 대기업과 중소기업, 정규직과 비정규직, 수도권과 지방, 수출과 내수, 교육, 주거 등 거의 모든 사회영역에서 불평등이 심화되고 있음이 보고되었다.[12] 예를 들어, 통계청의 가계조사 자료를 이용하여 소득분배 상황을 살펴보면, 하위 20%의 저소득층과 상위 20%의 고소득층 간의 소득 5분위배율이 김영삼정부 시기의 평균 4.46배에 비해 노무현정부 기간 동안 평균 5.36배에 이르고 있다(〈그림 6-2〉 참조).

기업간 불평등 역시 확대되고 있는데, 재경부에 따르면 대기업 상위 10%의 경우 2000년부터 5년 동안 영업 이익률이 26%, 23%, 22%,

〈그림 6-2〉 소득 5분위 배율의 추이

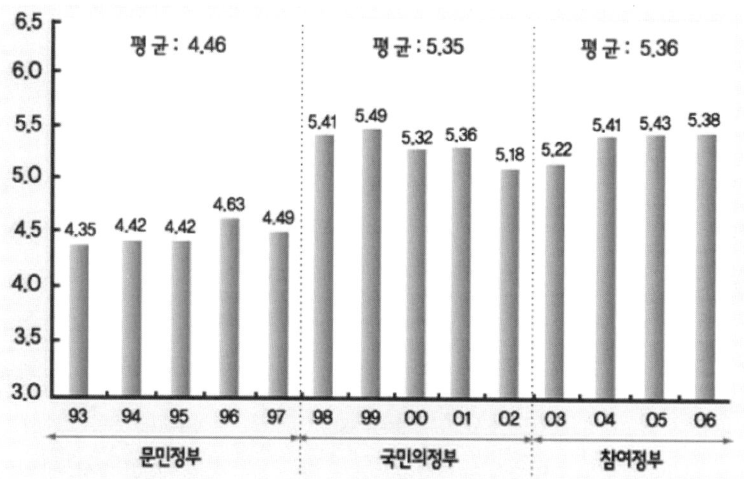

자료: 통계청.

합적으로 나타나기도 한다.

12) 물론 불평등심화가 아닌 양극화라는 용어의 적절성에 대해 개념적 논란이 있다. 하지만 본고에서는 그러한 차이를 다루지 않고 통합해서 쓰겠다.

18%, 24%로 성장세를 이어갔지만, 중소기업 하위 10%의 경우 17%, 23%, 27%, 23%, 26%로 지속적으로 하락하고 있다. 공식적 실업률의 경우 전반적으로 낮은 수준을 유지하고 있지만, 2001년부터 매년 임금근로자의 비정규직 비율이 26.8%에서 27.3%, 32.6%, 37%로 증가하고 있으며,[13] 교육비 지출의 경우도 2004년의 경우 소득 1분위 계층의 소비지출 중 교육비는 월평균 6만 7천 원인 반면 10분위의 경우 42만 6천 원으로 6배가 넘고 있다. 주목할 만한 점은 이러한 객관적 지표를 통한 불평등 수준의 심화와 함께 국민 개인들이 느끼는 주관적 불평등 정도 역시 매우 높다는 점이다. 한국보건사회연구원의 설문조사(2004)에 따르면[14] 소득계층에 상관없이 응답자의 90% 이상이 현재의 빈부격차 상황이 심각하다고 지적하고 있다.

사실 노무현정부는 이전 어느 정부보다 적극적인 분배정책을 도입하면서 각종 불평등 심화현상(또는 양극화)에 대처하려 했다고 볼 수 있다. 최저생계비 현실화, 부양의무자 기준 완화를 통한 기초생활보호범위를 확대, 국민연금과 고용/산재보험 등 사회보험의 내실화, 의료급여 및 건강보험의 보장성 확대, 사회적 서비스 일자리를 비롯한 일자리 창출을 위한 다양한 프로그램 도입, 국민임대주택 100만 호 건설 추진 등과 같은 경쟁에서 탈락하거나 소외된 계층을 보호하기 위한 정책들이 시행되었고,[15] 이를 위한 재정대비 사회지출 규모는 노무현정부 초기 20.2%에서 2006년 27.9%로 크게 확대되었다. 이는 경제(18%), 교육(13%), 그리고 국방(10%) 등 다른 정책분야에 비해 훨씬 높은 수준이다. 또한 GDP 대비 공공사회지출 역시 아직 선진국들(20, 30%)에 비해서는 낮은 수준이지만(2005년 기준으로 8.6%) 그 이전에 비해서 훨씬 큰

13) 비정규직 추정에 있어서도 자발적 비정규직인가 아니면 비자발적 비정규직인가에 따라 그 규모가 크게 차이가 난다는 점을 지적하는 경우가 많지만 이러한 구분을 본고에서는 하지 않고 일반적 경우로 통합해서 보고자 한다.

14) 박세경(2005).

15) 청와대브리핑(2006), "양극화 쟁점, 따져봅시다: 경제만 성장하면 양극화 해결?".

폭으로 증가되었다.[16] 하지만 이러한 노력에도 불구하고 그 성과가 국민의 기대에 미치지 못하고 있다는 것이 일반적 견해이다.

3. 일자리 문제에 대한 노무현정부의 정책논리

위에서 살펴본 바와 같이 저성장과 불평등 심화의 딜레마에 직면한 노무현정부의 대안은 일자리 창출이며 이를 위한 강력한 정부역할을 강조하고 있다. 그 논리를 먼저 살펴보자. 과거 30여 년간 우리사회를 지배해 왔던 아이디어는 성장을 통한 빈곤완화라는 성장우선주의 패러다임이었다. 즉, 경제성장을 통한 일자리 증가와 이러한 일자리로부터 보다 안정된 소득을 확보할수록 국민 전체의 후생수준은 증가한다는 것(*trickling-down effects*)[17]이다. 따라서 정책적 관점에서는 성장을 통한 일자리 창출과 일자리 창출을 통한 소득향상이 일어날 수 있는 구체적 경로를 파악하고 그 효과를 배가할 수 있는 제약요인의 감소와 강화요인의 진작이 중요한 이슈가 된다.

노무현정부 역시 경제성장을 통한 분배개선 가능성을 부정하지는 않는다. 다만 이러한 효과경로가 단절되었음을 강조하다. 예를 들어 2000~2004년 동안 우리나라는 평균 5.6%의 경제성장률을 기록했지만(노무현정부 기간 동안은 4.2% 내외) 그 가운데 약 74.7%의 소득은 기업으로, 그리고 25.3%의 소득은 가계로 귀착되었으며, 이러한 가계 귀착 소득

---

16) 청와대브리핑, "참여정부 4년평가와 선진한국전략".

17) 아직도 많은 논란이 있지만 성장의 분배에 대한 효과는 비대칭적인 경우(*trickling-down effects or Ratchet effect*)를 주장하는 경우와 Dollar and Kraay (2000), "Growth is good for the poor", World Bank's Research Group, March 와 같이 중립적이거나 긍정적으로 보는 경우도 있다. 노무현정부의 경우 지속적 성장을 하고 있다는 가정하에서 논리를 전개하고 있다. 본고에서는 일단 이를 주어진 것으로 받아들이고 그러한 가정하에서 노무현정부가 갖고 있는 정책논리의 문제점과 제약요인을 비판하는 것으로 논의의 범위를 제한하고자 한다.

의 크기를 과거의 그것과 비교해 보았을 때에도 크게 감소하였다는 것이다(〈표 6-1〉 참조). 또한 실제 물가상승률을 감안한 실질소득 증가율 역시 2004년엔 2.3% 2005년엔 1.3%, 그리고 2006년의 경우 2.8%에 불과해,[18] 경제성장의 과실이 일반 가계에까지 도달하지 않고 있다는 것이다. 더욱이 이러한 성장과 분배의 단절이라는 현상이 우리나라에만 일어나는 것이 아니며 유사한 사례로서 청와대브리핑은 1990년대 경제호황을 누리면서도 소득불평등 수준은 증가했던 미국과 영국의 경험을 거론하고 있다.[19]

이러한 성장의 분배효과가 단절된 이유로 노무현정부는 산업구조가 지식기반위주로 전환되면서 일자리 창출이 예전만큼 이루어지지 않고 있음을 든다. 즉, 고용 없는 성장이 이루어지고 있다는 것이다. 과거의 노동집약적 제조산업기반의 경우 기업의 성장은 일자리 창출을 쉽게 유발

〈표 6-1〉 부문별 연평균 성장률 및 분배율

	1980년대	1990~1996년	2000~2004년
경제성장률	8.7%	7.9%	5.6%
개인소득 증가율	10.6%	7.0%	2.4%
기업소득 증가율	7.8%	6.5%	18.9%
노동소득 분배율	81.9%	81.6%	74.7%
자본소득 분배율	18.1%	18.4%	25.3%

18) 통계청 KOSIS DB

19) “참여정부 4년평가와 선진한국 전략”의 내용을 인용한다면 다음과 같다. “성장을 해도 분배가 개선되지 않는 현상은 세계적인 현상입니다. 미국과 영국도 ‘1990년대 중반 고성장에도 불구하고 양극화가 심화되는 추세를 보이고 있습니다. 미국은 1991~1997 기간 중 성장률은 1.5%p(3.0→4.5%) 증가했지만, 지니계수는 오히려 증가했습니다. (1991년 0.335→ 1997년 0.368) 우리나라의 경우에도 예외가 아닙니다. 그림에서와 같이 국민소득증가에 따라’1990년대 중반 8.5%대까지 높아졌던 하위 20%의 소득점유율이 성장에도 불구하고 7% 초반까지 낮아졌습니다. 소득이 늘어나면 물이 넘쳐나듯 저소득층에게도 분배의 혜택이 생기는 성장-분배 간 연결고리가 약화되고 있는 것입니다”.

할 수 있었지만 최근의 IT 산업과 같은 기술집약적 지식산업기반에서는 숙련 근로자(*skilled labor*)의 수요는 증가하지만 비숙련 근로자(*unskilled labor*)에 대한 수요는 감소하면서 이들을 포함한 노동수요 절대량이 줄고 있기 때문에 경제성장의 일자리창출 능력이 크게 줄었다는 것이다.[20] 지난 5년간 지속적 성장률(4~5%내외)에도 불구하고 외환위기 이후 늘어난 실업률이 그 이전 수준으로 신속히 복귀하지 않고 있다는 점도 이를 뒷받침해 준다고 보고 있다(〈그림 6-3〉 참조).

〈그림 6-3〉 실업률 추이

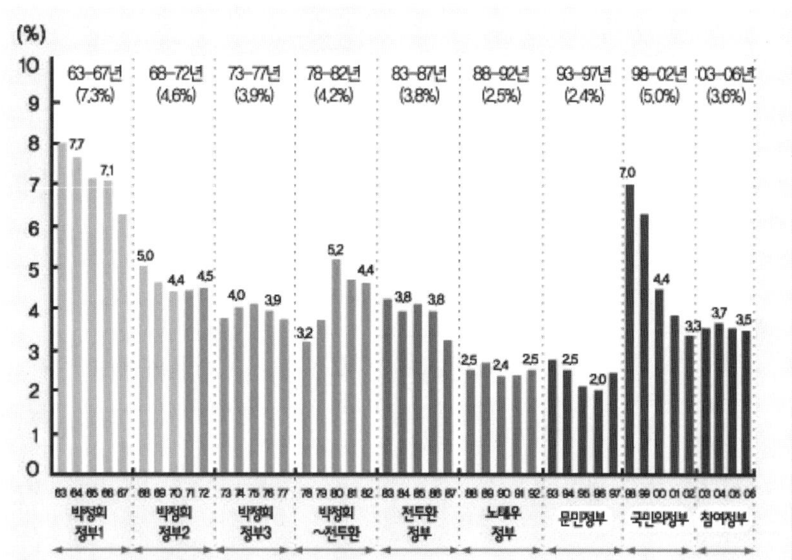

주: 1) 연간수치는 월평균, 괄호 안은 기간평균.

2) 1999년 이전은 구직기간 1주 기준, 2000년 이후는 구직기간 4주 기준.

자료: 통계청.

---

20) 실제 청와대브리핑의 "참여정부 4년평가와 선진한국전략" 내용을 보면 "산업구조 변화에 따른 고용 없는 성장에 따라 성장과 고용 간 고리도 약해지고 있습니다. 1990년대 중반 이후 정보통신기술의 발달로 생산자동화와 사무자동화가 본격화된 데 따른 현상입니다. 소비, 투자 등 최종 수요가 10억 원 늘어날 경우, 직간접으로 유발되는 고용자수를 나타내는 고용유발계수도 1990년 26.8명에서 2000년에 12.4명으로 크게 감소했습니다"라고 지적하고 있다.

한편, 일자리 창출이 구조적으로 어려워진 상황에서 비정규직 고용확대는 성장과실이 분배개선으로 이전되지 않는 또 다른 단절 요인으로 거론된다(〈그림 6-4〉 참조). 현재 비정규직 임금 근로자 규모는 지속적 증가추세를 보이며 전체 임금 근로자 규모의 35% 이상을 차지하고 있고, 그들의 임금 수준 역시 정규직 임금의 평균 63%에 불과한 실정이다.[21] 이렇게 비정규직 고용이 확대되는 이유로 노무현정부는 외환위기 이후 기업들이 단기수익 중심의 보수적 기업전략을 취함으로써 생산성 증대보다는 지속적 구조조정을 통해 해고가 용이하고 낮은 임금이

〈그림 6-4〉 비상용근로자/비정규직 비중

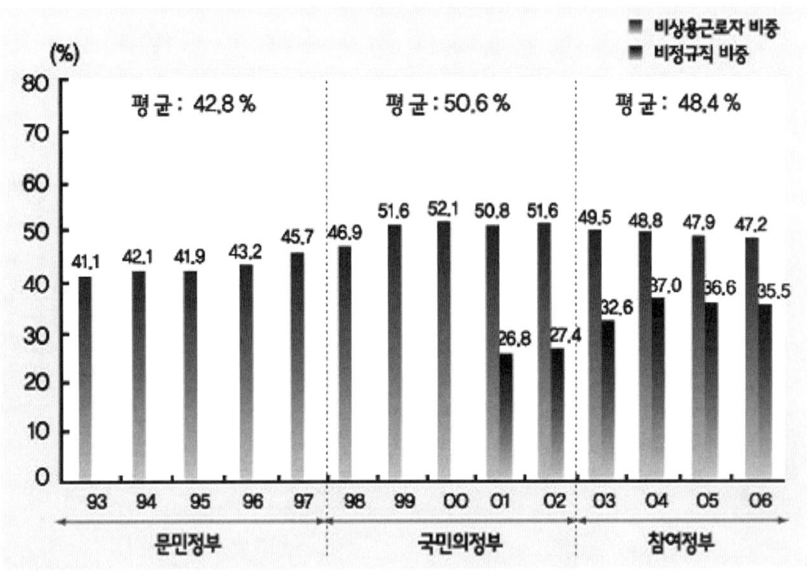

자료: 통계청.

21) 통계청(2006), 〈경제활동인구조사〉.

가능한 비정규직 근로자로 정규직 고용 수요를 대체해 왔음을 지적한다.[22)]

이와 함께 노무현정부는 대기업 중심의 노동조합의 이기적 행태 등으로 인한 노동시장의 경직적 구조 역시 실업과 비정규직 고용이 확대되는 또 다른 이유로 보고 있다. 지난 1980년대 후반 이후 기업별 노조의 성장과 각종 근로보호규제의 도입으로 지속적 임금인상, 근로자 보호 및 실업보험의 강화 등이 이루어졌는데, 최근 들어 일자리 사정이 어려워지면서 노조의 소속 근로자 보호는 도리어 새롭게 일자리에 진입하고자 하는 사람들에게는 진입장벽으로 작용되어 고용기회가 축소되거나 비정규직만이 제공되는 상황이 늘고 있다는 것이다. 앞서 지적한 바와 같이 비정규직의 처우수준은 동일노동에도 불구하고 정규직에 비해 매우 열등하며 비정규직의 노조진입 또는 설립 역시 허용되지 않고 있다. 특히 수출을 통한 성장을 주도하는 대기업 노조의 경우 이러한 내부자-외부자 격차를 더욱 크게 하고 있다는 판단이다. 따라서 이에 대한 대책으로 자신의 생산성 이상으로 임금을 받는 근로자들의 임금을 떨어뜨릴 수 있는 임금구조의 유연성, 지나친 노동조합 활동의 제약, 해고와 전직이 신축적일 수 있는 고용보호규제의 완화, 그리고 기업활동에 부담이 되는 실업혜택과 같은 임금 외 급여 감소 등과 같은 노동시장의 유연성을 제고해야 한다는 주장을 하고 있다.

---

22) "참여정부 4년평가와 선진한국전략"에서는 비정규직 증가 원인을 다음과 같이 설명하고 있다. "외환위기 이후 기업들은 급속한 기술변화, 산업구조 고도화, 치열한 국제경쟁 속에 살아남기 위해서 구조조정을 일상화하고 핵심업무 담당 인력을 제외하고 부가업무에 대해서는 비정규직 또는 아웃소싱 등으로 대응하고 있습니다."

4. 노무현정부 논리에 대한 이론적 검토

일자리 창출 부진과 비정규직 고용증가 경향으로 성장의 분배효과가 단절되었다고 보는 노무현정부는 그 원인으로 특히 산업구조의 성숙, 기업의 보수적 행태, 그리고 대기업 정규직 노조의 이기적 행태 등을 지목한다. 따라서 이러한 판단의 이론적 근거와 설명력을 살펴보지 않을 수 없다. 만약 이러한 판단이 이론적으로나 실증적으로 그 타당성을 잃거나 신뢰성을 갖추지 못하다면 이에 기초한 정책대안의 효과를 기대할 수 없을 뿐 아니라 막대한 비용을 치르게 될 일종의 정책실험에 그칠 것이다. 이에 대해 살펴보고자 한다.

1) 고용 없는 성장?

노무현정부의 고용 없는 성장논리는 결국 현재의 일자리 부족문제를 기술편향적 노동수요가설(*skill-biased labor demand hypothesis*)에 따른 실업현상으로 해석하는 것으로 볼 수 있다. 즉, 지식기반위주의 산업구조 변화로 인하여 특정 기술에 대한 노동수요 초과는 일어나는 반면 미숙련 기술에 대한 노동수요는 감소한다는 것이다. 이러한 논리는 IT산업과 같은 기술집약적 산업의 경우 설명력이 있다고 할 수 있다. 예를 들어, 최근 급성장세를 보이고 있는 정보통신산업의 경우 취업유발계수는 2000년 현재 9.9명으로 농림어업의 67.7명, 제조업의 14.4명, 건설업의 20.8명 그리고 서비스업의 24.3명에 비하면 매우 낮다.[23)]

하지만 이러한 기술편향적 노동수요 가설이 현재 우리가 경험하고 있

---

23) 청와대 브리핑, "참여정부 4년평가와 선진한국전략"에서 재인용. 고용 없는 성장의 논리에서 산업구조의 성숙화 이외에 개방화 역시 중요한 요인으로 꼽힌다. 특히 중국으로의 아웃소싱(*outsourcing*) 확대는 중소기업을 중심으로 한 미숙련 노동수요의 감소를 설명하는 데 어느 정도 설명력이 있는 것으로 보인다.

는 실업 또는 일자리 창출 부진을 설명하는 데는 한계가 있는 것으로 보인다. 현재의 실업상황은 IT산업과 같은 기술집약적 부문뿐 아니라 일반 제조업을 포함한 대부분의 산업부문에서 나타나는 현상으로, 기업체는 인력난을, 실업자는 구직난을 호소하고 있다. 특히 이공계를 포함한 대학 이상의 고등교육을 받은 청년층 실업률이 사회적 문제로 대두될 만큼 높다는 사실은 그들이 도리어 기술편향의 이익을 받아야 할 대상이라는 점에서 가설의 적실성이 떨어진다.[24] 또한 노무현정부의 논리와 같이 현재의 실업 또는 일자리 창출의 부진이 산업구조 성숙화에 따른 '불편하지만' 자연적인 현상이라면 우리나라보다 산업구조가 성숙된 선진국의 경우 기술집약적 산업의 비중이 가장 크고, 이들 산업에 종사하는 숙련 근로자의 비중도 크고, 미숙련 근로자의 비중은 작아야 한다. 하지만 선진국에서의 가장 비중이 큰 산업은 여전히 상대적으로 비효율적인 서비스업 부문이며 이 부문의 고용능력도 가장 높은 것이 일반적이다.

정책적 대응에 있어서도 노무현정부의 논리에 따른다면 결국 특정산업부문에서의 기술수준에 따른 노동수요-공급 불일치에 의해 발생한 실업이기에 실업자 또는 실업의 위험이 높은 사람들이 기술집약적 산업부문에 참여할 수 있도록 교육 훈련을 통한 개인의 생산성 제고에 초점을 맞추어야 한다. 실제 이러한 방안이 노무현정부가 추진하는 대안이기도 하다. 하지만 기술편향적 노동수요가설은 기술집약적 산업부문에서 생산성 향상으로 인해 노동수요가 감소하는 경우이기 때문에 개인적 생산성 제고와 상관없이 산업에서의 일자리 창출은 매우 제한적일 수밖에 없으며, 또한 교육과 훈련의 효과는 대부분 장기적인 것으로 그 성과가 단기간에 가능하리라 기대할 수도 없다.

따라서 기술집약적 산업뿐 아니라 산업 전반에 걸쳐 나타나는 실업현

---

24) 한국은행(2003)의 취업계수 분석에 따르면 고용 없는 성장이라 부를 수 있는 취업계수의 하락은 이미 1980년대부터 일어나고 있다고 한다.

상을 설명할 수 있는 보다 포괄적인 진단과 대응이 필요하다. 이러한 점에서 해리스와 토대로(Harris and Todaro)[25]가 제안한 이중노동시장(*dual labor markets*) 가설을 우리 실정에 맞게 조정해서 살펴보고자 한다. 이 가설은 고용기회가 적은 양질의 일자리(*decent job*)와 고용기회가 많은 저질의 일자리(*bad job*)로 노동시장이 분절되어 있다고 본다. 이러한 노동시장의 분절은 산업간에 발생할 수도 있고 산업 내에서 존재할 수도 있다. 이때 양질의 일자리 부문의 경우 각종 노동규제, 최저임금제, 단체 임금협상, 고용보호 등으로 인해 높은 임금과 근로자 보호를 받을 수 있지만 상대적으로 그 고용기회는 적은 것이 특징이다. 금융업, 고급기술의 제조업, 공공부문 및 대기업 등과 같은 경우가 그 예가 될 것이다. 반면 저질의 일자리 부문은 낮은 근로자 보호제도와 낮은 임금, 하지만 상대적으로 많은 고용기회를 제공하는 각종 자영업, 서비스업 또는 중소기업 일자리를 말한다. 특히 저질의 일자리는 공식부문뿐 아니라 비공식 부문에서의 비중이 높은 것이 일반적이다. 따라서 양질의 일자리에 대해서는 항시적 노동공급의 초과, 즉 실업이 발생하게 되며, 양질의 일자리는 어떠한 방식으로든 사회적으로 허용된 기준(시험, 자격, 경력 등)에 의해 배급(*allocation*)되는 형태를 띠게 된다.

실업률은 사회적 현상이지만 실업은 개인적 현상이다. 따라서 개인의 실업에 대한 의사결정 요인을 이해하는 것이 중요하다. 분절된 노동시장구조 속에서 한 개인의 일자리에 대한 의사결정은 결국 그가 느끼는 기대임금수준과 구직가능성에 따라 결정된다.[26] 즉, 동일한 구직가능성의 조건하에서는 양질의 일자리와 저질의 일자리가 제공하는 임금수준의 차이가 크면 클수록 개인의 양질의 일자리로의 이직성향은 커지게 된다. 또한 동일한 임금차이 수준에서는 양질의 일자리에 대한 구직가능성이 높을수록 개인의 이직성향은 커지게 된다. 결국 임금구조의 불

---

25) Harris J. and M. Todaro (1970).

26) Galbraith, J. (2004).

평등 수준과 양질의 일자리 규모라는 두 요인의 비교형량에 따라 개인이 부담할 기회비용의 크기가 결정되고 이에 의해 개인의 이직(또는 실업감수)에 대한 의사결정이 이루어진다.

한편, 양질의 일자리를 갖지 못한 개인은 낮은 임금의 저질의 일자리를 갖거나 양질의 일자리 기회를 기다리며 실업상태를 유지하게 되는데, 특히 청년층의 경우 저질의 일자리 경험 여부는 스스로의 노동의 질(*quality*)에 대한 낙인(*stigma*)이 될 수 있는 위험(*risk*)이 있기 때문에 최소한의 생활을 유지할 수 있는 한(예를 들어, 부모의 지원과 보호, 대학 및 그 이상의 교육기관으로의 진학, 군입대 등) 실업상태를 유지하며 양질의 일자리를 구하고자 할 것이다. 따라서 청년층의 실업률은 상대적으로 매우 높은 편이게 된다.[27)]

이러한 설명에 따른다면 노무현정부가 진단하는 일자리 창출부진 문제는 결국 성장산업부문에 국한되는 것으로, 이는 분절적 노동시장 구조로 인한 실업문제의 일부분으로 보아야 할 것이며, 특히 개인의 의사결정과 관련된 임금불평등 문제와 구직가능성과 관련된 기업의 투자진작 문제가 중요한 문제해결의 초점이 된다. 따라서 이에 대한 대책으로서 노무현정부가 상정하는 교육 훈련을 통한 개인의 생산성 제고는 물론 이와 함께 양질의 일자리와 저질의 일자리로 구분되는 노동시장 구조의 이중성(예를 들어, 내부자 외부자의 격차)을 완화하고 근로자의 이동성을 진작할 수 있는 제도적 개혁이 뒤따라야 한다.[28)] 특히 양질의 일자리에 대한 구직가능성은 그러한 일자리 공급확대를 주도하는 기업의

---

27) 노무현정부("참여정부 4년평가와 선진한국전략")도 청년실업에 대해 다음과 같이 설명하고 있다.
"우리나라는 학생 대다수가 대학에 진학하는 고학력 구조를 가지고 있습니다. 대졸실업자가 넘쳐나는데도, 중소기업은 쓸 만한 사람을 찾기 어려운 것도 현실입니다. 대학을 나와서는 고급일자리만 찾기 때문에 그렇습니다."
하지만 이러한 문제인식을 이들이 고용될 수 있는 고부가가치의 서비스산업 확대를 주장하는 논거로 이용하는 데 그치고 있다.

28) 부수적이지만 이러한 점에서 노무현정부에서 추진하고 있는 고용지원센터의 확충은 일자리와 구직자의 matching을 촉진할 수 있는 적절한 대책의 하나로 볼 수 있다.

성장에 의해 직접적으로 결정되기 때문에 기업활동이 활성화되어 추가적 일자리가 발생할 수 있는 여건을 조성해야 한다.

또한 산업간, 기업간 임금격차가 크면 클수록 실업위험을 부담하려는 개인의 유인(*incentive*)이 크기 때문에 임금격차 완화를 위한 적절한 정책적 고려가 뒤따라야 한다. 개인에 있어서 중요한 양질의 일자리는 특정한 산업 또는 기업에 있다기보다는 높은 임금을 안정적으로 획득할 수 있는 일자리이기 때문이다. 이때 임금격차는 생산성 격차 이외의 요인에 의해 발생하는 임금불평등 현상을 말하며, 성별이나 지역 등과 같은 사회적 제도적 요인에 의한 경우이거나 기업 및 산업 특성에 따른 지대(*rent*)와 같은 정치경제적 요인에 의한 경우 등이 그 예가 될 수 있다.

결국 고용 없는 성장으로 인해 성장의 과실이 분배로 연결되지 못한다는 노무현정부의 문제인식은 실업문제를 성장산업에 국한된 일자리 창출부진 문제로 지나치게 소극적으로 파악한 것으로 보인다. 예를 들어, 모든 청년 실업자들이 기술집약적 성장산업으로의 진입을 원하는 것은 아니며, 공식적 실업률에 비해 국민들은 훨씬 심각하게 고용불안을 느끼고 있다는 점들은 일자리에 관한 문제가 성장산업에 국한된 것이 아니라는 점을 말해준다. 이보다는 분절적 노동시장구조에 대한 개혁과 기업활동의 활성화, 그리고 불평등 임금구조를 보완하는 제도적 개혁으로 정책적 대응의 초점을 바꾸어야 한다. 분배개선을 지향하는 정부가 임금불평등으로 인해 발생하는 실업가능성을 간과하고 개인의 생산성 제고에만 몰두한다든지, 일자리창출을 강조하는 정부가 기업활동의 활성화와 규제완화에 소극적 태도를 취하는 것은 문제의 핵심을 놓치고 제약된 목표에 천착하게 된 경우라고 할 수 있다.

2) 기업의 보수적 행태?

앞에서 살펴보았듯이 일자리 창출의 부진과 특히 비정규직 증가의 한

원인으로 노무현정부는 기업의 보수적 행태를 지적하고 있다. 하지만 실질적 문제해결을 위해서는 이러한 보수적 행태 그 자체보다는 기업이 그러한 행태를 취할 수 있게끔 하는 구조적 요인을 파악할 필요가 있다. 사실 기업이 생산성 경쟁에서 뒤처지게 되면 대체로 경쟁시장체제로부터 도태된다. 기업운영에 필요한 적절한 수익률을 확보할 수 없기 때문이며, 그것이 시장경제체제의 특징이다. 하지만 생산성이 떨어짐에도 불구하고 기존 수익률을 유지할 수 있다면 그 기업은 경쟁시장체제에서 살아남을 수 있다. 예를 들어, 기술적 비효율성을 노동비용감소로 대체함으로써 수익률을 유지할 수 있기 때문이다.[29] 이때 비정규직 고용 증가는 저임금과 유사한 효과를 기대할 수 있는 중요한 노동비용 감소 수단이 될 수 있다.[30]

우리는 1997년 외환위기 이후 많은 대기업들이 구조조정을 거치면서 노동비용 감소를 통해 경쟁력을 유지하거나 도리어 몇 배의 고수익률을 향유하는 경험을 목격하였다. 이러한 경험은 기업의 기술적 생산성 향상을 위한 투자유인을 상당부분 떨어뜨렸다. 즉, 단기적으로 쉽게 이익을 창출할 수 있는 방법(임금조정 및 비정규직 활용)을 이미 알아버린 기업들이 각종 위험, 비용, 규제, 기술적·시간적 불확실성이 내포된 대규모 투자를 할 이유는 없는 것이다. 결국 기업들은 안전한 이익을 향유하는 반면, 경제 전체적으로는 투자 감소로 인한 저성장을, 근로자들은 낮은 임금수준의 비정규직 일자리를 선택하거나 자영업으로 전환해야 하는 악순환을 경험하게 되었다. 더욱이 사회적 안전망이 제대로 갖추어지지 않은 상황에서 비정규직의 증가는 근로를 하면서도 빈곤의 굴레를 벗어나지 못하는 근로빈곤층(*working poor*)으로의 진입 가능성을

---

29) 이에 대한 이론적 논의는 스웨덴 경제를 중심으로 투자, 임금, 성장, 거시경제정책 등의 연관성을 분석한 Rehn-Meidner model을 들 수 있는데, 본고에서는 그중 투자와 임금 부분에 한정해서 그 논리를 원용해 보고자 한다. 보다 자세한 내용은 Meidner, R., Rehn, G. et al.(1953)을 참조하라.

30) 물론 모든 비정규직이 노동비용감소를 위한 수단으로 이용되는 것은 아니지만 이에 대한 유인은 기업의 행태를 결정하는 중요한 요인이 될 수 있음은 분명하다.

점점 높일 수 있다는 점에서 문제의 심각성은 더욱 커지게 된다.

장기적으로 보았을 때 생산성 향상이 이루어지지 않는 기업은 시장으로부터 퇴출될 수밖에 없지만 그 시기는 해당 기업이 상정하는 수익률을 유지하는, 또는 이를 위한 노동비용감소가 가능한 수준에 의해 영향받는다. 따라서 노동비용감소의 한계가 보다 명시적이고 제약적일수록 기업은 투자를 할 수밖에 없게 된다. 최저임금의 인상, 비정규직을 포함한 노조조직률 제고, 단체협약권 강화, 동일노동 동일임금 적용 및 적극적 노동시장 정책 등을 통하여 노동비용감소(즉, 임금삭감)의 여지를 어느 정도 제약할 수 있다면 비정규직 고용과 같은 기업의 노동비용감소에 대한 유인은 그 이전에 비해 줄어들 수밖에 없다. 대신 기업으로 하여금 생산성을 향상을 위해 또는 새로운 사업영역을 개척할 수 있는 투자로 이행할 수 있는 여건을 마련해 줄 수 있는 불필요한 규제 완화, 세제혜택, 투자 분위기 조성이 이루어져야 한다. 즉, 기업의 투자확대를 위해 투자우호적 당근과 투자가 도리어 이득이라는 채찍이 병행되어야 한다. 이러한 점에서 유연한 고용구조를 보장하면서도 임금삭감과 같은 시도는 허용되지 않는 스웨덴의 경우는 좋은 시사점을 준다.

따라서 정부는 비정규직 증가에 대해 보수적 기업행태만을 탓하기보다는 그러한 기업행태의 원인을 파악하고 그 원인이 부정적인 것이라면 규제를, 긍정적인 것이라면 진작에 노력을 기울여야 한다. 이것이 정부가 수행해야 할 역할이다. 하지만 노무현정부는 문제의 원인파악에 있어 보수적 기업행태 기저에 깔려있는 원인에 대한 고찰을 간과함으로써 문제해결의 적절한 수단을 스스로 배제해 버리는 결과를 낳았다고 볼 수 있다.

3) 노동시장의 유연성?

위에서 실업 및 비정규직 고용 확대와 관련하여 개인의 실업유인을 감소시키고 기업의 노동비용감소의 유인을 제약하는 방안으로 임금불평등 수준의 완화가 필요하다는 점을 지적하였다. 또한 이를 위해 최저임금의 인상 및 비정규직을 포함한 노조조직률의 제고를 통하여 동일노동 동일임금 원칙이 통용될 수 있는 방안의 필요성도 지적하였다. 하지만 노무현정부가 "사회통합적 노동시장의 구축"이라는 목표 아래 추진하고 있는 노동시장 유연화 정책은 해고제한의 완화, 근로시간제도의 탄력적 운용, 기간제 근로 2년 허용조치 등과 같은 고용 유연성과 함께 임금격차의 확대를 유발할 수 있는 임금구조의 유연성도 포함하고 있어 그 적용에 유념할 필요가 있다.[31]

사실 세계적 수준(*global standards*)에 맞는 노동시장 유연성에 대한 논의는 최근의 유럽 상황에 영향 받은 바 크다. 유럽의 경우 높은 실업률의 원인으로 다양한 복지/노동 제도로 인한 노동임금의 하방경직성(즉, 낮은 임금격차)에 대한 논의가 진행되어 왔고,[32] 그 대안으로 실질임금이 충분히 떨어질 수 있는 임금구조의 유연성이 제기되었다. 즉, 유럽의 경우 실업대책으로서 임금격차의 확대를 일정부분 수용하는 방향으로 임금구조의 유연화 방안이 대두되었으며, 따라서 임금불평등의 심화와 실업률 완화 간의 교환관계를 추구하려는 복안이다. 하지만 이러한 시도가 실제 실업률 완화의 효과로 연결될지는 좀 더 두고 볼 필요가 있다. 앞에서 살펴본 바와 같이 임금불평등 수준이 높아질수록 개인의 실업위험의 부담성향은 커질 수 있으며, 이러한 경우 실업률의 감소는 기대할 수 없기 때문이다.

한편, 우리나라의 경우 대기업 중심의 노조와 이를 통한 고용구조의

31) 물론 노무현정부는 고용차별 금지 및 비정규직 남용 규제, 사회보험의 적용 확대, 최저 임금제 개선 등 취약근로계층을 보호하겠다는 보완책을 내놓고 있지만 상대적으로 매우 미약하다는 평가를 받고 있다.

32) 1980년대 이후 유럽은 임금격차는 작고 실업률은 높은 반면 미국은 임금격차는 크고 실업률은 낮다는 상대적 비교를 통하여 논의가 이루어져 왔다. 하지만 이러한 비교분석이 적절한 것인지에 대한 비판도 많다.

경직성에 대한 비판으로서 노동시장의 유연성에 대한 논의가 진행되었다. 이는 양질의 일자리 대부분을 보유하고 있는 수출중심/대기업중심의 노조들이 보여주는 배타적 이익추구 행태, 즉 임금수준의 높은 인상과 지나친 일자리 안정성 확보에 대해 노동비용 감소를 추구하는 사용자들의 불만과 이러한 일자리에 접근하지 못하는 비정규직 근로자들의 불만 등이 결합되어 나타난 것으로 볼 수 있다. 실제 자본집약적 생산의 증가로 기업의 생산성이 증가하면 할수록 수익률은 높아지는 반면 추가 고용률은 떨어지고, 해당 기업의 내부자(기존 근로자)들의 임금 및 근로보호는 더욱 상승하는 경향이 있다. 이러한 상황에서 기업은 비정규직 고용과 같은 노동비용 감소의 유인이 점점 더 높아지게 되고, 실업자 및 비정규직 근로자들의 정규직으로의 전환은 더욱 어렵게 되는 분절된 고용구조의 공고화 현상이 발생할 수 있는 것이다.

문제는 유럽의 경우 높은 수준의 근로자 보호제도와 이를 통한 높은 노동이동성, 그리고 사회적 안전망이 구비된 상황에서 임금구조의 유연화가 추진되는 것이지만, 우리나라의 경우 대기업 중심의 일자리를 제외하고는 제도적 근로자 보호수준은 매우 낮고 그 이동가능성 역시 매우 낮으며, 그동안 평생직장이라는 높은 직업 안정성의 고용구조가 상시적 구조조정과 비정규직 고용확대로 해체되는 현실에서 임금 및 고용의 유연성을 추진하게 되면 도리어 보다 많은 실업과 비정규직 고용 또는 근로시간 연장으로 귀결될 가능성이 높다는 점이다.

특히 임금구조의 유연성을 지나치게 강조하는 경우 현재의 저임금 수준을 보다 낮출 수 있게 함으로써 임금격차의 크기를 더욱 크게 할 수 있다. 임금은 소득원천의 가장 큰 비중을 차지하고 있으며 소득은 개인의 후생을 결정하는 가장 중요한 요인이다. 따라서 분배개선을 추구하는 노무현정부의 정책적 목표와 임금격차를 가능하게 하는 임금구조 유연화 정책은 문제의 해결보다는 문제의 심화를 불러올 수 있는 가능성을 내포하고 있는 예라고 할 수 있다. 더군다나 임금구조의 유연성을 제고함으로써 실업을 완화시키려는 시도는 앞에서 이미 논의한 이중노동시장가설에 따르면 그 효과를 기대하기 어렵다. 또한 기업의 노동비용 감소에 대한 유인을 제공할 수 있기에 기업의 투자활동을 더디게 할 수도 있다. 많은 사람들이 지적하는 최저임금 수준의 인상이 가져올 수 있는 실업의 부작용 역시 카드와 크루거(Card and Krueger, 1995)의 실증분석이 보여주듯이 일반화될 수 있는 것도 아니다. 실제 1980년대 최저임금의 인상을 도입한 미국의 캘리포니아 주와 뉴저지 주의 경우에도 실업은 예상과 달리 감소하였다.

개별 국가의 정책은 상이할 수밖에 없으며, 모든 상황에 맞는 규격화된 정책이란 존재하지 않는다. 하지만 우리나라의 경우 임금과 고용에 안정성과 유연성을 함께 추진할 필요가 있지만 또한 그 대상 영역에 있어 방점이 달라져야 한다는 점에서 덴마크의 유연안정화 모형(*flexicurity model*)은 좋은 시사점을 준다.[33] 물론 GDP의 4%를 각종 노동 프로그램과 실업급여로 지출하고 있는 덴마크의 경험을 우리에게 직접 적용할 수는 없다. 하지만 이 모형이 줄 수 있는 시사점은 우리의 노동시장 개혁은 노동시장의 유연성이란 큰 틀 안에서 대기업 정규직 노조의 기득권 문제를 해결하면서 유연성을 제고하고, 취약부문의 고용 안정성을 좀 더 확보하고 자의적 임금조정을 제약하면서 동일노동에 동일임금이 지급되는 방향으로 이루어져야 한다는 점이다. 이와 함께 취약계층의 노동시장 접근성을 제고하기 위해 능력개발체계의 확립과 고용지원서비스 및 사회적 안전망을 더욱 확충해야 할 것으로 보인다.

---

33) 이 모형은 유연한 노동시장과 성숙한 실업보험체계, 그리고 그 간극을 메울 수 있는 적극적 노동시장정책을 특징으로 하고 있는데, 유연성의 확보가 자칫 일자리 감소와 소득안정성에 위협을 불러올 수 있다는 염려와 이를 통한 사회통합의 훼손 및 사회불안에 대한 정치적 고려가 기저에 자리잡고 있는 모형이다. 그 핵심은 대기업과 공공부문의 정규직(내부자)과 중소기업 및 비정규직(외부자)으로 양분된 노동시장 이중구조를 고려해 외부자의 (고용) 안정성을 높이고 내부자의 (임금) 유연성을 높이는 것을 목표로 하고 있다. 보다 자세한 내용은 Zou, J.(2007)를 참조하기 바란다.

4) 사회적 서비스 일자리?

앞에서 보았듯이 일자리를 통한 분배향상이 이루어지려면 일자리 자체가 중요한 것이 아니고, 충분한 임금을 지급할 수 있는 양질의 일자리(*decent job*)가 중요하다. 낮은 임금의 저질의 일자리를 통해서는 결코 일자리를 통한 분배향상 또는 빈곤의 완화를 기대할 수 없거나 있다고 하더라도 그 효과는 매우 제약적이다. 이러한 점에서 현재 우리가 관심을 두어야 할 일자리 창출의 대상은 양질의 공식적 일자리로서 이를 창출할 수 있는 방향으로 정책이 이루어져야 한다. 기본적으로 일자리 창출의 원천은 기업과 정부이지만 양질의 일자리 창출에 있어 정부의 역할은 제한적이며, 장기적으로 보았을 때 도리어 민간부문의 성장을 구축(*crowding-out*)할 수 있음은 익히 알려진 사실이다. 양질의 일자리는 무엇보다 높은 생산성과 높은 임금이 교환되어야 하며, 이를 통해 근로자는 지속적 자기개발과 높은 생활수준을 안정적으로 영위할 수 있어야 한다. 따라서 기업의 활발한 투자와 생산활동이 가장 중요한 일자리의 원천이며, 근로자들은 이에 대한 진입이 보다 용이할 수 있는 역량을 축적해야 한다. 다만 이러한 활동에서 낙오된 근로자들에 대해 마지막 보루로서 정부의 역할(*employer of the last resort*)[34]은 여전히 중요하다.

같은 맥락에서 정부개입을 통한 일자리 창출의 일환으로 추진되고 있는 사회적 서비스 일자리에 대한 노무현정부의 주장은 그리 설득적이지 못하다. 이러한 일자리는 양질의 일자리라기보다는 근본적으로 단기적·임시적 일자리로 귀결될 공산이 크다. 청와대브리핑은 "오늘날 미국의 최대 고용주는 비영리 조직들이다. 미국 성인 두 사람 가운데 한 사람은 일주일에 3시간 정도 비영리 조직에서 무보수 스태프로 일한다"는 드러커 교수의 견해를 인용하며[35] 일자리 창출의 원천으로 사회적

---

34) 그 유용성은 인정하지만 얼마나 적극적인 역할을 인정할 것인지에 대해서는 아직 학계에서도 논란이 많다. 보다 자세한 내용은 Sawyer(2003)를 참조하라.

일자리로의 발상의 전환을 요구하고 있다. 하지만 인용문에서 알 수 있듯이 우리가 원하는 것은 시간제 무보수 일자리가 아니다.

또한 사회적 서비스 일자리의 중요성을 강조하는 노무현정부의 논리를 살펴보면 선진국의 사회적 서비스 일자리 규모수준을 일종의 가이드라인으로 받아들여, 재정지출을 통한 일자리 창출 정책을 추진하고 있다. 하지만 이를 통해 추구하고자 하는 생산성 향상과 안정성 확보, 그리고 서비스 질의 향상을 위한 근거와 방안을 찾기 어렵고, 이에 대한 수요 및 필요한 인력수급 계획 역시 모호하다. 사실 서구 선진국에서의 사회적 서비스 수요는 우리와는 사뭇 다른 맥락을 갖고 있다. 지금 현재 선진국에서 국가에 의해 제공되고 있는 많은 사회적 서비스는 우리의 경우 그동안 가정과 기업에 의해 제공되어 왔던 것들이다. 평생직장의 개념이 무너지고 핵가족화와 고령화가 가속화되고 있는 현실에서 사회적 서비스의 수요는 점점 더 커지겠지만 유럽의 국민소득 2만 불 수준에서 필요로 했던 사회적 서비스 수요와 우리의 국민소득 2만 불 수준에서 필요로 하는 사회적 서비스 수요가 동일할 수는 없다. 따라서 우리의 상황에 맞는 수요예측과 공급전략이 필요한 것이다. 특히 분배개선의 수단으로서 사회적 서비스 일자리와 성장의 동력으로서 양질의 일자리 구분은 필요하다. 물론 통합적 접근이 필요한 경우도 있을 수 있지만 양자가 항상 같이 가는 것은 아니다. 왜냐하면 각각의 일자리가 갖고 있는 속성이 상이하기 때문이다.

5) 분배를 통한 성장?

"불평등이 심한 경제일수록 성장률도 낮다", "빈곤층이 1%포인트 늘어날 때마다 1인당 GDP는 약 0.22% 감소한다", "국내총생산의 6%를

---

35) 드러커 저, 이재규 역(2001), 《이노베이터의 조건》, 청림출판. 청와대브리핑(2006), "양극화 쟁점, 따져봅시다: 경제만 성장하면 양극화 해결?"에서 재인용.

재분배에 사용할 경우 하위 계층의 인적자본투자 증가로 미국의 장기 경제성장률은 0.5%포인트 오를 수 있다" 등의 연구결과[36]를 인용하며 노무현정부는 이전 정부와 달리 분배개선을 통한 성장에의 긍정적 효과를 강조하고 있다. "사회통합을 통한 지속성장, 그리고 지속성장을 통한 행복한 사회구현"과 같은 구호는 이를 간략히 보여준다. 하지만 분배 또는 불평등 수준의 성장에 대한 효과는 많은 실증 연구에도 불구하고 아직까지 일반화된 검증이 이루어지지 못하고 있는 실정이다.

해외의 학계에서는 1980년대 이전까지는 주로 발전이론을 중심으로 불평등 수준이 높을수록 금융자산의 집중이 용이해지고 이에 따른 저축률 상승과 투자 상승은 긍정적 성장률로 연결된다는 논리가 지배적이었다. 하지만 1980년대 이후 낮은 불평등 수준이 경제성장에 긍정적 효과를 미칠 수 있다는 논리가 많은 경험적 연구를 통하여 주장되었는데, 예를 들어 알레시나와 로드릭(Alesina and Rodrik),[37] 그리고 퍼슨과 타벨리니(Person and Tabellini)[38]와 같은 정치경제학자들은 분배정책에 민감한 중위자 투표모형을 이용하여 불평등 수준이 높을수록 조세와 분배정책의 요구가 높아지고 불평등 수준이 낮을수록 분배정책에 대한 수요가 낮아지게 되며 따라서 성장을 위한 자원배분이 이루어진다고 주장한다. 또한 불평등 수준이 낮을수록 인적자본에 대한 투자기회가 늘어나고 사회통합이 이루어지질 가능성이 높아 투자환경이 개선된다고 보는 경우도 있다.[39]

하지만 거의 모든 연구에 있어서 이용된 자료의 질(*data quality*) 문제와 해당 각국의 특이성(*country specificity*)으로 인해 분석 결과의 성숙도가 아직 높은 수준이 아니고, 더군다나 우리나라의 자료를 통한 실증연구는 대단히 미흡한 실정이다. 이론적 타당성에도 불구하고 실증분석

36) 청와대브리핑(2006), "양극화 쟁점, 따져봅시다: 경제만 성장하면 양극화 해결?"에서 재인용.
37) Alesina, A. and D. Rodrik (1994).
38) Person, T. and G. Tabellini (1994).
39) Birdsall, N. (1994).

과 구체적인 인과경로를 강조하는 이유는 바로 이론이 내포하고 있는 기술적 불확실성(*technical uncertainty*) 때문이다. 정책은 일단 결정되고 나면 현실에 적용되기 때문에 되도록 이론이 내포하고 있는 기술적 불확실성을 제거해야 한다. 즉, 예측하지 못한, 또는 되돌릴 수 없는 결과의 가능성을 최소화할 수 있는 사전준비가 필요한 것이다. 이러한 점에서 분배개선을 통한 성장추구는 보다 세밀한 정책디자인이 필요했음에도 불구하고 그렇지 못했다는 아쉬움을 갖게 한다.

보다 세밀한 정책디자인이 필요한 또 다른 이유는 낮은 불평등 수준으로 성장에 대한 긍정적 효과를 인정하는 이론과 분석에 있어서도 빈곤완화 자체가 직접적으로 경제성장에 연결된다는 점을 주장하지는 않고 있다는 점이다. 즉, 빈곤완화와 낮은 불평등 수준과 같은 분배개선을 통하여 보다 높은 투자를 위한 물적 자원의 확보, 인적자본의 확충, 그리고 사회 안정을 통한 투자심리 및 투자 친화적 환경을 조성함으로써 간접적으로 경제성장에 영향을 준다는 것이다. 또한 이러한 경로는 국가에 따라 달리 작용할 수 있음이 그동안의 연구결과이기도 하다. 따라서 어떤 경로를 통하여 분배개선의 효과가 성장의 밑거름으로 작용할지에 대한 다양하면서도 구체적인 분석과 확인이 필요하다.

하지만 이러한 논의에서 우리나라의 자료를 이용한 분배의 성장에 대한 경로분석은 아직까지 매우 부족한 형편이다. 더군다나 사회적 서비스 일자리는 이를 통해 물적 자원을 확보할 수도 없고, 인적자본의 확충에 직접적 효과를 기대하기도 곤란하기 때문에 이를 통한 성장 잠재력의 확충은 그리 용이하지 않을 것으로 보인다.

궁극적으로 사회적 서비스 일자리는 일종의 잔여적(*residual*) 성격의 일자리로서 사회발전에 따라 그 중요성이 커지는 경우이지 이를 통해 생산성 향상과 소득 향상의 파급효과를 기대할 수 있는 사회발전을 끌어갈 수 있는 성격으로 보기 힘들다. 보다 면밀한 이론적 검토와 실증분석을 통하여 분배의 성장에 대한 영향경로의 확인이 이루어지지 않은 상태에서 인과성이 아닌 상관성에 근거한 정책형성과 집행은 노무현정부가 기대한 효과를 달성하기 힘들 뿐 아니라 도리어 "분배지향적 이념으로 경제성장의 발목을 잡고 있다"는 근본적 비판의 근거를 제공해 줄 수도 있는 것이다.

6) 1990년대 미국상황이 성장과 분배간의 단절의 예?

앞에서 노무현정부는 성장이 분배로 연결되지 않는 예로서 1990년대 미국과 영국을 사례로 들고 있음을 지적했다. 하지만 좀 더 자세히 살펴보면, 1990년대의 미국과 영국이 성장-고용-분배 간 단절에 대한 적절한 예인지 의문스럽다. 즉, 노무현정부의 논리에 따르면 1990년대 미국은 경기호황을 누리면서 일자리는 줄고 소득불평등 수준도 악화되었어야 한다. 하지만 당시 미국의 실제 상황은 소득 불평등 수준은 악화되었지만 고용은 잠재실업률에 가까울 만큼 낮은 수준이었다.

사실 미국의 소득 불평등 수준이 악화된 이유는 매우 복합적이기 때문에 어느 한 요인을 지목하기는 힘들지만, 최근의 연구들, 특히 피케티와 사에즈(Piketty and Saez)[40] 그리고 울프(Wolff)[41]의 실증분석에 따르면 1990년대 미국 소득불평등 수준의 심화는 소득분포에 있어 좌측 끝에 위치한 저소득층의 (상대적) 임금하락 또는 실업에 의한 소득감소 때문이 아니라 우측 끝에 위치한 고임금 계층(*working rich*)의 임금수준 상승 또는 부(*wealth*)의 효과에 따른 소득증가에 의해 야기되었다고 한다. 고소득층에 대한 주식, 채권, 부동산과 같은 부의 편중현상은 익히 알려진 사실이고, 더구나 1990년대 이후 상승한 금융 및 부동산 시장의 경향을 보았을 때 이러한 주장은 많은 지지를 받고 있다.

따라서 1990년대 당시 미국의 경기 호황과 함께 발생한 소득 불평등

---

40) Piketty, T. and E. Saez (2003).
41) Wolff, E. (2001).

수준의 악화는 노무현정부가 상정하는 산업구조 변화나 고용 없는 성장과는 전혀 성격이 다른 현상이라고 볼 수 있다. 따라서 경제성장 속에서도 일자리가 늘지 않는 우리의 상황은 미국과는 다른 패턴으로 그 원인에 대한 다른 시각과 탐색이 필요하며, 이를 유사한 사례로 단정하기에는 다소 무리가 있어 보인다.

5. 새 정부를 위한 시사점

한 정부의 정책은 정권 담당자나 집권 세력이 공유하는 현실을 이해하는 인식틀에 의해 조건 지워지거나 수렴한다. 따라서 이러한 인식이 기반하고 있는 정책이념과 이론적 가정, 그리고 이에 따른 정책논리의 적절성에 대한 분석은 그 정부의 공과를 평가하는 데 있어 매우 중요하다. 노무현정부의 분배지향적 정책이념은 그동안 성장만능주의와 효율성의 가치에 경도되어 상대적으로 분배와 형평성의 가치를 도외시해온 우리의 경험에 비추어 보았을 때 어느 정도 긍정적 평가를 받을 만하다. 문제는 이러한 이념을 현실화하는 정책의 내용이 얼마나 시대정신을 반영하고 합리적이며 이를 위한 정책수단 역시 인과성과 효율성, 그리고 충분성을 갖추고 있는지에 대한 것이다. 이러한 조건이 충족되었을 때 정책이 의도한 효과를 기대할 수 있으며 국민으로부터의 지지를 이끌어 낼 수 있는 것이고, 새 정부에서도 이를 지속적으로 추구할 근거가 되는 것이다.

이러한 가정하에 본고에서는 성장과 분배의 연결고리로서 일자리 문제의 원인과 그 대안을 중심으로 노무현정부의 문제인식과 전략의 문제점을 검토해 보았다. 이를 요약해 보면, 노무현정부는 성장이 분배로 연결되지 못하는 원인으로 일자리 창출 부진 및 비정규직 고용 증가를 보고 있지만 문제상황을 지나치게 협소하게 파악함으로써, 예를 들어

산업의 속성, 기업 및 노조의 행태 등과 같은 사안에 치중함으로써 의제설정과 정책목표의 범위를 스스로 제약하였다. 따라서 문제해결을 위한 수단의 선택이 지엽적이거나 그 포괄성을 결여함으로써 스스로 기대했던 정책효과나 국민적 지지를 도출하는 데 어려움을 겪었다고 할 수 있다. 이 과정에서 불평등 구조의 다면적 성격에 대한 이해부족으로 인하여 분배개선을 지향하면서도 가장 직접적인 정책대상(*target*)인 불평등 임금구조의 개선을 간과하는 아쉬움을 남겼다고 볼 수 있으며, 또한 기업 투자의 필요성은 인지하면서도 기업행태에 대한 소극적 이해로 인하여 변화를 유도할 수 있는 유인과 환경조성에 힘을 기울이지 못했다고 볼 수 있다.

특히 불평등 구조의 다면적 이해는 중요하다. 먼저 실업이 불평등 현상을 심화시킬 수 있음은 안정적 소득이 가능할 수 있는 가장 효과적인 방법이 일자리를 통한 것이라는 점에서 분명하며, 우리는 외환위기를 통하여 이러한 관계를 직접 경험하였다.[42]

한편 노무현정부가 인지하지 못하고 있는 점은 불평등이 실업을 증가시킬 수 있다는 가능성이다. 보다 불평등한 임금구조에 직면한 개인일수록 기회가 적더라도 보다 임금수준이 높은 직업을 위해 실업을 감수할 가능성이 높아지기 때문이다. 물론 모든 임금 불평등 구조가 부정적인 것만은 아니다. 우리가 관찰할 수 있는 많은 유형의 것들은 어찌 보면 개인 노력의 보상의 차이에 의한 결과이기도 하고, 기회의 평등이 보장된 경우 개인의 노력을 유발할 수 있는 인센티브로 작용할 수 있다는 점에서 기능적이기도 하다.[43]

하지만 주어진 임금 불평등이 개인의 생산성과 상관없는 사회적/제도

---

42) 하지만 완전고용이 불평등을 완화한다고 단정할 수는 없다. 1990년대 미국의 경험에서 볼 수 있듯이 자산에 의한 부(*wealth*)의 효과가 발생한다면 불평등 수준의 심화가 가능하기 때문이다.

43) 이러한 정당한 보상의 차이가 한 세대로 그치는 것이 아니라 그 이후 세대에까지 영향을 미쳐 기회의 평등 상황이 이루어지지 않는 경우 불평등 구조의 세대간 전이가 일어날 수 있다. 불평등 구조에 대한 우려는 바로 이런 점에서 중요한 사회적 이슈가 된다.

적 차별이나 정치경제적 지대에 의한 것일 때 이에 대한 개인의 유인은 더욱 커지게 되며 실업감수를 선택할 위험성 역시 더욱 높아지게 된다. 이러한 경향은 노동시장이 분절되었거나 그 분절 정도가 큰 경우, 즉 양질의 일자리와 저질의 일자리의 구분이 크면 클수록 더욱 강화되는 경향이 있다. 반면 이러한 위험을 선택하지 않는 경우는 일종의 높은 기대임금을 포기하면서 낮은 임금을 감수하는 의사결정으로 결국 빈곤가능성과 실업가능성 간의 거래(*trade-off*)를 감행하는 것으로 볼 수 있다.

이러한 점에서 본다면 어떤 식으로든 임금구조가 보다 평등할수록 개인이 실업을 감수할 유인은 감소하게 되고 기업은 노동비용의 인위적 감소를 통한 경쟁력 유지보다는 기술향상을 위한 투자에 매진할 유인이 커지게 된다. 시장경쟁체제에서 낮은 임금으로는 양질의 노동력을 유인할 수 없기 때문이다. 물론 기술적 생산성 향상은 노동수요의 감소뿐 아니라 사업확장을 통한 추가적 노동수요의 증가라는 양향적이며 복잡한 상황을 유발하게 된다. 노무현정부는 전자, 즉 생산성 향상을 통한 노동수요의 감소에 그 진단이 머물고 있다고 볼 수 있다. 그보다는 이를 극복할 수 있는 기업의 사업확장이 이루어질 수 있도록, 그리고 이를 통해 노동수요 증가가 이루어질 수 있도록 정부는 기업을 유도할 필요가 있다.

따라서 불평등 임금구조의 개선은 실업 및 빈곤완화에 직접적 영향을 미칠 수 있는 중요한 정책수단이면서 동시에 기업의 투자촉진을 유도할 수 있는 정책수단이다. 이때 개선의 방향은 임금분포의 상층부를 깎아내리는 것이 아니라 하층부의 임금수준을 끌어올리는 방향이어야 하며, 이를 위해 최저임금수준의 인상, 노조 조직률의 제고, 동일노동 동일임금의 원칙 등이 필요한 것이다. 이러한 제도적 개선은 일면 기업에 부담으로 작용할 수 있지만 이러한 기초 위에 기업의 지속적 투자확대를 유도할 수 있는 규제완화와 세제 혜택, 분위기 조성이 이루어질 때 노사가 모두 수긍할 수 있는 여건이 마련될 수 있으며, 양질의 일자리 제공 가능성도 높아질 수 있는 것이다. 투자활성화를 위한 노사간의 비대칭적 유인구조는 결코 장기적 투자효과를 도출해내지 못한다. 스웨덴, 핀란드, 그리고 덴마크의 사례 등은 바로 이러한 점을 시사해 준다고 하겠다.

이와 관련해서 사회적 일자리에 대한 사고의 전환이 필요하다. 노무현정부가 주장하듯이 정부의 적극적 개입을 통한 사회적 서비스 일자리 사업은 어느 정도 일자리 창출이 가능하다. 하지만 이러한 경우는 대부분 성장부문의 잉여이익을 공유하는 서비스업 또는 그러한 잉여이익이 더욱 창출될 수 있도록 보조하는 사회간접자본 투자나 인적자본 투자와 같은 사업분야로 한정되어야 하며, 민간의 투자를 구축할 수 있는 경우는 엄격히 지양해야 한다. 이러한 제약하에서 보육, 보건, 복지, 노동 등 다양한 사회적 서비스에 대한 정부투자와 사회적 일자리 창출은 그 의의를 찾을 수 있는 것이다. 하지만 이러한 제약을 넘어서는, 그리고 성장의 동력으로써 사회적 일자리에 대한 의미 부여는 그 실효성이 모호하다고 할 수 있다.

마지막으로 정책형성에 있어 검토와 준비의 중요성을 강조하고자 한다. 앞에서 지적하였듯이 노무현정부의 논리를 살펴보면 단편적 사실이나 부분적/단기적 연구결과에 의존한 경우가 많다. 성장을 통한 분배전략을 부정하는 논리는 물론 분배를 통한 성장전략을 강조하는 논리 역시 이론적·실증적 분석과 입증이 제대로 이루어지지 않은 상태에서 정책의 근거로 채택하는 조급함을 보이고 있다.

여기서 두 가지 시사점을 지적할 수 있다. 첫째, 이론적 논리를 보완해줄 수 있는 실증적·경험적 검토가 함께할 때 정책의 효과성을 기대할 수 있다는 것이다. 이러한 보완논리는 결코 일회성의 정책검토, 타당성 검토, 대안 검토로 이루어질 수 없다. 지속적인 연구 분석에 대한 투자와 연구결과 축적의 바탕 위에서 도출할 수 있는 것이다.

둘째, 성장을 위한 정책들과 분배개선을 위한 정책들이 각기 상이한 영향경로를 갖고 있음에도 불구하고 이에 대한 심각한 검토 없이 통합적으로 추진되고 있는데,[44] 이러한 상황은 정책으로 인한 긍정적/부정적 영향관계에 대한 적절한 예측과 대책수립을 어렵게 하고 따라서 정책으로 인해 수혜를 받는 부문과 비용을 부담할 부문에 대한 적절한 보상체계를 마련하지 못함으로써 사회적 갈등과 불신의 원천으로 작용할 수 있다. 정책의 속도조절이 중요한 이유는 다름 아닌 예측과 준비 그리고 이에 대한 상호이해의 과정이기 때문이다.

참고문헌

드러커 저. 이재규 역(2001). 《이노베이터의 조건》. 청림출판.

박세경(2005). "성장과 분배에 대한 국민의식 설문조사 결과". 〈보건복지포럼〉 100.

송호근(2006). "양극화, 대책은 무엇인가?". 서울대 행정대학원 정책지식포럼 토론문.

청와대브리핑. "참여정부 4년평가와 선진한국전략". http://www.president.go.kr.

______(2006). "양극화 쟁점, 따져봅시다: 경제만 성장하면 양극화 해결?". http://www.president.go.kr.

통계청. KOSIS DB.

______(2006). 〈경제활동인구조사〉.

〈한국일보〉(2007.10.17). 미디어리서치 공동여론조사.

한국은행(2003). "2000년 고용표로 본 우리나라의 고용구조와 노동연관효과".

황인성 외(2007). "2007년 한국경제 회고와 새로운 출발". 〈SERI CEO Information〉 635.

Alesina, A. & D. Rodrik(1994). "Distributive Politics and Economic

44) 송호근(2006)은 과거의 실업정책이 현 노무현정부의 양극화 해소정책으로 이름만 바뀐 채 제안되고 채택되었음을 지적한다.

Growth." *Quarterly Journal of Economics* 109: 465~489.

Birdsall, N. (1994). "Why Low Inequality Spurs Growth: Savings and Investment by the Poor." In Andres Solimano, Ann Arbor (Eds.) *Social Inequality: Values, Growth and the State.* University of Michigan Press (with Thomas C. Pinckney and Richard H. Sabot).

Card, D. & Kruger, A. (1995). *Myth and Measurement: the New Economics of the Minimum Wage.* Princeton: Princeton University Press.

Galbraith, J. (2004). "Maastricht 2042 and the Fate of Europe: Toward Convergence and Full Employment", mimemo.

Harris, J. & M. Todaro (1970). "Migration, Unemployment & Development: A Two Sector Analysis." *American Economic Review* 60(1): 126~142.

Krugman, P. (1994). "Past and Prospective Causes of High Unemployment. Reducing Unemployment: Current Issues and Policy Options." *Federal Reserve Bank of Kansas City Economic Review* Fourth Quarter: 23~43.

Meidner, R. & G. Rehn et al. (1953). "Trade Unions and Full Employment." Report to the LO Congress. 1951.

Person, T. & G. Tabellini (1994). "Is Inequality Harmful for Growth? Theory and Evidence." *American Economic Review* 84: 600~621.

Piketty, T. & E. Saez (2003). "Income Inequality In The United States, 1913~1998." *Quarterly Journal of Economics* 118: 1~39.

Sawyer, M. (2003). "Employer of the Last Resort: Could It Deliver Full Employment and Price Stability?". *Journal of Economic Issues* 37.

Wolff, E. (2001). *Top Heavy: The Increasing Inequality of Wealth in America and What Can Be Done About It.* N.Y.: The New Press.

Zou, J. (2007). "Danish for All? Balancing Flexibility with Security: The Flexicurity Model." IMF working paper.

7 사회복지서비스 전달체계의 개편

이 석 원

1. 서 론

우리나라는 1997년 발생한 외환위기를 경험한 이후 지난 10년 동안 사회복지 분야에 대한 투자를 비약적으로 증가시켜 왔다. 절대빈곤에 대한 소극적 대책에 머물러 있었던 정부의 사회복지 정책은 증가하는 실업과 양극화 등 고전적 사회위험 요인에 대한 처방 이외에도 최근 증가하고 있는 저출산·고령화와 가족의 붕괴 등 새로운 유형의 사회적 위험에 대처하고자 규모뿐 아니라 내용면에서도 복잡하고 다양한 형태로 발전했다.

특히 노무현정부 들어서는 복지투자가 대폭 확대되어 2003년도 기준 통합재정 대비 사회복지 재정지출은 20.2% 수준에서 2006년에 27.9%로 크게 늘어났다. 그러나 증가한 재정지출에도 불구하고 도시 근로자 기준 상대적 빈곤율이나 지니계수의 개선정도는 동일기간 동안 거의 같은 수준에 머물러 있다. 국민들이 실제 느끼는 복지체감도도 미미하여

2005년 통계청 조사에 따르면 사회보장에 대한 생활여건이 과거에 비해 좋아졌다는 응답은 불과 11.9%에 머무르고 있다. 이렇듯 복지성과가 저조한 이유는 제공하는 정책의 내용이 적절하지 못하게 설계된 탓도 있겠지만 서비스 전달과정에서 비효율이 발생하기 때문이라는 분석이 지배적이다.

선진국의 경우에도 사회복지 관련 제도적 기반이 일정수준 구축되면서 전달체계를 중심으로 사회복지의 효과성 문제가 대두하는 추세이다. 특히 복지예산이 빈곤층·취약계층 등에 집중되어, 전체 국민들의 점증·다양화되는 복지수요에 공공부문만으로는 체계적으로 대응하는 데 한계를 느끼는 것이 두드러진 문제이다. 선진국들이 전달체계의 문제에 대응하기 위하여 채택하고 있는 주요 전략 가운데 하나는 민간부분의 적극적인 참여와 협력을 통하여 복지수요의 확대에 대응하고자 하는 것이다.

이 연구에서는 향후 사회복지 분야의 가장 중요한 정책개혁 과제의 하나로서 사회복지 전달체계의 민간참여 활성화 방안을 탐색해 보고자 한다.

민간 사회복지 전달체계는 현재 우리나라의 지역복지서비스 제공에서 매우 중요한 역할을 담당하고 있다. 서비스 전달에서의 민간참여는 정부부문(지방자치단체)이 제공자가 되고 민간부문이 생산자가 되는 민간위탁 방식과 민간 제공자에 대한 정부의 보조금 지원의 형태로 운영되는 방식이 있다. 공공서비스의 공급주체와 서비스의 비용분담 주체에 따라 공사 간의 역할 분담 모형을 유형화하여 나타내면 〈표 7-1〉과 같이 나타낼 수 있다(박광덕, 1997).

이 중에서 이 보고서가 대상으로 하고 있는 민간 복지전달체계의 대상은 서비스에 대한 재원조달이 정부부문에 의해 이루어지고 공급은 민간에 의해 이루어지는 1/4분면 상의 반공반사형과 공사협동형의 민간복지 전달체계가 해당된다. 즉, 사회복지서비스에 대한 국가의 4대 역할

(소득이전, 서비스 공급, 재원보조, 규제) 중에서 정부는 재원보조와 규제의 역할을 수행하고 민간이 서비스 공급을 담당하는 형태의 전달체계를 의미하는 것이다.[1]

반공반사형의 민간복지는 사회복지사업을 행하는 것을 주된 목적으로 설립된 사회복지법인에 의해 운영되는 이용시설과 생활시설을 정부가 조치위탁하는 형태로 운영비를 지원하는 경우이다(황희숙, 2006; 박광덕, 1997).

공사협동형의 민간복지는 사회복지협의회가 대표적이며 사회복지문제의 해결을 위하여 민간의 자주적 조직이 공공부문의 적극적 협력을 얻어 활동하는 형태이며 시설비용과 운영비 등 비용은 정부부문이 부담

〈표 7-1〉 공공 서비스 공급의 공사 역할분담 모형

		서비스의 공급주체	
		정부부문 (*governmental*)	비정부부문 (*non-governmental*)
서비스 비용 부담	공 (*public*)	정부주도형: 국가 및 지방자치단체의 사회복지사업	(시설복지) 반공반사형: 사회복지법인
			(재가복지) 공사협동형: 사회복지협의회, 복지공사
	사 (*private*)	비영리민간주도형, BTL 사적전문상담치료사업, 조기특수교육사업, 완화의료치료서비스, 사회사업(공식, 비공식 포함)	민간주도형: 복지산업(*silver business*), SOC 유치사업, 재단법인에 의한 유료노인시설, 주식회사에 의한 시설 등

자료: 황희숙(2006: 44).

1) 우리나라의 경우 민간복지의 전달은 대부분 조치위탁제도에 의하여 이루어지는데 이는 서비스 공급의 결정권과 책임은 정부가 갖고 서비스 생산활동은 민간사업자가 맡는 형태로 대부분의 사회복지 시설이 이에 해당한다. 한편 복지시설의 소유와 시설운영을 모두 민간이 맡고 정부는 다만 보조금만 제공하는 형태도 있지만 민간사업자의 경우도 법인을 만들면 조치위탁을 받을 수 있기 때문에 조치위탁과 보조금 방식이 혼용되는 경우가 많다(박광덕, 1997).

하고 운영은 민간에 전적으로 맡기는 형태로 운영되며 일본의 복지공사도 이 유형에 해당된다(황희숙, 2006).

민간복지 전달체계는 정부부문과 민간부문의 재정지원을 통해 서비스 수요자에게 직접 서비스를 제공하는 형태로 이루어지며 정부부문, 서비스 수요자, 비공식적 민간영역(재원조달 및 지원활동) 등과 연계를 가지면서 서비스 전달이 이루어지는 것이다(황희숙, 2006). 최재성(2005)이나 미국[예: Yates(1998), Bandoh(2003)]의 경우에는 민간 복지 전달체계를 사회복지서비스의 민영화(*Privatization*)의 개념으로 설명하는데, 이는 사회복지서비스의 전달책임이 민간부문으로 이양되는 것으로서 서비스 공급주체의 소유권이 이양된 경우와 서비스 전달을 공공부문이 민간부문과 계약을 통해 수행하는 경우로 나눌 수 있다.

〈그림 7-1〉 민간 복지전달체계의 참여조직

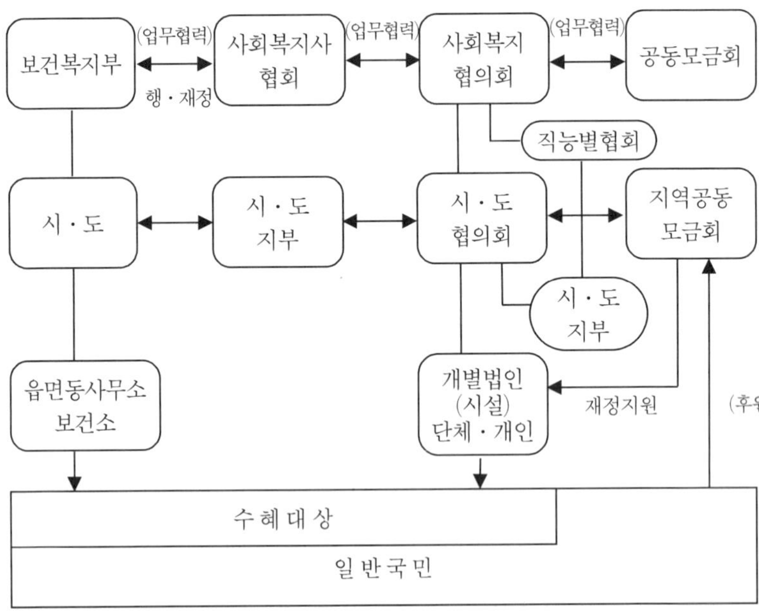

자료: 조성신(2004: 33).

민간 복지전달체계에 참여하는 민간 사회복지조직은 〈그림 7-1〉에서 나타난 대로 각종 복지시설이나 단체, 지역사회복지관과 같이 정부의 재정적 지원을 받는 다양한 형태의 민간 사회복지조직이 참여하게 된다. 민간 사회복지조직은 영리를 목적으로 하지 않는 주민조직, 사회복지법인, 재단법인, 사단법인, 종교단체, 법정단체, 기타 특수법인, 등록단체나 그 법인 또는 단체가 사회복지사업을 목적으로 운영하는 시설과 기관 등이 포함된다(조성신, 2004). 민간 사회복지조직은 여러 가지 분류기준에 따라 다양하게 분류될 수 있고 제공하는 서비스도 매우 다양하다.

민간전달체계의 유형은 사업의 주체 및 서비스 전달 경로에 따라 〈표 7-2〉와 같이 11가지 유형의 전달체계가 존재한다.

〈표 7-2〉 민간전달체계의 유형

중앙부처 사업
• 중앙부처 → 민간단체 → 수요자 • 중앙부처 → 특별지방행정기관 → 민간단체 → 수요자 • 중앙부처 → 시 · 도 → 민간단체 → 수요자 • 중앙부처 → 시 · 도 → 시 · 군 · 구 → 민간단체 → 수요자 • 중앙부처 → 시 · 도 → 시 · 군 · 구 → 읍 · 면 · 동 → 민간단체 → 수요자
지방자치단체 사업
• 시 · 도 → 민간단체 → 수요자 • 시 · 도 → 시 · 군 · 구 → 민간단체 → 수요자 • 시 · 도 → 시 · 군 · 구 → 읍 · 면 · 동 → 민간단체 → 수요자 • 시 · 군 · 구 → 민간단체 → 수요자 • 시 · 군 · 구 → 읍 · 면 · 동 → 민간단체 → 수요자
민간단체 사업
• 민간단체 → 수요자

2. 민간 복지협력의 문제점

1) 민간과 정부부문 간의 불분명한 역할분담

사회복지서비스의 민간운영은 작은 정부를 실현하여 정부의 실패를 치유하고 더 적은 비용으로 더욱 효율적인 공공 서비스의 공급을 실현하고자 하는 실용적 목적과 다양한 서비스 수요자들의 욕구를 충족시키고 정치적 지지를 획득하고자 하는 목적으로 이루어지는데(Winston et al., 2002), 우리나라의 민간 전달체계는 이러한 민간운영의 장점을 살리지 못하고 정부의 지나친 간섭과 통제에 노출되어 있다는 지적이다(조성신, 2004). 정부가 추진하는 사업을 민간단체가 위탁계약(*contracting out*)을 통하여 운영하게 되는 경우, 정부는 재정적 지원 및 감독으로 민간부문을 관리하기 때문에, 민간의 사업운영의 애로점을 해소하고 기술적 지원을 담당하는 동반자적 접근법(*partnership approach*)이 아니라 민간의 독자성과 자율성을 훼손할 수 있는 통제위주의 역할분담이 이루어지고 있다.

2) 복지수요와 공급의 불일치

정부부문의 경우에는 새로운 인력의 충원, 감축, 배치, 새로운 사업의 즉각적 시행 등에 있어서 민간부문과 같이 융통성이 충분하지 않기 때문에 급속하게 변화하고 다양화하는 복지수요에 신속하게 대응하기 어렵기 때문에 민간에 의한 복지서비스의 전달이 요구된다(Winston et al., 2002). 하지만 우리나라의 경우에는 국민기초생활보장 대상자 등 저소득층, 심신장애자나 노인 등 특수문제 집단, 직업훈련 및 알선의 필요가 있는 집단, 유아보호 및 교육이 필요한 집단 등이 우선적 사업대상자로 이루어지고 있어 모든 지역사회주민들의 복지요구에 대응하기 힘든 측면이 존재한다. 사회복지관의 수도 복지수요에 비하여 절대적으로 부족한 실정이며 사업내용도 사회교육 프로그램에 치중하고 있어 각 기관마다 차별성이 없고 거의 비슷한 내용으로 구성되어 있다. 반면 경우에 따라서는 서비스 공급의 과잉(예: 민간보육, 가사 도우미)으로 서비스의 중복이 문제시되는 영역도 존재하여 서비스 기능에 따라 수요와 공급 간 과부족이 편차를 보이고 있다.

3) 민간 복지인력의 열악한 근무환경

민간부문의 사회복지 인력은 전반적인 실태조사 자료가 부족하여 정확한 현황을 파악하기는 어렵지만, 대체로 민간기관의 재정이 열악하여 인력을 충분히 확보하기 어렵고 기존의 인력들은 과중한 업무를 부담하고 있어 이직률이 높고 근무만족도가 낮은 실정이다. 민간기관의 인건비가 정부의 보조금에 의지하고 있기 때문에 처우가 열악하며 따라서 전문성 있는 사회복지 인력을 체계적 충원시스템을 통하여 임용하는 것이 어렵고 대체로 연고 및 소개에 의하여 인력충원이 이루어지고 있는 실정이다. 김미숙 외(2006)의 조사에 따르면 사회복지 시설 종사자들은 낮은 임금, 열악한 복리후생, 업무과다, 교대제에 의한 법정근로시간 초과, 소진, 높은 이직성향 등으로 인해 총체적 문제점을 안고 있는 것으로 나타났다.

4) 연계 및 협조의 문제점

사회복지서비스의 대상이 저소득층 및 특수집단에 집중되어 있어 복지기관마다 동일한 대상자에게 중복적으로 서비스가 제공되는 사례가 있는 반면(예: 사회교육 프로그램과 가정방문 서비스), 복지서비스가 전달되지 않는 사각지대도 존재하여 서비스 제공의 중복 및 격차의 문제가 공급자측의 연계 및 조정능력의 부재로 인하여 발생하고 있다. 또한 사회복지 정보 및 서비스에 대한 정보의 접근성이 열악한 실정인데, 이는 서비스가 지역적으로 편중되어 서비스의 접근성이 낮고 정보를 쉽게 접할 수 있는 지역 생활권 단위의 정보공급원이 부족하기 때문인 것으로 파악되고 있다(조성신, 2004).

복지시설에 대한 지역분포도 중복 및 부족의 문제가 존재하여 지리적으로 인접한 지역에 사회복지관이 중복적으로 설치되어 과다 경쟁과 낭비가 빚어지기도 하고 부족한 지역이 존재하기도 하며 복지수요를 조사하고 발굴하기 위한 기능도 협조와 조정이 이루어지지 않고 있다(심재호, 1999). 2003년 6월 사회복지사업법의 개정에 따라 지역사회복지의 발전기반을 강화하고 복지서비스 전달을 합리적으로 체계화하기 위하여 지역사회복지협의체를 2005년 7월부터 구성, 운영하도록 하여 2006년 6월 현재 전체 234개 시군구 지자체에 지역사회복지협의체가 구성되었으며 실무협의체도 9개 시군구를 제외한 전 지자체에 구성되었으나, 지역사회복지협의체의 기능이 주로 건의기능에 편중되어 있고 충분한 예산이 확보되지 않는 등 그 활동이 기대에 미치지 않는 측면이 있다.

3. 민간복지 강화의 기본원칙

위에서 제기한 민간 복지전달체계의 문제점은 결국에는 정부와 민간부문 간의 역할, 책임, 자원의 배분관계가 명확하지 않기 때문에 초래되는 문제로서 정부와 민간부문 간의 역할배분을 명확하게 하는 것이 문제해결의 기준이 될 수 있다. 공공과 민간 간 역할분담의 경계를 설정하기 위해서는 원래 공공영역이던 사회복지서비스의 제공에 민간의 참여가 필요한 이론적 근거를 먼저 파악하여야 한다. 기본적으로 사회복지서비스를 제공하는 데 있어 공공과 민간이 협력관계를 설정하는 것은 사회복지 수혜자들의 삶에 긍정적 변화를 가져오기 위한 근본적 정책목적에 도움이 되기 때문이다. 가장 두드러진 이유는 민간운영의 효율성(*cost-effectiveness*)이다. 민간영역은 경쟁이 제공하는 긍정적 압력으로 인하여 서비스 제공의 효율화를 도모할 수 있는 반면, 공공영역은 경쟁의 부재로 인하여 관료주의적이고 융통성이 없으며 결과보다는 과정에 치우치는 한계를 갖는다.

또다른 원인은 민간조직이 갖는 유연성이다. 공공조직은 법령의 제약으로 인하여 인력의 조정, 책임자의 변경 등 운영상의 유연성을 발휘하기가 매우 어렵다. 반면 민간조직은 운영상의 유연성을 활용하여 변화하는 수혜자들의 욕구에 맞추어 신속하게 서비스 제공을 조정해 나갈 수 있다는 장점을 가졌다. 한편, 정치학적 관점에서는 사회복지서비스의 민영화가 공정성과 정당한 절차의 중요성을 반감시키고 공적 책임성을 제한하는 결과를 가져오기 때문에 반대하는 입장도 있다. 공공-민간의

〈참고〉 사회복지서비스 민영화에 따른 비용절감

복지서비스의 민간역할 분담에 관하여 선진국으로 평가받는 미국에서는 1996년 Personal Responsibility and Work Opportunity Reconciliation Act(PROWRA) 입법에 따른 복지개혁 이후 주정부의 복지제도 설계에 대한 재량권이 대폭 늘어난 반면 제도의 효율적 설계에 따른 비용절감을 요구하는 인센티브도 증가하여 복지서비스 전달의 민영화가 큰 폭으로 증가하게 되었는데, 가장 큰 이유가 바로 민영화에 따른 비용절감이다. 1993년 Reason Foundation에 의한 연구에 의하면 사회복지서비스를 민관 협력의 형태로 제공하는 기관들 중 25% 정도가 약 10~20%의 비용절감을 경험하였다고 하였으며 나머지 75%도 10% 또는 그 미만의 비용절감을 경험하였다고 조사되었다. 1996년 General Accounting Office(GAO) 보고서에 따르면 애리조나 주와 버지니아 주의 아동 관련 서비스를 제공하는 기관은 민영화에 의해 약 18~60%의 비용절감을 경험하였다고 보고하였다.

협력관계는 규정과 절차를 중시하는 과거의 도구기반체제(*means-based system*)를 결과기반체제(*ends-based system*)로 전환하는 작업이기 때문에 자연히 서비스 제공자의 재량권이 확대되게 되고 재량권의 확대는 수혜자의 권리확보와 공공의 책임성과 상충될 수 있다는 것이다.

따라서 공공-민간의 역할분담은 민간의 참여로 인한 득과 실을 비교하여 긍정적인 효과를 극대화하는 방향으로 이루어져야 하며 윈스턴 등(Winston et al., 2002)이 제시하고 있는 바와 같이 정치적 제약, 사업의 목적, 이해당사자 간의 갈등, 경쟁의 정도, 위임사무의 통제정도 등을 종합적으로 고려하여 경계선을 설정하여야 한다. 구체적 역할분담의 정도는 서비스의 영역과 단계에 따라 달라질 수 있으나 행정학자들이 주장하는 기능적 매칭(*functional matching*) 원칙에 의한 역할분담의 원리는 다음의 〈표 7-3〉과 같이 제시할 수 있다.

〈표 7-3〉 기능적 매칭에 의한 공공·민간 간 역할분담 원리

	원 칙	예 시
민간의 참여 확대영역	• 공공의 역량은 부족한 반면 경험이 풍부한 민간조직이 많이 존재하는 영역 • 민간부문의 효율성이 극대화될 수 있는 영역 • 경쟁적 환경의 조성이 용이한 영역 • 산출물이나 결과의 측정이 용이하여 통제가 가능한 영역	• 현재와 같이 복지시설의 운영과 시설서비스의 제공 • 정신건강, 중독자 치료 등 전문성이 요구되는 서비스 • 고용 관련 서비스, 아동·노인·가족 관련 서비스 • 교통, 상담 등 보조적 복지서비스
민간의 참여 제한영역	• 정치적, 사회적 제약으로 인하여 민간의 참여가 어려운 영역 • 서비스 제공이 실패할 경우 동반되는 위험이 크고 회복이 불가능한 영역 • 시장실패(외부효과, 정보의 비성, 경쟁의 부재)가 존재하는 영역	• 현금이전 서비스 • 사례관리 서비스 • 수혜여부의 결정권한 • 혐오시설의 건설이 필요한 서비스

사회복지 사업의 목적달성을 위하여 민간의 참여가 바람직하다고 분석될 경우에는 목적달성에 최대한 기여할 수 있는 방향으로 역할분담관계를 설정하는 것이 바람직하다. 앞에서 살펴보았듯이 우리나라의 경우 사회복지서비스 제공에 민간전달체계가 참여하는 형태는 단순히 서비스 공급을 위하여 정부에 의하여 위탁계약이 이루어지고 사무의 목표는 정부에 의하여 일방적으로 주어지고 통제도 일방적인 재정적 통제를 통해 이루어지는 형태이다. 이러한 형태는 〈표 7-4〉에서 제시한 리스 핸들리(Lis Handley)의 분류에 따른 공공-민간의 역할분담 형태 중 가장 초보적인 형태에 속하며 미국을 비롯한 선진국들이 지향하고 있는 동반자적 관계나 성과지향적 동반자 관계와는 거리가 멀다고 할 수 있다. 다시 한번 강조하지만 민간의 참여가 요구되는 사회복지 영역에서

〈표 7-4〉 공공·민간 간 역할분담의 형태

	내 용	책임성
협조적 관계 (*Cooperative*)	공통의 목표를 추구하는 민·관 간의 느슨한 연계	공통으로 사용하는 자원이나 분담하는 책임성은 없음
계약/보조금 (*Contracts/Gants*)	특정한 서비스를 제공하기 위하여 두 조직 간에 공식적 협약관계를 맺음. 목표는 일방적으로 결정됨	산출물에 대한 책임성 요구. 하지만 목표설정 및 의사결정은 일방적으로 이루어짐
협력적 관계 (*Collaborati*)	공통으로 설정된 목표를 달성하기 위해 공동의 노력을 기울임	공통의 책임성이 요구되나 처방적 결과는 제시되지 않음
동반자 관계 (*Partnership*)	공통의 목표를 달성하기 위하여 자원, 권한, 책임성의 분담이 이루어짐	수혜자를 위한 benefit을 생산하지만 결과지향적 책임성은 아님
성과지향적 동반자 관계 (*High Performance Partnership*)	결과를 생산해내는 동반자 관계	개별조직으로는 불가능한 획기적 성과창출 요구

의 민간과 공공의 역할분담은 일방향이 아닌 쌍방향적인 형태로 목표의 설정과 책임의 분담이 이루어지는 것이 바람직하며 협력관계의 의사결정도 결과에 기반한(*results-based*) 공동 의사결정이어야 한다. 현재 우리나라가 속해 있는 '계약/보조금' 관계에서 장기적으로는 동반자 또는 성과지향적 동반자 관계를 지향하면서 중기적으로는 협력적 관계로 전환하기 위해서는 민간의 역량을 배양시키고 적극적 환경을 조성하기 위한 정부의 관리능력을 향상시켜야 한다.

4. 민간복지 전달체계 개편의 기본방향

협력적 관계를 지향하는 공공-민간의 관계에서는 민간은 '변화 생산자'(*change producer*)로서 역할을 하는 반면 공공은 '변화 중개자'(*change broker*)로서 역할을 분담하여야 한다. 다시 말하여, 복지수혜자의 삶에 긍정적 변화를 유도하는 정책목적 달성을 위하여 민간은 직접적으로 서비스를 제공하여 변화를 생산해내고, 공공은 민간의 생산활동이 바람직한 방향으로 이루어지도록 적극적으로 환경을 조성하고 인센티브를 제공하는 역할을 하여야 한다는 것이다.

협력적 관계를 지향하기 위해서는 변화중개자로서 공공의 관리역량을 향상시키는 것이 출발점이다. 민간전달체계에 의한 사회복지서비스의 공급이 분야에 따라서 서비스의 공급과잉 또는 부족에 시달리게 되는 이유는 위탁자인 정부가 위탁관계에 의해 수행되어야 할 정부의 업무를 명확하게 특정화하지 못하는 수탁자 관리능력의 부재에서 비롯된다고 할 수 있다.

역시 민간단체의 역량이 저조한 까닭도 사업환경을 개선하고 민간단체와의 네트워크 역량을 제고시키려는 정부의 관리능력이 부족한 이유라고 설명할 수 있다. 조연숙(2004), 예이츠(Yates, 1998), 벤도(Bandoh,

2003)의 연구에서도 지적하고 있듯이 정부-민간의 역할배분 관계를 명확히 하기 위해서는 정부의 대응이 가장 중요하다.

우리나라를 비롯하여 민간단체를 사회복지서비스의 전달체계에 포함시키고 있는 국가들은 대부분의 경우 민간단체가 수요자와 직접 접촉하는 전달경로의 종점에 위치하고 정부기관은 전달체계의 도선 중간에 위치하여 최종 전달자를 관리하도록 역할이 배분되어 있다. 따라서 민간단체의 서비스 전달을 효율화하기 위해서는 관리자 역할을 하는 정부의 관리역량을 향상시켜 민간 전달기관의 수행성과를 향상시킬 수 있는 인센티브를 제공하는 구도로 개편이 이루어져야 할 것이다.

〈그림 7-2〉 민간전달체계 개편을 위한 정부의 관리역량 강화분야

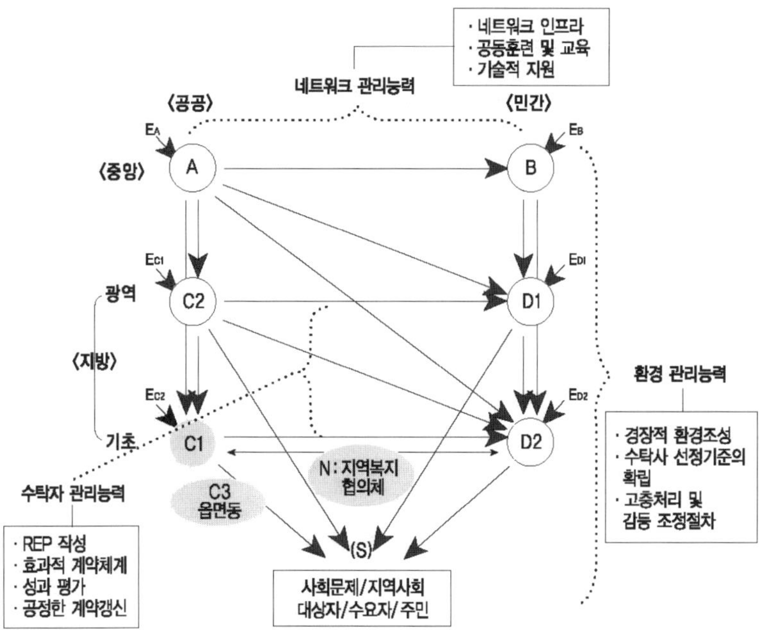

〈그림 7-3〉 정부의 민간위탁 절차

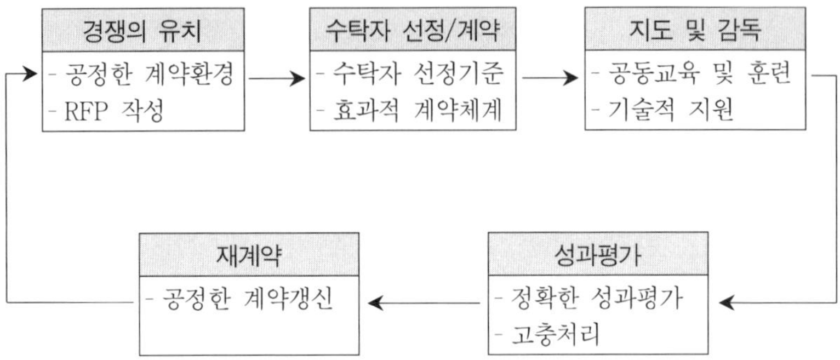

민간 전달체계의 수행성과를 향상시키기 위한 인센티브를 제공하는 정부의 관리체제 개편은 크게 세 가지 분야에서 이루어질 수 있는데, 이는 〈그림 7-2〉에서 볼 수 있는 바와 같이 ① 전달체계의 경로상에 직접적으로 연결된 수탁자를 관리하는 수탁자 관리능력, ② 잠재적 수탁자가 될 수 있는 민간단체들과 수탁자로 선정된 민간단체, 그리고 수요자들로 이루어진 환경에서 공정한 경쟁이 이루어지도록 환경을 관리하는 환경관리능력, ③ 정부 및 민간전달자들로 이루어진 전달체계 네트워크 전체의 효율성을 향상시키는 네트워크 관리능력 등이 그것이다.

이러한 정부 대응역량의 강화요소는 〈그림 7-3〉과 같이 민간전달체계 내에서 위탁계약의 절차에 따른 단계별로도 파악이 가능하다. 본 연구에서는 민간수탁자와 정부 간의 위탁계약의 절차별 단계에 따라 정부역량의 개선요소를 살펴보고자 한다.

5. 민간전달체계의 관리역량 향상방안

1) 경쟁적 계약환경의 조성

김순양·고수정(2004)에 따르면 민간위탁은 공공 서비스 생산과정에서 경쟁을 유도함으로써 수혜자들의 서비스 선택권을 제고하고 서비스의 질을 향상시켜 수요자의 만족도를 높일 수 있다는 데에 중요한 장점이 있다. 윈스턴 등(Winston et al., 2002)의 연구도 사회서비스의 공급시장에 존재하는 경쟁이 불충분한 점이 사회서비스의 민영화를 정당화하는 하나의 요인으로 지적한다. 따라서 민간위탁에 의한 공공서비스의 공급과정에 있어 유능한 민간 공급자가 경쟁과정을 통하여 많이 참여할 수 있도록 정부가 관리하는 단계는 필수적이라고 할 수 있다. 앞에서도 제시하였듯이 민간 복지전달체계를 통하여 전달되는 사회복지서비스의 경우, 서비스의 중복뿐 아니라 사각지대도 존재하고 다양화된 서비스 수요자의 기대에도 부응하지 못하는 문제점이 존재하는 이유 중의 하나는 경쟁적 메커니즘을 통하여 공급자가 선정되지 못하는 현행 위탁계약 방식에서 비롯되는 측면이 있다는 것이다. 현재 사회복지관을 비롯해 사회서비스를 제공하는 민간단체와 정부와의 위탁계약은 경쟁적 계약환경의 조성이라는 측면에서 볼 때에는 미흡한 점이 많이 존재한다. 예를 들어, 김순양·고수정(2004)의 연구는 대구시의 사회복지관 민간위탁의 사례를 분석하고 있는데, "행정권한의 위임 및 위탁에 관한 규정"에는 공공서비스를 민간위탁 할 경우에는 공개모집을 원칙으로 하고 예외적으로 제한경쟁을 허용하고 있으며 "대구광역시 사무의 민간위탁 촉진 및 관리조례"에서도 공개모집을 원칙으로 규정하고 있다. 그러나 실제로 1990년대 초반 이후 대구시 각 구(군) 관내의 사회복지관 서비스를 민간 위탁할 경우 지금까지 공개적 방식으로 수탁대상자를 모집한 경우는 없는 것으로 나타났다. 처음 사회복지관을 설치하여 수탁자를 모집할 때 신문에 공고를 내거나 사회복지법인들에게 별도의 공문을 발송하는 경우는 없었고 거의 모든 사회복지관이 시의계약의 형태로 계약을 해왔다. 이러한 사정은 다른 지방자치단체의 경우에도 크게 다르지 않다.

스카(Sclar, 2000)도 지적하듯이 사회복지서비스의 민간위탁이 그 본연의 장점을 제대로 살려내지 못하는 이유는 현실의 장벽 때문이다.

첫째, 사회복지서비스의 경우에는 잘 훈련된 사회복지 인력이 필요하고 초기 소요비용이 많이 투입되어야 한다는 특수성을 가지고 있기 때문에 능력 있는 민간 공급자의 풀(*pool*)이 절대적으로 부족하다. 김순양·고수정(2004)의 연구에서도 사회복지관의 민간위탁계약이 수의계약 방식으로 이루어지는 원인이 계약참여 자격이 비영리법인과 사회복지법인만으로 제한되어 있고 그 수가 제한되어 있으며 규모도 영세하기 때문인 것으로 지적한다. 더구나 사회복지법인을 개인이 설립할 경우, 공무원들이 기본적으로 개인이 사회복지법인을 설립하는 동기를 불신하고, 예산지원의 부담을 가지고 있기 때문에 현실적으로 진입장벽이 높다. 바로 이러한 이유 때문에 대부분의 사회복지법인이 종교단체나 학교법인 등에 의해서 운영되고 있고 공급자 풀이 제한될 수밖에 없는 것이다.

둘째, 서비스의 계속성을 유지하고 싶어 하는 사회복지 공무원의 특성상 민간 수탁자의 교체를 꺼려하는 경향이 존재한다. 이러한 동기가 존재할 때에는 민간 공급자들이 입찰과정에 참여하기를 꺼릴 뿐 아니라 계약관계에 있는 수탁자의 경우에는 비용의 절감이나 서비스의 질 향상을 위한 노력을 기울일 동기도 줄어들게 된다.

위에서 논의한 두 가지 현실적 장벽을 극복하기 위해서는 윈스턴 등(Winston et al., 2002)이 지적하고 있는 바와 같이 정부가 유능한 민간 공급자의 풀을 확대하고 잠재적 민간공급자의 능력개발 프로그램(*capacity building program*)을 다양하게 개발하여 시행하여야 하고 계약조건이 민간 공급자의 성장을 보장할 수 있을 정도로 충분한 수준의 재정지원을 하여야 한다. 물론 이 두 가지 방안 사회복지 재정의 확충이 전제되어야만 가능한 방안이며 사회복지서비스의 질을 향상시키기 위해서는 재정확충이 필수적이라고 할 수 있다.

2) 정부의 요구사항의 명확한 표현

경쟁적 계약과정과 관련하여 중요한 이슈 중의 하나가 Request-for-Proposal(RFP)의 작성이다. 예이츠(Yates, 1998)는 사회서비스의 민간위탁에서 RFP 작성의 중요성을 강조하고 있는데, RFP를 정확하고 자세하게 작성하여 정부가 사업을 통하여 이루어야 할 목적과 요구하는 사항이 무엇인지 정확하게 표현하여야 수탁기관이 사업의 목표와 사업내용의 자세한 내용을 이해할 수 있고 이를 충족시킬 합당한 능력을 가진 민간기관이 공개입찰에 응하게 된다는 것이다. 뿐만 아니라 계약이 이루어지기 이전에 충분히 자세한 내용의 RFP를 작성하여 제시하여 계약 이후에 발생할 수 있는 많은 문제들(예컨대 비용정산이나 계약이행 사항 등에 대한 이견 등)을 예방할 수 있는 것이다. 하지만 현재 우리나라의 경우 민간위탁이 대부분 형식적 절차만을 거쳐 수의계약을 통하여 이루어지기 때문에 경쟁적 계약절차에서 필요한 RFP의 중요성이 부각되지 못하고 있다.

3) 수탁자 선정기준의 확립

사회복지서비스의 민간위탁과 관련하여, 예를 들어, 대구시의 조례는 "수탁기관의 인력과 기구 및 재정부담 능력, 수탁기관의 시설과 장비 및 기술보유 정도, 수탁기관의 책임능력과 공신력, 구·군 간의 균형분포 등을 고려하도록 하고 있다"고 규정하고 있다(김순양·고수정, 2004). 그러나 이러한 지방자치단체의 규정들은 대부분 선언적 의미를 지니는 데 그치는 경우가 많으며, 실제로는 수의계약 과정을 거치면서, 구체적 선정기준을 사전에 마련하고 이에 입각하여 선정심사를 거치는 등의 절차는 대부분의 지방자치단체에서 이루어지지 않고 있다. 사회복지서비스의 위탁과정이 경쟁적 계약환경으로 변화하기 위해서는 선정과정이 객관적이고 공정한 기준과 절차에 입각해서 이루어져야 할 것이다. 그러나 전술하였듯이 그러한 기준과 절차가 마련되지 못한 상태이고 탈락한 신청자들에게 이의신청을 할 수 있는 절차도 마련되어 있지 않기 때문에 투명성도 보장하기 어려운 실정이다. 따라서 위탁업무를 수행할 수 있는 민간단체의 자격기준을 조례규정에 근거하여 자세하게 사전에 확립하여 RFP와 함께 제시할 필요가 있으며 일정 수준의 복지서비스 질을 보장하기 위해서 논의가 되고 있는 인증제도(*accreditation*)를 사회복지서비스 시설에 도입하는 것도 바람직하다.[2)]

4) 효과적인 계약체계(*Effective Contract*) 구축

민간단체가 정부의 대리인으로서 효과적으로 사회복지서비스를 수요자에게 전달하기 위해서는 정부와 민간단체 간의 업무위탁 및 비용에 관한 사항을 자세히 규정하고 성과를 통한 통제가 이루어질 수 있는 효과적 계약체계(*effect contract system*)를 구축하는 것이 중요하다. 만약 계약상의 불명료함이나 세부사항이 불충분하다면 서비스 제공횟수, 대금지급방법, 자료수집과 보고의 기준 등과 같은 기본적 문제에서 혼란을 초래할 수 있으며 나아가 서비스 전달에도 차질이 빚어질 수 있다(Winston et al., 2002). 효과적 계약관계는 요구되는 서비스에 적합한 계약유형의 선택에서부터 출발하는데, 정부가 민간과 체결할 수 있는 계약유형은 대체로 다음의 세 가지 유형으로 분류할 수 있다.

---

2) 인증제도는 1977년 미국의 Council on Accreditation(COA)을 통해 본격적으로 도입되었으며, 현재 미국, 호주, 일본 등 복지 선진국들에서 정착되어 있는 제도이다(류명석, 2007).

① 고정가격 계약(*Fixed-Price Contracts*)
고정가격 계약에서는 계약자가 받는 금액이 미리 정해져 있고, 계약이 변경되지 않는 한 금액도 바뀌지 않는다.

② 비용변제 계약(*Cost-Reimbursement Contracts*)
비용변제 계약은 계약자가 실제 지출한 금액에 따라 지급하는 것이다.

③ 성과 또는 인센티브 계약(*Performance-based or Incentive Contracts*)
이 계약은 계약자가 미리 제시한 결과를 어느 정도 성취했는가에 의해 지급된다.

계약 유형은 혼합될 수도 있는데, 예를 들면 비용변제 계약과 성과계약을 혼합하면 서비스 제공자에 대한 지급은 비용과 목표달성도 모두에 의해 이루어지게 될 것이다. 고정가격 계약의 장점은 비용을 미리 예측할 수 있다는 것이지만 서비스 수요나 운영비용의 초과와 같은 예상치 못한 상황이 발생할 수도 있고 서비스 공급자가 서비스의 질을 낮출 수도 있다. 반면에 비용변제 계약은 서비스 공급자의 재무적 위험을 낮추어 주지만 비용절감의 유인이 없으므로 잠재적으로 정부비용을 증가시키는 결과를 초래할 수도 있다. 성과계약은 잘 구축되고 관리된다면 정부목적에 가장 부합한 서비스를 제공할 수도 있으나 비용이 직업유지가 아닌 취업에만 지급된다면 서비스 제공자는 고객에게 적합한 직업을 찾으려는 유인이 적어지는 등의 문제가 있다.

현재 민간위탁 과정에서 이루어지는 계약은 비용지원 및 성과에 대한 구체적 사항이 결여된 채 임의적으로 체결되고 있는 실정이다. 현재 사회복지사업법 시행규칙 제23조 제1항은 "법 제34조 제5항의 규정에 의하여 위탁기관이 시설을 위탁하여 운영하고자 하는 때에는 다음 각 호의 내용이 포함된 계약을 체결하여야 한다. 1. 수탁자의 성명 및 주소, 2. 위탁계약기간, 3. 위탁대상시설 및 업무내용, 4. 수탁자의 의무 및 준수 사항, 5. 시설의 안전관리에 관한 사항, 5의 2. 시설종사자의 고용승계에 관한 사항, 6. 계약의 해지에 관한 사항, 7. 기타 시설의 운영에 필요하다고 인정되는 사항"이라고 하여 위탁계약에 포함되어야 할 내용들을 규정하고 있다. 그러나 지방자치단체 수준에서 조례로 구체적 계약사항을 정하는 경우는 거의 없고 실제 계약서에도 계약기간

〈참고〉 미국 인디아나 주와 위스콘신 주의 효과적 계약체계 사례

미국 인디아나 주의 Family and Social Services Administration (FSSA)는 저소득층의 고용 관련 서비스를 위탁하면서 종전의 성과가 만족스럽지 못한 점을 개선하기 위하여 계약체계를 개선한 사례로 꼽힌다. FSSA는 특히 서비스 수혜자들의 고용유지율이 저조한 점의 원인이 클라이언트(*client*)에 대한 적절한 사정(*assessment*)과 배치(*placement*)가 이루어지지 않다는 점을 발견하고 위탁계약을 맺을 시 클라이언트에 대한 사정이 끝나는 시점에 비용의 일부를 지불하는 방식으로 계약체계를 변경하였다. 이러한 계약체계는 수탁기관으로 하여금 클라이언트에 대한 사정과 배치를 더욱 철저히 하도록 하는 동기를 부여할 뿐 아니라 수탁기관의 현금흐름을 개선하여 운영활동을 원활하게 하는 데 도움을 주었다. 하지만 여전히 비용의 상당부분은 고용유지가 일정기간 유지된 후에 지불하도록 하여 성과주의의 원칙을 유지하였다.

또 다른 효과적 계약체계는 미국 위스콘신 주의 고용 관련 사업인 Wisconsin Works(W-2) 서비스에서 찾아볼 수 있는데, 이 사업을 담당한 Department of Workforce Development(DWD)는 W-2 사업을 위탁하면서 28개월의 장기간에 걸쳐 정액제(*lump-sum*)로 계약을 체결하여 수탁기관의 운영내용에 따라서 수익을 낼 수도 있고 손해를 볼 수도 있게끔 하였다. 또한 서비스의 질적 저하를 막기 위하여 다양한 성과주의 인센티브를 제공함과 동시에 클라이언트에게 서비스를 제공하지 못하였을 경우에는 5,000달러의 벌금을 물도록 하였다.

정도만 구체화되어 있고 효과적 계약에 필요한 서비스 공급 및 비용보전에 관한 사항은 구체화되어 있지 않은 경우가 많다. 따라서 계약내용에 관한 구체적 사항들을 지자체 수준의 조례에서 규정으로 제정하도록 유도하고 서비스의 내용 및 특성에 따라 적합한 계약유형에 관한 정보를 제작하는 지침을 마련할 필요가 있다.

5) 수탁자 성과의 정확한 평가

정부가 민간위탁기관과 서비스제공 계약을 맺었다면 다음으로는 서비스의 제공과 품질이 요구되는 기준에 적합한지 여부를 확인하여야 하는데 여기에는 정확한 평가수단의 개발과 사용이 수반되어야 한다. 사회서비스 제공의 목적은, 예를 들어 가족과 아동복리 향상 등, 단순하고 명확하게 정의하기 어렵기 때문에 바람직한 결과를 달성했는지의 성과평가가 매우 어려운 것이 일반적이다. 성과평가는 측정수단 개발뿐만 아니라 누가 성과평가를 할 것인가, 자료를 어떻게 수집하고 보고할 것인가, 어떻게 피드백을 할 것인가 등의 측정과정상의 기법도 중요하다. 이러한 세부사항에 대한 주의가 없으면 성과평가 체계의 필요성과 영향력을 손상시킬 수 있으므로 효과적 성과평가를 위해서 숙련된 인력을 양성하여야 한다.

성과평가가 정부와 서비스 공급자 간의 효율성을 높일 수 있지만 종종 정부의 책임성 요구와 서비스 공급자의 자율 사이에서 갈등이 유발되기도 하는데 이러한 현상은 스스로를 사회혁신가로 생각하는 비영리기관인 경우에 더 현저하게 나타난다. 효과적으로 구축된 성과계약 체계는 이러한 갈등을 효율적으로 조정할 수 있는데, 예를 들어 오클라호마 주에서 사용되었던 'milestone payment system'에서는 정부와 서비스 공급자 사이에 미리 합의하에 마련된 성과목표치들의 목록을 모두 달성하였을 경우에만 비용이 지급되도록 하여 서비스 전달의 효과성을 극대화하였다.

서비스 제공자에 대한 성과평가 방법은 REP가 작성되기 전에 결정되어야 하는데 그래야만 입찰자들이 성과목표, 지급과 보고방식에 대하여 미리 고려하고 입찰 내지 계약에 응할 수 있기 때문이다. 적정한 성과목표의 설정이 중요한데 만약 목표가 너무 높게 설정된다면 다음 연도에서 논쟁이 될 것이고 너무 낮게 설정된다면 계획보다 비용효과성이 낮아질 것이다. 또한 이전의 성과평가 자료들을 입찰자들이 참고할 수 있어야 하고, 만약 이전 자료들이 없다면 관련된 유사한 자료들을 사용할 수도 있을 것이다. 서비스 제공자가 고객만족이나 공정한 서비스 제공 등의

〈참고〉 미국 플로리다 주의 위탁계약 성과평가 사례

미국 플로리다 주의 복지개혁 프로그램인 Work and Gain Economic Self-Sufficiency(WAGES)는 기초 자치단체 수준에서 운영되는 사업이다. 플로리다 주의 인구 약 1,40만 명인 Broward군은 WAGES 프로그램을 12개의 부문으로 나누어 20개의 수탁기관과 16개 계약을 체결하였다. Broward Employment Training Administration(BETA)은 이 사업의 위탁계약을 관리하면서 다양한 성과평가 도구들을 활용하였는데, 우선 Florida Atlantic University에 의뢰하여 정기적으로 사업의 성과를 평가하도록 하고 수탁자의 성과를 월별 보고서로 제출하도록 하였다. 독립적 기관이 평가 및 성과관리를 수행함에 따라 수탁기관들의 평가수용도도 높아지게 되었다. 또한 고객들의 만족도를 조사하고 관리하기 위하여 직통전화(*hotline*)를 개설하고 수혜자들이 언제든지 전화를 걸어 의견 및 불편사항을 접수할 수 있도록 하였으며 이 직통전화(*hotline*) 또한 다른 위탁계약을 체결하지 않은 민간단체에 위탁을 주어 운영하고 있다. 한편 BETA는 수혜자들 중 모니터링 요원들을 비밀리에 선정하여 직접 사업에 참여토록 하고 사업운영 사항을 점검토록 하는 방식으로 성과를 검증하기도 하였다.

목표를 소홀히 한다면 고객의 피드백이나 서베이가 중요한 정보를 줄 수 있는데, 특히 서비스를 거절당하거나 제재를 받거나 했던 고객들로부터 정보를 수집하는 것도 효과적 성과통제를 위해서 중요하다. 민간위탁에 대한 공통적 비판은 서비스 제공자가 서비스 제공이 어려운 고객보다 쉬운 고객들만을 선택한다는 이른바 'Cream Skimming' 현상의 가능성인데, 서비스를 거의 또는 전혀 받지 못한 사람들로부터 이러한 현상들을 파악할 수 있도록 조사하는 것도 중요하다. 성과평가 자료와 고객의 피드백은 프로그램의 지속적인 향상과 계약 내용 자체의 검토를 위해서도 사용되어야 한다.

6) 공정한 계약갱신 절차

사회복지사업법 시행규칙 제23조 제2항은 "제1항 제2호의 규정에 의한 위탁계약기간은 5년 이내로 한다. 다만, 위탁자가 필요하다고 인정하는 때에는 제22조의 2 제2항의 규정에 의한 선정위원회의 심의를 거쳐 그 계약기간을 갱신할 수 있다"고 규정하고 있다. 그러나 실제로 재계약의 절차나 심사기준이 구체적으로 정하여져 있는 경우는 드물고 계약기간 만료 후 수탁자가 변경되는 사례도 극히 드물다. 효과적 경쟁환경과 계약체계가 구축되기 위해서는 경쟁적 재계약 과정이 필수적이다. 즉, 민간위탁 이론이 주장하는 바와 같이 효과적 위탁계약에 의해 참여자간 경쟁이 유발되어 비용이 절감되고 성과향상의 노력이 이루어지기 위해서는 계약갱신이 공정한 절차에 따라 이루어져야 한다. 특히 계약체결에 상당한 비용이 투입되는 대규모 계약의 경우에는 재계약이 더욱 신중하게 이루어져야 한다. 계약갱신을 위해서는 성과평가 자료를 검토하고 서비스 공급자의 성과향상 계획을 제출하도록 하는 것이 필수적으로 포함되어야 할 것이다.

반면 소규모 계약의 경우나 지역 민간단체의 역량강화를 목표로 추진하는 사업이거나 또는 시범사업으로 운영되는 사업의 경우에는 재계약 조건을 완화하고 서비스 제공의 연속성에 중점을 둘 수도 있을 것이다. 새로운 서비스를 계약하거나 새로운 서비스 공급자의 선정은 정부나 수탁기관 모두에게 초기투자를 요구하는 활동이다. 만약 위탁계약 관계를 유지하는 것이 비용-효과적이지 못한 경우 계약관계를 종료하는 것이 바람직하지만 서비스의 연속성을 위해서 계약의 종료나 재계약을 하지 않는 것도 역시 비용-효과적이지 못하다는 점을 유념하여야 한다. 만약 정부가 특정 사업에 대하여 주기적으로 위탁계약을 종료하거나 서비스 공급자를 교체해 왔다면 해당 서비스 영역에 대해서는 민간위탁 여부 자체를 재검토할 필요성도 있다.

7) 동반자적 접근방법: 기술지원 및 공동 교육 · 훈련

지방자치단체와 민간단체 간의 사회복지서비스 수행체계는 대체로 수용지향적(*compliance-oriented*) 관계를 특징으로 한다. 즉, 재정적 감사와 사업규정의 준수 여부를 통제의 기준으로 삼으면서 일방적 의무를 부과하는 형태의 관계설정이 이루어지는 것이 일반적이다.[3] 그러나 민간전달체계의 효율적 운영을 위해서는 사업의 성과와 수혜자의 경험이 통제 · 관리의 기준이 되어야 하며 통제 · 관리를 통하여 사업의 개선이 이루어질 수 있도록 하여야 한다. 이를 가능하게 하기 위해서는 동반자적 접근법(*partnership approach*)의 채택이 중요하다. 즉, 수탁자에 대한

---

3) 김순양 · 고수정(2004)의 연구에 따르면 현행 우리나라의 사회복지 분야 민간 위탁은 기본적 신뢰와 호혜성에 기반하지 못하고 일방적 의무부과를 내용으로 하는 계약을 체결하고 있다. 예를 들어 '대구광역시 수성구 사회복지관 설치 및 운영조례'를 살펴보면 "구청장은 수탁자가 규정된 의무를 위반한 때, 검사 결과 복지관 운영능력이 없다고 판단될 때, 수탁자가 위탁조건을 위반한 때, 기타 구청장이 필요하다고 인정한 때에는 위탁을 해제할 수 있다" 라고 위탁의 해제요건을 포괄적으로 규정하여 일방적 계약해지가 가능하도록 하고 있다. 또한 계약서에 명시되지 않은 사항이나 계약서의 해석에 관한 사항은 통상적으로 위탁자인 지방자치단체의 의사에 따르게 하고 있는데, 이 역시 수탁자에게는 일방적 의무부과로 작용한다.

관리활동의 일환으로 성과를 모니터링하면서 단순한 모니터링에 그치지 않고 저조한 성과를 야기하는 애로요인의 해결을 위한 기술적 지원 및 추가적 기타 지원이 동반되는 접근법이 필요하다. 또한 수탁기관의 역량을 향상시키기 위하여 지역 내의 민간단체에 대한 교육훈련 활동을 병행하는 것도 바람직한 접근법이 될 것이다. 일례로 미국 버지니아 주에서는 민간단체의 입찰참여를 독려하기 위하여 지역 내의 민간단체에 대한 위탁입찰 계획서 작성에 관한 훈련과정을 무료로 운영하면서 지역 내 민간단체의 역량을 배양하고 있다.

8) 민간전달체계 개선을 위한 전달조직 개편

위에서 논의한 바와 같이 공공과 민간 간의 역할분담을 명확히 하고 기능을 개선하기 위해서는 정부부문 전달체계의 관리역량이 향상되어야 하며, 이를 실현하기 위해서는 위탁업무를 전담하는 조직의 설치가 필요하다. 위탁업무를 전담하는 조직은 광역 및 기초자치단체 내에 모두 설치하는 것이 바람직하며 전담조직의 설치가 용이하지 않을 경우에는 전담인력이라도 확보하는 것이 바람직하다. 아래의 펜실베이니아 주정부 사례에서 볼 수 있는 경우와 같이 광역자치단체 수준에서는 전담조직이 설치되어 지역별로 업무를 분장하고 마치 사례관리와 비슷하게 그 지역 내 수탁기관과 관련된 모든 업무를 총괄하도록 하는 방안도 고려할 수 있다. 현재 행정자치부의 〈주민생활지원서비스 전달체계 개편 관련 지침〉에 따르면, 예를 들어 대도시형 본청기구의 경우 위탁기관과 관련한 업무를 주민생활지원국 내의 주민생활지원과 내의 서비스 조정·연계 담당이 다른 업무들과 겸하여 맡고 있는데, 이 경우 지역협의체 운영, 사회복지서비스 제공 대상자 결정 및 통지, 긴급복지지원 등 다른 업무 부담이 많아 위탁관리에 전념하기가 어려운 실정이다.

〈참고〉 펜실베이니아 주정부의 사례

펜실베이니아 주정부의 공공복지부(DPW: Department of Public Welfare)의 교육훈련국(Employment & Training Bureau)은 복지 관련 서비스 제공을 민간위탁하는 과정에서 좋은 벤치마킹의 예를 보여준다. DPW의 'Rapid Attachment' 사업은 직업알선 및 고용유지 사업인데, 이를 민간위탁하면서 수혜자가 등록할 때 비용의 50%를 지급하고, 취업할 때 25%, 취업 이후 고용상태를 3개월 유지할 때 25%를 지급하는 내용으로 성과계약을 체결하여 성과제고의 효과를 극대화하였다. 또 다른 성과계약 프로그램으로서 3~12개월의 직업훈련, 취업알선, 고용유지 서비스를 제공하는 'Community Solutions' 프로그램에서는 수혜자가 등록 시 1,000달러, 취업 시 1,000달러, 6개월 취업유지 시 400달러, 1년간 취업유지 시에 1,600달러를 지급한다. 취업훈련을 포함하고 있으므로 이는 서비스 공급자가 프로그램 비용의 상당부분을 부담하고 있음을 의미한다. 펜실베이니아 주정부는 높은 수준의 경쟁환경을 유도하기 위해서 Community Solutions RFP를 발표하기 이전에 비영리기관, 지역대학, 영리기관, 종교기관, 정부기관 등 수탁기관이 될 수 있는 모든 종류의 기관들이 참여하는 회의를 개최하고 적극 홍보하여 76개 계약에 260개가 넘는 기관들이 입찰하고 약 3분의 1의 계약이 신규 수탁자에게 돌아가는 성과를 거두기도 하였다. 수탁기관의 성과는 현장 조사(*on-site visits*)와 집단 모니터링(*group monitoring*)을 통해 측정·관리하였으며 수탁자의 성과지표 측정치는 모두에게 공개되고 DPW 내의 모든 공무원들이 정보를 공유토록 하였다. 성과측정 결과 성과가 좋지 않은 수탁자들은 계약이 해지되거나 성과제고를 위한 조치계획을 제출토록 하였다. DPW 내에서 수탁기관 모니터링을 담당하는 공무원은 계약 및 모니터링 업무 이외에도 수탁기관의 역량을 개발하고, 새로운 사업을 발굴하며, 수탁기관 및 군(*county*) 공무원들에게 기술적 지원과 훈련기회를 제공하는 업무도 함께 수행하였다. 주정부의 담당 공무원들은 기능별로 업무를 분담하는 대신에 지역별로 업무를 분담하여 담당한 지역 내의 모든 위탁

관련 업무를 총괄하는 방식으로 조직을 개편하여 마치 사례관리와 비슷한 형식의 업무수행체계를 구축하였다. 이러한 수행체계는 담당 공무원으로 하여금 위탁계약 이외에 성과관리, 기술지원, 교육훈련, 역량개발 등 다른 연관업무들이 통합적으로 수행될 수 있게끔 전체적인 업무구도를 원활하게 파악할 수 있도록 하는 역할을 하였다. 담당공무원들은 수탁자의 단순한 지도관리가 아니라 적극적 협조자로서 역할을 하였으며 만약 수탁자가 성과를 내지 못하였을 경우에는 구체적 시정조치 내역을 시간 스케줄과 함께 제공하여 적극적이고 신속한 시정이 이루어지도록 하고 있다.

참고문헌

김미숙·김유경·김은정(2006). 〈사회복지시설 종합발전계획: 2차년도—종사자 확충규모 및 시설공급 규모 추계를 중심으로〉. 보건복지부·한국보건사회연구원.

김순양·고수정(2004). "지방 공공서비스의 민간위탁(*contracting-out*) 과정 비교·분석". 〈한국사회와 행정연구〉 15(1): 95~124.

류명석(2007). "복지서비스 품질 향상을 위한 인증제도의 도입 필요성". 국가복지정보센터 전문가 칼럼.

박광덕(1997). "사회복지공급체계의 공사역할분담 모형정립". 〈한국행정학보〉 31(4): 169~182.

심재호(1999). "민간 사회복지 전달체계의 재편-참여와 계획화, 그리고 네트워킹". 한국사회복지학회 발표논문.

조성신(2004). "사회복지 전달체계의 공공·민간부분 상호 연계를 위한 실증적 연구: 서울, 부산, 광주지역 복지 서비스 담당자와 고객의 반응을 중심으로". 상명대학교 박사학위논문.

조연숙(2004). "사회복지서비스 민간위탁 성과요소에 따른 정부의 대응: 플로리다 주를 중심으로". 한국행정학회 2004년 춘계학술대회 발표논문집. 734~755쪽.

최재성(2000). "사회복지서비스 교환권 제도(*voucher*) 도입의 가능성과 과제". 〈한국사회복지행정학〉 2.

황희숙(2006). "지역사회복지서비스 공급체계의 기관간 역할 분담에 관한 연구". 상명대학교 박사학위논문.

Bandoh, Evelyn(2003). "Outsourcing the Delivery of Human Services." *Welfare Information Network* 7(12).

Sclar, E. D.(2000). *You Don't always Get What You Pay for: The Economic of Privatization*. Ithaca: Cornell Univeristy Press.

Winston, Pamela, Andrew Burwick, Sheena McConnell, & Richard Roper(2002). "Privatization of Welfare Services: A Review of the Literature." Mathematica Policy Research, Inc.

Yates, Jessica(1998). "Managing the Contracting Process for Results in Welfare Reform." *Welfare Information Network* 2(13).

8 지속가능한 발전과 환경

박 순 애

1. 환경문제는 해결되었는가

2013년경에는 북극빙하가 사라질 수도 있다는 워싱턴대학의 연구결과에도 불구하고(〈연합뉴스〉, 2007. 12. 14) 발리에서 개최된 기후변화협약은 미국의 반대로 로드맵 합의에 난항을 겪었다. 국내에서도 태안 앞바다 기름유출사고로 환경에 대한 경각심이 높아지고 있지만 2007년 각 정당들의 대선 정책공약은 여전히 개발위주의 정책 일변도였다. 산업화 이후 지속되는 환경파괴로 인류의 생존에 대한 위협이 제기되었지만 환경에 대한 대중의 인식이 변화하기 시작한 것은 20세기 후반이라고 할 수 있다. 1962년 레이첼 칼슨(Rachel Carson)이 유독성농약에 의한 생태계파괴의 위협을 경고한 《침묵의 봄》 발간을 시작으로 환경주의가 전 세계적 관심사로 부상하였다. 이후 1972년 스웨덴 스톡홀름에서 개최된 유엔 인간환경회의에서 산발적으로 언급되었던 지속가능한 발전(*Sustainable Development*)은 1992년 브라질 리우데자네이루에서 열린 유

엔 환경개발회의 의제로 채택되면서 세계적 환경레짐으로 등장했다.[1]

이와 같이 환경문제의 해결이 전 세계적 당면과제로 부상함에 따라 지속가능성에 대한 개념이 강조되었음에도 불구하고 지구 환경문제에 대한 전망은 그다지 밝지 않다. 주요 온실가스인 이산화탄소(CO_2) 농도는 지속적으로 증가하고 지구 온도변화로 해수면은 상승하고 있으며, 기후변화로 인한 대홍수, 가뭄, 폭설 등 기상재해 규모도 확대되고 있다. 세계자원연구소(WRI)는 해양오염, 산림파괴, 사막화 현상 등으로 매년 열대우림 생물의 0.5% 정도가 멸종하고 있으며, 2100년에는 전체 생물의 33%가 멸종될 것이라고 경고하였다. 또한 지구상에 있는 물 중 겨우 1%만이 인간이 쓸 수 있는 깨끗한 물인 것으로 보고되고 있으며, 만약 현재의 추세가 계속될 경우 2025년까지 세계 인구의 절반 정도가 물 부족상태에 직면할 것으로 예측된다(환경부, 2005 재인용).

현재의 환경위기는 국경을 초월한 전 세계적 문제로서 이에 대한 전 지구적 차원의 노력과 협력이 필수적이라고 할 수 있다. 이러한 노력의 일환으로 등장한 범국가적 환경규제들이 이제는 국제사회의 규범으로 정착하고 있다. 1994년 3월 지구온난화 문제를 세계적 차원에서 공동대응하기 위하여 발효된 기후변화협약(UNFCCC)이나 국제 환경규제 중 가장 강력한 것으로 평가되고 있는 신화학물질 관리제도(REACH: Registration, Evaluation, Authorization and Restriction of Chemicals) 등이 최근 우리나라를 포함한 전 세계가 이행해야 할 당면과제로 볼 수 있다. 글로벌 환경레짐으로서 지속가능한 발전은 사회, 환경, 경제라는 3대 축을 포괄하고 있는 만큼 세계적 추세에 부합하는 환경정책 수립은 국가의 경쟁력을 높이는 데 필수불가결한 요소가 되었다.

하지만 국가의 경제성장을 최우선 정책목표로 내세우고 있는 새 정부가 이러한 글로벌 환경변화를 정확히 인식하고 있는지는 회의적이다.

---

1) 한국지속가능발전센터(http://kicsd.re.kr/part1/p1_1php.)

따라서 이 글에서는 지난 10년간 우리나라의 환경정책이 글로벌 환경레짐에 부합했는지 평가하고 지속가능한 발전을 위한 정책대안들을 모색하고자 한다.

2. 글로벌 환경레짐의 대두

엘킹턴(Elkington, 1999)은 지난 50년을 지배했던 20세기 후반의 풍요사회 패러다임이 퇴조하고 지구환경과 경제의 한계를 인식하는 가이아 사회(*Gaia Society*) 패러다임이 향후 21세기 50년을 지배할 것이라고 전망한다. 풍요사회(*Affluent Society*) 패러다임 하에서는 세계가 3권역으로 구분되고 자본주의와 공산주의의 구도가 대치되었으며 양적인 경제성장이 중시되었던 반면, 2001년 이후 가이아 사회에서는 전 세계가 하나로 통합되며 연성과 경성의 자본주의가 존재하는 가운데 질적이고 가치부하적인 성장과 지속가능성의 추구가 경제발전의 핵심목표가 될 것으로 예측한다. 또한 사회적 형평성과 경제성장, 환경보호가 조화로운 체제하에서 모든 이해관계자의 참여를 기반으로 하는 거버넌스가 정착될 것으로 기대되고 있다(〈표 8-1〉 참조, 환경부, 2005).

OECD 환경전망을 통해서도 국내외적 환경정책 패러다임이 이러한 방향으로 변화하고 있음을 확인할 수 있다(〈표 8-2〉 참조). 환경과 경제를 상호공존하기 어려운 것으로 간주하던 과거와는 달리 지속가능한 발전 패러다임하에서는 경제와 환경 간의 상생을 모색하고, 전 지구적 환경문제를 해결하기 위하여 국제적 협력과 통합을 중시하는 시각이 강조되고 있다.

이와 같이 범지구적 환경레짐이 부각됨에 따라 각 국가들에게 지구환경규범의 이행요구가 증대되고 있다. 2002년 인간, 지구, 번영을 주제로 요하네스버그에서 개최된 지속가능발전세계정상회의(WSSD)에서

〈표 8-1〉 글로벌 환경레짐의 변화

분 류	풍요사회(1950~2000)	가이아 사회(2001~2050)
세계관	제 1, 제 2, 제 3세계	하나의 세계
정 치	자본주의 vs 공산주의	연성 vs 경성 자본주의
경 제	성 장	지속가능성
초 점	양적, 용량부가적	질적, 가치부가적
척 도	재정적 수지결산	사회, 경제, 환경 통합결산
자 본	물리적, 재정적, 지적	인간적, 사회적, 자연적
거버넌스	배타적, 주주	참여적, 이해관계자

자료: 이창우(2003).

〈표 8-2〉 환경정책의 제도적 프레임 변화

	과 거	현 재	미 래
정책 목표	· 환경 vs 경제 · 공급에 초점	· 환경 vs 경제(부분 통합) · 수요에 초점	· 환경, 경제 및 사회적 목표 (지속가능한 발전) · 수요와 공급의 통합에 초점 · 예방적 접근 중시
국가 환경 제도	· 엄격한 구조 · 제공자로서의 정부 · 환경제도는 과학적 고려 및 전문가가 지배	· 탄력적 구조, 그러나 전통이 여전히 지배 · 활동의 지방분권화 · 협상 파트너로서의 정부 · 경제적 기술 중시	· 개방적/탄력적 구조 · 네트워크의 강조 · 촉진자 - 촉매자로서의 정부 · 지속적 분권화 속에서 기능적 균등 강조 · 정부역할의 지속적 진전 · 통합적 분석기술 필요
국제 환경 제도	· 발전단계 · 환경목표 지배적 · 정책목표를 종종 정성적 용어로 기술 · 경제를 부정적 문제의 근원으로 봄	· 부분적 통합단계 (경제제도의 확산과 연계) · 다자간 환경협정 확산	· 완전한 통합단계 (다자간 환경협정은 보다 더 사회경제적으로 민감해짐) · 정책목표를 정량적 용어 (목표치, 일정)로 기술 · 국제협력의 필요성 증대

자료: 지속가능발전위원회(2001).

는 수질, 에너지, 보건, 농업, 생물다양성 등에 관한 이슈를 토의하고, 요하네스버그 선언문과 이행계획을 채택하였다.[2] 또한 2003년을 기준으로 대기·기후, 해양·어업, 폐기물, 자연보호·생물보호, 핵안전 분야 등 국제환경 관련협약이 221개로 확대되었으며 현재 경제협력개발기구(OECD), 국제표준화기구(ISO), 유엔환경계획(UNEP) 등 다양한 국제기구들이 지구환경 보전을 위한 국가간 환경협력과 환경규제의 국제표준화(*global standard*)를 추진하고 있다(환경부, 2005). 특히 유엔지속가능위원회(UNCSD)가 제시하고 있는 활동계획에는 국가간 환경협력에 대한 구체적 방향이 제시되어 있다. 2003년에 열린 제11차 CSD회의에서는 향후 15년간의 활동계획을 수립하였으며, 2년을 단위로 2017년까지 논의해야 할 7가지 주기별 주제를 선정하였다(〈표 8-3〉 참조). 이러한 주제들은 각 국가 및 지역별 성과를 평가하고 모범사례에 대한 토론이 이루어지는 검토연도(*Review Year*)와 이를 바탕으로 구체적 정책대안을 모색하는 정책연도(*Policy Year*)를 거쳐 논의되며, 이 과정을 통해 이슈간 통합적 국제표준을 정립하겠다는 것이 CSD의 목표이다(이창우, 2003).

이창우(2003)는 위와 같은 환경정책의 국제표준화 추세를 정책기조, 정책형성 및 정당성 확보, 정책집행 및 평가의 측면에서 9가지로 정리하고 있다. 첫째, 경제성장과 환경보전을 상호 대립관계로 인식하던 시각에서 벗어나 환경보전을 통해 경제발전을 추구하는 지속가능한 발전을 도모하고 있다. 둘째, 환경매체별 정책에서 사회경제를 모두 포괄하는 매체간, 이슈간 통합정책을 강조하고 있다. 셋째, 수요와 공급의 일방만을 강조하던 정책에서 양자를 모두 고려하는 기조로 전환하고 있다. 넷째, 정부와 전문가 주도적인 환경정책에서 다양한 이해관계자들의 네트워크와 파트너십을 강조하는 환경 거버넌스 체제로 변모하고 있

2) 이행계획에서는 재생에너지 사용비율 증대, 지속가능한 생산 및 소비 10개년계획 수립, 유해화학물질 생산의 단계적 금지 등을 합의하여 국내정책에 반영할 것을 요구하였다.

다. 다섯째, 규제의 대상이던 기업이 전문성, 과학기술정보 등을 소유한 핵심주체로서 국제 환경레짐의 형성을 주도하고 있다. 여섯째, 중앙정부만이 주로 가지고 있던 환경사안에 관한 권한이 국제기구 및 지방정부로 이양되고 있다. 일곱째, 법규에 근거했던 환경규제 정책에서 경제적 인센티브 및 시장의 자율성을 강조한 규제로 변하고 있다. 여덟째, 반공해 대책에만 초점을 두던 정책에서 자연·인간·지구의 쾌적한

〈표 8-3〉 2004~2017년간의 주기별 CSD 주요의제

<table>
<tr><th>연 도</th><th>주요의제(thematic cluster)</th><th>통합이슈
(cross-cutting issues)</th></tr>
<tr><td>2004~
2005</td><td>·물·위생(water · sanitation)
·인간정주(human settlements)</td><td rowspan="7">·빈곤퇴치
·소비·생산
·자연자원
보전·관리
·세계화
·건강
·이행수단
·제도적 체제
·양성평등
·교육 등</td></tr>
<tr><td>2006~
2007</td><td>·지속가능발전을 위한 에너지
·산업개발
·대기 및 대기오염</td></tr>
<tr><td>2008~
2009</td><td>·농업·농촌개발 및 토지
·가뭄, 사막화
·아프리카</td></tr>
<tr><td>2010~
2011</td><td>·운송(transport)
·화학물질·폐기물 관리
·광업(mining)
·지속가능한 소비·생산패턴 10개년
프로그램체제 수립</td></tr>
<tr><td>2012~
2013</td><td>·산림(forests) ·산악(mountains)
·생물다양성·생명공학
·관광</td></tr>
<tr><td>2014~
2015</td><td>·해양·바다(oceans and seas)
·해양자원
·도서 개도국(SIDS)
·재난관리 및 이에 대한 취약성</td></tr>
<tr><td>2016~
2017</td><td>·의제21·이행계획 등에 대한 전반적 이행평가</td></tr>
</table>

자료: 환경부 홈페이지(http://www.me.go.kr).

환경유지를 강조하는 정책으로 전환되고 있다. 아홉째, 환경정책 모니터링 및 평가의 과학화, 계량화 추세가 강조되고 있어 이를 위한 다양한 지표나 지수가 개발되고 있다.

이하에서는 이러한 세계적 환경정책의 변화양상에 기반하여 김대중정부와 노무현정부의 환경정책을 평가해보고자 한다.

3. 김대중정부와 노무현정부의 환경정책

1) 김대중정부(1998~2002년)

김대중정부 환경정책의 가장 큰 특징은 매체별 환경관리의 패러다임을 사후처리 중심에서 사전예방체계로 전환함으로써 환경관리 효율화를 제고하고자 한 데에 있다. 제도적으로 살펴보면, 4대 강 특별법을 제정하고 오염총량관리제와 수변구역 지정 등 사전예방적 유역 통합관리체계를 정착시키고자 하였다. 또 대기 질의 개선과 관련하여서는 천연가스 버스를 도입하였고 수도권대기질개선특별대책시안을 수립하였으며 폐기물의 재활용을 촉진하기 위해 생산자책임재활용제도(EPR)를 도입하는 등의 노력을 기울였다(박순애, 2003). 대통령 산하에 지속가능발전위원회를 설치한 것도 의미 있는 업적으로 평가할 수 있다.

조명래(2001)는 김대중정부의 환경정책이 대부분 오래전부터 제시되었거나 부분적으로 시행했던 것을 좀더 강화시킨 것일 뿐이라고 평가하지만(이상호, 2003 재인용), 김인환(2001)은 형식적 의미 이상은 아니라고 평가될 수 있을지라도 이전 정부에 비해 진일보한 측면이 존재하고 있음을 부인하기 어렵다고 주장한다. 하지만 정책의 실효성 측면에서는 환경의 질을 개선시킨 효과는 거의 없는 것으로 분석하였다. 이정환(2002)도 1996년과 2001년의 환경현황을 비교평가한 결과 오염도는

17% 낮아졌으나 환경기준 초과가 크게 늘어 결론적으로 환경 질 개선이 미흡하였다고 평가하였다. 또한 환경분야의 국정과제들은 실행가능성이 없는 과제들이 다수였으며 과제의 선정과 이행과정에서 시민들의 참여가 보장되지 않았음을 지적했다. 즉, 김대중정부에 대해 환경전문가들은 환경 비전의 부족, 의사결정자의 인식 미흡, 경제 우선정책 등을 부정적으로 평가하였고, 4대 강 특별법 제정이나 지속가능발전위원회 설치 등의 노력은 고무적이었으나 그 성과는 제한적이며 미흡하였다고 지적하였다.

김대중정부의 집권기에 사회적 논란을 일으켰던 환경문제로 이정환(2002)은 동강댐 건설, 새만금 간척사업, 그린벨트 해제를 지적하고 있다. 동강댐 사업의 백지화는 각종 여론과 전문가 검토결과를 감안하여 철회를 선언하였다는 점에서 긍정적 평가를 받고 있지만, 새만금 간척사업의 경우 자문기구인 지속가능발전위원회의 부정적 평가에도 불구하고 '판단을 내리기 어렵다'는 태도를 취하였으며, 그린벨트 해제는 경제발전을 위한 각종 환경규제정책 완화의 일환으로 실시되었다는 점에서 환경단체들과 전문가들의 강력한 반발을 샀다. 김대중정부의 환경정책에 대해 환경전문가들은 동강댐 백지화, 4대 강 수질대책, 팔당주변 아파트건설 철회 등을 잘한 정책으로 꼽았고 그린벨트 해제, 준농림지 문제, 새만금 사업 재추진 등을 잘못된 환경정책으로 평가한 것으로 나타났다(이정환, 2002: 135~137).

결론적으로 김대중정부에 대한 평가는 '환경 마인드'가 부재했다(김인환, 2001)는 비판을 받고 있다. 물론 김대중 대통령은 취임 당시부터 IMF 경제위기 극복이라는 과제를 안고 있었지만 동강댐 백지화, 새만금 간척사업 강행, 그린벨트 해제 등의 사례에 비추어볼 때 정부는 신자유주의적 정책기조를 유지하면서 경제주의적 진보관에 따라 환경정책을 결정하였다. 따라서 2000년 6월 환경의 날 행사에서의 '자연은 인간의 어머니'라는 김대중 대통령의 연설은 다소 공허한 선언이었다고 할 수 있으며 대통령의 환경에 대한 철학과 그 실천이 미흡했다는 평가가 지배적이다.

2) 노무현정부(2003년~현재)

여느 정권보다 진보적인 정책을 펼칠 것으로 기대되었던 노무현정부는 대대적 조직개편과 다양한 환경법 제·개정을 시도하였다. 환경부는 2004년 3월 직제령을 개정하여 각 오염매체별 관리를 통합하는 방향으로 환경부 조직개편을 단행하였다. 법적·제도적 측면에서는 생활환경개선을 위한 수도권대기개선특별법 제정('03), 환경보건 10개년 종합계획 수립('06~'15), 위해성에 근거한 화학물질 관리정책 수립, 사전예방적 환경관리체계 구축을 위한 전략환경평가제도 시행 및 자연경관심의제 도입('06), 총량관리제도의 본격적 시행을 추진하였다. 또한 2007년 지속가능발전기본법을 제정하고 건설폐기물의 재활용촉진에 관한 법률('03), 친환경상품 구매촉진('04), 음식물직매립금지제도('05), 전기·전자제품 및 자동차의 자원순환에 관한 법률('06) 등을 도입하여 지속가능한 발전을 위한 토대도 마련하고자 노력하였다(환경부, 2007a).

그러나 '후손을 위한 아름다운 녹색나라'의 이념을 공약으로 내걸었던 노무현정부의 환경철학은 '얕은' 환경주의 내지는 소극적 환경관리주의로 평가되고 있다(박재묵, 2003). 12대 국정과제 중에서 환경과 직접 관련된 정책은 '참여복지와 삶의 질 향상'에 관한 7가지 세부과제들 중 하나인 '지속가능한 발전과 쾌적한 환경조성'에 포함되어 있을 뿐이다. 즉, 국정과제 전반에서 환경정책은 낮은 위상을 가지고 있으며 단순 산술적으로 64분의 1 정도에 불과한 비중만을 차지하고 있는 것이다(한면희, 2003; 최병두, 2004 재인용). 환경관련 부서와 기구 역시 그 역할과 지위가 축소되었다. 이는 대통령자문기구로서의 지속가능발전위원회가 단순 자문기구로서 역할을 하는 데 머물고 있는 현실이나, 건설교통부와 환경부 간 연간예산 격차가 12배, 인력 격차가 3배가 되는 현실에서 확인해볼 수 있다(조명래, 2005). 또한 노무현정부의 환경정책 전반에 대한 국민들의 불신과 저항이 큰 것도 문제점으로 지적되고 있다. 환경정책 과정에서 시민들의 참여가 실질적으로 이루어졌는지 분석한 김두환(2003)의 연구에 따르면, 지속가능위원회, 지방의제21, 환경분쟁조정위원회 등은 제도적 안정성을 보장하는 긍정적 기구인 것으로 평가했다. 하지만 위도 핵폐기물처리장, 새만금사업, 서울외곽순환도로, 고속전철 등의 사업을 둘러싼 갈등해결 과정에 있어서는 시민들의 참여시기, 참여주체의 포괄성, 참여방법 등 모든 면에서 상당한 문제점을 안고 있다고 주장했다. 각종 환경갈등이 분출하고 있는 상태이지만 그 대처능력은 턱없이 모자란 상태이며, '참여'를 국정운영의 핵심잣대로 삼고 있는 노무현정부가 과거 정부와 별반 차이가 없이 국민의견 수렴이나 참여를 적극적으로 허용하지 않는 것은 역설이라는 평가를 받고 있는 것이다(조명래, 2005).

3) 환경정책 평가

위의 논의를 종합해보면, 김대중정부와 노무현정부는 환경정책의 위상, 정책형성 및 정당성 확보, 정책집행 및 평가의 세 가지 측면 모두에 있어서 미흡한 것으로 평가되고 있다.

(1) 환경정책의 위상 및 조직

환경정책의 위상에 있어서는 지속가능한 발전에 대한 기조를 형식적으로 내세우고 있을 뿐, 사실상 환경 마인드가 부재했거나 소극적 환경 마인드를 바탕으로 국정을 운영한 것으로 분석된다. 국가정책 전반에 걸쳐서 지속가능한 발전이 주요 정책목표가 되어야 함에도 불구하고 이에 대한 정부와 국민들의 인식 모두가 미흡한 것이 현실이다. 2007년

3~4월 대통령자문 지속가능위원회가 전국 만 19세 이상 성인남녀 1천명을 대상으로 실시한 '지속가능발전 대국민인식 조사' 결과에 의하면 응답자의 25.3%만이 지속가능발전이라는 용어를 인지하고 있는 것으로 나타났으며, 지속가능발전 개념과 일치되는 의견 정인지도는 5.4%로 더욱 낮게 보고되었다. 하지만 지속가능발전 개념에 대해 인지한 이후에는 88.4%에 달하는 응답자가 지속가능발전이 국가발전 목표로 적합하다고 응답해,[3] 지속가능성에 대한 인식 고취 및 정책적 고려를 담보하기 위한 제도적 장치 마련이 시급하다고 할 수 있다.

또한 매체간·이슈간 통합정책과 수요·공급 통합관리도 제대로 이루어지지 않고 있는 실정이다. 현재의 환경행정 기능은 여러 부처에 분산되어 있어 부처간 기능 재조정 및 연계강화가 환경정책의 효율성을 제고하기 위해 시급한 과제로 제기되고 있으며, 환경부의 조직체계가 대기, 수질, 폐기물 등 단일매체 중심으로 구성되어 있어 사전예방적이고 통합적인 조직으로서의 변화가 요구되고 있다. 수요·공급 통합관리의 경우 환경친화적 소비 및 생산 촉진을 위한 체계적인 시스템 구축이 미흡하고 관련제도의 정비나 유인장치도 부족한 실정이다. 1992년부터 도입된 환경표지제도, 환경성적표지제도, 친환경건축물인증제도 등이 실효성 있는 제도로 정착되지 못하고 있다는 것이 전문가들의 의견이다(환경부, 2005). 생산과 소비를 통합적으로 고려하여 상품의 전생애 주기에서 환경친화성을 제고하는 것이 국제적 추세임에도 우리나라에서는 아직 지속가능한 소비 및 생산체계 구축이 미흡한 것으로 분석된다.

(2) 정책형성 및 정당성 확보

정책형성 및 정당성 확보의 측면에 있어서 이해관계자들의 이해와 참여, 환경 거버넌스 체제의 활성화가 필수적이었음에도 불구하고 두 정

3) 대통령자문 지속가능발전위원회 (http://pcsd.go.kr).

부 모두 이해관계자들의 참여와 실질적 영향력 발휘가 매우 미흡하였던 것으로 평가된다. 김대중정부는 환경단체들과 국민들의 강력한 반발을 샀던 새만금 간척사업, 그린벨트 해제 등의 사업을 진행함에 있어서 국민의 여론을 충분히 수렴하지 않았으며, '참여'를 강조했던 노무현정부 또한 중대한 국책사업들의 진행과정에 있어서 시민들의 참여를 적극적으로 허용하지 않았다. 따라서 환경정책 전반에 대한 국민들의 불신과 저항을 줄이는 것이 새 정부의 주요과제라 할 수 있을 것이다. 한편 대통령자문 지속가능발전위원회, 지방의제21, 지방지속가능위원회, 환경분쟁조정위원회 등 환경관련 기구의 설립은 지속가능발전을 지지해줄 수 있는 효과적 제도인 것으로 평가되지만 이들의 형식적 운영에 대한 지적이 끊이지 않고 있다. 2000년 9월 거버넌스 기구로 설립된 대통령자문 지속가능발전위원회는 자문기구라는 구조적 한계로 실질적 정책조정을 수행하지 못하고 있으며 국가의 지속가능발전을 위한 정책개발과 대안제시가 미흡하다는 점을 지적받고 있다. 1995년부터 수립된 지방의제21의 경우에도 전국 246개 지방자치단체 중 90% 이상의 지방자치단체가 지방의제21을 수립하였거나 수립 중에 있지만 지방의 실질적 지속가능발전보다는 환경운동 차원으로 운영되어 지역사회의 폭넓은 지지와 참여를 이끌어내는 실질적 거버넌스 체계 형성에는 이르지 못하고 있다는 비판이 제기되고 있다(환경부, 2005).

또한 글로벌 환경레짐을 실현하는 데 있어서 기업의 적극적 역할이 미흡한 것도 사실이다. 기업이 환경레짐 형성에 있어서 주도적 역할을 수행해내야 함에도 여전히 단순한 환경규제 대상으로 인식되고 있다는 것이다(이창우, 2003). 장기적 안목에서 지속가능경영체계의 확산 및 성과보고를 강화하며, 종래의 사후오염 처리기술의 개선과 함께 사전예방, 환경복원·재생기술의 발전, 생산과정에서의 무배출·무방류 등 청정생산체제를 구축하는 것이 필요하다. 이에 더해 환경친화적 제품의 개발-생산-유통-판매-소비의 선순환구조 구축노력이 요구된다고 할 수 있다(환경부, 2006a).

환경정책의 지방분권화 역시 낮은 수준에 머물러 있다. 지방자치제도가 시행된 지 10여 년이 지났음에도 불구하고 중앙집권적 행정체계가 여전히 지배적인 가운데 환경행정에 대한 권한이양이 실질적으로 이루어지지 않고 있다. 환경행정의 지방분권화는 지역의 특성에 적합한 환경행정의 구현, 대응성 확보, 책임성 강화, 상향식-자율규제의 긍정적 효과 등의 이유로 그 필요성이 강조되고 있음에도, 지방자치단체의 경계를 넘어서는 환경문제에 대한 광역적 관리의 필요성, 자치단체간의 이해갈등 발생, 지역간 환경 질 격차의 문제, 자치단체의 전문성 및 역량 등의 제약으로 인해 조심스러운 접근이 필요한 것으로 인식되고 있다. 이러한 제약요건들을 극복하기 위해서 중앙정부의 정책조정 및 통합능력이 강화되어야 하며 지방자치단체 환경행정에 대한 평가체계 개발 및 지방자치단체의 환경행정 역량·전문성 강화가 필수적으로 이행되어야 했으나 아직까지 미완의 환경정책 과제로 남아 있다(김병완, 2003).

(3) 정책집행 및 평가

우리나라의 환경정책은 규제행정 중심으로서 경제적 인센티브에 기초한 시장 메커니즘의 활용이 미흡한 실정이다. 대기나 수질 등의 관리에 있어 오염총량제와 배출권거래제는 아직 시행 초기에 있는 단계이며 제도의 시행주체인 기업들과 이에 대한 충분한 합의를 도출하지 못하고 있어 혼선을 빚고 있다. 특히 2005년 2월 발효된 교토의정서에서는 자국 내에서의 온실가스 감축 목표달성을 위해 배출권거래제(*Emission Trading*), 청정개발체제(*Clean Development Mechanism*), 공동이행제도(*Joint Implementation*) 등 경제적 수단[4])을 이용하도록 권고하고 있어 경

4) 배출권거래제는 교토의정서 제 17조에 규정된 것으로 온실가스 감축의무가 있는 국가에 배출쿼터를 부여한 후 동국가간 배출쿼터의 거래를 허용하는 제도를 말한다. 또한 교토의정서 제 12조에 규

제적 인센티브 중심의 환경규제 마련이 시급함에도 불구하고 이에 대한 대책이 미진한 상태이다(기후변화홍보포털 홈페이지).

한편 우리나라의 환경정책은 1960년대 위생정책, 1970년대 반공해 정책, 1980년대 환경정책으로 변모했으며(허장, 1998), 2000년대에 들어서 지속가능한 삶을 모색하는 환경창조적 정책들이 등장하고 있는 것으로 평가되어(문태훈, 2006), 자연·인간·지구 중심의 환경정책은 어느 정도 실현되고 있는 것으로 볼 수 있다. 하지만 여전히 환경오염 문제를 해결하기 위한 소극적 정책들이 주를 이루고, 여타 선진국에 비해 그 노력이 미흡한 실정이므로 이에 대한 보완이 필요하다고 하겠다. 나아가 단순히 국제협약에 가입하는 것에 그칠 것이 아니라, 국정문제 전반에 걸쳐 지구의 환경보전을 고려하는 적극적 자세가 요구된다.

환경정책의 계량화 역시 아직 초기단계에 있다고 볼 수 있다. 최근 대형 국책사업으로 인하여 사회적 갈등이 유발되고 막대한 사회적 비용이 초래되고 있음에도 환경정책의 입안, 결정, 집행, 환류 등 정책의 전 과정에 수반되는 비용과 환경개선 효과가 정확히 반영된 환경-경제성 평가 부재로 환경정책의 효과가 저하되고 있다. 또한 지속가능발전에 대한 관심은 높아지고 있으나 표준화된 지속가능발전지표와 지수 개발이 미흡한 상태이므로, 환경정책의 지속가능성을 계량적으로 평가·분석할 수 있는 시스템을 구축하고 환경정책의 과학화를 촉진해야 할 것이다(환경부, 2005).

정한 청정개발체제는 선진국이 개발도상국에 투자하여 발생된 온실가스 배출 감축분을 자국의 감축실적에 반영할 수 있도록 하는 제도이다. 그외에 공동이행제도는 교토의정서 제6조에 규정된 것으로 선진국이 다른 선진국에 투자하여 발생된 온실가스 감축분의 일정분을 투자국의 배출저감 실적으로 인정하는 제도를 말한다(환경부, 2006a).

4. 환경과 경제의 선순환구조로

2006년에 개최된 제14차 UNCSD는 지속가능한 발전을 위해 가장 관심을 가져야 할 분야로 에너지, 산업발전, 대기오염 및 기후변화를 제시하였으며, 이들은 서로 밀접하게 연계되어 있으므로 장기적이고 통합적인 접근방법이 필요하다는 데 동의하였다. 첫째, 에너지 분야의 지속가능발전을 달성하기 위해서 국가발전계획에 에너지 접근전략과 에너지 효율목표를 포함해야 하며 민간부문 투자촉진을 위한 법규 및 조세체계 정비, 에너지 수요관리정책을 강조하였다. 또한 지속가능한 생산과 소비행태 조성, 기술혁신, 교통부문 효율향상, 효율적 에너지 기기에 대한 소비자의 인식제고, 도시개발계획에 에너지 효율에 대한 고려가 필요하며 신·재생에너지 기술개발을 촉구하였다. 둘째, 산업발전 분야에서는 정치·사회적 안정성, 예측가능한 정치적·법적 체계, 노동자 교육·훈련, 에너지·용수공급·교통 인프라 구축이 필요하다. 이에 더해 자연자원의 효율적 사용, 지속가능한 생산·소비체계 구축, 3R (*Reduce*, *Reuse*, *Recycle*) 정책 추진 등이 강조되어야 한다. 셋째, 대기오염 분야에서는 에너지, 교통, 폐기물관리, 건강과 기후 등을 관통하는 통합적 전략이 필요하며 장거리 이동 대기오염물질 관리를 위한 지역적·국제적 협력, 모니터링 및 대기환경기준 강화, 대중교통체계 확충, 연비제고 및 무연휘발유 사용강제 등 자동차 오염관리가 필수적이다. 넷째, 기후변화에 있어서는 국제적 온실가스 저감노력이 부분적으로 성공적인 평가를 받고 있으므로 앞으로 기후정책과 경제정책의 통합, 탄소시장 형성을 위한 정부역할 증대, 국제파트너십의 중요성 제고 등의 노력이 요구된다.[5)]

이하에서는 이러한 국제적 논의를 바탕으로 에너지, 산업발전, 대기

5) 환경부 홈페이지 (http://www.me.go.kr).

오염 및 기후변화 등의 분야에 있어서 통합적인 환경정책 마련을 위한 개혁방안을 논해보고자 한다.

1) 친환경 산업구조의 정착과 ET 개발[6)]

2007년 G8 정상회의에서 독일 메르켈 총리는 18세기 후반 기계화를 기반으로 제1차 산업혁명이 일어났고, 20세기 후반 IT를 기반으로 제2차 산업혁명이 이루어졌다면, 21세기에는 ET(*Environmental Technology*: 환경기술)[7)]를 핵심으로 자원, 에너지의 친환경적 이용에 기반을 둔 제3차 산업혁명이 발생할 것이라고 선언하였다. 즉, 환경·경제 통합체제에서 시장경쟁력은 환경·경제 효율성(*Eco-efficiency*)이 결정하게 될 것이며, 지속적 경제발전을 위해 세계시장은 자원, 에너지를 친환경적으로 이용하는 경제구조로의 개편이 불가피한 것으로 전망된다. 이러한 세계적 추세에 따라 세계 ET 시장은 2005년 0.65조 달러에서 2020년 2.8조 달러로 급팽창할 것으로 예측되고 있다.

〈표 8-4〉는 ET 분야의 우리나라 상황을 SWOT 분석한 결과이다. 선진국의 환경규제가 가속화될수록 환경시장의 규모는 확대되고 있지만, 아직 우리나라는 환경·경제 효율성을 달성하기 위한 국가전략이 미흡한 편임을 알 수 있다.

Roland Berger Strategy Consultants가 2006년에 발표한 미래 ET의 세계시장 연평균 성장률을 보면 태양열 발전 21%, 이산화탄소(CO_2) 저배출발전 21%, 합성 바이오연료 15%, 하이브리드 자동차 15%, 연료전지 기술 20%, 바이오 플라스틱 22%를 제시하고 있다(정덕기, 2007 재인용). 따라서 우리나라도 첫째, ET 분야의 R&D를 강화하고 기업투자를 활성화하여 시장의 불확실성을 제거하고 R&D와 투자의 선

---

6) 정덕기(2007), 환경부(2007d) 참조.

7) 오염물질의 처리기술을 포함한 모든 제품과 서비스의 환경경제 효율성을 높여주는 기술.

순환구조를 정착시켜야 할 것이다. 둘째, 산업간 경쟁관계가 심화되는 개도국들과 국제 분업구조를 정립할 필요성이 대두되고 있다. 중국의 환경시장 규모가 2010년에 GDP의 2%인 4천억 RMB(48조 원), 2020년에 GDP 3%인 1조 RMB(약 120조 원)으로 확대될 전망이므로, 중국 등 개도국의 시장여건에 맞는 단계별 전략을 추진하여 협력적 분업구조를 마련하는 데 노력을 기울여야 할 것이다. 우리나라의 ET는 선진국에 비해 가격경쟁력이 높고 환경오염 유발요인이 유사한 강점을 가지고 있으므로 상대적으로 중국 시장 선점에 유리한 위치를 차지하고 있다고 할 수 있다. 셋째, 녹색시장 창출로 기술혁신형 중소기업과 지식기반서

〈표 8-4〉 ET 분야의 SWOT 분석

강 점 (*Strengths*)	약 점 (*Weaknesses*)
· 환경 · 경제 효율성이 우수한 민족문화(예: 자원순환형 농업, 구들 등) · 환경 · 경제 효율성 극대화에 필요한 선진국 수준의 NT, BT · 환경산업 급성장 시작(2010년까지 연평균 14.2% 성장 전망)	· 미래형 복원기술 등 특정기술은 선진국의 30~40% 수준 · 세계시장 변화에 대한 인식 저조 · 환경정책이 여러 부처에 분산되어 있어 실효성 있는 국가대책 수립 곤란 · 환경 · 경제 효율성 육성을 위한 국가전략 부족 · 영세한 환경산업체 및 낮은 국제적 인식도
위 협 (*Threats*)	**기 회 (*Opportunities*)**
· 선진국의 환경규제 가속화 · 세계시장의 흐름을 놓칠 경우 비용부담 가중, 기업 경쟁력 퇴보 · 개도국의 기술 · 경제 수준 급속한 발전	· 아시아에서 미래 환경시장 창출 전망 (아시아 국가 연평균 환경시장 성장률 14~25%) · 아시아 국가들의 본격적 경제개발로 환경문제 심화 · 환경 · 경제 효율성이 낮은 개도국 상품에 대한 무역 견제 가능

자료: 환경부(2007d).

비스업을 육성하여야 한다. 이러한 수요에 대응하기 위하여 NT와 BT가 융합된 혁신적 ET 벤처기업을 육성하고 지식기반 서비스 시장을 선점하기 위해 글로벌 환경규제를 조기에 도입할 필요가 있다. 넷째, 저비용·고효율의 친환경 공간개발 구조를 구현한다. 슬럼화되고 있는 기존도시를 에너지 절감형-환경순환형 도시로 변화시키고, 도시형 자기부상 열차 등 첨단기술을 활용한 미래형 친환경 수송체계를 구축한다. 또한 고효율·친환경 공간을 개발하고 지능형 교통체계와 같은 고도화된 기술의 세계시장 선점을 꾀하여야 한다. 다섯째, 농어촌 중심의 신ET 산업을 육성하여야 한다. 지역 부존자원성 청정에너지 개발을 활성화하기 위해 지역주민 융자, 컨설팅, 유채 등 에너지 작물에 대한 보조금을 지급한다. 또한 환경친화적 일자리 창출을 위해 지방 청정에너지 산업 클러스터를 구축하고 이에 대한 적극적 재정 및 기술지원이 요구된다(정덕기, 2007; 환경부, 2007d).

2) 다각적 접근방식에 의한 환경관리

UNEP(2006)은 국가의 환경레짐이 효과적으로 작동하기 위한 조건으로 환경친화적 법과 규제, 성숙한 제도, 국가의 조정능력 및 집행능력 향상을 위한 훈련, 환경에 대한 인식제고와 교육 등을 제시하고 있다. 따라서 각국의 제도와 사회·문화·경제적 환경에 적합한 수단을 통해 국가의 환경레짐을 발전시킬 것을 권고하고 있다. World Bank(1999)는 환경오염을 효과적으로 저감하기 위해 법적 규제와 시장원리를 동시에 채택할 것을 권고하고 있다. 소수의 오염원이 대부분의 오염물질을 발생시키는 경우 전통적 명령-통제(*command-and-control*) 방식이 적용될 수 있는데 이는 주된 오염원을 집중적으로 규제, 감시함으로써 오염을 감소시키는 방법이다. 최근에는 시장지향적(*market-oriented*) 형태의 규제방식이 선호되고 있으며, 많은 국가들에서 이러한 방식이 효과적으로 작동한다는 결과들이 도출되고 있다.[8] 이러한 제도의 성공적 정착을 위해서는 명확하고 이행가능한 제재와 적절한 고지를 통한 집행이 담보되어야 한다.

우리나라에서 지난 7월부터 시행되고 있는 대기오염총량제는 규제와 시장원리를 동시에 활용할 수 있는 강력한 대책으로 2009년에는 대상 사업장이 확대될 전망이다. 기존의 대기정책들은 수도권에 집중된 규제정책으로 수도권 외 지역의 대기 질 관리정책은 소홀해졌으며, 농도규제하에서는 오염물질 배출량은 많아도 농도치가 기준 이내이면 적법판정을 받으므로 오염원 증가에 따른 저감에 한계가 존재하였다(환경부, 2006b: 29~31). 한화진(2002)과 유영성(2004)은 대기오염총량제의 실효성을 확보하기 위해 다음과 같은 정책적 고려가 필요하다고 한다. 첫째, 배출허용총량을 해당연도의 경제상황 및 사업장 유형에 따라 유연하게 적용할 것을 제안하고 있다. 즉, 총배출량에서 큰 비중을 점유하지만 상대적으로 저감비용이 작은 유형의 사업장 관리를 강화하고, 사업장 수의 증감, 가동률 변화 등 경기변동 등에 대응할 수 있도록 제도의 유연성을 강조하고 있다. 둘째, 비용절감 및 기술개발을 촉진시키는 다양한 정책대안을 마련하여 사업장별로 선택의 자율성 및 유연성을 부여하고 총량삭감에 대해 인센티브를 확대해야 한다. 특히 배출권거래제는 도입단계부터 성숙단계까지 시기를 구분하여 정부가 시기에 적합한 거래유형을 장려하도록 제안하고 있다.[9] 셋째, 규제중복을 최소화하는

8) 콜롬비아의 경우 리오네그로 연못(Rio Negro Basin)의 수질관리에 수질배출부과금제를 도입하여 도입 첫해에 52%까지 오염물질을 감소시켰으며, 필리핀의 경우에도 라구나 만(Laguna Bay) 지역에 이를 적용하여 기존의 88%까지 오염물질을 감축시키는 성과를 거두었다(Dasgupta et al., 2002 재인용).

9) 미국의 경우 도입 초기에 일정한 기준에 대비하여 초과삭감 혹은 배출에 대해 거래를 허용하는 삭감인증권거래제(*baseline and credit*)가 유용했던 것으로 평가되고 있다. 이러한 선진국의 경험을 바탕으로 초기 도입단계에서는 총량배출한도를 배분하여 거래토록 하는 배출허용권거래제(*cap and trade*)를 시행하되 다소 느슨한 허용량(*cap*)을 유지하고 보조적으로 삭감인증권거래제를 활용할 수 있을 것이다. 성숙단계에 있어서는 배출허용권거래제의 허용량을 점차 줄이면서 삭감인증권거래도

차원에서 온실가스 총량관리 및 배출권거래제와의 연계를 통해 규제의 효율성을 제고시킬 필요가 있다. 또한 에너지관련 환경세제 개편은 기존의 가격구조 및 세제, 경유차에 대한 세금부과 등 유관부처와의 협력을 통해 추진할 것을 권고하고 있다.

한편 제도적 수단들이 비효과적일 경우 NGO, 종교단체, 시민단체 등 다양한 이해관계자들의 비공식적 규제가 효과적 장치로 작동할 수 있다. 아가왈(Agarwal, 1982)은 인도의 한 제지공장이 지역공동체의 압력에 의해 오염저감장비를 설치하고, 피해보상 차원에서 힌두교 사원을 건설했던 사례가 있음을 보고하고 있으며, 리우데자네이루에서는 시민단체의 항의로 무두질 공장이 도시 변두리지역으로 입지를 이동하기도 했다(Stotz, 1991). 우리나라에서도 1980년대 말 이후 환경관련 시민단체가 급증하고 있으며, 태안반도의 정화작업에도 전 국민적 참여가 이루어지고 있다.

환경오염과 관련한 정보공개 확대도 효과적 환경규제 방안이 될 수 있다. 최근 몇 년간 전 세계적으로 환경오염이 가져오는 경제적 손실에 대한 분석이 활발한데 이를 바탕으로 중국, 브라질, 멕시코 등 발전도상국들에서 환경규제가 급속히 강화된 사례가 있다. 또한 환경오염에 대한 언론의 보도에 따라 기업의 주식가격이 영향을 받는다는 사례들이 보고되고 있다. 아르헨티나, 칠레, 멕시코, 필리핀 등의 기업들은 언론의 호평에 따라 평균 20%의 주식이익을 얻은 반면, 혹평을 받는 경우 4~15%의 손해를 본 것으로 나타났다(Dasgupta, 2002). 즉, 환경오염에 관한 정보가 공개될 경우 오염을 유발시키는 당사자나 지역공동체가 스스로 오염을 저감하기 위해 노력하게 되며, 적정한 환경표준을 설정하는 정부의 능력 및 친환경적 기업에게 보상을 주는 시장의 능력이 크게 향상될 수 있을 것이다. 따라서 정부는 시장경제에서 환경비용이 내

줄여 본격적으로 배출허용권거래제를 도입하는 방향으로 나아가야 한다(한화진, 2002).

재화될 수 있는 기반을 마련하고, 기업의 환경경영에 대한 인센티브를 제공하며, 시민단체를 환경정책의 협력적 파트너로 인정하고 환경감시자로서의 참여를 장려해야 할 것이다.

3) 국토계획과 환경보존의 연계

현재 우리나라의 지속가능성 저해의 주요인으로 국토이용정책과 자원관리정책의 오류 및 환경정책과의 부조화가 지적되고 있다. 즉, 환경용량을 고려하지 않은 개발 우선정책으로 인해 국토의 지속가능성이 훼손되고 있으며, 환경문제의 본질적 특성을 결정하는 수자원, 산림자원, 에너지 등 자원이용과의 연계 부족으로 인하여 효율적 국토관리의 한계에 도달한 상태라 할 수 있다(환경부, 2007d). 따라서 보다 효율적이고 지속가능한 국토관리를 위해서는 환경에 대한 고려가 정책과정 전반에서 이루어져야 할 것으로 사료된다.

첫째, 국토관리 과정에서 발생하는 갈등으로 인한 사회적, 재정적 손실을 막기 위해서는 국가적 차원의 체계적 갈등관리시스템이 마련되어야 할 것이다. 2004년 2월 국정과제회의에서 지속가능발전위원회가 '갈등관리시스템 구축방안'을 보고한 후 2007년 5월에 '공공기관의 갈등예방과 해결에 관한 규정'이 마련되었지만 여전히 국토개발과 관련한 갈등이 상존하고 있다. 효율적 갈등관리를 위해서는 정책의 전 과정에 적용될 수 있는 공공갈등관리시스템을 구축하고, 갈등관리의 역량을 강화하기 위한 조사·연구·교육훈련·전문가 양성 프로그램이 확대되어야 할 것이다(지속가능위원회, 2006). 둘째, 환경영향평가 방식이 단순하게 기준을 지키면 인정해주는 기준-통과형 제도가 아닌 대안의 상대평가를 통해 최선안을 찾는 목표-설정형 평가로 전환되어야 할 것이다. 이러한 평가는 과학적 근거를 바탕으로 하여야 할 뿐만 아니라 다양한 가치판단적 요소도 충족시키는 민주적 기법을 보강해야 할 것이다(조공장,

2007: 23~26). 또한 지속가능한 국토관리지표를 개발하여 각종 정책 및 사업의 지속가능성을 평가하고, 사전환경성 검토와 환경영향평가의 법적 근거를 일원화하며, 사전환경성 검토 시 지적된 사항은 환경영향평가에서 확인하는 것을 제도화하여야 한다. 셋째, 국토계획과 환경계획의 연계를 강화하기 위한 구체적 방안들이 마련되어야 한다. 국토종합계획과 국가환경계획, 도시기본계획과 시·군·구 환경보전계획 등 계획간 연계구조를 확립하고, 관련부처 공동으로 계획의 기본기조와 내용의 협의조정 절차 등을 명시한 국토·환경계획 수립체계를 개선하여야 한다. 녹지 등의 관리에 있어서는 '순손실 방지' 원칙을 준수하고, 지역특성을 고려하여 자연자원에 대한 총량관리제도를 도입한다. 도시의 지속가능성을 제고할 수 있도록 현 도시계획을 성장관리계획으로 전환하고, 지역별 환경용량 및 개발가능 용량의 산정기준을 마련한다. 넷째, 국토통합정보시스템을 구축하여야 한다. 현재는 각 부처별로 각기 다른 국토정보시스템을 구축·운영하고 있어 토지의 개발 및 보전에 관한 전체적인 정보파악이 곤란하고 정보가 공급자 중심으로 구성되어 있어 수요자가 원하는 정보제공에 한계가 있다. 마지막으로, 우리나라 전 국토의 64%(640만ha)를 차지하고 있는 산림의 광범위한 사회적 영향력을 고려하여 지속가능한 산림경영(SFM)을 구축해야 한다. 이를 위해서는 생물자원의 체계적 관리와 재해방지체계 개선이 이루어져야 할 것이다. 또한 도시 내 자투리 공간을 적극 활용하여 녹지공간을 확대하며, 기후변화협약에 대응한 탄소흡수원 확충방안의 일환으로 신규 조림, 숲 가꾸기 등의 사업을 확대하여야 한다. 이외에 산림휴양 및 문화공간을 확충하고 자연친화적으로 산지를 관리하며 산림의 환경적 영향에 대한 연구도 활성화되어야 한다(지속가능위원회, 2006).

4) 정책의 실효성 담보를 위한 환경조직

현재는 환경정책과 개발정책 간의 조정기능과 부처간 협조체계 미흡으로 관련 정부정책간의 혼선이 발생하고 있다. 〈표 8-5〉는 중앙부처의 환경행정 현황을 보여주고 있는데, 환경부, 건설교통부, 산업자원부, 해양수산부, 산림청 등의 여러 부처에 기능이 분산되어 있어 비효율과 낭비의 문제가 제기되고 있는 것이다. 다수의 선행연구들(주재복,

〈표 8-5〉 중앙부처간 환경행정기능의 분담현황

구 분	환경행정기능의 중복 · 분산
물 관리	· 환경부에 의한 수질관리 · 건설교통부 · 행정자치부에 의한 치수관리 · 환경부 · 건설교통부에 의한 상수도관리 · 건설교통부 · 행정자치부에 의한 하천관리 · 환경부 · 건설교통부 · 행정자치부 · 농림부에 의한 지하수관리 · 해양수산부에 의한 해수수질 관리 및 해양심층수 관리
천연기념물 관리	· 환경부와 문화재청의 천연기념물 보호관리
산림생태보전	· 환경부의 자연환경보전과 산림청의 산림보호
국토환경보전	· 환경부의 국토환경보전과 건설교통부의 국토이용 및 개발
대기환경보전	· 환경부의 대기오염방지 및 저감정책과 산업자원부의 에너지정책, 건설교통부의 교통정책, 해양수산부의 선반기인 대기오염방지 및 저감정책
재활용기술 및 재활용산업	· 환경부 · 산업자원부 · 해양수산부의 재활용대책 · 환경부 · 과학기술부 · 산업자원부 · 해양수산부의 재활용기술 개발 · 환경부 · 산업자원부 · 해양수산부의 재활용산업 육성
국제환경협력	· 환경부 · 해양수산부 · 외교통상부의 국제환경협력

자료: 환경부(2005).

2004; 정정화, 2003; 박재희 외, 2004 등)에서 제시되고 있는 정부간 기능연계 강화방안을 살펴보면 부처간 유사중복 기능 통폐합, 복합적 정책이슈 조정 전담기구의 설치, 한시적 자문위원회의 활용, 부처간 정책정보 공유시스템의 활성화, 현행 부처간 인사교류제도 개선, 집단의사결정 시스템과 정책토론의 활성화 등이 대표적으로 언급되고 있다.

이중 부처개편 및 조직통폐합이 가장 활발하게 거론되고 있으며 다섯가지 방안이 주로 언급되고 있다. 첫째, 대통령 산하에 상위계획 수립 등 국토-환경 관련 기획기능을 수행하는 부처형태의 상설 행정위원회를 설립하는 방안, 둘째, 건설교통부의 국토관리(수자원 포함)기능을 환경부의 기능과 통합하고 사회간접자본(SOC)의 설치·운영 및 교통·물류와 관련된 기능은 현행 건설교통부에 존치시키는 방안, 셋째, 건설교통부의 기능 중 환경훼손을 많이 발생시키는 SOC 관련기능을 환경부의 기능과 통합하여 '(가칭)국토환경부'가 수행하고 나머지 기능들을 '(가칭)물류교통부'에서 담당하는 방안, 넷째, 환경부를 '국토환경자원부'로 개편하여 농림부, 산업자원부, 건설교통부, 해양수산부 등이 가지고 있는 환경관련 기능을 일부 통합하는 방안, 다섯째, 건설교통부와 환경부를 1 : 1로 통합하는 방안이 거론되고 있다(박광국, 2007; 환경부, 2007b; 2007c). 이러한 대안들 중 최종적 선택은 현실적 실현가능성, 조직개편의 효과성, 글로벌 패러다임과의 부합성 등을 고려하여 지속가능성을 극대화할 수 있는 방향으로 이루어져야 할 것이다.

5. 결론: 환경 거버넌스와 리더십

이 글은 글로벌 환경 패러다임을 조망하고 최근 정부의 환경정책을 평가하여 개략적인 정책방향성을 제시하였다. 김대중정부와 노무현정부는 진보적 이념으로 환경 분야에서 괄목할 만한 제도적 발전을 이루었지만 이러한 제도의 실효성 측면이나, 국제사회의 환경적 책임을 공유할 수 있는 정부로서는 미흡하다는 평가를 받고 있다.

우리나라는 지난 반세기 동안 급속한 경제성장으로 동남아 개도국 및 제3세계의 발전모델로 평가받고 있지만, 한편으로는 주변국가들과의 치열한 산업경쟁으로 선진국으로의 진입에 도전을 받고 있다. 또한 경제성장의 부산물로 축적된 환경오염은 반세기가 지난 작금에 이르러 훨씬 비싼 대가를 요구하고 있지만 완전한 복구는 요원해 보인다. 지난 20여 년간 정부가 추진한 국책사업이 환경자원의 가치를 고려하지 못함으로 인해서 얼마나 많은 국세를 낭비하였는지는 일일이 열거하기 어려울 정도이다. 여기에 더해 선진국은 자국의 청정기술을 바탕으로 환경규제를 국제규범화함으로써 신경제질서를 창출하고 있다.

그렇다면 현재 우리나라는 이러한 환경변화에 대응하고 나아가 주도적 역할을 할 준비가 되어 있는가? 최근 발생한 태안반도 사건은 이에 대한 우리나라의 현주소라고 할 수 있다. 1989년 알래스카의 엑손발데스 호 기름유출사건 이후 엑손모빌의 민·형사 분쟁은 아직 진행 중이고, 전문가들은 주변해안의 서식환경 복원에 30년 이상이 걸릴 것으로 예상하고 있다. 이 사건 이후 국제해사기구(IMO)는 유조선의 이중선체 구조를 권고하고 2010년 이후 단일선체 유조선의 운항금지를 조치하였으나, 조선 강국으로 평가받는 우리나라 유조선은 비용문제로 단일선체를 주장함으로써 이러한 사고를 예방하지 못하였다.

위생에서 출발한 환경정책은 관리비용으로, 경제적 자원으로, 고부가가치 상품으로 진화하고 있다. 21세기의 변화된 국제규범은 환경 거버넌스의 정착을 강조하고 있지만 우리나라의 환경 거버넌스는 형식적 수준에 머물고 있음을 알 수 있다. 환경관리와 정책에 대한 실효성을 담보하기 위해서는 환경 거버넌스 체제강화를 위한 기반조성이 우선되어야 한다. 〈그림 8-1〉은 환경 거버넌스에서 각 주체의 역할을 보여주고 있다.

〈그림 8-1〉 환경 거버넌스 체계의 구성

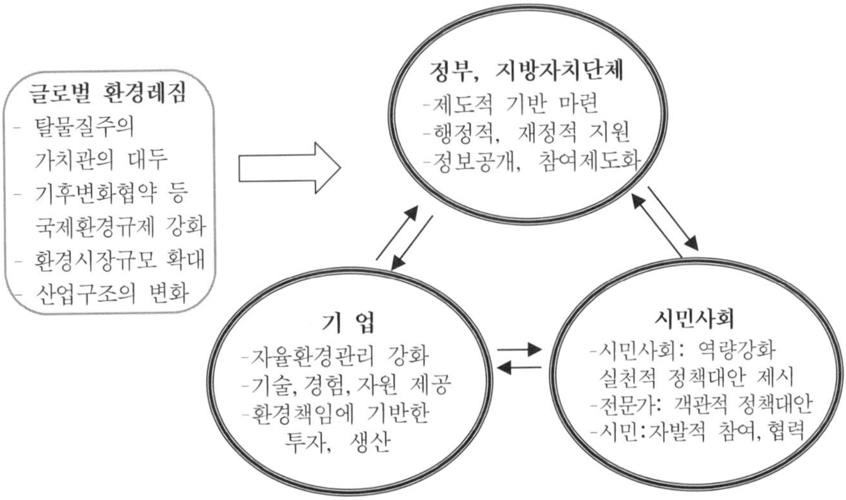

자료: 환경부(2005) 재구성.

정부는 협력의 촉진자로서의 역할을 정립하고 지역사회 시민의 환경역량을 강화할 수 있는 방안들이 마련되어야 할 것이다. 또한 환경 거버넌스를 구성하는 각 주체별 역할과 책임의 합리적 분담이 이루어져야 한다. 예를 들어 중앙정부 및 지방정부는 거버넌스 기구에 대한 제도적 기반과 지원체계를 마련하고, 기업은 환경관리 책임을 강화할 뿐 아니라 지역사회 환경보전운동에 적극 참여하며, 지역주민은 환경보전활동에의 자발적 참여와 협력을 강화하는 등 각 역할이 명확히 규정되어야 한다(환경부, 2005).

그러나 이러한 거버넌스가 작동하기 위해 무엇보다 중요한 것은 지도자의 리더십과 정책 우선순위에 대한 확고한 신념이라고 할 수 있다. 잉글하트(Inglehart)는 산업사회에서의 경제적 안정은 "물질주의적" 가치관으로부터 자기표현, 삶의 질, 미적 만족을 강조하는 "탈물질주의적" 가치관(*post-material values*)을 지배이념으로 등장시켰다고 한다. 제 2차

세계대전 이후 급속한 경제발전과 부의 팽창이 젊은 세대로 하여금 새로운 가치관을 추구하게 만들었고, 이러한 "탈물질주의적" 가치관은 서구사회의 정치적 구조변화에 주요한 역할을 하였음을 발견하였다.[10] 즉, 이전에 중요한 가치로 여겨졌던 경제발전, 국가안보 등의 물질적 가치 대신 사회문화적 다양성을 존중하고 삶의 질 향상에 우선순위를 두는 가치관이 등장하게 된 것이다. 이러한 시대적 조류에도 불구하고 2007년 각 정당의 대선공약은 한결같이 경제성장을 최우선 목표로 내세우고, 지역발전을 위한 장밋빛 개발정책들을 남발하고 있다. 새 대통령은 국민이 경제성장을 원하고 있지만 동시에 삶의 질과 심미를 추구하는 21세기형 인류임을 명확히 인식하여야 한다.

참고문헌

김두환(2003). "노무현정부의 환경정책에서 시민참여: 평가와 과제". 〈한국환경사회학회 2003년 학술대회 자료집〉. 17~35쪽.

김병완(2003). "지방분권화 시대의 환경정책 비전과 전략". 한국환경정책평가연구원. 〈환경정책의 새로운 패러다임 모색을 위한 정책토론회〉. 60~68쪽.

김인환(2001). 〈김대중정부 환경정책의 공과〉. 한국환경경제학회 · 한국환경정책평가연구원 · 대한상공회의소 공동주최 정책토론회. 2001년 11월.

문태훈(2006). "한국행정학 50년에서 환경보전 연구의 성과와 과제". 〈한국

10) 잉글하트(Inglehart)는 가치관의 전환이 환경에 대한 관심의 증가에 있어서 중요한 역할을 하였고, 환경친화적 정책들을 수립하도록 압력을 가했다고 주장한다. 그의 연구에 의하면 1970년대의 서구사회에는 물질주의자(*materialist*)와 탈물질주의자(*post-materialist*)의 비가 4 대 1 정도였지만, 1988년에 이르러서는 그 비가 4 대 3으로 증가하였다고 한다. 1990년대에 이르러서는 탈물질주의자는 친환경정당 또는 녹색정당의 잠재적 후원자로서 정치세력화 되었는데, 유럽 11개국을 대상으로 한 설문조사에서 성인인구의 거의 절반가량이 친환경정당에 투표할 의향을 표시한 것으로 나타났다 (박순애, 2002 재인용).

행정학회 · 서울행정학회 · 한국거버넌스학회 2006년도 하계공동학술대회 발표논문집〉. 243~266쪽.

박광국(2007). "국토 및 환경관리기능 조정방안". 대한국토도시계획학회 · 한국행정학회 · 한국환경정책학회 공동주최 〈바람직한 국토 · 환경관리체계 구축방향 공청회 자료집〉. 2007년 4월.

박순애(2002). "환경정책에 대한 주민의 지지와 환경친화적 행위의 결정요인". 〈한국정치학회보〉 36(1).

_____(2003). "생활환경정책의 주요쟁점과 발전방향". 〈신정부 환경정책의 주요쟁점과 발전방향세미나〉. 한국정책분석평가학회. 2004년 4월.

박재묵(2003). "노무현정부의 지속가능발전 철학과 정책". 〈한국환경사회학회 2003년 학술대회 자료집〉. 7~16쪽.

박재희 · 정유진 · 강기창 · 김남석 · 하미승(2004). "중앙행정부처의 갈등관리 방안". 〈KIPA 연구보고〉. 1~268쪽.

유영성(2004). 〈경기도에서의 배출권거래제도의 적용에 관한 연구〉. 경기개발연구원.

이상호(2003). "생태친화적 경제와 한국 경제의 지속가능성-김대중정부의 환경정책을 중심으로". 〈사회경제평론〉 21: 443~493.

이정환(2002). "정책대안-김대중정부 환경정책 총평가". 〈환경과생명〉 34: 130~141.

이창우(2003). "세계화시대의 환경정책 비전과 전략". 한국환경정책평가연구원. 〈환경정책의 새로운 패러다임 모색을 위한 정책토론회〉. 60~68쪽.

정덕기(2007). "환경과 경제의 통합에 의한 신 발전전략". 〈2007 한국환경정책학회 정책토론회 발표문〉. 1~25쪽.

정정화(2003). "부처간 정책갈등 관료정치: 새만금 간척사업을 중심으로". 〈한국행정논집〉 15(1): 81~105.

조공장(2007). "지역커뮤니티의 지속가능한 발전을 위한 환경평가 방법론 연구-주민참여의 개선방안을 중심으로-". 〈한국환경정책평가연구원〉.

조명래(2005). "노무현정부 2년 환경정책 평가 - 노무현정부 환경철학과 환경정책: 녹색진보의 관점에서". 〈환경정의 토론회 자료집〉. 4~16쪽.

주재복(2004). "정부조직간 정책갈등의 조정기제와 협력규칙: 동강댐건설

사례와 새만금간척사업사례의 비교 연구". 〈한국행정연구〉 13(3): 51~85.

지속가능발전위원회(2001). 〈OECD 환경전망〉. 지속가능발전위원회.

______(2006). 〈국가지속가능발전 전략 및 이행계획〉. 지속가능발전위원회.

최병두(2004). "노무현정부의 정책기조와 환경정책 평가". 〈도시연구〉 9: 241~260.

한화진(2002). 〈대기오염물질 총량관리 및 배출권 거래제도 시행을 위한 정책방향에 관한 연구〉. 한국환경정책평가연구원.

환경부(2005). 〈국가환경종합계획(2006~2015)〉.

______(2006a). 〈2006 환경백서〉.

______(2006b). 〈대기환경개선 10개년 종합계획(안) 2006~2015〉.

______(2007a). 〈2007년도 환경부 성과관리 시행계획-아름다운 환경 건강한 미래〉.

______(2007b). 〈바람직한 국토·환경관리체계 구축방향에 대한 공청회 토론자료〉.

______(2007c). 〈'국토·환경·자원 관리' 기능통합 방안〉.

______(2007d). 〈'신 발전전략' 환경-경제 통합으로 소득 4만불 달성〉.

허　장(1998). "우리나라 환경정책의 형성과 발전에 관한 연구". 대한국토도시계획학회지 〈국토계획〉 22(4): 221~241.

Agarwal, A., R. Chopra and K. Sharma(1982). *The State of India's Environment 1982*. New Delhi, India: Centre for Science and Environment.

Dasgupta, S., Laplante Benoit, Hua Wang and Wheeler David(2002). "Confronting the Environmental Kuznets Curve." *The Journal of Economic Perspectives* 16(1): 147~168.

Elkington, J. (1999). "The Third Wave." *Tomorrow* 6(IX): 40~42.

Stotz, E. (1991). Luta Pela Saude Ambiental: A AMAP Contra Cortume Carioca, S.A., Una Experiencia Vitoriosa, V. V. Valla and E. N. Stotz, ids. Participacao Popular, Educacao e Saude, Rio de Janeiro. 133~60.

UNEP(2006). *Manual on compliance with and enforcement of multilateral environmental agreements*. UNEP.

World Bank(1999). *Greening Industry: Nezu Roles for Communities, Markets and Gouemments*. New York: Oxford/World Bank.

기후변화홍보포털. http://www.gihoo.or.kr

대통령자문 지속가능발전위원회. http://pcsd.go.kr

〈연합뉴스〉. 2007.12.14. "북극빙하 급속해빙 … 2013년 사라질 수도".

한국지속가능발전센터. http://kicsd.re.kr

환경부. http://www.me.go.kr

제 4 부 국가운영시스템의 재설계

9 정책조정시스템의 개혁

전영한 · 최병선 · 최종원 · 이송호

1. 문제제기: 정책실패 현상과 새로운 정책조정시스템의 필요성

최근 20여 년간 우리는 국내 · 외적으로 커다란 변화를 경험하고 있다. 특히, 1987년 6 · 29선언을 기점으로 정부의 정책결정 환경과 맥락이 급격히 변화하였다. 과거에 억압되었던 자유민주주의, 사회적 형평성, 국민복지 등의 문제가 새롭게 부각되었으며, 노동자, 농민, 반체제 지식인 등 소외계층의 목소리와 집단행동이 정부의 정책결정에서 중요한 결정요인으로 등장하기 시작하였다. 이러한 변화는 다양한 이해관계집단의 참여를 활성화시켜 정책과정의 민주화와 과거 소외계층의 복지 향상에 큰 기여를 하였다. 그러나 과거 집권화된 정책결정 환경에만 익숙하던 우리나라의 정책결정체제는 새로운 환경변화에 적응하지 못하고 시행착오와 정책혼선을 지속하고 있다.

모든 정책의 결정에는 수혜집단과 피해집단이 있기 마련이다. 또한 피해집단의 저항과 반발이 수반된다. 과거 권위주의적 정치체제 하에서는 피해집단의 저항과 반발을 물리력으로 억압하였다. 그러나 민주화된 정치체제 하에서는 그러한 갈등관리 방법을 사용할 수 없게 되었다. 이해집단간의 불신과 갈등은 증폭되었으나 이를 통제하고 조정할 정부의 권위와 역량이 따르지 못하였다. 과거 공권력에 기초하였던 정부의 권위가 해체되었으나 민주화시대에 걸맞은 새로운 정부의 권위가 이를 대체하지 못하였고, 관료체제는 이익집단의 저항과 반발을 조정하여 정책에 적절히 반영하는 갈등관리 역량이 미흡한 실정이다.

지난 20여 년간의 정책실패 현상은 크게 보아 세 가지로 요약된다. 첫째, 정책결정의 비일관성, 둘째, 정책결정의 지연과 관료의 책임회피, 셋째, 민주화시대에 걸맞지 않게 간헐적으로 나타나는 권위주의적인 정책결정 등이 그것이다.

정책결정의 비일관성이란 하나의 정책을 결정한 다음에 이를 변경하여 새로운 정책을 결정하는 것, 정책을 결정하고 추후에 정책내용의 일부를 수정하는 것, 그리고 상이한 정책내용이 하나의 정책목표 아래 공존하는 것으로 정의할 수 있다(염재호 외, 1994). 지난 20여 년간의 중요한 정책이나 제도를 도입할 때 항상 나타나는 현상은 정책이나 제도의 시행 발표 후 이를 번복하거나 유보하는 결정이 주기적으로 나타난다는 것이다. 과거 금융실명제 도입에서도 그러하였고, 의약분업 정책과 각종 재벌정책 등 강력한 이익집단이 대립하는 거의 모든 정책영역에서 정책결정의 비일관성은 가장 빈번하게 발견되는 정책현상이었다. 정책결정의 비일관성은 정책결정의 사회적 비용을 증가시켰고, 불필요한 이익집단간 갈등을 증폭시켰으며, 정부신뢰를 크게 훼손하는 부작용을 초래하였다.

정책결정의 지연 역시 정책결정의 사회적 비용을 크게 만들었다. 바람직한 정책결정의 요건으로서 정책내용의 합리성도 중요하나 정책결정의 적기성(*timing*)도 그에 못지않게 중요한 요소이다. 그러나 최근 정부의 정책결정은 수혜집단과 피해집단 간의 갈등으로 인하여 정책결정이

제때 이루어지지 못하고 있다. 정책결정이 지연되는 사례에서 공통적으로 나타나는 현상은 관료의 책임회피이다. 어려운 문제일수록 거시적이고 본질적인 시각에서 문제에 접근했어야 함에도 불구하고 주무부처가 일관된 정책목표 없이 매순간 이익집단과 여론의 주장 그리고 정치적 논리만을 살펴서 정책을 결정하였다는 것이다. 따라서 관련 이익집단들은 정부보다는 여타 민간단체(예를 들어, 경실련)에 의존하거나 이익집단 자신이 직접 여론을 주도함으로써 문제를 해결하려 하였고, 그 과정에서 정책결정이 실기(失機)하는 경우가 많았다. 그리고 표를 의식하지 않을 수 없었던 정치권 역시 이러한 현상에 크게 일조하였다고 판단된다.

1987년 6·29선언 이후 우리나라의 정책결정과정은 과거에 비하여 자주 비능률적 모습을 보였으나, 정책결정의 민주성 측면에서는 많은 진전이 있었다고 평가된다. 그러나 간헐적으로는 과거의 권위주의적 정권에서나 볼 수 있었던 정책결정의 폐쇄성, 비밀주의 등이 나타나고 있다. 김영삼정부에서의 금융실명제 실시(1993년)와 노동법 개정(1996년), 김대중정부에서의 각종 대북정책, 그리고 노무현정부에서의 이른바 코드맞추기식 인사정책 등이 이에 해당된다. 그러나 과거와 달리 국가의 자율성이 크게 저하된 상태에서 이루어진 권위주의적, 폐쇄적 정책결정은 비록 정책이 결정되더라도 많은 부작용이 나타나 수정되거나 재개정되는 등 소기의 목적을 달성하지 못하였고, 오히려 정부의 능력과 정책의지에 대한 국민들의 불신감만 가중시켰다.

그러면 이러한 정책실패현상을 극복할 수 있는 방안은 무엇인가? 이에 대한 해답을 얻기 위해서는 이러한 현상이 나타나게 된 근본원인이 무엇인지를 살펴보아야 한다. 앞의 여러 논의에서 부분적으로 언급되었듯이 정책결정의 비일관성과 지연, 관료의 책임회피, 그리고 권위주의적 정책결정의 잔재 등의 문제의 배후에는 1987년 6·29선언 이후 가시화된 집단이기주의적 행태가 있다. 과거 물리적 힘에 근거한 이익집단의 반발 억지수단이 더 이상 통용되지 않은 현실적 여건에서 정부의 정책결정은 이익집단의 주의 주장에 이끌려 정책이 조변석개식으로 표류하거나 결정이 지연될 수밖에 없었으며, 정부의 의지대로 정책을 결정하려고 할 경우 과거와 같은 권위주의적 정책결정방식으로 회귀하는 듯한 현상이 나타나게 되었다.

그러면 합리적인 정책결정을 위해서 집단이기주의적 행태를 근절시키는 것이 바람직한가? 문제는 그렇게 간단하지 않다. 집단이기주의가 정책과정에서 많은 문제를 일으킨다고 해서 이러한 행태를 정책과정에서 완전히 배제할 수도 없고, 그렇게 해서도 아니 된다. 우리 사회가 지향하는 다원주의적 민주체제에서의 바람직한 정책결정유형은 다양한 이해관계를 갖는 다수의 참여자가 자신의 이해관계에 따라 자신의 이익을 주장하고, 그러한 집단간의 타협과 조정으로서 정책이 결정되어야 한다. 집단이기주의가 문제를 일으킨다고 그러한 행태를 금지시켜야 한다는 논리는 과거 권위주의 정치체제로 회귀하여야 한다는 주장과 같으므로 용납될 수 없다. 극단적으로 말하여 집단이기주의에 의한 정책의 비일관성과 지연, 집행불응 등은 민주주의의 실현을 위한 비용이라고 보아야 한다.

또한 일반적으로 많은 사람들의 비난을 받고 있는 부처이기주의나 부처할거주의도 그 나름대로 전혀 의미가 없는 것은 아니다. 부처이기주의나 부처할거주의는 부처에 소속된 관료들의 조직에 대한 귀속감 내지는 충성심의 발로이다. 모든 조직이 제 목소리를 내고 활발히 활동하기 위해서는 소속원들의 충성심이 있어야 한다. 부처의 입장에서 보면 소속감과 충성심으로 보이는 바로 그 행동이 그로 인하여 피해를 받는 집단에게는 부처할거주의로 비추어지게 된다. 또한, 모든 정부부처가 국가전체적인 거시적 입장에서, 타 부처의 입장을 충분히 고려하여 일을 한다면 부처할거주의는 없어지겠으나 정부조직의 분업의 장점도 동시에 없어진다는 문제가 발생한다. 재정경제부, 농림부, 산업자원부, 보건복지부, 노동부 등의 부처의 관료들이 똑같은 사고방식과 준거틀을 가지고 자신의 업무를 수행한다면 거기에 따르는 장점보다는 단점이 더 클 것이다.

이와 같은 논리에 의하여 집단이기주의적 행태가 불가피하다면, 그로 인한 정책의 비일관성, 정책지연, 정책집행 불응 등도 당연히 불가피하다고 보아야 하는가? 그렇지 않다. 집단이기주의적 행태가 정책의 비일관성 등 정책문제를 야기시키는 근본적 이유는 정부의 정책조정능력 및 전문성 등 정책형성 역량의 결핍과 정부권위 및 신뢰의 상실과 깊은 관련이 있다. 특히, 집단이기주의의 문제와 정부의 정책조정기능 문제는 동전의 양면과 같다. 집단이기주의로 인한 집단간 갈등이 크더라도 정부가 이를 잘 수렴하여 정책의 큰 테두리 내에 수용할 수 있는 조정능력을 충분히 갖고 있다면 상기와 같은 정책문제를 막을 수 있다. 겉으로 보이는 문제들은 집단이기주의에 의한 정책비일관성과 정책결정지연 현상이지만 보다 심각한 문제는 이러한 집단간 갈등과 불신을 일관된 정책의 기본방향 아래 조화롭게 수용시키는 정부의 정책조정기능의 부재이다.

이하에서는 이러한 정부의 정책실패현상에 대한 대응방안으로서 정책조정시스템의 개혁에 초점을 맞추어 논의를 전개하겠다. 우선 우리나라 정책조정시스템의 근간을 이루어왔던 기존의 정책조정 기제들의 현황과 장단점을 검토한다. 이어서 우리나라 정책조정시스템의 다섯 가지 개혁원칙으로서 정책조정의 민주적 정당성 확립, 입법부역할의 강화, 조정과정의 공정경쟁 확보, 시스템의 점진적 개혁, 명백한 구조적 오류의 시정 등을 논의한다. 그리고 이러한 원칙을 구현할 구체적 방안으로 당정협의 활성화, 대통령과 총리의 수직적 역할분담 명확화, 장관중심 수평적 조정체제 강화 등을 제시한다.

2. 우리나라 정책조정 시스템의 유형과 특성

정책조정을 이루는 기제(*mechanisms*)의 내용과 활용정도는 국가에 따라 또 시대에 따라 다양하다. 우리나라에서 정책조정을 위해 활용되었거나 활용되고 있는 기제는 대통령, 국무총리, 부총리, 국무회의, 조정전담장관제, 관계장관회의 등이 대표적이다. 아래에서는 이러한 각각의 정책조정기제들의 특성을 살펴보고 문제점을 논의한다.

1) 대통령에 의한 정책조정

우리나라 행정부는 대통령을 수반으로 한 위계적 조직구조를 갖는다. 피라미드형 계층제의 정점에 있는 최고책임자로서 대통령은 행정부처 등 하부단위 조직간에 발생하는 의견차이 및 갈등을 해소할 수 있는 공식적 권위를 갖고 있다. 실제로 대통령에 의한 정책조정은 지난 수십년간 우리나라 행정부에서 정책조정의 대표적 기제로 활용되었다. 대통령에 의한 정책조정은 크게 두 가지 형태로 이루어진다. 하나는 예산, 기획, 조직, 인사, 감사평가 등 중앙관리기능을 수행하는 공식 행정기관을 매개로 부처간 정책갈등에 개입하는 것이고 다른 하나는 대통령 보좌진(*presidential staff*)을 통해 조정자 역할을 수행하는 것이다.

우리나라에서 중앙관리부처를 매개로 한 정책조정의 예는 기획예산처의 예산편성권을 통한 정책조정, 감사원의 사후감사를 통한 정책조정, 그리고 행정자치부의 조직 및 정원관리권을 통한 정책조정을 들 수 있다. 특히 예산편성권을 통한 정책조정은 미국이나 우리나라와 같이 대통령중심제를 택하고 있는 나라에서 대통령이 관료조직을 통제하고 부처간 갈등을 해결할 수 있는 핵심적 기제이다. 예산편성권 이외에도 조직, 인사, 감사 등 여타 중앙관리권한도 부처간 정책갈등을 대통령이 원하는 방향으로 해결하도록 하는 효과적 수단이 될 수 있다. 그러나 행정자치부의 조직 및 정원관리권은 최근 정부조직관리의 자율화 및 분권화 추세에 따라 지속적으로 약해지고 있고, 감사원의 권한행사는 사후적 성격이 강하다는 점에서 조정수단으로서 한계가 있다. 또한 고위공직자의 임면권 등 대통령의 인사권에 기초한 정책조정도 이론적으로는 가능하지만 고위공직자의 임면권 행사가 특정 정책갈등과 직접적으로 연계되어 이루어지는 경우는 매우 드물기 때문에 인사권은 간접적 정책조정수단으로 보아야 할 것이다. 중앙관리부처를 매개로 한 대통령의 정책조정은 기본적으로 매년 정해진 일정과 절차에 따라 진행되는 예산편성 등 공식적 과정에 크게 의존한다는 점에서 다음에 살펴볼 대통령 보좌진에 의한 수시적, 비공식적 정책조정과 대비된다.

대통령 보좌진을 통한 정책조정은 공식적 절차에 덜 의존하며 보다 유연하고 상시적으로 이루어진다. 대통령 보좌진은 각 행정부처의 정책결정과 집행이 대통령의 국정이념 혹은 국정운영방향에 부합하는지 일상적으로 점검하고 평가한다. 만약 어떤 행정부처의 업무추진이 대통령의 국정이념과 현저히 충돌할 경우 대통령의 의중을 전달하고 조언을 제시한다. 같은 맥락에서 부처간 이견의 존재로 정책조정이 필요한 경우에도 대통령 보좌진은 그 조정결과가 최대한 대통령의 국정운영방향과 일치하도록 영향력을 행사한다. 대통령 보좌진의 역할은 특히 대통령의 공약사항이기 때문에 혹은 다른 정치적 이유로 대통령이 큰 관심을 갖고 있는 이른바 대통령 어젠다(*presidential agendas*) 혹은 대통령프로젝트에서 두드러지는데 이 경우에는 단순한 점검, 평가, 연락, 조언이 아닌 정책개발 및 추진에서도 청와대 보좌진의 직접적 개입이 일어난다. 대통령 어젠다는 흔히 행정수도 이전이나 경부운하처럼 다수 부처의 협조를 요구하는 대규모 사업인 경우가 많기 때문에 부처간 정책조정의 필요가 크고 이때 대통령 보좌진에 의한 조정은 필연적이다.

대통령은 행정부수반이라는 공식적 권위를 갖고 있으므로 상대적으로 신속하고 효율적인 정책조정을 이뤄낼 수 있다. 뿐만 아니라 대통령의 국정이념이라는 비교적 명확한 기준이 존재하므로 정책조정결과의 일관성을 유지할 수 있다. 나아가 정책집행을 책임진 최고위 선출직 공직자의 집행리더십(*executive leadership*)을 강화시키기 때문에 책임정치의 확립에 기여한다는 장점도 갖는다. 그러나 대통령이 주도하는 정책조정은 몇 가지 한계가 있다. 가장 기본적인 문제점은 대통령이 가진 시간, 정보, 주의(*attentions*)의 제약이다. 행정부 내 하위계층에서 조정되지 않은 모든 사안은 궁극적으로 가장 상위의 공식적 권위를 갖고 있고 피라미드의 정점을 차지하고 있는 대통령의 개입을 요구하게 된다. 그러나 국정을 총괄하는 대통령의 시간과 주의는 한정되어 있으므로 대통령에게 과도하게 의존하는 정책조정시스템은 정책결정의 적절한 시기를 놓치고 지연될 수 있다.

대통령의 시간, 정보, 주의의 한계를 보완하기 위해 흔히 활용되는 방법이 대통령 보좌진의 확대이다. 또한 한시적 성격을 갖는 대통령 직속 위원회의 설치도 대통령에게 집중되는 조정수요의 분담을 위해 활용될 수 있다. 그러나 무려 20여 개의 대통령 직속 위원회를 두었던 노무현정부의 사례에서 보듯 대통령 직속 위원회의 과도한 운용은 공식 행정부처와의 정책갈등 혹은 심지어 위원회간 정책갈등을 빚어서 정책조정 수요를 줄이기보다 오히려 증가시킬 수 있다. 또한 보좌진을 확대하여 대통령의 정책조정 업무부담을 해소하려는 시도는 흔히 청와대조직을 행정부처의 축소판으로 만들기 때문에 이른바 소내각형 청와대의 문제점를 야기한다.

소내각형 청와대가 갖는 문제는 크게 두 가지이다. 첫째는 기존의 내각위에 군림하는 또 하나의 상위정부처럼 기능하여 옥상옥의 계층증가로 인한 행정의 비효율성을 초래할 수 있다는 것이고(이홍규, 2002) 둘째는 정부의 중앙집권적 성격을 강화시킨다는 것이다. 비효율성도 문제이지만 집권성은 정책조정의 민주적 권위를 확립해야 하는 시대적 요청을 거스를 수 있다는 점에 더욱 심각한 문제이다. 집권화는 비단 우리나라뿐만 아니라 전세계적인 정부개혁의 흐름과도 어긋난다. 현대 정부들이 직면한 급변하는 환경은 분권화된 의사결정을 요구하기 때문에 각국 정부들은 지난 삼십 년간 진행된 행정개혁에서 의사결정의 분권화를 가장 중요한 개혁의제의 하나로 설정하고 있다(Kettl, 2002).

대통령 주도의 정책조정은 필연적으로 비서실 등 대통령 보좌진의 규모확대로 이어지며 이는 다시 대통령으로의 과도한 권력집중을 낳는다(이홍규, 2002; 임도빈, 2004). 규모가 크고 권한이 강한 청와대가 존재하면 각 행정부처는 적극적이고 독자적인 정책수행능력을 발휘하기보다 수동적으로 청와대만 바라보게 되고 결국 더 큰 청와대 보좌조직을 만들어야 정책이 제대로 추진되는 악순환에 빠질 수 있다. 정권의 후반기로 갈수록 청와대가 비대해졌던 과거 정부들의 경험을 보면 이러한 우려가 기우가 아님을 알 수 있다.

2) 국무총리에 의한 정책조정

우리나라의 헌법은 순수한 대통령책임제가 아니라 내각제적 요소가 가미된 대통령제를 규정하고 있다. 국무총리의 존재는 우리 헌법이 갖고 있는 내각책임제적 요소의 하나로 국무총리는 대통령의 명을 받아 행정각부를 통할할 수 있다. 그러나 우리나라의 국무총리는 선출직 공무원이 아니고 국회의 동의를 받아 대통령이 임명한 공무원이므로 직무수행에 대한 책임을 묻는 일차적 주체가 국민이 아니라 대통령이다. 이런 점에서 행정각부를 통할한다는 국무총리의 헌법적 역할은 대통령의 의사에 따라 그 실질적 범위가 정해진다(정종섭, 2002). 미국에서 부통령의 역할을 대통령의 재량에 맡기는 것과 유사하게 우리나라에서 대통령과 국무총리의 역할분담은 제도화수준이 낮고 유동적 경향이 강하다. 과거를 돌이켜보면 누가 대통령이며 누가 총리인가 그리고 심지어 시시각각 변화하는 정치행정적 상황에 따라서도 국무총리가 실제로 행사하는 권한은 크게 달라져왔다.

대통령과 국무총리의 역할분담에서 그나마 어느 정도 제도화가 이루어진 부분이 국무총리의 정책조정 역할이다. 여러 행정부처간 이견이 발생했을 때 헌법에 규정된 상급기관인 국무총리가 그 문제를 해결하는 것이 자연스러운 일이다. 국무총리가 정책조정 역할을 수행하는 제도적, 조직적 기반을 갖게 된 것은 1973년 행정조정실의 설치로 거슬러 올라간다. 하지만 행정조정실의 보좌를 받는 국무총리의 정책조정은 청와대가 관심을 갖지 않는 사안에 국한되어 오랫동안 매우 제한적인 성격을 가졌다. 개발연대 시기의 정책조정은 예산과 기획을 통제수단으로 장악하고 있는 경제부총리에 의해 주도되었고 국무총리는 명목상의 권한만을 가진 '대독총리', '의전총리'에 머물러 있었다. 1998년 김대중정부에서 이러한 상황은 전기를 맞게 되는데 행정조정실이 그 명칭을 '국무조정실'로 바꾸면서 국무조정실의 보좌를 받은 국무총리는 보다 확대된 범위의 정책조정 사안에 대하여 조정자 역할을 수행하게 되었다. 또 국무조정실장의 직급도 장관급으로 승격되었고 국무조정실 이외에도 총리비서실에서 과거 무임소장관이나 정무장관이 담당하던 행정부와 국회의 당정협조 업무를 총괄·조정하게 되었다. 하지만, 국무총리가 주도하는 정책조정에 대한 일반적 평가는 행정각부의 통할이라는 헌법에 규정된 역할에 비추어 여전히 미흡한 수준이라는 것이다. 예컨대 박재완(2002)은 국무총리에 의한 정책조정이 수십 년 전과 마찬가지로 대통령비서실 혹은 2001년 부활한 부총리가 주도하는 정책조정에 밀려서 2차적 혹은 하위수준의 정책조정에서 벗어나지 못하고 있다고 평가한다.

국무총리가 조정자의 역할을 수행한 이래 되풀이되어서 지적되어 온 가장 기본적인 문제점은 정책조정의 실효성이 약하고 형식적이라는 것이다. 그 이유에는 크게 세 가지가 있다. 첫째, 부처간 이견을 해소할 수 있는 수단이 국무총리에게 주어져 있지 않다(임도빈, 2004). 행정부처의 예산, 조직, 인사, 감사에 관한 권한 중 국무총리가 독자적으로 행사할 수 있는 권한은 거의 없으므로 헌법규정상의 상위기관이라는 사실 하나에 의존하여 부처간 합의를 이끌어내야 하는 처지에 놓여있다. 둘째, 국무총리가 국무조정실을 통해 수행하는 정책조정의 범위가 모호하다. 특히 청와대에 의한 정책조정과 국무조정실에 의한 정책조정은 그 범위가 명확히 구분되어 있지 않고 상호 중첩되어 있다. 이러한 업무범위의 중첩성은 두 기관 모두 행정부처를 망라하여 정책영역별로 구분된 조직편제를 유지하고 있다는 사실에서 잘 드러난다. 이러한 역할 중복은 국무총리와 국무조정실에 의한 정책조정을 형식화하는 주요 원인이 된다(박재완, 2002). 정책조정 결과에 만족하지 않는 부처들은 청와대를 통한 재조정을 시도할 수 있기 때문이다.

끝으로 국무조정실의 취약한 전문성 역시 국무총리에 의한 정책조정의 실효성을 낮춘다. 정책조정은 다양하고 광범위한 정책영역에 대한 지식과 실무경험 그리고 상충하는 이해관계 및 관점을 조율할 수 있는 의사소통능력 및 협상능력을 필요로 하는 전문적 직무이다. 정책조정 전문성은 조정에 필요한 역량을 파악하고 이러한 역량을 습득할 수 있는 체계적인 교육훈련을 통해 길러질 수 있다. 그러나, 국무조정실은 앞서 언급한 모호한 조정범위로 인해 업무내용과 업무량, 그리고 업무범위에 대한 불확실성이 커서 합리적인 자체 인적자원의 개발이 어려운 형편이다. 실제로 국무조정실은 각 부처에서 파견된 상당수의 인력으로 부족한 각 정책영역별 전문성을 보완했다. 그런데 파견인력에 대한 지나친 의존은 조정업무에 관한 전문성의 배양을 저해하고 표준운영절차(*standard operating procedures*)의 확립과 조직기억(*organizational emory*)의 축적을 어렵게 만든다. 국무조정실을 타부처가 제출한 서류정리가 주업무인 이른바 "호치키스부대"라고 폄하하는 사람들도 있는데 이러한 비판은 결국 국무조정실 자체 전문성확보의 미흡함을 지적하는 것이다.

3) 국무회의에 의한 정책조정

국무회의는 헌법에 규정된 행정부 내 심의기구이다. 대통령을 의장으로 하며 국무총리와 각 부처의 장관이 겸임하고 있는 15인 이상 30인 이하의 국무위원으로 구성된다. 국무회의가 심의하는 사안은 법률안, 예산안 등 행정부의 중요한 정책결정을 대부분 포괄하는데 정책조정 역시 국무회의의 중요한 역할로 간주된다. 주요 부처의 장관들이 모두 한 자리에 모이는 심의기구이므로 국무회의는 부처간 이견을 조정할 수 있는 좋은 기회가 될 수 있다. 그러나 실제로 우리나라에서 국무회의의 정책조정 역할은 대단히 형식적인 수준에 그치고 있다. 우리나라뿐만이 아니라 대부분의 나라에서 실제 정책조정은 다른 곳에서 이루어지고 국무회의 혹은 내각회의(*cabinet meeting*)는 이미 조정된 정책을 사후에 정당화하는 기능을 주로 수행한다.

이렇게 국무회의가 형식적인 조정기구가 된 데에는 몇 가지 이유가 있다. 첫째, 국무회의의 규모가 지나치게 크다(이송호, 근간). 우리나라를 포함한 대부분의 국가에서 국무회의 참석인원수는 20명을 넘고 있다. 효율적 토론을 통해 이견을 조정하기에 적정한 수준이라고 보기 어려운 규모이다. 본래 어느 나라에서든 내각의 구성원들이 모이는 국무회의는 국정에 관한 이견을 해소하고 합의를 도출하는 중요한 기제로 활용된다. 그러나 현대국가에서 정부의 역할과 규모가 커지고 부처와 장관의 수도 이에 맞추어 늘어남에 따라 국무회의가 이러한 본래적 기능을 충실히 수행하기가 점차로 어려워진 것이다.

둘째, 정책조정문제의 복잡성이 심화되고 있다(이송호, 근간). 국무회의의 참석자가 많아도 문제가 단순하면 다양한 참석자간에 활발하고 생산적인 토론이 가능하다. 그러나 조정을 요하는 정책문제가 복잡해지면 사정이 달라진다. 정책문제가 복잡하다는 것은 정책문제의 원인과 결과를 연결하는 명확한 정책인과지식이 존재하지 않거나 설사 있다 하더라도 그 구체적 논리를 전문적 지식이 없는 일반인이 쉽게 이해하기 어려운 경우를 의미한다(Chun and Rainey, 2005). 정책문제가 복잡해지면 소수의 관계부처 장관과 여타 국무위원간의 정보불균형 및 지식격차가 심해진다. 대다수 참석자가 활발히 참여할 수 없으므로 국무회의가 효과적인 조정기제로 기능하기 어려워진다.

끝으로, 정부규모의 확대로 부처간 조정이 필요한 사안이 급격히 증가하였다(이송호, 근간). 장관들은 해당 부처의 최고관리자로서 대내외적으로 많은 업무를 수행해야 하며 항상 시간부족에 시달린다(박동서 외, 2003). 이런 장관들을 한자리에 모아야 하는 국무회의에서 점증하는 정책조정 사안들을 적시에 처리하는 것은 매우 힘든 일이다. 오늘날 많은 정부에서는 이런 이유로 국무회의에서 정책조정을 하기보다는 국무회의 이전 단계인 차관회의나 그보다 하위직급의 관계부처 실무자회의에서 실질적 정책조정을 시도한다(정정길 외, 2003). 국무회의는 이러한 하위수준에서 일어난 정책조정의 결과를 최종확정하고 추인하는 기구로 그 성격이 변화하고 있는 것이다.

4) 관계장관회의에 의한 정책조정

관계장관회의는 소수의 관련부처 장관들이 모여 부처간 합의를 이끌어내는 정책조정 기제이다. 장관들이 모인 회의체라는 점에서 앞서 논의한 국무회의와 유사하지만 관계장관회의는 정책조정을 일차적 목적으로 하며 규모가 작다는 차이점을 갖는다. 일반적으로 관계장관회의는 참석인원을 효율적 토론이 가능한 10명 이내로 제한한다. 조정대상이 되는 정책사안에 공식적 권한과 책임이 없는 다른 장관들은 참석하지 않는다. 국무회의가 큰 규모로 인해 정책조정의 실효성을 유지할 수 없기 때문에 관련부처의 장관만을 모아 정책조정의 효율성을 제고하려는 것이 관계장관회의이다. 실제 규모는 정책조정사안의 복잡성과 관계부처의 수에 따라 달라지며 소위원회나 분과위원회를 설치하여 보다 생산적인 논의를 도울 수도 있다.

관계장관회의는 많은 국가들에서 정책조정에 폭넓게 활용하였으며 우리나라에서도 오랜 역사를 갖고 있다. 1960년대 초에 설치된 경제장관회의와 국가안전보장회의는 체계적으로 활용된 관계장관회의의 효시이다. 이후 오늘에 이르기까지 우리나라의 관계장관회의는 정부의 모든 정책분야에 걸쳐 복수부처가 관련되었고 부처간 정책조정의 필요가 있을 때 광범위하게 활용되었다. 특히, 관계장관회의의 활용은 시대적 상황에 따른 국정과제의 변화를 반영한다는 점에서 흥미롭다. 오래전부터 인지된 정책과제라면 정부조직설계에 이미 반영되어 명확한 업무분장이 마련되어 있겠지만 새롭게 부각된 정책과제는 기존 업무분장을 뛰어넘어 범부처적인 정책추진을 요구하게 되고 관계장관회의에 이러한 역할이 맡겨져 온 것이다. 예를 들면, 1960, 1970년대에는 국토건설 및 수출진흥관련 관계장관회의가, 1980, 1990년대에는 환경보전, 자연보전, 남북협력, 규제완화관련 관계장관회의가 운영되었고, 최근에는 인적자원개발, 균형발전, 실업대책 등의 사안을 다루는 관계장관회의가 추가되었다. 지난 50여 년간의 숨가쁜 국정환경변화 및 이에 대응하고자 하는 역대 정부의 고민을 읽을 수 있는 부분이라 하겠다.

우리나라 정부는 2008년 1월 현재 네 가지 유형의 관계장관회의를 운영하고 있다. 첫 번째 유형이자 가장 대표적인 형태는 정책분야별 관계장관회의로서 국가안보회의, 경제정책조정회의, 인적자원개발회의, 과학기술분야관계장관회의, 그리고 사회문화정책관계장관회의 등이 이 유형에 속한다. 앞서 부총리제를 논의할 때도 언급했지만 이들 정책분야별 회의의 의장은 재정경제부장관, 교육인적자원부장관, 과학기술부장관 등 3인의 부총리 및 통일부장관, 보건복지부장관 등 2인의 분야별 '책임장관'이 맡고 관련부처의 장관들을 주요 구성원으로 한다. 분야별 관계장관회의의 지원은 국가안보회의의 사무처처럼 별도의 기구가 담당하는 경우도 있지만 대개는 교육부, 재정경제부, 과학기술부 등 의장을 맡고 있는 부처가 맡고 있다.

두 번째 유형은 단일이슈 관계장관회의로 규제개혁장관회의가 대표적이다. 단일이슈 관계장관회의는 미리 규정된 정책분야에 구애받지 않고 해당 사안별로 관련된 장관들이 참석하며 국무총리가 의장을 맡는 경우가 많다.

세 번째 유형은 총괄적 관계장관회의로 위의 정책분야별 관계장관회의의 의장들을 구성원으로 하고 국무총리를 의장으로 하는 주무장관회의가 그것이다. 주무장관회의는 국정 전반을 총괄한다는 목적으로 설치 및 운영된다. 관계장관회의가 일반적으로 참석대상 장관들의 범위를 좁혀서 특정사안에 대해 직접적으로 관련된 장관들에 의한 정책조정을 시도하는 방식이라고 볼 때 주무장관회의를 관계장관회의의 전형적 형태라고 보기는 어렵다.

네 번째 유형은 국정현안정책조정회의로 국무총리가 의장을 맡고 관련부처 장관들과 청와대 수석비서관들이 참석하는 일종의 비공식간담회이다. 국정현안정책조정회의는 국정전반에 걸친 다양한 이슈를 다룬다는 점에서 주무장관회의와 유사하지만 참여자가 유동적이고 비공식성이 강하다는 특징을 갖는다.

관계장관회의는 상대적으로 다른 정책조정기제에 비하여 전문성이 뒷받침된 정책조정이 이루어지며 효율성이 높다는 장점을 갖는다(이송호, 근간). 직접적으로 관련된 소수의 관계장관들이 모여 주어진 정책사안에 대한 합의를 도출하기 때문에 국무회의에서 보여지는 논의의 비효율성을 방지할 수 있고 충분한 전문지식을 소유한 정책갈등 당사자 부처들이 핵심 역할을 맡기 때문에 심층적 논의가 가능하다. 또한 최종 합의도출을 위해 흔히 다수결원칙이 적용되므로 정책조정의 적시성도 유지할 수 있다. 나아가 청와대의 역할이 제한적이고 행정부처의 역할이 중시되므로 집권적 정책조정을 방지하며 비교적 공정한 부처간 정책경쟁을 기대할 수도 있다(이송호, 근간).

하지만, 관계장관회의는 그 형태가 다양하여 일률적으로 평가하기 곤란한 점이 있고 전체적으로 체계성이 약하여 임기응변적 정책조정이 이루어지는 경향이 있다. 또 오랜 운영경험에도 불구하고 하부기구, 지원조직, 운영절차 등이 제대로 마련되어 있지 않다는 점도 정책조정기제로서 관계장관회의의 신뢰성을 약화시키는 요인이다.

5) 부총리에 의한 정책조정

부총리제는 부처간 정책조정 문제를 장관보다 상위계층인 부총리의 위계적 권위를 통해 해결하고자 하는 정책조정 기제이다. 하지만, 우리나라의 경우 부총리가 장관들에게 지시를 내리고 통솔하는 상급자라고 보기는 어렵다. 우리나라 헌법이 대통령의 명을 받아 행정각부의 업무를 총괄·조정하도록 국무총리의 역할을 규정하고 있다면 정부조직법에 규정된 부총리의 역할은 국무총리의 위임을 받아 특정 정책분야 관련부처들의 업무를 총괄·조정하는 것이다. 국무총리는 장관들에 대해 헌법상 상급관청에 해당하지만 정부조직법상 부총리와 다른 장관들과의 관계는 상하관계가 아니며 서로 동등한 관계이다. 다만 부총리는 관련부처의 정책을 총괄·조정하는 업무를 특별히 국무총리로부터 위임받은 것이 다른 장관들과 다를 뿐이다.

과거 부총리제를 많이 활용하였던 국가들은 대개 공산주의 국가들이었다. 공산주의국가들 이외에 부총리제를 활용한 대표적 사례로 1970년대 닉슨행정부의 경우를 들 수 있다. 비록 1년도 못가서 폐지되었지만 닉슨행정부는 3명의 장관을 부총리로 활용하였던 경험이 있다. 우리나라는 비공산주의국가로는 드물게 오랜 부총리제의 역사를 갖고 있다. 1963년 경제기획원장관에게 경제정책을 총괄·조정하는 부총리를 겸임하도록 한 것이 그 기원이며 이후 경제부총리는 수십 년간 정부주도의 경제개발을 총괄하는 역할을 담당하였다. 부총리 하면 경제기획원장관을 의미하는 1인 부총리 시대는 1980년대까지 이어졌으나 민주화 이후 1990년대에 들면서 부총리제는 변화를 맞게 된다. 노태우정부는 1990년 통일원장관이 부총리를 겸하도록 하여 경제정책 이외 분야에 부총리제를 활용하는 첫 사례를 남겼다. 한편 경제기획원장관이 맡아온 경제부총리는 1994년 경제부처 조직개편에 따라 경제기획원과 재무부를 통합한 재정경제원이 설립되면서 자연스럽게 재정경제원장관이 맡는 것으로 바뀌었다. 부총리제는 1997년 말 발생한 외환위기의 책임이 재정경제원으로의 권한집중에 있다는 평가에 따라 김대중정부 출범기에 재정경제원이 재정경제부와 예산청으로 분리되는 와중에서 일시 폐지되었다가 김대중정부 말기인 2001년 다시 부활했다. 2001년 재정경제부장관과 교육인적자원부장관이 겸임하여 2인이었던 부총리는 노무현정부에서 과학기술부장관이 추가되어 2008년 1월 현재 우리나라 행정부는 3인의 부총리를 두고 있다.

노무현정부의 부총리제 활용에서 특기할 사항은 3인의 부총리가 총괄 및 조정을 맡은 정책분야에 속하지 않는 부처에 대해서는 통일부장관과 보건복지부장관이 각각 관계부처들의 조정주무장관의 역할을 수행하도록 하였다는 것이다. 즉 노무현정부는 전체 정책분야를 5개의 소분야로 나누어 3인의 부총리와 2인의 이른바 '책임장관'으로 하여금 분야별 장관회의를 매개로 분야별 총괄 및 조정을 맡도록 하였다. 노무현정부의 이러한 정책조정시스템은 실질적으로 부총리제를 전 정책분야로 확대한 것으로 볼 수 있는데 과거에 경제부총리의 역할을 중심으로 논의된 부총리제의 원형과는 그 성격이 약간 달라서 앞서 설명한 관계장관회의를 통한 정책조정기제와 밀접하게 연결되어 있다.[1]

정책조정기제로서 부총리제에 대한 평가는 많은 논란이 있었고 이러

---

1) 5개 분야별 조정체제에 대해서는 앞의 관계장관회의에 관한 논의 참고.

한 논란은 지금도 현재진행형이지만, 부총리제의 고유한 특성에 대한 평가와 우리나라의 경제기획원장관 혹은 경제부총리에 대한 평가를 구별할 필요가 있다. 과거 개발연대 경제기획원장관은 기획과 예산기능의 결합, 장기적이고 종합적인 부처시각, 그리고 특정 이익집단과 연계되지 않는 기관적 자율성 등 매우 독특한 상황에 힘입어 대단히 성공적으로 경제정책의 조정업무를 수행하였다는 평가를 받는다(최병선, 1993). 하지만 이러한 과거 경제기획원장관의 성공사례를 조정기제로서 부총리제가 보편적으로 갖고 있는 특성이 발현된 것으로 일반화하는 데는 신중할 필요가 있다.

이송호(근간)는 일반적으로 부총리제가 효과적 정책조정기제가 되려면 두 가지 조건이 필요하다고 지적한다. 우선 대통령으로부터 명확한 권한위임이 있어야 하며 동시에 관련 행정부처를 통제할 수 있는 효과적 수단을 가져야 한다는 것이다. 부총리제를 활용하였던 다양한 국내외의 사례는 이러한 두 조건이 충족되었을 때에만 부총리제가 효과적인 정책조정기제가 될 수 있었음을 보여준다. 앞서 언급한 닉슨행정부의 부총리제 실험은 위의 두 조건을 모두 갖추지 못하였기 때문에 불과 1년도 못가서 실패로 끝났다. 국내의 경우도 크게 다르지 않아서 경제기획원장관이 맡았던 경제부총리를 제외하면 다른 부총리들은 이 두 조건을 갖추지 못하였고 그 때문에 상대적으로 성공적이지 못한 정책조정 역할을 수행하였다(이송호, 근간). 경제기획원장관은 예산이라는 강력한 통제수단을 보유하고 있었고 대통령으로부터 비교적 명확한 권한위임을 받았지만 통일부총리, 교육부총리, 과학기술부총리 등은 그렇지 못하였다는 것이다. 실제 노무현정부에서 교육부, 과기부, 통일부 등의 정책조정건수가 미미한 수준에 그치고 말았음을 볼 때 이 논리는 설득력이 있다. 효과적 정책조정을 위해 필요한 것은 부총리라는 직급보다는 오히려 대통령으로부터의 명확한 권한위임과 효과적인 통제수단의 확보일지 모른다. 달리 표현하면 부총리가 아니라도 이 두 조건만 갖춰지면 어떤 장관도 성공적으로 부처간 정책조정을 수행할 수 있으며 역으로 이 두 조건을 갖추지 못한 부총리는 그 직급에도 불구하고 성공적인 정책조정자가 될 수 없다는 것이다(이송호, 근간). 이러한 지적은 노무현 정부에서 부총리라는 직급만 부여한 채 확대 시행되었던 부총리제가 예견된 실패였음을 시사한다. 정책조정의 효과성 제고에는 기여하지 못하고 계층증가와 직급상향에 따른 불필요한 행정비용만 증가시켰기 때문이다.

6) 조정전담장관(*coordinating ministers*)에 의한 정책조정

조정전담장관제는 부처간 조정만을 전담하는 장관을 두는 정책조정 기제이다. 국무회의나 내각의 구성원이지만 독자적인 관할 정책분야를 갖고 있지 않은 장관이 부처간 정책갈등이 발생하였을 때 특정 부처의 입장에 치우침이 없이 중립적 입장에서 중재자 기능을 수행하도록 의도된 제도이다(이송호, 근간). 조정전담장관은 내각책임제 정부에서 흔히 활용되며 일본의 내각부 특명담당대신이 좋은 예이다. 비록 대통령중심제를 택하고 있지만 우리나라도 최근까지 조정전담장관을 활용했던 경험을 갖고 있다. 우리나라 정부에서 조정전담장관은 1970년대에는 무임소장관으로, 1980년대, 1990년대에는 정무장관으로 불렸고 2008년 1월 현재에는 조정전담장관을 설치하고 있지 않다.

조정전담장관의 정책조정 권한과 범위는 내각책임제국가에서는 총리나 수상에게, 대통령중심제국가에서는 대통령에 의해 결정된다. 과거 정무장관의 역할에서 알 수 있듯이 조정전담장관의 정책조정 범위는 행정부 내 정책조정뿐만 아니라 행정부와 입법부 간 조정까지 확장될 수 있다. 이러한 유연성은 조정전담장관제의 큰 장점이 되며 수상이나 대통령의 정책조정 업무부담을 경직적인 법령의 틀에 얽매이거나 비대한 보좌진조직을 형성하지 않고도 해결할 수 있는 좋은 방식으로 평가

된다.

그러나 조정전담장관제의 국내외 운영경험은 이 방식이 다음과 같은 한계 또한 갖고 있음을 알려준다(이송호, 근간). 첫째, 조정전담장관의 정책조정 전문성이 취약하다. 조정전담장관이 맡는 조정사안의 범위가 정부의 모든 정책분야에 걸쳐있기 때문에 각 정책분야별 전문성을 축적하기 어렵고 일반적인 중재역할에 기초하여 조정업무를 수행하는 경향이 있다. 조정전담장관을 보좌하는 인력이 대개 소규모 행정지원인력에 한정된다는 점도 이러한 전문성 부족에 일조한다. 둘째, 정책갈등에 개입되는 부처의 수가 증가할수록 조정전담장관은 정책조정을 이뤄내기 어렵다. 조정전담장관은 갈등당사자인 각 부처와 일대일의 개별적 접촉을 기반으로 정책조정업무를 수행한다. 그런데 갈등관련 부처의 수가 많을 경우에는 개별적 접촉에 많은 시간이 소요되어 효과적인 조정기능을 발휘하기 곤란해진다. 이러한 조정전담장관의 업무가중은 또 부처간 조정을 요하는 사안의 수가 늘어나는 최근 흐름에도 효과적으로 대처하기 어렵다. 끝으로 정책조정의 실효성을 확보하기 어렵다. 조정전담장관은 내각이나 국무회의의 구성원일 뿐 그 외의 행정적 정책수단을 갖고 있지 않으므로 동등한 입장의 다른 부처들에게 조정결과를 관철시키는 데 한계가 있다. 다른 부처의 장관들이 조정전담장관에 의한 조정이나 중재에 따르지 않고 대통령 등 다른 통로를 통해 자신들의 주장을 관철하려고 노력하게 되면 조정전담장관에 의한 정책조정은 무기력해질 수밖에 없다.

3. 정책조정시스템 개혁의 원칙

이제까지 우리나라 정부가 주로 활용하고 있는 다양한 정책조정기제에 대하여 살펴보았다. 여기서는 민주적 권위를 바탕으로 한 새로운 정책조정시스템을 구축하기 위하여 어떤 정책조정기제를 선택하고 개선해야 할 것인가를 논의하기에 앞서서 지금 우리에게 필요한 정책조정시스템의 바람직한 모습에 관하여 깊이 있게 성찰해 보고자 한다. 서두에서 지적했지만 우리의 정책조정시스템이 직면한 도전은 정책조정의 기술적인 비용과 효과에 근거한 논의만으로는 극복할 수 없다. 정책조정문제의 본질 및 바람직한 정책조정체제에 관한 보다 심화된 이해에 근거한 개혁원칙의 정립이 필요하다.

정책조정은 정책문제의 인식차이를 좁히고 합의를 구하는 과정이다. 따라서 정책조정 문제의 본질은 정책문제에 대한 인식의 차이이다. 사회분화가 진전된 민주적 사회에서 정책문제를 바라보는 다양한 관점이 존재하는 것은 지극히 자연스러운 일이다. 정책조정은 이러한 정책문제인식의 차이를 좁히는 과정이므로 기본적으로 정치적 과정이다. 정책조정을 정치적 문제(*political problems*)로 인식하지 못하고 기술적 해법(*technical solutions*)에만 의존하여 개혁을 모색하면 실패할 가능성이 크다. 이렇게 정책조정문제의 본질을 인식할 때 비로소 바람직한 정책조정시스템의 모습을 그리고 시스템개혁의 방향을 도출하는 것이 가능해진다. 아래에서는 이러한 인식을 바탕으로 바람직한 정책조정시스템의 모습과 새로운 정책조정시스템 확립에 필요한 원칙으로서 정책조정의 민주적 정당성 확립, 입법부역할의 강화, 조정과정의 공정경쟁 확보, 시스템의 점진적 개혁, 명백한 시스템설계 오류의 시정 등을 논의하겠다.

1) 정책조정의 민주적 정당성 확립

서두에서 우리나라 정부의 정책조정이 직면한 도전을 민주적 권위의 결핍이라고 지적하였다. 민주주의 사회에서 중요한 것은 정책조정과정의 정당성이며 정당성을 갖춘 정책조정의 결과는 민주적 권위를 가질 수 있다. 정책조정을 이미 합의된 문제인식과 이미 합의된 정책목표가 존재하는 상태에서 그 달성방식을 둘러싼 의견 불일치를 기술적 차원에서 해소하는 것으로 이해해서는 곤란하다. 사실 정책조정의 문제를 이렇게 이해한다면 정책조정이 어려울 까닭이 없다. 위계적으로 구성된 행정부 조직설계 원칙에 따라 상급자가 권위적으로 정책을 결정하면 조정은 쉽게 이루어지기 때문이다. 그러나 이러한 권위적 정책조정은 현재 우리 사회가 직면한 정책조정의 민주적 권위의 확보라는 과제에 어울리는 접근이라 할 수 없다. 과거 권위주의적 정치체제에서 정책조정은 항상 중앙집권적 조정을 의미하였다. 중앙집권적 조정은 신속하고 효율적인 정책조정을 가능하게 하였다. 하지만, 민주적 정치체제에서 정책조정은 효율성만으로는 부족하다. 정책조정과정의 민주성과 정책의 정당성 확보가 더 중요할 수 있다(최병선, 1993).

정책조정에 대한 상식적 접근은 중앙의 누군가가 '종합적'으로 정책문제를 인식하여 이해집단간 혹은 행정조직간 이견을 해소하고 합의를 이뤄야 한다는 것이다. 이 관점은 주어진 복잡한 정책문제에 관한 모든 정보와 미래의 상황에 대한 예측능력을 가진 뛰어난 정책조정자가 존재할 수 있다고 믿는다. 그러나 현대 정부가 직면한 정책문제의 대부분은 중앙의 정책조정자가 가진 정보수집 및 처리능력으로 감당할 수 없을 만큼 복잡하다. 현실의 중앙의 정책조정자가 택할 수 있는 방법은 주어진 정책문제를 몇 개의 하위정책으로 나누어 각각을 개별적으로 다루거나 아니면 차례대로 각 하위정책에 대한 조정을 시도하는 것이다. 이렇게 조각조각 나뉘어 이루어진 현실의 정책조정은 마치 누더기를 기운 듯한 조정결과를 낳기 일쑤이다.

이러한 누더기식 혹은 땜질식 조정은 수미일관하고 일사불란한 종합적 조정을 꿈꾸었던 이에게는 불만족스럽겠지만 민주적 정책조정을 원하는 이에게는 의외의 성과를 안겨준다. 상이한 의견을 가진 이해집단과 행정조직들은 정책조정 결과를 자신들에게 유리하도록 만들기 위해

저마다 관련정보를 수집하고 그에 기초하여 다른 집단과 행정조직을 설득하려고 애쓰게 된다. 이 과정에서 상이한 정보와 분석 간의 경쟁이 일어나게 되고 그 경쟁은 민주적 정책조정으로 우리를 인도한다.

중앙집권적 조정자에 대한 믿음은 정책문제를 둘러싼 이견 해소와 합의 도출이 공익에 기여하는 방향으로 합리적으로 이루어졌으면 하는 희망에 기초한다. 문제는 공익에 대한 사회적으로 합의된 기준이 없다는 것이다. 공익에 대한 선험적이고 절대적인 기준이 존재하지 않을 때 정책조정의 합리성은 상이한 이해집단과 행정조직이 제공하는 정보와 주장 간의 경쟁과 타협이라는 과정에서만 얻어질 수 있다(최병선, 1993). 정책조정과정의 민주적 성격이 중요한 이유가 바로 여기에 있으며 정책조정시스템의 개혁은 상이한 집단, 조직, 주장 간의 민주적 타협과 협상을 강조하는 데서 출발해야 한다.

2) 입법부 역할의 강화

우리나라의 정책조정 기제들은 대체로 행정부 내부를 범위로 한다. 대통령보좌진, 총리실, 국무회의, 부총리, 관계장관회의 등 한결같이 행정부의 경계 내에서만 정책을 조정하는 기제들이다. 정책조정의 본질이 상이한 가치관 혹은 이해관계의 조정임에도 정책조정에서 정치권의 역할이 미미하였다는 것은 입법부가 제 역할을 수행하지 못하였음을 의미한다. 물론, 입법부와 행정부 간 정책조정이 전혀 없었던 것은 아니다. 그간 미약하나마 입법부와 행정부 간 정책조정을 수행하였던 창구는 행정부와 집권당 사이의 당정협의회이었다. 그런데 국민이나 언론에게 당정협의회는 정치적 야합에 의해 비합리적 정책결정이 이뤄지는 곳쯤으로 비춰졌다. 정책조정이 근본적으로 정치적임을 인식하는 한 행정부 내부적으로 정책이 다뤄지고 조정되어야 한다고 생각하는 것은 권위주의시대의 유산이며 민주적 정치체제에는 걸맞지 않는 시대착오적 발상이다(최병선, 1993).

본래 입법부는 정책결정기관이며 행정부는 정책집행기관이므로 정책조정과정에서 입법부의 역할은 막중하다. 국민의 대표가 모인 국회가 조정과정에서 지금보다 더 적극적이고 능동적 역할을 수행해야만 정책조정의 민주적 권위를 확보할 수 있다. 물론, 국회의원의 전문성과 역량에 대한 의구심을 제기하는 이도 있겠지만 이것은 입법부의 전문성을 보완하는 대책을 요하는 사항일 뿐이다. 정책조정에서 정치적 조정의 필요성을 부인하고 행정적 조정에만 과도한 초점을 두어서는 곤란하다. 어떤 정책문제를 두고 상이한 이해집단 및 행정조직 간 이견이 발생했을 때 국민적 합의를 이끌어낼 수 있는 조정기구로 입법부를 제쳐놓는다면 그 조정결과의 민주적 권위를 확보하기 어렵다.

3) 공정한 정책경쟁의 확보

우리 사회에서 민주적 정책결정과 조정을 저해하는 대표적 요소의 하나는 상이한 이해집단 및 행정조직 간 공정한 정책경쟁이 드물다는 것이다. 정책결정 및 조정과정에서 불공정경쟁이 일어나는 원인의 하나는 정부부처간 이익대표성의 불균형이다. 정책문제에 대해 상이한 주장을 펴는 이해집단 및 행정조직 간 갈등을 해소하는 방법에서 핵심적 문제는 이들의 정책선호에 가중치를 어떻게 배분하는가의 문제로 귀착한다(최병선, 1993). 이익집단이 고루 발달되어 있고 또 이들의 이익을 대변하는 행정조직이 균형 있게 배치되어 있는 경우에는 이들 모두에게 참여를 허용하면 이 문제를 해결할 수 있다. 서로 다른 이해집단 및 행정조직 간의 타협과 협상을 통해서 공익에 부합되는 방향으로 합의를 이룰 수 있을 것이다.

그러나 정부부처간 책임과 권한이 이익대표성의 불균형을 초래하거나 강화하도록 배치되어 있다면 민주적 정책조정을 달성하기 어렵다.

정책조정 과정에서 정치적 동원능력이 강한 고객집단에 연계된 정부부처의 주장이 그렇지 못한 정부부처의 주장을 언제나 압도하여 영향력이 큰 부처의 의견대로 조정이 이루어질 가능성이 높기 때문이다. 이것은 정부부처의 이익대표가 특정 집단에 유리한 방향으로 이루어지는 체계적 편향성(*bias*)이 존재하며 정책조정 과정에서 공정한 경쟁이 일어나기 어려운 구조적 제약이 있음을 의미한다. 민주적 정책조정을 이루려면 이러한 구조적 불균형을 해소하고 공정한 경쟁이 일어나도록 행정조직 간 권한과 책임을 재배분할 필요가 있다(최병선, 1993).

정책조정 과정의 공정경쟁에서 주목할 사항의 하나는 청와대 보좌진의 역할이다. 상이한 이해집단 및 행정조직들이 주장하는 대립되는 정책선호와 가치 간의 경쟁은 흔히 혼란스럽고 소란스러우며 비생산적으로 보인다. 일반국민과 언론은 행정부조직의 정점에 있는 청와대의 누군가가 신속하게 나서서 이러한 정책혼선을 정리하라고 요구하며 만약 그렇지 못하면 정부의 기강이 해이하다고 비판한다. 그러나 청와대 보좌진이 이러한 요구에 호응하여 신속하게 정책조정에 나서고 청와대의 권위를 바탕으로 합의를 도출하려 한다면 자칫 과거의 권위주의적 정책조정의 잘못된 관행을 답습하는 결과를 낳을 수 있다. 특히, 청와대보좌진이 신속한 갈등해결을 위하여 특정의 정책방향이나 정책대안에 몰입되어 있거나 그것을 지지하는 한, 서로 다른 견해와 가치들에 대해 공정경쟁을 보장하기 보다는 편견을 갖게 될 가능성이 높다. 편견을 가진 청와대 보좌진의 섣부른 개입은 민주적 정책조정을 저해할 우려가 큰 것이다.

4) 정책조정시스템의 점진적 개혁

이제까지 많은 정책조정시스템 개혁에 관한 논의는 정부조직구조의 개편에 초점을 두었다. 예를 들면, 조정기구를 신설하거나 특정 장관을 부총리급으로 격상시키면 정책조정이 잘 이루어질 수 있다고 보는 것이 좋은 예이다. 그러나 정책조정시스템의 개혁은 정부조직의 급진적 개편보다는 과거에 활용되었거나 현재 활용되고 있는 여러 방법 중 가장 효과가 높았고 가장 기능을 잘 했던 조정기제를 중심으로 점진적 적응을 모색하는 것이 실용적이다.

정책조정시스템의 급진적이고 구조적인 개편보다는 점진적 변화가 바람직하다고 보는 이유에는 세 가지가 있다. 첫째, 일반적으로 현대 정부가 직면한 정책문제의 복잡성에 비하여 조직구조의 개편은 매우 단순한 외과적 해법이다. 교육인적부장관을 부총리로 만든다고 해서 대번에 공교육이 살아나기를 바라거나 경제부처를 통폐합한다고 국민소득이 증가하기를 바라는 것은 과도한 기대이다. 사회통념은 정부조직개편을 마치 만병통치약(*panacea*)처럼 보지만 실제로 조직구조의 개편은 실제 정책문제가 갖고 있는 복잡성을 해결하기에는 너무나 뭉툭하고 예리하지 못한 도구이다(Seidman & Gilmour, 1986). 정책은 복잡한 정치경제학적 이해관계와 가치충돌을 내포하고 있기 때문에 외과적 조치인 조직개편으로 정책결정 및 조정과정을 개선하기는 쉽지 않다. 비유컨대 팔다리를 자르고 붙이는 식의 구조적 접근보다는 혈관을 연결하고 신경을 접합하는 미세한 접근이 필요한 것이다.

둘째, 급격한 정부조직의 개편은 정치적으로 남용될 가능성이 크다. 정치인들은 조직구조 개편의 효과를 과대포장하는 경향이 있다. 정부조직개편은 정부가 문제해결을 위해 굉장히 애쓰고 있으며 곧 문제가 해결될 것이라는 착각을 일반국민에게 심어준다. 조직개편은 즉각적이고 가시적이지만 정책효과나 문제해결은 오랜 시간이 걸리고 비가시적인 경우가 많다. 급격한 조직개편이 갖는 이러한 상징적 효과 때문에 조직개편은 빈번히 단기적인 정치적 이득을 위해 남용되었다. 9·11 이후 미국의 부시행정부에 의한 국토안보부(Homeland Security Department)의 신설이 대표적 예이다.

급진적 조직구조개편에 초점을 둔 정책조정시스템의 개혁에 신중해야 할 세 번째 이유는 조직구조개편의 비용이다. 정부조직개편에 소요되는 비용은 과소평가되고 편익은 과대평가되는 경향이 있다. 조직개편에는 눈에 보이지 않는 비용이 많다. 국내외 정부조직개편의 역사는 조직개편의 종합적이고 장기적인 비용이 결코 적지 않음을 보여준다. 단지 간판이나 명함을 교체하거나 사람과 비품이 이동하는 비용만이 들 것이라고 생각하면 큰 오산이다. 조직개편은 오랜 시간 동안 형성된 업무수행의 기존 절차를 파괴하고, 조직이 많은 시행착오를 통해 이룩해온 소중한 점진적 적응의 결과를 무위로 돌려버린다. 조직구성원들에게 심리적 불안감과 스트레스를 주며 조직외부의 고객들은 어디서 누구와 어떻게 일처리를 하는지 처음부터 다시 배워야 한다. 일단 외부적 압력에 의해 흔들린 조직이 다시 제대로 기능하려면 많은 시간과 노력이 든다. 이러한 비용들은 대개 비가시적이고 객관적으로 추정하기 어려우므로 쉽게 무시된다. 정부조직 축소가 인력감축으로 이어지고 이것이 다시 비용을 절감한다고 생각하는 것은 순진한 논리이며 대중을 호도하기 쉽다. 특정 정부조직을 축소한다고 해서 그 조직에서 일하던 직업공무원을 해고시키기는 거의 불가능하며 공평한 처사도 아니다.

이러한 이유로 급진적 조직구조개편을 통한 정책조정시스템의 개혁은 기존 정책조정시스템이 갖고 있는 진화적 합리성을 저해할 우려가 크다. 모든 현존하는 시스템과 조직은 끊임없이 성장, 변모하며 변화하는 환경에 대한 점진적 적응의 산물이다. 결코 완전하지는 않지만 실제 운영과정에서 학습되고 습득한 경험이 반영되어 있다. 이러한 진화적 합리성을 무시하고 기존의 조정시스템을 모두 불합리한 것으로 간주하고 급진적 변화를 모색하는 것은 위험하다. 불완전한 우리의 지식과 정보를 감안한다면 급격한 구조적 변화를 추구하는 새로운 정책조정시스템이 기존의 시스템보다 더 나은 조정결과를 얻으리라는 보장이 없다. 미래의 불확실성을 줄이고 일정한 개선을 기대할 수 있는 조정시스템의 변화는 기존 방법들 중에서 가장 효과적이었던 조정기제를 중심으로 점진적 변화를 모색하는 방법뿐이다(최병선, 1993).

한편, 미사여구로 치장된 모호한 공공선을 추구하기 위한 조직개편은 실제로 편익보다 비용이 더 클 가능성이 많지만, 조직개편의 비용보다 편익이 더 클 가능성이 높은 경우도 존재한다. 과거에 많은 이들에 의해 반복적이고 누적적으로 지적되어 온 '명백한 구조적 오류'가 존재하는 경우이다. 이러한 경우에는 그대로 내버려두면 잘못된 조직 혹은 시스템설계로 인한 비용이 누적될 것이므로 한시라도 빨리 손을 대는 것이 비용을 줄이는 길이다. 이러한 명백한 조직 혹은 시스템설계상의 오류에 속하는 예로 가외성의 요구가 낮음에도 기능중복이 있어 효율성이 떨어지는 경우와 업무의 상호의존성이 높음에도 분리된 조직편제를 유지하는 경우 등을 들 수 있다. 기존 정책조정체제에 존재하는 이러한 오류의 시정에 대해서는 다음에서 상술하겠다.

5) 명백한 구조적 오류의 시정

민주적 정책조정은 일반적으로 권위적 정책조정에 비해 느리고 비효율적인 경향이 있지만 정책조정의 비효율을 오로지 민주주의의 비용으로 돌리는 것은 옳지 않다. 많은 민주적 정부들은 상이한 이해집단 및 행정조직 간의 충분한 경쟁 및 타협을 허용하면서도 조정비용을 줄일 수 있는 시스템을 발전시켰다. 민주적 절차에 대한 존중 때문에 발생하는 불가피한 비용 이외에도 정책조정의 비용은 조정기제의 수평적 중첩성 및 수직적 역할분담의 모호성, 조정자의 전문성과 역량부족 등의 문제가 있을 경우 증가한다. 이 중 대부분은 명백한 조정시스템 설계상의 오류에서 비롯된 것으로 시급한 개선이 요구되는 문제들이다.

앞서 살펴본 대로 현재 우리 정부는 청와대보좌진, 국무총리와 국무조정실, 부총리, 관계장관회의 등 복수의 정책조정기구를 두고 있다.

유사하거나 중복적인 기능을 수행하는 복수의 조직을 유지하는 것이 바람직한가에 대하여 조직설계이론은 두 가지의 상충적인 원칙을 제시한다. 하나는 동일성의 원칙으로 유사한 기능은 동일한 조직에 의해 수행되는 것이 효율적이라는 원칙이고, 또 하나는 가외성의 원칙으로 복수의 유사기능 수행조직의 존재는 기능수행의 신뢰성(*reliability*)을 확보하기 위해 필요하다는 원칙이다. 서로 충돌하는 이 두 원칙 중 어느 것을 따라야 하는가는 해당 기능이 요구하는 신뢰성의 수준에 달려있다. 다시 말해서 기능수행의 실패를 용인할 수 있는 한도가 기준이 된다(김영, 2005). 예컨대 여객기의 엔진 고장은 대형사고로 이어지므로 흔히 복수의 엔진을 장치하여 기능의 신뢰성을 극대화한다. 정부조직설계에서도 테러방지기능과 같이 기능수행 실패가 인명의 대량손실을 초래할 수 있는 경우에는 복수의 기관에게 책임을 맡겨서 이중 삼중의 안전장치를 마련한다. 그렇다면 정책조정기능이 갖는 기능수행 실패에 대한 용인한도는 어느 정도인가. 물론 조정사안에 따라 그 한도가 다르겠지만 일반적으로 정책조정기능이 요구하는 신뢰성 수준이 전체 정부가 수행하는 기능 중 최상위에 속한다고 보기는 어려울 것이다. 단 한순간의 작은 실패도 용인할 수 없기 때문에 100%의 신뢰성을 추구해야 할 기능이라고 보기는 힘들다. 따라서 기존 정책조정기제의 중첩성과 그로 인한 비효율성은 가외성의 원칙보다는 동일성의 원칙을 준용하여 평가하는 것이 타당하며 시급히 해결되어야 할 명백한 시스템설계의 오류에 해당한다고 보아야 할 것이다.

위에서 논의한 조정기제의 중첩성이 주로 수평적 중첩을 지칭한다면 조정기제들간의 수직적 역할분담의 모호성 또한 오랫동안 많은 전문가들이 지적해 온 조정시스템의 설계오류이다(정종섭, 2002; 임도빈, 2004). 여기서 특히 문제가 되는 것은 정책조정 기능수행에서 대통령과 국무총리의 모호한 역할분담이다. 앞서 논의한 대로 우리나라 역대 정부의 정책조정은 청와대에 의한 권위적 조정에 주로 의존했다. 민주화 이후 총리와 그 보좌기관에 의한 정책조정의 범위와 권한을 늘리려는 시도가 꾸준히 있었으나 여전히 총리에 의한 정책조정은 청와대가 관심을 갖지 않는 정책갈등, 혹은 정치적 부담 때문에 의도적으로 회피하려는 사안에 대한 조정에 머물렀다. 일종의 잔여(*residuals*)에 대한 조정이었던 것이다. 대통령과 그 보좌진의 유동적 판단에 근거한 역할분담은 조정업무 수행의 예측가능성과 안정성을 떨어뜨리고 조정비용을 증가시킨다. 헌법에 명문화된 국무총리의 존재와 그 내각제적 의의를 인정한다면 정책조정 과정에서 대통령과 총리 간 역할분담의 모호성을 현재보다 줄이는 것이 바람직하다.

정책조정기제들의 수평적 중첩성과 수직적 역할분담의 모호성이 야기하는 또 다른 부작용은 정책조정 전문성의 약화이다. 누가 무엇을 어떻게 조정해야 하는지 불분명하고 업무량과 업무내용에 대한 불확실성이 크므로 정책조정자에게 필요한 전문성과 역량의 내용 및 수준을 사전에 예측하기 어렵다. 이러한 불확실성은 조정능력을 키울 수 있는 교육 및 훈련수요의 파악을 어렵게 하여 비합리적 인적자원관리로 귀결됨은 물론 조정업무에 관한 경험과 지식을 활용할 수 있는 표준운영절차(SOP)의 확립을 저해한다. 또한 정책조정기제들의 수평적 중첩성과 수직적 역할분담 모호성은 초점이 잘못 설정된 관료정치(*bureaucratic politics*)를 야기한다. 정책에 대한 조정권한을 누가 어떻게 행사할지 명확하지 않고 누가 조정을 맡는가에 조정결과가 달라진다면 정책내용에 관한 경쟁은 뒷전으로 밀리고 누가 조정을 맡는 것이 더 유리한가를 둘러싼 경쟁에 각 부처가 자원을 투입하게 된다. 이렇게 오도된 관료조직간 경쟁과 갈등이 정부 전체적인 정책조정 전문성의 약화와 인적, 물적 자원의 낭비를 초래하리라는 것은 두말할 나위가 없다.

4. 정책조정시스템 개혁의 구체적 방안

앞에서 새로운 정책조정시스템의 개혁원칙으로서 정책조정의 민주적 정당성 확립, 입법부역할의 강화, 조정과정의 공정경쟁 확보, 시스템의 점진적 개혁, 명백한 구조적 오류의 시정 등 다섯 가지를 제시하였다. 여기서는 이러한 원칙에 부합하는 구체적 개혁방안으로서 당정협의 활성화, 대통령과 총리의 수직적 역할분담 명확화, 장관중심 수평적 조정체제 강화 등을 제안한다. 당정협의 활성화는 정책조정의 민주적 정당성 확립과 입법부역할의 강화 원칙에서 도출된 개혁방안이며 수직적 역할분담 명확화와 수평적 조정체제 강화는 민주적 정당성 확립, 조정과정의 공정경쟁 확보, 그리고 명백한 구조적 오류의 시정 원칙에 부응한 개혁방안이다. 시스템의 점진적 개혁 원칙은 모든 개혁방안에 공통적으로 적용된다. 모든 구체적인 개혁방안의 논의에 있어서 급진적이고 구조적인 개편보다는 기존의 조정기제들 중 오랫동안 가장 기능을 잘 했던 기제를 중심으로 장점을 극대화하고 약점을 극소화시키는 점진적 적응에 논의의 초점이 두어진다.

1) 당정협의 활성화

정책조정의 민주적 권위 확보는 행정부만의 노력으로는 달성하기 어렵다. 본래 삼권분립체제에서 행정부는 법률을 통해 위임된 정책을 집행하는 기관이며 정책결정 및 조정은 입법부의 소관이다. 엄격히 말해서 상이한 이해집단과 주장간의 민주적 타협 및 협상이 이루어져야 할 적절한 장소는 대통령을 수반으로 한 집행조직인 행정부라기보다 국민의 대표가 모여 법률을 제정하는 입법부인 것이다. 그러나 복잡한 정책문제를 다루어야 하는 현대 정부에서 입법부는 정책전문성의 한계로 인해 정책결정과 조정의 주도자로서보다는 행정부에 대한 감시자 및 견제자로서의 역할을 주로 수행하고 있다고 보는 것이 타당할 것이다.

우리나라의 행정부-입법부 관계는 이에 더하여 민주적 의미의 정치가 부재하였던 수십 년간의 권위주의체제 속에서 국회의 역할이 더욱 위축되었던 경험을 갖고 있다. 개발연대의 권위주의적 대통령들은 여당의 총재를 겸하면서 국회를 손쉽게 장악하였고 국회는 행정부의 보조기관을 벗어나지 못하였다. 정책결정과 조정에 있어 국회가 국민의 요구와 주장을 대표하고 결집하는 역할을 수행하지 못하였음은 두말할 나위도 없다. 문제는 1980년대 후반부터 시작된 민주화 이후에도 국회의 정책결정 및 조정기능이 여전히 매우 미흡한 수준에 머물러 있다는 것이다. 이런 입법부의 소극적 역할은 상당부분이 오랜 권위주의역사가 빚어낸 제도적 유산(*institutional legacy*)으로, 대통령, 직업관료, 국회의원, 일반국민들 모두가 민주적 정책결정과정에서 국민의 대표로서 국회의원이 수행해야 하는 바람직한 역할과 규범에 대해 제대로 학습할 기회를 갖지 못하였다. 뿐만 아니라 국회가 적극적 정책결정 및 조정 역량을 발휘할 수 있도록 돕는 공식적 제도나 절차도 마련되어 있지 않았다. 이런 문제인식에 입각할 때 당정협의의 활성화는 민주적 정책결정과 조정에 기여할 수 있는 잠재력이 매우 크다. 당정협의는 행정부가 주도한 정책을 놓고 이루어지므로 집권정당은 기본적으로 수동적 입장을 취하게 되지만, 제한된 속에서나마 시민사회에 존재하는 다양한 이익을 대표하고 결집하여 정책으로 전환하는 역할을 수행하기 때문이다.

당정협의는 내각중심제인가 혹은 대통령중심제인가에 따라 운영방식이 다르고 정당정치의 발전경로에 따라서도 상이하게 운영된다. 대체로 미국 등 대통령중심제 국가보다 일본이나 영국 등 내각중심제 국가에서 당정협의가 활성화되어 있다. 우리나라는 1980년대 이전까지 집권당에 대한 대통령의 막강한 지배력을 바탕으로 당정협의가 활성화되었으나 민주화 이후에는 반복되는 분점정부(*divided government*)의 등장, 5년단임제 대통령이 입법부에 대해 갖는 권력관계의 유동성 때문에 매우 불안정하게 운영되었다. 특히 5년단임제 대통령이 집권말기에 정당들의 정치적 요구에 의하여 당적을 이탈하는 것이나, 여소야대로 인한 행정부와 입법부의 갈등은 당정협의의 안정적 운영을 저해하였다. 이러한 정치적 요인으로 인한 문제점을 사전에 예측하고 대응하기는 쉬운 일이 아니지만 당정협의의 활성화를 위한 다소간의 개선 여지는 여전히 존재한다.

첫째, 정당의 정책조정위원회에 집중된 당정협의를 분산하여 각 부처와 정책조정 분과위원회별 당정협의를 강화하는 것이다(민진, 2007). 본래 우리나라의 당정협의는 부처의 실국수준에서 정당의 전문위원들과 이루어지는 실무수준 협의, 부처의 장차관과 소속상임위 등 관련 국회의원과 이루어지는 부처수준 협의, 그리고 국무총리 주도로 정당대표, 정책위의장 등이 참여하는 고위수준 협의 등으로 구분된다. 고위수준 협의는 대개 국회 본회의 논의과정에서 심각한 논란이 예상될 때 이루어지며 대부분의 당정협의는 정당 정책조정위원회가 주도하는 하위수준에서 일어난다. 그런데 정당 정책조정위원회는 지나치게 광범위한 정책분야를 담당하고 있고 위원회소속 의원들간의 견해차이도 커서 당정협의의 효과성이 떨어진다는 지적을 받았다(민진, 2007). 정책조정위원회의 과도한 부담을 덜고 실질적인 당정협의를 이루려면 분과별 정책조정위원회의 기능을 강화하여 각 분과별 위원회가 관계부처와의 당정협의의 파트너로 참석하는 체제가 구축될 필요가 있다. 이러한 방식이 실현되면 당정협의시 입법부와 행정부의 전문성 격차도 줄일 수 있으며 참여자간 합의도출도 보다 용이해져서 당정협의의 형식화를 방지할 수 있을 것이다.

둘째, 입법부의 정책전문성을 보완할 수 있는 제도개선이 필요하다. 지난 십여 년간 국회 예산정책처의 설립, 의원보좌진의 확대, 정책개발비의 증가 등 여러 가지 조치가 취해졌지만 여전히 행정부에 비하여 입법부의 정책전문성은 취약한 실정이다. 정당 정책연구소의 발전도 필수적 과제이지만 정당 정책연구소는 정책사안에 대한 심층적 연구를 수행하기보다 선거전략개발 등 지나치게 정략적 역할에 몰두하는 폐단을 보였다. 입법부의 정책전문성 강화를 위해 특히 관심을 가져야 할 사항은 상임위원회의 역할 강화이다. 장기적으로 입법부와 행정부의 정책협의는 상임위원회 중심체제로 이동하는 것이 바람직하다. 미국 등 대통령중심제 국가에서 상임위원회는 행정부의 권력남용을 견제하고 다양한 정책아이디어간 경쟁과 타협을 이뤄내는 중추적 역할을 수행한다. 이러한 상임위원회의 역할은 상임위원회별 정책결정 및 조정활동을 지원하는 인적, 물적자원의 충분한 확보가 전제되어야 가능하다.

끝으로, 행정부쪽에서도 개선되어야 할 부분들이 있다. 현재 행정부에서 당정협의 업무를 총괄하는 것은 국무총리 비서실이지만 국무총리 비서실은 당정협의만을 위해 존재하는 조직이 아니며 담당인력도 많지 않다. 각 부처수준에서 당정협의를 맡고 있는 곳은 정책홍보관리본부 혹은 정책홍보관리실이지만 대국회업무 및 당정협의업무는 부수적 업무로 간주되고 있을 뿐이다. 요컨대 정무기능에 특화한 조직이나 인력이 매우 취약한 것이다. 이러한 인력과 조직의 배치는 권위주의시대의 유산으로서 민주화 이후 당정협의의 중요성이 커지고 있는 오늘날에도 여전히 정책결정과 조정에 있어서 입법부의 역할이 제한적임을 반증하는 것이다. 행정부가 당정협의를 경시하는 이런 기본적 시각이 변화하지 않는 한 정책조정의 민주적 권위 확립은 요원해질 수밖에 없다. 행정부가 당정협의의 충실화를 위해 노력하지 않으면 정제되지 않은 집단이기주의에 의한 정책조정의 파행과 이로 인한 정책실패의 반복, 과도한 민주주의 비용의 지출을 피하기 어렵다. 행정부는 여당과 야당을 포함한 당정협의 과정에서 정책조정결과가 집단이기주의에 함몰되지 않으면서도 민주적 권위를 확보할 수 있도록 여당과 야당을 포함한 입법부를 설득할 수 있는 능력을 갖춰야 하며 이를 위해 필요한 고도의 정무적 전문성을 키워야 한다. 각 부처별로 당정협의를 전담하는 조직을 설치하거나 장관의 정무기능 수행을 돕는 정책보좌관제의 강화 등이 그 출발점이 될 수 있을 것이다.

2) 대통령과 총리의 수직적 역할분담 명확화

헌법이 부여한 대통령의 권한은 매우 광범위하지만 국정운영의 실제에서는 대통령의 시간, 정보, 주의의 한계 때문에 권한위임이 불가피하다. 나아가 대통령의 권한위임은 분권화를 촉진하고 정책경쟁을 활성화하는 효과가 있으므로 정책결정 및 조정의 민주적 정당성을 제고한다. 대통령의 권한위임의 초점은 국무총리의 정책조정 역할의 강화이다. 국무총리가 국가원수로서의 대통령의 역할을 분담하기는 어렵지만 행정수반으로서의 역할을 분담하는 것은 설득력이 있다. 헌법에 국무총리는 대통령의 명을 받아 행정각부를 통할한다는 근거가 있기 때문이다.

이제까지 대부분의 총리들은 헌법적 보장에도 불구하고 '얼굴마담'에 머물렀다. 주된 이유는 국무총리의 권한행사가 전적으로 대통령의 의사에 달려 있었으며 대통령들이 권한위임을 꺼려했기 때문이다. 국무총리의 행정각부 통할 권한행사가 실질적 효과를 거두려면 정책조정 역할의 강화가 핵심이 되어야 한다. 총리는 지금도 다양한 관계장관회의를 수시로 주재하고 있으며 총리직속의 국무조정실이 실무지원을 맡고 있다. 그럼에도 불구하고 국무총리에 의한 정책조정이 형식화하는 가장 큰 이유는 청와대와 국무총리의 정책조정기능이 상당부분 중첩되는 데 있다. 따라서 대통령과 국무총리의 역할분담의 명료화는 청와대의 정책조정관련 보좌기구를 대폭 축소하고 국무총리가 정책조정에 대한 일차적 책임과 권한을 행사하도록 하는 것이 첫 걸음이다. 청와대보좌진의 구성은 모든 정책분야의 조정업무를 상정한 소내각형 편제를 유지하기보다 소수의 대통령프로젝트에 역량을 모으는 선택과 집중형의 편제가 바람직하다. 이러한 청와대개편 방향은 또한 청와대보좌진에 의한 정책조정이 특정 이해집단이나 관점에 대한 불공정한 편견의 개입으로 이어지는 것을 막고 보다 공정한 정책경쟁이 조정과정에서 이뤄지도록 도울 것이다. 물론, 국무총리와 그 보좌진에 의한 정책조정 역시 유사한 문제점을 가질 수 있으나 청와대 보좌진이 특정 관점에 편견을 갖고 몰입하는 것이 위험한 주된 이유가 대통령이 행사하는 막강한 권한임을 상기할 때 그 부작용이 훨씬 덜할 것이다.

대통령과 국무총리의 수직적 역할분담의 명확화가 가져다 줄 또 다른 편익은 정책조정 전문성의 강화이다. 앞서 논의했듯이 대통령보좌진이 수시로 정책조정에 개입하고 국무총리가 그 잔여에 대해 조정하는 현행 방식은 두 기관 모두에게 정책조정에 필요한 전문성과 역량의 축적을 어렵게 하였다. 정책조정은 고도의 의사소통 및 협상능력을 요하는 직무로서 이러한 전문성의 결여가 지난 이십 년간 우리 행정부가 정책조정의 민주적 권위를 확보하지 못하였던 한 가지 중요한 이유이기도 하였다. 조정업무의 불투명한 역할분담은 누가 무엇을 언제 어떻게 조정할 것인가에 대한 불확실성을 높이고 조정에 필요한 전문인력의 확보와 체계적인 교육훈련, 그리고 표준운영절차의 확립을 어렵게 한다. 직업관료가 아닌 경우가 많고 대통령과 진퇴를 함께하는 청와대보좌진의 경우 이러한 문제가 훨씬 심각하였지만 대부분 직업관료인 국무총리 보좌진의 경우에도 행정부처로부터 파견된 인력에 대한 의존도가 심하여 유사한 전문성부족에 시달려왔다. 그러나 청와대보좌진의 일상적 정책조정 기능이 폐지되고 소수의 대통령프로젝트에 국한하여 정책조정기능을 수행하게 되면 정책조정업무에 관한 예측성이 높아지고 불확실성이 감소할 것이다. 이는 다시 국무조정실 등 국무총리를 도와 정책조정을 수행하는 인력에 대한 체계적인 전문성개발을 용이하게 할 것이다. 보다 나아진 행정부의 정책조정전문성은 궁극적으로 정책조정의 민주적 권위의 확보에 기여할 것으로 기대된다.

3) 장관중심 수평적 조정체제의 강화

정책조정의 권한을 국무총리에게 대폭 이양하는 방안은 각 부처 장관들간의 수평적 조정체제강화 없이는 성공적 정책조정시스템으로 기능할 수 없다. 우리나라 헌법이 보장하는 국무총리의 행정각부의 통할권은 실질적이기보다 상징적 성격이 강하여 설사 대통령이 정책조정권한을 대폭 위임한다 해도 실제로 위계적 조정권위를 갖기는 쉽지 않다. 이러한 권위의 행사를 돕기 위해 예산편성권이나 다른 통제수단을 국무총리에게 부여하는 것은 대통령에 의한 집권적 조정을 국무총리에 의한 그것으로 대체할 가능성이 있다. 애초에 국무총리의 정책조정권 행사는 행정부의 중앙집권적 성격을 완화하고 보다 분권적인 정책결정 및 조정이 이뤄지도록 의도하는 것이므로 국무총리는 부처간 이견이 발생하였을 때 충실한 중재자 역할을 수행하는 것이 더욱 바람직하다. 국무총리에 의한 정책조정이 민주적 권위를 갖고 공정한 정책경쟁을 확보하는 방향으로 진전되려면 정책조정과정에서 현재보다 각 부처장관의 역할이 강화되어야 하며 부총리제 등 장관중심 정책추진을 저해하는 요소들을 제거하는 한편 관계장관회의의 활용방식도 개선되어야 한다.

우선, 노무현정부에서 행정부 전체로 확대 시행된 부총리제 및 책임장관제는 폐지할 필요가 있다. 앞서 논의하였듯이 과거 경제기획원장관이 수행하였던 경제부총리는 성공적 정책조정의 사례를 남겼다고 평가되지만, 부총리제 자체에 대한 일반적 평가는 그리 후하지 못하다. 특히 현재와 같이 3인 부총리 및 2인의 책임장관을 두어 전 부처를 5개의 정책분야로 나누어 관장하게 한 것은 부처수준 위에 또 하나의 행정계층을 신설한 결과를 초래하여 피라미드형 관료조직이 갖는 비효율성을 심화시켰을 뿐이다. 아울러 대부분의 부총리부처는 정작 정책조정기능의 효과적 수행에 관심을 갖기보다는 엉뚱하게 사무국 명목의 조직 확대와 조정을 빙자한 관련 부처와의 영역다툼(*turf battle*)에만 골몰하고 있는 실정이다.

또한 장관중심 수평적 조정체제가 제대로 구현되려면 장관의 권한과 책임의 강화가 필요하며, 특히 정무적 기능이 제대로 발휘되도록 제도를 개선해야 한다. 과거 권위주의 시대 장관은 대통령의 지시에 따라 일사불란하게 움직이는 관료조직의 중간관리자에 지나지 않았다. 장관이 입법부 혹은 시민사회를 대상으로 의견을 수렴하고 정책에 반영하며 반대 견해를 설득하는 정무적 기능을 수행할 필요가 적었던 것이다. 그러나 1980년대 이후 민주화의 정착은 장관의 역할에 대한 근본적 변화를 요구하고 있다. 물론, 행정부 유일의 선출직 공직자(*elected official*)인 대통령의 국정이념을 실천에 옮기는 정치적 피임명자(*political appointees*)로서의 장관의 임무에는 큰 변화가 있을 수 없다. 하지만 정책결정 및 조정에서의 정치적 정당성(*political legitimacy*)의 확보는 더 이상 대통령에게만 맡겨진 과제가 아니라 장관수준에서도 요구되는 과제가 되었다. 지난 20년간 누적된 정책실패의 경험이 주는 한 가지 교훈은 대통령에게 정책결정과 조정의 권한과 책임이 집중되는 시스템은 오늘날의 다원화된 우리 사회구조와 맞지 않으며 행정부내부의 권한위임을 통해 부처 등 보다 하위수준에서 다양한 이해집단과 관점의 경쟁 및 타협이 필요하다는 것이다.

장관의 역할강화를 위한 구체적 방안으로 정종섭(2002)은 평균 재직기간의 연장, 비관료출신 참모진의 확충, 차관임명권의 부여를 제안하고 있고, 임도빈(2004)은 장관비서실을 중심으로 하는 정무담당부분과 행정담당부분을 분리하는 이원적 부처조직 설계, 총액인건비제 실시, 부처 내 인사권의 장관으로의 대폭 이양 등을 제안하고 있다. 지난 몇 년간 진행된 정부혁신은 대체로 이러한 방향과 일치하는 것이기는 하지만 대부분 관리적 자율성의 확보에 초점을 두고 있을 뿐 장관의 정무적 기능의 강화에는 소홀한 면이 있으므로 개선이 필요하다.

끝으로, 장관중심 수평적 조정체제의 확립을 위해 관계장관회의의 내실 있는 운영을 도울 제도개선이 필요하다. 앞서 논의한 대로 관계장관회의는 오랜 시행착오를 거쳐 우리의 정치행정체제에 성공적으로 정착한 정책조정기제이다. 불확실한 결과를 낳을 정책조정시스템의 급진적 개혁을 피하고 점진적 적응을 모색할 때 국무총리의 역할강화와 더불어 새로운 정책조정시스템의 핵심적 기제가 될 수 있는 잠재성이 있다. 관계장관회의는 국무회의나 조정전담장관제에 비하여 전문성의 확보면에서 유리하며 비교적 공정한 정책경쟁이 일어날 수 있는 틀을 제공할 뿐만 아니라 정책결정과 조정을 분권화하여 행정부 내에서 장관의 책임과 권한을 강화하는 효과도 기대할 수 있다.

하지만 관계장관회의가 장관중심 수평적 조정체제의 중추적 역할을 맡기 위해서는 다음과 같은 제도개선이 필요하다(이송호, 근간). 첫째, 운영방식과 형태가 임기응변적이며 비체계적이므로 최소한의 통일성을 유지하기 위한 정비가 요구된다. 관계장관회의의 다양성은 장점이 될 수도 있지만 실제로는 주도하는 부처의 편의를 위해 악용되는 경향도 있으며 특정 부처의 영향력 확대를 위해 남설되는 경우도 많다. 그 때문에 유사한 관계장관회의가 여기저기 설치되기도 하고 유명무실해지기도 한다. 따라서 범정부적인 정책결정 및 조정의 통합성을 제고하기 위해 헌법상 행정각부의 통할권을 갖고 있는 국무총리가 관계장관회의의 설치와 운영을 총괄하는 것이 바람직하다.

둘째, 국무총리는 서로 다른 관계장관회의에서 동일사안에 대한 반복적이고 중복적인 조정이 일어나지 않도록 관리해야 한다. 앞서 논의한 대로 현재 우리나라의 관계장관회의는 분야별 회의, 이슈별 회의, 주무장관회의, 국정현안정책조정회의 등 복잡다기하기 그지없다. 관계장관회의 상호간 수직적, 수평적 조정업무분담이 모호한 경우도 많다. 때로는 한 관계장관회의의 결과에 만족하지 않는 부처가 다른 회의를 이용하여 유리한 정책조정결과를 얻어내기 위해 노력하기도 한다. 장관중심 수평적 조정체제의 관리자로서 국무총리는 이러한 중복성과 복잡성이 갖는 정책경쟁의 활성화의 장점은 수용하되 동일사안이 거듭 정책조정의 대상이 되는 사례를 최소화하여 관계장관회의가 관료정치(*bureaucratic politics*)의 제물이 되는 일이 없도록 해야 한다.

끝으로, 국무총리가 실질적으로 관계장관회의를 총괄할 수 있도록 현재 각 부처, 특히 부총리부처에 산재되어 있는 관계장관회의 사무국기능을 가능한 한 국무총리 지원기구로 흡수할 필요가 있다. 예를 들면 현재 재경부의 정책조정국, 과기부의 과학기술혁신본부, 교육인적자원부의 인적자원개발정책본부 등은 각각 해당분야 관계장관회의의 사무국 업무를 주요 기능으로 한다. 그러나 이러한 부처 내 지원조직은 정부전체적인 관점에서는 인력낭비로 이어지기 쉬우며 실제로도 각 부처들은 이러한 조정담당 사무국조직을 경쟁적으로 설치하여 부처 영향력확대 및 기구확장의 기회로 삼으려는 경향이 있다. 각 부처별로 설치된 이러한 사무국조직의 인력들을 국무총리 지원기구로 흡수하면 인력운용의 효율성을 높일 수 있으며 불필요한 부처간 갈등의 발생도 줄이는 데도 기여할 수 있다. 아울러 국무조정실 등으로 일원화된 지원기구는 정책조정의 중립성의 제고와 정책조정 전문성의 축적에도 공헌할 것이다.

5. 결론

6·29 선언 이후 지속적으로 전개된 민주화흐름 속에서 과거 강제적 물리력에 근거한 국가의 권위가 무너졌다. 그리고 그 후 역사적 정통성을 가진 정부들이 출범하였다. 그러나 우리 사회 저변의 흐름을 보면 아직 과거의 국가 권위를 대체할 새로운 민주적 국가권위가 정착하지 못한 채 국가권위 부재 현상을 보이고 있는 실정이다. 또한 6공화국 이후 지속적으로 나타난 정부 정책의 비일관성과 정부의 책임회피는 그나마 유지되었던 국가권위마저 없애 국민들 사이에 정부의 능력과 의지에

대한 불신을 만연시키게 되었다. 과거 우리나라는 대통령을 중심으로 한 국가의 절대권위라는 버팀목 아래 옆과 뒤를 돌아볼 필요도 없이 앞만 보고 압축성장을 달성하였다. 그러나 현재 그러한 버팀목이 없어진 상황에서, 새로운 유형의 민주적 국가권위가 채 자리 잡기도 전에 법과 질서가 무시되고 여과되지 않은 집단이기주의적 주장만이 판치고 있다. 이러한 상태에서 바람직한 정부의 정책결정을 기대하기는 매우 힘든 일이며, 정책결정의 비일관성, 정책결정의 지연과 관료의 책임회피, 집단이기주의 등 정책결정의 혼선은 당연한 논리적 귀결이라고 판단된다.

이 글에서는 거듭되는 정책실패의 재연을 방지하기 위해 민주적 권위에 바탕을 둔 새로운 정책조정시스템으로 전환하려면 어떠한 원칙과 구체적 방안이 검토되어야 하는지 논의하였다. 정책조정을 정책문제의 인식의 차이를 좁히고 합의를 구하는 과정으로 이해할 때 정책조정시스템 개혁의 실마리는 기술적으로 우월한 특정 정책조정기제의 발굴에 있는 것이 아니라 정책조정과정의 민주적 정당성의 확립에 기여할 수 있는 시스템을 설계하는 데 있다. 더불어 급진적인 구조적 개편을 통한 조정시스템의 개혁보다는 오랜 세월 시행착오와 적응의 과정을 거친 기존의 조정시스템을 중심으로 그 장점을 극대화하고 약점을 최소화하는 점진적 개혁이 바람직하다. 구조적 조직개편은 명백한 시스템설계상의 오류가 있는 경우에만 국한하여야 한다. 이러한 개혁원칙에 입각하여 보다 구체적으로 당정협의의 활성화, 대통령과 국무총리의 수직적 역할분담 명확화, 그리고 장관중심 수평적 조정체제의 강화 등이 필요하다. 당정협의의 활성화는 정책조정에서 입법부역할의 강화에 기여할 것이며 궁극적으로 정책조정의 민주적 권위확립에 공헌할 것이다. 또한 청와대의 정책조정관련 기구축소를 통한 대통령의 조정권한의 국무총리에 대한 실질적 이양 역시 정책조정의 분권화 및 보다 공정한 정책경쟁의 확보에 도움이 될 것이고 기능중복으로 인한 비효율성 및 조정전문성의 취약성을 극복하는 데 기여할 것이다. 장관중심 수평적 조정체제의 강화는 대통령에게 집중된 정책조정의 정치적 정당화기능이 내각 구성원 모두에게 분산됨을 의미한다. 부총리제의 폐지, 장관의 권한강화, 관계장관회의의 활성화 및 제도개선 등이 선행된다면 장관중심의 수평적 조정체제는 국무총리의 총괄적 조정자 역할의 수행과 조응하여 새로운 정책조정시스템의 근간을 형성할 수 있을 것이다.

참고문헌

김영평(2005). "Martin Landau의 가외성 이론". 오석홍 편. 《행정학의 주요 이론》. 법문사.

민 진(2007). "효율적 당정협의체제 구축방안". 〈행정자치부 조직포럼〉 미발간논문.

박동서 · 함성득 · 정광호(2003). 《장관론》. 나남출판.

박재완(2002). "대통령과 중앙관리기능". 박세일 외. 《대통령의 성공조건》. 동아시아연구원.

염재호 · 박국흠(1994). "딜레마와 정책의 비일관성: 제6공화국의 정책대응". 이종범 외. 《딜레마 이론: 조직과 정책의 새로운 이론》. 나남출판.

이송호(근간). 《관계장관회의론》.

이홍규(2002). "기획. 조정. 평가". 박세일 외. 《대통령의 성공조건》. 동아시아연구원.

임도빈(1994). "정부조직의 재설계: 최고조정체계를 중심으로". 〈행정논총〉 42(3): 1~26.

정정길 · 최종원 · 이시원 · 정준금(2003). 《정책학원론》. 대명출판사.

정종섭(2002). "대통령의 역할 재조정". 박세일 외. 《대통령의 성공조건》. 동아시아연구원.

최병선(1993). "부처간 정책조정의 개선". 김영평 · 최병선 편. 《행정개혁의 신화와 논리》. 나남출판.

Chun, Y. and H. Rainey(2005). "Goal Ambiguity in U.S. Federal Agencies." *Journal of Public Administration Research and Theory* 15: 1~30.

Kettl, D. (2002). *The Transformation of Governance.* Johns Hopkins University Press.

Seidman, H. and R. Gilmour(1986). *Politics, Position and Power.* Oxford University Press.

10 대통령 소속 위원회의 개편

정광호 · 최종원

1. 서론

신임 대통령들은 자신이 재임하는 기간 중에 반드시 해결하고자 하는 주요 정책과제를 가지고 취임선서를 한다. 이른바 말하는 대통령 어젠다(*presidential agenda*) 또는 대통령 국정과제 등이 그것이다. 그러나 대통령 어젠다는 대개 어려운 과제들이다. 만약 그 과제들이 쉬운 과제였다면 이미 해결되었거나 해결의 가닥이 잡혀 신임 대통령이 관심을 가질 필요가 없기 때문이다. 대부분의 대통령 어젠다는 많은 이해관계자가 관여되어 관련 정부부처에 의한 이해관계조정이 지연된 과제이거나, 정책문제는 심각하나 아직 뚜렷한 정책대안이 개발되지 못하였거나, 정책대안은 있으나 부처간 밥그릇싸움에 매몰되어 해결이 지연된 과제이다. 또는 현재로는 큰 문제가 없으나 향후 심각한 정책문제를 야기할 가능성이 매우 높은 과제들이다.

대통령 어젠다는 내각과 정부부처에 의한 통상적인 정책관리방식으로는 해결가능성이 높지 않다. 정책조정능력 내지는 의지의 부족, 전문성 부족, 부처간 이해갈등의 문제 때문이다. 이러한 이유로 대통령 당선자들은 취임 이후에 대통령 직속의 위원회를 만들고 싶어한다. 그리고 그 위원회를 통하여 자신이 직접 그 과제를 챙기고자 한다. 또한 위원회를 통해 관료제를 적절히 통제하고 대통령 국정과제를 둘러싼 부처간 갈등을 조정하고자 한다(정광호, 2005). 민주적 정권교체 과정을 수차례 관찰한 바 있는 신임 대통령들은 자신의 정치적 힘이 재임기간이 경과할수록 점차 작아질 것이고, 취임 초기에 자신을 지지하였던 많은 집단들이 자신에게 곧 등을 돌릴 것이고, 자신은 그들과의 싸움과 설득에 모든 에너지를 쏟아야 하고, 정작 자신이 취임선서 때 마음에 품은 정책과제들은 곧 뒷전이 되리라는 사실을 누구보다 잘 알고 있다. 따라서 신임 대통령들은 재임기간 중에 자신의 정책과제에 대한 정치적 관심과 지지를 지속시키기 위해서도 많은 위원회를 만들고 싶어 한다.

즉, 신임 대통령들은 기존 내각과 관료들의 타성과 밥그릇싸움을 뛰어넘고자, 또는 다양한 계층의 사람들을 정책과정에 참여시킴으로써 결정된 정책에 대한 수용도를 제고시키고 정책집행 과정에서의 갈등을 미연에 방지하기 위하여 대통령 직속의 위원회 조직을 선호한다. 또한 사회가 복잡해짐에 따라 정책결정 과정에서 이해갈등의 폭과 깊이가 커지고 있으며, 다수의 사람들을 만족시키는 합리적인 정책결정이 매우 어려워진 상황에서 정책결정 과정에 다양한 전문성을 가진 외부인사들의 참여가 필요하게 된 점도 그러한 경향을 증폭시키고 있다. 이는 우리나라에만 국한된 것이 아니다. 미국의 대통령실(EOP: *Executive Office of President*)에도 그동안 많은 대통령 위원회가 생기고 또 없어지고 있다(Wolanin, 1975; Flitner, 1986; Miller and McKinney, 1993).

대통령 직속 위원회가 양산되는 이유를 상기의 원인들로만 설명하기 어려운 측면도 많다. 바람직하지 않은 이유에 의해서도 위원회가 양산된다. 첫째, 위인설관이다. 대통령 선거과정에서 신세진 사람들에게 자리를 만들어주기 위하여 불필요한 위원회가 설립되기도 한다. 둘째, 책임회피이다. 어려운 정책문제에 대하여 정부가 손을 놓고 있다는 비난을 회피하기 위하여 유명무실한 위원회가 설립된다. 셋째, 대외적 의욕과시 내지는 대중적 인기를 얻기 위하여 매우 민감한 주제를 다루는 위원회가 설립된다. 넷째, 일반 행정부처의 공무원들이 무능하거나 부패하였다고 생각하여 대통령이 직접 정책관리를 하기 위하여 위원회가 설립되기도 한다.

〈표 10-1〉을 보면, 노무현정부는 가장 많은 행정위원회와 자문위원회를 운영하였다. 또한 노무현정부는 가장 많은 대통령 자문위원회를 만들기도 하였다. 이를 긍정적 시각에서 보자면 그만큼 대통령이 국정어젠다의 추진에 강한 의욕이 있었음을 시사한다. 기존 내각시스템과 관료체제에 내재된 비효율성 그리고 이들의 정책성향에 대한 강한 불신때문에 대통령 자문위원회를 적극 활용하였다. 특히 노무현정부의 주요 정책결정의 장이었던 국정과제회의에서 자문위원회의 의견이 주로 개진

〈표 10-1〉 정부 내 위원회 현황 (2006년 12월 기준)

구 분	김영삼정부		김대중정부					노무현정부			
	1996	1997	1998	1999	2000	2001	2002	2003	2004	2005	2006
계	336	380 (+14)	383 (+3)	319 (-64)	352 (+33)	366 (+14)	364 (-2)	368 (+4)	358 (-10)	381 (+23)	399 (+18)
행정위원회	21	25	29	31	29	34	35	37	39	39	45
자문위원회	315	355	354	288	323	332	329	331	319	342	354
(대통령 자문위원회)	—	—	—	14	15	15	14	13	18	21	21

주: 민주평화통일자문회의 등 4개의 헌법상 자문기구는 제외됨. 행정부처 소속 위원회는 각 부처가 행정자치부에 보고한 통계를 근거로 산출됨. 그러나 개별부처 소속 자문위원회 운영현황이 행정자치부에 모두 보고되지 않고 누락된 경우가 있기 때문에 정부 전체의 위원회 총수는 위에 제시된 수치보다 더 많을 것으로 판단됨.

되고 반영됨에 따라 정책결정의 핵심주체로서 대통령 자문위원회가 자리 잡게 되었다.

노무현정부는 출범초기 대통령 관심사항인 12개 주요 국정분야를 중심으로 대통령 소속 자문위원회를 설립하였다. 그러나 자문위원회의 기관설계와 운영에서 상당한 문제점을 드러냈다. 이들 위원회는 내각이나 정부부처뿐만 아니라 청와대 비서실까지 압도할 정도로 정책결정에서 큰 영향력을 행사하였다. 이로 인해 초기 노무현정부가 강조했던 책임총리제나 책임장관론은 그 의미가 상당부분 퇴색되었고, 자문위원회 중심의 국정운영으로 말미암아 갈등과 정책혼선이 초래되는 경우가 많았다. 원래 대통령 자문위원회를 활용하는 이유는 대통령에게 일반 관료들로부터 기대하기 어려운 정보와 전문성 제공 기능을 담당하도록 하기 위해서이다. 하지만 노무현정부의 대통령 자문위원회는 본래의 기능과 역할을 자주 일탈하여 실질적인 정책결정과 집행과정까지 개입함으로써 헌법상 최고 국정심의기관인 국무회의가 유명무실해지고, 해당 부처는 단순한 집행기구로 전락하였다. 이로 인해 개별부처가 가진 전문성과 오랜 경험이 발휘되기 힘들었고, 차관회의나 장관회의를 통해서 걸러지는 오류점검시스템도 유명무실하게 되었다. 또한 위원들의 성향과 자질 문제로 자문위원회가 권위와 정당성 위기에 항상 시달렸다. 이로 인해 노무현정부 시절 만들어진 대통령 자문위원회에 대한 비판의 목소리가 임기 내내 끊이지 않았으며, 결국 '위원회 공화국'이라는 용어가 생겨나게 되었다.

대통령 소속 위원회 활동에 대한 부정적 평가가 새삼스러운 것은 아니다. 하지만 노무현정부에서의 대통령 소속 위원회의 활동현황과 문제점을 분석해 보고 향후 국정운영에서의 개선점을 모색해야 할 필요성은 여전히 크다고 판단된다.

2. 대통령 소속 위원회의 현황과 문제점: 노무현정부를 중심으로

1) 현황

2006년 12월을 기준으로 정부 내 위원회 총수는 헌법에 근거를 둔 4개의 자문회의(민주평화통일자문회의, 국가안전보장회의, 국가과학기술자문회의, 국민경제자문회의)를 포함하여 403개이다(〈표 10-2〉 참고). 위원회의 종류로는 헌법상 자문기구 이외에도 법률이나 대통령령에 설치근거를 두고 운영되는 45개 행정위원회, 그리고 354개 자문위원회가 있다.[1] 유형에 따라 위원회의 역할이나 영향력도 다르다. 대개 헌법이나 법률에 근거한 위원회의 경우 국민의 권리와 의무에 영향을 주거나 국가 중요정책을 사전에 심의하는 기능을 가진다. 반면 대통령령, 총리령, 부령, 훈령 등에 근거를 두고 설치된 위원회의 경우 다루는 업무내용이 행정기관 내부에 국한되거나 특정한 행정목적 달성을 보좌하는 기능을 가진다.

총 403개의 위원회 중 대통령 소속 위원회는 2006년도 말 현재 28개로서 현재 3개의 중앙행정기관형 위원회, 4개의 중앙행정기관소속형 위원회 등 7개의 행정위원회가 있고, 21개의 자문위원회가 설치되어 있다. 유형별 변천과정을 살펴보면 다음과 같다.

---

1) 위원회 유형은 크게 행정위원회와 자문위원회로 나눌 수 있다. 여기서 행정위원회는 행정기관 소관사무의 일부를 독립하여 수행하거나, 준입법적 · 준사법적 기능을 수행한다(정부조직법 제5조, 행정기관의 조직과 정원에 관한 통칙 제21조). 따라서 이와 같은 행정권을 행사하는 행정위원회는 반드시 법률에 설치근거를 두어야 한다. 한편 자문위원회는 행정기관의 자문에 응하여 행정기관에 전문적 의견을 제공하거나, 자문을 구하는 사항에 관하여 심의 · 조정 · 협의하는 등 행정기관의 의사결정을 보좌하는 기능을 가진다(통칙 제2조 제4호 및 제20조). 자문위원회는 행정수요와 환경변화에 유연하게 대처하는 데 그 목적이 있기 때문에 대개 법률이 아닌 대통령령 이하에 그 설치근거를 두고 있다.

〈표 10-2〉 정부위원회 운영현황 (2006년 12월 기준)

<table>
<tr><th colspan="2">기 준</th><th>유 형</th><th>합 계</th><th>비 고</th></tr>
<tr><td rowspan="3">정부위원회
(403개)</td><td colspan="2">헌법상 자문회의</td><td>4</td><td>민주평화통일자문회의
국가안전보장회의
국가과학기술자문회의
국민경제자문회의</td></tr>
<tr><td rowspan="2">기능 · 성격별
(법률, 대통령 등)</td><td>행정위원회</td><td>45</td><td>① 독립기관형: 3개
② 중앙행정기관형: 7개
(대통령 소속 3개)
③ 중앙행정기관소속형: 35개
(대통령 소속 4개)</td></tr>
<tr><td>자문위원회</td><td>354</td><td>자문, 심의, 조정,
의결기능 (대통령 소속 21개)</td></tr>
</table>

주: 독립규제위원회는 광의의 행정위원회인데, 위원의 신분이 보장된 준입법적, 준사법적 기능을 가진 합의제 기관임. 대개 행정수반과 의회로부터 운영상 독립권을 보장받는데, 노동위원회, 방송위원회, 공정거래위원회, 금융통화위원회 등이 여기에 해당됨. 오영균(2007) 에서 인용.

(1) 대통령 소속 행정위원회

중앙행정기관형으로 국가청렴위원회, 중앙인사위원회, 국민고충처리위원회가 있다. 이들 기관은 노무현정부에 들어서서 새롭게 설립된 기관은 아니다. 2005년 7월 21일 설립된 국가청렴위원회의 경우 과거 2002년 1월 21일 부패방지법 제10조에 근거해서 설립된 부패방지위원회가 개칭된 것이며, 국민고충처리위원회의 경우 과거 1994년 4월 8일 국무총리 소속 합의제 행정기관으로 설치되었으나, 2005년 10월 30일 대통령 소속으로 변경되었다.

중앙행정기관 소속형 위원회에는 규제개혁위원회, 군의문사진상위원회, 친일반민족행위자재산조사위원회, 친일반민족행위진상규명위원회가 있다. 이 중에서 규제개혁위원회는 행정규제기본법 제23조에 근거해 1998년 4월 18일 대통령 직속으로 설치되었다. 나머지 위원회는 모두 노무현정부 출범 이후 설립된 위원회로서 과거사 재조명을 강조하는 노무현정부의 특성을 반영하고 있다.

대통령 소속 행정위원회의 평균 예산증가율은 연도별 편차는 크지만 대략 84%로 매우 높다. 위원회 성격상 업무량이 불규칙하여 증가율 편

〈표 10-3〉 대통령 소속 행정위원회 현황

위원회		위원장	사무기구	설치년도	설치근거
중앙 행정 기관형	국가청렴위원회 (구부패방지위원회)	장관급	사무처	2005. 7. 21 (2002. 1. 21)	부패방지법 제 10조
	중앙인사위원회	장관급	사무처	1999. 5	국가공무원법 제 7조
	국민고충처리위원회	—	—	2005. 10. 30 (1994. 4. 8)	국민고충처리위원회의설치및운영에 관한 법률
중앙 행정 기관 소속형	규제개혁위원회	국무총리 및 민간인	국무 조정실, 규제개혁 조정관	1998. 4. 16	행정규제 기본법 제 23조
	군의문사진상규명 위원회	장관급	사무국	2000. 5	의문사진상규명에 관한 특별법 제 3조
	친일반민족행위자 재산조사위원회	장관급*	사무국	2006. 7. 13	친일반민족행위자 재산의 국가귀속에 관한 특별법 제 4조
	친일반민족행위 진상규명위회	장관급**	사무국	2005. 5. 31	일제강점 하반민족 행위 진상규명에 관한 특별법 제 3조

* 상임위원 2인(차관급) 등 총 9인의 위원으로 구성되며. 국회의 동의를 얻어 대통령이 임명. 임기는 4년.

** 11인으로 구성되며, 국회 선출 4인, 대법원장 지명 3인 등 11인을 대통령이 일괄임명. 상임위원 1인은 차관급. 구성을 마친 날부터 4년간 존속하며, 6개월 연장 가능.

〈표 10-4〉 대통령 소속 행정위원회 예산현황(2002~2007)

소 관	위원회명	예산액(백만 원)						비 고
		2002	2003	2004	2005	2006	2007	
독 립	중앙 인사위원회	6,918	7,810	9,408	93,223	100,865	121,415	
독 립	국가 청렴위원회	—	15,922	16,259	18,049	19,696	22,840	
행정 자치부	친일 반민족행위자 진상규명 위원회	—	—	—	4,303	7,800	7,814	
독 립	국민고충 처리위원회	7,142	8,108	8,708	8,848	14,516	23,194	
법무부	친일 반민족행위자 재산조사 위원회	—	—	—	—	~	4,742	
국무 조정실	규제개혁 위원회	963	951	859	836	817	837	
합 계		15,023	32,791	35,234	125,259	143,694	180,842	총규모 532,843
예산증가율(%)			118.3	7.5	255.5	14.7	25.9	연평균 84.4%

주: 위에서 정리한 위원회 예산현황은 예산을 기준으로 하였음. 보통 위원회가 회계연도 중에 신설되므로 첫해의 경우 예비비로 예산을 집행하고 있으므로 결산을 기준으로 보는 것이 바람직하나, 결산의 경우 기획예산처와 각 부처에서 포함시키는 범위가 달라(기획예산처는 본예산, 각 부처는 본예산이나 최종예산으로 작성함) 기획예산처의 기준에 따라 예산을 기준으로 하였음.

자료: 각 부처, 기획예산처 예산정보관리시스템(FIMSYS, http://fimsys.mpb.go.kr)

차가 크지만 정부의 일반회계 증가율보다 매우 높다. 이러한 급격한 예산증가율은 위원회 활동이 매우 왕성하였음을 반영할 수도 있으나, 동시에 대통령 소속기관으로서 위원회가 국회의 예산통제에서 상당히 벗어나 있음을 보여준다.

(2) 대통령 소속 자문위원회

2006년 12월 현재 대통령 소속으로 21개의 자문위원회가 있다.[2] 이 중에는 역대정부에서 없었던 새로운 위원회가 많았다. 노무현정부의 특성을 잘 보여주는 위원회들도 상당수 있었다. 무엇보다도 노무현정부의 경우 대통령 소속 자문위원회 수가 상대적으로 많았다. 김대중정부 말기인 2002년도 당시 대통령 소속 자문위원회가 14개였지만, 그 수가 21개로 증가하였다.

구체적으로 노무현정부 출범 이후 출범한 대통령 소속 자문위원회를 보면, 2003년에 설립된 동북아시대위원회, 정부혁신지방분권위원회, 국가균형발전위원회, 교육혁신위원회가 있다. 2004년에는 고령화및미래사회위원회, 문화중심도시조성위원회(2006년도에 아시아문화중심도시위원회로 개칭), 신행정수도건설추진위원회, 빈부격차차별시정위원회, 정보공개위원회 등이 신설되었다. 그리고 2005년에도 사람입국일자리위원회, 건설기술·건축문화선진화위원회, 국가생명윤리심의위원회, 사법제도개혁위원회, 저출산고령사회위원회가 추가되었다. 또한 2007년에는 빈부격차차별시정위원회와 사람입국일자리위원회를 양극화민생대책위원회로 통합했고, 노사정위원회가 경제사회발전노사정위원회로 명칭을 개정했으며, FTA국내대책위원회와 도서관정보정책위원회가 신설되었다.

2) 뒤에 자세히 언급하겠으나, 2007년도를 기준으로 보면 총 23개의 대통령 소속 자문위원회가 있다. 기존의 빈부격차차별시정위원회와 사람입국일자리위원회를 양극화민생대책위원회로 통합했으며, FTA국내대책위원회와 도서관정보정책위원회가 신설되었다.

〈표 10-5〉 대통령소속 자문위원회 현황

위원회 명칭	설치연도	설립근거	위원장
국토정책위원회	1963. 10	국토기본법(제 26조)	총리
노사정위원회	1998. 10 경제사회발전노사정(2007)	노사정위원회운영에관한법률(제 3조)	민간인
중소기업특별위원회	1998. 4	정부조직법(제 18조)	장관급
지방이양추진위원회	1999. 1	중앙행정권한의지방이양촉진등에관한법률	총리/민간인
정책기획위원회*	1989(21세기) 1995. 6(정책기획) 2004. 2(개정)	정책기획위원회규정	민간인
지속가능발전위원회*	2000. 9	지속가능발전위원회규정	민간인
농어업농어촌특별대책위원회*	2002. 1	농어업농어촌특별대책위원회설치및운영등에관한법률	장관급
정부혁신지방분권위원회*	2003. 4	지방분권특별법 정부혁신지방분권위원회규정	장관/민간인
동북아시대위원회*	2003. 4(경제중심) 2004. 6(동북아시대)	동북아시대위원회규정	민간인
국가균형발전위원회*	2003. 4	국가균형발전특별법(제 22조)	민간인
교육혁신위원회*	2003. 7	교육혁신위원회규정	장관급/민간인

위원회 명칭	설치연도	설립근거	위원장
행정중심복합도시건설위원회*	2004. 4 (신행정수도) 2004. 11 (후속대책위) 2005. 4 (행복도시)	행정중심복합도시건설특별법 (제 29조)	총리/민간인
저출산 · 고령사회위원회*	2004. 2 (미래사회) 2005. 9 (저출산)	저출산 · 고령사회기본법	본위원회/운영위/ 4개전문위
빈부격차차별시정위원회	2003. 5 (T/F) 2004. 6 (위원회)	빈부격차시정위원회규정	장관급/민간인
문화중심도시위원회*	2004. 2	문화중심도시조성위원회규정	총리/민간인
정보공개위원회	2004. 8	공공기관의정보공개에관한법률 (제 23조)	민간인
청년실업특별대책위원회	2004. 11	청년실업해소특별법 (제 15조)	총리/민간인
사람입국일자리위원회	2005. 1	사람입국일자리위원회규정	장관급/민간인
국가생명윤리심의위원회	2005. 4	생명윤리및안전에관한법률	민간인
사법제도개혁위원회	2005. 1 (2006년도 폐지)	사법제도개혁위원회규정	총리/민간인
건설기술 · 건축문화 선진화위원회	2005. 12	건설기술 · 건축문화선진화위원회규정	민간인
도서관정보정책위원회	2007. 6	도서관법 제 13조	민간인
FTA국내대책위원회*	2007. 5	민관 각각 15인씩 30명 위원	총리/민간인
양극화민생대책위원회*	2007. 7	기존 위원회 통합	민간인

주: * 표시가 된 위원회가 노무현정부의 12개 국정과제위원회임.

〈표 10-6〉 대통령소속 자문위원회 예산현황(2002~2007)

(단위: 백만 원, %)

소 관	위원회명	예산액						비 고
		2002	2003	2004	2005	2006	2007	
건교부	국토정책위원회	—	—	—	—	—	—	국무총리 변경예정
건교부	건설기술건축문화선진화위원회	—	—	—	—	980	1,277	
행정중심 복합도시건설청	행정중심복합도시추진위원회	—	—	—	—	—	—	
교육부	교육혁신위원회	903	704	1,461	1,710	1,428	1,278	
노동부	노사정위원회	3,134	3,172	3,321	3,742	4,018	3,191	
노동부	사람입국일자리위원회	—	—	—	—	1,774	979	
노동부	청년실업대책위원회	—	—	—	—	5	—	
농림부	농어업 · 농어촌특별대책위원회	2,340	1,676	1,178	1,186	1,315	1,315	
문화관광부	문화중심도시조성위원회	—	—	1,000	299	288	194	
복지부	저출산고령사회위원회	—	—	1,374	1,629	1,101	3,946	
복지부	국가생명윤리심의위원회	11	11	11	60	81	77	
산자부	국가균형발전위원회	—	3,095	2,171	3,289	3,416	3,281	
외교통상부	동북아시아대위원회	—	—	1,660	2,000	1,660	1,312	
중기청	중소기업특별위원회	759	2,587	1,851	2,242	2,924	2,811	

소 관	위원회명	예산액						비 고
		2002	2003	2004	2005	2006	2007	
행자부	정보공개위원회	—	—	—	63	—	—	
행자부	사법제도개혁위원회	—	—	—	—	3,542	—	2006년 말 활동종료
행자부	빈부격차차별시정위원회	—	—	657	1,563	1,399	1,453	
행자부	지방이양추진위원회	138	243	305	602	233	229	
행자부	정부혁신·지방분권위원회	—	1,942	2,643	4,008	4,448	4,087	
행자부	정책기획위원회	2,711	2,500	2,516	2,092	2,144	1,760	
환경부	지속가능발전위원회	562	467	1,301	1,600	1,566	1,604	
독립	국가안전보장회의	828	912	5,215	5,079	5,361	2,271	
독립	민주평화통일자문회의	9,571	10,065	11,565	13,100	12,724	13,734	
독립	국민경제자문회의	1,386	1,461	1,648	1,707	2,285	2,282	
독립	과학기술자문회의	1,561	1,852	2,189	2,111	2,119	2,071	
합 계		23,904	30,687	42,066	48,082	54,811	49,152	총규모 248,702
예산증가율(%)			28.4	37.1	14.3	14.0	-10.3	연평균 16.7%

2) 대통령 소속 위원회의 문제점

앞서도 언급하였듯이, 노무현 대통령은 역대 정부에 비해 상대적으로 많은 대통령 위원회를 운영하였다. 2006년 12월 기준으로 대통령 소속 위원회는 모두 28개(행정위원회 7개, 자문위원회 21개 등)이며, 이 중 15개 위원회가 노무현정부에서 신설되었다. 이들 15개 위원회 중 5개(국가균형발전위원회, 신행수도건설추진위원회, 농어업·농어촌특별대책위원회, 친일반민족행자재산조사위원회, 친일반민족행위진상규명위원회)를 제외하면 모두 대통령령에 설립근거를 두고 있다. 그러나 이들 위원회의 설립과정이나 취지, 성과에 대해서는 상당히 회의적인 평가가 지배적이다. 이하에서는 이들 위원회의 문제점을 기관설계(*institutional design*), 운영관리(*administration*), 그리고 성과(*performance*)로 나누어 살펴보고자 한다.

(1) 기관설계상의 문제

첫째, 대통령 소속 위원회가 본래의 역할과 기능을 벗어나 특정 부처의 일에 관여하고 권한을 행사하는 일은 헌법과 정부조직법에 어긋난다. 대통령 소속 위원회를 통한 실질적 정책결정은 해당 부처에서 하는 일을 침범함으로써 헌법이 규정한 부처중심 원리에 반한다.[3] 또한, 대부분의 위원회가 대통령령에 설립근거를 두고 있어 헌법에 규정된 행정조직 법정주의에 위반된다.[4] 따라서 법률이 아닌 대통령령에 근거를 두고 설치한 위원회에서 국민의 권리 및 의무에 직접적 영향을 미치는 실질적인 정책결정을 하는 것은 헌법원리에 위배될 가능성이 높다.

둘째, 청와대 비서실과 대통령 소속 위원회 사이에 기능과 역할이 중복되어 정책과정에서 갈등이 발생하였다. 노무현정부의 경우 각종 대통

3) 2005년 6월 14일 헌법포럼에서 이석연 변호사도 이와 유사한 주장을 하였음(조선일보, 2005년 6월 15일 A5면 참고).

4) 헌법 제 96조는 '행정각부의 설치 조직과 직무범위는 법률로 정한다'라고 규정하고 있다. 이와 관련된 자세한 논의는 김호정(2007)을 참고할 것.

령 위원회와 청와대 비서실, 그리고 관련부처와의 역할분담과 책임소재가 불명확했다. 이로 인해 위원회 위원장과 정책실장이 장관급으로 동급이고 갈등이 발생할 경우 역할조정에 대한 명확한 규정이 없어 국정과제 주도권을 둘러싸고 혼란이 발생할 위험성을 안고 있었다(함성득, 2003: 145~146).

셋째, 대통령 소속 위원회 간에 그리고 대통령 소속 위원회와 중앙부처 간에 기구 및 업무중복이 있어서 많은 문제점을 노정시켰다. 예를 들어, 정부혁신지방분권위원회, 국가균형발전위원회, 지방이양추진위원회 등의 경우 위원회 간에도 업무중복이 발생하였다. 교육혁신위원회, 청년실업대책위원회, 사람입국일자리위원회의 경우에도 업무가 상당히 중복되었다. 또한, 대통령 소속 위원회와 더불어 소관 행정부처에 기획단이나 대책본부 등이 설치되는 경우가 많았으며, 이로 인해 위원회와 부처 간에 업무중복이 발생하였다. 예를 들면, 국가균형발전위원회에 설치한 국가균형발전기획단을 지원하도록 행정자치부에 국가균형발전지원관, 산업자원부에 지역균형발전기획관을 신설하여 이들 간에도 업무중복이 심화되었다. 또한 저출산고령화위원회와 보건복지부의 저출산고령화본부 그리고 문화중심도시위원회와 문화관광부의 아시아문화중심도시 추진기획단을 동시에 운영한 예 또한 위원회와 부처간 업무중복 문제를 잘 보여주고 있다.

넷째, 특정 위원회의 경우 위원구성의 대표성이나 중립성 측면에서 많은 비판이 제기되었다. 여러 이해집단의 대표성을 고려하여 위원을 구성하지 않고 특정 집단의 특수한 입장을 비대칭적으로 대표하는 위원구성이 항상 문제시되었다. 이로 인해 사회구성원간 원만한 합의를 이끌어낸다는 본래의 위원회 설립취지가 퇴색되었다. 예를 들면, 진실과 화해를 위한 과거사정리위원회, 의문사진상규명위원회 등의 경우 특정 정치이념에 편향된 인사로 위원구성이 이루어졌다. 교육혁신위원회의 경우도 진보이념을 가진 인사들로만 위원구성이 이루어졌다는 비판이

제기되었다.[5] 또한 노무현정부에서는 여성인재, 지방인재, 시민단체 추천 비율을 높여 왔기 때문에 역차별의 문제를 초래하였다.

다섯째, 위원회의 규모가 너무 커 밀도 있는 논의와 토론이 어려웠을 것으로 보인다. 예를 들면, 정책기획위원회 93명, 양극화민생대책위원회 42명, 지속가능발전위원회 33명, 또한 과거사정리위원회의 경우 약 120명의 위원이 있어 과연 효율적인 의사소통이 가능하였을지가 의문시된다.

마지막으로, 노무현정부의 이른바 코드맞추기식 인사의 여파로 대통령 소속 위원회에 국정관리경험이 거의 없고 전문성도 낮은 인사들이 다수 참여하게 되었다는 점도 큰 문제였다. 대통령 소속 위원회가 관료들로부터 기대하기 어려운 새로운 정보와 전문성을 대통령에게 제공하여야 한다는 본래적 기능을 고려할 때, 위원들은 그 분야에서 전문성을 인정받은 명망가와 전문가로 구성되어야 한다. 그러한 측면에서 노무현정부의 대통령 소속 위원회는 상당한 문제를 가지고 있었다. 위원들의 전문성과 경험부족으로 정책추진 과정에서 중요한 검토사항들이 누락되어 정책실패를 낳았고, 결국 대통령의 국정운용에도 큰 정치적 부담을 안겨 주었다.[6]

(2) 관리상의 문제

첫째, 노무현정부의 대통령 소속 위원회는 '내각 위의 내각'으로 주요 국가정책결정과정에 깊숙이 개입하였다. 이로 인해 청와대 중심의 국정

---

5) 교육혁신위원회의 경우 출범 초기인 교육개혁추진단 5명에 청와대와 교육인적자원부 파견직원 2명을 제외한 3명의 준비단원 구성에서 2명은 전교조 출신이며 나머지는 참교육학부모회 출신이다. 따라서 한국교총과 한국교원노동조합, 그리고 성향이 다른 학부모단체들이 모두 배제되는 결과를 가져왔다(동아일보, 2003년 6월 5일 2면 사설).

6) 예를 들면, 신행정수도건설추진위원회가 중심이 되어 추진한 수도이전의 문제도 주무부처와 협의하여 차분히 진행했다면 위헌에 대한 법적 검토도 미리 할 수 있었을 것이다(동아일보, 2004년 11월 19일 A8면). 또한 동북아시대위원회의 경우 행담도 개발사업에 대한 부적절한 개입과 이로 인한 정치적 파장 때문에 대통령 국정운용에 큰 부담을 주었다(조선일보, 5월 31일 A1면).

운영으로 위축된 해당 부처나 장관의 역할이 더욱더 왜소화되었다. 노무현정부에서 대통령 위원회가 부처의 정책결정에 영향을 준 사례는 매우 많다. 예를 들면, 국가균형발전위원회가 공공기관의 지방이전, 수도권 공장의 신·증설문제까지 관여하였고, 정부혁신지방분권위원회가 자치경찰제 시행방안을 마련하여 집행하려 하였다. 경제부총리가 구상한 1가구 3주택 중과세 1년 연기안도 당시 정책기획위원장이 반대하여 의제화되지 못하였고, 이로 인해 정책기획위원회와 재정경제부 사이에 갈등이 발생하는 사태에 이르게 되었다.[7] 또한 대통령 소속 위원회가 정책집행까지 담당한 사례도 많았다.[8] 이러한 대통령 소속 위원회의 월권으로 내각중심의 국정운영이나 책임장관제가 유명무실해졌으며, 대통령 소속 위원회가 정부 부처의 정책방향에 대한 로드맵을 만들면 해당 부처는 이를 단순히 집행하는 기관으로 전락하게 되었다.[9]

둘째, 위원회와 유관 행정부처와의 분업체제가 원활하게 이루어지지 못하였다. 특히 위원회에 파견된 관련부처 공무원과 위원 간에 효과적인 의견교환이 이루어지지 못하고 위원들의 의도대로 의제가 결정되었다. 위원회에 파견된 관련 부처 공무원들은 노무현정부와 성향이 다른 공무원으로 분류된다는 두려움 때문에 위원들과 다른 의견을 제시하기를 상당히 꺼려했고, 그 결과 위원회의 정책결정과정에는 이미 정해진 정책방향에 대한 형식상의 토론만 있었다고 한다.[10] 또한, 대통령 소속 위원회의 정책결정과 추진과정에서 해당 정부부처는 논리와 전문성을 토대로 비판적인 협력관계를 유지하지 못하였다.[11] 미국의 대통령

---

7) 조선일보 사설, 2004년 12월 6일 참고.

8) 동아일보(2005년 5월 28일 27면 사설)에 따르면, 대통령 자문위원회인 동북아시대위원회가 행담도개발㈜의 해외채권 발행을 위해 '정부지원 의향서(추천서)'를 위원장 명의로 작성해 주고, 이 회사와 사업협력 양해각서(MOU)까지 체결하였다. 하지만 대통령령에 근거한 동북아시대위원회 규정에는 심의(제 2조)와 협조요청(제 12조) 조항만 있을 뿐이다. 동 위원회가 정부 부처가 하여야 할 외자유치와 같은 집행업무까지 한 셈이다.

9) 조선일보 사설, 2004년 12월 6일.

10) 동아일보, 2004년 11월 19일, A8면 참고.

소속 위원회의 성공요건을 보면 국정전반을 조율하는 업무를 대상으로 위원회를 설치하고, 정책방향을 대통령과 함께 긴밀하게 논의하되, 집행과정은 해당 부처의 자율성을 최대한 존중한다는 것이다.[12] 한편 위원회 소관부처가 자주 변경되어 업무추진과 정책조정에서 문제점을 발생시킨 사례도 많다. 예를 들면, 행정중심복합도시추진위원회의 경우 건설교통부, 국무총리실, 행정중심복합도시건설청으로, 동북아시대위원회의 경우에도 재정경제부, 통일부, 외교통상부로 각각 그 소관부처가 변경되었다.

셋째, 다수의 유명무실한 위원회의 난립으로 위원회 업무가 중복될 뿐만 아니라, 이로 인해 불필요한 정무직 고위공무원의 증가와 예산낭비가 초래되었다. 정부위원회 예산은 관련 부처의 세항이나 세세로 편성되는 경우가 대부분이기 때문에 국회에서 위원회의 활동과 예산편성에 관한 감시를 하기 어려운 상황이다. 일반적으로 위원회 예산은 소관부처가 자주 바뀌고 각 부처 내에서도 예산을 편성하는 위치가 수시로 변경되기 때문에 그 정확한 규모를 파악하기 쉽지 않다. 또한 명시적으로 예산을 책정하지 않는 위원회도 많아 그 예산규모가 명확하게 드러나지 않는다. 그러나 대통령 소속 위원회의 예산증가율은 중앙정부의

---

11) 그러나 미국 클린턴 대통령 시절 주요 경제정책과 관련하여 재무부와 국무부는 뛰어난 인적자원과 행정경험을 바탕으로 국민경제위원회에 일방적으로 끌려 다니지 않았다고 한다(Destler, 2000). 우리의 경우도 공무원의 전문성과 현장경험을 가지고 위원회에 대한 비판적 역할을 수행할 필요가 있으며, 이것이 정책실패를 막는 견제장치가 될 수 있다.

12) 미국의 경우 여러 대통령 자문위원회 중에서 포드 대통령 시절 운영된 EPB(Economic Policy Board)에 대해 긍정적인 평가가 많다. EPB가 비교적 성공적으로 운영된 이유를 분석하여 보면 우리에게 많은 시사점을 제공해준다. 우선 EPB 회의가 백악관 내에서 이루어져 대통령의 지속적인 관심을 받을 수 있었다고 한다. 또한 EPB 위원과 유관 행정부처가 백악관에서 만나 대통령에게 직접 보고함으로써 위원회 운영이나 의사결정에서 신속성이 매우 높았다. 대통령과 자주 만나고 대통령이 위원회 활동에 힘을 실어 주어야 대통령 후광효과로 위원회의 영향력이 커진다는 것이다. 한편 EPB가 의제설정에서는 큰 영향력을 가졌지만 대강의 방향만을 정했고 구체적인 정책결정이나 실행방법론은 해당 부처에 위임했기 때문에 유관부처와의 갈등도 최소화되었다. 위원회가 해당 부처의 구체적인 정책집행영역까지 침범할 경우 부처와 갈등심화로 위원회 활동이 장벽에 부딪히게 된다(Wilson 1989, 270).

평균예산증가율에 비해 매우 높다. 앞서 살펴보았듯이, 대통령 소속 자문위원회의 예산증가율은 2003년~2007년 기간 중 평균 16.7%로 나타났으며, 특히 대통령 소속 행정위원회의 동 기간 중 예산증가율은 약 84%로 매우 높았다.

(3) 성과문제

첫째, 대통령 자문위원회는 핵심 국정의제에 대해 심도 있는 분석과 의견수렴을 통해 객관적이며 정치적으로도 수용 가능한 정책처방을 제시함으로써 다양한 이해관계자를 설득할 수 있어야 한다. 그러나 노무현정부의 대통령 소속 자문위원회에서는 나름대로 많은 보고서를 발간하기는 하였으나, 주요 국정현안에 대해 민간업계, 학계, 정책현장에서 널리 활용될 수 있는 정책보고서를 발간하지 못하였다. 미국의 경우 레이건 대통령 재임시 '교육수월성 국가위원회'(National Commission on Excellence in Education)에서 〈교육개혁에 관한 국가위기보고서〉(*A Nation at Risk: The Imperative For Educational Reform*)라는 정책보고서를 출간했으며, 그 이후 이 보고서가 학계의 교육, 인력, 복지정책 분야에서 주요 참고문헌으로 널리 인용되고 있다. 나아가 이 보고서는 연방과 주정부의 교육개혁 현장에서 항상 활용되는 이정표(*landmark*) 역할을 해오고 있다. 반면 우리의 경우 대통령 자문위원회가 국민화합과 합의도출에 기여하기보다는 주요 정책에 대한 국민갈등과 이견을 고착화시키는 데 일조한 경우도 많은 것으로 평가된다.

둘째, 대통령 자문위원회의 무분별한 운영으로 국정운영의 기조가 약화되고 주요 정책의 일관성이 훼손된 사례가 많았다. 특히 노무현정부 초기에 경제부총리와 정책기획위원장 사이에 성장과 분배를 둘러싼 정책논쟁으로 주요 정책들이 방향을 제대로 잡지 못하고 청와대, 위원회, 부처간 정책혼선이 가중되었다. 그 후에도 주요 국책사업의 표류와 정책혼선이 상당 부분 대통령 자문위원회의 비현실적인 정책아이디어와 전문성 부재에서 비롯되었다는 비판이 지속적으로 제기되고 있다.[13] 중소기업특별위원회가 영세자영업자 보호를 위해 제안한 자영업 자격증제와 신고제가 그 대표적인 사례라고 판단된다.

셋째, 대통령 자문위원회의 책임성 문제이다. 대통령령으로 설치된 자문위원회는 자문기구에 불과하기 때문에 위원장이 국회에 출석하여 답변할 의무가 없다. 국회가 국정감사를 할 수 있지만, 그것이 가능하기 위해서는 국회 본회의를 거쳐야 하는 절차상의 장벽이 있다. 노무현 정부 시절 행담도 사건과 관련하여 감사원이 감사를 한 경우를 제외하고는 위원회 예산과 업무에 대한 감시 감독이 제대로 이루어지지 못하였다. 앞서 언급하였듯이, 동북아시대위원회의 경우 행담도개발사업에서 자문기구의 역할을 넘어 대통령 자문위원회의 월권문제가 제기되기도 했다.

3. 대통령 소속 위원회 개혁방향

1) 대통령 자문위원회 설치기준 및 정비방안

여기서는 대통령 소속 위원회 중에서 자문위원회를 중심으로 향후 개선방향을 제시하고자 한다. 행정위원회는 법률에 설립근거를 두고 정책결정과 집행권을 행사하고 있고, 기관의 성격상 정권의 변동과 상관없이 기관의 존속이 필요한 기관도 있기 때문이다. 그러나 자문위원회는 대통령의 국정과제를 추진하기 위해 임시로 설립·운영되는 경우가 많기 때문에 정권교체에 따라 그 존속 여부를 새롭게 검토하여야 한다. 그러나 행정위원회가 법률에 근거하였다고 하여서 모든 위원회가 자동적으로 기

13) 동아일보, 2006년 6월 12일 27면 사설 참고.

관영속성을 갖는 것은 아니다. 특히 군의문사진상위원회, 친일반민족행위자재산조사위원회, 친일반민족행위진상규명위원회 등은 한시적인 조직으로 운영되어야 하며, 어느 정도 입법목적이 달성되었다고 판단되면 기한도래 이전에도 통폐합을 고려할 필요가 있다.

구체적인 대통령 자문위원회의 개혁방향을 논의하기에 앞서 대통령 자문위원회의 유형을 검토하고자 한다. 대통령 자문위원회는 크게 세 가지 유형으로 분류할 수 있다(Zegart, 2004). 첫째, 대통령의 핵심 정책과제를 만들고 확산시키는 위원회(예: 국정의제위원회)가 있고, 둘째, 주요 현안에 대한 심층적이고 종합적인 진단을 위한 위원회(예: 국정정보위원회)가 있으며, 셋째, 분쟁과 조정을 위한 위원회(예: 정치적 화합위원회)가 있다. 이들 모두 사전예측에 의해 위원회를 설치할 경우도 있고, 사후에 문제가 발생한 후 대응차원에서 위원회를 설치하여 운영할 수도 있다. 일반적으로 사전에 국정현안에 대처하기 위하여 대통령 자문위원회를 설치·운영하는 것이 바람직하다. 사후적 대처의 경우 이미 사회문제화가 되어 국정운영에 상당한 부정적 분위기가 조성된 후 자문위원회가 만들어지기 때문이다. 〈표 10-7〉은 상기 세 위원회 유형의 핵심기능과 사전·사후적 유형으로 다시 세분한 결과를 요약하고 있다.

대통령 자문위원회 설립 및 기존 위원회 정비의 기본방향은 다음의 두 가지로 요약된다. 첫째, 기본적으로 대통령 자문위원회의 설치와 폐지는 정권변동과 함께 이루어져야 한다. 대통령 자문위원회의 경우 대통령의 개인적 정책성향이 강하게 투영되기 때문에 대통령이 바뀔 경우 자문위원회도 자연히 그 미션을 다한 것으로 보아야 한다. 따라서 기존에 만들어진 대통령 자문위원회가 가진 업무의 연속성을 유지하는 것이 반드시 필요한 경우를 제외하고는 폐지를 원칙으로 해야 한다. 다른 하나는 대통령 국정과제에 대해서도 내각이나 관계장관회의 등 기존의 국정운영시스템을 우선 활용하도록 하며, 예외적으로 반드시 필요한 경우에 한하여 자문위원회를 설치하도록 설립기준을 엄격하게 유지할 필요가 있다. 이를 좀더 구체적으로 살펴보도록 하자.

대통령 자문위원회 신설기준으로 다음의 세 가지 조건을 고려해야 한다. ① 대통령 자문위원회가 다루는 내용이 핵심 국정과제에 해당되는가이다. 핵심 국정과제를 다루는 자문위원회인지의 여부는 자문위원회가 상기 세 가지 유형(국정의제위원회, 국정정보위원회, 정치적 화합위원회) 중 하나에 해당하는지가 관건이다. 또한, 사전적 정책관리 차원의 위원회가 의미가 크고, 문제발생 후에 사후적 관리를 위한 위원회는 반드시 필요한 경우를 제외하고는 피하도록 한다. ② 핵심 국정과제를 기존의 단일 행정기관에서 다루기 어려운가이다. 만약 단일의 행정기구가 담당가능한 문제라면 위원회 설립시 정책혼선이 예상되기 때문이다. ③ 각

〈표 10-7〉 대통령 자문위원회의 유형

위원회 유형	핵심기능	사전적 정책관리	사후적 관리	위원회 고객집단
국정의제 위원회 (*Agenda Commission*)	국정 현안정책 의제화	대통령국정의제를 대중에게 환기시키고 지원유도(예: 국가균형발전위원회)	대통령이 관심을 보인다는 상징적 차원, 책임회피 수단 (예:사람입국일자리위원회)	일반국민
국정정보 위원회 (*Information Commission*)	정책정보 제공	정책문제에 대한 진단을 통해 과학적 정보지식과 미래 정책방향 제시 (예: 21세기위원회)	과거 실패한 정책 진단에서 원인을 탐색하고 향후 교훈으로 활용(예: 군의문사 진상규명위회)	정부관료
정치적 화합 위원회 (*Political Constellation Commission*)	정치적 반대 세력의 설득과 화합	정책이해관계자 사이의 협력과 합의 유도 (예: 경제사회발전 노사정위원회)	상충된 이해관계의 걸림돌을 제거하고 집합행동에 따른 문제점 해결 (예: 과거사화해 관련 위원회)	유관 이익단체

자료: Zegart(2004: 375)의 'Figure 2'를 참고하여 재작성.

계의 의견을 골고루 수렴하여야 하고, 심층분석이 요구되는가이다.

대통령 자문위원회는 이들 기준을 모두 충족시켜야 설립이 가능하도록 해야 한다. 그렇지 않을 경우 자문위원회 성격상 맞지 않는 불필요한 위원회를 설립했다는 비판을 받을 수 있다. 특히, 기존 행정기관들이 협의하여 충분히 수행할 수 있는 국정과제를 위원회를 만들어서 수행할 경우 기존 행정기관과 업무중복 문제 등 정책결정 과정만 복잡해지는 결과를 초래할 것이다. 또한 자문위원회 대신 각종 포럼, 세미나, 공청회 등을 통해서도 각계의 의견을 수렴하고 전문적인 심층진단을 할 수 있는 통로가 많기 때문에 자문위원회 설치는 최소로 해야 한다. 불필요한 고위정무직이나 위원회관리 사무직원의 증원억제를 위해서도 더욱 그렇다.

만약 세 가지 요건을 모두 충족시킬 경우에만 대통령 소속 자문위원회를 설치하도록 한다면, 그중 일부 조건만을 충족시킬 경우에는 어떠한 대안을 고려할 수 있을지가 의문시된다. 첫째, 만약 대통령 핵심 국정과제에 해당되지 않는다면, 나머지 두 가지 조건을 충족하는지의 여부와 관계없이 대통령 자문위원회의 설치를 추진해서는 안 된다. 둘째, 만약 대통령 핵심 국정과제이고, 단일기관이 국정과제 관리를 담당하기 어려우나, 의견수렴 및 심층분석의 필요성은 높지 않은 과제에 대해서는 부처간 정책조정을 위한 기존의 기구를 활용하거나 임시 조정기구를 설치할 필요가 있다. 셋째, 대통령 핵심 국정과제이고, 다양한 의견수렴 및 심층분석이 필요하나, 기존 행정기관에서 정책과제의 관리가 가능할 경우에도 자문위원회 설치보다는 기존 행정기관이 국정과제를 수행하도록 하되, 부처 내의 정책자문회의, 공청회, 각종 포럼 등을 활용하여 부족한 전문성과 의견수렴을 보충하도록 한다.

이러한 기준에 따라 현재 해당 부처와 중복되어 설치된 위원회를 폐지하고 부처 소관업무로 단일화하여야 한다. 동북아시대위원회의 경우 외교통상부, 문화중심도시위원회의 경우 문화관광부, 그리고 사람

〈표 10-8〉 대통령 자문위원회 설립기준

<table>
<tr><th colspan="2">대통령 자문 위원회 기능</th><th>대통령의 핵심 국정 과제에 해당되는가?</th><th>단일기관에서 정책의제화가 어려운가?</th><th>각계의 의견수렴과 전문성이 요구되는가?</th><th>설립여부 판단</th></tr>
<tr><td rowspan="4">대통령 국정의제의 형성·확산 정치적 지원
정보지식 창출, 정책현안의 심층진단, 분석, 전망
국정의제의 갈등조정 및 관리</td><td rowspan="4">기능별 3가지 위원회</td><td>Yes</td><td>Yes</td><td>Yes</td><td>설치 가능</td></tr>
<tr><td>Yes</td><td>Yes</td><td>No</td><td>설치 불필요, 대안으로 부처간 정책조정을 위한 기존 또는 임시조직 활용</td></tr>
<tr><td>Yes</td><td>No</td><td>Yes</td><td>설치 불필요, 대안으로 해당 주무기관에서 수행하고 부처 내 정책자문회의나 포럼 등을 통해 전문성보강</td></tr>
<tr><td>No</td><td>Yes or No</td><td>Yes or No</td><td>설치 불필요</td></tr>
</table>

입국경쟁력위원회의 경우 교육인적자원부에서 업무를 추진하는 것이 더 효율적이다. 〈표 10-8〉은 이러한 대통령 자문위원회 설립기준을 요약한 표이다.

2) 대통령 자문위원회의 운영개선 방안

대통령 자문위원회가 필요에 의하여 설치되더라도 운영에는 상당한 주의가 요구된다. 위원회가 좋은 성과를 도출하고 정치권이나 일반국민으로부터 정치적 지지를 획득하기 위해서는 위원회 운영 시 다음과 같은 측면을 고려해야 한다.

첫째, 자문위원회 운영 전반에 대한 자세한 활동백서를 매년 발간하여 관련 정치집단, 일반시민, 언론 등으로부터 평가를 받아야 한다. 위원회 구성, 운영실적, 예산사용내역, 심의내용, 정책건의사항 등 법적으로 공개가 금지된 사항을 제외하고는 원칙적으로 모든 것을 공개하도록 한다.

둘째, 자문위원회 위원구성은 위원회의 권위, 영향력, 성과에 직접적 영향을 주기 때문에 매우 신중하게 이루어져야 한다. 자문위원회 위원은 각계의 의견을 골고루 대표할 수 있고, 해당 분야의 전문성을 검증받은 인사들로 충원되어야 한다. 그렇지 않을 경우 특정 집단에 편향된 방향으로 위원회가 운영될 수 있고, 이로 인해 오히려 또 다른 갈등과 정치적 손실을 낳을 수 있다. 또한 위원의 전문성이 떨어질 경우 위원회의 성과뿐만 아니라 위원회의 평판에도 부정적 영향을 준다.

셋째, 자문위원회의 활동영역은 어디까지나 정책의제화에 국한되어야 하며, 실질적인 정책결정이나 집행영역으로 업무범위가 확대되어서는 안 된다. 만약 위원회가 실질적인 정책결정과 집행을 할 경우 헌법상 보장된 국무회의의 심의기능이 부실해져 위헌의 소지가 있고, 내각과 부처의 업무영역을 침범하여 부처와 불필요한 갈등을 일으킬 가능성이 크기 때문이다. 노무현정부의 대통령 자문위원회에 대한 위헌시비도 바로 자문역할에 한정된 위원회가 주요 국정의제를 결정하고 집행까지 관여한 데서 비롯된 것이다.

마지막으로 대통령 자문위원회의 역할은 대통령의 핵심 국정의제를 정책의제화해서 이를 사회적으로 확산시키고 정치적 공감대를 이끌어내는 데 있다. 이 과정에서 자문위원회는 심층적인 정책진단과 각계 대표자들의 의견을 들어 정책숙의를 하고, 특정 정책이론이나 정책아이디어가 실제 정책현장과 얼마나 조화될 수 있는지 신중하게 검증하는 역할을 수행하여야 한다. 이러한 자문위원회의 업무성격은 급격한 정책변동과는 거리가 멀다. 즉, 점증적 정책변동(*incremental policy change*)을 통한 점진적·장기적 개선책을 추구하는 것이 자문위원회의 기본성격과 부합한다. 기존의 제도나 정책을 갑자기 뛰어넘는 혁신을 원할 경우 위원회보다는 대통령 소속 태스크포스(*task force*)나 직속기관을 활용하는 것이 효과적이다.

4. 결 론

대통령 소속 위원회의 설립과 관련된 여러 가지 논거들이 있다. 무엇보다도 대통령직에 대한 국민의 기대수준과 국정운영의 복잡성과 전문성이 높아져 대통령 스스로 모든 것을 관리하기 어려운 정치·행정적 환경이 대통령 위원회의 설립배경이 되고 있다(Bybee, 1994; Linowes, 1998: 212~213). 대통령이 효과적인 리더십을 발휘하기 위해서는 다양한 목소리를 담은 심층적이며 과학적인 정책정보가 필요하다. 이에 대응하여 역대 대통령들은 대통령비서실 등 대통령 보좌기관의 증설과 전문화를 추구했지만, 대통령직에 대한 높은 기대와 업무과중으로 자문위원회에 대한 수요는 점차 커지고 있다. 특히 대통령 핵심 국정과제 수행에서 내각과 관료체제에 배태된 부처이기주의와 대리인문제를 극복하기 위하여 자문위원회가 필요할 때가 많다.

하지만 성공적인 자문위원회 운영사례를 찾기가 쉽지 않다. 무엇을 위해, 어떤 방식으로 자문위원회를 구성하고, 구체적으로 어떤 임무를 부여하며, 어떻게 자문위원회를 관리할지에 대한 정답을 찾기 어렵다. 미국의 경우도 포드 대통령 당시 EPB(Economic Policy Board)의 성공사례가 예외로 기록될 만큼 성공한 위원회를 찾기 어렵다고 한다. 자문위원회의 설치로 정책조정이 촉진되기보다는 오히려 관련 부처와 자문위원회 사이에 갈등이 촉발되는 경우가 많았고, 수준이 안 되는 자문위원회가 국정에 개입하여 정책혼선과 국민갈등을 증폭시킨 사례도 무수히 많았다고 한다.

무엇보다 중요한 것은 일반국민이 원하는 자문위원회를 만드는 일이다. 또한 자문위원회는 정치과정, 내각체제, 기존 행정기관과 조화를 이루어 효율적으로 업무를 수행할 수 있어야 하며, 정치적 대표성과 전문성을 바탕으로 정치적 행정적 권위를 가져야 한다. 대통령은 이러한 자문위원회를 통하여 일상적인 정치과정에 제대로 반영되지 못하는 각계각층의 목소리를 들을 수 있다. 또한 대통령은 행정부나 의회에서 이루어지는 통상적인 정책의제 과정에서 소홀히 다루어질 수 있는 대통령 국정과제를 적극적으로 관리하기 위하여 자문위원회를 활용할 수 있다. 하지만 자문위원회가 기존의 국정운영시스템에서 순기능을 하는지 혹은 역기능을 하는지 유심히 관찰할 필요가 있다. 대통령 자문위원회가 정책과정에 혼선과 갈등을 일으킨다면 일차적으로 운영 측면에서 개선을 시도해 보고, 운영 측면의 개선으로 문제가 해결되지 않을 경우에는 자문위원회 위원 구성과 권한의 재설계 혹은 폐지까지 과감하게 검토할 필요가 있다.

새 정부는 기존의 대통령 소속 위원회를 과감히 정비할 것으로 예상된다. 과거의 잘못은 반드시 시정되어야 하며, 불필요한 위원회는 정리되어야 옳다. 그러나 대통령 소속 위원회의 장점조차 전면적으로 부정하는 것은 옳은 일이 아닐 것이다. 필요한 위원회는 존속시키고, 이 글에서 제시한 기준에 부합하는 위원회는 필요하다면 새로 만들어야 한다. 역사의 흐름 속에서 반면교사(反面教師)는 반드시 있어야 한다. 그러나 지나친 반면교사는 또 다른 우를 범하게 만들 가능성도 없지 않다.

참고문헌

김호정(2007). "대통령 소속 위원회의 운영과 행정조직법정주의". 〈외법논집〉 27: 501~525.

오영균(2007). 〈정부위원회 개선방향〉. 행정자치부 내부보고서.

정광호(2005). "노무현정부의 관료제 개혁에 관한 예비적 분석". 〈행정논총〉 43(2): 301~349.

함성득(2003). 《대통령학》(제 2판). 나남출판.

Bybee, Jay S.(1994). "Advising the President: Separation of Powers and the Federal Advisory Committee Act." *Yale Law Journal* 104(1): 51~128.

Destler, I. M.(1996). *The National Economic Council: A Work In Progress, Institute for International Economics*. 현오석 역(2000). 《경제정책결정론: 최선의 과정은 있는 것인가?》. 비봉출판사.

Flitner, D. J.(1986). *The politics of presidential commissions: A public policy perspective*. Dobbs Ferry. NY: Transnational.

Linowes, David(1998). *Creating Public Policy: The Chairman's Memoirs of Four Presidential Commissions*. Westport: Praeger.

Miller, C. M. and Bruce McKinney(Eds.)(1993). *Government commissions communication*. Westport, CT: Praeger.

Wilson, J.(1989). *Bureaucracy: What Government Agencies Do and Why They Do It*. New York: Basic Book.

Wolanin, T. R.(1975). "Presidential advisory commissions." In *Truman to Nixon*. Madison: University of Wisconsin Press.

Zegart, A. B.(2004). "Blue Ribbons, Black Boxes: Toward a Better Understanding of Presidential Commission." *Presidential Studies Quarterly* 34(2): 366~393.

11 대통령비서실 조직개편

정광호

1. 서 론

원래 대통령비서실은 지금처럼 대규모의 공식화된 조직이 아니었다. 미국이나 한국 모두 건국초기의 대통령 비서규모는 매우 단출했다.[1] 내각의 각료와 정당에서 대통령의 주요 업무를 대신했기 때문에 대통령의 일정관리나 사적 업무를 보조하는 소수의 비서만 필요했던 것이다.

---

1) 건국 당시 미국의 대통령의 공식적 보좌진은 없었다. 각료와 당이 대통령을 보좌했기 때문에 공식적 보좌진의 필요성이 없었고, 대통령 개인 사비를 들여 비서진을 고용했다. 1857년 당시 3명의 유급 보좌관을 두었다. 그만큼 대통령 보좌진에 대한 관심이 부족했고 따라서 체계적 정부지원도 없었다. 그 후 후버 행정부(1929~1933) 이후부터 소수의 전문가를 비서로 채용하기 시작했다. 나아가 대통령참모제도의 강화를 제언한 브라운위원회의 권고에 따라 루스벨트 대통령부터 6명의 전임보좌관 등 체계적 보좌기구를 두게 되었다. 미국 대통령비서실 규모는 1943년 당시 약 51명에서 출발하여 닉슨 행정부까지 연평균 5%씩 성장하여 1972년에는 583명까지 이르렀다. 또한 대통령비서실에서 입법부와 업무조율까지 담당하면서 '대통령부'(*presidential branch*)라는 명칭이 만들어질 정도로 비서실 역할이 확장되었다(김혁, 2001). 한국의 경우도 건국 당시 이승만 대통령의 보좌진 규모는 대략 10명 내외에 불과했고, 윤보선 대통령까지 이러한 추세가 이어지다가, 제 3공화국 박정희 대통령 시절부터 체계화된 참모조직을 갖추었다(함성득, 2003).

하지만 행정부 수반으로서 대통령의 역할과 기대가 높아짐에 따라 이를 보좌하는 관료화된 조직이 만들어졌다. 내각관리, 국회·정당관계, 언론관계에 있어 대통령을 보좌하는 비서실 조직 또한 더욱 정교해졌다. 이제 잘 조직화된 참모진은 대통령직을 성공적으로 이끌기 위한 필요조건이 되었다. 이런 인식하에 대통령 보좌기구의 공식화·계층화·전문화가 지속적으로 이루어짐에 따라 규모 또한 꾸준히 증가했다. 최근 대통령 보좌기구는 비서실장 중심의 정형화된 지휘체계에 더하여 다양한 태스크포스(*Task Force*)나 대통령 소속 위원회 등 문제해결 중심의 임시조직을 거느리는 방식으로 영역을 확장하고 있다.

대통령비서실의 구조와 운영은 대통령 개인의 특성, 시대상황이 요구하는 대통령비서실의 제도적 성격, 상호작용에 따라 영향을 받는다. 무엇보다 대통령비서실은 대통령 개인의 취향에 따라서 구조와 운영이 상당한 영향을 받는다. 하지만 누가 대통령이 되든 상관없이 지속되는 비서실의 제도화된 속성도 있다. 대통령직은 혼자서 수행할 수 없으며 공식적 위계질서, 표준운영절차(SOP), 내부관리와 모니터링 등이 필수요소이기 때문이다. 최근 이러한 비서실의 제도적 속성은 비서실 규모의 성장, 보좌기능의 전문화, 계층적 통제와 위임방식의 정교화로 나타나고 있다(김혁, 2001; 김정해, 2003; 함성득, 2003). 요약하면, 대통령비서실 구조와 운영방식은 대통령의 취향, 비서실 자체에 제도화된 시대적 필요성에 따라 좌우된다.

그동안 대통령의 국정운영을 평가할 때 다수의 연구는 대통령의 성격, 역할, 정치환경, 리더십 변수에 주로 관심을 가졌다. 하지만 이 분야의 선행연구들은 대통령비서실의 조직구조와 운영방식이 국정의 성패를 좌우하는 중요한 변수가 된다는 사실을 간과했다. 대통령비서실 조직과 기능은 국정운영에 있어 대통령으로 하여금 더 많은 능력을 발휘할 수 있는 기회를 제공하지만, 반면에 이를 충분히 제약할 수 있는 양면성을 가진다(Walcott and Hult, 2005). 그만큼 대통령이 국정운영 초반기를 성공적으로 이끌기 위해서는 잘 제도화된 대통령비서실 설계와 운영이 필수적이다(Kumar, 2001; Walcott and Hult, 1999; Walcott and Warshaw, and Wayne, 1986).

이 연구는 한국의 역대 대통령비서실이 어떻게 설계되고 운영되었는지 그 특징을 살펴본 후 몇 가지 교훈을 도출하고자 한다. 특히 노무현정부 청와대 운영에서 나타난 문제점을 분석한 후 새 정부의 대통령비서실 운영에 참고가 될 만한 제언을 하고자 한다. 이를 위해 본 연구는 역대 대통령비서실을 다룬 국내외 선행연구와 각종 언론보도 자료를 참고하고 청와대에 운영에 경험을 가진 인사들도 면담하여 의견을 청취했다. 또한 역대 대통령비서실의 변천과정을 조망해 보고 여기서 나타난 비서실 운영의 특징을 정리했다. 그리고 노무현정부 청와대 운영에서 나타난 문제점을 분석한 후 청와대 설계와 운영에 있어 시사점을 정리하였다.

2. 대통령비서실의 변천과정

1) 역대정부의 대통령비서실[2]

제1공화국의 대통령비서실은 매우 작았다. 이승만 대통령은 집단토론을 하지 않고 장관과 개별면담을 통해 단독으로 정책을 결정했기 때문에 비서실은 자연히 배제되고 그 기능과 조직도 매우 단출했다(함성득, 2003: 102). 또한 건국초기라서 비서실 직제에 대한 제도적 유산이 없었고, 대통령 자신도 대규모 참모진을 조직적으로 관리해본 경험을 가지고 있지 않았다. 자유당과 경찰조직에 의존해 국정이 이루어져 대

2) 역대 대통령비서실 변천과정에 대한 내용은 함성득(2003)을 주로 참고하여 작성하였다. 그 밖에 배정훈(1997, 2007)도 참고하였다.

통령비서실에 대한 수요가 크지 않았던 것도 작은 비서실이 운영된 중요한 이유 가운데 하나다. 때문에 제1공화국 대통령비서실은 매우 작았고 비서관장을 중심으로 정무, 공보, 서무, 문서 그리고 경무대 등으로 대통령 보좌기구가 운영되었다. 1949년 1월 당시 대통령비서실 인원은 7명이었다. 이러한 작은 규모의 대통령비서실은 제2공화국에서도 그대로 유지되었다. 제2공화국의 대통령비서실은 내각제로 인해 이승만 대통령의 비서실처럼 단출했는데, 그 규모를 보면 1명의 비서실장과 3명의 비서(대변인, 국방, 공보) 등 총 14명으로 구성되었다.

현대적 의미의 대통령비서실 체제는 제3공화국 이후 도입되었다. 제3공화국의 대통령비서실은 제1, 2공화국에 비해 기능적으로 분화된 관료적 보좌기구를 갖추었다. 비서실장 체제하에 청와대 수석진이 포진하고 그 밑에 행정관을 둔 관료화된 체제로 효율적으로 대통령을 보좌하도록 진화했다. 특히 보좌진의 업무는 비서실장을 정점으로 정치, 경제, 사회 전반을 아우르는 정무수석을 중심으로 이루어졌다. 정무수석실에서 국정기획, 정치, 경제, 사회복지 등 국정 전반에 관해 국회와 행정부를 연결시키는 기능을 수행했다. 그 밖에도 총무, 의전, 정보, 공보, 민원업무도 대통령의 고유 업무 전담부서로 설치되었다.

나아가 제3공화국 이후 대통령비서실은 더욱 기능적으로 분화된 구조를 가지게 되었다. 특히 수석관할체제가 구축되었고, 부처 주요정책의 조정과 모니터링 기능은 청와대를 정점으로 이루어지기 시작했다. 예를 들면, 1969년 3월 박정희 대통령은 경제수석비서실을 신설하고 경제1 수석은 재경, 상공, 농림, 건설 등의 업무를, 경제2 수석실은 교통, 체신, 보사, 과학기술 등을 맡도록 했다. 그리고 특별보좌관제를 신설하여 정책자문에 응하도록 했다. 제3공화국 초기에는 청와대에 경제수석실이 없었기 때문에 경제정책이 대통령과 경제부총리를 중심으로 이루어졌지만 1969년 이후에는 청와대 비서실이 경제정책결정의 중심에 서게 되었다. 특히 재무부 장관출신의 김정렴 비서실장이 임명됨으로써 경제정책의 경우 청와대비서실이, 외교안보정책의 경우 대통령이 직접 책임지는 역할분담이 이루어졌다. 이러한 비서실 개편으로 종래 정무수석실의 기능이었던 경제업무가 신설 경제수석실로 이관되었다. 그 이후에도 경제 사회환경 변화에 따라 새로운 보좌관이 신설되었다. 예를 들면, 1969년 11월 20일 외채관리수석이 신설되었고, 1970년부터는 중장기 정책입안을 위해서 특별보좌관제가 활용되었다.

제 4공화국 대통령비서실의 특징은 경제수석체제의 강화로 요약된다. 1972년 5월 비서실을 개편하여 경제수석체제를 더욱 세분화시켜 경제1, 경제2, 경제3 수석으로 나누었고, 경제2 수석실에 과학기술보좌관, 중화학기술비서관을 두었다. 또한 청와대 비서실 자체관리를 강화하기 위해 총무수석을 신설했다.

제 5공화국 대통령비서실은 비서진보다 장관을 직접 접촉하면서 국정관리를 했다는 특징이 있다. 이는 전두환 대통령의 리더십 특성과도 연관된다. 전두환 대통령은 비서의 권한행사를 싫어했고, 비서는 비서로서 그 역할이 제한되어야 한다는 점을 강조했다. 중요업무의 대부분은 가급적 내각에 위임했고 이에 따라 청와대가 부처에 개입하는 정도는 박정희 대통령에 비해 상대적으로 줄었다. 정무수석은 혼란했던 정치상황을 반영하여 국회와 정당보다는 오히려 시민사회와 대학에 더 많은 역량을 집중했다. 사정수석은 구정치권을 견제하는 도구로 활용했다. 또한 법무수석의 신설을 통해 당시 노사문제나 학생운동에 적극 대처하도록 했다.

제 6공화국의 경우 민주화와 권위주의 청산이라는 정치환경의 변화로 초기 비서실은 전두환정부에 비해 축소된 상태에서 출발했다. 법무수석과 사정수석을 폐지하고 그 결과 정치적 비중이 커진 정무수석의 기능을 국회정당업무에 집중하도록 했다. 하지만 1988년 4·26 총선에서 여소야대 정국이 형성된 후 비서실 기능이 점차 확대되었다. 안전기획부와 경호실보다 청와대 비서실에 더욱 실질적 권한이 집중되면서 비서실

기능이 역대 어느 정부보다 더욱 강화되었다. 1990년 정책조사보조관의 신설, 1992년 북방외교의 강화로 외교안보수석실의 신설, 1992년 경제상황의 악화로 경제수석실의 강화(5비서관을 7비서관으로 확대)하고 경제를 직접 관리하기 시작했다(정정길, 1994).

김영삼정부의 경우 기존의 수석관할체제를 유지하면서도 기능중심의 대통령비서실 운영을 시도했다. 이를 위해 비서실에 지시, 통제, 평가, 연락 등 총괄적 기능을 부여했다. 중장기 정책기획 업무를 담당하는 정책기획수석실 신설도 이런 맥락에서 보아야 한다. 노태우 대통령 시절의 사정수석, 정책조사보좌관이 김영삼정부 차별화 차원에서 폐지된 반면 사회문화수석이 신설되었다. 한편 1994년 우루과이협상에서 쌀 시장의 부분 개방에 따라 후속대책 마련을 위해 농수산수석실이 신설되었다. 교육문화수석실 산하에는 보건환경비서관이 설치되었다. 비서실장 밑에 기획조정비서관제가 신설되었는데 실제로는 대통령 핵심측근의 영향력 창구 역할을 한 것으로 판단된다. 이후 1995년 8월 비서실 직제개편에서는 기존의 농수산수석실이 농림해양수석실로 변경되고 사회복지수석실이 신설되었다.

김대중 대통령의 비서실은 김영삼 대통령의 비서실 규모를 축소하는데서 출발했다. 김영삼정부 말기 11개(정책기획, 정무, 경제, 외교안보, 행정, 민정, 공보, 사회복지, 농림해양, 총무, 등) 수석비서관을 6개(정책기획, 정무, 경제, 외교안보, 사회복지, 공보 등) 수석비서관으로 줄였다. 기존의 상황실을 국정상황실로 개칭했다. '옷로비사건'으로 폐지했던 민정수석을 다시 신설하여 초기 김중권 비서실장 직속의 민정기능을 옮겨왔다. 대신 비서실장 직속의 법무비서관은 폐지했다. 한광옥 비서실장과 이상주 비서실장 시절 박지원 정책기획수석의 영향으로 비서실장의 권한이 초기 김중권 비서실장 시절보다 약해졌다. 그 이후 경제 관련 업무는 전윤철 비서실장이, 외교안보대북관련 업무는 임동원 외교안보통일특보가, 정치와 공보 관련 업무는 박지원 정책특보가 맡는 삼두체제가 만들어졌다. 즉, 특보와 비서실장의 병렬체제가 만들어졌던 것이다. 2002년 4월 15일 이후 박지원 비서실장 체제로 전환하여 집권후반기 레임덕에 대비했다.

노무현 대통령의 비서실은 역대 정부와 상당히 다른 특성을 가진다. 첫째, 정책실장, 통일외교안보실장 등 2실장을 두어 삼두체제를 구성했다. 정책실장은 통일외교안보를 제외한 국내정책을 담당하게 되어 있다. 둘째, 국정과제위원회를 만들어 대통령비서실과 중첩된 상층 정책결정구조를 만들었다. 셋째, 역대 정부와 달리 시민사회수석, 혁신관리수석 등을 신설하여 진보진영의 시민사회 참여를 확대했고, 관료제에 대한 통제의 일환으로 행정혁신 담당 수석을 두어 관료제를 개혁하고자 했다. 지금까지 논의한 역대 청와대 비서실의 주요 직제를 정리해 보면 〈표 11-1〉과 같다.

〈표 11-1〉 대통령비서실 직제 변천과정

구분	비서실장	비서진 조직
제 1공화국	비서관장	정무, 공보, 서무, 문서, 경무대
제 2공화국	비서실장	대변인, 국방, 공보
제 3공화국 초기	비서실장	총무, 의전, 정무(행정실, 기획실 · 농림 · 상공 · 건설, 총무처 · 내무 · 국회 · 당, 국방, 교통 · 수산 · 해사, 법무 · 문교 · 공보, 보사 · 통신 · 원호, 재무, 특수업무), 정보, 공보, 민원
제 3공화국 (1969년 3월)	비서실장	경제1(재경, 상공, 농림, 건설), 경제2(교통, 체신 · 보사, 과기), 정무(문공 · 문교, 총무 · 법무, 외무 · 국방, 지방행정), 민정(민원, 청원, 서신, 정보, 특민), 공보(정당 · 국회, 사회 · 언론, 공보), 총무(인사행정, 관리), 의전(일정 · 행사)
	특별보좌관	대통령 보좌자문을 위한 장관급 특별고문 10인 이내 (1963년 12월 16일 신설 → 1989년 12월 19일 특별보좌역으로 변경)

〈표 11-1〉 계속

구분	비서실장	비서진 조직
제 4공화국	비서실장	의전, 정무1(정치·정당, 외무·국방, 안보, 기획실), 정무2(내무·총무, 문공·원호, 법무·문교, 보사, 새마을), 경제1(상공·교통, 체신, 농림·건설, 재경), 경제2(과학기술, 중화학공업), 경제3(조경, 관광·진흥), 공보(외신·홍보, 문고), 민정(민원, 정보, 서신, 특민, 청원, 특명), 총무(인사행정, 관리·구매, 지출, 문서행정, 외자)
	특별보좌관실	특보(정치, 안보, 외교, 경제, 사회, 교육·문화), 사정
제 5공화국	비서실장 (보좌관)	의전(의전 제1, 2, 3비서관), 정1(특수기획, 홍보·기획, 섭외, 법률, 외교·보사, 국방), 정2(일반행정, 법무·안보, 국정자문), 교육문화(교육, 문화, 새마을), 경제(경제, 산업, 자원, 국토개발, 과학기술), 공보(홍보, 보도섭외, 외신), 민정(정보, 민정, 민원), 사정(제1, 2, 3, 부, 비상기획)
	부속실 I, 부속실Ⅱ, 총무(관리, 경리)	
제 6공화국	비서실장 (비상계획)	의전(의전Ⅰ, Ⅱ, Ⅲ), 정무(홍보·기획, 섭외, 국회·정당, 외교), 행정(일반행정, 공약담당, 교육, 문화체육, 국방, 치안), 경제(재경, 산업, 과학기술, 사회복지, 국토건설), 공보(공보기획, 문고I, 문고Ⅱ, 방송, 해외, 통치사료), 민정(민정, 민원, 사정, 법률), 총무(인사재무, 관리, 본관관리), 안보보좌관(안보정책, 국방관리, 안보협력, 국제안보), 정책보좌관(정책기획, 조사연구, 특수업무추진)
	부속실I, 부속실Ⅱ, 5인 이내의 장차관급 특별보좌역 (1989년 12월 19일 신설, 2003년 4월 7일 폐지)	
김영삼정부	비서실장 (통치사료)	정무(당정, 여성·사회단체, 홍보기획Ⅰ, Ⅱ), 경제(거시경제, 간접자본, 통신산업, 보건환경, 노동, 농림수산, 과학기술, 경제의식), 외교안보(통일, 외교, 안보정책, 국방, 국제안보), 행정(일반행정, 내무행정, 치안행정, 국민행정, 지자체, 행정쇄신), 민정(민정 I, Ⅱ, 민원, 사정 I, Ⅱ, 법률), 공보(홍보 I, Ⅱ, 해외홍보, 보도지원, 방송), 사회문화(교육, 문화·체육, 사회 I, Ⅱ, 정책조사), 총무(본관관리, 관리, 재무, 인사행정, 비상계획), 의전(의전 I, Ⅱ)
	부속실 I, 부속실Ⅱ	

〈표 11-1〉 계속

구분	비서실장	비서진 조직
김대중정부	비서실장	총무, 의정, 민정, 법무, 행사기획, 상황실, 정책기획(기획조정, 정책 1, 2, 3), 정무(정무 1, 2, 3, 국정홍보조사, 행정, 치안), 경제(재정경제, 금융, 산업통신과학, 건설교통, 농림해양수산), 외교안보(통일, 외교·통상, 국방, 국제안보), 사회복지(교육·문화, 보건·환경, 노사관계, 여성정책), 공보(일반공보, 국내언론, 해외언론, 연설담당, 보도지원, 통치사료)
	제 1부속실, 제 2부속실	
노무현정부	비서실장	— 총무팀(총무, 업무혁신), 정무팀(정무, 정무기획), 국정상황팀(국정상황, 여론조사), 행정의전팀(의전, 행사기획), 치안, 기록관리, 시민사회〔시민사회, 사회조정팀(사회조정1, 2, 3)〕, 민정(민정, 공직기강, 사정, 법무), 홍보〔홍보기획, 국정홍보, 국내언론, 해외언론, 대변인팀(대변인, 부대변인, 보도지원)〕 — 정책실장: 경제보좌관, 국민경제비서관, 정보과학기술보좌관, 정책조정비서관, 경제정책수석(경제정책, 산업정책, 농어촌), 사회정책수석(사회정책, 교육문화, 고용정책), 혁신관리수석(혁신관리, 민원제도혁신) — 통일외교안보정책실장: 안보정책수석(안보전략, 안보정책, 안보정보, 동북아, 위기관리)
	제 1부속실, 제 2부속실, 연설비서관, 연설기획비서관	

2) 역대 대통령비서실 운영의 특징[3)]

이상에서 간단하게 고찰한 바와 같이 대통령비서실 규모는 지속적으로 증가해 왔고, 시대특성과 정책수요에 부응하여 대통령비서실을 설계하려는 시도가 계속되었다. 제도화된 대통령비서실이 운영되면서 내각보다는 청와대가 국정운영을 지배해 왔다. 그리고 대통령의 개인취향이 비서실 설계와 밀접히 연관되어 있다. 역대 대통령비서실 운영과정에서 나타난 특징은 크게 네 가지로 정리해 볼 수 있다.

---

3) 역대 대통령비서실 변천과정은 함성득(2003: 98~146)을 주로 참고하여 작성하였다.

첫째, 대통령비서실 규모가 지속적으로 증가했다. 이승만 대통령과 윤보선 대통령 시절까지만 해도 대통령비서실은 14명 내외로 작았다. 하지만 제3공화국 출범이후 현대화된 비서실 체제를 갖추면서 비서실 정원은 이전 정부에 비해 매우 크게 증가했다. 1967년 137명으로 출발한 대통령비서실 정원은 1968년 227명, 1980년 324명, 1989년 384명, 2002년 405명, 2003년 498명, 2006년 531명으로 꾸준히 증가했다(〈표 11-2〉 참고).

둘째, 시대흐름과 환경변화에 대응하여 청와대 설계가 이루어졌다. 박정희 대통령 시절은 경제성장 제일주의를 추구했기 때문에 경제정책을 중시한 비서실 체제였다. 김정렴 비서실장은 재무부장관을 역임한 경제 전문가였다. 또한 대통령비서실에 처음으로 경제수석이 신설되었고, 나아가 경제1 수석, 경제2 수석, 경제3 수석 등으로 더욱 세분화되었다. 또한 제4공화국에 이르러 박정희 대통령은 중화학공업 발전을 위해 중화학공업담당 비서관을 신설했다. 전두환 대통령의 경우 정치와 노사관계 안정을 위해 법무수석을 두었고, 노태우 대통령의 경우 북방외교의 중시로 외교안보수석을 두었다. 김영삼정부의 경우 우루과이 협상으로 농수산문제에 적극 대처하기 위해 농수산수석을 두었고, 사회문화, 사회복지정책 담당 수석을 신설했다. 노무현정부의 경우 시민사회의 성장과 참여 증대에 따라 이들의 의견을 적극 수렴하기 위한 시민참여수석을 두었다. 또한 정부혁신을 강조하기 위해 혁신관리수석을 두었다.

셋째, 내각보다는 청와대가 국정전반을 장악하고 주요 핵심정책을 설계하고 관리했다.[4] 역대 대통령들이 취임 초기에는 내각중심의 국정운영을 시도했지만 점차 대통령비서실 중심으로 회귀했다. 특히 부처관할

4) 원래 이승만 대통령 시절에는 비서실 자체가 관료조직으로 존재하지 않아 국정은 대통령과 내각중심으로 이루어졌다. 또한 박정희 대통령이 처음 집권한 1963년부터 1968년까지는 여전히 내각 중심의 국정운영체제였다. 하지만 그 이후 국정운영의 중심축은 내각보다는 대통령비서실로 옮겨졌다(함성득, 2003).

〈표 11-2〉 대통령비서실의 인력규모 추이

대통령비서실 직제 변화	정원	비서실장	수석보좌관	행정직	기능직
1. 제정 1960. 8. 25. 국무원령 제 66호	15	1	—	14 (4)	—
2. 일부개정 1961. 8. 26. 각령 제 109호	15	1	—	14 (2)	—
3. 일부개정 1961. 12. 18. 각령 제 309호	17	1	—	16 (3)	—
4. 일부개정 1967. 7. 21 대통령령 제 3156호	137	1	—	56	80 〔19〕
5. 일부개정 1968. 4. 9 대통령령 제 3425호	227	1	8	101	117
6. 전문개정 1970. 2. 25 대통령령 제 4660호	227	1	8	101	117
7. 일부개정 1973. 1. 25 대통령령 제 6473호	227	1	8	101	117
8. 일부개정 1979. 8. 29 대통령령 제 9582호	227	1	8	101	117
9. 일부개정 1980. 2. 1 대통령령 제 9748호	237	1	8	101	127 〔10〕
10. 일부개정 1980. 2. 4 대통령령 제 9755호	272	1	9	104	158 〔41〕
11. 일부개정 1980. 10. 15 대통령령 제 10042호	306	1	11	119	175 〔58〕
12. 일부개정 1980. 12. 18 대통령령 제 10104호	324	1	12	125	186 〔67〕
13. 일부개정 1981. 2. 26 대통령령 제 10205호	342	1	12	125	204 〔85〕
14. 일부개정 1983. 10. 7 대통령령 제 11238호	334	1	12	125	196 〔77〕
15. 일부개정 1983. 12. 31 대통령령 제 11322호	354	1	12	135	206 〔87〕
16. 일부개정 1987. 12. 31 대통령령 제 12341호	354	1	12	135	206 〔85〕

〈표 11-2〉 계속

대통령비서실 직제 변화	정원	비서실장	수석보좌관	행정직	기능직
17. 일부개정 1988. 3. 15 대통령령 제12414호	342	1	11	129	201 〔82〕
18. 일부개정 1988. 10. 10 대통령령 제12530호	342	1	11	129	201 〔87〕
19. 일부개정 1989. 6. 17 대통령령 제12733호	342	1	11	129	201
20. 일부개정 1989. 11. 23 대통령령 제12848호	384	1	11	171	201
21. 일부개정 1993. 5. 15 대통령령 제13884호	377	1	11	171	194
22. 일부개정 1995. 4. 12 대통령령 제14618호	377	1	11	171	194
23. 일부개정 1996. 6. 29 대통령령 제15057호	377	1	11	171	194
24. 일부개정 1997. 3. 20 대통령령 제15305호	375	1	11	171	192
25. 전문개정 1998. 2. 25 대통령령 제15688호	380	1	6	200	173
26. 일부개정 1999. 3. 10 대통령령 제16176호	399	1	7	216	175
27. 일부개정 1999. 6. 25 대통령령 제16407호	405	1	8	219	177
28. 일부개정 2003. 2. 25 대통령령 제17929호	498	2*	11	307	178
29. 일부개정 2003. 4. 7 대통령령 제17960호	498	2*	11	307	178
30. 일부개정 2004. 12. 31 대통령령 제18639호	498	2*	11	307	178
31. 일부개정 2005. 3. 2 대통령령 제18729호	499	2*	11	308**	178
32. 일부개정 2006. 1. 27 대통령령 제19308호	531	3***	10	333	185
33. 일부개정 2006. 6. 30 대통령령 제19596호	531	3***	10	333	185

주: ( )=비서. 〔 〕= 고용원.

* 비서실장 + 정책실장(2두 체제).

** 기록연구사 1명 충원.

*** 비서실장 + 정책실장 + 통일외교안보정책실장(3두 체제)

중심의 수석체제를 도입하면서 청와대는 '소내각'으로 내각 위에 군림했다. 이는 권부로서의 청와대 이미지를 형성했고 부처의 자율성을 위축시키고 부처의 책임행정을 가로막는 요인이 되었다. 청와대의 정책과정에서 부처할거주의가 그대로 재현되었다. 오히려 청와대 수석체제가 부처할거주의를 유도한 측면이 있다. 정책조정을 위해 정책기획수석 등을 두기도 했으나 성공하지 못했다. 김영삼정부 시절 정책기획수석을 신설하였으나, 경제수석과 갈등을 일으키면서 권한·책임 측면에서 오히려 혼선을 초래했다(함성득, 2003:185).

넷째, 대통령 정책성향과 리더십 특성이 청와대 설계에 반영되었다. 이승만 대통령과 전두환 대통령의 경우 비서의 역할을 어디까지나 비서로 한정시키고 장관을 중심으로 국정을 운영하고자 했다. 즉, 비서에게 많은 권한을 위임하지 않았다. 반면 박정희 대통령은 집권초기 비서실에 경제담당수석을 두지 않아 경제기획원에 경제정책을 맡긴 경우를 제외하고는 수석중심의 친정체제를 구축했다. 실세형 비서실장의 경우 청와대 운영에 상당한 영향을 주는 경향이 발견되는데, 예컨대 김정렴 비서실장과 김중권 비서실장의 경우 청와대 운영과 직제에 비서실장의 영향력이 많이 투영되었다(함성득, 2002).

3. 노무현정부 대통령비서실의 문제점

여기서는 노무현정부 시절 대통령비서실의 설계와 운영에서 나타난 문제점을 살펴보고자 한다. 설계상의 문제는 비서실 규모, 비서실 직제, 국정과제위원회에 초점을 두었다. 운영상의 문제는 청와대의 과도한 국정관여, 보좌진 충원과 배치문제, 정무기능의 취약성을 다루었다.

1) 설계상의 문제

첫째, 노무현정부의 대통령비서실은 역대 정부에 비해 급격한 정원증가를 경험했다. 노무현정부의 비서실은 건국이후 그 규모가 가장 크다. 특히 김대중정부에 비해 노무현정부의 비서실 정원 규모가 약 30% 정도 증가했다. 김대중정부 말기 405명이었던 정원규모가 노무현정부 출범과 동시에 498명으로 증가했고, 말기에는 531명으로 다시 증가했다(〈표 11-3〉 참고). 노무현정부하에서 6차례의 대통령비서실 직제개편이 있었다. 노무현정부 말기의 상층부 규모를 보면, 3실장 8수석, 2보좌관, 53비서관으로 건국 이후 최대였다(〈표 11-3〉 참고). 특히 청와대 상층부의 비대화로 비서실장과 더불어 정책실장과 통일외교안보정책실장 등 장관급 삼두체제가 구축되어 의사결정의 효율성을 떨어뜨렸다.

둘째, 노무현정부의 대통령비서실 직제를 살펴보면 업무가 중복되어 권한과 책임이 불분명하다(〈표 11-4〉 참고). 특히 비서실장·정책실장·통일외교안보정책실장의 3실장 체제로 상층부가 복잡하게 중첩되

〈표 11-3〉 대통령비서실 정원

<table>
<tr><th colspan="2"></th><th>김영삼 정부 초기</th><th>김영삼 정부 말기</th><th>김대중 정부 초기</th><th>김대중 정부 말기</th><th>노무현 정부 초기</th><th>노무현 정부 말기</th></tr>
<tr><td rowspan="2">정무직</td><td>비서실장</td><td>1</td><td>1</td><td>1</td><td>1</td><td>2</td><td>3</td></tr>
<tr><td>비서관</td><td>11</td><td>11</td><td>6</td><td>8</td><td>11</td><td>11</td></tr>
<tr><td rowspan="5">일반직</td><td>3급 이상</td><td>50</td><td>50
(1~2급)</td><td>35
(1~3급)</td><td>41
(1~3급)</td><td>49
(1~3급)</td><td>84
(고위공무원단)</td></tr>
<tr><td rowspan="2">4~5급</td><td rowspan="2">90</td><td>27
(3~4급)</td><td>43
(3~4급)</td><td>66
(3~4급)</td><td>89
(3~4급)</td><td>68
(3~4급)</td></tr>
<tr><td>63
(4~5급)</td><td>94
(4~5급)</td><td>84
(4~5급)</td><td>106
(4~5급)</td><td>114
(4~5급)</td></tr>
<tr><td>6급 이하</td><td>31</td><td>31</td><td>28</td><td>28</td><td>63</td><td>66</td></tr>
<tr><td>기록연구사</td><td>—</td><td>—</td><td>—</td><td>—</td><td>—</td><td>1</td></tr>
<tr><td colspan="2">기능직</td><td>194</td><td>192</td><td>173</td><td>177</td><td>178</td><td>185</td></tr>
<tr><td colspan="2">합계</td><td>377</td><td>375</td><td>380</td><td>405</td><td>498</td><td>531</td></tr>
</table>

〈표 11-4〉 노무현정부의 대통령비서실 직제 분석

구분	구 성		주요 직무
실장 체제	3실장체제		비서실장, 정책실장, 통일외교안보정책실장 등 트로이카 체제
	비서실장		민정수석, 시민사회수석, 홍보수석, 인사수석, 의전팀, 총무팀, 국정상황팀 등 총괄
	정책실장		국가 주요정책의 기획·점검·지원·평가, 국정과제 관리·점검, 정부업무혁신 지원·점검
	통일외교안보정책실장		통일, 외교, 안보 관련 정책조정
국정과제 모니터링 기획조정	12개 국정과제위원회		국정과제의 추진, 기획, 집행
	비서실장, 정책실장, 안보실장		청와대 총괄, 정책관련(외교·안보·통일 제외) 총괄, 외교·안보·통일관련 정책총괄
	국정상황팀		주요 국정의제 점검관리, 대통령 관심사항 정리, 대통령 지시사항관리, 비서실회의시스템 운영관리 등
정치관리	정무팀		정무기획(선진정치담론, 정치문화, 제도개혁, 양극화 FTA 정무적 판단), 정무비서(국회, 정당, 사회적 갈등, 입법전략 기획 및 점검)
	시민사회수석		시민사회소통, 외교·안보·통일·국방 갈등, 경제·산업·교육·갈등, 사회복지·환경·문화 관련 갈등, 치안현안 및 정책관리
홍보 대변인 연설	홍보수석		대변인실, 홍보기획, 보도지원, 국내외언론, 국정홍보
	대변인팀		대통령 국정관련 브리핑, 메시지, 언론보도 모니터링, 보도자료 총괄
	연설, 연설기획		대통령, 영부인 연설문, 메시지 작성 및 기획(국정비전, 대통령 프로젝트, 주요 현안, 성과, 계획 등)
정책관리	정책 조정	정책실장	경제정책수석, 사회정책수석, 혁신관리수석 관할
	경제 정책	경제정책수석	경제정책 기획·지원·평가, 동북아, 국가균형, 과학기술중심사회, 농어업농어촌 대책 등
		경제보좌관	국민경제자문회의, 경제정책협의회, 부동산정책, 대외경제위원회

〈표 11-4〉 계속

구분	구 성		주요 직무
정책관리	정보과학 분야	정보과학기술 보좌관	성장잠재력, 연구개발 역량, 과학기술혁신 인프라, 연구개발 산업인력양성
	사회정책 분야	사회정책수석	사회정책·기획·점검·지원·평가(보건복지, 노동, 교육인적, 문화관광, 환경, 여성 등)
	외교안보 정책	통일외교안보 정책실장	NSC 사무처장 겸임, 통일외교안보정책에 관한 사항 보좌
		안보정책수석	안보전략, 안보정책, 안보정보 동북아, 위기관리(NSC 사무차장 겸임)
행정관리	민정수석		민정, 공직기강, 사정, 법무
	치안비서관		경찰업무, 정치, 사회, 경제 분야 갈등현안 발굴 및 대책
	인사수석		인사관리, 인사제도, 균형인사
	혁신관리수석		정부혁신업무 기획 및 관리, 신문고 등 정부 민원업무, 국민불편 해소를 위한 제도개선 등
내부관리	총무팀 (총무 + 업무혁신)		인사, 행정, 경리, 구매, 수송, 시설관리, 본관관리, 비상계획
	행사의전팀		대통령 내외 국내외 일정 총괄기획관리, 행사평가관리
	기록관리		공공기록관리, 기록관리시스템 구축운영, 대통령기록물 관리
	제1부속		대통령 담당
	제2부속		영부인 담당
외곽참모 역할 (특보)	정치, 정무, 정책, 경제, 홍보문화, 보건복지특보 등		주요 분야별 특보

어 있다. 이러한 삼두체제는 비서실장 1인에게 집중되는 업무부담을 줄이고 적절한 역할분담을 통해 대통령을 효과적으로 보좌하려는 목적이 있었다. 하지만 통일외교안보정책실장의 경우 삼두체제에서 본연의 역할을 충분히 하지 못했다. 또한 국정상황팀도 핵심조직으로 대통령비서실 정책과정에 관여했기 때문에 의사결정과정에서 복잡한 중첩성이 발

생했다. 경제정책의 경우 정책실장, 경제정책수석, 경제보좌관 사이의 역할분담이나 책임소재가 애매하다. 나아가 이들 청와대 보좌진과 내각을 연계시키면 권한·책임이 불분명하였다. 노무현정부 출범 초기에 비서실이 수석체제가 아닌 보좌관 체제로 운영된 탓으로 부처관할 영역이 애매했다. 각 부처는 현안을 어디로 보고해야 되는지 몰라 여러 부서에 동시에 보고를 해야만 했다. 이러한 불명확한 역할분담체계의 문제점은 화물연대운송 거부사태[5]나 교육행정정보시스템 문제[6] 처리과정에서 잘 드러났다.

셋째, 대통령 소속 국정과제위원회가 난립함으로써 국정운영에 자문위원회가 과도하게 개입했고 이로 인해 내각과 부처의 자율성이 크게 침해되었을 뿐만 아니라 책임성 확보에 문제가 많았다. 특히 국정과제위원회 12개 위원장과 청와대 보좌진과의 권한·책임이 불분명하였다.[7] 한편 청와대 보좌진이 국정과제 추진에 상대적으로 더 집중하면서 주요 국가현안이 발생하면 민정수석 등 극소수 수석들이 이를 담당해야만 하는 상황에 처하곤 했었다.

---

5) 화물운송사태의 경우 직접 책임지고 일을 하는 부처가 없었다. 결국에는 청와대가 개입해서 화물연대 요구사항 12개 중 11개를 수용했다. 건설교통부장관이 책임을 지고 주관하고, 청와대 경제수석에 보고하여 대통령 지침을 받아 해결해야 되는데 그러지 못했다. 무려 건설교통부와 경찰 등 유관행정기관이 청와대 16군데에 보고를 했고, 결국에는 문재인 민정수석이 해결사로 나섰다(〈월간조선〉 2003년 7월호, “현장보고: 대통령이 주도한 국정대혼란, 그 충격의 실상”).

6) NEIS문제의 경우 행정경험이 부족한 교육부장관의 정책일관성 부재, 교육문제와 무관한 민정수석이 정치적 관점에서 접근하여 해결을 시도한 점, 정권의 지지기반과 다른 정치세력에 대한 고려부재, 청와대와 행정부처 간 효과적 의사채널이 작동되지 않아 발생한 것으로 보인다(〈월간조선〉 2003년 7월호, “현장보고: 대통령이 주도한 국정대혼란, 그 충격의 실상”).

7) 노무현정부 대통령 소속 12개 국정과제위원회는 정책기획위원회, 교육혁신위원회, 동북아시대위원회, 저출산고령사회위원회, 정부혁신지방분권위원회, 행복중심복합도시건설위원회, 국가균형발전위원회, FTA국내대책위원회, 지속가능발전위원회, 농어업TF위원회, 양극화민생대책위원회, 문화중심도시위원회이다.

2) 운영상의 문제

첫째, 비서진이 일상적 국정운영에 지나치게 관여했다.[8] 청와대가 국정에 적극 개입할 경우 유관부처는 한발 물러서서 청와대의 지침만 기다린다. 비서실장이나 수석이 어떤 주장을 표명하면 그대로 대통령의 의지로 간주되기 때문이다. 이 경우 유관 부처는 더 이상 책임 있게 주도적으로 움직이지 않는다. 이 때문에 국정흐름은 사실상 더욱 지연된다. 대통령비서실의 보좌진은 국정 일선에 적극적으로 나서기보다는 국정전반을 제대로 잘 파악해, 대통령과 내각 사이의 보이지 않는 가교역할을 담당하는 것이 바람직하다.[9] 청와대 보좌는 그림자처럼 해야 한다는 말의 뜻이 이것이다.

둘째, 대통령비서실 인사의 안정성을 추구하지 못했다. 보좌진이 총선 등으로 빈번하게 교체되면서 대통령비서실 운영이 안정성과 예측가능성을 상실했다. 노무현정부 2년차인 2004년 현재 32개 비서관 중 7개 비서관의 경우 평균 재임기간이 4개월에 불과했다. 특히 2004년 4월 국회의원 선거에 대통령 보좌진이 출마함으로써 대통령비서실이 안정성을 크게 해치는 결과를 초래하였다.

셋째, 청와대 보좌진 충원과정의 문제이다. 역대정부에 비해 청와대 인사교체가 매우 빈번했고 충원과정도 전문성보다는 선거과정에서의 공헌과 개인 친분에 너무 의존함으로써[10], 청와대 보좌진 인사는 '회전문 인사', '코드인사' '실험인사' '주먹구구식인사'라는 언론의 상당한 비판을 받아 왔다(〈표 11-5〉 참고). 이로 인하여 최고의 전문성에 바탕을 둔 청

---

8) 이병완 비서실장은 그림자 보좌가 아니라 국정 전면에 나서 강연이나 이메일을 통해 노무현정부를 비판하는 그룹에 직설적 공격을 했다(〈경향신문〉 2005년 12월 8일자 사설).

9) 김정렴 비서실장 회고 내용 참고(동아시아연구원 대통령개혁연구팀, 2002b: 145~157).

10) 노무현정부의 경우 청와대의 비서관 인선은 형식적으로는 다면평가와 인사추천회의 등 시스템인사를 활용했지만 실제로는 핵심측근들을 중심으로 비공식적으로 이루어졌다(〈조선일보〉 2008년 1월 22일자, "노무현정부 역주행 5년").

와대의 권위가 살아날 수 없었고, 아마추어리즘의 한계를 벗어나지 못했다. 이러한 인선과정의 문제점은 고스란히 국정 최고의 '타워콘트롤'(*tower control*)인 청와대 운영의 부실화로 이어졌다. 청와대 보좌진은 해당 분야의 일류전문가를 배치해야 하는 것이 원칙이지만 노무현정부의 경우 대통령 선거과정에서 공헌한 학생운동 세대 등 운동권 세력이 청와대 운영을 주도하면서 국정운영에 많은 문제점을 일으켰다. 그 밖에 시민운동가나 민변출신 비서관도 채용되면서 국정운영 경험이나 해당 분야의 전문성을 겸비한 인재가 상대적으로 적었다.[11] 청와대 인선은 지연, 학연, 정치적 인연보다는 전문성과 공직자로서 자질을 겸비한 최고의 인재를 등용해야 한다.

넷째, 대통령비서실 인선에 있어서 충성심과 전문성이라는 두 가지 요소를 적절히 균형 있게 고려하지 못했다. 대통령비서실의 인사원칙으로서 충성심과 전문성을 적절히 반드시 균형을 이루도록 해야 한다. 대통령비서실의 특정부서에 충성심이 충만한 비서진을 채용할 경우 국정경험이 없어 각종 실수나 오류를 범하기 쉽다.

다섯째, 청와대의 정무기능이 취약하여 국정운영에 있어서 국회나 정당으로부터 협조를 얻는 데 상당한 어려움을 겪었다. 노무현 대통령은 2004년 5월 당정분리를 철저히 하고 새로운 대(對)의회 정당관계를 모색한다는 취지로 정무수석을 폐지했다. 더 이상 정무수석을 통해 대통령이 정치권과 막후협상을 하지 않겠다는 선언이었다. 하지만 그 이후 노무현정부는 여당이나 야당과 허물없이 대화할 수 있는 통로를 상실했고, 당정청(黨政靑)과 대야(對野) 관계에서 많은 갈등을 일으켰다.

---

11) 지난 2006년 2월 당시 청와대 1급 비서관 44명 중 열린우리당 사무처 당직자나 노무현 대통령 보좌관을 거친 386세대가 19명(43%), 시민운동가 · 민변 · 연구원 출신 12명(27%), 관료출신 13명(30%)으로 나타났다(〈세계일보〉 2006년 2월 23일 4면).

〈표 11-5〉 노무현정부 비서실 인사에 대한 주요 언론의 평가

내용	출처
노무현정부 대통령직 인수위가 고심 끝에 틀을 짠 청와대 조직이 불과 두 달 남짓 만에 뜯어고칠 정도로 비효율적인 것으로 판정이 났다면 애초 설계가 주먹구구식으로 허술했다는 것을 방증하는 것이다.	〈한겨레〉 2003년 5월 9일
출범 6개월 만에 이루어진 청와대 비서실의 조직과 인사 개편 내용은 기존의 사람들을 이리저리 자리만 바꿔 놓았을 뿐이다	〈조선일보〉 2003년 8월 18일
취임한 지 1년도 안 돼 벌써 청와대의 수석 및 보좌관급 13명 가운데 9명을 바꾸었다	〈조선일보〉 2004년 2월 14일
새 비서실장에 이병완 홍보문화특보를 내정한 것은 청와대의 인사패턴으로 굳어진 '이 자리에서 저 자리로' '저 자리에서 이 자리로' 하는 인사의 전형이다	〈조선일보〉 2005년 8월 22일
아랫돌 빼서 윗돌을 괴는 이런 식의 인사는 전문성과 다양성이 강화되기를 기대했던 여론에 크게 미치지 못하는 것이다. 신상필벌의 원칙도 지켜지지 않았고, 인사에 총선 요인을 고려한 것도 잘못됐다.	〈동아일보〉 2003년 8월 18일
최근 청와대 인사를 보면 몇 안 되는 특정지역 출신 운동권 인사들을 돌려가며 쓰고 있어 '회전문 인사'라는 말이 나올 정도다.	〈동아일보〉 2005년 8월 18일
청와대 조직개편이나 사람의 이동이 너무 잦지 않으냐는 느낌도 지울 수 없다. 심지어 조직 개편에서 살아남기 위해 각 수석실·비서관실이 내부 로비를 벌이는 양상까지 나타났을 정도라고 한다.	〈한겨레〉 2004년 5월 11일
청와대비서실 개편 내용을 뜯어보면 청와대 인사를 무슨 실험하듯 한다는 지적을 면키 힘들다. 게다가 사람에 따라 사라지는 자리, 사람에 따라 부활하는 자리가 한 둘이 아니라면 안정적 국정운영과는 거리가 멀다.	〈경향신문〉 2005년 2월 16일
정무팀장을 겸하는 정무비서관직을 신설하고 기획조정비서관을 정무기획비서관으로 바꿨다. 정무수석비서관직을 없앨 때는 '당정(黨政) 분리'를 이유로 대더니 이번에는 "국회 및 정당의 의견을 수렴하고 상호협력을 강화하기 위해서"라고 한다.	〈동아일보〉 2006년 8월 28일
청와대가 인적 쇄신에 있어서 문책대상 라인에 우선 올려야 할 면면은 8월 이래 '전효숙 헌법재판소장' 후보 임명동의안 제출과정에서 원칙과 절차를 무시한 전해철 대통령민정수석비서관과 박남춘 인사수석비서관으로 꼽힌다.	〈문화일보〉 2006년 11월 17일

〈표 11-6〉 노무현정부 비서실 운영의 문제점 (주요 신문사설, 기사 발췌)

고건 국무총리를 많이 질타했다고 하는 문희상 대통령비서실장의 발언은 허울뿐인 책임총리의 실상을 그대로 보여주고 있다. 총리로서 당연히 해야 할 부처간 정책조정까지 대통령도 아닌 대통령비서실장의 지시를 받아 나설 정도라면 의전총리라는 말도 과분하다.	〈동아일보〉 2003년 6월 6일
문희상 청와대 비서실장이 “청와대가 부처 조정기능을 다 포기했는데 총리실은 왜 안하느냐고 고건 총리를 질타했다”는 발언을 해 물의를 빚었다. 청와대와 총리실 간에 갈등을 증폭시킬 소지가 충분한 발언이다.	〈경향신문〉 2003년 6월 6일
문희상 비서실장, 유인태 정무수석, 문재인 민정수석 등 핵심 당국자들이 나서 나라종금 측으로부터 돈을 받은 안희정, 염동연 씨를 두둔하는 발언을 잇달아 쏟아냈다. 청와대 관계자들의 구체적 사건에 대한 입장표명은 수사에 영향을 미칠 수 있다는 점에서 유감스럽다.	〈경향신문〉 2003년 4월 9일
나라종금 로비의혹 사건에 대한 검찰 수사가 본격화한 가운데 강금실 법무부장관이 이 사건에 대한 청와대 고위 관계자들의 발언 자제를 요청한 사실이 밝혀졌다.	〈한겨레〉 2003년 4월 19일
무엇보다 청와대 참모들이 작은 공공기관의 사소한 인사까지 개입하려 했다. 부사장직에 청와대 홍보수석과 비서관이 잇따라 특정 인사를 거명했다.	〈한겨레〉 2006년 8월 14일
대통령을 보좌하는 최고위 참모가 전면에 나서 야당을 공격하고 압박하는 것은 옳지 못하다. 이병완 대통령비서실장은 신분상으로도 공무원이지 정치인이 아니다.	〈한겨레〉 2007년 2월 13일
참여정부에 반대하는 사람들은 국민으로도 인정하지 않겠다는 투의 발언을, 그것도 대통령비서실장이 공공연히 쏟아놓을 수 있다니 그 인식의 근저가 궁금하다.	〈경향신문〉 2005년 12월 9일
의욕만 앞선 아마추어리즘이라는 비판이 제기되는가 하면, 노사문제 등 사회갈등 현안을 놓고 청와대와 내각의 유기적 대응이 이뤄지지 않아 위기관리 시스템에 허점을 드러내기도 했다.	〈경향신문〉 2003년 7월 5일
비서실이 이제 자기 책무를 다하겠다는 의지도, 그 결과를 책임질 자세도 안 되어 있을 만큼 무사안일과 무소신에 빠져 있다면, 정권 초기의 인사검증 시스템은 어찌되었는지 알아본들 다 쓸데없을 것이다.	〈경향신문〉 2004년 11월 2일

〈표 11-6〉 계속

청와대 구성원들의 자질과 능력에 대한 의구심이 크다. 파업 등 사회적 갈등사안에 민정수석이 단골로 등장해 '왕수석'이라는 별명을 얻은 것 자체가 청와대 조직의 문제점을 상징적으로 보여 준다.	〈동아일보〉 2003년 7월 5일
김우식 실장의 대통령 보좌 기능도 부실했고, 명확한 방향 설정을 못한 채 우왕좌왕하는 모습이 역력했다. 비서실이 대통령의 눈치나 살피고 대통령이 벌여놓은 일을 허겁지겁 뒤처리하는 식의 업무 행태가 계속돼서는 곤란하다.	〈한겨레〉 2005년 8월 18일
정대철 민주당 대표가 당정간 협력이 제대로 이루어지지 않고 있다고 지적하면서 청와대 문책론을 공개적으로 제기하였다.	〈경향신문〉 2003년 7월 25일
대통령 임기 말 청와대의 야당 후보 고소는 정치사상 전례 없는 사건이다.	〈경향신문〉 2007년 9월 6일
노 대통령 국정2기를 보좌할 이번 청와대 진용 구축에서 우선 눈에 띄는 것은 대정치권 창구 기능을 해왔던 정무수석실의 폐지다. 노 대통령이 탄핵심판 후 대국민담화를 통해 정치개혁은 국회에 일임, 정치일선에서 한걸음 비켜서서 국정관리자의 역할에 전념하겠다는 의중을 표명한 데 이어 즉각 정무수석실을 폐지했다.	〈세계일보〉 2004년 5월 17일

4. 향후 대통령비서실의 개편 방향

1) 대통령비서실의 설계방향

첫째, 대통령비서실 규모의 적정화가 요구된다. 노무현정부의 경우 비서실 규모가 지나치게 비대했다. 김대중정부에 비해 정원규모가 약 30% 증가했다. 불필요한 인력이 상당수 있다는 것이다. 하지만 비서실 인원을 너무 감축하여 슬림화해도 업무과부하가 발생할 수 있다. 청와대가 부처의 일상적 현안에 개입하면 비서실 업무가 증가할 수밖에 없고, 이를 담당할 인원을 늘려도 업무가 과중될 수밖에 없다. 비서실 규모의 적정화는 반드시 청와대의 업무범위, 국정에 대한 적정한 개입정도와 연관시켜 고려해야 할 것이다. 대통령의 핵심프로젝트를 중심으로 청와대를 운영하고, 일상적 업무는 국무총리와 각 부처에 위임하면 노무현정부의 비서실 정원보다 적은 인원으로 청와대를 운영할 수 있을 것이다.

둘째, 대통령비서실 기능의 재조정이다. 항상 시대흐름과 국민의 요구에 맞추어 불필요한 기능은 줄이고 필요한 기능은 보강해야 한다. 새 정부에 요구되는 청와대의 기능 재편은 규제혁파, 성장동력의 확충, 노사관계 안정 등 국가경쟁력강화에 초점을 둘 필요가 있다. 또한 미래예측과 전략 마련, 신뢰·법치를 위한 사회 인프라 강화, 정치와 시민사회의 협치 강화 등이 요망된다. 대통령의 국정운영에 있어 여론과 언론에 대한 전략, 국회의원 선거와 지방선거 등을 고려할 때 홍보부문 또한 여전히 중요하다. 권한과 책임을 명확히 하면서도 위에서 언급한 시대적 수요를 고려해야 한다. 특히 새 정부는 에너지자원문제, 글로벌 통상 및 금융문제, 안보와 통일문제 등 글로벌 환경에 적극 대응하기 위한 부서를 특화해야 한다.[12)]

한편, 대통령은 중앙뿐만 아니라 지방에도 적극 관심을 가져야 한다. 중앙의 정책은 항상 지방자치단체와 연계된다는 점을 인식하여 지방정치와 지방행정을 잘 연계시켜 중앙의 정책이 효과적으로 추진되도록 해야 한다. 지방행정담당비서관의 역할이 매우 중요한 것이다. 김대중정부의 경우 행정수석을 폐지하여 지방행정담당 비서관이 없었기 때문에 의료보험 통합과 의약분업과 같은 정책사안을 담당비서관이 한 번 더 점검하고 여과할 수 있는 제도적 장치가 사라졌던 것이다〔동아시아연구원 대통령개혁연구팀(이하 EAI), 2002a, 2002b〕.

셋째, 대통령비서실 보좌관을 충원하여 배치할 경우 우선 그 분야 최

---

12) 박정희 대통령이 추진한 중화학공업의 밑그림은 오원철 수석을 중심으로 비서관 3명, 행정관 1명, 여직원 1명에서 나왔다. 대통령의 큰 방향제시와 우수한 수석비서관과 행정관이 이를 구체화했다(김정렴, EAI, 2002b: 151).

고의 인재를 선발해야 한다. 특히 행정부를 담당하는 청와대 비서관은 각 부처의 자타가 공인하는 엘리트로 선발해야 한다(김정렴 비서실장 회고, EAI, 2002b: 148). 최고의 행정관을 선별하면 바로 호흡을 맞추어 일을 할 수 있다. 또한 보좌관의 충성심과 국정운영의 전문성이 모두 잘 고려될 수 있도록 인력을 배치해야 한다. 정무나 홍보 부문도 대통령의 의중을 잘 파악하는 인사와 해당업무에 전문성과 경험을 충분히 가진 인사를 적절하게 배치해야 한다는 것이다. 충성심만으로 무장된 정치인 출신의 비서진은 행정상의 실수를 범하기 쉽고, 전문성만으로 무장된 관료출신의 비서진은 대통령의 의지를 적극적으로 실행하는 데 한계가 있다. 따라서 대통령비서실의 경우 양자의 장점을 살릴 수 있도록 적절한 인사를 선발하여 배치해야 한다.

2) 대통령비서실의 운영방향

첫째, 청와대는 모든 국정운영에 관여하려고 해서는 안 된다. 청와대가 일상적 국정에 모두 관여할 경우 일상에 매몰되어 중요한 국가현안에 집중력을 발휘하기 어렵다. 또한 청와대의 개입이 내각이나 부처의 일상적이고 반복적인(*routine*) 업무에까지 미칠 경우 해당 기관은 업무의 자율성과 책임성을 상실하고 모든 결정을 청와대에 미루는 책임회피가 발생한다.[13] 청와대는 대통령의 특별한 1차적 관심사항에만 집중하고 2차적 관심사항이나 일상적인 업무는 국무총리나 부처에 위임해야 한다. 일상적 국정운영까지 관여할 경우 대통령에게 너무나 많은 업무가 집중되기 때문에 정작 중요한 국가현안을 식별하고 효율적으로 대처할 여력을 가지지 못한다. 대통령은 의례적 행사를 줄이고 국가의 중대

13) 김대중정부의 경우 환란극복, 부실기업퇴출 등 국정현안을 해결하기 위해 전면에 나서 책임지고 일을 하는 참모나 장관을 찾기 어려웠다고 한다. 그 이유로 대통령, 청와대 보좌진, 내각 사이에 공유된 인식부족을 꼽는다(함성득, 2003: 169).

한 현안에 대해 고민할 시간을 가질 수 있어야 한다. 청와대가 국정전반에 일일이 개입할 경우 이러한 모든 일들을 결정하는 데 너무나 많은 시간이 소요되고 따라서 대부분의 정책이 지체되어 효율적 국정운영이 어렵다. 청와대는 국가의 중대한 사안이나 대통령 핵심 프로젝트에 집중해야 한다. 여기서 주의할 점은 어떤 일이 중요한지 그렇지 않은지 식별하기 위한 청와대 조직을 만들려고 해도 이러한 분류과정 자체가 다시 청와대로 모든 일들을 집중시킨다는 것이다(EAI, 2002b: 176~177). 청와대가 모든 일을 맡아서 수행하는 것은 가능하지도 않고 바람직하지도 않다. 청와대는 미래장기전략과 예측, 새로운 국정운영시스템 구축과 정부혁신 업무, 여러 부처가 관련되는 정책문제, 대통령 프로젝트 등에 집중해야 한다. 일상적이고 통상적인 국정은 각 부처와 국무총리에게 위임해도 된다. 청와대가 나서야 할 정도로 중대한 사안이 되었을 때 적절한 타이밍에 개입하면 된다.

둘째, 대통령비서실 비서진은 말 그대로 비서진다운 역할에 주력하도록 해야 한다. 무엇보다도 직접 나설 것이 아니라 그림자 역할에 충실해야 한다는 것이다. 청와대 보좌진은 성과가 좋을 때는 해당부처에게 공을 돌리고, 실패했을 때는 자신이 책임을 진다는 역할모형을 만들어야 한다. 비서가 비서 이상의 기능을 해서는 안 된다. 대통령을 대신해서 자기의 목소리를 내면 부처가 위축된다. 또한 청와대 비서는 유관부처가 대통령의 생각에 따라 일을 잘 할 수 있도록 점검, 조정, 지원하는 역할에 충실해야 한다. 대부분의 정책은 주무 부처가 있지만 대개는 여러 부처가 2차적으로 얽혀 있다. 이를 연계하고 조정해 주는 역할을 청와대비서진이 해야 한다. 한편 청와대 보좌진은 국정현안에 대한 최적의 해결방안을 제시하고 대통령 프로젝트의 효과적 추진을 위해서 노력해야 된다. 나아가 보좌진은 여론을 그대로 전달하는 충언을 할 수 있어야 한다. 대통령이 여론을 올바르게 듣고 경청할 수 있도록 가교역할을 해야 한다.[14] 대통령비서실 근무경력을 이용해서 출세할 생각을 가져서는 안 된다(김정렴, EAI, 2002b: 148).

셋째, 대통령 핵심 프로젝트와 관련하여 각 부처에 대한 지속적 모니터링이 중요하다. 특히 대통령이 정세판단을 객관적으로 할 수 있도록 청와대가 자체적으로 수행하는 모니터링 기능이 필요하다. 부처의 담당관이 바뀌면서 정책기조가 변경되거나 정책추진이 지연되지 않는지, 그리고 새로운 돌발변수를 제대로 고려하면서 일을 하는지를 모니터링할 수 있어야 한다.

넷째, 청와대 운영에 있어 최적의 의사결정방식을 찾아야 한다. 의사결정방식으로 경쟁모형, 계층모형, 동료개방모형, 삼두체제모형 등이 있다(〈표 11-7〉 참고). 한국의 경우 역대 대통령비서실 의사결정방식을 보면 비서실장을 정점으로 한 계층모형이 주류를 이루었다. 여러 수석의 의견을 동시에 경청하는 경쟁모형도 부분적으로 활용되었다. 노무현 정부 후반기에 비서실장·정책실장·통일외교안보실장의 3실장 체제는 삼두체제 모형으로 운영되었다. 하지만 삼두체제 도입 이전의 2실장 체제는 어느 정도 효과적으로 운영되었지만 3실장 체제로 전환되면서 통일외교안보정책실장의 역할이 제대로 발휘되지 못했다.

새 정부는 이러한 점을 유념하면서 계층제를 기본으로 하면서 여기에 자유롭게 여러 수석이나 보좌관들이 참여하는 동료개방모형을 가미하는 것이 좋다. 특히 계층제 모형에만 집착할 경우 정보오류나 업무부담이 비서실장에게 지나치게 집중된다는 사실을 고려하여 이를 보완할 수 있는 제도적 장치가 있어야 한다. 있다. 결굴 비서실장 중심의 계층제 모형에 다른 의사결정모형을 반드시 부분적으로 활용할 필요가 있다. 국가안보보장회의(National Security Council)처럼 내각과 대통령 보좌관이 함께 참여하는 내각회의(*cabinet council*)를 적극 활용함으로써 경쟁모형과 동료개방모형이 적절히 가미될 필요가 있다.

---

14) 박관용 비서실장은 김영삼 대통령의 아들인 김현철에 대한 나쁜 여론을 전했다.

〈표 11-7〉 대통령비서실의 의사결정 유형

유형	주요 목적	장단점	성공조건
경쟁모형 *competitive model*	정보 신뢰성 · 정확성 중요	· 계층화된 정보전달이 가진 왜곡 최소화 · 공식위계질서 부재, 참모간 갈등 초래	대통령의 탁월한 분석 · 조정능력, 상당한 에너지 · 시간 투입
계층모형 *hierarchical model*	대통령 본연의 업무에 매진, 비서실장의 여과기능	· 정제된 정보 · 대안만 대통령에게 최종보고, 대통령에게 시간 여유 제공 · 비서실장을 정치적 완충지대로 활용 · 여러 단계를 거친 정보의 왜곡가능성 존재 · 긴급 위급 시 신속한 정보전달 어려움	비서실장의 공정한 브로커 역할 전제
동료개방모형 *collegial & open model*	정책 목표 · 방향 불확실할 경우 대안탐색과 정보왜곡 최소화	· 효율적 팀워크를 통한 창의적 의견도출 · 졸속정책 방지 · 대통령의 과도한 시간적 · 육체적 부담 · 정보의 경중 · 우선순위 식별비용 과다	대통령의 탁월한 분석 · 조정능력, 충분한 에너지 · 시간 투입
삼두체제모형 *troika model*	핵심측근보좌관을 다양하게 경쟁적으로 활용	· 비서실장 1인체제의 위험 완화 · 정보비용 감소 · 3자간 역할 중첩 갈등	3인 핵심측근 조화와 적정한 견제, 권한 · 책임의 명확화

출처: 김충남(1992), 김혁(2001), 배정훈(2007) 등 참고하여 작성함.

5. 마치면서

대통령비서실은 대통령 개인의 리더십 취향과 시대환경에 맞추어 설계하고 운영해야 한다. 비서실 설계와 운영에 있어 정답은 없다. 최적의 비서실 설계가 이루어지지 않더라도 대통령의 리더십에 따라 이를 보완할 여지가 얼마든지 있다. 비서실 규모와 기능설계에 있어 대통령의 영향이 가장 크지만, 대통령의 비서실장의 취향도 영향을 준다(함성득, 2002; Walcott, Warshaw, and Wayne, 2001; Cohen and Krause, 2000; Cohen, 2002). 이들의 리더십과 관리특성을 고려하여 비서실을 설계하고 운영해야 한다. 청와대의 의사결정방식도 계층제를 기본적으로 수용하되 동료개방모형과 같은 비계층제 방식을 가미하여 국정운영의 오류를 최대한 억제하고 다양하고 참신한 정책아이디어를 적극 발굴해야 한다.

앞으로 일상적 업무는 국무총리와 내각에 위임하고 청와대의 역할은 미래전략, 글로벌 환경분석과 대응전략 마련, 범부처 차원의 대통령 프로젝트를 관리하는 데 집중되어야 한다. 내각 위에 군림하는 '소내각'의 또 다른 '옥상옥'이 되어서는 안 된다. 위에서 언급한 것처럼 청와대 보좌진은 그 분야의 최고의 전문성을 갖추고 있어야 한다. 그래야 최고조정기구로서 청와대의 전문적 권위가 살아난다. 이러한 전문성은 정치적 충성심과 적절히 균형을 이루면서 보좌진 충원과 인사관리에 반영되어야 한다. 하지만 충성심이나 전문성 중 어느 한쪽으로 편향될 경우 비서실 운영에 문제가 발생할 가능성이 높다. 청와대 비서실은 그림자처럼 조용히 대통령과 내각을 연결하고 부처의 애로사항을 소리 나지 않게 해결해 주고 부처간 갈등을 조정할 수 있어야 한다.

참고문헌

김 혁(2001). "대통령의 리더십과 비서실 조직구조에 관한 연구: 백악관 비서실 조직의 사례를 중심으로". 〈한국행정학보〉 35(3): 103~125.

김정해(2003). "대통령비서실의 제도화 성격 분석 John Burke 모형에 따른 한국사례의 비교분석". 〈한국행정학보〉 37(1): 225~247.

김충남(1992). 《성공한 대통령 실패한 대통령》. 전원.

동아시아연구원 대통령개혁연구팀(2002a). 《대통령의 성공조건 I: 역할·권한·책임》. 동아시아연구원(EAI).

______(2002b). 《대통령의 성공조건 II: 회고와 제언》. 동아시아연구원(EAI).

배정훈(1997). "국민의 정부 청와대비서실 운영원칙과 비서실장의 역할 및 발탁 사항에 관한 연구". 〈한국행정학보〉 31(4): 245~260.

______(2007). 《대통령학》. 형설출판사.

이송호(2002). 《대통령과 보좌관》. 박영사.

정정길(1994). 《대통령의 경제리더십: 박정희·전두환·노태우 정부의 경제정책관리》. 한국경제신문사.

함성득(2002). 《대통령비서실장론》. 나남출판.

______(2003). 《대통령학》. 나남출판.

Cohen, D. (2002). "From the Fabulous Baker Boys to the Master of Disaster: The White House Chief of Staff in the Reagan and G. H. W. Bush Administrations." *Presidential Studies Quarterly* 32(3): 463~483.

Cohen, D. & G. Krause(2000). "Presidents, Chiefs of Staff, and White House Organizational Behavior: Survey Evidence from the Reagan and G. H. W. Bush Administrations." *Presidential Studies Quarterly* 30(3): 421~442.

Kumar, M. J. (2001). "The White House As City Hall: A Tough Place to Organize." *Presidential Studies Quarterly* 31(1): 44~55.

Walcott, C. E. & K. M. Hult(1999). "White House Staff Size: Explanations and Implications." *Presidential Studies Quarterly* 29(3): 638~656.

______(2005). "White House Structure and Decision Making: Elaborating the Standard Model." *Presidential Studies Quarterly* 35(2): 303~318.

Walcott, C. E., S. A. Warshaw & S. Wayne(1986). "Organizing the White House: Structure, Environment, and Organizational Governance." *American Journal of Political Science* 31(1): 109~125.

______(2001), "The Chief of Staff." *Presidential Studies Quarterly* 31(3): 464~489.

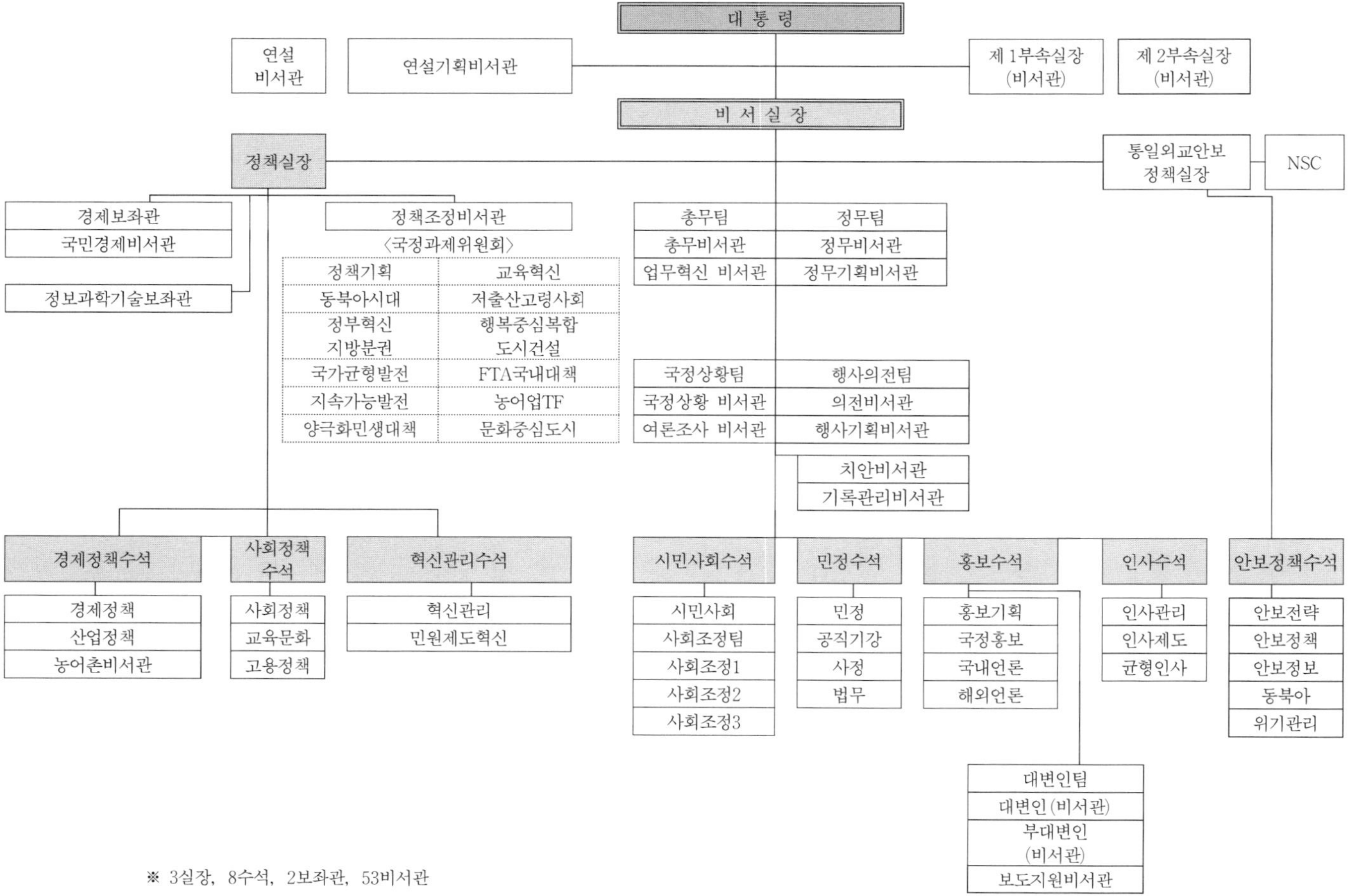

※ 3실장, 8수석, 2보좌관, 53비서관

12 새 정부의 외교정책 기조와 과제

노경수

1. 한국외교 60년

2008년 8월 15일을 기해 대한민국 건국 60주년이 된다. 60년이라는 세월 속에 우리는 무수한 변화와 도전에 맞서며 지금의 자리까지 왔다. 한 개인으로 치면 환갑에 해당하는 건국 60년을 맞이하여, 우리는 그간의 경험을 통해 새로운 앞날의 과제를 논의해 볼 때가 되었다. 어느 국가나 그러하겠지만 한국은 특히 외교의 성패가 나라의 흥망을 좌우한다. 새 정부가 추구하여야 할 바람직한 외교정책을 논하기 위해서 지난 60년 동안 우리 외교가 걸어온 길과 지금의 위치를 정확히 살펴보며 앞으로의 과제를 논해 보아야 한다. 과거에 대한 객관적 평가 없이는 앞날에 대한 올바른 정책을 세울 수 없기 때문이다. 우리가 잊지 말아야 할 것은 우리는 항상 역사의 흐름 속에서 살아간다는 것이다. 건국 당시로부터 지금까지의 60년 역사가 주는 교훈을 통해 우리가 앞으로 어떻게 나아가야 할지를 가늠하여야 할 것이다.

1) 1948년 건국부터 1960년대 후반까지

1948년 건국으로부터 20년 정도에 이르는 기간은 신생국 한국의 생존 자체가 불확실하던 때였다. 국가로서의 첫걸음을 시작할 당시, 한국은 세계 최빈국의 하나였다. 다른 나라들로부터 원조를 받아야만 국가의 존립이 가능한, 극도로 빈한한 국가로서 국민들은 기초적인 생계유지에 급급하였다. 현재 경제지표 기록이 남아있는 가장 오랜 연도인 1953년의 1인당 GNP가 67달러였다. 그리고 10년 후인 1962년이 되어서야 1인당 GNP 100달러를 기록한다. 현재 경제수준의 200분의 1도 못 미칠 만큼 열악한 경제상황이었다. 더군다나 북한의 남침으로 발발된 강대국들의 대리전쟁을 1950년부터 1953년까지 3년 동안 치르면서 우리나라의 열악하던 사회·경제적 인프라는 모두 잿더미가 되었다.

전쟁 중 미국과 군사동맹을 맺은 우리는 6·25전쟁이 끝난 후 심화되는 냉전과, 중국과 북한으로부터 지속되는 군사적 위협에 효과적으로 대처하기 위해서 미국의 대중국, 대러시아 견제정책에 편승하였다. 미국의 경제·군사적 지원을 받으면서 국가재건을 시작하였고, 이 당시 국가의 존립을 위한 반공친미 외교는 우리의 유일한 선택이었다. 1954년에 공식적으로 체결된 한미군사조약과 더불어 미국으로부터의 막대한 경제적 원조와 지원은 우리의 생존을 보장할 수 있는 길이었다. 따라서 당시 외교의 주목표는 매우 단순하였다. 우리에게 절대적인 후원국이었던 미국과의 관계 심화 및 미국의 안보우산 아래 친서방 국가들과 우호적 관계를 맺어나가는 것이 우리 외교의 목표였다. 한국정부는 미국의 우방국들과 친밀한 관계를 구축하며 국가를 알리는 외교활동에 전념하였다.

2) 1960년대 후반부터 1980년대 후반까지

1962년 시작된 제1차 경제개발계획의 성공을 시작으로 1960년대 후반에 접어들면서부터 우리의 생활수준은 조금씩 향상되기 시작하였다. 하지만 이 당시에도 우리 외교의 주목적은 어디까지나 미국과의 관계 강화였다. 우리 정부는 변화하는 동아시아 정세와 그에 따른 미국의 외교정책 변화에 긴장을 늦추지 않으면서 한미관계 강화에 주력하였다. 1969년 미국 닉슨 대통령의 괌 독트린 선포와 이에 따른 1970년대 초반 주한미군의 단계적인 철군으로 상징되는 미국의 아시아 정책변화는 한국정부를 극도로 긴장시켰고, 서울과 워싱턴 간에는 매우 불편한 관계가 형성되었다.

이 기간 중 한미동맹 관리를 맡은 외무부와 국방부, 두 주무부처는 상호 협조하면서 워싱턴과의 관계를 관리해 나갔다. 특히, 우리 정부의 주한미군 관리는 미국과의 원활한 관계 유지에 중요한 역할을 하였다. 1970년대 후반으로 접어들면서 양국 간의 외교적 관계가 매우 불편한 가운데에도 한미 군사당국은 1978년 11월 한미연합사를 창설하고 공통된 지휘계통, 군수조달 체계를 구축해 나갔으며 서로의 체제에 대한 학습과 더불어 양국 간 인적 연결망을 극대화하였다. 박정희 대통령 집권 말기가 되면서 우리정부에 대한 미국의 비판 수위는 점점 높아갔고 양국 관계는 심각하게 악화되었다. 1979년 박정희 대통령 서거와 1981년 전두환 대통령 집권으로 한미관계는 한층 더 손상되어, 한미관계는 냉각기를 맞게 된다. 그러나 미국의 중요성을 잘 알고 있던 전두환 정부는 대미관계 개선에 외교역량을 우선적으로 기울였고, 이 무렵 시기를 같이하여 집권한 미국의 보수주의 레이건 행정부에 대한 지속적인 외교적 노력을 통해 한미 간의 신뢰는 점진적으로 회복되었다. 한미관계가 다시 안정됨에 따라 이를 기반으로 우리는 유럽, 동남아, 아프리카 쪽으로 외교적 관심을 확대해 나갈 수 있었다. 다행히 정치·군사적 불안에도 불구하고, 이 시기 한국경제는 지속된 성장을 거듭하였다.

3) 1980년대 후반부터 현재까지

1980년대 후반에 들어서면서 한국은 대대적인 변화를 겪는다. 이 시기에는 그간의 경제개발 노력에 힘입어 우리의 생활수준이 놀라울 정도로 향상되었다. 또한 국제적으로는 1988년 서울올림픽 개최를 통해 전쟁빈국의 이미지를 완전히 탈피할 기회를 얻었고 우리나라의 세계적 지위 부상을 바라보며 국민들의 자의식 또한 현격하게 변화하였다. 1990년대에 접어들면서 선진국들간의 연합체인 OECD와 UN 등 여러 주요 국제기구에 가입함에 따라, 우리는 이제 당당한 선진국 일원이 되었다는 의식이 자리 잡기 시작했다. 1962년 1인당 국민소득이 100달러이던 나라가 1995년에는 11,432달러를 기록하면서 더 이상 빈곤에 허덕이는 개발도상국이 아니라 선진국의 반열에 접어들기 시작했다는 의식과 자긍심이 사회 전반적으로 형성되었다.

이러한 국민생활 수준의 향상 및 국민의식의 변화와 함께, 1990년대에 들어서 냉전종식으로 인한 북한 안보위협의 감소와 동시에 우리의 대외적 관심 또한 다변화하였다. 1990년대부터는 한국의 기업과 인력들이 적극적으로 해외로 진출하고 교류함에 따라, 한국은 미국 이외의 다른 국가들에게 눈을 돌리게 되었다. 특히 1992년 한중수교 이후, 우리의 관심은 급부상하는 중국에 쏠리기 시작했다. 한중관계가 심화되고 상호간의 경제협력이 확대되면서 우리가 주된 외교대상으로 고려해야 할 국가가 미국이냐 중국이냐 하는 논쟁까지도 벌어졌다. 6·25전쟁 당시 풍전등화의 한국정부를 구해준 혈맹이자 자유주의와 시장경제의 수호자로서 오랜 우방인 미국의 지위와 성격은 시대의 흐름과 우리의 성장으로 예전과는 달라진 것이다.

대북 관념 또한 크게 변화하였다. 분단 이후 우리에게 북한은 남침으로 6·25전쟁을 발발한 제1의 주적(主敵)이자 체제 우수성을 다투는 경쟁 대상국이었다. 1953년 휴전 협정 이후 한국과 미국은 북한을 감시하고 억제하기 위하여 긴밀히 협조했다. 그러나 구소련의 붕괴와 중국의 급격한 사회경제적 변화 및 친서방 노선으로 인하여 전략적인 열세에 빠지고 이에 내부 혼란까지 가중된 북한을 바라보는 시선도 빠르게 변화하였다. 특히 젊은 층을 포함한 사회 일부에서는 북한이 더 이상 군사적인 위협이 아니라 우리가 도움을 주어야 하는 원조대상이라는 관념이 퍼졌다. 이러한 관점은 북한의 잔존하는 군사적 위협과 핵무기 개발에 대해서 우려와 경계심을 가지는 상당수 국민들과의 견해 대립으로 인해 사회적 갈등을 유발하였다. 그리고 대북정책의 차이로 인하여 우리와 미국정부는 관계가 점점 소원해졌고 노무현정부에 들어와서는 한미 양국 정부가 서로 신뢰하지 못하는 상황에까지 이르게 되었다.

2. 우리 외교의 현황과 성공적 외교의 조건

1) 우리 외교가 직면하고 있는 도전 과제

냉전이 종식된 지 20년이 되어간다. 냉전 종식 이후 지금까지의 우리 외교는 한마디로 정확한 좌표 설정을 못한 채 표류하는 배와 같았다. 그 배경에는 현실을 직시하고 그에 대응할 수 있는 외교보다는, 편협한 국제관과 빠른 속도로 변하는 세계정세를 제대로 읽지 못하는 리더십이 있었다.

우리 외교는 그동안 북한 이외에도 많은 도전을 받았다. 냉전 이후의 우리 외교는 냉전의 굴레와 미국의 영향에서 벗어나 우리 스스로의 힘으로 독자적 외교를 펼쳐보려는 노력으로서는 나름대로 평가할 만하나, 이러한 '실험'으로 인한 국가적 비용은 너무나 큰 것이 아닌가 하는 우려도 자아낸다. 우리의 국력은 지난 60년 동안 국민들의 피땀 어린 희생과 노력으로 놀랄 만큼 신장하였다. 하지만 분단에 처한 상황 속에서 우리의 역량에는 현실적으로 엄연한 한계가 있음을 유념해야 보다 현실적이고 효과적인 외교를 할 수 있을 것이다. 분단의 극복, 그것이 평화공존이든 통일이든 우리가 하나의 국가와 민족으로서 22세기를 맞이하기 위해서는 감정에 치우친 즉흥적이고 성급한 행동보다는 장기적으로 계산된 신중하고 치밀한 외교전략을 추구해야 한다. 이러한 맥락에서 우리 외교의 현안과 과제들을 살펴보기로 한다.

현 시점에서 우리 외교 현안을 살펴보면, 우리의 전통적 외교대상국인 미국, 일본과의 관계 개선이 시급하다. 지난 십수 년간 소원해진 미국과의 관계를 최대한 복원시켜야 하는 일에 우선적으로 외교역량을 기울여야 한다. 그리고 또 하나의 우리의 우방이며 중요한 경제 파트너인 일본과의 관계 또한 소홀히 했다고 볼 수 있다. 이는 일본의 미숙한 외교에도 불구하고 그러하다. 아무리 일본이 역사문제(야스쿠니 신사 참배, 교과서), 전쟁 위안부 문제, 영토 문제(독도) 등 우리 입장에서 매우 불만족스러운 태도를 견지하더라도 이것이 작금의 문제가 아닌 만큼 우리는 감정적으로 대응할 일이 아니라, 보다 의연하고 장기적인 관점에서 대일정책을 관리할 필요가 있었다. 하지만 그 동안의 우리 대응은 그렇지 못하였다. 그 결과, 우리는 미국의 불신과 더불어 일본의 냉소적인 자세를 변화시켜야 하는 외교적 부담을 안게 되었다.

한편, 중국과의 적정한 관계 구축도 우리나라가 염두에 두고 추진하여야 할 외교과제이다. 우리는 주 외교대상국이 미국인가 중국인가를 논할 만큼 중국을 의식하고는 있지만, 예견할 수 있는 미래를 시계(視界)로 하는 우리 외교전략에서 중국이 미국을 대신할 수는 없다. 중국은 그간 우리의 제일 교역국으로 부상하였다. 이러한 경제관계를 토대로 향후 한중간 보다 돈독한 외교관계를 형성하고, 동북아에서의 동반자 관계로 발전시킬 수 있는 외교를 펼쳐야 함은 물론이다. 그러나 시급한 대중 접근보다는 신중한 태도를 견지하면서 적절한 우호관계를 유지하는 것이 중요하다.

2) 실리주의 외교기조 추구

우리가 이 시점에서 무엇보다도 유념하여야 할 외교목표는 우리의 현재 위상과 앞으로의 발전방향을 기초로 하여 통일을 염두에 둔 외교정책을 수립해야 한다는 사실이다. 지난 십수 년간 우리의 위상과 역량을 과대평가한 결과, 자주·주체가 우리 정부의 큰 목소리였으며 미국을 비롯한 주요 외교 대상국들을 상대로 우리가 역내 중간자적 역할을 하겠다고 자처함으로써 미·중·일 모두로부터 불만을 샀다. 노무현정부가 주창한 '동북아 균형자론'은 우리의 현재 역량으로 불가능한 일일 뿐만 아니라 바람직한 목표도 아니다. 설령 우리의 역량이 충분하다 하여도 불필요한 '큰 나라' 외교로 힘을 낭비할 필요가 없다. 그 역량을 보다 발전된 미래를 위한 투자에 활용해야 한다. 서독이 통일 이전까지는 조용하지만 내실 있는 외교를 펼친 이유도 여기에 있다.

우리의 외교는 조용한 외교가 되어야 한다. 앞에 나서길 좋아하던 지난 2, 3개 정권이 소리만 요란하고 내용이 없었던 '외교'를 펼쳤다면, 새 정부는 조용하지만 내실 있는 외교를 펼쳐야 한다. 외교는 이상을 추구하는 것이 아니라 현실을 직시하면서 하나하나 착실하게 실익(국익)을 축적해 나가는 것이다.

따라서 새 정부의 외교정책은 향후 5년간 우리나라의 국익을 실질적으로 극대화하는 방향으로 추진해야 할 것이다. 그러기 위해서는 우선 최대한 빠른 시일 내 워싱턴과의 신뢰관계를 재구축하여야 한다. 이와 병행해 대일외교를 강화해야 할 것이다. 우리의 대미, 대일관계가 좋아진다고 중국과의 관계가 악화되지는 않는다. 오히려 우리의 대미, 대일관계가 보다 친밀해질수록 실리외교를 추구하는 중국은 우리 정부와의 관계를 강화하기 위해 더욱 노력할 것이다. 미국과의 튼튼한 동맹관계, 일본과의 긴밀한 정치·경제적 우호관계는 중국은 물론 북한을 적절히 견제하는 중요한 지렛대가 될 것이다.

유럽과 달리 동북아 지역에는 탈근대적 외교정책을 펼치는 나라가 없다. 유독 우리만이 그러한 외교를 추진한다고 해서 미·중·일 어느 나라도 우리에게 존경을 표하지 않는다. 우리의 외교는 현실에 기초한 그리고 현실을 직시하는, 조용하지만 실익을 추구하는 외교가 되어야 한다.

(1) 미국과 긴밀한 동반자 관계 재구축

대외 의존적 경제구조를 비롯하여 지정학적인 안보상황과 우리가 처한 제반조건들을 고려할 때, 우리에게는 미국, 일본, 중국이 모두 다 중요하다. 우리나라처럼 경제·안보 모두 외국과의 관계, 즉 외교적 뒷받침 없이 유지될 수 없는 나라는 드물다. '분단'이라는 안보환경과 '교역의존'이라는 경제구조가 우리의 생존여건을 결정짓고 있기 때문이다. 어느 한 나라와의 관계에서 자칫 조금만 이상이 생겨도 우리에게 미치는 파장은 엄청나다. 미국, 일본, 중국이 우리의 3대 교역국이라는 점은 항상 이들 국가와의 관계에서 망각해서는 안 될 점이다.

냉전이 끝난 지 20년이 되는 지금에도 우리의 가장 중요한 외교 파트너는 미국이다. 미국은 향후 최소 수십 년간 우리가 가장 비중을 두어야 하는 나라임과 동시에 우리의 50년 넘는 혈맹이다. 50년 넘게 지속해온 우방을 쉽게 버려서는 안 된다. 건국 이래 지난 60년 동안 주한미군 주둔을 포함한 미국의 지원을 통해 막대한 국방예산을 절감하고 그 역량을 경제성장에 돌릴 수 있었듯이, 앞으로 통일에 효과적으로 대비하고 제반 안보현안을 효율적으로 해결하기 위해서는 미국과의 긴밀한 협조체제 재구축이 우선되어야 한다. 미국과의 협력은 우리 정부가 감당해야 하는 외교안보 비용을 결정적으로 줄이는 방법이다. 주한미군

주둔은 우리의 통일정책에도 필수불가결하다. 여전히 주한미군의 한반도 철수를 일관되게 주장하는 북한과의 향후 교섭에서 효과적인 협상수단으로 활용할 수 있음은 물론이며, '後김정일' 체제의 혼란과 통일에 대한 대비책으로서도 긴요할 수 있기 때문이다.

한반도 안보현안의 평화적 해결을 위해 북한의 연착륙을 원하는 우리 입장으로서는 북한의 급속한 붕괴, 혹은 북한의 급속한 붕괴를 빌미로 한 주변국의 과도한 한반도 개입은 피해야 하는 상황이다. 중국이 북한과의 인접국경에서 군사력을 증강하고 있는 사실은 우리 정부에 뚜렷한 경고가 된다. 중국이 국경지역에 군사력을 키우는 것은 탈북난민을 통제하기 위해서라는 표면적인 이유를 내세우고 있으나, 장기적으로는 북한사회가 극도의 혼란 상태에 빠졌을 때 북한에 진군·개입하여 한반도에 대한 지배적 영향력을 확보하기 위함이다. 이러한 정세를 고려할 때 한반도 내에 미군이 주둔하는 것은 중국을 비롯한 여타 주변국의 물리적 개입을 적절히 견제할 수 있는 중요한 제어기제가 될 수 있다.

대북정책에 관한 한국정부와 미국정부의 입장 차이는 1990년대 초부터 시작하게 된다. 우리 정부는 북한과 함께 1991년 12월 31일 한반도 비핵화 공동선언을 하고 1992년 1월 남북한 기본합의서를 채택하여 한반도 비핵화와 평화공영을 약속하였다. 하지만 이는 당시 미국정부의 입장에서는 한미간의 충분한 사전 조율 없이 한국정부가 일방적으로 결정한 일이었다. 이러한 조치는 한미 양국간의 신뢰를 크게 훼손하였다.

북한이 남북한 비핵화 선언에도 불구하고 1993년 NPT 탈퇴를 돌연 감행하여 한반도비핵화 공동선언을 백지화함에 따라 현재까지 15년이 넘는 기간 동안 북한의 핵개발을 둘러싼 한반도의 갈등과 긴장이 지속되고 있다. 북한의 핵개발 문제가 본격화되면서 한미의 손상된 관계는 표면으로 부상하게 된다. 미국은 북한의 핵실험 시설이 위치한 영변에 대한 폭격계획을 우리 정부에 미리 알려주지 않음으로써 한국정부에 대한 깊은 불신을 드러냈다.

이와 함께 전시작전통제권, 한미연합사령부 해체 문제 등 한미동맹에 금을 가게 한 지난 정부에 대한 불만과, 지난 십여 년간 우리 사회의 좌경화와 반미감정 확산에 관해서 미국정부 및 미국인들이 한국에 대해 느끼는 불편한 감정도 향후 우리의 대미외교에서 큰 부담이자 어려운 숙제로 남아 있다.

대북문제는 한미동맹의 틀 안에서 조화롭고 일치된 방향으로 접근하여야 한다. 새 정부는 이제 머지않아 새로운 행정부를 맞이할 미국과의 관계 개선에 총력을 기울여야 할 것이다. 미 국방부가 구성한 자문기구 정책연구팀[1]은 한국과 미국의 정권이 교체되는 향후 2년간 한미동맹에 대해서 근본적으로 재검토를 하여야 한다는 보고서를 내놓았다. 대북전략의 심각한 불일치가 한미동맹 훼손의 주요 원인이라고 지적한 이 보고서는 새 정부가 미국과의 관계와 대북정책을 입안할 때 절대로 간과하지 말아야 할 점을 담고 있다. 대북정책에 대한 견해의 합치 없이는 긴밀한 한미동맹 관계는 불가능하다. 그리고 근래 몇 년간 한미 양측에서 고심하고 있는 전시작전통제권 문제와 방위비 분담금 문제 역시 현명하게 조정하여야 한다. 한미동맹관계를 손상시킴으로써 발생하는 기회비용은 막대하다. 새 정부는 미국과의 동맹과 협조가 가져오는 이익을 유념하고 미국과의 긴밀한 관계를 유지하면서 정책을 조화롭게 조율하고 추진하여야 한다.

바람직한 대미관계를 재구축하는 데는 북한·북핵문제에 대한 상호 신뢰와 협조체제를 회복하는 것이 1차적 과제임은 물론이나, 이것만이 문제의 완전한 해결책은 아니다. 미 정부 전반에 걸쳐, 아니 미국사회 전반에 걸쳐, 이제는 우리나라를 잘 알고 우리의 입장을 충분히 이해할 수 있는 지도자급 인사들이 몇 없다. 그 이유는 한국전 참전 내지는 월

---

1) 한미동맹 문제를 협의하기 위해 2005년 미 국방부 산하의 국방분석연구소와 국방대학 국가전략연구소를 중심으로 구성. 마이클 그린 전 백악관 아시아 담당 선임보좌관, 발비나 황 미 국무부 크리스토퍼 힐 차관보 보좌관, 스캇 스나이더 아시아재단 선임연구원 등 총 7명으로 구성되어 있음.

남전 경험 공유를 통해 한국에 대해 긍정적 입장을 견지하던 전후 세대들이 대부분 은퇴했거나 현재 은퇴를 앞두고 있기 때문이다. 따라서 새 정부는 미국의 젊은 세대들을 대상으로 한미 우호관계에 대한 이해를 증진시키고, 오늘날 우리의 민주화와 선진화를 미국사회에 널리 환기시킬 수 있는 대대적인 교육·문화외교도 체계적으로 펼쳐야 할 것이다.

(2) 대일·대중관계 강화

미국과의 긴밀한 관계는 미국 그 자체의 중요성도 있지만, 일본과 우리의 우호적 관계를 위해서도 필수적이다. 미국을 외교의 지렛대로 삼아 한국은 일본에게도 적절한 영향력을 미칠 수 있다. 근래의 추세와 같이 일본과 미국이 단합하고 한국은 유리되는 현상이 지속된다면 우리나라는 미국은 물론이거니와 일본에게도 영향력을 발휘할 입지가 점점 좁아지게 된다. 민족주의적 반감을 걷어내고 객관적으로 일본을 냉정히 평가해 볼 때, 일본은 분명 대단한 나라이다. 일본은 그 경제력과 군사력으로 공고한 세계 선진국의 자리를 확보하고 있다. 국부, 사회 인프라, 과학기술, 국민수준, 사회 안전성 등 대부분의 방면에서 일본은 선진대국으로 손꼽힌다. 특히 우리나라와 일본의 교역규모를 고려한다면 정서적 마찰을 이유로 일본을 배타적으로 대하는 것이 바람직하지 못한 태도임을 알 수 있다. 한일간의 감정적 갈등은 차치하고 미래지향적인 실리관계를 추구해야 한다.

전후 일본이 대미관계에서 꾸준히 추구하고 있는 요시다 독트린의 실리주의는 우리 정부에게 많은 것을 시사한다. 우리가 그간 미국, 일본과 소원해지는 동안에 미국과 일본은 더욱 긴밀한 동맹관계를 강화했다. 일본은 미일동맹의 중요성을 망각하지 않고 이를 더욱 공고히 하고자 노력하고 있다. 일본은 미국의 대외 안보정책을 적극적으로 지지하는 한편, 주일미군을 지원하기 위한 적극적인 노력(*Host Nation Support Program*)을 보여주면서 제 2차 세계대전 이후 어느 때보다 친밀한 미일관계를 공고히 하고 있다. 미국과 일본은 '新안보선언'을 통해서 서로의 관계를 재확인하였다. 이들은 중국 견제라는 공통의 잠재적 이해관계를 가지고 여러 분야에서 호혜적 이익을 창출하고 있다. 2003년 이라크 전쟁 당시 일본은 미국의 파병 요청에 적극적으로 응하면서 자국이 신뢰할 수 있는 동맹이자 미국의 훌륭한 파트너라는 것을 입증하고자 하였다. 이러한 일본의 실리주의를 우리는 간과해선 안 된다. 또한 우리가 미국, 일본과 동시에 관계가 소원해지는 동안 미국과 일본이 보다 굳건한 관계를 구축하고 있다는 점은 경각심을 가져야 할 부분이다.

특히 우리는 북한문제를 다룸에 일본과 긴밀히 협조해야 한다. 북한의 미사일에 직접적인 안보 위협을 느끼는 일본과 북한과의 관계는 강제납북자 송환문제를 비롯한 여러 껄끄러운 현안들로 순탄하지 않다. 우리 정부의 대북 온정주의로 미국과의 관계가 소원해진 것처럼, 대북문제 입장 차이로 우리 정부와 일본정부의 관계 역시 멀어졌다. 2006년 아베 신조 당시 일본총리 내외가 우리나라를 방문하였을 때 북한은 미사일 시험을 단행하였다. 우리 정부는 한반도를 방문한 일본총리와 함께 이러한 무력 도발에 단호히 대처하는 공동 성명서를 내는 것이 문제접근의 정석이었으나 아무런 대처 없이 유야무야 사건을 흘려보냈다. 북한무기의 사정권 안에 존재하는 한국과 일본은 북한의 군사적 위협을 비롯한 여러 도발에 함께 대처해 나가야 한다. 이는 우리의 결단이 북한에게 미치는 영향력을 높이는 방법이자, 우리 정부의 대외정책이 주변국에 가지는 실효성을 제고하는 방안이기도 하다.

중국과의 적정하고 미래지향적인 관계 역시 중요하다. 중국경제가 우리 경제에서 차지하는 비중과 중국의 대북 영향력을 고려할 때, 중국은 분명 우리가 조심스럽게 다루어야 할 외교 대상국이다. 대중 교역규모는 이제 대미 교역규모를 앞질렀다. 1992년 8월의 한중수교 이후 15년 사이, 중국은 우리의 제 1순위 교역대상국으로 떠올랐다.[2] 수교 이후 2년 만인 1994년 한중교역은 100억 달러를 달성하였고, 그로부터 채 10

년이 흐르지 않은 2003년에는 한중교역 규모가 500억 달러에 달하면서, 중국은 한국의 제 1위 수출 대상국으로 부상(대중 수출액 351억 달러) 하였다. 1년 후인 2004년에는 중국이 한국의 최대 교역대상국 자리(교역액 794억 달러)를 점하게 된다. 그리고 2005년에는 한중 양국 교역규모가 1000억 달러를 돌파하였다(대중 수출 619억 1천만 달러, 수입 386억 5천만 달러). 현재 중국은 우리나라의 제 1위 교역대상국이며, 우리나라는 중국의 제 3위 교역대상국이다. 또한 무역뿐만 아니라 해외투자도 중국의 비중은 크다. 우리나라의 대중국 투자건수는 16,966건으로 우리나라 전체 해외투자 건수의 47.9%를 차지하고, 투자액은 193.9억 달러로 총 해외투자액의 25.7%를 차지한다(2007년 6월 말 기준).

한중 인적교류도 경제교류 못지않게 활발하다. 통계에 의하면 주중 한국인 유학생 수는 약 4만 5천 명에 달하고 주한 중국인 유학생 규모도 만 명을 넘는다. 한국인 유학생과 중국인 유학생은 중국과 한국의 외국 유학생 규모에서 각각 1위를 차지하고 있다. 또한 2006년 한국을 방문한 중국인은 총 89만 6천 명이며, 2006년 중국으로 출국한 한국인은 392만 명(전년 대비 10.7% 포인트 증가, 전체 해외출국자의 33.7% 해당) 으로서, 중국을 방문한 외국인 가운데 1위를 차지하고 있다. 우리는 이렇게 활발한 대중 경제적, 문화적 교류와 협력을 더욱 증진시키며 공영을 꾀하여야 하고, 그와 동시에 대북문제와 같은 역내권 문제에 있어 공통된 인식을 토대로 발전적인 해결방안을 찾기 위해 중국과 상호 협조하여야 한다.

---

2) 1992년에서 2006년까지의 경제교류 추이를 살펴보면 경제협력규모의 확연한 성장을 확인할 수 있다. 우리나라 대중 교역규모는 1992년 64억 달러에서 2006년 1,180억 달러로 연평균 30.46%씩 증가하였다. 우리나라의 교역국 가운데 중국의 순위는 1992년에는 5위였으나 2006년에는 1위 (중국이 우리나라 무역에서 차지하는 비중은 1992년 4.0%에서 2006년 18.5%로 증가)가 되었고, 중국의 대한 교역액은 1992년 50억 6천만 달러에서 2006년 1,344억 달러로 연평균 61.2%씩 증가하였다. 우리나라가 중국의 교역에서 차지하는 순위는 92년 6위에서 2006년 3위로 (우리나라가 중국의 무역에서 차지하는 비중은 1992년 3.1%에서 2006년 7.6%로 증가) 높아졌다.

그러나 우리가 잊지 말아야 할 점은, 중국이 개혁개방 이후 두드러진 경제성장을 이룩하였다 하더라도 아시아에서 미국이 점하고 있는 지위에 중국이 직접적으로 도전하기에는 긴 시간이 요구된다는 것이다. 중국은 아직 진정한 강대국이라고 평가하기에는 많은 문제가 산적해 있다. 쉽게 인용되고 이목을 끄는 것은 표면적인 경제성장과 같은 중국의 긍정적 지표이지만, 단순히 성장률에만 주목하지 말고 중국의 부정적 측면 역시 살펴보아야 한다. 중국은 사회불안, 빈부격차, 사회 인프라의 절대적 부족, 환경오염 등 해결해야 하는 수많은 숙제들을 짊어지고 있다. 중국에 대한 국제적인 평 역시 좋지 못한 편이다. 인권탄압 문제, 정부의 폐쇄적이고 독선적인 국가운영 등 많은 방면에서 심각한 비판을 받고 있다. 중국에 대한 국제적 신뢰가 형성되지 못한 상황을 잘 알기에 중국도 자국의 이미지를 쇄신하고 장차 국제적인 입지확보를 위한 정치적 분기점을 마련한다는 취지로 베이징 올림픽의 성공을 위해 심혈을 기울이고 있는 것이다.

그런데 아직 불안정한 위치에 있는 중국에 너무 큰 비중을 두고, 20세기가 시작한 이래 세계 선진 강대국의 자리를 계속 지켜온 미국을 도외시하는 듯한 인상을 주는 것은 적절한 균형을 유지하지 못하는 외교이다. 그리고 일본과의 관계에서도 그러하였듯이 미국과의 유기적이고 긴밀한 관계는 대중외교에서 우리에게 큰 힘과 영향력을 부여한다. 미국과의 관계 회복과 강화, 이것이 새 정부가 유념해야 할 일이다. 미국과의 관계가 소원화된 원인 중 큰 비중을 차지하는 대북정책도 이제 미국과 긴밀한 협의와 상호협력을 통해 추진함으로써 정책의 효율성을 제고함과 동시에 서로간의 신뢰 또한 다시 높여나가야 한다.

3. 새 정부가 추구하여야 할 한국외교의 과제와 방향

1) 외교통상부 기능 강화

성공적인 외교를 위해 새 정부는 외교통상부의 역량을 강화하여야 한다. 구미지역을 제치고 세계 경제의 중심지로 부상하고 있는 동북아 지역은 경제성장의 폭 만큼이나 정치적 격동의 파고 역시 높다. 불안정한 동북아의 중심에 위치해 경쟁적인 강국들 사이에 놓인 한국으로서는 외교의 성공이 국가의 성공을 가늠한다. 특히 세계화 시대 속에서 국가간 경쟁이 더욱 치열해지는 여건에서는 외교정책의 성공적인 수립과 추진이 한층 더 중요하므로 새 정부는 우리의 외교역량을 중점적으로 강화하여야 한다. 외교역량을 환언하면 인력과 재원이다. 충분한 수의 우수인력이 외교부문에서 활동하고 외교부문에 배당되는 재정자원 또한 충분할 때 우리의 외교역량이 제고될 수 있다.

(1) 외교통상부 인력자원 충원

우리나라가 가진 가장 중요한 자원은 인적 자원이다. 지난 60년 동안 열악한 환경 속에서 지금과 같은 결과를 일구어 낼 수 있었던 것도 우리가 가진 인적 자원의 힘이었다. 근면성과 높은 교육열, 노동의욕과 같은 장점들은 한국사회 전반을 이끌어나간 원동력이 되었으며, 외교부문에서 활동한 우수한 고급 인력들은 허약하고 불안정했던 신생국 한국이 현재와 같은 지위를 점하는 데 결정적 영향력을 미쳤다.

그런데 근래 외교부문에 유입되는 인력들을 평가할 때 우리에게 주어진 외교과제를 효과적으로 달성하기에는 불충분하다고 할 것이다. 다양해진 외교 수요와 변화된 시대 여건에 발맞추기 위해서는 다양한 인재가 외교통상부에 들어와야 하는데, 현재와 같은 정형화된 외무고시를 통한 인재선발은 각 분야의 전문성을 구비한 인재를 확보하기에는 역부족이다. 효과적인 외교를 펼칠 수 있으려면 국제무대에서 필요한 기본 소양과 함께 국제적 경쟁력을 갖춘 전문가들이 필요하다. 외무고시의 장점은 계량화할 수 있는 측정기준에 의한 인재선발이다. 하지만 그 측정기준이 획일화되어 다양한 인재선발에 어려움이 있다. 또한 외무고시 고득점자의 경우 제2외국어 과목에서의 고득점으로 높은 순위의 성적을 얻게 되는 것은 시험의 평가 타당성에 의문을 제기하게 한다.

이러한 선발에서의 문제점과 함께 기존 외교인력들은 교육훈련 과정에서도 전문성을 개발할 수 있는 기회를 갖지 못한다. 현재의 업무배치, 승진제도로는 선발한 외교인력을 효과적으로 교육하고 훈련시킬 수 없다. 기피지와 선호지가 정해져 있어 선호지에 가기 위해서 노력하고, 선호지에서 근무한 사람들이 쉽게 승진하는 현재의 제도로는 우리가 필요로 하는 전문 외교인력을 양성하는 데 한계가 있다. 그리고 외교 실무진의 전문성을 제고하여야 하는 필요성에도 불구하고, 현재 우리 외교통상부는 평소 1~2년 주기로 담당업무를 바꾸어서 업무에 적응할 만한 무렵이 되면 다시 다른 곳으로 교체되는 제도를 운용하고 있다. 실무자들의 잦은 전근은 담당업무의 전문성을 갖추기 어렵게 만든다. 협상력을 기르고 외교현안 파악 능력을 기르기 위해서는 '전문가'를 양성하여야 하는데 현존 인사시스템으로는 실무진의 전문성을 기를 기회가 없다. 이에 반해 중국의 경우에는 한반도 담당이 '중위'부터 '대교'까지 오랜 기간 한 분야만 담당하여 업무 전문화 수준이 높다. 실무진의 전문성을 제고하기 위해서는 현재와 같이 이곳저곳 떠돌게 하는 순환보직 인사체제를 개선하여 각 지역 및 담당분야에 정통한 전문적 실무진을 키울 수 있도록 하여야 하며, 한편으로는 각 분야별 전문가를 활용한 풍부한 데이터베이스를 구축해 정확하고 방대한 외교자료를 구비하여야 한다.

양적 규모에서도 인력수급의 문제점은 드러난다. 현재 외교통상부 인력규모는 우리나라의 외교적 수요를 충족시키기에는 현저히 부족하다.

외교부서의 인력규모를 비교해 볼 때 이웃나라인 중국의 7,100명, 일본의 5,453명에 비해 우리나라는 1,945명에 지나지 않는다. 중위권 규모의 선진국인 네덜란드는 외교인력이 3,061명이며 캐나다도 4,702명이다. 우리가 인구 100만 명당 33명의 외교 인력을 보유하고 있는 반면, 캐나다는 이의 약 5배인 157명이고, 벨기에는 6배에 가까운 172명이다. 물론 인력규모와 외교의 질이 비례한다고 단정할 수는 없지만 전문성의 차이는 간과할 수 없는 일이다. 다양화되고 다변화된 시대에 따라 외교관의 업무도 다양하게 전문화되었고, 예전과는 비교할 바 없이 업무 영역이 확대되었다. 각 분야마다 전문화된 충분한 외교인력이 필요하다. 동시다발적인 외교수요와 정보화시대에 따라 더욱 촉박해진 외교업무의 긴급성을 고려한다면 충분한 수의 전문화된 외교인력이 우리나라를 위해 활동하고 있어야 한다.

이러한 점에서 주변국들은 좋은 비교가 될 수 있다. 일본은 외교대국 행보를 가속화하고 있다. 2007년 일본내각 다른 부처들의 경우 인력 감원을 하고 예산도 대폭 줄어들었음에도 불구하고, 이례적으로 일본 외무성만은 외교관을 51명 증원하고 대사관도 6군데 더 신설하여 외교력을 강화하였다. 일본의 외무성 인력이 5,453명으로 미국 국무부(21,049명)나 중국 외교부(7,100명)에 비해 현저히 적은 수준이며, 외교적 지지기반이 허약하다는 일본정부의 반성에 따라 외교관의 증원과 공관 증설을 추진한 것이다. 특히 신설된 일본 대사관 중 반수 이상은 에너지 외교를 위해 중앙아시아 자원국가들에 집중되어 개설되었는데 이는 에너지 외교의 중요성을 강조하는 우리나라에서 시사하는 바가 크다.

다행히 2007년 7월 지난 정부는 외교인력을 197명 증원(본부 63명, 공관 134명)하면서 본부조직을 확대개편하고 대사관과 총영사관을 포함한 재외공관을 10곳 신설하였다. 이러한 긍정적 움직임은 단기적으로 그칠 것이 아니라 새 정부가 이어받아 더욱 체계적으로 육성하여야 할 일이다.

(2) 외교통상부 적정예산 배정

외교역량을 높여 성공적인 국가로 거듭나기 위해서는 외교예산도 GDP의 1% 이상으로 증액하여야 한다. 우리나라처럼 대외 의존도가 높고 선진국 대열에 갓 진입한 국가일수록 외교부 예산수요가 높을 수밖에 없다. 그런데 외교부문에 책정된 예산은 그에 미치지 못하는 실정이다. 기업이 브랜드 이미지를 높이고 상품홍보를 위한 비용이 필요하다면 정부도 국가브랜드, 즉 국가의 인지도와 국제적 신뢰를 쌓기 위한 예산이 필요하다. 굳이 국가 이미지를 새로 드높이지 않더라도 현재 예산으로는 우리의 경제력에 상응하는 국가 이미지를 유지하고 기본적인

〈표 12-1〉 외교통상부 최근 예산 추이

연도	정부전체 예산(조 원)	외교통상부 예산(억 원)	정부예산대비 비중(%)	증감률 (%)	적용환율
2002	105.8	6,454	0.61	14.9	1,300
2003	111.5	6,990	0.63	8.3	1,200
2004	118.4	7,755	0.66	10.9	1,200
2005	134.4	9,011	0.68	16.2	1,150
2006	144.9	8,800	0.61	2.3	1,000
2007	156.5	10,959	0.70	24.5	950

자료: 외교통상부.

〈표 12-2〉 2007년도 외교통상부 예산 현황, 세입세출예산 규모

(단위: 억 원)

구 분	2007년 예산	2006년 예산	증감	
			증감액	증감률(%)
세 입	1,325	1,041	284	27.3
세 출	10,959	8,800	2,159	24.5

*세입은 대부분 여권발급 및 영사업무 수수료 수입(98% 점유).

*세출예산 규모는 정부 일반회계 예산(156.5조 원)의 0.7%.

자료: 외교통상부.

안보외교 수요만 감당하기에도 벅찬 상황이다.

2007년 우리나라의 외교통상부 예산은 총 10,959억 원이다. 전년도에 비하여 증가하기는 하였으나 여전히 총 예산 대비 0.7%의 비율로서 선진국 외교예산 비중인 1%선에 훨씬 못 미친다. 스위스의 3.7%는 예외라 치더라도, 미국, 영국, 프랑스, 호주, 벨기에의 경우에는 외교예산이 모두 1%를 웃돌며 핀란드, 캐나다는 2%, 독일은 3%를 넘는다. 인구나 경제규모, 교역규모가 비슷하거나 우리보다 적은 나라들도 외교력에 쏟는 정성은 엄청나다. 교역에 의존하는 국가일수록 세계시장 경쟁에서 앞서 나가기 위한 노력이 중요하다. 네덜란드, 덴마크, 스위스 같은 나라들이 외교예산과 인력에 많은 비중을 두는 이유도 통상으로 국가를 발전시켰기 때문이다. 정부예산 대비 외교통상부 예산의 비중 실태는 외교의 중요성에 대한 지도자와 국민의 인식이 충분하지 못한 것을 반영하고 있다. 세계적으로 인지도가 있는 나라 가운데 외교예산이 전체 예산의 1%가 안 되는 나라는 한국밖에 없다. 그리고 경쟁 강국들 사이에 놓인 지정학적 상황 및 분단 현실이 초래하는 안보 불안은 우리나라가 타국에 비해 월등히 높은 수준의 외교역량을 요구할 수밖에 없다는 것을 다시금 환기시켜 준다. 우리에게 외교가 가지는 큰 의미를 생각한다면 새 정부는 외교예산 부족 문제를 개선하여야 한다.

(3) 외교통상부의 대북정책 마스터플랜 수립과 운용: 통일부의 기능 재조정

지난 정권에서 외교통상부는 대북정책을 주도적으로 이끌어 나가지 못했다. 그간 대북정책의 주무부서는 외교통상부가 아닌 통일부였다고 평가할 수 있다. 통일부는 남북한 통일 이후에 발생할 다양한 사회적 문제점에 대해서 예견하고 그에 대한 준비를 하기 위한 체계적인 대비를 하는 '대내적' 부서이다. 그런데 통일부가 외교통상부가 전담해서 추진해야 할 외교업무에 개입하여 '대외적'인 업무를 관장함으로 인해 많은 혼선과 대립이 빚어졌다. 외교통상부가 수립한 마스터플랜을 따라 외교통상부에서 직접 처리하지 않고 위임한 일을 통일부가 보조하는 것이 바람직한 정책추진체계이다. 그런데 오히려 통일부가 대북문제를 비롯한 첨예한 현안들을 무리하게 이끌어가고 외교통상부는 그에 끌려 다니며 통일부의 지시를 따르는 본말이 전도된 현상은 우리 외교가 곤궁한 상황에 패착하게 된 결정적 이유 중 하나이다.

통일은 미국, 중국, 일본 등 주변국을 효과적으로 설득하고 이들과의 긴밀한 협조가 있어야만 원만하게 이루어질 수 있다. 이는 독일이 통일을 위해 주변국들에게 기울였던 외교노력을 굳이 인용하지 않아도 쉽게 이해될 것이다. 통일은 '우리의' 일이지만 '우리 민족끼리만의'[3] 일은 결코 아니다. 그러하기에 통일은 대외업무를 총괄하는 외교통상부가 그 주축이 되어 정책을 수립하고 추진하여야 하는데, 그간 통일부가 너무 지나치게 비대해져 권역 밖의 업무를 맡아 나라의 정책을 잘못된 방향으로 끌고 나갔다. '잃어버린 10년'이라는 표현이 사회적으로 공감을 얻는 이유 중 하나가 통일부가 정부의 외교정책 전반을 지나치게 좌지우지하였기 때문이다. 통일부 주도 하의 대북정책으로 인해 돈으로 '평화'를 사려는 흥정이 벌어졌으나 우리가 모두 알고 있듯이 그 흥정은 성공적이지 못했다. 새 정부에서는 통일부의 축소와 기능 재조정을 우선 업무로 삼아야 한다.

2) 발전적인 대북정책

(1) 미래지향적이고 체계적인 대북정책

새 정부는 우리의 주요 외교 현안인 북한문제를 다룸에 있어서 기본적인 관점을 바로 잡고 발전적인 대북정책을 추진하여야 한다. 대북정

3) 2000년 6월15일 공동선언의 전문(前文)과 제1항에 '우리민족끼리'라는 표현이 반복되어 등장하는데, 이는 북한이 통일전선 전략에서 민족을 배반한 한미동맹을 해체한 뒤 한반도 적화통일을 이루어야 한다고 강조할 때 사용하는 슬로건이다.

책의 중기적 목표는 북한의 개혁과 개방이다. 북한의 눈치를 보며 탈출구가 없는 북한정권의 무리한 요구에 일일이 응해주면서 끌려 다니는 것이 대북정책의 목표는 아니다. 김정일정권에서 북한의 개방을 추진하던 사람들은 숙청을 당하여[4] 북한의 개혁정책은 공허한 선언적 구호로만 그쳤다. 현재 북한은 개혁을 적극적으로 추진할 의지나 능력이 결여되어 있다고 평가된다. 우리는 북한이 요구하는 재원을 무조건적으로 제공하며 북한내부의 구조적 결함을 악화시키지만 말고, 북한 스스로 변화하고 자구자조의 노력을 할 수 있도록 도와야 한다. 그리고 이를 위해서는 뚜렷한 목적 아래 중・장기적 계획에 따라 북한을 지원하여야 한다.

IMF는 특정 국가를 지원하기에 앞서 그 국가에게 중・장기 경제계획의 제출을 요구한다. 그 국가의 경제 계획안이 타당하고 합리적이라는 판단을 내린 연후에야 지원을 결정한다. 발전 의지나 자구 계획이 없는 국가에게 하는 경제적 지원은 아무런 효용이 없는 낭비라는 것이다. 우리 정부도 북한에게 무조건적 투자를 감행하기에 앞서, 북한정권에게 연도별 중・장기 경제계획을 수립하고 이를 이행하기로 약속할 것을 요구하여야 한다. 북한이 변화를 위한 현실적인 계획을 입안하고 이행할 것을 우리에게 설득할 수 있을 때에만, 북한의 경제계획안에 부합하는 지원을 시작하여야 한다. 우리가 1960, 1970년대 추진하였던 개발경제는 북한에게 좋은 선례가 될 수 있다. 우리의 지식과 경험을 북한에게 전수하여 북한이 경제계획을 수립하고 이를 효과적으로 추진할 수 있도록 도와주어야 한다. 북한이 원조의 필요성을 납득시키고 지원물자와 금원의 타당한 용도를 우리에게 제시할 수 있을 때 북한을 돕는 것이다. 그리고 경제재건을 위한 노력의 성과를 측정할 수 있는 기준을 마련하여 북한의 자구 노력을 평가하여야 한다. 이러할 때에만 북한의 진

---

4) 나진, 선봉 경제특구 책임자인 김정우 대외경제협력추진위원장 총살(1997년), 1992년 7월 서울에 파견된 경제대표단 김달현 부총리 숙청 이후 자살(2000년).

정한 개혁과 개방이 가능하다. 또한 이와 같은 발전적 대북지원은 기존의 무조건적인 대북지원을 비난하는 사람들을 설득할 수 있어, 대북지원을 둘러싼 우리 사회 내부의 반목과 갈등을 줄일 수 있는 길이기도 하다.

그런데 이를 위해서 우선 해결할 과제로서 북핵문제가 있다. 북핵은 우리에게 군사안보적으로 막대한 위협이기도 하지만, 우리가 원하는 북한의 개혁과 개방을 가로막는 걸림돌이기도 하다. 북한정권이 변화와 개방을 거부하면서 기존 체제 그대로 정권을 유지하기 위해서 개발한 것이 핵무기이기 때문이다. 또한 북한이 핵무기 보유의사를 철회하지 않는 한 다른 국가들로부터 적극적인 지원을 받기는 어려운 일이다. 북한의 핵무기 보유로 인해 우리 정부가 그간 추진했던 햇볕정책마저도 비판과 질타를 받는 상황에서 핵무기를 고수하는 북한에게 본격적인 원조를 할 국가는 없다. 새 정부는 다른 국가들과 긴밀한 협의 하에 일관된 대응으로 북핵문제를 해결하여야 한다. 이는 우리 국민의 안보 위협을 경감시킬 수 있는 길이며, 북핵문제를 평화롭게 해결함으로써 아시아 핵 도미노 현상을 방지할 수 있는 길이기도 하다. 그리고 궁극적으로 북한의 변화와 개혁의지를 입증함으로써 북한에 대한 경제적 지원을 가능하게 하는 필수 선결 조건이기도 하다.

그리고 북한의 변화와 경제성장을 지원하기 위해서는 무엇보다도 북한의 인력들에게 교육과 훈련의 기회를 제공하여야 한다. 북한이 지난날 우리가 이루었던 경제성장을 이룩하기 위해서는 기초과학, 공학, 기술, 경영, 행정 등 각 영역에서 우수한 인적 자원이 필요하다. 이 측면에서 북한은 예전의 우리보다 월등히 유리한 조건에 놓여 있다. 선진교육을 배우기 위하여 언어와 민족이 다른 해외로 유학을 가야만 했던 우리와는 달리, 북한은 같은 말을 사용하는 동포에게서 수월하게 기술과 문화, 사회운영 정책을 학습할 수 있다. 새 정부는 대북지원책 가운데 하나로서 북한 장학생 제도를 고려해 볼 필요가 있다. 매년 북한이 일정한 수의 학생들을 선발하여 우리에게 보내면 우리 정부가 이들에게 숙식을 제공하고 장학금을 주어 충분한 교육을 받을 수 있게 한다. 충분한 교육을 받은 뒤 이들은 북한에 돌아가 북한의 발전과 성장을 위해 일할 수 있을 것이다. 또한 북한 장학생 제도는 현재 단발적으로 이루어지고 있는 남북한 문화교류의 한계를 넘어서서, 우리가 같은 민족으로서 서로를 이해하고 함께 미래를 준비하는 초석을 놓을 것이다. 북한이 이에 응한다면 우리는 북한이 변하고 있다는 결정적인 단서를 얻는 셈이기도 하다.

(2) 북한 인권문제

근간 우리사회에서 북한을 같은 겨레와 동포로서 대하고 온정을 베풀어야 한다는 민족주의가 힘을 얻었다. 그러나 온정적 태도로 북한을 바라보려면 그 시선의 대상은 북한정권에서 비교할 바 없는 고통을 겪고 있는 북한의 주민이어야 하지, 에너지와 물자지원을 받아 그것을 민생문제 해결과 경제안정에 쓰지 않고 공격용 무기를 만드는 데 투입하는 북한의 정권은 아니다. 정부는 우리가 북한의 '주민'이 아니라 북한의 '정권'을 대상으로 정치를 하고 있음을 잊지 말아야 한다. 이 양자를 혼동한 것이 근래 북한문제를 놓고 우리와 타국의 입장 차가 첨예하게 대립한 이유이다. 북한주민에 대한 시혜적이고 온정적인 자세와 북한정권에 대한 무비판적 접근은 기본적으로 다르다는 점을 뚜렷이 알아야 할 것이다. 북한을 진정 '온정적으로' 대하고 싶다면 북한정권의 탄압 하에 인권이 처참하게 유린되고 있는 북한주민의 삶에 대해 문제를 제기하여야 한다. 이것이 우리가 피를 나눈 동족으로서 응당 하여야 할 일이다.

이와 비슷한 맥락에서 새 정부는 남북한 이산가족의 상시적 교류가 정착되도록 노력하여야 한다. 북한의 어려움과 동포가 겪는 아픔을 논할 때, 이산가족의 고통을 외면한다는 것은 가장 가까이에 있는 문제를 살피지 못하는 것이다. 분단의 세월로 인한 이들의 희생과 고통을 이제는 적극적으로 치유하는 방안을 마련하여야 한다. 분단 이후 경과된 시간을 감안한다면 이산가족들의 노령 때문에 이는 시급히 추진하여야 하는 정책이다. 현재와 같은 단발적이고 격리된 이산가족 만남은 이산가족의 아픔과 고통을 치유해 주지 못한다. 이산가족 상봉이 북한의 선심성 정책의 일환으로서 그칠 것이 아니라, 이산가족들이 언제든지 만날 수 있는 창구를 상시 개설하여야 한다. 그리고 이들에게는 편지교환과 같은 수준의 연락은 허용해야 한다. 우리도 통일 이전의 서독과 동독처럼 이산가족들이 원한다면 자유롭게 만나고 소통할 수 있도록 하여야 한다.

또한 북한동포의 인권문제를 논할 때 국제적 현안이 되고 있는 탈북자인권 문제를 이제 진지하게 다루어야 할 때이다. 북한 탈북자의 비참한 생활에 대해서 우리 정부는 이 문제를 공식적으로 조명하거나 확고한 입장을 세운 적이 없다. 침묵으로 일관하는 기존 자세를 버리고 탈북자들의 인도적 보호 정책을 중국과 협의하여 시행하여야 한다. 정부는 탈북자들의 심각한 인권침해를 그대로 묵인하지 말고 중국과 이 문제를 긴밀히 상의하여 중국에 있는 탈북자들이 북한으로 강제송환되는 일은 더 이상 일어나지 않도록 하여야 한다. 탈북자 문제는 새 정부가 대중외교에서 지속적인 경제교류 다음으로 주안점을 두어야 할 역점 과제이다.

3) 경제성장과 외교역량

새 정부의 외교과제를 논할 때 경제를 빼놓을 수 없다. 일견 외면상으로 살필 때 경제와 외교는 직접적인 관련이 없다고 볼 수도 있다. 하지만 외교의 장기적 성공은 근본적으로 경제의 성공에서 비롯된다. 우리 외교가 성공적이기 위해서는 우리나라의 경제성장이 지속되어야 한다. 경제력이 뒷받침되지 않는 외교는 불가능하다. 지금의 우리 외교가 국제적으로 비중을 가질 수 있는 것은 우리 경제가 차지하는 비중에 의해서이다. 건국 이래 한동안 우리는 세계에 한국을 '인지'시키는 수준의 외교밖에 하지 못하였다. 경제력이 없었기 때문이다. 하지만 눈부신 경제성장을 이룬 지금은 경제력을 토대로 영향력 있는 외교를 펼치고 있다. 영향력 있고 성공적인 외교를 하기 위해서는 경제력이 뒷받침되어야 한다. 누차 지속되면서도 표류하고 있는 6자 회담이기는 하지만, 그러한 자리에 우리가 참여할 수 있는 것도 우리가 이룩한 경제발전 때문이다. 예전의 경제력을 가진 한국이었다면 그러한 회담자리에는 우리 자리는 없었을 것이다. 한 나라의 외교력은 그 나라의 경제력에서 나온다. 그러므로 새 정부는 우리 외교의 성공을 위해서 경제발전에 주력하여야 한다.

지난 정권 5년간 혼란스러운 정치적 분위기 속에서 우리 경제성장률(4.3%)은 1960년대 이후 처음으로 세계 평균성장률(4.9%)을 밑돌았다.[5] 새 정부는 우리나라가 지속된 경제성장을 할 수 있도록 사회적 제도를 재정비하고 제 2의 도약을 위한 체계적인 준비를 하여야 한다. 지난 1960, 1970년대처럼 정부가 주도하여 민간부문을 이끌어가는 계획경제는, 현재 변화한 우리의 경제구조와 규모에 적합하지 않을 것이다. 정부는 경제성장을 위해 불필요한 규제완화, 투자촉진을 위한 세제 개편 등 다양한 기반을 마련해서 제공하고 보다 수월한 경제활동을 위해 도움을 주는 역할을 할 수 있다. 새 정부는 지속적인 경제발전을 위한 중·장기 재정모형을 마련하여서 아직은 선진 경제 강국으로서 완전히 정착하지 못한 우리나라의 경제 내실을 다지고 경제발전을 적극적으로 도모하여야 한다.

---

5) 아시아개발은행 통계를 보면, 아시아 평균 성장률이 2007년에는 예상 8.3%이며, 2008년에는 8.2%의 성장률을 보일 것이라고 예측되고 있다.

4. 결론: 국력과 국격(國力과 國格)

새 정부에게는 경제적 성장과 정치적 안정을 추구해야 하는 과제가 주어졌다. 현재 지적되는 문제점을 개선하고 외교 경쟁력을 높여야 우리의 생존을 보장할 수 있을 것이다. 새 정부가 주어진 5년 동안 시급히 해결하여야 하는 외교과제는 우선 대미관계 회복과 강화이며, 일본과의 우호적 관계 형성 그리고 중국과의 적정한 선린관계 유지이다. 그리고 이러한 조화로운 틀 안에서 미래지향적이고 발전적인 대북관계를 추진하기 위해 노력하여야 한다. 또한 외교통상부의 기능 증강과 올바른 역할과 위상을 찾아주는 것, 지속된 경제성장을 추구하는 것이 새 정부의 몫이다.

그리고 이와 더불어, 이제 우리는 나라의 격, 즉 국격(國格)을 생각해 보아야 할 때가 되었다. 현재 우리 GDP 규모는 850조 원을 넘는다. 미국 〈포춘〉(*Fortune*)지 집계에 의하면, 2007년 기준으로 국내기업은 순위 100위 내에 4개 사, 그 이후 500위 안에는 10개 사가 들어 있어 세계 순위 500개의 기업 가운데 총 14개의 국내 기업이 포진하고 있다.[6] 우리가 이와 같은 성장을 이룰 수 있었던 것은 60년 전 우리나라가 비록 국력은 없는 나라였으나, 국격은 있던 나라였기 때문이다. 우리나라는 경제적 측면에서는 한때 전세계 최빈국에서 경쟁력 있는 다양한 기반산업을 갖춘 세계 유수의 무역국으로 성장하였고, 정치안보의 측면에서는 3년 동안 대리전쟁의 격전장이 되는 등 많은 위기를 겪으면서도 국가를 성공적으로 유지했다. 60년 전 우리보다 더 나은 여건에 있었던 대다수의 나라들을 우리가 따라잡고 추월할 수 있었던 것은, 국력은 그들만 못하였으나 그들이 가지지 못한 국격이 우리에게 있어서였

6) 100위권 내 기업으로는 46위 삼성전자, 73위 LG, 76위 현대자동차, 98위 SK가 등재. 500위권 내 기업으로는 228위 한국전력, 229위 삼성생명, 244위 포스코, 349위 국민은행, 374위 한화, 388위 KT, 422위 현대중공업, 436위 삼성, 438위 SK 네트웍스, 491위 S-Oil 등재.

다. 당시 우리가 품었던 국격은 주어진 현실 상황을 치밀하게 고려하되, 더 나은 국가를 항상 바라는 마음이었다. 국가로서의 격(格)이 있었기에 힘든 상황이었지만 모두가 더 나은 국가라는 꿈을 위해 노력하였고 각 부처의 인재들은 국가발전을 위해 성실히 노력하였다. 그리고 이러한 국격으로 인해 한국은 유형, 무형의 성장을 하며 국력을 신장할 수 있었다.

그런데 건국 60년을 맞이하는 지금의 우리는 어려웠던 시절에 비해 국력은 있으나, 오히려 국격은 예전만 못한 나라라고 평가할 수 있다. 현재 우리 사회에서 감지할 수 있는 대표적인 메시지를 추리면, 세계 10위의 경제강국이 되었다는 자의식과 함께, 대북문제에 대한 불안함과 소심함, 사회 자체의 앞날에 대한 염려이다. 우리 사회가 내분과 반목으로 어지러운 이유는, 한국이라는 국가가 국민의 존경을 받는 국격을 갖추지 못했기 때문이다. 과도한 이민열풍과 사회에 대한 냉소와 불신 현상은 우리나라가 자국민으로부터 존경받는 국격을 갖추지 못하고 있다는 것을 국민들 스스로 절감하고 있음을 보여준다. 사회 전반적으로 내일을 위해 노력과 투자를 하는 것을 꺼리는 분위기가 팽배해 있다. 윗세대가 인내와 노력으로 얻은 것을 편히 즐기기만 하고 더 나은 내일을 준비하기는 싫어하는 자세는 한국의 현재 국격이 예전만 못함을 드러낸다. 그리고 우리의 대외적 메시지 또한 소아(小我)적 태도를 여실히 드러낸다. 건국 이래 우리 사회가 지금과 같이 통일을 두려워하고 꺼려한 시기는 없었다. 국력은 커졌지만 국격은 축소된 것이다. 환경은 좋지만 자신감과 결단력은 사라졌다.

우리는 더 나은 국격, 더 높은 국격을 갖추어야 한다. 우리의 부모와 선배세대들이 비록 국력은 없지만 품었던 국격을 이제는 '그렇게 되고 싶은' 이상 속에서만이 아니라 실제로 '그러한' 것으로 구현하여야 한다. 그리고 미래에 대한 꾸준한 투자를 통해 그 국격을 계속해서 유지하고 키워나가야 한다. 후진국은 배려하고 선진국에서는 배울 점을 찾아야 한다. 우리는 국력의 변화를 국격에도 온당하게 반영하여 그간 국력의 미달로 못 보여주었던 더 나은 국격을 실제로 보여줄 수 있어야 한다. 국력과 국격이 함께 있는 국가가 선진국이다. 아무도 중동의 석유 부호 국가들을 선진국이라고 하지 않는다. 국력은 있으나 국격은 없기 때문이다. 그리고 국격이 없는 국가들이기에 그 국가들이 현재 누리고 있는 부가 허망하며 그 국가들의 미래를 장담할 수 없다는 것이 공론이다. 국격이 있으면 국력을 키울 수도 있으나, 국력이 있다 한들 국격이 없으면 국력마저 잃기가 쉽다. 역사를 길게 살피지 않더라도 20세기에만 벌써 많은 나라들이 쇠퇴하고 사라졌다. 한때는 성공했으나 국가를 지탱해 나갈 국격이 없었던 국가들이다. 지금과 같이 제대로 된 국격을 계속 갖추지 못한다면, 우리는 종래 국력도 잃게 된다. 국격 없는 국력만을 맹신한다면 60년이라는 시간 동안 힘들게 쌓아 올려온 성과를 허망하게 잃어버릴 수도 있다.

근간 우리 외교를 살펴본다면, 우리는 국력이 신장된 나라로서 예전보다 더 크게 갖출 수 있는 국격을 잃어 버렸다. 우리 정부는 지난 몇 년 동안 국격이 아닌 국가의 자존심과 위신에만 너무 치중하는 오류를 범하였고, 국격은 갖추지 못했으면서도 국제적 대우를 받기 원했다. 국격을 갖추기 위해서는 자신이 가진 것을 타국과 함께 발전적으로 향유하려는 태도가 있어야 한다. 우리는 경제성장을 이루었다면서 그것을 불필요한 외화지출을 통해 소비하면서 오만한 졸부국가라는 빈축을 살 것이 아니다. 이제 보다 많은 대외원조를 통해 60년 전 우리와 같은 상황에 있는 국가들을 더욱 도와야 한다. 이는 이제 한국이 추구해야 할 새로운 외교이며, 이를 통해 소프트 파워라고 통칭되는 한국의 힘과 영향력을 일굴 수 있을 것이다. 국제사회가 국민총생산의 0.7%선의 대외원조를 권고하는데, 우리는 현재 그 10분의 1도 하지 않는다. 유가, 원화, 물가의 3고(高) 악재 속에서도 수출이 호조를 보일 만큼 한국의 경제력은 월등히 강건해졌으나 한국의 대외적 태도는 다른 나라들로부터 원조를 받던 60년 전과 비교하여 성장한 바가 없다. 스웨덴, 덴마크, 노르웨이 같은 나라들이 1%까지 원조하는 것은 단순히 국정 철학이 그러하다거나 그네들의 인심이 후해서만은 아니다. 돈을 쓰지 않으면 국제적 발언권은 없다. 그런데 우리는 유엔 분담금마저 1억 3000만 달러나 밀려 있다. 탁월한 외교력을 원한다면 그를 실질적으로 뒷받침할 경제력과 함께 세계적으로 인정을 받을 국격을 갖추어야 한다.

국격은 국력이다. 그리고 한국이 국격을 갖출 때, 선진국 반열에 갓 진입해 오랜 선진국들과 쫓아오는 후발 경쟁국들 사이에서 아직 확고한 위치를 굳히지는 못한 한국의 불안정한 지위가 공고해진다. 국격이 있는 국가는 국민도 나라를 존중하며 외국도 그 국가의 존속을 바란다. 우리 한국이 국민들의 믿음과 신뢰를 이끌어낼 수 있는 국격, 외국의 존중을 받는 국격을 갖추도록 노력하는 것이 새 정부가 주력하여야 할 일이다.

참고문헌

미국노동성(2000). "Employment Effects of the Rise and Falls in Defense Spending".

박동형(1985). 〈한일 군사협력〉. 공군대학.

송화섭(2007). "한국의 대일 군사외교". 〈국방정책연구〉 75.

엄태암(2007). "한국의 대미 군사외교". 〈국방정책연구〉 75.

외무부(1985). 《한국외교 30년》.

육군사관학교(2001). "한국 안보정책의 이해: 과거, 현재, 미래". 《국가안보론》. 박영사.

이명찬(2007). "일본의 외교안보 정책에 나타난 네 가지 노선". 〈國際地役研究〉(RIAS: *Review of International and Area Studies*) 16(1) 봄호. 서울대학교 국제학 연구소.

타츠로 요다(2006). *Asian Survey* XLVI(6) (November/December).

Kim, Samuel S. (Ed.) (2000). *East Asia and Globalization.* Roman & Little field Publishers, Inc.

Pollack, Jonathan D., Lee, Chung-Min (1999). *Preparing for Korean Unification, Scenarios and Implications.* published by Rand.

Todd, Emmanuel (2000). "Apres L'empire." In Wonmo Dong (Ed.). *The Two Koreas and the United States, Issues of Peace, Security, and Economic Cooperation.* An East Gate Book. M. E. Sharpe, Inc.

국방부 자료. http://www.mnd.go.kr.

스톡홀름 국제평화연구재단. Stockholm International Peace Research Institute 자료.

외교통상부 자료. http://www.mofat.go.kr.

중국국가여행국 2007년까지 누계 자료. http://www.cnta.gov.cn.

중국국가통계국 2007년까지 누계 자료. http://www.ceic.gov.cn.

통계청 자료. http://www.nso.go.kr.

한국관광공사 2007년까지의 누계 자료. http://www.knto.or.kr.

한국무역협회 소속 국제무역연구원 2007년까지의 누계 자료. http://tri.kita.net.

한국수출입은행 2007년까지의 누계 자료. http://www.koreaexim.go.kr.

한국은행 자료. http://www.bok.or.kr.

13 지방자치발전의 과제와 전략

이승종

1. 서론

5·16으로 중단되었던 지방자치가 재개된 지 벌써 15년이 경과하였다. 1991년 재개될 당시에는 지방의회만 구성된 반쪽자리 지방자치라는 원초적 한계를 안고 출범하였으나 1995년에 이르러 지방자치단체장까지 민선함으로써 형식적으로는 최소한 지방자치의 온전한 외형을 갖추게 되었다. 그 이래로 지금까지 우리 지방자치는 많은 비판과 한계 속에서도 점진적 발전 속에 맥을 이어왔으며 그 결과 우리 사회에서 지방자치는 돌이키기 어려운 시대적 변화의 조류로 자리매김하기에 이르렀다. 그렇다고 해서 역대정부가 지방자치에 적극적이었던 것은 아니다. 군사혁명에 따른 지방자치의 중단이 그러하였고, 지방의회의 구성과 자치단체장 선거의 거듭된 연기는 한국정부의 지방자치에 대한 기피증을 단적으로 보여주는 것이었다.

지방자치가 전면적 화두로 대두된 것은 분권과 참여를 국정기조로 내세운 노무현정부에서 이르러서이다.[1] 과거의 정부가 지방자치에 대하여 소극적 내지는 수동적 자세를 보였던 것과는 달리, 노무현정부는 지방자치에 대하여 명백하게 적극적 입장을 천명함으로써 지방자치의 지지자들에게 많은 희망과 기대를 촉발하였다. 즉, 2003년 노무현정부는 분권추진기구로서 정부혁신지방분권위원회를 설치하여 지방분권 로드맵을 입안하였고 이를 실행하기 위한 다양한 정책방안을 추진하거나 검토하는 한편, 이러한 정책노력을 뒷받침할 제도적 장치로서 2004년 지방분권특별법을 제정하는 등 지방분권에 대한 적극적 의지를 명시적으로 천명하였다. 이러한 정책의지는 일단 그 적극성에서 과거의 정부에 비하여 상당히 전향적인 것으로 평가된다(소진광, 2005: 25).

그러나 전반적으로 볼 때 노무현정부의 분권정책 성과에 대하여는 기대가 컸던 만큼 실망 또한 큰 것이 현실이다. 즉, 지방조직권의 확장, 교부금의 확대, 참여제도의 확충, 제주특별자치도의 출범 등 나름대로의 성과에도 불구하고 전반적으로는 적극적 정책천명에 비교하여 지방정부의 자율성, 지방재정의 확충 등 주요 분권과제에서 획기적 성과가 나타나지 않았다는 것이 일반적 평가이다. 이와 같은 비판적 평가는 기본적으로 노무현정부가 분권정책을 추진함에 있어 핵심 전략과제에 역량을 모으기보다는 전방위적으로 분권과제를 추진함으로써 역량이 분산되어 상당수 과제가 명목적 성과를 내는 데 그치거나, 추진과정 중 합의도출에 실패하여 중단된 경우가 적지 않았던 데서 기인하는 것으로 보인다. 이에 더하여 기대에 못 미치는 성과의 원인으로서 노무현정부의 분권의지가 과연 천명한 만큼 있었느냐에 대한 의구심마저 제기되는 형국이기도 하다.

---

1) 노무현정부에서 분권은 종종 지방자치와 동의어로 쓰인다. 물론 엄밀히 말해서 분권과 지방자치는 동의어가 아니며 따라서 그와 같은 용어사용은 정확한 것이 아니지만, 분권이 지방자치의 필요조건이라는 점에서 볼 때 전혀 타당성이 없는 것도 아니다. 이를 감안하여 이하에서는 분권과 지방자치를 혼용하여 쓴다. 구체적으로, 분권과 다른 지방자치의 요소(예, 참여)를 병렬적으로 구분하여 사용하는 경우를 제외하고는 분권은 지방자치와 유사개념으로 사용된다.

우려되는 것은 이같이 역대 정부 중 분권에 가장 적극적이었던 노무현정부의 분권정책에 대한 회의적 평가가 동 정부가 추진하던 분권정책의 성과에 대한 평가로 끝나지 않고 분권 자체에 대한 회의적 시각에 힘을 실어주는 역작용으로 나타날 가능성이 크다는 점이다. 이러한 우려는 아직 우리 사회에서 분권적 사고에 익숙하지 않은 또는 집권적 사고에 젖어있는 집단이 적지 않다는 점을 감안할 때 현실적인 것이 된다. 실제로 노무현정부가 추진하던 분권정책의 상당수는 지방세원의 확장처럼 중앙의 집권세력과 분권진영과의 힘겨루기 과정에서 도태되거나 중단된 것이 적지 않았다는 점이 참고가 될 것이다.

분권에 대한 회의적 시각 내지는 반동적 움직임은 새롭게 출범하는 이명박 정부에서 더욱 걱정거리일 수 있다. 주지하다시피 새 정부는 다분히 노무현정부에 대한 비판적 시각이 반사적인 힘이 되어 출범하게 된 정부이다. 이러한 배경적 요인 때문에 새 정부로서는 과거의 정부 즉, 노무현정부를 대표하는 정책과 차별되거나 반대되는 정책에의 유인이 매우 클 것이다. 그리하여 새 정부는 분권보다는 집권을, 참여보다는 통제를 우선할 가능성이 없지 않다. 지방자치의 중요요소인 분권과 참여는 바로 노무현정부의 대표적 정책기조였기 때문이다. 물론 분권과 참여의 규범적 성격 때문에 명시적으로 분권과 참여에 대한 반대정책을 천명하기는 쉽지 않을 것이다. 그러나 분권과 참여를 공격하는 대신 보다 집권적이고 보다 통제적인 정책을 집중하여 추진함으로써 결과적으로 분권과 참여가 정책우선순위에서 소홀히 취급될 가능성이 농후하다. 분권과 참여를 경원시하는 입장을 취하기도 어렵겠지만 이를 적극적으로 표방하는 데도 태생적 한계가 있을 것이기 때문이다.

문제는 분권과 참여를 포함하는 지방자치가 어느 특정 정부의 성격에 따라 중단되거나 변질되어도 좋을 선택요소가 아니라는 점이다. 지방자치는 어느 특정 정부의 한시적 정책기조로 치부될 수 없으며, 앞에서 언급한 바와 같이 이제 지방자치는 우리 사회의 기축요소의 하나가 되었으며 따라서 보다 안정적이고 효과적 정착을 위한 지속적 노력이 요구되는 상황이다. 물론 정책의 구체적 수준과 내용은 정부의 전반적 정책기조와 조화되는 방향으로 조정과 변화가 필요할 것이다. 그러나 거시적 수준에서 지방자치의 필수요소인 분권과 참여 등에 관한 적극적 인식만큼은 지속되어야 한다. 그리고 이러한 요구는 새로 출범하는 이명박 정부의 탄생배경을 고려할 때 더욱 각별하다는 것이다.

이러한 인식을 바탕으로, 다음에서는 우리나라의 지방자치의 문제점을 간략하게 조망한 다음, 선진수준의 지방자치 정착을 위한 정책과제를 제시하고자 한다.

2. 한국 지방자치의 실태와 문제점

1) 지방자치란 무엇인가

지방자치의 선진화를 논하기 위해서는 먼저 지방자치에 대한 이해가 선행되어야 한다. 지방자치가 무엇인가에 대하여는 논자에 따라 차이가 있지만 일반적으로 "일정한 지역과 주민을 기초로 하는 공공단체가 지역 내의 공공사무를 지역주민 스스로 또는 대표를 통하여 처리하는 과정"으로 이해된다. 이러한 전통적 견해는 기본적으로 지방자치를 단체자치와 주민자치라는 두 가지 차원에서 파악하는 것이다. 여기에서 단체자치란 상위정부에 대한 지방정부의 자율성 측면에 관한 것으로서 상위정부와 지방정부 간의 분권/집권이 핵심문제가 되며, 주민자치는 지방정부에 대한 시민사회의 투입측면에 관계되는 것으로서 참여/통제가 핵심문제가 된다. 그리고 이러한 이해에 기초하여 지방자치는 상위정부로 부터의 "분권"과 지방정책과정에 대한 시민의 "참여"로 요약된다.

전통적 견해는 지방에 대한 제약이 대부분 상위정부로부터 오며, 따라서 상위정부로부터의 분권만 이루어지면 지방정부의 자율성이 확보될 것임을 암묵적으로 전제하고 있다. 그러나 지방정부의 자율성에 대한 제약은 상위정부 이외에도 지배집단, 타 지방정부, 심지어는 외국으로부터도 오며, 특히 현대 자본주의사회에서 기업을 중심으로 한 지배집단으로부터의 영향력을 배제한 자율성의 개념은 타당하지 않다. 전통적 견해는 이러한 점에서 한계가 있으며, 따라서 지방자치에 대한 적실한 이해를 위해서는 지방과 상위정부와의 관계(분권), 지방과 시민사회와의 관계(참여)에 추가하여 지방과 지배집단과의 관계(중립/종속)에 대한 고려가 추가되어야 한다. 이 요소는 단체자치, 주민자치 측면과 비교하여 '정부자치'로 명명할 수 있을 것이다. 여기에서 "중립"이란 지배집단과 일반시민간의 중간자적 입장을 의미하는 소극적 의미보다는 약자에 대한 고려를 의미하는 것으로서 '정의'와 관련된다.

나아가서 행정이념을 민주, 능률, 형평성으로 파악할 때, 분권과 참여는 민주성과 능률성에, 중립은 형평성에 우선적으로 관련된다. 그리고 지방행정은 이들 지방행정이념을 균형 있게 추구함으로써 최선의 주민복지의 증진과 지방경쟁력 강화효과를 기대할 수 있게 된다.[2)]

2) 실 태

개략적으로 우리나라 지방자치의 실태를 조망해보면 다음과 같다. 우선 미흡한 분권과 한정된 자원에도 불구하고 자치단체장을 중심으로 많은 지방정부들은 지역경제발전을 위한 정책노력을 가속화하였다. 일일이 거론하기는 어렵지만 국내외 기업유치, 기업애로 해소시책 도입, 특산품 개발, 농촌지원을 통한 농가소득 증대, 토산품, 지역축제 등을 통한 관광상품 개발, 교육지원 등 지방자치단체별로 다양하고 특색 있는

2) 이 절의 내용은 이승종(2005: 2~6) 내용을 요약정리한 것이다.

정책이 개발되고 시행되었다. 지방자치의 면모가 엿보이는 부분이다. 물론 다양한 시책 중에는 비효율적이고 낭비적이며 그야말로 실험적인 시책들이 없지 않다. 자주 지적되듯이 무분별한 지역축제의 남설은 대표적 예이다. 또한 자치단체장의 리더십에 따라 지역발전을 위한 정책노력의 정도와 수준에서 상당한 격차를 보이는 것 또한 한계이다. 그럼에도 불구하고 일단 현상을 적극적으로 타개하려는 지방의 노력은 높이 사야 한다. 지방자치의 맛을 느끼게 하는 부분이다.

행정의 효율화, 민주화를 위한 혁신노력도 감지된다. 주민발의, 주민소환, 주민소송, 주민투표 등 직접민주제의 전면적 도입 외에도 주민참여예산제의 확산, 민원편의개선을 위한 원스톱서비스 강화, 기업지원활동의 강화, 공공서비스에 대한 주민만족도 조사, 읍면동의 봉사기능 강화, 동통합 시행, 그 효과와 당위성에 대해서는 문제가 없지 않지만 공직근무분위기 쇄신을 위한 공무원 퇴출시책 등이 시도되었다. 혐오시설 설치를 중심으로 한 지방정부간 협력의 관행도 확산되고 있다. 최근에는 서울시에서 강남북간 세수불균형을 완화하기 위해서 구세인 재산세의 일부를 시세인 공동재산세로 전환하여 재정력이 열위인 자치구에 대하여 재정지원을 확대하는 시책이 도입되었다(2007. 7. 3). 물론 상대적 우위구의 반발이 있었지만 지금까지의 지방정부간 관계를 새롭게 할 중요한 변화라 하겠다. 그간 지방자치를 하나의 고립된 시각에서 접근함으로써 지방정부간 갈등이 일반화되고 협력관행이 드물었던 점을 고려할 때 그러하다.

지방의회의 활동도 점차 개선되고 있는 것으로 보인다. 경실련 지방자치위원회가 민선 4기 광역지방의회를 대상으로 한 평가는(2007. 7. 1) 행정사무감사, 예산심의활동, 의견수렴, 의정연수 참석, 내부토론, 권위주의 배격, 회의참석 등에서 광역의회의 성과나 자세가 과거에 비하여 진전된 모습을 보인 것으로 보고하고 있다. 한편으로 동 평가는 조례의 자체발의 및 청원처리 등에서 질적 개선이 이루어지지 못하였다고 지적하고 있으나 동시에 최소한 양적 측면에서는 개선되고 있다고 제시하였다. 이 평가로 미루어 볼 때, 대체로 지방의정 경험이 축적됨에 따라 지방의회의 행정감시 및 입법활동이 활발해지고 있는 것으로 판단할 수 있겠다.

주민의 참여활동도 활발해지고 있다. 광주 북구 등에서 주민참여예산제의 참여가 활성화되고 있고, 2006년 7월 제주특별자치도의 출범과 함께 법정기구화한 주민자치위원회를 통한 제주도에서의 주민참여의 적극화 움직임이 엿보이고 있으며, 최근 하남시 등 여러 자치단체에서 그 당위성에 대해서 논란이 있기는 하지만 주민소환운동이 전개되고 있는 것 등이 그 예이다. 물론 아직은 주민참여가 활성화되었다고 하기에는 미흡한 형편이며, 오히려 참여확산의 가능성이 높아졌다고 보는 것이 보다 정확한 진단일 것이다. 또한 혐오시설 유치과정에서 거의 예외 없이 일어나고 있는 주민반대운동에 대한 우려도 없지 않은 형편이다. 그럼에도 불구하고 주민참여는 확장되는 경향을 보이고 있으며, 그럴수록 지방차원에서 대의민주제의 보완책으로 도입된 직접민주제적 장치가 향후 어떻게 기능할 것인지 관심을 불러일으키고 있다.

앞에서 언급한 바와 같이 2006년 7월부터 제주도에서 특별자치가 시행되고 있다는 점은 특기할 만하다. 제주도는 다른 광역정부와 달리 자치권을 갖는 시군을 폐지하는 대신 행정시를 설치하여 단층제로 전환함과 동시에, 지방의회와 교육위원회를 통합하고, 특별지방행정기관을 도청으로 편입하였으며, 자치경찰제를 실시하는 등 기본적으로 다른 지방정부에 비하여 상당히 자율적인 지방자치를 시행하게 되었다. 물론 아직 특별자치라 하기에는 미흡한 부분이 있지만 제주도에 대한 특별자치제의 시행은 보다 본격적 형태의 자치제가 어떠한 성과를 갖게 될 것인지에 대한 하나의 시금석으로서 향후 우리나라 지방자치의 진화방향설정에 중요한 의미를 갖는다.

전체적으로 선진국과 비교할 때 지방자치의 후발국으로서 분명한 한계가 있지만 일천한 기간 동안의 성과라는 점을 고려할 때, 현재 우리나라 지방자치의 모습에 비관할 필요는 없을 것이다.

3. 문제점

앞에서 우리 지방자치의 모습의 긍정적 변화의 양상을 개관하였거니와 지방자치의 선진화를 위하여 해소해야 할 문제점은 다음과 같이 요약할 수 있다.

1) 분권에 경도된 지방자치

지금까지 우리의 지방자치는 중앙과 지방간 권력배분 즉, 분권에 초점을 맞추는 대신, 주민의 생활단위에서의 진정한 주민자치 내지는 주민참여에 대한 관심에 소홀하였다. 물론 중앙과 지방의 관계에서의 분권은 지역실정에 맞는 정책을 자율적, 창의적으로 펼쳐나가기 위해서뿐만 아니라 주민참여를 증진시키기 위한 필요조건으로서 중요하다. 그러나 아무리 분권이 이루어지더라도 분권화에 기반한 자율권의 행사과정에서 주민의 참여가 적절히 이루어지지 않는다면 지방자치는 '주민의 자치'가 아니라 '그들만의 자치' 즉, 공직자 상호간의 자치로 전락하게 된다.

또한 앞에서 제시한 바와 같이 지방자치가 분권, 참여와 함께 정책의 중립성을 구성요소로 포함하는 것이라 하였을 때, 참여에 대한 상대적 무관심만 아니라 정책중립성 측면에 대한 상대적 무관심도 문제시된다. 행정중심도시, 기업도시, 혁신도시, 각종 특구의 건설 등 다양한 개발정책은 그만큼 정책중립성을 훼손하는 정책으로서의 한계를 갖는다. 물론 이와 같은 정책은 대부분 중앙의 주도에 의해서 이루어지는 것이기는 하지만 대다수 지방정부들도 물론 개발지향을 보이고 있다는 점에서 이와 같은 경향에서 자유롭지 못하다. 요컨대, 전반적으로 우리의 지방자치 현장에서 정책중립성에 대한 고려는 적절히 이루어지지 못하고 있는 것으로 판단된다.

지방자치의 요소를 전통적 견해와 같이 분권과 참여로 이해하든, 또는 여기서 제시하는 견해와 같이 분권과 참여에 더하여 정책중립성을 포함시켜 이해하든, 여하튼 지금과 같이 분권에 경도된 자치는 부분적 자치일 수밖에 없다. 그럼에도 불구하고 그간 우리는 분권에 과도한 관심을 가지고 지방자치를 추진하였다. 물론 분권에 대한 우선적 관심은 분권이 지방자치의 우선적 요소라는 점, 분권이 진전되지 않은 국가들에서 우선적인 관심이 되고 있다는 점을 고려할 때 이해되는 측면이 없지 않다. 그러나 분권 외의 지방자치 요소에 대한 균형 있는 고려가 미흡한 채로 분권에 경도된 지방자치의 추구는 결과적으로 균형 있는 지방자치에서 기대할 수 있는 잠재적 성과의 발현을 방해하였음은 물론, 지방자치가 주민으로부터 경원시되어 자치 아닌 자치로 전락하도록 만든 한 원인이 되었다.

한편, 분권에 경도된 지방자치라 함은 분권의 필요성만을 강조한 나머지 국정통합성 확보의 필요성을 경시하려는 입장까지 포함한다. 지방이 국가로부터 격리된 별개의 정치단체가 아닌 이상 국가차원의 통합성을 확보하기 위한 어느 정도의 조정과 협력은 필요하다. 그러나 일각에서는 분권을 강조한 나머지 일체의 중앙의 개입을 경원시한다. 중앙의 조정과 평가기능까지 외면하려는 일부 지방자치단체의 태도는 단적인 예이다. 분권화의 진전이 미흡한 현실을 고려할 때, 분권에 대한 강조는 충분히 타당성이 있는 주장이다. 분권이 미흡한 상황에서 국정통합성을 운운하는 것은 그 자체가 분권의 진전에 장애가 될 우려가 있기 때문이다. 그렇다고 해서 분권지상주의가 수용되어야 하는 것은 아니다. 분권도 민주주의를 구성하는 하나의 요소라 할 때, 분권 역시 민주주의가 요구하는 타협과 관용의 정신을 동일하게 적용받아야 할 것이기 때문이다. 더욱이 국정통합성의 필요를 인정하지 않는 분권지상주의는 집권론자와의 간극을 확장하여 오히려 분권진영의 입지를 더욱 좁히게 될 우려마저 없지 않다.

생각컨대, 지방자치의 궁극적 목표가 국민의 삶의 질 향상에 있다고 할 때, 분권이나 집권에 치우치기보다는 양자간의 적절한 균형을 통하여 장점이 발현되도록 하는 것이 바람직할 것이다. 이러한 지적은 집권과 분권의 연장선상에서 적정수준의 분권추구를 요구하는 것과 같다. 다만, 현실은 과거의 집권관행과 분권에 대한 저항으로 여전히 과소분권 상황이라는 점을 인식하여 국정통합노력을 부인하지 않되 지속적 분권화의 필요성을 인정하여야 할 것임은 물론이다.

2) 효율성 우선의 지방자치

지방자치가 효율성을 배척하는 것은 아니다. 그러나 지방자치의 일차적 가치(또는 장점)는 효율성에 있지 않다(최병선, 1989). 물론 지방자치가 규모의 효율에 배치되는 측면이 없지 않지만, 공공선택론자들이 주장하듯이 다양한 지방간 경쟁을 통한 경쟁효율이나, 구체적 현실에 맞는 자원의 효과적 배분에 따른 효율을 생각한다면 지방자치가 반드시 효율과 배치되는 것은 아니며, 오히려 효율친화적 측면도 상당하다고 할 수 있다. 강조할 것은 지방자치가 효율친화적이든, 효율배치적이든 지방자치의 일차적 가치는 효율성보다는 민주성에 있다는 점이다. 밀(J. S. Mill, 1861, recited)이 주장하듯이, “지방민주주의는 중앙차원에서와는 다르고 보완적인 방식으로 시민들에게 자유와 지역정체성을 부여”하는 도구이다. 지방 차원에서의 민주주의를 통하여 지방은 지역실정에 맞도록 다양성을 추구할 수 있고, 공공서비스를 제공할 때 지역주민의 선호를 보다 잘 반영할 수 있게 된다. 물론 지방자치를 함에 있어서 폐쇄적 지방을 근거로 한, 지역과두권력의 폐해에 대한 우려가 없는 것은 아니다. 그러나 지역시민사회의 성장과 중앙의 적절한 지원과 조정을 통하여 폐해보다는 지방에서의 민주적 개혁(*democratic renewal*)의 가능성에 눈을 떠야 한다(John, 2001: 3). 공식적 정부기구를 넘어서, 비공식적 차원의 파트너십, 정책 네크워크를 통한 지역 차원의 거버넌스가 작동할 경우, 지방은 진정으로 주민의 이익에 잘 봉사하는 현장이 되고, 이에 따라 총체적 국가경쟁력 또한 신장될 수 있을 것이다. 그럼에도 불구하고, 우리는 지방자치를 볼 때 흔히 효율성의 렌즈를 들이대고 지방자치가 비효율적이니 부패에 취약하다는 등의 비판을 쉽게 한다. 이와 같이 효율에 경도된 관점을 지방자치에 적용하는 데 따르는 폐해는 명백하다.

우선, 지방자치의 일차적 가치 내지는 장점이 민주성의 확보임에도 불구하고 지방정부로 하여금 효율성을 우선적으로 추구하게 한다. 이른바 '지방경영'에 대한 압박요인이 지속되고 있는 것이 그 증거이다. 문제는 경영 적임자로 선임되지 않은 지방공직자들이 효율성에서 상대적 성과를 내기 어렵다는 점이다. 둘째, 민주성 개선을 위한 노력을 소홀히 하게 하는 폐해이다. 요컨대, 민주화를 위한 투쟁으로 점철된 한국 현대사를 돌이켜볼 때 지방차원의 민주화를 의미하는 지방자치에서 민주성을 경시하는 것은 문제가 아닐 수 없다.

3) 획일화된 지방자치

지방자치는 지방이 자율권에 기초하여 지역실정에 맞는 시책을 자율적, 창의적으로 시행하도록 허용하는 제도적 장치이다. 그럼에도 불구하고 우리나라는 여전히 중앙의 과도한 개입으로 전국적으로 획일화된 지방자치를 시행하고 있다. 지방입법권의 제약, 지방과세권의 제약은 물론이거니와 지방자치단체의 여건과 종류에 상관없이 모든 지방자치단체가 동일하게 기관분립형(단체장-지방의회) 정부형태를 갖고 있는 것이 단적인 예이다. 이같이 획일화된 지방자치의 근본적 원인은 미흡한 분권 때문임은 물론이다.

분권이 충분하지 못하여 획일적 지방자치가 시행되고 있다는 지적은 앞에서 분권에 경도된 지방자치 추진이 문제점이라는 지적과 연관시켜 볼 때, 심각한 문제가 아닐 수 없다. 즉, 분권을 우선하여 추진하였음에도 불구하고 실제 분권 수준이 미흡하여 획일적 지방자치가 시행될 수밖에 없기 때문이다. 역점을 두고 추진한 분권이 그러하다는 것은 역설적이다. 오히려 노무현정부에서 괄목할 만한 진전을 이룬 것은 분권이 아니라 참여 측면이다. 과거 오랫동안 논란이 되었던 직접민주제의 도입에서 획기적 진전이 이루어졌기 때문이다. 구체적으로, 주민투표제(2004. 1), 주민발의제(조례제정청구제 2005. 1), 주민소송제(2005. 1. 27), 주민소환제(2007. 7) 등의 제도화가 한꺼번에 이루어졌다. 이들 중요 참여제도의 도입을 통하여 지방정책 과정에서 주민의 참여 가능성이 한층 고양되었다. 다만, 도입된 각 제도의 미비성, 형식적인 제도화의 성과를 좌우할 시민적 교양의 문제, 정책과정에서의 일상적 참여문제, 근린차원에서의 참여문제 등은 여전히 숙제로 남겨진 상황이다. 다른 한편, 분권이 제약된 상황에서 참여의 활성화가 과연 얼마만큼 실질적 정책성과를 낼 것인가에 대한 회의적 시각 역시 과제로 남아있다. 국가적 통일성의 확보도 중요하지만 지역실정에 맞추어 다양성을 보장하지 않는 지방자치는 지방자치의 본질에서 벗어나는 것이라는 데 대한 인식이 필요한 시점이다.

4) 위축된 근린자치

우리나라의 기초자치단체의 구역은 다른 국가에 비교하여 볼 때 상대적으로 큰 편에 속한다. 1공화국 당시 과거 시읍면 단위의 자치제로 출범하였으나, 5·16 이래 효율성을 강조하여 보다 큰 규모의 자치단위 즉, 시·군 자치제로 이행하였다가 다시 현재와 같은 시군구 체제로 전환함으로써 전체적으로 기초자치단체의 구역이 확장되었다. 이렇듯, 규모가 큰 기초자치단체의 구역은 규모의 경제에는 도움이 되는 측면이 있으나 근린차원의 주민참여가 활성화되지 못하는 근본적 문제를 내포하고 있다. 자치구역이 클 경우, 주민은 참여주체가 되기 어렵고 행정객체로 전락할 수밖에 없다.

물론 시·군·구 관할구역 내부에 주민과의 접점으로 기능할 수 있는 읍·면·동이 있으나, 기본적으로 이들은 행정단위일 뿐 효과적 주민참여의 통로로 작동하지는 못하고 있다. 대개의 경우 읍·면·동별로 주민자치위원회가 설치되어 주민자치활동의 매개가 되도록 제도화되어 있으나, 실제로는 주민자치센터의 운영위원회로 전락된 상황으로서 읍면동 또는 근린 단위에서의 참여활동은 매우 미흡한 실정이다. 앞에서 언급하였듯이 지방자치의 일차적 가치가 능률성보다는 민주성 확보에 있고, 그와 같은 민주성의 확보는 실제적으로 근린차원에서의 참여에 기반하는 것이라 하였을 때, 현재와 같이 과대한 기초자치단체 규모는 분명히 한계가 있다.

그럼에도 불구하고 최근까지의 움직임은 이러한 문제점의 해결방향이 아닌 반대방향으로 달려왔다. 우선, 1996년 이래 읍·면·동 기능전환을 통하여 주민과 보다 가까운 접점인 읍면동 기능의 상당 부분을 시군구로 이관하였다. 이에 따라 주민의 관심이 동에서 멀어지고 근린 차원의 참여기반 역시 약화되었다. 정치적 활용의 폐단에도 불구하고 근린차원의 참여기제의 잠재력을 지닌 반상회는 점차 해체 내지는 약화되었고, 새로 설치된 읍·면·동 단위의 주민자치위원회는 당초 취지와는 달리 주민자치의 매개체로서 기능하기보다는 주민자치센터의 운영위원회로 전락하였다. 나아가서, 정치권에서는 교통, 통신발달 등을 이유로 들면서 지방자치구역을 확장하려는 움직임을 보이기까지 하였다. 전국을 50~60개의 광역시로 재편하려는 구상은 대표적 예이다. 물론 이와 같은 구상도 교통, 통신의 발달에 따라 지방행정의 효율적 침투범위가 확장되는 측면이 있는 한, 타당성이 전혀 없는 것은 아니다. 문제는 이러한 구상을 제시할 때 필연적으로 손상되기 쉬운 민주성의 보완에 대한 고려가 수반되었어야 한다는 것이다. 그러나 대개의 구상은 이런 측면에 대한 충분한 고려를 포함하지 않은 채 논의되었다. 이렇듯 근린차원에서의 주민참여에 대한 정책적 고려가 실종된 상황에서 건강한 지방자치의 착근을 기대하기는 어렵다.

지금까지 우리나라 지방자치의 문제점을 분권경도, 효율우선, 획일성, 근린자치 위축으로 규정하였거니와 이는 결국 분권과 참여의 미흡으로 요약할 수 있다. 효율성의 강조는 분권에 비판적 입장으로 연결되고, 근린자치의 실종은 효율성의 강조와 연관된다는 점에서 쉽게 이해할 수 있다. 문제는 이와 같이 분권과 참여가 미흡한 상황에서는 이들 가치를 둘러싼 정치 참여자간의 소모적 갈등이 커지기 십상이라는 점이다. 즉, 분권을 확장하려는 지방정부와 분권에 소극적인 중앙정부 간의 갈등, 참여의 신장을 요구하는 주민과 참여에 소극적인 지방정부 간의 갈등, 효율을 강조하는 집행기관과 민주를 강조하는 의결기관과의 갈등, 그리고 집권구조 하에서 중앙으로부터 상대적 이익을 확보하려는 지역간의 갈등 등이 끊이지 않게 되는 우려가 있다. 이와 같이 갈등으로 규정되는 상황에서는 지방자치에 대한 애정보다는 회의가 팽배할 수밖에 없게 되고 이에 따라 국민의 삶의 질 향상에 기여하는 선진적 지방자치의 실현은 요원하게 될 것이다.

4. 지방자치 선진화를 위한 정책과제

앞에서 우리나라 지방자치의 문제점을 살펴보았다. 이와 같은 문제점을 종합적으로 고려하여 선진적 지방자치를 구현하기 위한 기본방향과 과제를 다음 몇 가지로 나누어 제시한다.

1) 분권과 통합의 자치기반 강화

지방자치의 선진화를 위해서는 분권지상주의를 탈피하여 분권의 요구와 국정통합성의 요구를 적절히 조화시킬 수 있도록 적정 수준의 분권이 이루어져야 한다. 이때 미흡한 분권수준의 개선노력을 지속하되 국정통합을 위한 최소한의 요구를 수용해야 한다.

이를 위해서는 우선 분권화를 위한 중앙정부의 적극적 자세가 필요하다. 그간의 분권화에 대한 지방의 평가는 상당히 비판적이다. 민선4기 출범 1년에 즈음하여 한국지방자치학회, 전국시장군수구청장협의회, 조선일보가 시행한 설문조사에서(조선일보 2007. 7. 3), 기초자치단체장과 지방공무원들은 현재의 지방분권 정도를 10점 만점 중 5.1점에 그친 것으로 평가했다. 분권에 대한 노무현정부의 적극적 의지표명에도 불구하고 분권성과에 대한 지방의 평가는 높지 않다. 피분권주체인 지방정부의 입장에서 분권수준에 대하여 부정적 평가경향을 갖는다는 점을 감안하더라도 문제가 있어 보인다. 더 큰 문제는 응답자들이 분권화가 제한적인 원인으로서 "현 정부가 중앙정부 또는 중앙 정치권과의 마찰을 우려해 적극적으로 지방분권을 추진하지 못했다"고 지적한 점이다. 구체적으로 응답자의 28%는 '매우 그렇다', 50%는 '대체로 그렇다'고 답하여, 총 78%가 중앙정부의 의지부족을 분권의 지체요인으로 지목한 것으로 나타났다. 지방이 체감할 수 있는 수준의 분권이 이루어지도록 중앙의 전향적 자세가 요구된다. 그렇지 않을 경우, 중앙과 지방 간의 상생적 협력 대신 상대적 권력과 위상 확보를 위한 갈등이 증폭되어 결과적으로 국가경쟁력이 약화되고 주민복지가 훼손될 것이기 때문이다.

지방분권을 강화하는 만큼, 국정통합을 위한 조정장치가 필요하다. 지방분권이 필요하다고 해서 지방이 국가로부터 독립하여 나가는 것이 아닌 한, 국정통합을 위한 중앙의 기본적 역할은 필요하다. 따라서 지방정부는 중앙의 지방에 대한 일체의 간여를 배제할 것이 아니라 필요한 최소한의 간여를 수용하고 협력해야 한다. 이와 관련하여 행정자치부의 위상정립이 중요하다. 최근 분권화의 천명과정에서 행정자치부의 지방기능이 약화되었다. 그러나 불필요한 권한의 최대한 지방이양을 전제로 할 때, 행정자치부의 국정통합을 위한 조정, 평가, 재정지원, 정보제공 기능은 유지되는 것이 바람직하다. 아울러 국정과정에서 지방의 이익을 통합적으로 대변하는 기능도 유지되어야 한다. 이러한 기능은 향후 행자부의 기관구성이 어떤 형태로 되느냐와 무관하게 필요한 것이라 사료된다. 지방으로서도 다양한 입장의 차이를 대승적 차원에서 결집, 조정하는 매개체로서 4단체 협의회의 기능을 활성화하는 것이 바람직하다.

구체적 추진과제는 다음과 같다. 첫째, 지방의회의 조례제정권이 강화되어야 한다. 현행법상 지방의회의 의결범위는 상당히 제한적이다. 이를 개선하기 위하여 ① 지방자치법 9조 2항 단서 조항(다만, 법률에 이와 다른 규정이 있는 경우에는 그러하지 아니하다)의 삭제, ② 동 법 15조 1항의 "법령의 범위 안에서"는 지방사무와 관련한 모든 사무에 대하여 법률규정이 있을 수 없으므로 "법률에 위배되지 않는 한"으로 개정할 것 등이 요구된다.

둘째, 국가입법 과정에 지방의사를 투입할 수 있는 기제를 마련할 필요가 있다. 현재, 지방정부가 직접적 이해관계를 가진 법률의 제정과정에서조차 지방의사의 투입기제는 원활하지 않고 이에 따라 지방정부는 중앙정부의 집행기관화하는 한편, 지방의 자발적 협조확보곤란으로 효과적 법률집행이 어려운 문제가 있다. 그러므로 지방관련 사안에 대하여 지방자치단체연합에 법률제안권을 부여하는 등의 조치가 필요하다.

셋째, 지방의 자주재정기반을 구축해야 한다. 현재까지 지방정부의 재정자립도는 저하되고 있으며(1996년 62.2%에서 2005년에는 56.2%로 6.0%로 저하), 지방교부세는 1999년까지 내국세총액의 13.27%였다가 현 정부에서 20%로 인상되었으나 양여금을 재원으로 활용한 때문에 총 이전재원은 같은 실정이다. 이와 같이 지방재정이 열악한 가운데, 자주재원이 아닌 이전재원 중심으로 지방재정을 운영됨에 따라 그 운용상 도덕적 해이현상마저 일어나고 있다.

셋째, 현 정부가 다양하게 추진하고 분권과제 중에서 핵심과제라 할 수 있는 자치경찰제의 시행, 교육자치제의 개선, 특별지방행정기관의 정비, 제주특별자치도 정착 등 과제를 지속적으로 실행하여 분권노력의 쐐기효과를 기해야 한다.

넷째, 지방정부에 대한 중앙정부의 평가를 적정화해야 한다. 일부 분권론자들은 지방에 대한 중앙의 평가가 지방자치 정신에 위배되는 것이라면서 반대하고 있다. 그러나 지방의 자율성만큼이나 국정통합성의 확보도 필요한 것이므로 국정통합성 확보를 위한 지방정부에 대한 평가는 필요하다. 다만, 과다한 평가에 따른 지방의 과중한 업무부담을 방지하기 위하여 평가의 통합화가 정착되어야 한다.

2) 근린중심의 참여자치기반 구축

지방자치의 중요요소인 주민참여의 활성화가 필요하다. 이는 분권에 경도된 지방자치 하에서 상대적으로 성숙되지 않은 주민참여의 기반 및 활동을 보완하기 위한 것인 동시에, 지방자치는 민주성에 우선적 가치를 두어야 한다는 요청에 부응하는 것이다. 그러나 주민참여의 당위성에 대한 구호는 높은 반면, 실제로 정책과정에서 주민은 소외되고 있다. 물론 앞에서 언급한 바와 같이 과거에 비하여 참여제도가 많이 도입되었으며 실제 참여의 증대가 감지되기도 한다. 그러나 절대적 수준에서 볼 때, 여전히 참여가 과소하다는 것이 객관적 평가라 하겠다. 따라서 참여활성화를 위한 정책노력이 요구된다.[3] 앞에서 언급한 바와 같이 최근까지 주민투표제 등 직접민주제가 전면 도입됨으로써 참여환경이 많이 개선되었다. 그러나 이와 같은 제도들은 일상적 참여제도이기보다는 비상적 참여제도로서 한계가 있을 뿐 아니라, 제도의 세련화가 필요한 실정이다. 나아가서, 구체적 정책과정에서 주민참여가 일상화되도록 참여제도 전반에 대한 점검이 필요하다. 그렇게 함에 있어서 제도의 마련이 시민 활력화를 보장하는 것은 아니라는 인식도 필요하다. 제도의 효율적 운용에 보다 관심을 기울여야 한다. 또한 시민운동단체에 대한 시설, 정보, 재정지원을 통하여 주민참여를 지원하고 고양시키는 효과를 기대할 수도 있다.

물론 참여에도 문제가 있을 수 있다. 자칫 주민참여가 협력적, 공익적, 생산적이기보다는 갈등적, 사익적, 비생산적 활동으로 경도될 우려가 없지 않기 때문이다. 이를 방지하기 위해서는 참여하는 주민의 의식을 보다 민주적으로 개선하기 위한 시민교육이 필요하다. 주민참여가 지방자치 발전에 기여하도록 하기 위해서는 참여수준의 확대뿐 아니라 참여내용의 건전화가 동시에 요구된다. 이를 위하여는 시민으로 하여금 참여의지(*activism*)만이 아니라 소양(*information*)을 동시에 소유한 '교양시민'이 되도록 육성하기 위한 시민교육이 요구된다. 즉, 참여함에 있어서 공공문제에 대한 지식과 이해를 갖고 공익적 입장에서 참여하는 시민성을 확립하기 위한 노력이 요구되는 것이다.[4]

---

3) 구체적으로 참여활성화와 관련하여 지방정부는 ① 참여에 대한 수용성 증대, ② 참여제도의 확장노력(직접참여제의 수용, 지수권, 옴호형위원회, 공동생산 등), ③ 참여에 대한 적절한 대응능력 함양 등이 요구된다.

4) 시민교육의 요구와 관련하여 Schachter (1995)는 이상적 민주사회의 기능화를 위해서는 정부만이 아니라 시민혁신(*reinventing ourselves*)이 필요하다고 주창하였다. 이는 과거 Osborne과 Gabler가

문제는 방법이다. 다양한 시민교육방법이 있겠으나 가장 효과적인 방법은 참여활동 그 자체라는 것이 고래의 정설이다. 참여를 통하여 시민의 참여의지가 강화되고 상대방의 입장, 공적이해를 존중하는 교양이 길러지게 될 것이다. 이러한 관점에서 보더라도 참여제도의 확충과 참여활성화는 중요하다. 이러한 관점에서 볼 때, 지방정부는 성가시더라도 주민참여가 협력적, 공익적, 생산적인 것이 되기 위한 노력으로서 주민참여를 적극적으로 권장하고 수용하여야만 한다.

주민참여의 활성화를 추구할 때 특히 강조할 것은 주민과 근접권에 있는 근린단위에서의 참여에 일차적 관심을 가져야 한다는 것이다. 앞에서 언급한 바와 같이, 우리나라에서는 근린단위의 참여에 대한 설계가 매우 약하여 가장 활발할 수 있는 단위에서의 참여가 침체되어 있다. 이때 참여의 가능성만을 고려한다면 근린단위의 범위는 좁을수록 좋을 것이다. 그러나 참여의 효율성을 고려할 때 현실적으로 읍면동 단위의 주민대표체계의 정비 및 활성화를 기하는 것이 바람직하다. 이를 위해서는 우선 읍면동 단위 주민대표체계의 정비가 필요하다. 구체적으로, 사실상 주민자치센터의 운영위원회로 전락한 주민자치위원회가 진정한 지역주민자치 활동의 중심체로 기능하도록 개편함으로써 근린차원의 주민대표체계를 재정립해야 한다. 이때 주민자치위원회의 구성방식을 읍면동장 위촉제에서 반장→통리장→자치위원회로 이어지는 축차적 호선방식으로 전환하거나 위촉제와 병행하는 것이 바람직하다. 이렇게 할 경우, 현재 주민자치위원과 통리장으로 이원화된 대표체계를 일원화하는 효과를 기대할 수 있다. 현재는 통리장과 주민자치위원회가 별개의 절차로 구성 및 운영됨으로써 근린차원의 주민대표체계에 근본적 혼선이 있다. 주민자치위원회와 지역에서 활동하는 시민운동집단을 연계하는 것도 적극적으로 고려해야 한다. 이렇게 함으로써 주민참여와

정부운용의 패러다임이 혁신적으로 변화해야 된다(*reinventing government*)고 주창한 것에 대한 대응으로서 주목된다.

시민운동집단의 활동을 보다 생산적인 것으로 유도할 수 있을 것이다.

한편, 읍·면·동 단위의 참여활성화를 위해서는 현재 기능이 위축된 읍·면·동의 기능을 강화할 필요가 있다. 이익과 권한이 없는 곳에서 참여가 신장되기를 기대하기는 어려운 노릇이기 때문이다. 그러나 현재는 예외 없이 읍면동보다는 시군구 본청에 기능, 인원이 집중된 형국으로 근본적 정책전환이 필요하다. 지방정부의 강점이 주민과의 근접성이라 할 때, 주민과 지근거리에 있는 읍·면·동의 기능과 인력을 강화하는 것은 당연하다.

3) 지방정책의 중립성(형평성) 확보

분권화된 지방의 자원은 지역주민 일반의 복지를 위하여 공평하게 배분되어야 한다. 이를 위해서 지방정부는 정책이 우위계층에 우선적으로 봉사하는 것이 되지 않도록 정책중립성을 유지해야 한다. 지방정부가 정책중립성을 유지하지 않는 상황에서 지방정책의 형평성이 확보될 수 없다. 이런 의미에서 앞에서도 밝혔지만 정책중립성은 정책형평성과 궤를 같이 하는 것이다. 이와 같은 요청은 지방자치에서 민주성의 요청에 따라 주민참여를 활성화하더라도 정책형평성이 자동적으로 확보되는 것은 아니기 때문에 중요하다. 이는 주민참여가 반드시 형평성을 수반하는 것이 아니라는 점, 정책형평성에는 참여 외에 다른 여러 요인들이 연관된다는 점에서 쉽게 이해가 된다. 특히, 경제적 요인에 따라 사회적 불평등 요소가 확산된 현대자본주의사회에서는 중앙과 지방을 막론하고 정책형평성의 확보는 더욱 어렵다. 그렇기 때문에 더더욱 지방자치를 시행함에 있어 민주성과 효율성에 대한 고려만이 아니라 정책형평성의 확보에 대한 특별한 관심이 경주되어야만 한다. 불행히도 지방정부의 정책에 있어서 계층중립성을 기대하기는 쉽지 않다. 한정된 자원에서 다른 자치단체들과 경쟁하는 상황에서 지방정부는 재분배정책보다는 지역경제력 강화를 위한 개발정책에 우선하려 할 것이기 때문이다. 지방정부가 성장연합(*growth coalition*)의 도구로서 기능한다는 주장이나 (Molotch, 1981), 지방정부의 재분배정책성향은 재정력이 강할수록 강하다는 역설의 제시는(Peterson, 1981) 공히 지방정부의 정책중립성 확보가 쉽지 않은 현실을 잘 지적하는 것이다.

한국 지방정부에서도 이러한 관찰은 크게 틀리지 않다. 대개의 지방정부는 복지정책보다는 개발정책의 확산에 적극적이다. 물론 현실적으로 복지정책 시행을 위한 재정적 기반이 취약한 점, 복지정책의 상당 부분은 중앙정부가 담당하고 있는 점, 지방의 안정적 성장기반의 구축을 위해서는 성장위주의 정책이 불가피하다는 점 등을 고려할 때 개발지향의 지방정부를 매도할 수는 없다. 그렇다고 해도 개발일변도의 정책정향이 바람직한 것은 아니다. 개발일변도의 정부는 정책적으로 중립적이지 않으며 차별적이다. 개발정책은 지주, 개발업자 등 지배집단의 이익에 우선적으로 기여하는 정책이기 때문이다. 그러므로 지방정부는 지방의 정책이 주민 일반의 이익에 보다 기여하도록 하기 위해서 과도한 개발정책을 자제해야 한다. 또한 개발정책 추구시 정책과실이 주민 일반에 확산되도록 정책설계를 해야 한다. 또한 개발정책의 부작용을 보완하기 위해서라도 복지정책을 강화해야 한다. 이와 관련, 자율적 복지시책 강화의 기반으로서 지방의 자주재정이 확충되어야 함은 물론이다.

둘째, 지방행정관료의 자율성이 강화되어야 한다. 정치적 고려가 지배할 수밖에 없는 선출직 공무원에 비하여 임명직 관료는 정치적 고려보다는 전문적 지식과 법규에 기반하여 보다 중립적 입장에서 업무를 수행하고자 하는 경향이 클 것이기 때문이다. 그러므로 행정관료의 정책자율권을 확대함으로써 지방행정을 보다 중립적인 행정으로 유도하여야 한다. 이와 관련하여 지적할 것은, 지방행정관료의 신분안정성을 과도하게 흔드는 것은 바람직하지 않다는 점이다. 신분이 불안한 상황에서 행정관료가 중립적 행정을 하기를 기대하기는 어려운 노릇이기 때문이다. 그럼에도 불구하고 최근 일부 지방정부는 무능, 태만 공무원의 퇴출이라는 명분으로 지방행정관료의 신분을 불안하게 만들고 있다. 이러한 움직임은 정부에 대한 불신이 확산되는 와중에서 언론보도와 맞물려 상당한 반향을 얻고 있다. 그러나 일부 문제 공무원의 퇴출 필요성을 부인하기는 어렵지만, 그럼에도 불구하고 자칫 그와 같은 제도를 통하여 중립적 입장에서 행정을 수행하려는 대다수 공무원의 책임행정의지를 꺾게 된다면 득보다 실이 클 것이다. 오히려 행정관료의 자율권을 신장하고 신분안정성을 보장하여 민익에 적극적으로 봉사하도록 분위기를 조성하는 것이 필요하다.

행정관료의 자율권을 강조한다고 해서 행정관료의 자율권 강화가 자동적으로 중립적 행정으로 귀결될 것으로 전제하는 것은 아니다. 그렇기 때문에 자율권 강화에 따라 유발될 수 있는 관료적 일탈을 방지하기 위한 합리적 통제체제의 강화가 수반되어야 한다. 그러나 통제체제의 강화는 어디까지나 자율권이 전제되어야 한다는 데 대한 인식이 필요하다. 현재 우리의 관료 특히 지방행정관료는 자율권이 약한 상황에서 통제만 강한 모순적 위치에 있으며, 이야말로 공직무사안일의 근본원인이 되고 있어 시정이 요구된다.

4) 다양한 지방자치 기반의 형성

지방자치의 요체는 지방의 실정에 맞게 각 지방이 자율성에 기반하여 창의성을 발휘할 수 있게 하는 데 있다. 그러나 현재 지방자치제도는 다양성을 인정하기보다는 획일적 통일성의 확보를 기조로 하고 있는 것이 현실이며 개선이 요구된다.

첫째, 지방자치단체의 기관구성은 지역실정에 맞는 다양한 기관형태가 채택될 수 있도록 허용해야 한다. 현재 우리나라 지방자치단체는 자치단체의 종류, 규모, 지역실정과 무관하게 단체장-지방의회를 축으로 하는 기관분립형 조직을 획일적으로 채택하고 있다. 그러나 자치단체의 종류, 규모나 지역실정에 따라 효과적인 기관구성 형태가 다를 것이라는 점을 상정할 때 현재와 같이 획일적인 기관구성형태를 적용하는 것은 문제가 있다 하겠으며 향후 지방자치단체의 기관구성 자율권을 신장시킬 필요가 있다.

이와 관련 기본적으로 지방자치단체가 자율적으로 기관구성형태를 채택하도록 되어 있는 미국의 경우가 참고가 된다(〈표 13-1〉). 또한 장기간 위원회제(*council system*)를 획일적으로 채택하여 온 영국이 2000년대 들어와서 위원회제와 기관분립형을 조합한 4가지 기관형태 중에서 지방이 자율적으로 채택하게 한 것도 참고가 된다. 우리의 경우, 최소한 시·군과 대도시 자치구의 기관구성을 동일하게 적용할 것인가에 대한 검토부터 시작할 필요가 있을 것이다.

거시적 기관형태의 자율성 확대와 아울러 지방조직의 세부적 자율성

〈표 13-1〉 미국의 다양한 지방정부 형태

인구	도시 수	시장-의회형 (*mayor-council*) (%)	의회-매니저형 (*council-manager*) (%)	커미션형 (*commission*) (%)	타운미팅형 (*town meeting*) (%)
100만 이상	6	100	—	—	—
50~100만	17	71	29	—	—
25만~50만	34	50	44	6	—
2.5만~25만	1,003	36	57	5	2
1만~2.5만	1,529	46	43	3	8
1만 이하 (2,500이상)	4,009	64	26	2	8
계	6,598	56	35	2	7

확대도 필요하다. 물론 과거에 비하여 지방조직의 자율권은 많이 신장되었다. 부단체장을 제외하고는 지방공직자 대부분이 지방직 공무원으로 충원되는 것은 지방조직 자율권 확장의 좋은 예이다. 최근에는 보다 획기적인 조직자율권의 확대시책으로 지방이 인건비 총액 내에서 정원과 직급을 자율적으로 책정하는 총액인건비제가 시행되고 있다. 그러나 실제로는 지방의 방만한 정원관리를 제어한다는 취지에서 자치단체 종류별 정원기준의 설정, 상위직급 설치에 대한 규제 등으로 총액인건비제의 당초 취지가 충분히 반영되지 않고 있다. 명실상부한 총액인건비제의 취지가 살아나도록 전향적인 조치가 필요하다.

둘째, 기관구성의 자율성 강화에 더하여 지방자치단체의 규모와 역량을 감안하여 차등적 분권을 적극적으로 적용할 필요가 있다. 미국의 부분선점제(*partial preemption*), 영국의 모범자치단체제(*Beacon Council*) 및 최고가치제(*best value*), 일본의 특례시제도, 북유럽 국가에서의 자유자치단체실험(*free commune experiment*) 등은 차등분권의 대표적인 적용 예이다(하혜수 · 최영출, 2002). 지금까지 우리나라는 인구기준에 의한 차등분권제를 시행하였지만 인구 기준 외에 지방의 수권능력과 의지를 고려한 차등분권제의 도입이 필요하다. 현재 인구 기준 외의 정치적 결단으로 차등분권을 적용한 예는 2007년에 제정한 제주특별자치도이다. 차등분권제를 적절히 활용할 경우, 잔여 지역과의 통합성 및 형평성 측면에서 문제를 야기하는 광역시를 폐지하는 대신 대도시의 위상에 걸맞은 분권으로 가름할 수도 있을 것이다. 차등분권제를 적용할 때는 차등의 근거가 될 평가의 공정성과 합리성을 제고하는 한편, 하향식 차등화보다는 지방정부의 신청주의에 입각하는 것이 바람직할 것이다(이승종, 2005: 371). 첨언할 것은 차등적 분권이 자칫 분권의 제약논거로 활용될 우려가 없지 않다는 것이다. 그러므로 차등분권을 하는 경우에라도 자치능력과 의지에 무관하게 지방자치단체의 존립에 필수적인 사항에 대한 분권화는 공통적으로 이루어져야 할 것이다.

셋째, 우리 지방정부는 광역정부와 기초정부의 기능중복이 심하다. 이른바 보충성의 원칙을 거론하지 않더라도 광역정부는 기초정부가 수행할 수 없거나 수행하는 것이 효과적이지 않은 기능, 기초정부간 조정이 필요한 기능, 기초정부에 대한 지원기능 등을 우선적으로 수행하는 것이 마땅하다. 이러한 지적은 광역정부가 기초정부의 사무와 구분되는 고유한 광역적 기능을 수행해야 함을 말하는 것이다. 그러나 현재 광역정부는 고유한 광역적 기능보다는 주로 연락, 종합, 조정기능을 수행함으로써 광역정부와 기초정부의 기능중복이 크고 이에 따라 자원낭비가 큰 실정이다. 광역정부가 하는 일은 기초정부가 하는 일의 종합 이상도 이하도 아니라는 지적도 제기되고 있는 형국이다. 이와 같은 문제의 개선방향은 명확하다. 기초정부는 지역적 문제를, 광역정부는 기초정부가 수행하지 않는 광역적 문제에 역량을 집중할 수 있도록 광역과 기초 간 기능분담을 명확히 하는 것이다. 구체적으로, 연락 및 종합기능을 축소 또는 폐지하고, 광역적 사무에 대하여 외국의 특별구와 같은 기능을 하도록 변화를 모색할 필요가 있다.

5. 자치추진역량의 강화

지금까지 선진적 지방자치 구현을 위해 필요한 정책과제를 제시하였거니와 이와 같은 과제의 성공적 추진을 위해서는 무엇보다 정책추진의 의무와 권한을 가진 공직자와 정부의 역량강화가 요구된다. 이와 관련하여 이하에서는 지방공직역량의 강화와 지원자로서의 중앙조직의 개편방향에 대하여 논의한다.

1) 지방공직역량의 강화

지방자치의 정책주체인 지방정부(지방의회, 집행기관)의 자치역량 강화 없이 지방자치의 정착발전은 있을 수 없다. 그 중에서도 가장 중요한 것은 지방정부를 구성하는 인적 역량이라 할 것이다. 불행히도 장기간 집권적 정치구조에서 자율적 역량의 강화노력이 없었던 우리 지방공직자의 자치역량은 아직 미흡하다는 것이 일반적 평가이며 이의 개선을 위한 정책노력이 필요하다.

첫째, 지방자치단체장의 역할이 강화되어야 한다. 기관분립형 중에서도 강시장형 기관구조를 갖고 있는 우리의 경우, 지방자치단체장의 역할에 따라서 지방의 발전이 상당부분 좌우된다고 볼 때, 지방자치단체장이 소신을 갖고 일할 수 있도록 권한과 책임이 부여되어야 한다. 일각에서는 지방자치단체장의 제왕적 지위를 지적하며 단체장의 권한과 역할을 제약해야 한다고 주장한다. 그러나 단체장 리더십의 제한을 통하여 지방의 자생적 발전을 도모하는 데는 한계가 있으며, 오히려 단체장이 안정적이고 창도적인 리더십을 발휘하도록 해야 한다. 이런 견지에서 볼 때 현재 단체장의 임기를 3선 연임으로 제한하는 제도는 폐지되는 것이 바람직하다. 물론 단체장의 리더십 인정과 단체장의 권력일탈에 대한 통제는 별개의 문제로서 필요하다. 그러나 단체장을 포함하여 지방공직자에 대한 통제는 기본적으로 지역내부의 정치행정 과정에서 자율적·자동적 통제기제에 의하여 이루어지도록 하는 것이 바람직하다.

둘째, 지방행정관료의 역량강화가 필요하다. 과거 중앙의 지시만을 기다려온 행정관료가 문제였다면, 지금은 중앙을 경원시하면서도 스스로도 적극적으로 일하지 않는 행정관료가 문제될 수 있다. 지방자치가 정착발전되기 위해서는 무엇보다 지방행정관료가 자율적, 창의적, 적극적으로 일할 역량—의지와 능력—을 가져야 한다. 특히 지방화, 세계화 시대에 지방행정관료에게 요구되는 역량은 전문성만이 아니라 문제해결능력과 봉사의지, 국제수준의 감각 등을 포함하는 것이다. 지방행정관료의 역량강화는 지방의 인적, 물적 자원이 부족한 상황에서 더 큰 의미를 가지며, 따라서 지방행정관료의 역량강화를 위한 교육훈련과 인사관리에 각별한 노력을 기울여야 한다. 1980년대 프랑스가 행정개혁의 수단으로 공무원에 대한 교육훈련과 인사관리를 중시하였던 사실은 좋은 참고가 된다. 방법으로는 다양한 교육기회를 부여(공무원 교육원 교육에 제한하지 말고 대학, 자율연수, 산학관 협력기반 연수, 학원수강 등 선택적 교육기회 부여)하는 한편, 연구년제의 도입, 시상이 아닌 체계적 교육으로서 해외견습 기회의 확대, 중앙-지방간 인사교류 확대, 순환보직제를 완화하는 대신 직위분류제적 요소 강화, 인턴제와 채용의 연계를 통한 우수인력 확보 노력 등이 필요하다. 또한 앞에서 언급한 것으로 한시적인 공무원 퇴출정책보다는 행정관료의 자긍심의 고취, 인력의 적소배치, 교육훈련의 강화, 유인체계의 정비, 평가체계의 합리화가 우선되어야 할 것이다.

셋째, 지방의회의 발전이다. 지방의회는 집행기관에 대한 견제, 정책입안, 고충처리 기능을 하도록 기대되나 역량부족으로 요구되는 역할을 충분히 감당하지 못하고 있다는 비판이 적지 않다. 다행히 그간 4기에 걸친 지방의회 경험이 축적되면서 의원발의가 보다 활발해지는 등 긍정적 요소가 많지만 지방의회가 상대적으로 자원과 인력이 풍부한 집행기관을 상대로 역할을 수행하는 데는 한계가 있는 실정이다. 지방의회가 역할을 제대로 감당하기 위해서는 지방의회 발전을 위한 정책지원이 필요하다. 이러한 정책지원에는 우선적으로 지방의원의 능력발전을 위한 체계적 연수기회의 확장이 요청된다. 미국 시정부연합(National League of Cities)이 연방인사처 등의 재정지원을 받아 의회정책지도자 프로그램을 시행하는 것은 참고가 된다. 우리의 경우, 가칭 '지방의정연수원'의 설치도 고려해봄 직하다. 의원보좌관에 대한 요구가 있으나 대신 집단의정보좌진의 강화를 통하여 의회능력을 보강하는 것이 바람직하다고 본다. 이외에도 정당공천제 대신 정당임의표방제로 전환하여 선거관련 부패를 예방하고 유능한 인물이 지방의회에 진출하도록 조장할 것, 선출된 의원의 계층편향을 악화시키는 중선거구제를 소선거구제로 환원시킬 것, 의회의 감사기능 대신 조사기능을 강화할 것, 지방의회 사무직원을 의회소속화(의회직렬)할 것, 유급제 시행시 전업직과 부업직의 급여를 차등지급하여 공정한 보수제가 되도록 할 것 등이 요구된다.

2) 중앙조직역량의 강화: 행정자치부와 조직개편

지방자치의 선진화를 위해서는 지방자치단체 스스로의 노력도 중요하지만 지방자치제도와 재정을 지원하는 중앙부처의 역할도 중요하다. 아직까지 지방자치단체의 역량이 충분히 축적되지 않은 상황에서 중앙부처가 지방자치를 경원시하거나 자치에 역행하는 조치를 계속할 때 지방자치의 발전은 어려울 것이다.

지방자치를 담당하는 주무부처는 행정자치부이다. 행정자치부는 과거 총무처와 내무부가 결합한 부처로서 현재 혁신, 지방(행재정), 전자정부 기능을 병렬수행하고 있으며 이에 따라 분권기능이 상대적으로 위축되고 있다. 한정된 부처규모 하에서 다른 기능과 지방지원기능과의 균형을 유지해야 하는 근본적 제약 때문이다. 게다가 지방정부가 행정자치부를 규제부처로 인식하면서 가급적 외면하려는 경향과 함께, 미흡하지만 그간의 행재정 분권의 추진으로 행정자치부의 지방관련 기능이 위축되면서 상대적으로 혁신부서, 총무부서, 전자정부 부서로 자리매김하려는 움직임도 없지 않다. 일각에서는 인사위원회의 인사기능과 행자부의 기능을 통합하고, 지방기능은 폐지하거나 축소하려는 논의가 제기되기도 한다. 또는 지방 관련성이 많은 타 부처와의 통합논의도 제기되고 있는 실정이다. 이렇듯, 전반적으로 최근까지 행정자치부는 조직의 정체성에서 혼란이 없지 않은 상황이며, 그와 같은 혼란은 지방지원 기능에 직접적 영향을 미치는 실정이다. 그렇다면 지방관련 주무부처인 행정자치부는 어떻게 자리매김하는 것이 바람직한가. 이에 대한 답을 위해서는 우선 새로 출범하는 이명박 정부의 조직개편 기조에 대한 이해가 선결되어야 한다.

전반적으로 노무현정부가 정부조직에서 효율성을 배제하지 않으면서도 절차적 민주성, 정당성을 강조하였던 것과 비교하여 새 정부는 기본적으로 정부조직의 효율성을 강조하는 입장이다. 조직의 효율성을 강조하는 입장에서는 당연히 분산된 부처조직보다는 유관기능의 연관성을 고려한 통합형 대부처를 지향하게 된다. 실제로 현재까지 제시되고 있는 정부조직개편안의 기본 양상도 유관부처를 어떻게 통합하느냐에 일차적 초점이 맞추어져 있다. 그러므로 지방자치 주무부처인 행정자치부의 변화도 이와 같은 통합 대부처주의를 감안하여 논의되어야 할 것이다.

구체적인 개편 대안을 논하기 전에 먼저 언급할 것은 과연 지방지원을 담당하는 중앙부처의 존재가 필요한가 하는 것이다. 이러한 논의는 지방화시대를 맞이하여 지방사무는 지방정부가 자율적으로 시행하면 충분하며 지방 위에 군림하는 지방관련 중앙부서의 존속은 불필요하다는 입장이 없지 않기 때문이다. 또한 지방지원업무는 사무분야별로 해당 중앙부처에서 지원하는 분산지원체제가 더 효과적이라는 입장도 있을 수 있기 때문이다. 그러나 필자는 ① 다수의 지방정부와 중앙의 의사를 매개, 연락하는 기구가 필요하다는 점, ② 지방정부간 이익갈등과 협조를 조정 및 지원하는 기구가 필요하다는 점, ③ 중앙정부의 정책결정과정에서 지방이익을 대변하는 전담부서가 필요하다는 점을 이유로 지방지원업무를 전담하는 중앙부처의 존속이 필요하다고 본다. 만일 분산지원체제로 이행했을 경우, 중앙의사와 지방의사의 매개점이 분산되어 의사소통이 복잡, 혼란해질 것이고, 지방정부간 조정에 있어서 부처간 입장 차이에 따라 혼선이 생길 것이며, 또한 각 부처의 할거주의가 횡행하는 가운데 지방이익의 옹호입장은 실종될 우려가 있다. 이러한 점을 인식하여 지방으로서도 행정자치부가 되었든 아니면 다른 부처가 되었든 제약요인으로서의 부담이 있기는 하지만 지방의 이익확보를 위해서라도 중앙의 주무부처의 존재에 대하여 적극적 인식을 갖는 것이 바람직하다고 본다.

가장 보수적인 개편 대안으로는 현재 지방기능과 총무기능의 유기적 결합이 제대로 이루어지지 않고 있는 점을 고려하여, 총무기능은 인사위원회와 통합하여 분리하고 지방, 내무기능만을 잔존시키는 것이다. 혁신업무는 보다 상위의 기관 즉, 대통령 소속 위원회나 총리실 수준에서 담당하고 부처수준의 혁신은 부처 자율에 일임하는 것이 효과적일 것이다. 기본적으로 관리형 부처인 행정자치부가 혁신을 주기능으로 하는 것은 바람직하지 않기 때문이다. 이와 같은 대안은 기본적으로 과거의 내무기능(안전 포함)과 지방기능에 행자부가 전념토록하는 안에 다름 아니다.

문제는 이와 같은 소부처 방안이 이명박정부가 지향하는 대통합 부처주의의 기조와 어긋남에 따라서 실현가능성이 높지 않다는 점이다. 새 정부의 정책기조에 맞추어 대통합부처주의를 전제로 할 때 두 가지 통합의 축을 생각할 수 있을 것이다. 하나는 현재와 같이 과거의 총무기능과 내무, 지방기능의 연계체제를 유지하는 것이다. 이에 따른 문제점은 기본적으로 지방과의 연관 하에서 수행되는 내무, 지방기능과 그렇지 않은 총무기능과의 유기적 결합이 쉽지 않다는 점이다. 다른 하나는 교육기능과 지방기능을 결합하는 것이다. 후자는 지방차원에서 일반행정과 교육행정과의 유기적 연계협조를 위하여 순기능을 발휘할 수 있는 대안으로서 적극 검토해 볼 필요가 있는 대안이다. 이러한 판단은 행정자치부와 교육인적자원부가 공히 지방관련 조직과의 체계적 연관 하에서의 풍부한 업무경험을 축적했다는 점에서 비롯된다.

6. 결론: 분권과 균형발전

지금까지 우리나라 지방자치의 성과와 문제점을 개괄한 다음 지방자치의 선진화를 위한 정책과제와 추진역량에 대하여 논의하였다. 이와 같은 요소가 충족될 때, 우리 지방자치는 소모적인 갈등적 지방자치를 넘어서 주민의 삶의 질 향상과 지역경쟁력 강화에 기여하는 협력적 지방자치로 이행할 수 있을 것이다.

강조할 것은 지방자치의 선진화를 위한 여정은 일차적으로 중앙이 독점했던 권한의 분권에서 출발한다는 점이다. 분권 없이는 지방정부가 존재하지 않으며, 지방정부의 존재 없이 지방자치의 관계요소 역시 존재하지 않기 때문이다. 그만큼 분권은 지방자치의 핵심적 가치로서 중시되어야 한다. 그러나 분권에 대한 입장은 판이하다. 분권론자는 지방의 자율성 강화가 국가발전과 주민복지 증진을 위하여 필수적이므로 분권이 획기적으로 확장되어야 한다고 주장한다. 집권론자는 균형발전과 국정통합의 필요성 때문에 집권이 불가피하다고 한다. 이러한 입장 차이 때문에 분권진영과 집권진영 간의 전면적 대립구도가 형성되었고 그만큼 한정된 국가역량의 소진이 생기고 있다. 그러나 극단적 분권이나 집권은 모두 바람직하지 않으며 양 요소의 기능이 극대화되고 부작용이 극소화되는 균형점에서 적정한 분권 또는 집권이 이루어져야 한다. 이를 위하여는 무엇보다 중앙과 지방 간 협력적 관계 유지가 필요하다. 이것이 이 논문이 제시하는 제안의 기조라 할 것이다.

이하에서는 분권과 균형발전(또는 분산)에 대한 논의를 첨가함으로써 결론에 대신하고자 한다.[5] 지방자치의 개념화에서 설명한 바와 같이 분산(균형발전)이 분권 또는 지방자치의 내용요소는 아니다. 그러나 양자는 다같이 지방의 문제라는 점에서 일정한 관련이 있다. 특히 노무현

---

5) 이 논의의 많은 부분은 이승종(2005)의 내용일부를 발췌하여 수정보완한 것이다.

정부가 균형발전정책을 지방화 정책의 일환 내지는 지방분권과 병렬적으로 추진함에 따라(심익섭, 2004; 전영평, 2003) 우리 사회에서 분권과 분산을 둘러싼 논의와 갈등이 가열되었던 때문에 양자간의 관계에 대한 논의는 불가피한 측면마저 있다.

공간적으로 우리나라에는 두 가지 중대한 불균형이 존재한다. 과도한 중앙집권에 따른 중앙과 지방 간의 수직적 권력불균형과 집중개발에 따른 지역간 수평적 불균형이 그것인데 전자는 정치적 불균형, 후자는 경제적 불균형으로 특징지을 수 있다. 이러한 문제에 대응하여 노무현정부는 두 마리 토끼를 동시에 잡으려는 시도를 하였다. 이와 같은 정책의지는 대통령자문기구로서 정부혁신분권위원회와 균형발전특별위원회를 병립설치한 데 더하여, 2003년 10월 15일에는 국무회의에서 지방분권특별법, 국가균형발전특별법 및 신행정수도의 건설을 위한 특별조치법을 동시에 통과시킨 데서도 쉽게 확인된다. 물론 분권과 분산(균형발전) 문제는 지방분권의 취약성 및 지역불균형 심화의 현실을 고려할 때, 어느 것 하나 소홀히 취급하기 어려운 국가적 정책과제임에 틀림없다. 문제는 분권과 분산이 성격상 모순관계에 있어 병렬적 추진이 쉽지 않다는 점이다(김태영, 2003; 염명배, 2004). 즉, 분권은 수직적 분산행위로서 중앙으로부터 지방으로의 권한과 재원의 이양을 주요 내용으로 하며 지방의 자율권을 확대하는 요인으로 작용하는 반면, 분산은 수평적 분산행위로서 주로 중앙정부에 의한 재원의 권위적 지방배분을 내용으로 하며 따라서 지방정부의 자율권을 제어하는 요인으로 작용한다. 뿐만 아니라 분권이 중앙과 지방 간의 관계에 연관되는 반면, 분산은 수도권과 비수도권의 대립관계에 연관되고 있다. 이와 같이 상충하는 정책을 우선순위와 상호 연계고리에 대한 심각한 고려 없이 병렬적으로 추진함에 따라 우리사회에 갈등과 비효율이 과다하게 표출되었다. 이러한 갈등에는 분권추진기구와 균형발전 추진기구 간 갈등, 중앙과 지방 간의 갈등, 수도권과 비수도권의 갈등, 분권을 우선하는 집단과 균형발전을 우선하는 집단간 갈등 등 전 사회적인 갈등이 포함된다. 특히 행정수도 나아가서 행정복합도시 건설을 둘러싼 사회 내 갈등은 분권과 분산을 둘러싼 갈등의 절정을 기록한 바 있다.

그렇다면 분권과 분산 간의 정책모순을 어떻게 극복할 것인가? 물론 양 정책요구가 다 중요한 것이므로 어느 하나를 완전히 방기할 수는 없으며, 따라서 양 정책을 유기적으로 연계시키는 정책노력이 경주되어야 한다. 분권과 분산의 병렬적 정책추진이 바람직하지 않다고 하였을 때, 가능한 대안은 주 분권-종 분산, 또는 주 분산-종 분권의 두 가지이다. 생각건대 보다 효과적이고 바람직한 대안은 주 분권-종 분산정책일 것이다. 분권정책을 추진하는 과정에서 지역불균형 해소를 위한 고려를 포함하도록 하자는 것이다. 이와 같은 제안은 기본적으로 상위정부의 지원이나 외부자원의 유입에 지역발전을 의존하는 외생적 발전모형보다는 지방의 자율적 발전기반에 지지되는 내생적 발전모형의 효과가 보다 안정적이라는 판단에 부합하는 것이다.[6] 이외에도 지방자치는 본래적으로 지방의 자율적 책임을 강조하는 정치제도라는 점, 분산에 대한 고려는 분권정책에 포함될 수 있다는 점(예, 교부금의 차등배분), 분권 없이 이루어지는 분산은 결국 지방의 자율적 발전을 봉쇄하게 된다는 점 등을 고려할 때 분권을 기조로 한 분산정책이 바람직한 것으로 판단하

---

6) 지방의 발전과 관련하여 낙후된 지방은 자생능력이 약하기 때문에 외부로부터의 자원투입이 있어야 지방경쟁력이 강화된다는 외생적 발전론과 분권강화를 통한 지방의 자생력강화가 지방경쟁력 강화의 첩경이라는 내생적 발전론이 대립한다. 이에 대해서는 지방에 대한 외부의 자원투입은 곧 국내외 기업의 유치와 중앙정부의 지원을 말하는 것인 바, 기업의 유치는 지역여건과 밀접한 관련이 있고, 중앙정부의 지원에도 한계가 있으므로 모든 지방이 외생적 발전전략을 취할 수 없는 원천적 한계가 있다는 점이 지적되어야 한다. 따라서 지역여건이 양호한 일부 지방을 제외하고는 일차적으로는 지역실정에 맞는 내생적 전략의 기조 하에서 지역의 잠재적 자원을 동원하는 데 정책노력이 우선될 것이 요구된다. 또한 장기적이고 안정적 발전을 위해서는 지역여건이 양호한 지방도 내생적 발전역량의 개발에 정책노력을 경주할 필요가 있다. 이와 관련 여러 연구들은 지방자치제 하에서 균형발전은 어디까지나 지방의 자율성과 다양성을 전제로 한 내생적 발전에 기반하여야 할 것임을 제시하고 있다(이창균, 1995; 임승빈, 2003; 곽채기, 2003). 그렇기 때문에 외생적 발전의 성공사례에 대한 관심만큼이나 실패사례에 대한 관찰도 필요하다

게 된다. 이때 주 분권-종 분산정책의 구체적 대안에는 앞에서 제시한 차등분권, 균형발전을 고려한 재정조정제도의 도입, 지역별로 특성화된 내생적 발전전략의 강화, 지방의 발전역량 강화 등이 포함될 수 있을 것이다.[7)]

참고문헌

곽채기(2003). "국가경쟁력과 국가균형발전, 지방분권의 상충성 및 해결방안". 한국행정학회 2003년도 기획세미나 발표논문집 〈국가경쟁력 강화 및 국가균형발전을 위한 수도권의 역할과 과제〉.

경실련(2007). "민선4기 지방의회 평가". 홈페이지 게재문.

소진광(2005). 《지방자치와 지역발전》. 박영사.

심익섭(2004). "정부혁신 지방분권위원회의 성과와 과제". 〈지방행정〉 53(614). 대한지방행정공제회.

염명배(2004). "지방분권 및 국가균형발전과 지방재정 -국세, 지방세 재분배문제를 중심으로". 〈재정논집〉 18(2). 한국재정·공공경제학회.

이승종(2005). 《지방자치론》. 박영사.

이창균(1995). "지방분권과 로칼미니멈론: 새로운 지방분권사상의 모색". 〈지방행정연구〉 10(3): 121~137.

임승빈(2003). "지방분권과 국토균형간의 조화". 〈한국정책학회소식〉.

전영평(2003) "참여정부의 지방분권정책 평가와 시민사회의 과제". 〈지방행정연구〉 17(2): 3~26.

최병선(1989). "국가운영시스템 선진화의 필수요건". 최병선·김선혁 편. 《국력을 키우는 분권, 지방을 살리는 개헌(안)》. 동아시아연구원.

하혜수·최영출(2002). "차등적분권제도에 대한 비교연구: 영, 미, 일, 북유럽을 중심으로". 〈한국행정학보〉 36(2): 109~127.

---

7) 분권과 균형발전 간 관계와 평가에 대한 보다 자세한 논의는 이승종(2005)을 참조할 것.

John, Peter (2001). *Local governance in Western Europe*. Sage Publications.

Mill, J. S. (1861). *Considerations on representative government in utilitarianism, liberty, and representative government*. London: J. M. Dent.

Molotch, H. (1976). "The city as growth machine." *American Journal of Sociology* 82: 309~332.

Peterson, Paul (1981). *City limits*. Chicago: University of Chicago Press.

Weaver, R. K. (1988). *Automatic government: The politics of indexation*. Washington, D. C.: Brookings Institution.

Schachter, Hindy Lauer (1995), "Reinventing government or reinventing ourselves: Two models for improving government performance." *Public Administration Review* 55 (6): 530~537.

14 정책홍보시스템의 개혁

우 지 숙

1. 문제제기

정책홍보는 '국민과의 관계'(*public relations*)라는 개념을 정부정책 과정에 적용한 것이다.[1] 정책홍보란 국민에게 정책 관련 정보를 제공하고 이에 대한 국민의 의견을 듣는 쌍방향적 커뮤니케이션을 통해 국가정책을 효과적이면서도 민주적으로 입안하고 실행하고자 하는 활동이며, 그러한 측면에서 정부와 국민과의 관계 역시 일방향이 아니고 양방향으로 정립되어야 함을 기본으로 한다. 현재 우리나라의 정책홍보를 담당하는 주무 부처인 국정홍보처도 정책홍보를 "결정된 정책을 일방적

1) 정책홍보는 국가의 대내외 정책을 효과적으로 입안하고 이를 효율적으로 수행하도록 하는 커뮤니케이션 전략 (신호창 · 이두원, 2002), 국민들을 일방적으로 설득하거나 설득을 위해 정보를 조직하지 않고 공공 이익을 위해 정책의 입안과 실행에 대한 정보를 제공하며 합리적인 설득을 통해 국민들이 정책을 지지하고 협조, 참여하도록 유도해 나가는 활동(길근진, 1999), 국민에게 정부시책의 내용, 필요성, 배경 등의 정보를 제공하고 정부시책에 대한 국민의 이견을 검토하여 정책에 반영하고 정부 시책에 대한 국민의 이해와 협조를 얻기 위한 활동(강위철, 1994) 등으로 정의된다.

으로 알리는 것이 아니라 올바른 여론을 진단하고 정책에 이를 반영해 알리는 것"이라고 보았다(국정홍보처, 2005). 이 장에서는 정부의 정책홍보가 실제로 국민의 의견을 듣고 반영하는 양방향적 커뮤니케이션을 확립하는 데 도움을 주는지 알아보고, 이를 바탕으로 국민과의 의사소통을 위한 정책홍보를 위한 방안은 무엇인지 고찰하고자 한다.

노무현정부는 역대 어느 정부보다 정책홍보의 중요성을 강조했다. 우선 정책입안에서 수립, 집행에 이르는 정책의 전 과정에 홍보를 결합하여 정책홍보를 강화하는 시스템을 구축한다는 목표 하에 홍보 관련 조직 및 기구들의 확대와 인력보강 등을 골자로 하는 직제개편을 행하였다. 2005년 4월 전 부처에 대한 대규모 직제개편을 통해 각 부처의 기획관리실과 공보관실을 폐지하고 이를 통합한 '정책홍보관리실'을 설치했다. 차관보급 정책홍보관리실장이 정책홍보 책임을 맡아 정책홍보, 혁신인가, 재정기획, 정보화 등을 총괄하도록 하였고, 민간홍보전문가들을 영입하였다. 아울러 정책발표 사전협의제, 국정홍보전략회의 등의 설치 등 후속적인 제도들도 도입하였다. 노무현정부는 또한 출범 직후부터 정부와 언론과의 관계를 재정립하려 하였으며, 한편으로는 인터넷과 같은 뉴미디어의 발전으로 인한 매체환경을 적극적으로 활용하였다. 결과적으로 정책수행에서 홍보의 비중이 커졌고, 이는 2004년 부처평가에서 홍보분야의 점수가 큰 변별력을 가지는 요인으로 작용했다는 점과 2005년부터 정부가 홍보분야 배점을 최대 2배 이상 올렸다는 점을 보아도 알 수 있다(신호창 외, 2006).

이렇게 노무현정부는 정책홍보의 중요성을 인식하여 정부의 정책에 대해 보다 적극적으로 알리고 이에 대한 국민참여를 촉구함으로써 민주적 국정수행을 도모하고자 하였다는 점에서 정당성과 전향성을 가지고 있다고 볼 수 있다. 그럼에도 불구하고 노무현정부의 정책홍보시스템에 대해서는 엇갈린 평가가 나오고 있으며, 이러한 정책홍보의 노력들이 실제로 국민의 참여를 증가시키는 데 기여했는지에 대해서는 논란의 여지가 많다. 정부의 정책홍보시스템은 정책에 대한 이해에 바탕을 둔 국민의 참여라는, 민주주의의 실현을 위한 핵심적 요소와 연관된다는 점에서 매우 중요한 연구대상이다. 이 장에서는 노무현정부에서 강화된 정책홍보시스템이 행정 및 정책의 수행, 나아가 정부와 국민 간의 원활한 커뮤니케이션을 기반으로 한 민주적 행정의 실현을 위해 어떠한 역할을 하는지 그 현황을 살펴보고 문제점을 파악하여 개선방향을 제시하고자 한다.

2. 국민과의 커뮤니케이션으로서의 정책홍보

정책홍보는 국민과의 쌍방향적 커뮤니케이션을 통한 관계형성의 문제와 밀접하게 연결되어 있다. 정부의 정책홍보가 정부와 국민 간의 양방향적 커뮤니케이션을 바탕으로 해야 하는 이유는 국민의 참여와 동의를 통하여 국가가 운영되어야 한다는 민주주의적 기본 전제를 들 수 있다. 정부정책의 효과적인 수행만을 위해서라면 국민들을 일방적으로 설득하는 것이 필요할 수도 있다. 그러나 참여와 동의, 그 중에서도 특히 informed decision에 바탕을 둔 동의를 필요로 하는 민주주의 국가의 행정을 위해서는, 국민에게 정보를 제공할 뿐 아니라 국민의 이해를 얻고 국민으로부터 의견을 듣는 과정이 반드시 필요하다.

국민의 동의와 여론에 기초한 통치가 이루어지기 위해서는 정부와 국민 간의 의사소통이 필수적인데, 이를 위해 필요한 조건으로서 학자들은 언론의 역할과 숙의 또는 토의(*deliberation*)의 역할을 들고 있다. 먼저 언론의 역할을 본다면, 현대사회에서 정부활동 및 사회문제들이 매우 광범위하고 전문적이며 복잡해진 반면 일반 국민들은 각자의 삶에 바쁘게 몰입되어 있기 때문에 정부의 활동과 공공사안에 대해서 찾아보고 알아낼 수단과 능력을 갖기가 어렵다. 따라서 공공사안에 대해서 정보를 제공하고 정부와 기업 등 권력기관의 활동을 감시하는 언론의 역할이 없다면, 의견을 형성할 기초가 되는 중요한 정보로부터 국민이 차단된다. 또한 정부입장에서도 국민 개개인이 어떠한 생각을 하고 어떠한 삶을 살고 있는지 직접 알아보고 취재하기 어렵기 때문에 언론의 도움을 필요로 한다. 이렇게 언론은 국민과 정부와의 의사소통을 원활하게 하고 국민이 정확하고 구체적인 정보에 기초하여 의견을 형성할 수 있도록 돕는다는 점에서 매우 중요한 역할을 한다. 정부와 언론의 관계, 그리고 이에 영향을 미칠 수 있는 정부의 대언론 정책은 정부와 국민 간의 의사소통에 큰 의미를 가지지만, 이에 대한 논의는 이 연구의 대상이 아니므로 제외하기로 하고, 이번 장에서는 국민의 의견에 기초한 통치의 기본 조건으로서 토의와 숙의문제를 논의한다.

국민에게 정책 관련 정보를 제공할 뿐 아니라 이에 대한 국민의 의견을 듣는 쌍방향적 커뮤니케이션이 정책홍보, 즉 정책 관련 국민관계의 핵심이라고 한다면, 국민의 의견과 정책 간의 관계를 생각해 볼 필요가 있다. 국민의 의견 또는 여론에 의해서 정책이 입안되고 실행되는 것이 반드시 바람직한 것인가 하는 점이다. 민주주의 체제에서의 정책결정과정을 집단적 의견형성(*collective opinion formation*)이라고 볼 수 있는데, 집단적으로 형성된 의견의 질(*quality*)이 어떠하냐에 따라 민주적 국정운영 기반의 공고화 여부가 좌우된다(김원용 · 정효명, 2003). 질 높은 집단적 의견은 질 낮은 집단적 의견보다 한 차원 높은 정당성의 자원으로 활용될 수 있기 때문이다(김원용 · 정효명, 2003). 그렇다면 질 높은 의견과 질 낮은 의견을 어떻게 구분할 수 있을 것인가. 이는 일반적인 여론이 가진 여러 가지 문제점을 살펴봄으로써 생각해 볼 수 있다.

먼저 여론을 형성하는 국민이 가지고 있는 능력과 자원의 문제로서, 일반인들이 정치적, 정책적인 문제를 이끌어가는 능력이 있는가, 일반 시민들에게 적극적으로 관련 쟁점들에 대해 관심을 갖고 행동할 것을 기대할 수 있는가, 이들이 정보를 수집할 수 있는 물리적, 외적 수단을 가지고 있는가, 공공문제를 체계적으로 조사할 수 있는 지식과 기술을 가지고 있는가 하는 질문에 대해 쉽게 그렇다고 대답할 수 없다는 점이다(김영석, 1996). 교육과 언론의 역할을 통해 어느 정도 시민의 능력을 배양시키고 자원부족 문제를 해결할 수는 있다하더라도, 국민이 갖고 있는 의견들이 얼마나 충분하고 정확한 정보에 바탕을 두고 심사숙고의 과정을 거쳐 형성된 것인지는 알기 어렵다는 것이다. 또한 다수의 압력에 의해서 저속한 의견, 질이 낮은 의견의 공통분모가 우세하게 될 위험성이 있고, 소수의 의견은 비록 가치가 있는 중요한 관점이더라도 거대한 다수 앞에서 강하게 주장할 수 없는 경우가 많다(김영석, 1996). 노엘레 노이만이 침묵의 나선(*spiral of silence*) 이론으로 설명하였듯이, 다수의 의견으로 지각되는 의견이 계속 우세해지고 특히 언론보도에 의해 이러한 다수 의견이 계속 알려질수록 소수의 의견은 점점 더 침묵하면서 사라지게 된다는 것이다(강미은, 2000; 양승찬, 1998). 또한 지식과 권력을 가진 엘리트에 의해 여론이 조작될 수 있는 가능성이나, 국민이 비이성적인 호소 등에 의해 설득당하기 쉽다는 점 등도 여론을 절대적으로 믿을 수 없는 요인들로 제시되고 있다(김영석, 1996).

이렇게 여론이 가지고 있는 여러 가지 문제점들에도 불구하고 다수결의 원칙에 따르는 것이 민주국가의 기본 입장일 수밖에 없다는 점에서, 여론의 형성이 의미 있는 차원에서 이루어질 수 있도록 자유로운 의견의 교환과 토론의 장, 심사숙고할 수 있는 기회 등이 필요하다. 충분하고도 정확한 정보를 바탕으로 토의 또는 심의(*deliberation*) 과정을 통해 형성된 의견의 집합을 공론이라 하여 일반적인 여론과 분리해서 생각하기도 한다(김원용·정효명, 2003). 하버마스 역시 이슈에 대한 합리적이고 비판적인 토론을 통해 정화된 의견으로서의 여론을 흩어진 개인들의 단순한 의견들의 집합체와는 다르게 볼 수 있다고 보았고, 이러한 여론이 형성될 수 있는 공간으로서, 사적 이해관계가 아니라 공공의 이익을 위해 토론하고 권력이 아닌 커뮤니케이션에 기반을 둔 토론이 이루어지는 장으로서의 공론장(*public sphere*)의 개념에 대해 논의하였다(하버마스, 1989). 자유주의적 민주주의 모델이 전략적으로 수행된 투쟁의 결과로서의 이해관계의 조정에 중점을 두고 있다면, 하버마스의 숙의민주주의 모델은 합리적 토의와 공적 논증을 거친 이성적 의사결정의 과정을 추구하고 있는 것이다(Calhoun, 1992).

그러므로 최근 일어나고 있는 여론조사의 확산은 국민들에게 정치 및 정책과정에 직접적으로 참여할 수 있는 권력을 부여해 줄 수 있지만, 국민들이 자신들이 행사할 권한에 대해 신중하게 생각할 수 있는 동기를 부여하지는 못한다는 점에 주목할 필요가 있다(피시킨, 1991). 피시킨(1991)은 실제적인 토의의 기회가 생략된 상황에서는 국민들의 선호형성이 집단적인 조작과 의사정당화(*collective manipulation and pseudo-legitimation*)에 노출될 가능성이 높아진다고 보았다. 따라서 여론의 조사와 수렴 이전에 토의와 숙고과정을 거치는 것은 매우 중요하다. 순간적 충동과 신중한 숙고에 의해 걸러진 여론을 구별하는 것은 민주주의 이론의 본질적 요소이다. 피시킨(1991)은 토의와 숙고할 기회를 제공하는 것이 민주주의의 정치적이고도 도덕적인 정당성의 충분조건은 아니더라도 생명력 있는 민주주의를 위한 필요조건이라고 보았고, 이를 위한 방법으로서 공론조사(*deliberative polling*)를 제안한 바 있다. 공론조사는 과학적 표본추출 방식으로 선정된 사람들을 대상으로 정해진 주제에 대해 정보를 제공하고 토론하는 과정을 거치게 하여, 이러한 공론화 과정의 전과 후에 의견조사를 실시하여 공론의 추이를 파악하고자 하는 것이다. 이슈에 대한 다양한 시각과 정보를 제공받은 상태에서 동료 시민간 토론을 거치면서 유의미한 의견의 변화가 나타나는 경우가 많은 것으로 나타났고, 또한 이렇게 해서 형성된 의견은 전통적인 여론조사 방법으로 조사된 여론과는 달리 informed opinion으로서의 특성을 갖게 된다는 것이다(조성겸·남인용, 2004).

일반적인 여론조사가 어떤 이슈에 대해 일반국민이 아는 것이 거의 없더라도 현재 생각하고 있는 바(*what the public thinks*)를 확인하는 기제라면, 공론조사는 만약 해당 이슈에 대해 깊이 생각할 적절한 기회를 갖는다면 어떻게 생각할 것인가(*what the public would think*)를 확인하는 수단이다(피시킨, 1991). 공론조사는 유권자가 공적 이슈에 대해 생각할 시간과 자원을 갖는다면 어떠한 의견을 갖게 될지를 보여주는 것이기 때문에 통상적인 여론조사보다 한 차원 높은 민주주의를 표현할 수 있다(피시킨, 1991). 또한 공론조사는 시민성의 강화에도 영향을 미칠 수 있다는 연구들이 있다(Anderson & Hansen, 2007). 참여와 토론과정에서 참여자들의 공적 이슈에 대한 지식이 증가할 뿐 아니라 정치적 효능감, 즉, 자신의 정치행위가 정치과정에 영향을 미칠 수 있고, 미치고 있다는 느낌이 증가한다는 것이다(김원용·정효명, 2003). 또한 국민참여재판이 도입되면 배심제 또는 참심제의 과정을 통해서도 이러한 정치적 효능감의 증가와 숙의의 과정에 대한 실천이 가능하다고 보기도 한다(주성수, 2005). 어떠한 방법을 통해서든 국민의 참여와 의견의 질이 높아진다면 정책의 정당성뿐 아니라 효과성과 효율성을 위해서도 바람직한 일이 될 것이다. 그러므로 정부의 정책홍보는 이러한 숙의과정을 만들어 내는 데 도움을 주는 활동들에 중점을 두어야 할 것이다. 지금까지의 논의를 바탕으로 정책홍보시스템을 분석하는 데 도움을 줄 수 있는 기준들을 도출해 보면, 커뮤니케이션의 양방향성을 어느 정도 달성하고 있는지, 정책에 대한 숙의과정을 만들어 내는 데 얼마나 도움이 되는지, 이러한 숙의과정을 통해 여론의 질을 높이는 데 얼마나 도움이 되는지, 정책정보의 확산/과학적 설득/상호이해의 증진 등 홍보의 목표[2]를 얼마나 충족시키는지 등이다.

---

2) 그루닉과 헌트(2004)의 홍보 4모형에 의하면 홍보의 목표는 선전, 정책 정보의 확산, 과학적 설득, 상호이해의 증진의 4가지로 나누어 볼 수 있다. 정부기관은 이 중 선전을 제외하고 정보의 제공이나 건강 캠페인 등을 하는 경우 정책정보의 확산, 과학적 여론조사를 이용해 관련 법률 제정 등을 위한 설득을 하려는 경우 과학적 설득, 국민에게 정보를 전달하고 해석할 뿐 아니라 국민의 관념과 의견을 정부기관에게 전달하여 양쪽을 조화 있게 조정하려고 하는 경우 상호이해의 증진을 위

3. 노무현정부 정책홍보의 현황 및 문제점

1) 노무현정부 정책홍보의 특징

(1) 홍보 조직 및 기능

1999년 신설된 국정홍보처는 출범당시 소규모 조직으로 출발하였고 노무현정부 1년까지는 조직개편 없이 공보기능을 주로 수행했다. 그 후 인터넷의 발전, 새로운 매체들의 등장과 매체 수의 증가 등 미디어 환경의 변화에 대처하기 위한 방안으로서 정책포털 국정브리핑 운영, 정책기사 점검 시스템 운영, 정책고객서비스(PCRM: *Policy Customer Relationship Management*) 등 새로운 정책홍보 방안들을 추진하였다. 노무현정부는 국정홍보처뿐만 아니라 각 부처의 홍보조직도 확대하였다. 국회예산정책처에 따르면 국정홍보처, 재정경제부, 보건복지부 등 40개 정부 부처의 홍보분야 공무원은 2004년 말 625명에서 2006년 말 763명으로 22.1% 늘어났고, 이는 전체 공무원 증가율 1.2%의 18배에 이르는 것이라고 한다(동아일보, 2007.10.2.). 각 부처의 홍보예산도 2004년 520억 원에서 2006년 899억 원으로 72.9% 증가하였는데, 이는 전체 정부예산 증가율(8.7%)의 8배를 넘는 것이다(동아일보, 2007.10.2.).

(2) 대언론 정책의 변화와 부처간 홍보 협력 강화

노무현정부 출범 이후 홍보정책의 두드러진 변화는 과거 정부가 신문, 방송보도에 일방적으로 의존했던 정책홍보 방식에서 탈피하고자 하였다는 점이다. 노무현정부는 출범과 동시에 권언유착 근절을 위해 언론개혁을 할 것임을 천명하였고, 기사관련 청탁 금지와 가판구독 금지 방침 등을 밝혔다. 이후 취재환경개선 및 언론대응시스템 마련을 목적

한 활동을 하고 있는 것이다.

으로 기자실을 개방하고 개방형 브리핑제도를 도입하였고, 언론의 사무실 방문취재를 금지하고 공무원의 기자 면담내용 보고를 의무화하는 등 취재원과 기자들의 관계를 변화시키기 위한 제도적 내용들을 추진하였다. 또한 정부의 가판구독을 금지하여 주요 일간지들이 차례로 가판발행을 중단하기도 하였다. 시장지배적 사업자를 추정하여 지원에서 배제하는 내용을 골격으로 하는 신문법을 추진하였고, 언론의 사실과 다른 보도에 대한 적극적인 정정 및 반론보도 요청의 의지를 밝혔다. 정책포털 사이트인 국정브리핑에 언론보도종합을 게재하면 각 부처 정책담당자가 해당 기사 아래에 실명으로 '부처의견 및 조치' 사항을 덧붙이게 하는 언론대응시스템을 도입하기도 했다.

또한 대국민 홍보를 위한 부처간 협력을 강화하였다. 노무현정부 들어 신설된 정책홍보관리실은 부처간 협력을 위해서 45개 정부기관의 기획관리실과 공보관실을 통합하고 민간 홍보전문가를 채용하여 홍보기능을 강화하여 각 부처에 분산되어 있던 정책홍보기능을 담당하도록 한 통합 정책홍보기구이다(남재일, 2007). 또한 정책홍보관리실 신설과 함께 정책발표 사전협의제를 도입하여 각 부처가 국무조정실 및 국정홍보처와 사전협의하여 효율적인 정책조율과 홍보가 이루어지도록 하였다. 2006년에 신설된 국정홍보전략회의는 국정홍보처장 주재로 각 부처 홍보관리실장이 참석하는 회의로서, 각 부처의 정책홍보를 중앙에서 조율하기 위한 것이다(남재일, 2007).

(3) 대국민 직접 홍보 강화

그러나 노무현정부의 홍보정책 중 가장 큰 가시적인 변화는 정부가 국민을 상대로 하는 직접 홍보를 강화한 것이라고 할 수 있다. 2003년 3월에 청와대브리핑, 2003년 9월에는 국정브리핑을 신설하여 정책 포털 서비스를 확장하였고, 청와대 및 정부 공무원들이 정부 홈페이지나 게시판을 통해 정보를 공개하고 국민의 의견을 수렴하도록 하였다. 이는 기존 언론의 매개에 의한 여과 없이 정책에 대한 정보를 직접적으로 국민에게 전달하는 통로를 확보하기 위한 시도라고 할 수 있다. 2007년 현재 국정브리핑의 경우 가입된 회원 53,761명, 웹 메일 가입자 수는 45,232명에 이르고 있다. 국정홍보처는 국정홍보처 사이트 '알림마당'의 운영과 함께 정책정보를 알리는 도구로 국정브리핑 블로그를 운영하고 있는데, 2005년 9월 서비스를 시작한 '국정브리핑 블로그 — 국민과의 벌거벗은 대화'에는 천여 명이 넘는 공직자들이 블로그를 개설해 정책홍보에 참여하고 있다(남재일, 2007).

더 나아가 2004년 2월부터 43개 중앙행정기관에서 정책고객서비스(PCRM)를 도입하여 이메일을 통한 정책홍보를 하고 있다. 정책고객서비스 제도는 2003년 노무현 대통령의 직접 지시로 민간부문의 고객관리 개념을 정부부문에 도입한 것으로서, 정책홍보물과 언론보도 해명자료 등을 국민에게 이메일 뉴스레터로 직접 제공하고 온라인 여론조사를 위한 도구로도 활용하는 것이다. 2006년 5월 말 기준 843여만 명(연계고객 230만 별도)의 정책고객을 확보하고 있으며, 정책홍보는 16,000여 회, 여론조사는 17,000여 회를 실시하였다. 또한 2005년부터 2006년 8월까지 시스템 구축 및 운영비용으로 2억 4천만 원에 해당하는 예산을 들여, 이메일을 대량으로 일시에 발송할 수 있는 시스템인 통합관리시스템(PIMS: *PCRM Information Management System*)을 구축하였다(국정홍보처 공개정책자료, 2006.7.20.).

또한 노무현 대통령은 1인용 능동형의 개인 미디어로 바뀌어 가는 환경에 대응하여 블로그를 통한 직접커뮤니케이션도 시도하였다. 대통령의 블로그는 네이버, 다음, 파란 등 주요 포털 사이트로 확장 개설되어 2007년 현재 5,365명이 이용하고 있고 포스팅 수는 151,786건 정도이다(국정홍보처 업무계획, 2007). 이 외에도 정부 영상매체인 KTV와 국정신문, 정부광고, 온라인 정책토론방 및 정책제안, 온라인 여론조사, 온라인 투표, 만화잡지 등 여러 가지 통로를 사용해 대국민 직접 소통을 강화하고자 하였다.

2) 노무현정부 정책홍보에 대한 평가와 인식

먼저 일반국민들은 국정홍보를 위한 정부의 노력에 대해서나 국정홍보처의 국정홍보 활동에 대해서 긍정적 평가를 하는 사람들과 부정적 평가를 하는 사람들의 숫자가 비슷한 것으로 나타났다(월드리서치, 2005). 국민들이 홍보에 대해 불만족스럽다고 생각하는 이유로 가장 큰 것은 '홍보부족'이었다. 그리고 국정홍보처 홍보활동이 정보제공 및 이해도 제고에 도움이 된다고 평가한 사람들이 많았다.[3)]

국정홍보처를 비롯한 중앙부처와 소속 하위 부처 총 43개 정부부처의 정책홍보 담당실 공무원들은 홍보업무를 수행하는 데 가장 힘든 점으로 대언론 관계를 들었고, 그 밖에는 공무원들의 홍보마인드의 부재, 타부처의 협조 부족과 상사와의 커뮤니케이션 단절 등 조직 내 홍보에 대한 인식 부족을 어려운 점으로 들었다(박주연 외, 2005). 문제점으로는 예산부족과 정부홍보에 대한 불신을 들었다. 홍보전문인력을 강화하고 예산을 증가할 필요가 있다고 보며, 민간홍보 전문가의 영입에 대해서는 평균 이상의 긍정적인 응답이었지만, 내부직원간 갈등을 초래할 수 있다는 우려도 제기되었다. 한편 중앙 부처의 홍보 관련 담당자와 비홍보 담당 공무원들에 대한 인터뷰 결과를 보면 언론의 협조를 구하거나 언론을 통한 의제설정 노력 및 언론보도 결과에 대한 분석 등의 측면에서는 보통 이상의 활동을 하고 있는 반면, 국민에 대한 효과분석이나

---

3) 각 정부부처 및 국정홍보처와 정부홍보분야의 컨설팅 경험을 가진 PR 회사의 전문가들도 국정홍보를 위한 홍보 조직 및 업무처리에 대해 대체로 긍정적으로 평가하고 있다(박주연 외, 2005). 정책홍보관리실로 조직체계가 전문화된 것은 바람직하고 외부전문가가 충원되는 것에 대해서도 긍정적으로 평가하였으나, 이러한 직제개편이 일방적인 홍보만을 위한 지원이 되어서는 안된다는 의견이 있었다. 또한 홍보 전문인력의 부족과 홍보 기획력의 부족, 예산의 부족 등을 지적하고 있고, 민간기업의 특성을 도입하는 것이 필요하지만 사안별로 적용하는 것이 바람직하다고 보았다.

홍보전문가의 활용, 예산과 시간 및 인력의 측면에서는 부족함이 있는 것으로 나타났다(신호창 외, 2006). 최근의 정부와 언론관계의 악화 상황에 비해 홍보담당자들이 언론관련 측면에서의 활동을 더 많이 하는 것으로 나타난 것이 특이하게 보일 수 있으나, 정부와 언론관계의 악화는 정부의 언론정책이나 이데올로기적 문제 등 보다 근본적 차원에서 비롯된 것으로서 홍보담당자의 활동에 기인하는 측면은 적다. 오히려 이는 최근 정부에 민간홍보전문가로서 영입된 인력 중 언론기관에 종사한 경력을 가진 사람들이 많았다는 점을 반영하는 것이라고 볼 수 있어, 향후 보다 다양한 분야에 전문성과 경력을 가진 인력을 충원하는 것이 바람직하리라는 것을 시사하고 있다.

3) 대국민 직접 홍보 활동의 문제점

노무현정부의 정책홍보의 골자라고 할 수 있는 대국민 직접 커뮤니케이션 활동이 커뮤니케이션의 양방향성을 어느 정도 달성하고 있는지, 정책에 대한 숙의과정을 만들어 내는 데 도움이 되는지, 이러한 숙의의 과정을 통해 여론의 질을 높이는 데 도움이 되는지, 정책정보의 확산/과학적 설득/상호이해의 증진 등 홍보의 목표를 충족시키는지 등의 기준으로 분석한다.

(1) 정책포털서비스의 일방향성

먼저 청와대브리핑은 인터넷 사이트로도 기능을 하고 있는데, 주로 정부의 정책이나 입장을 소개하는 글과 대통령 등 고위관료에 대한 소식 및 인터뷰 등으로 이루어져 있다. 국민참여공간으로는 '열린마당'이 있고 열린마당 안에 열린마당 추천글, 네티즌 칼럼, 회원게시판으로 세 개의 게시판이 있으나, 글쓰기가 가능한 곳은 회원게시판 한 곳뿐이며, 회원게시판에는 회원가입을 한 사람만이 글을 올릴 수 있다. 운영자로부터의 답글은 없으며 국민들 스스로 글을 올리고 댓글을 적는 형식이다. 게시판에 올라오는 민원과 관련된 내용은 별도로 답변처리를 하지 않는다고 공지하고 있고, '참여마당 신문고'를 이용하여 민원을 제시하도록 하고 있다. 청와대브리핑은 제한된 국민의 참여가 제한적으로만 가능할 뿐 아니라 이에 대한 정부의 피드백은 없어, 커뮤니케이션의 양방향성이나 숙의의 측면에서는 아직 부족한 점이 많은 것으로 보인다.

2003년 9월에는 보다 확대된 정책포털사이트로서 '국정브리핑' 서비스가 국정홍보처를 주관으로 시작되었다. '뉴스', '핫이슈', '미디어창', '정책어젠다', '오피니언', '정책리포트' 등의 코너를 통해 정부 각 부처와 자문위원회가 생산하는 정책정보를 제공한다. 국민이 참여할 수 있는 공간은 '열린게시판'과 '오피니언' 안의 '넷포터마당'이다. 열린게시판에는 회원가입 후 글쓰기를 할 수 있고, 넷포터마당은 넷포터뉴스, 테마뉴스, 넷포터게시판, 제안에 답합니다의 게시판으로 구성된다. '넷포터'란 네티즌과 리포터를 합한 단어로 국정브리핑 사이트에 회원가입을 한 후 글을 써서 넷포터 담당자에게 보내면 심사 후 선정된 글을 게재하는 것이다.[4] '넷포터게시판'은 자신이 보낸 글 또는 게재된 글에 대해서나 문화상품권 수령 등과 관련한 문의가 주로 이루어지는 게시판으로 운영자로부터 답변을 받는다. '제안에 답합니다'는 넷포터가 쓴 정책관련 기사에 대해 정부부처 담당자가 답변하는 곳으로 국민과 정부 간 커뮤니케이션이 가장 활발할 수 있는 공간이나 답변 글이 거의 게시되지 않아 잘 활용되고 있지 않다.

이외에 국정홍보처의 사이트가 '알림마당'이라는 이름으로 따로 운영되고 있다. 알림마당은 '정보마당', '참여마당', '민원마당'으로 이루어져 있는데, 대부분 오프라인에서 공급하는 관련 자료를 온라인에 그대로 등재하거나 정부 중심의 내용이 중점적으로 실리고 있는 등 접속자의

4) 글을 게재하게 된 국민을 '국정넷포터'라 칭하며, 게재된 글에 대해서는 2만 원 상당의 문화상품권을 제공한다.

요구에 부응하지 못한다(김영창, 2003). 국민과의 의사소통이 가능한 부분을 살펴보면 민원마당에 '처장과의 대화' 게시판에 실명으로 작성한 글을 공개, 또는 비공개로 올릴 수 있게 되어 있다. 처장과의 대화 게시판에 오른 글들에 대한 홍보 담당자의 답변은 10~15건의 글에 대해 1건 정도로 미미한 편이다. 또한 '참여마당'은 '제안합니다', '자유게시판', '국민사진', '토론실' 등으로 구성되어 있다. '자유게시판'은 본인확인 절차 후 국정전반에 대해 의견을 표현하고 그에 대한 답 글을 올릴 수 있는 공간이지만, 국정홍보처에서는 자유게시판의 의견에 대해서는 답변하지 않고 있다. '제안합니다'의 세부게시판으로 '공개제안신청', '공개제안', '나의제안', '홈페이지개선제안'이 있는데, '공개제안신청'은 말 그대로 공개제안신청서를 작성하는 공간으로 실명확인 후 글을 쓴 후 공개/비공개를 선택할 수 있다. '공개제안'게시판에는 국민이 공개한 제안과 그에 대한 담당 부처로부터의 답변이 있으며 완료/심사로 그 처리상태가 제시된다. 홈페이지 개선제안은 홈페이지 이용시 불편 사항, 개선점들을 올리는 곳으로 국정홍보처의 답변이 가장 활발하게 이루어지는 곳이다. '나의 제안'과 '토론실' 내의 여러 기능은 국정홍보처 홈페이지 내에서는 가능하지 않고 국민고충처리위원회에서 주관하는 '참여마당신문고'라는 새로운 사이트로 이전되었다. 참여마당신문고는 '민원신청', '국민제안', '정책토론', '시민참여클럽' 등 국민참여와 토의를 가능하게 하는 많은 기능들을 가지고 있지만 대부분 실명확인 후 참여마당신문고의 정회원으로 등록해야만 참여가능하며, 정책포털사이트의 일환으로 운영되고 있지 않아 정책홍보를 통한 국민과의 커뮤니케이션으로서 기능하지 못하고 있다.

전반적으로 청와대브리핑, 국정브리핑, 국정홍보처 사이트 등 정책포털 사이트를 통한 정책홍보는 정책관련 정보의 제공이나 정부 입장에 대한 설득측면에서는 중요한 역할을 한다고 볼 수 있으나, 국민과의 쌍방향 커뮤니케이션을 통한 상호이해의 증진이라는 측면에서는 다소 미흡한 부분들이 있는 것으로 보인다. 그러므로 쌍방향 커뮤니케이션을 위해서는 사이트 내에 국민이 참여할 수 있는 공간을 더 늘리거나 정부로부터의 답변을 더 자주, 성의 있게 제공하는 것이 필요하다. 그러나 국민참여공간이나 기능을 늘리고 정부가 답변을 성실히 한다 하더라도, 실명제 또는 본인확인제도 하에서 국민의 자유로운 의사표현이 어느 정도 이루어질 수 있을지에 대해서는 의문이 남는다. 여러 학자들이 지적한 대로 정부가 운영하는 정책포털의 내용이 정부입장을 반영하고 설득하려는 부분들을 많이 포함하고 있다면, 이에 대한 반대의견이나 다른 시각이 포털사이트를 통해 표현될 수 있는가 하는 것이 더욱 중요하다. 노무현정부가 정부와 국민 간의 커뮤니케이션을 통한 정책수행과 정부에 대한 이해의 제고를 중요한 정책목표로 한다면, 실명제와 본인확인제가 갖는 부정적 영향에 대해서 더 심도 있는 논의를 할 필요가 있다. 특히 정부나 공공기관의 사이트에서는 국민의 자유로운 비판이 독려될 수 있는 환경을 만드는 것이 정부 및 국정운영에 대한 참여와 의견의 표현을 통해 얻을 수 있는 바람직한 효과들을 극대화하는 데 도움을 줄 수 있을 것이다.

(2) 정책고객서비스(PCRM)의 공공성 결여

정책고객서비스(이하 PCRM)는 노무현정부가 가장 많은 관심을 갖고 추진한 정책 중 하나인 동시에 정부정책의 근본적 측면에서의 문제점을 가장 많이 드러내는 것이다. 기업의 경영마인드 및 전략을 벤치마킹하는 과정에서 정부와 공공부문의 서비스와 일반기업의 서비스 간의 차이를 명확하게 구분하지 못하고, 기업의 고객과 주권자이며 시민인 국민의 차이를 구분하지 못하고 있다. 이로 인해 국민과 정부 사이의 양방향 커뮤니케이션의 활성화나 숙의과정의 도모, 과학적 설득이나 상호이해 증진 등의 측면에서 효과를 보지 못하고 있을 뿐 아니라, 국민이 선전과 정책 마케팅의 대상으로 전락하면서 오히려 일방향적 커뮤니케이션이 고착화되는 모습을 보이고 있다.

먼저 PCRM의 개념 및 도입 필요성에 대한 인식을 살펴보면, 주무부처인 국정홍보처는 국민의 의견을 수렴하여 정책에 반영하겠다는 입장을 밝히고 있어 원칙적, 개념적으로는 쌍방향 커뮤니케이션으로서 PCRM을 바라보고 있다고 할 수 있다.[5] 반면 PCRM에 대한 평가와 분석을 시도한 연구자들은 PCRM의 의미를 국민과의 커뮤니케이션을 강화하기 위한 정책홍보의 도구라기보다는 행정서비스 개혁의 일환이라는 점에 둔다(이정아, 2003; 박성민 · 최윤경, 2005; 윤태웅, 2006). PCRM의 이론적 배경을 설명하면서 고객관계관리(CRM)가 "고객에 대한 이해를 바탕으로 고객이 원하는 제품과 서비스를 제공함으로써 결과적으로 수익성을 최대화하는 마케팅 기법"이고(윤태웅, 2006에서 재인용) "고객에 대한 정보를 DB화하여 우량고객을 중심으로 차별적인 서비스를 제공함으로써 고객과 장기적인 관계를 통한 평생고객가치를 극대화하는 전략"(윤태웅, 2006에서 재인용)이라고 소개하였다. 그런데 "고객", "수익성", "마케팅" 등을 기본으로 하는 이러한 CRM 개념을 공공부분에 적용하는 것이 어떠한 함의를 갖는지, 정부가 주도하는 PCRM은 어떤 측면에서 차이점을 가져야 하는지에 대한 인식은 매우 초보적인 수준에서 벗어나지 못하고 있다. 서비스의 "품질"을 높이는 것과 국민이 "원하는" 것을 주는 것이 PCRM의 목표라면, 정부의 역할은 무엇인가 하는 의문이 남는다. 이정아(2003)도 전자정부 "서비스 활용도"와 "부가가치 제고"

---

5) PCRM의 개념과 원칙을 설명함에 있어서 '각 부처의 정책과 관련된 오피니언 리더와 관심 있는 국민들을 대상으로 이메일을 통해 각종 정책정보를 제공하거나 여론수렴활동 등을 지속적이고 체계적으로 전개해 나감으로써 정책에 대한 이해와 신뢰 그리고 지지기반을 확대해 나가는 인터넷 홍보사업의 하나이다.'라고 하였고, '정책 수립과정에서 이해관계자의 의견을 수렴, 반영하여 갈등의 소지를 줄이고… 집행된 정책에 대한 이해 관계가의 반응을 점검하여 새로운 정책 수립과정으로 환류(*feedback*)시키는 일련의 과정을 거치게…' 라고 하고 있다 (국정홍보처, 2007). 다만, 일반 국민이나 시민보다는 오피니언 리더와 이해관계자들을 주 대상으로 언급하고 있다는 점에서 국민의 참여와 숙의를 통한 민주주의의 확립보다는 정부가 입안하고 집행하는 정책이 원활하게 수행되도록 하는 것에 더 중점을 두고 있는 듯하다.

를 위해서 시민 "만족"이 가장 중요하며 이를 위한 수단으로 CRM의 유용성이 부각되었다고 언급하고, "고객집단별 프로파일" 구축을 통해 시민 개개인의 특성에 부합되는 전자정부서비스 제공이 필요하다고 주장하여, 정부의 국정운영과 시민의 역할을 기업의 경영과 상품을 선택하는 고객(*customer*)의 입장과 다름없는 것으로 보고 있다. PCRM을 연구하는 학자들이 경영학 분야에서 사용되는 이론과 용어들 (만족, 고객집단별 프로파일 구축, 서비스 활용도, 부가가치제고, 전략, 수요자, 고객 등), 그리고 사기업에서 정의한 내용을 그대로 받아들이고 정책학이나 행정학 분야의 이론과 원칙을 CRM 도입에 연결시키려는 노력을 하지 않은 것은 아쉬운 일이다. 정부에서 CRM을 도입하는 것이 어떠한 의미를 갖는 것인지에 대한 진지한 고민이 없었던 것이 이후의 연구와 정부의 홍보활동에도 그대로 반영되고 있음을 알 수 있다.

이렇게 국민을 고객화하는 것과 정책에 대해 마치 상품처럼 품질을 논의하는 것은 행정"서비스" 맥락에서는 어느 정도 적절한 일일 수 있다. 국민을 행정서비스의 주요 고객으로 보고 미디어의 발달을 이용하여 국민의 다양한 요구를 충족시키는 맞춤 서비스를 더욱 편리한 방식으로 제공하고자 하는 맥락에서, 국민에 대한 정보를 파악하고 이들에게 관심이 될 만한 정보를 이메일로 전달하는 것은 정책홍보의 목표와 잘 부합되는 것일 수 있다. 최근 고객 지향적 행정에 대한 연구가 활발히 이루어지고 있는데, 행정 중심적이고 공급 중심적인 관행으로부터 민간 중심적이고 수요 중심적으로 전환하자는 입장에서, 정부가 주인이며 동시에 고객인 국민에게 행정서비스를 능률적으로 제공하고 국민들의 요구에 민감하게 대응함으로써 국민들의 만족도를 극대화시켜 주기 위하여 국민에게 접근하려는 정부가 되어야 한다는 것이다(이종범, 1996; 박세정 외, 1996). 민원서비스나 보건의료 등의 분야에 대한 행정서비스 만족도 조사를 하는 것도 이러한 맥락에서 진행되는 것이다(정윤수, 1999).

그러나 현재 실행되고 있는 PCRM의 내용은 행정서비스 분야에 한정되어 있지 않다. 예를 들어 장애인, 노인, 소년소녀 가장 등의 생활실태를 조사하여 관련된 서비스를 제공한다거나 취업정보센터에 대한 정보를 제공하는 등 주민의 복지를 향상시키기 위해서는 해당 주민을 찾기 위해 국민에 대한 정보를 얻거나 해당 주민에게 우편이나 이메일을 보내어 정보를 제공하는 것이 정당화될 수 있을 것이며, 이러한 측면에서 PCRM이 활용되는 것을 의미한다면 PCRM과 행정서비스 개혁 간의 관계는 명확하다고 볼 수 있다. 그러나 대부분의 부처에서 보내고 있는 PCRM의 내용은 공무원 조직·인력제도나 취재지원선진화제도 등 행정서비스와 상관없는 정부 관련 소식, 각 부처가 주관하는 정책에 대한 홍보, 정부가 야당이나 언론 등과 갈등관계에 있는 상황에서 정부입장을 강력하게 설명하거나 설득하고자 하는 내용들이 상당히 많다. 이러한 내용의 PCRM을 국민들에게 발송하면서 행정서비스의 품질을 제고하기 위해서라고 주장하기는 어려울 것이다. 이러한 상황에서 국민을 "고객"으로 보고 정책의 "품질"을 논하는 것이 단순히 국민이 원하는 정책, 국민을 만족하게 하는 정책을 만들어 내는 것을 지향하게 되거나, 국민을 대상화함으로써 정부의 이익을 극대화하는 것을 정당화하게 되는 것은 아닌지 우려된다.

노무현정부에서 실시하고 있는 PCRM에 대한 그동안의 평가를 살펴보면, 지금까지 국민의 의견이나 태도, 국민에 대한 PCRM의 효과 등을 측정한 연구는 매우 드물고, PCRM의 현황 및 사례 등에 대한 조사가 대부분이다. 18개 중앙부처의 정책고객수를 합하면 수백만 명에 달하지만, 신규가입의 절차를 따랐는지, 고객 DB에 다양한 속성이 확보되었는지, 분류가 적절한지 등의 요소를 고려하지 않은 고객의 확보숫자 자체는 큰 의미가 있지 않다는 점을 인정하고 있다(국정홍보처, 2005).[6] 일반 국민을 대상으로 한 조사에 의하면, PCRM에 대해 인지하고 있다고 응답한 사람은 전체의 10%에 불과하지만 PCRM을 수신하고 있는 사람들의 경우에는 만족한다는 긍정적 평가가 부정적 평가에 비해 3배가량 되는 것으로 나타났다(월드리서치, 2005). 그러나 또한 향후 정부 각 부처의 PCRM 수신 의향이 있는지를 질문했을 때는 수신의향이 없다는 의견이, 있다는 의견보다 3배가량 많았다. 즉, 일반 국민들은 PCRM에 대해 잘 모르고 있거나 알고 있더라도 수신을 원하지 않는 사람들이 더 많은 반면, 이미 수신을 하고 있는 사람들은 PCRM에 대해 만족하는 경우가 더 많아서 일반 국민을 대상으로 하기보다는 정부정책에 대해 관심이 있는 사람들을 대상으로 PCRM을 발송하는 것이 효과적이라는 것을 보여준다.

또한 정부부처의 PCRM 우수사례에 대한 연구들이 있는데, 우수사례를 선정하고 분석하는 데 경영학 분야의 CRM 평가기준을 거의 그대로 사용하였다. 부문별로 선정된 PCRM의 우수사례를 보면, 재정경제부의 경우 고객정보 수집의 어려움을 극복하기 위해 민원서비스 정보를 사용하여 정보를 수집하였다거나, 농림부의 경우 정책고객을 인구통계학적 요인뿐 아니라 직업, 지역, 연령, 학력, 소득별로 분류하였다는 점 등 정부입장에서 국민에 대한 정보수집을 효과적으로 할 수 있는 방안을 활용했거나 국민에 대한 정보를 더 많이 사용하여 분류하였다는 점을 높이 평가하였다(국정홍보처, 2005; 박성민·최윤경, 2005). 또한 재정경제부가 PCRM 관련 인력과 조직을 통합하여 효율성을 높였다는 점이나 건설교통부가 경영전략의 기본개념인 마케팅적 접근방법을 적용한 연중 홍보마케팅을 추진하여 위상을 높였다는 점 등 일반적인 경영효율성적인 측면에서의 평가를 바탕으로 PCRM 우수사례를 소개하였다. 즉, 애초에 국정홍보처에서 PCRM 도입시 중요한 목표로 삼았던 국민

6) 2005년 1월 1일부터 2005년 7월 22일까지의 조사기간 동안 18개 중앙부처에서 PCRM 메일을 1,871회 발송하였고, 이는 기본고객에게 19.1회, 특정고객에게 79.2회, 연계고객에게 5.5회를 평균적으로 발송한 것이다. 여론조사는 169회 실시되었고 부처마다 2.3회 기본고객에게 여론조사를, 7.0회 특정고객에게 여론조사를 시행한 셈이다.

에 대한 정보의 전달이 정확하게 충분히 되고 있는가의 차원이나 국민의 의견이 PCRM을 통해 수렴되고 반영되는지의 측면은 전혀 고려하고 있지 않다는 점에서 CRM과 PCRM의 차이가 국정홍보처와 박성민·최윤경의 연구에 제대로 반영되지 않고 있는 것으로 보인다. 마찬가지로 개선방안 역시 PCRM을 운영하는 정부조직의 입장에서 효율성을 제고하는 측면에서 제안되고 있으며, 국민과의 쌍방향 커뮤니케이션을 증진하기 위한 개선방안은 거의 언급되지 않았다.

PCRM의 운영현황을 보면, 국방부 공무원들의 경우 홍보활동의 중요성에 대해서는 잘 인식하고 있었으나, 정책과정에서 정보제공의 태도는 그다지 능동적이지 않은 것으로 나타났고, 조직원간의 정보공유도도 매우 낮았다(오상훈, 2005). 국방부 정책고객들은 국방정책에 대한 정보를 접촉하는 매체로서 인터넷을 제일 많이 들었고 다음으로 PCRM을 들었다. 그런데 PCRM 고객으로 가입할 때 본인이 동의한 적이 없다는 정책고객이 전체의 3분의 1에 달하여, PCRM 이용의 자발성에 문제가 있고 PCRM 정보를 스팸으로 받아들이는 사람들이 상당히 있다고 볼 수 있다(오상훈, 2005). 주 2~3회의 PCRM 제공주기는 대체로 적정하다고 보았고 PCRM의 이용을 결정하는 요인으로는 PCRM 내 정책자료의 내용이 가장 중요한 것으로 나타났다. 받아보는 정보량은 보통이거나 적다고 생각하는 사람이 많았고, 추가적 정보의 필요성에 대해서도 긍정적으로 보는 사람이 많았으며 받아보는 정보에 대해서 신뢰한다는 정책고객이 많았다. 그런데 원하는 정보와 받아보는 정보가 일치하지 않는다고 답한 사람이 다수인 것으로 나타나, 차별화된 정보의 제공이 이루어지고 있지 않을 뿐 아니라 동의하지 않은 사람들에게 정보를 무차별적으로 보내는 방식에 문제가 있음을 다시 한번 드러냈다. 이에 따라 오상훈(2005)은 PCRM 고객의 양적 확대보다는 질적 측면에 유념해야 한다고 결론 내리고 있으며, 국민과의 쌍방향적 의사소통의 방식이라기보다는 일방향적인 홍보제공의 성격이 짙은 것이 개선되어야 할 과제라고 지적하였다.

한편 PCRM이 실제로 국민들에게 어떠한 효과가 있는지에 대해서는 별로 연구된 바가 없다. PCRM의 효과가 있기 위해서는 일단 정책고객으로 선정된 국민들이 PCRM을 열어보고 읽어보아야 할 것인데, 개봉률이 대체로 매우 낮은 것으로 나타났다. 수신된 PCRM 이메일이 정책고객의 관심도와 맞았다면 이메일을 개봉하였을 것이므로 개봉률은 매우 중요한 척도가 될 것이다. 2005년부터 2006년 8월까지 PCRM 시스템 구축 및 운영비용으로 2억 4천만 원의 예산이 소요되었는데, 이 기간 동안 국정홍보처 발송 메일 중 미개봉 메일은 무려 87.5%에 달했다(국정홍보처 공개정책자료, 2006. 10. 10.). 2005년 1월에서 7월 사이 18개 부처의 평균 개봉률은 23.10%이고, 여론조사 메일의 평균 개봉률은 24.17%로 상당히 낮다고 볼 수 있다(국정홍보처, 2005). 2006년 개봉률은 27%로서 점점 높아지고는 있으나 역시 낮은 편이어서, PCRM의 효과가 그다지 크지 않을 것이라는 추측을 하게 한다. 또한 이 조사에서는 PCRM을 수신한 후 의견게시판에 글을 올리거나 의견보내기 기능을 활용한 비율은 어느 정도인가에 대한 질문은 포함되지도 않았다. 쌍방향 의견교환을 지향한다고 여러 차례 언급하면서도 PCRM 실태조사에서 국민의 의견 표현 여부를 조사하지 않았다는 것은 그만큼 국민의 의견수렴에는 관심이 적다는 것을 보여주는 것이라 하겠다.

이렇게 많은 예산을 들여서 시행한 PCRM의 효과가 모호하다는 점과 함께 PCRM의 또 다른 근본적인 문제는 정책고객을 선정하고 확보하는 절차에 있다. 2007년 9월 30일 현재 중앙 45개 부처가 659만여 명의 정책고객을 확보하고 있다고 하는데, 국정홍보처와 각 부처의 사이트를 통해 국민 개인이 직접 가입을 하는 경우도 있기는 하지만, 대부분 정부에서 여러 가지 경로를 통해 개인의 동의 없이 수집한 메일주소라고 할 수 있다. 정부가 사전 동의 없이 국민들을 정책고객으로 가입시키는 것은 법적, 윤리적 문제의 소지가 매우 많으며, 사전 동의가 없었다면 사후에라도 동의를 거치는 과정이 필요하다(오상훈, 2005). 개인의 허락 없는 정보수집과 무차별적인 이메일 발송은 불법이라고 법제처에서 밝힌 바 있고, 정부부처가 사전 동의 없이 개인의 신상정보를 취합하고 성향을 조사하여 홍보에 활용하는 것은 국민에 대한 인권침해행위이며 위법행위라는 것이 전문가들의 의견이다(박성호, 2006). 또한 수집된 국민의 정보를 데이터베이스화 하는 일도 많은 주의를 기울여야 할 것이다. 수신거부를 한 사람에게는 더 이상 이메일을 보내지 않을 뿐만 아니라 정책고객으로부터 탈퇴할 수 있는 방법도 편리하게 만들어야 한다. 일반 기업이 동의 없이 이메일 주소를 수집하여 마케팅 목적으로 이메일을 발송하면 규제대상이 된다. 기업이 해서는 안 되는 프라이버시 침해를 정부는 해도 된다는 입장을 지양하고, 소수의 국민에게만 정보를 보내고 받을 수 있게 되더라도 철저한 절차에 따라 PCRM을 운영해야 할 것이다.

정부와 국민과의 의사소통과 관계형성을 목적으로 하는 정책고객서비스가 실제적으로는 국민에 대한 정보의 수집, 정보의 DB화, 이들에 대한 일방적인 정책홍보형 이메일 발송으로 운영되고 있다. 이는 매우 비윤리적이면서도 침입적인(*intrusive*) 홍보활동일 뿐 아니라, 국민의 의견을 듣기 위한 통로는 매우 제한되어 있다는 점에서 일방적이다. 홍보의 목표를 달성하였는가 하는 측면에서 보더라도 상호이해의 증진이나 설득이 일어나기 어려울 뿐 아니라, 국민의 입장에서 원하지 않는 정보가 제공된다는 점에서 정보확산의 목표도 달성하기 어려운 상황이다. 이러한 문제가 나타나는 배경에는 보다 근본적인 문제가 자리 잡고 있다. 정부가 국민을 어떤 존재로 바라보아야 하는가에 대한 인식이 부족한 것이다. 그렇기 때문에 경영학에서 출발한 CRM의 개념을 여과 없이 받아들여 국민을 고객'관리'의 측면에서 바라보고, 정부 자신의 이익을 극대화하는 데 치중하는 방식으로 콘텐츠를 만들어냈다. 그 과정에서 국민의 의사와 요구와 관계없는 일방향적 커뮤니케이션은 더욱 심화되었다. 이러한 문제들을 개선하기 위해서는 정책과정에서 국민을 보는 정부의 시각 자체가 변화해야 한다. 정부가 무엇이고 국가는 무엇이고 국민은 누구인가에 대한 진지한 성찰이 없었다는 점이 PCRM의 운영을 통해 극명하게 드러나고 있는 것이다.

(3) KTV

대국민 직접커뮤니케이션의 수단으로 국정홍보처 산하 영상홍보원에서는 2005년부터 KTV 채널을 통해 국정홍보나 공공정보 프로그램의 제작과 송출을 담당하고, 각 부처의 청와대 업무보고 및 주요 국정과제 회의를 녹화중계하기 시작하였다. KTV는 정부가 하는 모든 일을 국민에게 소상하게 알리고 국민으로 하여금 국정참여의 폭을 넓힘으로써 정부와 국민 간의 쌍방향 대화 통로를 구축한다는 방송목적으로 설립되었다(양홍석, 2006). 그런데 현재 KTV는 도입당시의 위상과는 달리 정책홍보의 중심주체로서의 정체성과 차별성에서 성공적으로 역할을 수행하지 못하는 것으로 보인다. 시청률이 매우 낮아 2005년 우리나라 98개 채널 중 49위 수준에 머물고 있고 구성된 프로그램의 콘텐츠 면에서도 문제가 많아 시청률 제고를 위한 연성프로그램의 활용방안을 검토하고 있다(국정홍보처 공개정책자료, 2006. 10. 10.). 국정홍보를 목적으로 시작한 대국민 직접커뮤니케이션 방식의 공공채널이 단순히 정보를 제공하는 일방향적(*one-way*) 관계에 머물면서 시청률 저조로 나타나고 있다고 볼 수 있다. 시청자참여 프로그램이 부족하고 전문가·정책관심집단 등 시청타깃에 특화된 프로그램을 편성·방영하지 못하여 다양한 수요자 맞춤 프로그램이나 시청자 접근을 강화하는 채널로서 국민들에게 서비스되지 못하고 있다. 게다가 정보원인 정부 관련 정보의 공개가 KTV를 통해서는 상대적으로 미흡하다는 점은 KTV 설립의 목적과 이념인 국민참여와 쌍방향 커뮤니케이션을 가로막는 제약요인이라고 볼 수 있다. 시청자 참여 프로그램과 정책정보의 심층취재 및 기획 프로그램을 확대, 강화하여, 국민의 접근을 용이하게 하고 정보공개와 전달에 도움이 되어야 정책 전문채널로서 기능할 수 있을 것이다.

(4) 정부광고 및 정책광고

현재 국정홍보처에서는 주요 국가시책 및 현안에 대한 광고를 민간광고 대행사에 의뢰하여 제작하고 있다. 방송매체의 경우 TV 캠페인, 라디오 광고, 케이블 TV 광고를 시행하고 있으며, 인쇄매체로는 신문광고, 기타매체로는 지하철광고, 열차광고, 인터넷광고, 전광판광고, 와이드칼라 광고 등을 시행하고 있다(김영창, 2003). 정부광고는 정부 또는 지방자치단체가 광고주가 되어 정책에 대한 국민의 이해와 협조를 얻기 위한 목적으로 예산을 사용하여 정책정보를 제공하는 설득적 커뮤니케이션이다(장경아, 2007). 대중매체의 정부주요시책 보도만으로는 국가정책과 사업에 대한 국민의 지지와 이해를 확보하는 데 한계가 있다는 점에서 광고는 국민과의 직접적인 커뮤니케이션을 시도하기 위한 보편적인 수단의 하나라고 할 수 있다(장세창 외, 1991). 정책광고에 대한 분석에 의하면 주로 '국민계도형'이었던 우리나라의 정책광고가 국민의 정부에서부터 '정책홍보형'으로 바뀌었으며, 특히 노무현정부에 들어와서 노무현정부가 표방하는 정책표어가 직접적으로 반영되었고, 매체별로는 2002년 이전에는 신문광고에 대한 집행이 가장 많았으나 2003년부터 방송광고 집행의 비중이 증가하였다(박영철, 2004). 노무현정부 정책광고의 실태와 문제점을 분석한 김은정(2004)은 정부광고의 매체의 다양성이 부족한데다가 정부의 주장 내용이 일방적이라고 지적하고 있다. 박성호(2006) 역시 2006년 6월부터 두 달간 한미 FTA 홍보를 위해 약 38억 원을 지출하여 각종 방송과 신문에 일방적 광고를 내보내는 등 국민의 의견을 듣고 여론을 수렴하는 과정 없이 일방적인 찬성홍보를 위해 국민의 세금을 낭비한 점에 대해 지적하였다. 정책광고 또는 정부광고의 경우 커뮤니케이션의 쌍방향성의 측면이나 정책에 대한 피드백

등의 측면에서는 부족함이 있겠으나, 공공정보의 확산이나 이해의 증진이라는 점에서 어느 정도 효과가 있는지에 대해서는 더 연구가 필요할 것이다.

4. 정책홍보시스템 개혁 방안

지금까지 국민과의 쌍방향 커뮤니케이션에 도움이 되는지와 정보 확산, 설득, 상호이해의 증진이라는 정책홍보의 목표를 달성하고 있는지의 문제를 중심으로 노무현정부 정책홍보를 살펴보았다. 국민과의 의사소통을 통한 민주적 국정운영을 목표로 한 노무현정부의 정책홍보시스템은 정당성과 전향성이라는 측면에서 바람직하였으나, 그 실행에서는 국민의견을 수렴하기보다는 정부입장을 알리고 설득하는 데 중점을 둔 것으로 나타났다. 정부 홍보조직이 새롭게 개편되었고 전문적 인력이 부족하였다는 점도 이유가 될 수 있으나, 무엇보다도 정책홍보에 대한 접근과 시각에 근본적 결여와 오류가 있다는 점이 그 원인이 아닌가 생각된다. 국민을 통제와 관리의 대상으로 보던 정부가 이제는 국민을 정부의 입장을 사달라고(*buy*) 설득해야 하는 고객으로 보게 되면서, 또 다른 측면에서 국민을 대상화하고 관리하는 방식으로 정책홍보를 수행하고 있는 것이다. 국민과 함께 가기보다는 국민을 설득의 대상으로 보고 국민과 기업이 해서는 안 되는 일도 정부가 하면 정당화될 수 있다는 전근대적 사고방식이 남아 있는 상황에서, 고객관리를 통해 수익성과 효율성을 극대화한다는 경영학적 개념을 여과 없이 받아들이면서 국민에 대한 정부의 홍보는 그 어느 때보다도 일방적이고 침입적으로 실행된 측면이 있다.

따라서 정책홍보시스템의 개혁을 통해 보다 국민 참여적이고 숙의적인 정책과정을 만들어 나가기 위해서는 정부와 국민 간의 관계, 정책홍보를 수행하는 근본적인 이유를 다시 생각해보는 시각의 재정립이 우선되어야 할 것이다. 정부의 역할은 무엇이고 국민은 정부에게 어떠한 존재인지에 대한 근원적 성찰이 정책홍보에 대한 학문적, 실무적 접근에 반영되어야만 한다. 정부가 일방적으로 정책방향을 정하여 국민을 따르게 하는 것도 문제이지만, 국민의 만족만을 위해서 개별 정책을 수행하는 것도 바람직하지 않으며 모든 국민을 똑같이 만족시키는 정책이라는 것도 있을 수 없다. 국민의 의견인 여론을 무시하는 정책수행은 정당성 측면에서 문제가 있으나, 정책이 여론을 따라서 결정되고 수행되는 것도 국민과 사회 전체의 이해관계에 오히려 반하는 결과를 낳거나, 불안정하고 비일관적 정책 때문에 혼란을 주거나, 소수의 이해관계를 지속적으로 무시하게 되는 결과를 낳을 수 있다. 그러므로 국민이 참여하는 정책과정이란 어떻게 이루어져야 하는지, 의미 있는 참여를 유도하고 지원하기 위해서는 정부가 어떠한 역할을 해야 하는지에 대한 고민이 정부의 정책홍보로 연결되어야 하는 것이다.

정책에 대한 국민의 참여가 의미 있으려면 국민의 의지도 중요하지만 국민이 무엇을 얼마나 알고 있고 관심을 가지고 있는가가 중요하다. 그러므로 정책과정을 둘러싼 여러 이슈들을 투명하게 공개하는 것, 이에 대한 토론의 장을 여는 것, 질 높은 의견이 형성되도록 숙의과정을 유도하는 것이 중요하다. 이러한 과정을 돕는 것이 정책홍보시스템의 핵심이 되어야 할 것이며, 이는 현재의 정부가 다양한 매체를 활용하여 수행하고 있는 공격적인 홍보활동과도, 국민을 고객으로 보고 프로파일을 구축하는 전략적 홍보활동과도 다른 것이다. 그렇다면 정보의 공개, 토의와 숙의, 양방향 커뮤니케이션을 지원하는 정책홍보시스템을 만들기 위해서는 구체적으로 어떤 방법이 필요한지 생각해 본다.

1) 숙의과정을 위한 중앙 홍보기구의 역할 재정립

현재 정부의 홍보활동에 대한 비판은 종종 국정홍보처 폐지론과 홍보조정기능의 축소에 대한 논의로 이어지고 있다. 그러나 국민들은 정책홍보활동이 정보제공 및 이해도 제고에 도움이 된다고 인식하고 있고, 현재 정부의 정책홍보활동에 대해서 불만족하는 이유로는 오히려 홍보의 부족을 들고 있다. 이는 국민들에게 정책 관련 정보에 대한 욕구가 있다는 점을 보여주는 것으로서, 섣불리 홍보기구의 축소나 홍보예산의 축소를 논하는 것은 적절하지 않다는 점을 시사한다. 또한 정책홍보를 통해 국민의견을 수렴하고 참여를 도모하기 위해서는 개별 정책에 대한 홍보활동과 매체를 활용한 활동들을 넘어서는 전문적인 기획과 수행이 필요하다. 지금의 정책홍보 조직으로는 간단한 여론조사마저 제대로 수행하거나 해석하지 못하고, 민간홍보회사에 맡겨 여론조사를 시행하는 경우도 많지만 공공부문에 전문성을 가진 홍보회사가 절대적으로 부족한 실정이다. 재정경제부에서 2005년 실시한 8·31 부동산정책 공론조사 역시 일반 여론조사를 대신하거나 보완하고 국민의 참여 의미를 제고시킬 수 있는 중요한 실험이 될 수 있었음에도 불구하고, 여러 가지 방법론적인 문제들과 정부 의도에 대한 불신 등이 겹쳐서 정당한 평가를 받지 못하였고, 이후 전국적인 규모의 공론조사는 시행되지 못하고 있다. 피시킨(1991)이 강조한 대로 공론조사는 숙의민주주의를 위한 토의와 참여를 독려하는 의미 있는 과정이 될 수 있다. 그런데 매우 전문적인 기획과 예산, 노하우 등이 필요하여 한 정부부처나 시민단체 등의 개별 조직이 시도하기에는 어려운 측면이 있다. 중앙정부의 정책홍보조직이 이러한 공론조사를 기획하고 지원한다면 질 높은 여론의 수렴을 통한 정책수행에 큰 도움이 될 것이다.

따라서 공론조사를 비롯하여 민주적 정부운영을 위한 새로운 활동들을 창의적으로 도모할 기구가 필요하다는 점에서, 국가적 차원에서 정책홍보를 담당하는 부처의 필요성은 크다고 볼 수 있다. 현재 홍보담당 공무원이 보는 국정홍보처의 위상은 상당히 낮은 편인데, 한편으로는 위상의 강화가 필요하다는 의견이 있지만, 한편으로는 각 부처의 홍보 담당자들이 국정홍보처가 홍보업무를 총괄하는 것을 부적절하다고 생각하고 정책의 주무부처가 홍보활동을 맡는 것에 비해 비효율적이고 방해된다고 지적하고 있음에 주목할 필요가 있다(박주연 외, 2005). 즉, 정책홍보의 전체적인 조정이 필요한 경우와 각 부처의 정책에 대한 홍보 지원이 필요한 경우를 잘 구분하여 국정홍보처의 업무를 조정해야 한다. 특히 정책에 대한 세부적인 정보의 공개와 제공을 원활히 하기 위해서는 중앙부처의 개입이나 간섭을 최소화하고 주무 부처의 정책담당자와 홍보담당자가 협력하여 홍보활동을 하는 것이 효율적이다.

정책에 대한 국민으로부터의 의견이 접수되면 정책담당자의 답변이 따라야 하는 경우가 많은데, 정책담당자의 답변이 신속하고도 성실하게 이루어질 수 있도록 홍보 담당자가 지원하는 시스템이 효과적일 것으로 본다. 국정홍보처, 또는 정책홍보를 위한 중앙 부처의 역할은 개별 정책의 홍보에 대해서는 총괄이 아니라 지원을 하는 것이 되어야 하고, 주요 업무로서 국민과의 쌍방향 커뮤니케이션을 가능하게 하는 여러 가지 방법들을 개발하고 국민의 의견을 가늠하는 과학적 방법들을 찾아내고 실행하는 것이 적절하다. 한 국가 내에서 정책에 대한 숙의과정을 격려하고 만들어 내는 것은 매우 어려운 일이다. 권한과 예산, 인력을 가진 홍보조직이 이러한 업무를 제대로 담당하게 될 경우 국가운영의 민주적 효율성을 크게 높일 뿐 아니라 일반 국민들이 민주적 시민성을 체득하는 데에도 기여할 수 있을 것이다.

2) 공공 마인드를 가진 홍보 전문가 교육 및 영입

중앙 홍보 조직이 정책을 둘러싼 숙의과정에 기여하기 위해 가장 필요한 것은 역시 홍보부처의 전문성일 것이다. 지금까지 정책홍보 담당자들은 예산부족과 인력부족으로 인한 어려움을 지속적으로 언급했다. 특히 전문성을 가진 인력부족이 큰 문제로 지적되고 있다. 홍보의 전문성을 제고하기 위해서는 교육의 강화가 가장 필요하고, 대부분의 담당자들이 기회가 주어진다면 교육에 참가하고 싶다는 의지를 표현한 바도 있다(박주연 외, 2005).

문제는 어떠한 교육을 어떠한 기관에서 어떻게 담당할 것인가 하는 것인데, 지금까지는 국정홍보처 내부교육과 서강대 홍보아카데미의 교육이 주된 것이었다. 교육기관의 수를 늘리는 것에 대해서는 주의가 필요하다. 사기업을 주요 고객으로 하여 일해 온 민간 홍보회사들이 교육을 담당하게 될 경우 홍보기법이나 전략적 측면을 교육할 수는 있겠지만, 공공기관에 적절한 홍보 마인드를 갖게 하는 데에는 한계가 있을 것이기 때문이다. 따라서 정부 및 공공기관의 국민관계에 대한 이론적 논의를 포함하여 민주주의에서의 정부와 국민의 관계는 어떠해야 하는가, 참여민주주의와 숙의민주주의의 의미는 무엇인가 등 보다 근본적 성찰을 할 수 있는 교육이 매우 필요하다. 이를 위해서는 행정학, 정책학, 홍보학 등 관련 학계에서의 노력이 뒷받침되어야 할 것이며, 사적 부문을 중심으로 발전한 현재의 학문적 환경이 변화해야만 정책홍보의 실무에 도움을 줄 수 있는 학문적 인프라가 구축될 수 있을 것이다.

전문성 제고를 위해 민간홍보전문가를 정부에 영입하는 것도 마찬가지로서, 필요하기는 하지만 신중하게 접근해야 할 문제이다. 최근 홍보 관련 업무를 담당하기 위해 정부에 임용된 민간전문가들은 대부분 언론계에 종사한 경험을 바탕으로 발탁되었다. 이에 따라 정책홍보의 수행 역시 언론보도의 분석, 언론을 통한 의제설정 노력, 사전에 언론의 협조를 구하는 것 등 언론에 대한 대처의 측면에서는 강화되었으나, 국민을 이해하거나 정책홍보의 반영도를 측정하고 보완하는 등의 측면에서는 낮은 평가를 받는 상황이 되었다(신호창 외, 2006). 따라서 정부의 정책홍보의 전문성을 향상시키기 위해서는 언론관계 전문가뿐 아니라 홍보전략이나 기법, 효과분석 등에 경험을 가진 전문가, 나아가 정책과정에서의 국민과 여론의 역할 및 정부의 특성과 국민과의 관계설정 등에 관한 전문가의 영입이 함께 이루어지는 것이 바람직할 것이다.

3) 쌍방향적 홍보활동으로의 전환

한편 현재의 정책홍보활동의 내용적 측면에서도 개선과 개혁이 필요하다. 노무현정부가 가장 중점을 두고 있는 대국민 직접 홍보활동들은 민주적 국정수행에 필수적인 것일 뿐 아니라, 현재 정책에 대한 홍보가 부족하다고 느끼는 국민들도 다수 있다는 점에서 지속되어야 할 필요성이 있다. 다만, 그 실행에서 윤리적, 법적 기준을 준수해야 할 것이며, 국민참여를 증진하고 커뮤니케이션을 활성화할 수 있는지를 고려하여 수정, 보완되어야 할 측면들이 있다.

정책포털사이트의 경우 정책 관련 정보의 내용이 일방적이라는 비판도 많았는데, 각 정책과 관련한 정보를 충분히 공개적으로 밝혀야 할 것이며 관련된 여러 입장들을 균형적으로 보여줄 수 있다면 가장 이상적일 것이다. 그러나 정책을 구상하고 입안하는 주체인 정부부처가 합리적이고 성실한 노력을 통해 어떠한 결론에 이르게 되었을 때 이를 주장하고 설득하려 하는 것이 반드시 국민의 이해에 반하는 것은 아니다. 다만 정부에서 운영하는 사이트임을 국민들이 대부분 알고 있기 때문에 지나치게 정부의 입장에서만 정책 관련 정보를 제공하게 되면 국민의 정책포털 이용률이 낮아질 수 있다.

따라서 정부는 정책에 대한 정보를 균형적으로 제공하는지 정부의 입장에서 제공하는지에 따라 정책포털사이트에 대한 국민의 이용도와 신뢰가 달라질 수 있다는 점을 인식하고, 각 사안에 따라 입장을 정해야 할 것이다. 더 중요한 문제는 정책포털이 얼마나 상호작용적으로 구성되어 있는가 하는 점이다. 국민이 직접 글을 쓸 수 있는 게시판을 사이트 내 접근이 용이한 곳에 만들고, 정부답변이 필요한 경우에는 성실하게 답해야 한다. 현재는 국정홍보처 사이트의 홈페이지관련제안 게시판 이외에는 거의 대부분의 게시판 글에 대한 정부의 답변이 미미한 실정이다. 또한 정책토론이나 정책제안을 할 수 있는 게시판이 별로 없고 국민고충처리위원회로 이전되었는데, 정책포털사이트 내에 이러한 기능을 하는 게시판이 있어야 할 것이다.

가장 중요한 것은 국민이 얼마나 편안하게 의견을 표현할 수 있는가 하는 점인데, 거의 대부분의 게시판이 실명제와 본인확인제를 택하고 있어서 정부 및 정책에 대한 자유로운 비판을 하기 쉽지 않다는 근본적인 문제가 있다. 정책 관련 정보의 확산뿐 아니라 국민의 의견을 들음으로써 상호이해를 증진하고 정책에 반영하려는 의지가 분명하다면, 실명제를 완화하는 방법을 찾는 것이 정책포털사이트를 국민과의 의사소통을 위해 사용할 수 있는 가장 효과적인 방법임을 인식하고, 이를 위한 노력을 기울여야 할 것이다.

가장 어려운 문제는 PCRM의 개선이다. 국민을 정책고객으로 확보하기 위한 정보수집 과정에서 일어나는 불법적, 비윤리적 활동을 중단해야만 PCRM을 통한 정책홍보의 정당성을 유지할 수 있을 것이다. 더 이상은 동의 없는 이메일 수집과 이메일 발송을 중단하는 것이 좋다. 정부가 이미 보유한 정책고객 DB를 삭제·파기하고 동의절차를 밟아 새롭게 정책고객을 확보하는 것이 가장 적절한 방법이다. 차선책으로는, 수신거부를 했거나 지속적으로 개봉되지 않는 이메일은 DB에서 삭제하고 현재의 정책고객들에게 사후적으로 동의를 받는 절차를 따를 수도 있다.

PCRM의 효과에 대한 과학적 측정이 필요하다. 문제 소지가 많은 절차를 거치고 수많은 예산을 들여서 PCRM을 하고 있는데 누구에게 어느 정도의 효과가 있는지에 대해서도 조사하지 않고 있다. 개봉률이나 클릭률, 나아가 의견표현 및 참여율에 대한 기본적인 조사뿐 아니라, PCRM을 받은 국민들의 정책에 대한 인지도와 이해도가 높아지는지, 정부에 대한 신뢰도가 높아지는지, PCRM이 이를 제공받은 국민들의 정책에 대한 참여를 과연 높이는지 등에 대한 과학적 연구가 필요하다. PCRM을 현재 받고 있는 국민들은 PCRM의 내용 중 정책관련 정보가 가장 유용하다고 생각하고, 정보의 양이 적다고 생각하는 경우가 많았으며, 국민이 원하는 정보와 제공받는 정보가 일치하지 않는 경우가 많았다는 점(오상훈, 2005)은 시사하는 바가 크다.

자발적으로 PCRM을 제공받기 원하는 국민들을 찾아내는 것이 매우 중요하며, 원하지 않는 국민에게 발송하면 효과가 별로 없으리라는 것을 추측할 수 있다. 또한 PCRM으로 정책정보를 받기 원하는 국민들은 부처에 대한 소식이나 이벤트 소식보다는 정책에 대한 객관적 정보를 받기 원하며, 이러한 정보에 대한 욕구는 상당히 큰 편이어서 현재 PCRM으로 받고 있는 정보보다 더 많은 양을 받기를 원한다(오상훈, 2005). 따라서 양적으로 정책고객을 늘리려는 노력을 중단하고 정책관련 정보를 원하는 국민을 비록 소수일지라도 찾아내어 이들이 원하는 정보를 충분히 제공하는 방식으로 PCRM의 운영을 개선해야 할 것이다.

마지막으로 PCRM을 통한 쌍방향 커뮤니케이션의 가능성을 더욱 적극적으로 탐색해야 한다. 현재 의견 보내기나 의견 쓰기 기능이 있기는 하지만 대부분 이메일의 마지막 부분인 맨 아래쪽에 있어서 접근 용이성이 떨어질 뿐만 아니라, 이러한 국민의 의견표명에 대해 정부가 어떻게 반응하고 있는지도 알 수가 없다. 국민의 의견이 관련 정책 담당자에게 전달이 되는지, 담당자의 답변이나 반응이 있는지, 나아가 정책에 반영되는 경우는 있는지 등에 대해서도 조사가 필요하다. 국민의 의견을 수렴할 수 있는 도구가 PCRM 내에 마련되어 있더라도, 순환적 커뮤니케이션을 도모하고 국민에게도 의견표현을 할 인센티브를 주기 위해서는 정부의 피드백을 권장할 수 있는 장치가 함께 만들어져야 한다.

결론적으로 현재의 정책홍보시스템은 조직의 업무 측면에서나 정책홍보활동 측면에서 모두 개선되어야 할 부분이 많다. 국정홍보처는 개별 부처의 정책들에 대해서는 총괄이나 조정보다는 지원기능을 하고, 주요 업무로서는 국민의견 수렴이나 국민과의 양방향 커뮤니케이션을 전향적으로 시도하는 조직으로 변화해야 하는 것이 필요하다. 각 부처내의 홍보조직에서도 정책 담당자가 국민에게 정책에 대해 알리고 국민의 의견을 듣고 반응 또는 반영하는 것을 적극적으로 지원할 뿐 아니라, 부처 내 공무원들의 홍보 마인드를 제고하는 일, 즉 정부와 국민의 커뮤니케이션의 중요성을 알리고 교육하는 일도 업무의 중요한 영역으로서 포함해야 할 것이다. 정책홍보 활동 역시 지금처럼 새로운 매체들을 활용하면서도 오히려 국민을 대상으로 하여 일방적인 설득을 시도하기보다는 커뮤니케이션의 흐름이 국민으로부터 정부로 갈 수 있는 도구와 장치들을 찾아내는 데 노력해야 한다. 사이트나 PCRM 등의 인터페이스를 상호작용적으로 만드는 것도 전제되어야 하지만, 이러한 도구를 사용하여 국민의 의견이 표현되었을 경우 이에 대해 정부가 관심을 갖고 반응하는 것이 필요하다.

중앙과 각 정부부처의 홍보조직과 기능이 앞서 제안한 대로 변화된다면, 국민으로부터의 커뮤니케이션에 대한 정부의 반응이 나타나도록 지원할 수 있는 시스템이 마련될 수 있을 것이다. 현재와 같이 정부와 언론과의 관계가 적대적, 선택적으로 이루어지는 상황에서는 특히 국민에게 정책 관련 정보가 충분히, 제대로 전달되고 있는지 살펴야 한다. 정부가 직접 언론기관이 되어 국민에게 커뮤니케이션을 한다는 것은 여과되지 않은 정부의 입장을 그대로 국민에게 전달하는 것이기 때문에 오히려 국민의 신뢰를 잃을 수도 있다는 점을 인식하여, 대국민 직접 홍보활동의 각 단계에서 주의를 기울여야 할 것이다. 정책홍보시스템의 개혁은 민주적 의사소통의 의미와 기본 원칙을 재고해 보는 것에서 출발할 수 있을 것이다.

참고문헌

강미은(2000). “선거 여론조사 결과 발표가 투표의향에 미치는 영향에 관한 연구: 개인의 정보처리 동기와 능력을 중심으로”. 〈한국언론학보〉 44(2): 5~39.

강위철(1994). 《일본의 경제교육과 정책홍보》. 한국개발연구원.

고영철(2003). “행정PR의 도구로서 ‘도민과의 대화’ TV중계방송의 효과: 제주도정 설명회 사례연구”. 〈한국언론학보〉 47(2): 134~165.

국정홍보처(2005). 〈18개 중앙부처 PCRM 시스템 실태조사〉.

______(2007). 〈국정홍보처의 조직과 기능〉.

______. 〈공개정책자료〉(2006. 10. 10).

______. 〈공개정책자료〉(2006. 7. 20).

______. 〈업무계획〉(2007).

길근진(1999). “정부 PR의 효율화 방안 :국민의정부 1년 공보실 업무활동 분석을 통해”. 이화여대 정보과학대학원 석사학위논문.

김영욱·박송희·오현정(2002). “행정기관 이미지 회복 전략의 수사학적 분석: 경기도 교육청 입시 재배정 파문을 중심으로”. 〈홍보학연구〉 6(2): 5~42.

김영석(1996). 《여론과 현대사회》. 나남출판.

김영창(2003). “정부 PR의 조직과 기능에 관한 연구: 국정홍보처를 중심으로”. 연세대학교 언론홍보대학원 석사학위논문.

김원용·정호명(2003). “로컬거버넌스능력 강화수단으로서의 공론조사”. 〈서울도시연구〉 4(3).

김은정(2004). “PR 관점에서 본 정부시책광고의 메시지 특성에 관한 연구”. 한양대학교 광고홍보학대학원 석사학위논문.

남재일(2007). "참여정부의 언론정책과 취재관행 변화. 참여정부정책홍보시스템 평가와 과제". 한국언론재단 언론토론회. 2007.2.

문철수(2006). "참여정부의 효율적 정책홍보 전략에 관한 연구". 〈참여정부의 국정홍보, 이대로 좋은가?: 국정홍보의 실태분석과 개선방안을 중심으로〉. 전문가 초정 정책간담회. 박찬숙의 토론과 만남 14.

박성민·최윤경(2005). "중앙부처 정책고객서비스(PCRM) 사례연구". 〈한국정책학회보〉 14(3): 315~361.

박성호(2006). "국정홍보와 사이버 거버넌스: 한미 FTA 관련 보도와 홍보를 중심으로". 〈참여정부의 국정홍보, 이대로 좋은가?: 국정홍보의 실태분석과 개선방안을 중심으로〉. 전문가 초정 정책간담회. 박찬숙의 토론과 만남 14.

박세정·박통희·유홍림(1996). "고객지향적 정부, 어떻게 구축할 것인가?". 국민고충처리위원회 외. 고객지향적 정부구축을 위한 민관합동 대토론회: 45~79.

박승관·장경섭(1998). "한국의 정치변동과 언론권력: 국가-언론 관계 모형 변화". 〈한국방송학보〉 14(3): 81~113.

박주연·유선영·문철수·박현수(2005). 《디지털 미디어시대의 새로운 정책홍보》. 한국언론재단.

박현순·문철수·박주연(2005). "국정 홍보 조직과 기능에 대한 정책 홍보 담당자의 인식 및 평가". 〈홍보학연구〉 9(2): 160~195.

서병호·김춘식(2001). "정부의 대언론 홍보에 관한 연구: 재정경제부의 분석과 평가를 중심으로". 〈한국언론학보〉 45(2): 216~249.

신호석(2006). "이메일을 활용한 정부의 정책홍보 효과에 대한 연구".

신호창·이두원(2002). 《행정PR원론》. 이화여자대학교 출판부.

신호창·이두원·김정선(2006). "정책홍보 수행과정 모델에 따른 정책홍보 수행 현황과 모델 충실도 연구". 〈정치·정보연구〉 9(2): 19~38.

양승찬(1998). "제3자 효과 가설과 침묵의 나선 이론의 연계성: 여론조사 보도에 대한 제3자 효과 지각과 공개적 의견표명과의 관계를 중심으로". 〈한국언론학보〉 43(2): 109~141.

양홍석(2006). "한국 케이블TV 공공채널의 발전방안에 관한 연구". 중앙대학교 신문방송대학원 석사학위논문.

오상훈(2005). "국방업무의 효율적인 행정PR기법 연구: 정책고객서비스(PCRM)를 중심으로". 성균관대학교 행정대학원 석사학위논문.

윤태웅(2006). "지방정부의 정책고객서비스(PCRM) 효과적 시행에 관한 연구: 중앙부처의 우수 사례를 중심으로". 〈사회과학논총〉 26: 75~90.

월드리서치(2005). 〈국정 홍보에 관한 전국민 여론조사 보고서〉.

위세아이텍(2002). 〈전자정부를 위한 CRM 도입전략 및 사례 발표자료〉. 전자정부그랜드 컨퍼런스 및 전시회. 전자신문사.

유비시스템(2002). 〈공공기관의 CRM 적용방안 및 사례발표자료〉. 전자정부그랜드 컨퍼런스 및 전시회. 전자신문사.

이강웅(2002). "행정PR에 있어서 언론의 역할". 〈한국행정연구〉 11(4): 3~36.

이두원(2005). "국가 정책홍보의 커뮤니케이션 전략 탐색연구: 공중관계 커뮤니케이션의 문제점과 개선방안을 중심으로". 〈커뮤니케이션학 연구〉 13(1): 180~209.

이정아(2003). "CRM을 활용한 전자정부서비스 혁신 전략: 지방자치단체의 민원서비스 개선을 중심으로". 〈정보화정책〉 10(4): 134~151.

이종범(1996). "고객지향적 정부의 이념과 가치". 국민고충처리위원회 외. 고객지향적 정부구축을 위한 민관합동 대토론회. 21~43쪽.

장경아(2007). "대학생들을 대상으로 한 정부정책광고 효과에 관한 연구: 노동부광고, FTA광고, 부동산 광고를 대상으로". 서울대학교 행정대학원 석사학위논문.

장세창·장석준·김민기·민병호·강정문·오명환·한정호(1991). "정부광고의 현황과 전망". 〈광고정보〉 122: 34~71.

정상섭(2006). "참여정부의 언론정책과 언론과 정부의 상호 인식 비교 연구". 연세대학교 언론홍보대학원 석사논문.

정윤수(1999). "행정서비스 개혁에 대한 평가". 〈한국행정연구〉 8(4): 50~70.

제임스 그루닉·토드 헌트 저. 박기순·박정순·최윤희 역(2004). 《현대 PR의 이론과 실제》. 커뮤니케이션북스.

제임스 피시킨(1991). 《민주주의와 공론조사》. 이화여자대학교 출판부.

조성겸 · 남인용(2004). "인터넷 공론조사와 홍보전략". 한국언론정보학회 발표논문.

주성수(2005). "국가정책결정에 국민여론이 저항하면?: 심의민주주의 참여제도의 탐색". 〈한국정치학회보〉 39(3): 147~165.

차희원 · 김영욱 · 신호창(2005). "정책 PR의 평가 지표 개발에 관한 연구: 국정홍보처 실무자와 외부 전무가 의견 비교를 중심으로". 〈홍보학연구〉 9(1): 126~169.

최영재(2007). "참여정부 홍보. 언론 시스템 평가와 과제". 한국언론재단 언론토론회: "참여정부정책홍보시스템 평가와 과제" 2007. 2.

최용주(1998). "정치와 미디어의 권력관계에 관한 이론적 연구". 〈한국언론학회〉 42(3): 209~239.

최평길 · 백정미(2005). "대통령과 언론: 대통령과 언론미디어의 관계실증모형을 중심으로". 〈한국행정학보〉 39(4): 389~410.

위르겐 하버마스(1989). 《공론장의 구조변동》. 나남출판.

〈데일리안〉(2006. 3. 26). "정부 홍보비로 혈세 '펑펑'…매년 30%이상 증가".

〈동아일보〉(2007. 10. 2). "참여정부 '언론 대못질'" 제 1부 〈16〉 홍보처 몸집 불리기.

Anderson, Vibeke Normann and Kasper M. Hansen(2007). "How Deliberation Makes Better Citizens: The Deliberative Poll on the Euro." *European Journal of Political Research* 46(4): 531~556.

Calhoun, Craig(Ed.)(1992). *Habermas and the Public Sphere*. Cambridge: The MIT Press.

Deloitte Research(2000). *At The Dawn of E-Government: The Citizen as Customer*. http://www.deloitte.com.

제 5 부 행정관리시스템의 개혁

15 인사개혁

임도빈

1. 서론

신공공관리론(NPM: *New Public Management*)적 개혁이 전세계를 휩쓸었다. 그러나 2002년 영국 내각사무처(Cabinet Office)가 실시한 연구에 따르면, 1980년대 이후 역시 신공공관리론적 개혁을 추진했던 영국의 정부개혁도 부분적인 성과만 있었다. 개혁의 핵심적 부분 중 아직도 받아들여지지 않고 있는 것들이 있으며, 지난 20년간 개혁성과라고 하는 것은 수사(*rhetoric*)에 불과한 것이 많다(Tony Bovaird and Ken Russell, 2007: 301, 326). 즉 1999년 "공무원인사 개혁"(CSR: *Civil Service Reform*) 또는 "정부 현대화"(*modernizing government*)라는 이름으로 시행된 개혁들도 큰 성과를 거두지 못하고 있다.[1)]

한국은 NPM개혁의 극단적 실험장이었다. 김대중정부는 연봉제, 개

1) 신공공관리론적인 개혁이 표방하는 목표와는 반대로 오히려 투명성, 다양성, 공정하고 정직한 행태 등의 가치들을 훼손하고 있다고 지적된다.

방형임용제, 책임운영기관제 등을 도입하였다. 노무현정부의 개혁도 전임자의 연장선에서 추진되었다. 노무현정부가 내세운 행정개혁의 목표는 '효율', '봉사', '투명', '함께하는', '깨끗한' 행정이다(정부혁신지방분권위원회, 2005a: 5~6). 역대정부에서 추진한 행정개혁과 적어도 목표상으로 차별성이 없음을 알 수 있다.[2)]

노무현정부의 인사개혁은 '공정성과 전문성에 기초한 참여형 인사시스템'을 지향한다고 표방하였다. 이러한 지향점을 가지고 추진한 인사행정 개혁의 목표는 ① 자율과 책임에 기초한 인사시스템 구축, ② 투명하고 공정한 인사운영, ③ 전문성과 역량을 강화하는 인사제도, ④ 공무원과 함께하는 인사관리이다(정부혁신지방분권위원회, 2005b: 5~9). 그러나 실제로 추진한 것은 미국의 일부 민간기업에서나 사용하는 것으로 우리나라의 현실에 맞지 않는 이상적인 것이 많았을 뿐만 아니라 인사위원회 차원에서 하향식으로 밀어붙이기 식이어서 뿌리를 내리지 못하고 겉돌았다.

이 글은 최근까지 이뤄진 인사개혁 부문에 대한 총체적 평가를 통해 새로운 개혁방안을 제시하는 데 목적이 있다. 잦은 제도개혁에도 불구하고 관료들은 대체로 그대로 있기 때문에 인사문제는 계속성을 중시해야 한다. 특히 노무현정부에서 추진된 개혁의 효과와 부작용에 대한 검토를 함으로써 교훈을 찾아보자는 것이다.

2. 인사행정개혁의 문제점

중앙인사위원회는 한국행정의 오랜 숙제 중 하나인 인사의 후진성을 해결하기 위해 1999년 신설되었다. 총무처와 같은 '처' 수준은 지위가

---

2) 본문의 일부 내용은 임도빈 (2007a). "관료제, 민주주의, 그리고 시장주의: 정부개혁의 반성과 과제". 〈한국행정학보〉, 41(3): 41~65의 내용을 기초한 것임을 밝힌다.

낮기 때문에 대통령 및 장관들의 자의적인 인사권행사에 제동을 걸기 위해 결함이 많다고 지적되었고, 그 결과 위원의 임기가 3년으로 보장되는 정치적으로 '중립적'인 중앙인사기관으로 탄생하였다. 즉, 엽관제를 견제하고 인사에서 실적제를 확립하는 사명을 띤 중요한 실험이었다. 그러나 실제로는 반대로 더 많은 문제점을 노정하였다.

1) 인사개혁의 추진방법: 남대문 시장식 개혁

위원장 임기보장에 의한 중립성 보장에도 불구하고 중앙인사위는 대통령의 비위를 맞추거나 더 나아가 대통령의 환심을 사기 위한 노력을 해왔다. 겉으로는 '실적제 확립'을 내세웠지만, 실제로는 우리 실정에 맞지도 않는 외국제도를 모방하여 각 부처에 강요하는 '인사개혁부'로서 자리매김하였다. 역대 위원장 어느 누구도 대통령의 자의적 인사권에 대립하여 갈등을 일으켰다는 소식은 들리지 않았다. 심지어 현 위원장은 노무현정권이 밀어붙이기로 한 '고위공무원단'을 가장 잘 실현시킬 수 있는 인물이라는 점이 높이 평가되어 낙점되었다는 소문이 돌았다. 이것이 사실이라면 중립적 중앙인사기관의 지위는 사라진 것이고 권력의 도구화가 이뤄졌다는 점이 더욱 확실해진다.

구체적으로 특히 노무현정권의 인사개혁이 실패한 원인을 보면 다음과 같다.

(1) 목표의 모호성

실적제와 엽관제는 서로 모순되는 관계이다. 그런데 노무현정부 당시 인사위는 실적제와 비실적제적 요소(예를 들어, 균형인사)를 동시에 추구한다는 목표로 삼았다. 특히 기관간 견제와 균형의 원리에서 보면 이것은 잘못된 것이다. 노무현정부가 정치적 특성상 균형인사를 내세우면, 오히려 인사위는 더욱 실적제 가치를 강조해야 했다. 즉, 정치에서 비실적제적 요소로 인사를 하면, 중앙인사위에서 이를 실적제란 잣대로 검증하고 제동을 걸어, 결과적으로는 실적제를 바탕으로 한 균형인사라는 정책이 나올 수 있는 것이다. 예컨대 청와대가 고위직에 대해 코드인사 등 각종 엽관인사를 한다는 비판이 거셈에도 불구하고, 중앙인사위는 소관사항이 아니라는 이유로 적극적 간여를 하지 못했다.

(2) 개혁내용의 복잡성과 비현실성

중앙인사위에서 나온 개혁안은 검증되지도 않은 외국의 것을 총집합시킨 것이었다. "백화점식" 개혁의 정도를 지나 "남대문 시장식"이었다고 할 수 있을 정도이다. 개혁안을 만들어내는 사람들의 아이디어 빈곤과 관료현실을 무시하는 현실적합성이 부족한 외국제도를 그대로 모방하는 한계를 노정하였다. 외국에서도 제대로 실현시키지 못한 것임에도 일부 학자들의 뒷받침으로 그대로 도입되기도 하였고, 아직 한국의 실정에 맞지 않는 직위분류제적 요소를 가진 개혁들이 등장하였다. 예컨대 경력개발제도(CDP)는 너무 비현실적인 개혁으로서 중앙인사위가 추진하니까 각 부처에서는 '인사위가 무엇을 의도하는가'를 파악하는 데조차 많은 시간을 소모해야 했다.

(3) 개혁의 누적성

인사개혁은 일단 방향을 잘 잡은 후 당사자 관료들이 꼼짝 못하도록 장기적으로 계속해서 추진해야 한다. 그런데 작은 개혁들이 수없이 나오고, 여기에 끊임없이 새로운 개혁이 누적되어 추진되었다.

(4) 개혁의 집권성

'참여형 인사시스템'을 도입한다는 목표천명에도 불구하고 철저히 인사위 독단의 집권적 개혁을 추진하였다. 일반 행정기관은 수동적으로 따라 갈 수밖에 없었다. 인사개혁의 성과를 파악하기 위해 진도파악도

세심하게 했다. 개혁에 관한 모든 것이 문서화되어야 하고, 그 성과가 문서로 파악되어야 하는 것이 행정의 한계이기도 하였다. 그 결과 문서로만의 개혁이 이뤄지고 진정한 개혁이 이뤄지지 않았다.

따라서 각종 개혁이 전천후로 동시에 도입되었음에도 불구하고 크게 바뀌지는 않았다. 대다수 공무원 특히 하급직 공무원들에게는 변화가 침투되지 않았다. 오히려 공무원들은 개혁의 일관성부족으로 개혁피로증이 심했다. '저것이 또 얼마나 갈까' 기다려 보자는 심리가 지배적이었다.

2) 인사개혁의 실패

(1) 성공인가, 실패인가?

노무현정부는 인사행정 개혁의 대상을 인력계획, 임용관리, 인력개발, 복무관리 네 가지 영역으로 구분하고 그 안에 열 가지 적용분야를 나누었다. 그리고 적용분야별로 열 가지 어젠다를 〈표 15-1〉과 같이 설정하였다. 인사행정 분야의 개혁목표로 제시한 다음 열 개 과제는 여러 가지 가치가 혼재되어 있고, 목표자체의 문제점과 더불어 추진방법상의 문제로 결과적으로 거의 실패하였다고 해도 과언이 아니다.

노무현정부는 개혁효과에 대한 많은 홍보를 했으나 개혁을 성공으로 간주하기에는 다수의 문제점이 있다. 물론 모든 개혁에는 긍정적 측면과 부정적 측면이 있으므로 어느 측면을 강조하느냐에 따라 성패에 대한 판단이 엇갈린다. 하지만 노무현정부의 개혁은 이미 많은 측면에서 부정적 영향을 미쳤다. 그 구체적 예는 〈표 15-1〉과 같다. 그러나 인사문제는 장기간 두고 봐야 효과를 알 수 있기 때문에 지금 개혁의 성패를 한마디로 단언하는 것은 시기상조인 면도 있다.

그럼에도 불구하고 이미 개혁찬양론자로 둘러싸인 개혁추진자들도 일부 개혁이 겉돌고 있다는 것을 인지하기도 하였다. 이 경우 인사관

〈표 15-1〉 노무현정부 인사행정개혁 어젠다 평가

관리영역	목 표		개혁결과
인력계획	1	인사기능재조정	중앙인사위 몸집불리기
	2	업무재설계 및 인력 재조정	각 부처 인력증원
임용관리	3	선발시스템 재정비	시험준비생 폭증 및 혼란
	4	균형적 인재 등용	고위직 코드인사,
	5	임용제도 개발	민간컨설팅회사 배불리기
인력개발	6	경력개발 지원	CDP제도 미실시→예산낭비
	7	총체적 교육훈련	해외훈련예산낭비
	8	발전적 성과평가	각종평가양산→평가피로증
복무관리	9	공무원 삶의 질 향상	공직특권화, 선택적 동기요인저하
	10	공무원 권리보호	노사관계악화, 특권집단화

런 개혁주도자들은 내부적으로 성과가 안 좋다고 판단되는 개혁프로그램에는 끊임없이 유사한 개혁으로 대체시키는 방법을 사용한다. 이것은 앞서 언급한 개혁의 누적성과 관련된다. 즉, A→A′→ A′′로 바뀌면서 부처 공무원들은 회의와 서류작성에만 시간을 보내면 된다. 개혁의 본질을 체화하기도 전에 계속 개념을 바꾸는 포스트모더니즘의 차연(差延)과 같은 방법이 한국행정관료제 내부의 개혁에 실행되는 것이다.

개혁의 영향으로 공무원들이 제출해야 할 서류는 많아졌지만 공무원들의 동기부여에는 기여한 바가 없었다. 그렇다면 왜 이런 개혁실패가 적나라하게 드러나지 않는가에 의문을 가질 수 있다. 그 대답은 다음과 같다.

첫째, 혁신을 강조하는 권위적 분위기에 눌려서 감히 이것이 겉돈다는 얘기조차 하기를 두려워한다. 특히 정권초기에 이런 요인이 강했다. 그러나 사석에서는 이런 얘기를 자주 들을 수 있다.

둘째, 고위관료층을 중심으로 혁신의 집단이기주의에 빠졌다. 일부 학자나 컨설팅회사들의 무책임도 이에 일조했다. 현실을 도외시한 채 인(人)의 장막에 쌓여 마치 획기적인 개선이 달성된 것처럼 개혁의 '성공'을 홍보하는 데 혈안이 되어 있다(예, 정부혁신분권위원회, 2005b). 개혁의 성과를 평가하는 사람들은 대부분 개혁추진 자와 한통속인 사람들이다.[3]

셋째, 시간적 차원에 조급했다. 예컨대, 공무원 개인의 성과평가에 관한 제도가 부침하지만, 실제 고위관료가 한자리에 머무는 기간이 평균 1년 남짓한 상황에서 일 년에 1번~2번 평가한다는 것은 과연 본인의 몫에 대한 평가가 제대로 될 수 있는가를 의심하지 않을 수 없다. 그러므로 개인의 성과평가에 연계된 각종 인사제도는 겉돌 수밖에 없다. 그럼에도 불구하고 인사개혁은 항상 긍정적인 것으로 나온다. 보통 개혁은 실시한 후 적어도 3년~5년 이상 지나봐야 그 성공여부를 알 수 있음에도 불구하고, 실시한 지 6개월이 지나면 평가하려고 든다(임도빈, 2007b).

넷째, 개혁성과평가에서 관료들의 자기보호 메커니즘에 포획되었다. 만약 개혁의 효과가 없었다고 평가된다면 피해를 볼 것이라는 것 때문에 모든 관료들은 개혁의 평가에 적절히 반응한다. 성공 여부를 달성하는 통계수치가 필요하다면, 데이터 분류방법을 교묘히 바꾸는 등 각종 기법이 동원되어 최소한 기준을 충족시킨다. 부처 지키기에 급급한 상황에서 자기부처에 불리한 정보를 줄 이유가 없기 때문이다. 설문조사와 면접조사에도 대응책은 충분히 있다. 설문조사에는 공무원들은 대체

3) 프랑스의 행정원리 중 '판사는 소송당사자가 될 수 없다'(*judge et parties*)는 확고한 원칙이 있다. 예컨대 어떤 개혁에 참여한 용역관계자가 그 기관의 성과(개혁내용을 포함)를 평가한다는 것은 이 원칙에 위반된다.

로 '보통' 혹은 '좋아졌다' 등에 답을 하는 데 익숙하다.[4] 면접조사를 하러오면 입으로는 이제는 '참 달라졌다'고 답할 줄도 안다. 여기에 더하여 무엇인가 제도를 바꾸면 분위기가 들뜨는 '들뜸효과'가 있어 마치 변화가 있는 것처럼 일시적으로 느끼기도 한다. 이런 요소가 종합적으로 작용하여 개혁의 성과를 평가하면 대략적으로 긍정적 결과가 나오는 때가 많다.

(2) 공무원 수 팽창

노무현정부에서는 이른바 '혁신'으로 피곤하기도 하였지만 이를 빌미로 관료들은 이득이 생겼다. 위원회 등 기구 남설뿐만 아니라, 각 기관의 고위직이 많이 늘었다. 고위직이 늘면 하위직도 늘기 때문에 전체 공무원 정원이 대폭 늘었다. 이것은 곧 승진기회도 늘었다는 점이다.

우리나라의 공무원 수는 김영삼정부(1993~1997)와 김대중정부(1998~2002) 초기에는 다소 줄어드는 모습을 보이다가 다시 늘어나고 있다. 김대중정부에서 감소현상이 정부의 중기까지 이어진 것은 IMF의 영향으로 볼 수 있다(문명재 · 주기완, 2007). 한편 노무현정부(2003~)에서는 거의 IMF 이전 수준으로 돌아갈 정도로 공무원의 수가 늘어나고 있다. 2005년 공사화된 철도청 인력 2만 9756명으로 인하여 일시적으로 공무원의 수가 줄어드는 감축효과에도 불구하고 노무현정부에서 공무원은 꾸준히 증원되었다.

노무현정부출범 직전인 2002년에 비해 2007년 말 현재 공무원 정원은 8만 3,866명이 늘어서 97만 3,859명이 되었다. 공무원 100만 명 시

---

4) 예컨대 경력개발제도(*career development plan*)가 조직몰입에 미친 영향에 대해 동 제도 실시부처와 미실시부처의 차이에 대해 2007년 5월에 실시한 설문조사에 의하면 통계적으로 현격한 차이가 있는 것으로 나온다(김의영, 2007). 그러나 필자의 조사에 의하면, 동 제도 실시부처도 인사담당자 선에서 동 제도에 대한 계획수립과 전문분야 설정 등에 대한 문서작업을 했을 뿐 일선 관료들 인사관리에 직접 변화를 가져오지 않은 상태였다. 설문조사를 통한 통계분석기법을 이용한 정책평가가 얼마나 허술한가를 보여주는 예이다.

〈그림 15-1〉 연도별 공무원 정원

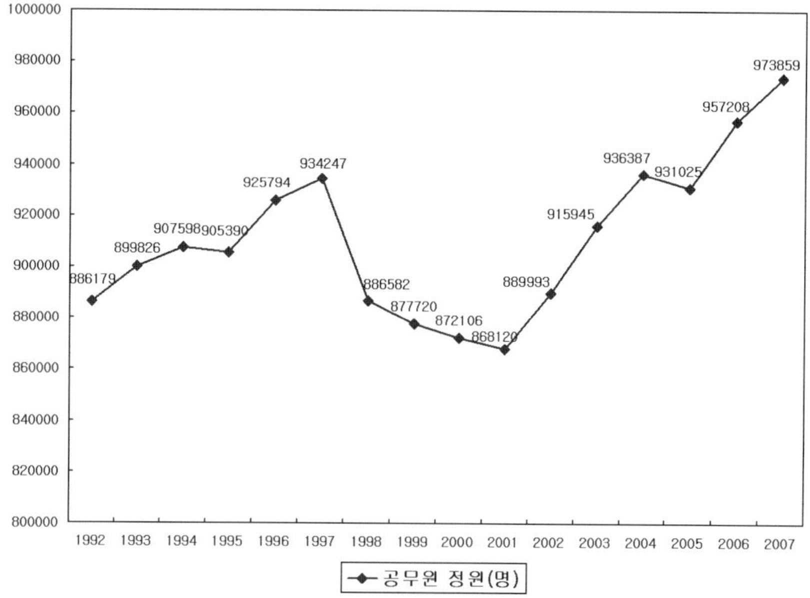

자료 : 행정자치부 자료 재정리.

대를 눈앞에 둔 것이다. 그리고 행정부 국가공무원은 2만 8,450명이 증원되었다. 부처별로 보면 2002년 이후 높은 증가율을 보이는 것은 중앙인사위(168.6%, 행자부에서 이체된 인력까지 합하면 421.7%), 국민고충처리위원회(196.7%), 국가청소년위원회(195.7%), 노동부(109.2%), 기획예산처(61.5%) 등이 있다(정확한 통계는 부록 참조). 여기에는 특히 권력부처로 특권을 누리던 중앙인사위와 기획예산처가 포함되어 있다. 특히 중앙인사위, 기획예산처, 행정자치부는 노무현정부 시절 인력절감 등 효율성 향상을 내세우면서 정부혁신에 견인차 역할을 한 것과는 대조적인 면을 가지고 있다. 즉, 그들이 내세운 개혁목표와는 반대로 정작 자신들의 조직은 팽창시켰다는 점에서 위선적이었다(Brunson, 2002).

구체적으로 공무원 인사정책을 다루고 있는 중앙인사위는 4명에서 15

명으로, 행자부는 이른바 팀제를 실시하면서 32명에서 76명으로 고위직 공무원이 크게 증가했다(김종성, 2007). 또한 2003~2006년 기획예산처, 통일부, 국무조정실의 고위직 공무원 인원 증가율이 각각 79.2%, 통일부 75.0%, 국무조정실 73.1%로 집계돼 '실세 부처'들의 독식 현상도 심각한 것이었다(중앙인사위원회, 2007: 877~904).

그것도 부족하여 정권 말기인 2007년 정부는 국무회의가 열릴 때마다 공무원 증원 안이 통과되어, 임기 말 '몸집 불리기'라는 비난을 면치 못하고 있다(중앙일보, 2007). 노무현정부에 들어서 증원된 국가공무원 2만 8450명의 49%에 달하는 1만 4504명이 정권 마지막 해에 증원된 인원이다.

또한 관료직을 물러나도 계속하여 공공부문에 참여했다. 특히 공기업의 사장은 거의 절반 가까이가 관료출신이다. 물론 이 중에는 능력을 겸비한 사람도 있겠지만, 대체로 이런 사장, 감사 등 임원직에는 청와대에서 간여하기 때문에 정치적 고려를 한 것이다. 그러므로 효율성은 저하되기 쉽다. 여당을 대표하여 선거에 출마했다가 낙선하여 임명된 정치인들은 대부분 공기업의 암적 존재이다.

관료출신들은 대체로 직업적 '정치꾼'보다는 나은 편이다. 한국전력과 한국토지공사 등 24개 주요 공기업의 역대 사장 301명 가운데 정부 부처 관료출신은 45.2%인 136명에 달한다. 내부 승진으로 사장이 된 사람은 4.7%인 14명에 불과하다. 게다가 1993년 김영삼정부 출범 이후에는 관료출신 사장이 이전의 35.2%에서 54.7%로 늘어났다. 출신 부처별 관료 중에는 재정경제부가 전체 136명 중 절반인 68명으로 가장 많았으며 행정자치부 19명, 산업자원부 17명, 건설교통부 9명 순이었다. 산업은행은 1982년 이후 총재 13명 가운데 12명이 재경부 출신이었다(구체적 사례는 부록2 참조). 이것은 그동안 쌓은 경륜의 활용이란 측면도 있지만 신중해야 했다.

〈그림 15-2〉 역대 공기업 사장 비율과 공무원 출신 사장의 출신부처

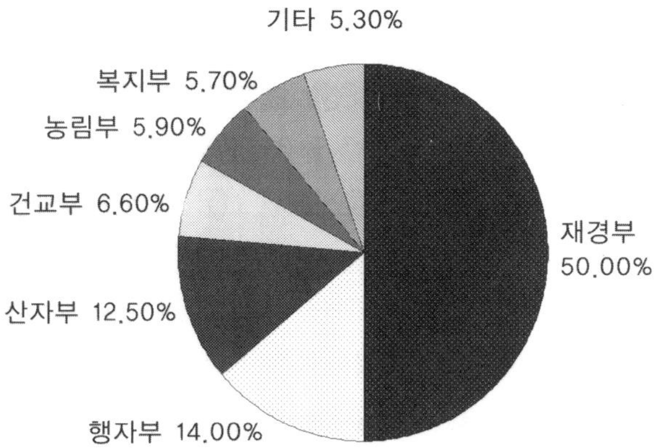

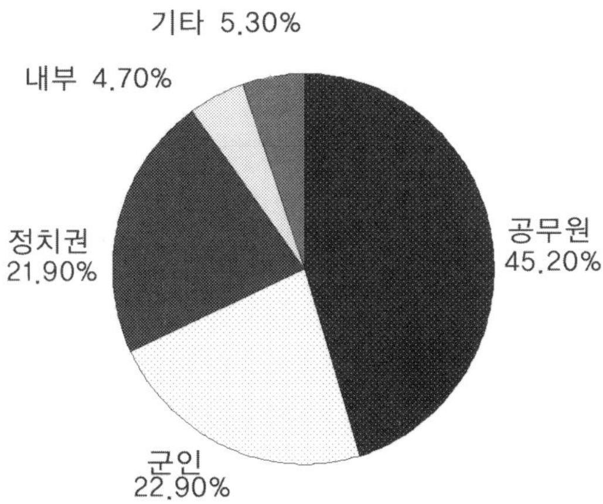

(3) 공평성 역행의 관료사회: 관료제 퇴보

피라미드형을 갖는 관료조직에서 승진은 관료들에게 가장 큰 유인책이다. 2003년부터 2007년까지 장·차관급 인사는 101명에서 133명으로 31.7% 증가해서 노무현정부가 각종 대통령 자문위원장 등 장관급 자리 잔치를 벌였다(중앙인사위원회, 2007: 904). 고위공무원단제도는 고위관료들만 늘리는 결과에 일조했다. 2003년 1127명이던(3급 이상) 고위직 공무원이 2007년에는 1433명(3급 및 고위공무원단 소속공무원)으로 27.2% 늘어났다(중앙인사위원회, 2007: 904).

이와 같이 김대중정부에서 축소되었던 고위직 인사적체 문제가 노무현정부에서 어느 정도 해결된 것이다. 하는 일이야 어떻든 일단 승진하는 것은 오랜 기관 공직에 들어와 일하는 모든 관료들이 소망하는 것이다. '혁신'을 내세우면서 공직의 자리만 증가시키는 우를 범한 것이다. 이렇게 증가하면서 이득을 본 인사상 계층들이 개혁이 실패했음에도 불구하고, 겉으로는 '그래도 성공했다'고 말하는 것이다.

혁신은 정말 어려운 것이다. 그런데 하는 척만 하고, 잘 되는 양 앞장서서 여론주도만 하면 인사상 이익을 보았으니 문제가 있는 것이다. 진정한 현실을 말하면서 위에서 추진하는 '혁신'의 부당성에 대해서 저항하거나 소극적인 사람은 오히려 혁신반대자로서 불이익을 받았다. 정의(*justice*)의 원칙에 반대되는 '역정의'(*counter justice*) 현상이 나타난 것이다. 남들과 비교하여 내가 공평하게 취급받고 있는가를 주관적으로 평가하여 개인의 조직몰입 정도를 조정한다는 정의이론(*equity theory*) 혹은 공평이론(*justice theory*)에 어긋난 것이다(유민봉·임도빈, 2007: 348).

'별로 좋아하지 않는 개혁이지만, 하는 척했더니 승진도 되더라'라는 나쁜 인식이 심어진 것이다. 특히 개혁의 선봉에 선 사람들은 그 개혁이 부실함에도 불구하고 출세하는 관례가 생겨, 무소신, 무책임한 고위관료들을 양산하였다. 대부분의 중하위직 관료들은 무관심하거나 눈치만 보는 관료제의 사망을 가져온 것이다(임도빈, 2007a: 53~54).

이런 기회주의적 관료들을 다음 정권에서 어떻게 정리하고 기강을 확립하느냐가 어려운 과제이다. 진정한 관료제로 다시 태어나야 한다. 물론 노무현정부에서 추진했던 각종 인사개혁은 중하위 관료수준에서 나온 것이 아니고 청와대를 비롯한 위에서 온 정치적 결정이라는 특성을 가지고 있기 때문에 관료들의 책임을 묻기는 정당하지 않은 면도 있다. 그러나 적어도 이를 요구한 각 부처 담당자와 정원을 관리하는 행자부 담당자의 명단공개 및 차후 방지책을 마련해야 한다. 이것은 특히 과거 총무처부터 해온 권위적 정원관리문제를 해결하기 위해 도입한 총액인건비제가 정원억제 기능을 하지 못한다는 증거이기도 하다. 이와 같은 합리적인 정원관리가 되지 않을 경우, 정원에 대한 엄격한 통제책을 강구해야 한다.

3) 진정한 관료제 확립을 위한 10대 인사개혁 과제

이상에서 지적한 문제점을 숙고하면 개혁의 방향은 저절로 도출된다. 노무현정부에서 시도된 실패를 바로잡는 것만 해도 큰 작업이 될 것이다. 그리고 5년간에 걸친 총체적인 실패 때문에 개혁을 단 한 번에 이룰 수 있는 묘책은 존재하지 않는다. "지난 5년 동안 '혁신'만 했는데, 또 무엇을 하라는 것이냐?"라는 공무원들의 회의적 태도를 극복하는 것도 매우 어려울 것이다. 잘못된 개혁들이 관료들에게 남긴 심리적 상처를 치유하는 것이 문제이다.

(1) 총정원 관리 및 중장기 인력계획

앞에서 살펴본 바와 같이 노무현정부에서 각 부처의 인력이 무분별하게 증가하였다. 개혁에 조급하면 할수록 관료들은 '인력부족'을 원인으로 들고 있고, 이를 어느 정도 들어줘야 한다. 그러나 이것은 임시방편적인 것이어서 당해 기관이 당장은 좋아하지만, 결국 장기적으로 인건비 압박을 가중시키는 고질적 문제가 될 것이다. 증원에 의한 심리적 증가효과는 몇 년 이상 지속되지 않는다.

정원에 관한 특별한 과학적 근거를 제시할 수 없는 상황에서 표준정원제 등 제도만 복잡하게 해놓고 실제로는 서로 늘리는 경쟁을 한 것이 노무현정부의 과오였다. 표준정원제, 총액인건비제도로는 정원증가의 경향을 억제하기 어려움이 증명되었다. 따라서 한국의 인사관리의 핵심적인 것은 정원 및 현원관리라고 할 수 있다.

우선 기존의 인력 중 유능한 인력만 잔류하고, 그렇지 않은 인력을 퇴출시킬 수 있는 장기적 방법이 필요하다. 이것은 정부전체와 부처별 중장기 인력계획을 통해 장차 인력구조의 예상 변화를 미리 분석한 후 대책을 세워야 한다. 그 대책의 방법은 수요공급의 원칙을 활용하는 것이다. 즉, 공무원이 많이 남아 있으려고 하는 부처와 직급의 경우는 여러 인사상의 혜택을 적게 하고, 중요하면서도 유능 공무원이 기피하는 곳에는 반대로 하는 것이다.

한국과 같이 해고가 어려운 문화의 사회에서는 결국 공무원 충원에 신중해야 한다. 따라서 10년 이상을 내다보는 장기적 인력계획이 필요하다. 과학적 방법에 의해 공무원 총정원을 확정하고, 이 범위에서 각 부처별 총정원을 확정해야 한다. 따라서 정원을 매우 엄격히 통제하는 총정원제와 같은 것이 필요하다. 여기에는 노무현정부 때 인력팽창을 가져온 국회사무처, 법원, 선거관리위원회 등도 포함해야 한다.

과거의 총무처가 정원권을 가지고 각 부처를 통제했던 것처럼, 어느 기관이 정원통제를 강력히 하는 역할을 해야 한다. 그러나 여기에는 실제 환경변화에 따른 인력수요 변화를 고려하고, 또한 한 번에 대폭 증원을 하지 말고 이를 점진적으로 하여 매년 관료들에게 승진과 같은 인센티브를 주는 속도(*speed*) 조절이 필요하다.

각 부처별 총정원의 책정에서는 부처간 권력균형의 원칙을 중시해야 한다. 즉 다른 부처와 비교했을 때 힘 있는 부처에 인력을 많이 배정해서는 안 된다. 정부차원에서 볼 때 이들은 인력관리, 돈, 조직, 통제를 담당하는 참모조직인데, 이들이 국민에게 서비스를 제공하는 기능부처들을 지배하는 참모조직의 과대화 현상이 나타난 것이다.

(2) 인사기능의 독립성 강화와 분권화

노무현정부 출범 후 행자부와 중앙인사위로 이원화되어 있던 중앙인사기관이 중앙인사위로 일원화되면서 중앙인사위의 기능이 확대되었다.[5] 대통령의 관리도구가 되는 핵심적 역할을 수행해야 할 중앙인사기관을 위원회형으로 만든 것도 잘못이거나 낭비라는 지적이 있다(오석홍, 2007: 26). 현재 중앙인사위는 여러 정당을 끌어들여 서로 견제하게 하는 정치적 중립기구도 아니고 전문가적 연구집단도 아니다.

인사개혁은 항상 새 정부가 들어서면 우선적으로 관심을 갖는 분야로 정치적으로 매우 민감한 분야이다. 그래서 중앙인사위는 대통령의 비위를 맞추기 위한 무분별한 인사개혁을 추진할 수 있다. 현재까지 중앙인사위는 "공무원을 피곤하게 만들기"위한 "인사개혁부"의 성격이 많았던 것이다. 이제 인사제도에 대한 피상적 개혁은 많이 도입되어 있으므로 중앙인사위의 '인사개혁'기능은 대폭 축소해야 한다.

인사기능은 대통령의 엽관인사를 견제할 수 있는 독립성 강화라는 방향으로 나아가야 한다. 대통령 밑의 위원회형의 현 제도는 독립성과 공정성 확보가 어려움이 검증되었다. 따라서 위원장, 사무처장이 위원인 현 인사위는 폐지되는 것이 마땅하다. 기구가 팽창된 것도 줄여야 한다.

그렇다면 엽관인사를 견제하는 기구는 어떻게 해야 하는가가 문제이다. 일단 기구 간소화를 위해 청와대 인사수석실을 폐지해야 한다. 검

5) 중앙인사위의 구성을 보면 실질적 독립성 확보가 힘들다는 것을 알 수 있다. 위원회는 상임위원인 위원장과 사무처장, 그리고 비상임위원 3인으로 구성된다. 사무처장이 위원을 겸직하고 있고 5인의 위원 중에서 3인이 비상임이기 때문에 실질적으로 위원회는 위원장 1인이 이끌고 간다고 해도 과언이 아니다. 사무처장인 위원은 위원장장과 동등한 지위가 아닌 상하 관계이며 비상임 위원의 업무 관여도는 제한적일 수밖에 없다.

증기능은 간소한 형태의 위원회와 분야별 소위원회로 하되, 상임직은 최소화해야 한다. 가칭 '엽관인사방지 위원회'정도가 어떤가 한다. 이를 보좌하는 관료기구도 최소화해야 하는데 소청심사위원회를 흡수한 형태를 생각할 수 있다.[6] 전문성을 갖추고 신분걱정을 하지 않는 교수들을 비롯한 전문직위원이 바람직할 것이다. 임기도 대통령임기보다 더 길게 하는 것이 좋을 것이다.

3급 이상 공무원의 채용 및 승진에 대한 심사는 그동안의 엽관주의적 인사관행을 생각할 때 매우 중요한 기능이나 체계적 심사보다는 이의가 있을 때 심의하는 쪽으로 하여 업무량을 줄여야 한다. 또한 그 대상이 경력직의 일반직에만 한정하고 경찰과 검찰 등의 특정직은 배제시키는 것은 문제가 있다. 특정직의 고위공무원 인사는 현재 우리나라에서 정치적으로 가장 영향을 많이 받고 있으며, 또한 국민적 관심사이기도 하여 이에 대한 투명성과 공정성 확보가 무엇보다 중요하다.

또한 중요한 것은 실제 인사실무는 부처 등 인사관리 단위로 과감히 분권화해야 한다. 중앙인사기관은 이제까지 만들어 놓은 제도들을 보완하는 정도에서 각 부처에 인사관리메뉴를 제공하는 정도의 역할이면 충분하다. 각 기관장은 이 메뉴 중 그 조직에 맞는 것만 골라서 활용함으로써 인사를 효율적으로 하면 된다. 지금까지와 같이 획일적으로 세부적인 것까지 간여하려고 해서는 효과가 없다.

따라서 엽관인사방지 위원회와는 별도의 중앙인사기관은 제도 전체적인 틀에서 필요한 인사의 제도적 보완 등을 담당하는 처급의 작은 조직이면 충분하다. 인사의 집행기능은 실제로 부처별로 분권화, 자율화되기 때문이다. 그러나 공무원 정원증가를 강력히 통제할 수 있는 기능을 가져야 한다. 부처별 총 정원제를 엄격히 실시하여 신규기능은 기존인력을 축소해서 이용하도록 강제하고, 장기적 인력계획에 의해 인력증

6) 위원의 선임은 일본의 인사위와 같이 정당이 간여하는 방법도 검토할 필요가 있다. 그러나 여기에는 한국정당의 안정화와 제도화가 전제되어야 한다.

감이 있도록 개선해야 한다.

(3) 공직적격성평가제도(PSAT) 폐지 등 선발제도의 개선

정부는 행정고시, 외무고시 등 공직시험 준비로 인해 초래되는 인적자원의 낭비를 막기 위해 공직적격성평가제도(PSAT)를 도입했다. 공직적격성평가제도(PSAT6)는 2004년 외무고시 1차 시험에서 부분적으로 도입된 이후 계속 확대되었고, 2007년부터는 행정고시 외무고시 모두에서 PSAT만으로 1차 시험을 치르고 있다.[7]

그러나 PSAT가 지원자의 공직적성 여부를 얼마만큼 타당도와 신뢰성을 확보하여 측정할 수 있는가에 대해서는 의심의 여지가 많다. 수험부담은 경감시키면서 능력 있는 사람을 식별할 수 있을 것이라는 당초 취지가 무색하게 학원가마다 PSAT를 대비하는 강좌가 수험생들로 만원이다. PSAT 맞춤형 능력, 엄밀히 이야기 하자면 PSAT를 잘 보는 기술을 향상시키기 위해 수험생들은 시간과 돈을 쏟아 붓는다. 결국, 이런 상황에서 PSAT가 측정하는 것은 그 사람의 실제적 능력이 아니라 훈련된 시험기술일 뿐이며, '훈련된 무능력자'를 선발하는 우를 범할 수도 있는 것이다.

고시 전문학원이 밀집한 신림동 학원가에서 PSAT 대비 강좌의 시장규모(매출액 기준)만 현재 15억여 원에 달한다(〈서울신문〉, 2007). 대학에선 이미 고시반을 중심으로 PSAT 특강을 제공하고, 이를 정규강좌로 채택하기도 하여 학점까지 인정해주는 추세로 대학교육의 기형화 현상이 나타나고 있다.[8] 이런 현상은 별다른 시험준비 없이 치르도록 해서 수험부담을 줄이겠다는 당초 PSAT 취지와는 완전히 다르다.

---

7) 중앙인사위원회 http://www.csc.go.kr/

8) 신림동 모 법학원 한 강사가 "지난해 연세대, 성균관대, 한양대 등에서 PSAT 특강을 했다… 올해는 전남대 등이 아예 학점을 인정하는 정규과목으로 편성, 출강하고 있다" 고 말했다(〈서울신문〉, 2007). PSAT의 확대 시행 계획에 따라 신림동 학원가에서는 PSAT 준비 시장이 수십 배에서 수백 배까지 커질 것이라는 전망이 나오고 있다 (〈서울신문〉, 2007).

〈표 15-2〉 행정고시에서 PSAT 도입(2005년) 이후 응시자와 경쟁률

구분	행정고시			
	선발인원	응시자	응시율(%)	실질경쟁률(응시자: 선발인원)
2005	293	8,320	72.1	28:1
2006	306	11,150	78.5	36:1
2007	303	11,845	90.1	39:1

자료 : 중앙인사위 자료 재정리.

또한 오랜 시간과 노력을 필요로 하는 헌법과 국사의 폐지는 지원자의 수를 급증시켰다.

〈표 15-2〉에서 알 수 있듯이 2005년 PSAT 도입 이후 행정고시 응시자는 8,320명→11,150명→11,845명으로 크게 증가하고 있으며, 28대1이던 실질 경쟁률은 39대1까지 올라갔다. 외무고시의 경우도 2005년부터 2007년까지 응시자가 976명→1,068명→1,324명으로 늘고 있다(중앙인사위원회, 2007: 294).

응시율이 높다는 것은 나이는 어리고 머리는 좋은 젊은이가 별다른 준비 없이 예행연습 삼아 본 1차 시험에서 덜컥 합격하는 경우도 없지 않다는 것을 의미한다. 오랜 시간과 정성을 쏟아 부어야 합격할 수 있는 2차 시험의 특성상 1차 시험 직후 3개월간의 공부로는 2차 시험에 합격하기는 불가능하다고 봐야 한다. 이렇게 지원자가 수많은 상황에서 우연적 요소나 학원에서의 준비 여부가 당락을 결정하기도 한다. 이렇게 되면 PSAT가 오히려 수험자의 수험부담을 증가시킬 수도 있다.

2006년 외무·행정·고등고시에 응시한 2,403명을 대상으로 PSAT에 대해 설문조사한 결과에 따르면, PSAT 도입 후 수험부담의 변화에 대해서 전과 같거나 오히려 늘어났다는 대답이 39%였으며, PSAT 준비를 위해 학원을 수강했다고 답한 응시생이 절반에 가까운 49%였다(중앙인사위, 2007: 866~867). 또 PSAT가 그 취지에 부합한지 여부에 대해

수험생의 24.3%가 부합하지 않거나 매우 부합하지 않다고 답했으며, 25.3%가 보통이라고 답했다(중앙인사위, 2007: 862).

개선안으로는 우선 PSAT를 유지하려면 적어도 1문항당 사용할 수 있는 시간을 늘려야 한다. 시간이 너무 짧기 때문에 학원에서 준비한 학생과 아닌 학생과 차이가 난다. 근본적으로는 폐지하는 것이 가장 좋은 방법으로 공사 등의 시험에 확대하는 것도 중지해야 한다.

둘째로 PSAT를 대체할 만한 1차 시험이 무엇이냐에 대해서는 심층연구가 필요하다. 공직윤리, 정책학, 행정학, 행정법, 국가관 등을 묻는 1차 시험을 도입하는 것이 하나의 방안이 될 수 있으나 한계가 있다. 대학을 휴학하고 고시촌에 들어간다든지, 대학정규 교과목에 PSAT가 도입되는 것과 같은 비정상화된 대학교육을 정상화시키는 방향에 도움이 되는 방안을 고려해야 한다. 현재 응시자의 90%이상이 대학재학자이거나 졸업자이므로 대학의 관련 과목이수와 학점의 제한을 응시자격에 두는 것도 한 방법이 될 수 있다.

셋째로 교수의 추천서를 중시하는 방법도 시험 준비를 위한 노력을 감소시키는 방법 중 하나이다. 물론 학력차별에 대한 문제를 해결하기 위해 대졸 이하의 학력자에 대해서는 별도의 시험제도를 두는 것이다.

넷째 외무고시와 행정고시를 통합해야 한다. 이제 전 부처의 업무가 국제관계와 관련된다고 할 만큼 외무관료들의 독점적 지위도 약화되었다. 부처간 협력도 더욱 중요하게 되었다. 따라서 양고시를 통합하여 뽑되, 외교관들은 연수과정 우수자 중 선별하여(어학 등 고려) 정통 외교관을 양성해야 한다.

다섯째, 인사행정의 분권화라는 측면에서 부처별 특채제도도 활성화해야 한다. 내년부터 지방자치단체와 협약을 맺어 중앙인사위에서 하위직 공채시험을 주관한다는 것은 사실상 집권화의 효과가 있기 때문에 중지되어야 한다.

(4) 고위공무원단 폐지: 계급제 강화와 고위공무원 권한 강화

정부는 고위정책결정자 자리를 놓고 고급공무원들끼리 경쟁을 시켜 효율적인 관리를 하자는 맥락에서 2006년 7월 1일 고위공무원단 제도를 도입하였다.[9] 3급 이상의 고위공무원을 모아 구성하고 역량평가라는 시험을 거쳐 채용하거나 4급 공무원 가운데 승진 임용을 하며, 계급이나 직군직렬은 폐지되었다. 그러나 현재 우리나라의 고위공무원단 제도 도입은 우려되는 면이 더 많다. 정치적 오용과 정실개입 우려, 공무원의 신분불안, 직무수행의 자율성 손상, 직무수행 경험에 의한 전문성 저하, 기관별 지원자의 불균형, 중앙인사위의 인사관여 등의 폐단이 있다(오석홍, 2007: 29). 고위직의 성과(*performance*)는 객관적으로 측정하기가 어렵고, 오히려 정치적 요인이 더 강하게 작용할 가능성이 큰 것이다.

① 폐지되어야 할 이유

고위공무원은 정치와 행정의 연결핀 역할을 해야 하기 때문에 정치와 단절돼 업무수행을 하기는 불가능하다. 정치 입김이 세니 관료들은 국민보다는 청와대, 장관, 여당 실세의 눈치를 더 보게 된다. 승진을 위해선 수십 년간 쌓아온 전문성이나 리더십을 발휘하기보다는 정치권에 잘 보이기 경쟁을 해야 한다. 적어도 고위직에는 미국에서 약 120년 전에 폐지된 엽관제가 사실상 자리 잡고 있는 셈이다.

공직사회의 전문성 저하, 대응성 부족 등 많은 문제들이 상당수 정치인들에서 기인한다. 쉬운 예로 정부가 내세우는 '혁신'에 대한 고위공무원의 반응이다. 고위공무원단으로 승진할 때 통과해야 할 관문인 역량평가의 9대 항목 중에 '혁신주도'가 포함되어 있다. 혁신상황을 기준으로 부처를 평가하고 기관장을 평가한다고 하니 고위직 공무원들이 여기

9) 이것은 직업공무원제적 요소의 도입을 위해 신분이 보장되는 고위관리직(SES)을 도입했던 미국과는 정반대의 맥락이다(임도빈 · 유민봉, 2007: 81).

에 온 정력을 기울이지 않을 수 없다. 승진을 앞둔 공무원이 '혁신과열'을 비판하고 혁신에 앞장서지 않는다면 바보일 것이다. 노무현정부 때 유행한 '이상한 혁신'(*weird innovation*)을 그대로 놓고 이를 기준으로 측정한다면 문제이다.

고급공무원은 이미 공직에 들어올 때 자질을 검증받았고 공직에 들어선 이후 인사고과 등 끊임없이 평가를 받는다. 이에 더해 고위직 승진 시 중앙인사위원회 심사를 거친다. 그것도 부족해 점점 확대하기로 한 이른바 '개방형 직위'인 국장직엔 민간출신과 경쟁해 임용되도록 돼있다. 고위공무원단 제도까지 포함하면 유사한 취지의 제도들이 2, 3, 4중으로 겹쳐있으니 고위공무원은 평생 '입시생' 신세를 면치 못한다. 이런 제도를 통해 정권의 기호에 맞는 인물이 선택되는 경향이 있고 경제부처 등 힘센 부처 출신들이 고위직의 다수를 점할 가능성이 높다.

오히려 고위공무원단 제도가 관료문화의 지위중심주의 현상을 극복하는 것이 아니라 오히려 지위중심주의가 고위공무원단 제도의 의도를 압도할 위험이 있고, 관료적 적응 과정에서 고위공무원의 직무등급이 사실상의 계급으로 변질되고 그들의 근무기관이 고착화되어 갈수도 있으며, 이를 막아 보려고 중앙인사위가 지나치게 간섭하다가는 또 다른 부작용을 초래할 수 있다.

② 대안: 권한과 책임을 동시에 주기

개혁의 방향은 고위공무원 수준에서 직업공무원제도의 확립이다. 고위공무원들이 자리걱정 않고 장기적 안목에서 국가업무에 전념토록 해야 한다. 권위적인 정부 아래 있을수록 관료제는 정치적 중립성과 그 도구적 합리성이 훼손될 가능성이 높기 때문에 고위관료들의 역할이 중요하다. 관료들은 정치화로부터 보호되어야 한다. 합리적 절차에 의해 상위직으로 올라가도록 하고 이들이 그동안 축적한 경륜을 발휘할 수 있는 여건을 만들어 줘야 한다. 이런 의미에서 경쟁성만 강조하고 관료의 불안감을 제고하는 고위공무원단제도는 폐지되어야 한다.

▪ 직업공무원제의 확립

진정한 직업공무원제 확립을 위해 오히려 '정무직 고위공무원단'을 만드는 방법을 생각할 수 있다. 공직생활 초기 '정무직 경력'과 '직업공무원직 경력' 중 하나를 택하도록 해 정치적 업무와 행정적 업무로 분업하는 것이다. 정무직은 신분보장도 약할 뿐 아니라 장관비서실, 국회나 정당의 전문위원직 등 정치와 밀접한 업무를 담당, 장차 정치인으로서 성장토록 하는 것이다. 직업공무원직을 택한 사람은 신분을 보장, 전문행정가로서 정권 눈치를 살피지 않고 국가를 위해 봉사하도록 해야 할 것이다.

▪ 고위관료들에게 권한과 책임부여

고위관료들이 일 잘하는 부하를 선별하여 관리하도록 충분한 권한을 주고, 그 기관의 성과에 따라 확실한 책임도 물어야 한다. 정치인이나 고위관료나 임기를 그만 두면 책임을 면하는 현재제도는 정책의 무책임성을 양산하므로 바뀌어야 한다. 계서제의 질서도 다시 회복해야 하고, 상관이 권위를 가지고 무능한 관료들을 적법한 절차에 의해 엄중히 처리하도록 해야 한다. 이와 더불어 재임 중 모든 업무결과에 대해 퇴임 후에도 개인적 책임을 묻는 제도로 도입해야 한다. 현재에는 잦은 인사이동으로 누가 그 정책의 책임자인지 알기 어렵다. 따라서 정부의 특정 홈페이지에 정책 담당자의 실명을 기록하고 보존하는 제도를 도입해야 한다.[10] 물론 이의 실현에는 정치이념상의 차이에 의한 정책실패 여부 판단기준이 바뀌는 문제가 있기는 하지만, 적어도 개인적 책임을 무겁

10) 예컨대, 노무현정부에서 겉돌기식 혁신을 앞장선 댓가로 표창도 받고, ○○본부장, 위원장 등 인사상 혜택도 받은 관료들의 명단을 추후에도 잘 알 수 있도록 일목요연하게 정리하여 공지하는 것이다. 이명박 당선인의 인수위에 노무현정부시 일익을 담당했던 국장급이 진출한 것도 사실상 공평한 인사관리라는 측면에서 관료제도 확립에는 역행한다.

게 느끼도록 하는 것이 중요하다.

▪ 고위 관료들의 적극적 활용

고위관료들은 승진해서 올라가는 데 급급하고 정작 고위관료가 되면 충분히 능력발휘를 못하고 자리를 옮겨야 한다. 평생 준비만 하고 정작 꽃은 피우지 못하고 물러나야 한다. 따라서 이들에게 일정한 임기를 확보해서 쌓아온 역량을 발휘하게 해야 한다. 노무현정부에서는 고위관료의 잦은 인사 탓으로, 전체 추진정책의 43%가 만 1년 이상이 소요되고 있으니 관료들이 실제의 경륜을 발휘하지 못하고 있다.[11] 이들을 적극적으로 활용하는 데 중점을 둬야 한다.

(5) 무늬만 직위분류제적인 개혁들의 폐지 및 합리화

과거 우리 정부의 고급관리자들에 대한 임용관리는 계급제적 융통성을 지니고 있었다. 그러나 직위분류제가 무분별하게 시도되었다. 예컨대 전 세계적으로 대사급을 기르는 고위 직업외교관은 계급제가 지배적인데도 불구하고, 한국에서만 유독 외교관의 전문성을 늘린다는 명분하

---

11) 〈국민일보〉, 2007.10.18. 참여정부 들어 계속되는 공무원 증원에도 불구하고 정부가 추진한 정책 중 43%가 결정까지 만 1년 이상 소요되는 것으로 드러났다. 늑장 정책 결정의 주된 요인은 기관장 및 담당 공무원의 잦은 교체와 조직 비효율성으로 분석됐다. 국회 행자위 소속 대통합민주신당 윤호중 의원은 18일 행자부 제출 보고서를 분석한 결과 203건의 조사대상 정책 가운데 87건이 결정 때까지 1년 이상 소요된 것으로 나타났다고 밝혔다. 조사대상 203건은 참여정부의 정책품질 관련 대상 정책, 로드맵과제, 대통령 지시사항 정책 등이며, 소요기간은 공식 의제설정부터 결정 때까지다. 이 가운데 15건(7.4%)은 3년 이상 걸렸다. 반면 6개월 미만이 소요된 정책은 전체의 33%인 67건에 불과했고, 6개월에서 1년 사이가 24.1%인 49건이었다. 또 대국민 관련 정책은 법제화 과정이 490일 소요되지만 행정 내부 관련 정책은 60일이 많은 548일이나 걸리는 것으로 나타나 공무원 조직의 경직성이 그대로 반영됐다. 특히 비슷한 정책이라고 해도 기관장이 교체되는 경우 그렇지 않은 때 278일이 소요되는 것에 비해 무려 540일이나 걸린 것으로 나타났다. 팀장 및 과장 교체시에도 267일에서 504일로 배 가까이 증가했다. 잦은 조직 변경 및 인사가 정책 결정 소요시간에 상당한 악영향을 미치고 있음을 보여주는 대목이다. 윤 의원은 "기관장을 자주 교체하는 경우 정책에 대한 지속적이고 일관적인 관심을 저해하고 결정을 지연시키는 주된 요인이 되고 있다"며 "주요 정책의 경우 담당자의 교체를 신중하게 고려하는 인사관리 체제가 구축돼야 한다"고 말했다.

에 직위분류제를 도입했다. 또한 2007년 11월 외교관을 고위공무원단으로 편입시켰다. 매우 이상한 제도발전이다.

계급제를 유지한 상태에서 법령이나 행정시책으로 얼마든지 그 병폐를 극복하기 위한 교류와 개방을 확대할 수 있었다. 성과평가와 성과급 확대도 마찬가지로 가능했다. 그런데도 불구하고 직위분류제적 제약을 완화하고 계급제적 요소를 도입하기 위해 만들었던 미국식 고위공무원단 제도를 굳이 벤치마킹할 필요는 없었다는 지적이 있다(오석홍, 2007: 30).

이것의 이면에는 관료들 전체의 이익확대가 있었던 것이다. 노무현정부가 집권한 4년 사이에 고액연봉의 고위직 공무원을 30% 가까이 늘렸다는 것도 한 예이다. 특히 팀제를 도입한 부처만 한정해서 본다면, 실국장급 밑에 두는 보조기관의 수가 26.6%나 증대하였다(김종성, 2007: 179). 팀제의 실제 운영은 과거와 비슷하면서도 자리만 늘린 것이다.

중앙인사위는 고위공무원단의 성과급 비중을 2007년 5%에서 2008년 10%까지 올리겠다고 발표하였는데, 이렇게 될 경우 성과급 격차는 최고 1,400만원의 연봉차이를 가져오게 된다(중앙일보, 2007. 10. 22). 공무원간 경쟁을 유도한다는 명분으로 연봉에서 성과급이 차지하는 비중은 계속 높아지고 있는 것이다.

그러나 성과평가를 타당성 있고 신뢰성 있게 할 수 없는 상황에서 성과급의 비중을 확대한다는 것은 어불성설이다. 기본적으로 공무원 연봉 올리기가 되어서는 안 된다. 고위관료들은 명예심과 품위를 기반으로 해야 한다. 몇 백만 원 수입차이로서 일을 열심히 하거나 하지 않을 정도의 인간은 고위직에 들어와서는 안 된다. 물론 공무원 월급으로는 도저히 유인할 수 없는 일부 특정 인사에게는 파격적 대우도 가능하게 해야 한다. 그러나 이 경우는 특수한 경우로서 한시적 자리에만 한정해야 한다.

성과급만 올리고, 책임을 묻는 것을 소홀히 하는 것은 관료병을 낳게 하는 근본원인이다. 금품수수 공무원의 최고 징계가 '감봉 3개월'이었다는 것은 문제가 있다.[12] 주의와 경고 등의 가벼운 징계에 그치지 않고 국가공무원법상의 징계를 하는 등 확실하게 책임을 묻는 제도가 완비되어야 한다.

〈그림 15-3〉 고위공무원단 등급별 성과연봉

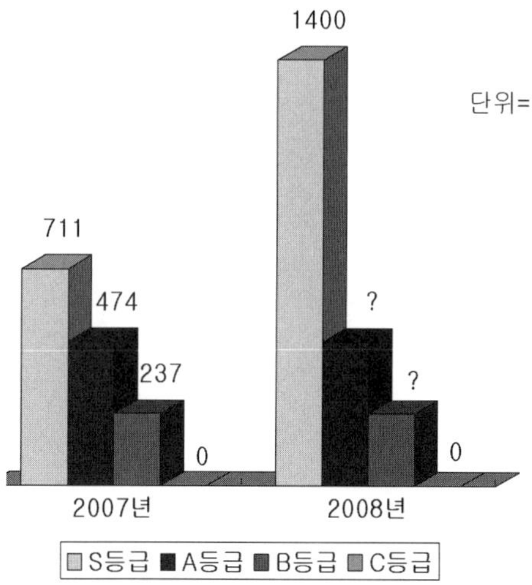

12) 〈문화일보〉, 2007.10.17. 보건복지부와 식품의약품안전청 일부 공무원들이 업무와 관련된 접대와 향응을 받고 있으나 이들에 대한 처벌은 '솜방망이' 징계에 그친 것으로 나타났다. 국회 보건복지위원회 박재완(한나라당)의원은 17일 보건복지부에 대한 국정감사에서 밝힌 '2003~2006 국무총리실 공직기강 점검 결과'에 따르면 두 기관의 일부 공무원들이 업무와 관련된 업체들로부터 금품이나 향응을 받아 적발됐으나 최고 징계가 감봉 3개월에 그치는 등 경징계만 받았다고 밝혔다. 적발된 공무원들은 업무 관련업체로부터 현금이나 백화점 상품권 등을 받거나 유흥업소에서 향응을 제공받았으며 업체 후원으로 해외여행을 다녀오기도 했다. 수입식품담당 공무원은 부인 명의로 수입인지 소매업을 운영하며 2004년부터 2년 동안 16억 원 상당의 수입인지를 판매하고 장남 명의로 수입식품 및 수입화장품 검사업무 대행업에 종사하면서 업체 대표에게 검사의뢰를 권유했다. 그러나 이들 비위 직원에 대한 징계는 최고 감봉 3월에 불과했으며 상당수는 국가공무원법상 징계가 아닌 주의와 경고에 그쳤다고 박 의원은 지적했다. 박 의원은 "국무조정실은 공직감찰에서 적발된 공무원들에 대해 엄중 징계를 요청했으나 복지부와 식약청은 가벼운 징계에 그쳤다"며 "병원, 제약회사, 식품회사 등의 관리감독과 인·허가권을 가진 보건복지부와 식약청은 불법 로비가 근절되도록 자구책을 마련해야 한다"고 강조했다.

(6)국내 교육훈련의 합리화

우리나라와 같이 해고와 충원이 비교적 자유롭지 못한 상황에서는 재교육을 통한 기존 인력의 능력개발로 환경의 변화에 적응하는 것이 중요하다. 특히 현재의 세계화, 개방화 추세는 공무원 교육훈련의 필요성을 높이고 있다.

그러나 교육훈련은 어디까지나 인적 자원에 대한 투자이기 때문에 그 투자에 대한 회수, 즉 투자한 만큼 인적 자원의 가치창출이 되었는지 확인하고 그에 맞게 투자하는 것이 필요하다. "the more, the better"식의 접근은 지양하여야 한다.

① 교육훈련 수요조사

우선 교육훈련의 수요조사가 형식적으로 이루어진다는 문제가 있다. 현재의 교육훈련 수요조사 방식은 공무원의 필요나 능력수준을 기준으로 했다기보다는 정부의 필요를 토대로 교육과정을 개발해 놓고 여기에 공무원의 취사선택을 요구하고 있다고 볼 수 있다. 수요조사는 설문조사, 근무성적, 또는 패널 방식을 활용할 수 있으나 그러한 적극적 방법을 활용치 않고 있다. 교육을 원하는 유능한 공무원은 기관장이 계속해서 일하기를 원하기 때문에 교육훈련을 받기 위해 자리를 비우지 못하고 장기간 근무하는 반면, 무능한 공무원은 자주 교육훈련을 받게 되는 경우도 있다.

② 교육내용의 충실화

교육훈련 프로그램의 체계, 내용, 그리고 교육방법이 과연 직무수행을 위한 지식이나 기술, 능력을 향상시킬 수 있도록 구성되었는지 점검해 보아야 한다. 현재는 각급 교육기관이 상호 유기적 관련성을 유지하지 못하고 폐쇄적・할거적으로 관리되고 있다. 그리고 직무교육을 주로 담당하는 각급 교육원의 프로그램은 편성이나 내용 모두 체계성과 적실성을 결여하고 있는 경우가 많으며, 교육방법에서는 절대적으로 강의유형에 의존하고 있다. 이러한 결과를 가져 오는 것은 전문인력의 부족과 인력운용의 잘못에 있다. 대다수의 교육기관은 전임교관 없어 외부강사에 의존하는 경우가 많고, 교육기관에 근무하는 공무원 또한 자긍심을 갖지 못하고 보직이 바뀌기만을 기다리는 경우가 많다.

③ 중앙공무원교육원 축소와 개편

중앙공무원 교육원의 5급 행정고시 합격자에 대한 교육내용은 매우 부실하다. 이제 학생들이 수준이 높으므로 형식적인 강의로 시간을 때우기보다는 강의교육 기간을 단축하는 것도 하나의 방법이다. 중앙공무원교육원에 근무하는 공무원들의 경우, 과거와 같이 인사나 교육업무는 전문성이 없어도 가장 쉽게 적응하여 수행할 수 있다는 생각에서 중앙인사위와 인사교류를 하는 것을 벗어나 교육훈련분야가 가장 전문지식이 요구되는 업무분야라는 인식이 선행되어야 한다. 중앙인사위의 인사숨통을 위한 기관 역할에서 벗어나려면 필요한 교육과정 외에는 축소하고 지원인력도 간소화해야 한다.

외교안보연구원에서 시행하는 교육을 중앙공무원 교육원에서 담당하는 것도 정부차원에서 효율성을 높일 수 있는 것이다. 각 지방자치단체에서 시행하는 교육도 마찬가지이다. 일단 유사교육기관을 통폐합할 수 있는 것은 하고, 나머지는 네트워크화하여 수요자가 선택할 수 있도록 해야 한다. 대학간 학점교류와 같이 다른 지역에서 교육훈련을 받을 수 있도록 하는 것이다.

아울러 국내 대학원에 보다 적극적으로 위탁교육을 하도록 해야 한다. 적어도 전공학문분야에 해당하는 과목은 대학에서 최첨단의 내용이 다뤄지므로 공무원 교육원이 이를 담당하는 것은 자제되어야 한다. 대학에서 청강은 물론 중장기 위탁교육이 더욱 활성화되어야 한다. 더구나 외국어분야 등은 민간기관에 위탁하면 근본적인 문제가 해결될 것이다.

(7) 국외교육의 정비

먼저, 현행 국외훈련은 일정 직급이 되면 순번대로 선발되어 자녀 교육기회로 활용하는 해외 휴가적 성격이 강하다. 장기국외훈련의 경우 영미권으로 그 수요가 집중되고 있으며, 선진지식과 기술습득이라는 명분 하에 영미권 국가에 훈련을 보내는 경우가 많다. 국외 장기훈련자들의 경우 많은 수가 '고시출신'의 '고위직'이다(KBS, 2007.5.14). 이들이 해당 국가의 언어에 숙련되지 않은 상태에서 외국대학에 가서 학위구걸을 하는 행위는 지양되어야 한다. 외교인력 등 특수한 경우 현지 언어연수가 허용되어야 하겠지만, 대부분은 이미 언어가 어느 정도 된 상태에서 선발되어야 한다. 따라서 교육은 언어교육을 위한 대학보다는 관련 행정기관에서 인턴방식으로 직무훈련을 하도록 해야 한다. 훈련자의 훈련계획을 중앙인사위에서 주관하여 대상자를 선정하는 집권적 관리도 폐지되어야 한다. 선진지식과 기술습득도 좋지만 오히려 '글로벌 인재양성'과 '지역전문가 육성이라는 차원에서 BRICs 등 신흥 산업국가나 CIS 국가들에 대한 전문가 양성도 필요하다.

또한 현재는 국외훈련 후 학습한 결과를 보고할 때, 보고서 제출을 하는데 인터넷에서 떠도는 대학생 리포트를 그대로 베껴 쓰는 등 엉망이라는 지적이 있다(중앙일보, 2007.10.24).[13] 또 국외훈련 후 보고서를 아

13) 〈중앙일보〉 2007. 천만 원 들여 유럽 연수 행자부 공무원들 900원짜리 보고서 베껴 제출: 인터넷 자료와 토씨까지 똑같아 – 일부 공무원이 해외 연수 후 제출하는 보고서에 인터넷에 떠도는 대학생 리포트가 그대로 인용된 것으로 나타났다. 국회 행정자치위 김기현(한나라당) 의원은 26일 인터넷에 떠도는 문서를 표절한 것으로 보이는 공무원 연수 보고서를 공개했다. 보고서는 김 의원이 행정자치부와 경찰청에서 입수한 것이다. 행자부와 각 시·도 공무원 16명은 지난해 7월 프랑스, 스위스 등 유럽 5개국을 다녀온 뒤 공동으로 '2006년 제2기 선거제도 해외연수 보고서'를 제출했다… 보고서의 앞부분은 지난해 5월 한 인터넷 사이트에 올려진 900원짜리 대학생 리포트와 토씨 하나까지 똑같았다. 보고서의 뒷부분도 '~함으로써'라고 써야 할 문구를 '~함으로서'라고 쓰는 등 다른 무료 인터넷 사이트에 있는 자료와 맞춤법이 틀린 부분까지 똑같은 것으로 확인됐다. 경찰 공무원 2명이 지난해 12월 27일부터 1월 5일까지 약 650만 원을 들여 이집트와 그리스, 터키 등 지중해 연안 국가들을 방문한 뒤 제출한 보고서도 마찬가지였다. '외국 경찰 예산제도 연구 관련 출장 결과 보고–그리스 경찰제도를 중심으로'라는 제목의 이 보고서 일부는 인터넷 사이트에서

에 제출하지 않은 경우도 있었다(중앙인사위, 2007). 중앙인사위에서 이를 관리하기보다는 관련 학계에 평가토록 하는 방안을 생각할 수 있다.

또한 장기국외훈련자 1인당 지원금액 등도 국비유학생과의 형평성을 고려해 책정할 필요가 있다.[14] 또 장기국외훈련으로 학위를 받은 후 의무복무 기간을 어기고 민간기업이나 교육계로 갈 경우 원금만 환수하고 있는데 이에 대한 추가적 불이익을 부과하는 것이 필요하다.

① 국내대학 주간 학위과정의 지원

공무원이 무분별하게 해외대학에서 학위과정을 이수함에 따라 대부분 언어의 곤란을 느끼는 사람의 경우 외국교수에게 한국의 이미지를 손상시키는 경우가 많다. 그렇다고 공무원은 해외 해당기관에서 연수만 하고, 고급학위는 취득하지 못하게 하는 것도 인적 자원관리라는 측면에서 자기계발의 원칙에 어긋난다.

일부 동기부여가 된 공무원은 야간대학원에 다니는 경우도 있으나 과장급 이상 고위직은 사실상 시간이 없기 때문에 학업이 곤란하다. 따라서 국장급들이 야간학위과정에 다니는 것은 대부분 충실치 못한 경우가 많다.

현재 국내대학도 교육의 질이 세계적 수준으로 향상되었음으로 전일제 학위휴직을 가능하도록 할 필요가 있다. 유급으로 하더라도 현재와 같이 외국대학으로 가는 경우보다 국가재원은 덜 소요되면서 교육효과는 높일 수 있다. 과도기적으로 외국대학과 상호학점인정을 하거나 복수학

1200원에 살 수 있는 대학생 리포트와 내용이 같았다. 이들의 연수 일정에 연수를 떠나기 전에 작성한 계획서에 들어 있던 각국 경찰청의 예산담당관 면담 일정은 없었다. 여행사에 의뢰해 다른 일반인들과 함께 관광만 했기 때문이다.

14) 〈서울신문〉 2007.10.11, 공무원에 대한 국외 훈련 예산이 급증하면서 국비 유학생을 밑돌던 1인당 지원 예산도 역전됐다…국비 유학생을 보내기 시작한 것은 1977년부터다. 이후 국내총생산(GDP)은 꾸준히 늘었다. 1989년 155조 원인 GDP는 2003년 725조 원으로 368% 늘었다. 그러나 국비 유학생은 같은 기간 117명에서 20명으로 83%나 줄었다가 2005년 34명으로 조금 늘었다. 반면 공무원 국비 국외훈련은 2005년 292명에 예산만 239억 원이었다.

〈표 15-3〉 공무원 5급 장기국외훈련자 1인당 지원금액의 예(2년간 총 지급액)

항목	지급 기준	금액(한화로 환산)
항공료	공무원여비교정의 항공료	190만 원
체제비	재외근무수당의 85%	4416만 원
학자금	정액지급	3600만 원
의료보험료	인사위 자체규정액	484만 원
생활준비금	정액지급	50만 원
귀국이전비	정액지급	60만 원
계	2년간 총 지급액	8800만 원

자료: 중앙인사위 자료 재정리. 5급 공무원 미국 하버드대 학위과정의 예시임.

위를 수여하는 대학으로 진학케 하여 학구적인 공무원이 박사학위과정을 국내와 국외에서 연계해서 할 수 있도록 하는 것도 좋은 방안이다.

(8) 공무원 퇴직관리

공직에서 퇴직하는 경우에는 '낙하산 인사'에 의해 국내의 공기업으로 가는 사례가 많다(〈세계일보〉, 2007. 10. 15). 또한 민간부문으로의 진출도 부정적 측면이 있다.[15] 이와 같은 경제부처 퇴직자들은 퇴직 전 3년 내 근무부서만 재취업 연관성을 따지는 현행법을 피하기 위해 퇴직 3년 전부터 연수기관 등 금융감독업무와 관련 없는 부서에 근무하는 일종의 '경력세탁' 등을 통해 공직자윤리법 관련 조항을 피하기도 한다는 지적

15) 현행 공직자윤리법에는 공직자(일반직은 4급 이상, 조세 업무 등은 7급 이상)는 퇴직한 후 2년 동안 재직 중 업무와 관련이 있는 영리목적의 사기업에 취업하지 못하도록 하고 있다. 여기서 '업무 관련 법인'은 자본금 50억 원 이상이다. 그러나 국내 로펌 중에는 자본금 50억 원 이상인 곳이 한 곳도 없어, 공직자가 로펌에 취업하는 데는 아무런 제도적 제한이 없다. 이와 같은 퇴직공직자의 로펌행(行)은 공정위뿐 아니라 재정경제부 금융감독원 국세청 등 다른 경제부처에도 만연해 있다. 실제로 국내 최대 로펌격인 김&장에는 전직 장·차관급 인사들이 다수 포진해있으며, 특히 법률자문수요가 많은 세무분야에는 국·과장급 실무관료 출신들도 일하고 있다.

도 나오고 있다. 허술한 관련 규정을 강화해야 할 필요가 있다.

이 문제의 근원은 공기업 임원을 기획예산처와 청와대에서 관리하는 데서 기인한 것으로 이는 잘못된 것이다. 여기에 정치적 입김이 작용하는 것은 더욱 잘못이다. 이들 인사에서 항상 제1번 기준은 능력이어야 한다. 대통령 선거에 기여한 자, 여당국회의석을 늘리려고 선거에 출마했다가 낙선한 자 구제용, 권력자의 오랜 충성자 등을 이들 공기업자리에 임명하는 것은 잘못된 것이다.

이를 위해서는 각 공기업에 소수의 사장추천위원회보다는 50명 이상의 외부전문가로 구성되는 사장심사위원회가 필요시마다 비상설로 구성되도록 하는 것이다. 그 중 3분의 1만 종전의 기업 관련자이고 나머지는 관련 없는 사람들로 해야 한다. 많은 위원 수는 인사로비나 위로부터의 압력을 가하기 어렵게 하기 위한 것이다.

(9) 공기업인사관리의 개편

공기업은 외부에 제공하는 서비스는 공익성을 추구하면서 내부의 서비스 생산방식은 효율적이어야 한다. 공공성과 기업성의 절묘한 결합이어야 하는데, 지금까지는 정치성이 지배적이었다. 정치적 인사가 중시되었기 때문에 공기업의 비효율성에 대한 비난은 정치권으로 가야 한다(임도빈, 2007b: 61).

일정 규모 이상 공기업에는 감사원의 감사직렬 직원들이 상시 혹은 비상시적으로 감사를 담당하는 것이 필요하다. 지금까지 있었던 정치적 임용의 감사는 당연히 폐지되어야 한다.

재무회계제도의 합리화와 더불어 공기업의 인사관리도 철저히 이뤄져야 한다. 지금까지는 경영진이 정치적으로 임명되었으니 내부관리도 허술하였다. 공기업의 내부경영에는 사기업에서 활용하는 성과관리 등이 잘 적용될 수 있으나, 여기에 공무원 인사원리가 준용되는 것은 매우 잘못된 것이다.

(10) 감사직군의 활용성 확대

현재 감사원의 활동에는 비판의 여지가 많다. 또한 각 부처와 지방자치단체의 감사실 기능이 매우 제한적이다. 정치인들이 임명되는 공기업의 감사는 더욱 문제이다. 회계제도가 복잡해지므로 이들 감사를 담당하는 직군을 달리해야 한다. 현재는 일반 공무원이 순환보직으로 감사실에 배치되는데, 이제 신분을 별도로 해야 한다. 현재의 감사원 직군을 발전적으로 배치하는 것도 방법이다.

특히 공기업의 감사는 일정 규모 이상에만 상시적으로 두고, 작은 감사는 감사원 직원이 비상임으로 1주일에 하루 정도 기업에 출근하여 체크하는 방법으로 하는 것이 바람직하다. 방만하고 낭비가 심한 지방자치단체도 감사를 강화해야 하는 문제는 마찬가지이다.

권력과 돈이 있는 곳에는 항상 문제가 생긴다. 따라서 기획예산처 등 돈으로 권력원을 삼는 부처에는 일반적으로 싫어하는 감사원 감사를 더욱 자주 하도록 하는 방법도 고려할 만하다. 나아가서 이들 부처에 근무하는 관료들의 업무실패를 개인적으로 책임질 수 있도록 강화해야 한다. 예컨대, 감사원, 재무회계예산관련 종사자들에게는 업무상 과실에 대해 개인에게 금전적 책임과 더불어 형사상 책임도 더욱 엄중하게 묻는 제도를 도입할 필요도 있다.

문제는 이미 감사원의 할당식 감사 등에 지친 상황에서 감사원 기능만 비대화시킬 염려가 있다는 점이다. 따라서 이렇게 감사의 자리가 늘어나더라도 감사원 직원의 자리는 많이 늘려서는 안 된다. 그리고 이들의 직무상 책임과 윤리기준도 훨씬 높여야 한다.

3. 맺는말

새 정부에서 주의해야 할 것은 우선 '혁신'으로 현란했던 노무현정부 시절의 인사개혁의 문제점을 반복해서는 안 된다는 것이다. 즉 개혁의 목표를 명확히 해야 하고, 개혁내용이 단순하고 현실적이어야 하며, 실효성조차 없는 개혁들이 누적되지 않도록 관련내용에 대한 일몰제와 같이 정리를 주기적으로 해야 하고, 개혁의 집행이 적어도 부처단위로 분권화되어야 한다.

혁신의 목표와 수단이 도치되는 실수를 범하지 말아야 한다. 사실 '비효율성'과 같은 문제는 관료조직이 가진 근본적 문제로 해결하기 실로 어려운 것이다. 이런 것을 인사와 관련된 몇몇 제도도입을 통한 공무원들의 문서보고(*paperwork*) 증가로 해결될 것이라고 보는 것은 너무나 이상적이었다. 인사개혁은 일을 잘하기 위한 수단이지 그 자체가 목적은 아니다.

새 정부에서는 노무현정부가 범한 개혁의 '조급성'이라는 한계를 벗어나야 한다. 개혁 과정에서 여러 가지 논란이 발생할 수 있으며 그 해결방법의 정답은 없을 것이다. 그러나 가장 중요한 것은 공무원 정원의 통제이다. 비록 '동네북'과 같이 각 부처 비난의 핵심이 되겠지만, 정원관리는 집권적으로 해야 한다. 이미 늘려 놓은 정원을 큰 무리 없이 축소할 수 있는 지혜를 짜야 한다.

일을 잘하게 하는 방법은 관료제를 잘 활용해야 한다는 것이다. 예컨대 '고위공무원단'이라는 도구로 인력을 늘리고 신분을 불안하게 하는 방법 등은 지양되어야 한다. 관료제 내부의 각 개인에게 적절한 권한을 주고, 이에 걸맞은 책임도 부여하는 '권한-책임일치'의 원칙을 세워야 한다. 인사개혁은 이를 기반으로 실제 행한 것으로 환류를 정확히 해주는 데에 중점을 둬야 한다.

참고문헌

김종성(2007). "한국의 보조보좌기관 구분에 대한 비판적 검토". 〈한국행정학보〉 41(3):167~189.

박동서(1999). 《한국행정의 쇄신사례》. 법문사.

오석홍(2007). "참여정부와 인사행정 개혁". 〈정부학연구〉 13(2): 9~37.

임도빈(2007a). "관료제, 민주주의, 그리고 시장주의: 정부개혁의 반성과 과제". 〈한국행정학보〉 41(3): 41~65.

______(2007b). "한국 행정현상에 대한 설명모델을 찾아서: 악순환 모델". 〈한국거버넌스학회보〉 14(1): 1~30.

임도빈·유민봉(2007). 《인사행정론》. 박영사.

정부혁신지방분권위원회(2005a). 《참여정부의 행정개혁》. 대통령자문 정부혁신지방분권위원회.

______(2005b). 《참여정부의 인사개혁》. 대통령자문 정부혁신지방분권위원회.

중앙인사위원회(2007). 〈행정자치위원회 국정감사요구자료(Ⅰ-Ⅲ)〉.

행정자치부(2003). 행정자치부 〈통계연보〉.

______(2007a). 〈2007년 국정감사요구자료집(1~6)〉.

______(2007b). 〈2007년 행정자치 통계연보〉. 행정자치부.

〈국민일보〉(2007. 10. 7). "참여정부 고위공무원 30% 증가".

〈서울신문〉(2007. 5. 15). "수험시장 PSAT 시대오나".

〈중앙일보〉(2007. 11. 21). "공무원 생존 전술 악습 되풀이".

Bovaird, Tony and Ken Russell(2007). "Civil Service Reform in the UK, 1999~2005: Revolutionary Failure or Evolutionary Success?". *Public Administration* 85(2): 301~328

Brusson, Nils(2002). *The Organization of Hypocrisy*. Copenhagen: Copenhagen Business School Press.

■ 부록 1 행정부 국가공무원의 기관별 증감 현상

기 관	2002년 정원	2006년 정원	2007년 정원	2002~2006증감	2002~2007증감	비 고
감사원	892	961	964	7.7%	8.1%	
중앙 인사위원회	83	413	433	397.6% (156.6%)	421.7% (168.6%)	210명은 2004년 행자부 이체된 인력. 괄호안의 퍼센트가 실질증감
기획예산처	291	363	470	24.7%	61.5%	
법제처	155	209	223	34.8%	43.9%	
국정홍보처	277	330	366	19.1%	32.1%	
국가보훈처	1,174	1,268	1,289	8.0%	9.8%	
재정경제부	660	786	847	19.1%	28.3%	
국세청	16,845	18,049	20,067	7.1%	19.1%	
관세청	4,165	4343	4433	4.3%	6.4%	
조달청	935	943	913	0.9%	-2.4%	
통계청	1,691	1731	1769	2.4%	4.6%	
교육인적 자원부	310,585	346,969	353,755	11.7%	13.9%	
통일부	418	534	553	27.8%	32.3%	
외교통상부	1919	2203	2421	14.8%	26.2%	
법무부	16,146	18,041	18,713	11.7%	15.9%	
검찰청	8230	9095	9355	10.5%	13.7%	
국방부	945	878	921	-7.1%	-2.5%	
병무청	1,735	1,781	1,876	2.7%	8.1%	
방위사업청	–	807	826	–	–	2006년 신설
농촌진흥청	2,063	2,123	2,163	2.9%	4.8%	

기 관	2002년 정원	2006년 정원	2007년 정원	2002~2006증감	2002~2007증감	비 고
산림청	1,463	1,570	1,592	7.3%	8.8%	
산업자원부	1,026	1,113	1,120	8.5%	9.2%	
중소기업청	567	634	653	11.8%	15.2%	
특허청	1,041	1,517	1,528	45.7%	46.8%	
정보통신부	30,334	33,225	33,357	9.5%	10.0%	
보건복지부	3,027	3,309	3,455	9.3%	14.1%	
식품의약안전청	817	1,379	1,443	68.8%	76.6%	
환경부	1,349	1,596	1758	18.3%	30.3%	
노동부	2,740	4,214	5,732	53.8%	109.2%	
여성부	120	176	185	46.7%	54.2%	
건설교통부	3,452	4,158	4,253	20.5%	23.2%	
철도청	29,623	–	–	–	–	
해양수산부	3,950	4,189	4,249	6.1%	7.6%	
해양경찰청	5,262	6,936	7,168	31.8%	36.2%	
공정거래위원회	416	486	504	16.8%	21.2%	
금융감독위원회	70	74	81	5.7%	15.7%	
국민고충처리 위원회	91	264	270	190.1%	196.7%	
비상기획위원회	83	86	87	3.6%	4.8%	
국가청소년 위원회	46	130	136	182.6%	195.7%	
방송위원회	4	5	5	25.0%	25.0%	
국가인권위원회	180	201	208	11.7%	15.6%	
국가안전보장 회의	12	15	14	25.0%	16.7%	

기 관	2002년 정원	2006년 정원	2007년 정원	2002~2006증감	2002~2007증감	비 고
의문사진상규명회의	23	–	–	–	–	2005년 폐지
민주평화통일자문회의	61	66	67	8.2%	9.8%	
국민경제자문회의	11	13	13	18.2%	18.2%	
국무총리비서실	81	89	89	9.9%	9.9%	
국무조정실	158	280	287	77.2%	81.6%	
일제강점하강제동원진상위	–	45	45	–	–	2004년 신설
과거사정리위원회	–	120	150	–	–	2005년 신설
군의문사진상규명위	–	36	36	–	–	2006년 신설
친일재산조사위	–	71	68	–	–	2006년 신설
친일반민족행위진상규명위	–	55	55	–	–	2004년 신설
사행산업통합감독위원회	–	–	20	–	–	2007년 신설
행정부국가공무원 계	562,373	590,169	604,673	4.9%	7.5%	

자료: 행정자치부 자료 재정리.

코트라(KOTRA)는 1991년 이후 5명의 사장 모두 산자부 출신이었다. 공무원연금공단의 역대 이사장은 10명으로 그 중 관료출신이 아닌 사람은 한 명도 없었다. 이들 이사장은 행자부 출신 8명, 재경부·농림부 출신 각 1명이었다. 또한 인천항만 공사의 경우 임직원 127명 가운데 해양부 퇴직관료는 67명으로 전체 직원의 53%였다. 3급 이상 관리직은 43%가 해양부 출신이다(중앙일보, 2007. 10. 24).

정치적 동기에 의해서 부로 격상된 해양수산부는 퇴직관료들의 천국이었다. 해양부에서 항만공사로 옮길 때는 일반적으로 3~4급 정도 승진하기도 하며 월급도 인상되기 때문에 산하기관 격이지만 항만공사로 옮기는 것을 불명예스럽게 여기지 않는다. 퇴직관료로 인원을 채우다 보니 부산항만공사의 경우 상위 직급인 3급 이상의 직원이 전 직원의 49.21%를 차지하는 역피라미드 구조이다(국정브리핑, 2007.10.26).

또 기업의 독점을 규제하는 공정거래위원회도 문제이다. 최근 4년간 공정거래위원회 고위직 퇴직자중 75%가 사실상 업무연관이 있는 법무법인(*Law Firm*)이나 대기업에 재취업했다(〈한국일보〉 2007.10.22). 특히 2003년 이후 공정위에서 퇴직한 4급 이상 직원 33명 중 25명이 법무법인이나 대기업 등 영리법인에 재취업했다. 또 이들 퇴직자중 퇴직 후 2년 내에 재취업한 사람은 94%인 31명이었다. 이 중 3명이 퇴직 직후 취업했고, 1개월 내에 취업한 사람도 20명에 달했다. 2005~2006년 공정위를 퇴직하고 민간에 취업한 4급 이상 22명 중 절반인 11명이 법무법인으로 이동했으며, 이중에는 부위원장 2명과 상임위원 3명, 사무처장 1명, 4급 5명 등이 포함돼 있다. 권력이 있는 곳에 음성적 혜택이 있다는 것을 보여주는 예이다.

16 지속가능한 재정지출구조의 정립

김동건 · 이원희

1. 서론

재정은 살아있는 유기체이다. 사회경제의 발전을 선도하는 한편 경제발전을 지원하는 기능을 수행한다. 1970년대와 1980년대는 물량위주의 재정공급을 통해 경제발전 5개년 계획을 선도하는 기능을 수행하였다. 1997년 외환위기를 지나면서 본격적으로 사회안전망 구축이라는 목표 아래 복지 관련 재정지출이 확대되기 시작하였고, 또한 1990년대의 신자유주의 시대를 지나면서 재정은 독점과 선도의 영역이 아니라 경쟁과 전략적 지원의 영역으로 전환될 것을 요구받고 있다.

그러나 이러한 국가재정의 확대에 대한 경계의 목소리가 높다. 국민경제를 구성하는 두 가지 요소가 시장경제와 국가재정이라고 할 때, 국가재정의 지나친 확대는 시장경제를 위축시키는 구축효과(*crowding out effect*)를 유발시킬 수 있기 때문이다. 이런 맥락에서 적정 재정규모를 논하는 것은 시장경제와 국가경제의 적절한 관계를 설정하는 논의의 연장에 있다고 할 수 있다. 시장실패를 보완하면서 시장의 기능을 선도해 나가는 적절한 관계 정립이 필요하다. 그리고 그것은 고정 불변의 것이 아니라 시대적 상황의 변화와 역사적 발전 단계에 따라 끊임없이 자기 역할을 재정립해야 하는 과정이다.

이 장에서는 재정운영을 선진화시키는 개혁의 과제를 크게 4가지 영역으로 구분하여 접근한다. 첫째는 거시재정정책적 관점에서 조세부담률, 국가채무 등의 쟁점이다. 둘째는 분야별 재원배분의 방향이다. 중소기업 지원, 농업 관련 지원, R&D 등의 방향을 어떻게 설정할 것인가의 쟁점이다. 셋째는 국가와 지방재정의 관계 설정이다. 넷째는 재정정책의 수단 선정과 관련한 쟁점이다.

2. 거시 재정정책의 쟁점

1) 자원배분의 우선순위

재정운영에서 핵심은 자원배분의 우선순위이다. 무엇을 위한 재정 지출인가에 대한 방향 설정이 가장 중요하다. 과거 우리의 재정운영은 부국강병이었다. 6공화국까지만 하더라도 국방과 경제개발비가 1순위와 2순위를 차지하다가 김영삼정부 들어서 우선순위에 변동이 생겼다. 김영삼정부부터 국방비의 비중이 낮아지고 경제개발비가 앞서기 시작한 것이다. 그리고 복지비의 증가가 눈에 띄게 이루어지고 있다. 마침내 노무현정부에 들어서는 복지비가 가장 높은 비중을 차지하는 우선순위의 변화가 이루어지고 있다. 이러한 재정구조는 적합한가? 국가와 시장경제의 기능 재정립이라는 거시적 차원을 고려하면서 예산의 우선순위에 대한 국민적 합의를 도출하고 비전을 재설정하는 것이 시급하다.

〈그림 16-1〉 전체 재정지출 대비 분야별 지출 비중 (%)

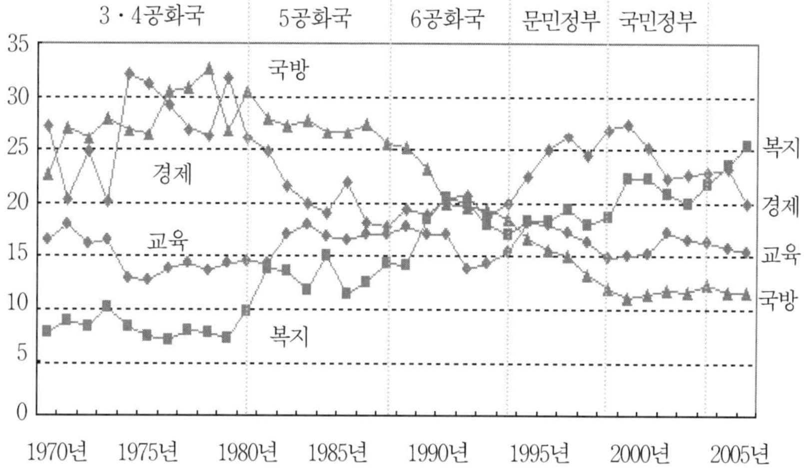

자료: 대한민국 정부, 〈2006~2010년 국가재정 운용계획〉, 2006.

2) 조세부담

복지비가 증가하는 과정에서 국민의 조세부담이 급격히 늘어나고 있다. 외환위기 이후 한국 국민이 부담하는 세금 증가 속도가 OECD 국가 30개 회원국 중 가장 빠른 것으로 분석되고 있다. OECD가 2007년도 조세 통계를 분석한 결과 1999~2005년 기간 중 한국의 조세부담률 상승속도는 14% (1999년 17.8%→2005년 20.3%) 이다. 같은 기간 OECD 평균은 1%를 증가했고 미국·독일·영국·일본은 하락하고 있다.

2006년에 GDP 대비 재정규모가 얼마인지 그리고 국제적 기준에 비해 낮은지에 대한 논쟁이 있었다. 그것은 바로 국민의 부담을 늘려서 복지비 증가에 충당하는 것에 대한 이념 논쟁의 배경이 되었다. 우리의 재정규모가 얼마인지와 관련하여 재정범위의 재설정도 필요하며 동시에 적정 재정규모에 관한 국민적 합의를 구하는 논의의 장이 필요하다.

〈표 16-1〉 주요 국가의 조세부담률 추이

국가	1999년	2005년
한국	17.8	20.3
영국	30.4	30.1
일본	17	16.8
프랑스	28.9	27.9
독일	22.5	20.8
캐나다	31.5	28.6
미국	22.5	20.2

자료: 〈조선일보〉 2007. 9. 18.

〈표 16-2〉 GDP 대비 일반정부 총지출 비율 비교

(2004년 기준, %, 한국은행 2006. 4. 6)

구분	OECD(05. 12)	중앙일보
한국	28.1 [1]	37.9
미국	36.4	36.4
영국	43.9	43.7
일본	37.5	37.5
프랑스	53.5	54.4
스웨덴	57.3	57.3
덴마크	55.1	55.0
OECD 평균	40.8	—

주: 1) 2006. 3. 22일 발표한 2004년 확정치.

자료: "Economic Outlook", OECD 05.

3) 국가채무

국가채무 논쟁이 노무현정부 정부에 들어와서 팽팽한 접점을 이루었다. 선진국에 비해 아직 관리에 문제가 없다는 입장과 증가속도가 빠르기 때문에 안심할 수 없다는 입장의 대립이다. 2007년 302조 원에서 2008년에는 318.8조 원을 예상하고 있다. 2008년에 8.5조 원의 국채발행을 예산하고 있어 채무가 늘어나지만 한편으로 2007년도 초과 세수 11조 원을 국가채무 축소에 활용하여 GDP 대비 국가채무 비율을 33.3%에서 32.3%로 하락시키겠다는 의지를 보이고 있다.

국가채무는 미래 세대의 부담으로 현 세대가 편익을 누리는 것이기 때문에 현 세대의 도덕적 해이가 발생하기가 쉬운 영역이다. 정치적 통제가 반드시 필요한 부분이다. 정부는 선진국의 GDP 대비 국가채무 규모가 60~70%이기 때문에 우리나라 국가채무가 높지 않다고 주장하고 있다. 또한 채무 중에는 외환시장 안정용, 국민주택기금, 재정융자 등과 같이 정부자산의 증가를 수반하는 채무가 포함되기 때문에 전부가 악성부채인 것은 아니라고 항변하기도 한다. 그럼에도 1997년 외환위기를 극복하는 과정에서 금융위기가 재정위기로 전환되는 구조적 문제가 있었고 또한 노무현정부 들어서 재정 증가가 이루어지는 과정에서 부족한 재원을 채무를 통해 뒷받침하는 과정에서 국가채무 비율은 지속적으로 증가하였다는 비판에 노출되어 있다는 점을 염두에 두어야 할 것이다.

특히 우리나라 국가채무는 IMF의 기준에 따른 것으로 일반정부(중앙정부+지방정부)의 확정채무만을 계산하고 있다는 점을 고려해야 한다. 이에 따라 공기업채무, 보증채무, 이행청구가 도래하지 않은 보증채무, 사회보장제도의 우발채무 등은 국가채무에서 제외되고 있다. 그리고 공적연금 손실에 따른 보전액 등이 기준에 포함되어 있지 않으나, 앞으로 큰 규모의 국가채무로 될 가능성 있다.

〈표 16-3〉 GDP대비 일반정부 채무비율(%)

	1996	1997	1998	1999	2000	2001	2002	2003	2004
캐나다	100.3	96.2	93.9	89.5	81.8	81.0	77.7	73.3	71.5
프랑스	67.5	69.4	71.1	67.3	66.2	64.9	68.7	71.1	73.2
독일	60.2	61.8	63.3	61.8	60.9	60.4	62.9	67.0	70.1
일본	93.9	100.3	112.2	125.7	134.0	142.3	149.4	154.6	157.6
한국	5.9	7.5	13.1	15.6	16.3	17.4	16.6	19.2	21.7
뉴질랜드	50.8	50.1	49.0	42.8	35.1	27.1	23.9	20.5	17.8
영국	52.6	53.2	53.8	48.8	45.9	41.2	41.5	42.0	44.2
미국	73.4	70.9	67.7	64.1	58.3	57.9	60.2	62.6	63.4
OECD전체	75.3	74.5	74.8	73.6	71.1	71.4	73.4	75.3	76.4

자료: "OECD Economic Outlook No.77", *Statistical Annex Tables*, Annex Table 33, May 2005, www.oecd.org/document

무엇보다 국가채무의 증가속도가 매우 빠르다. 국가채무 규모가 2003년에는 165.7조 원, 2004년에는 203조 원, 2005년에는 248조 원, 2006년에는 282.7조 원으로 3년 만에 70% 넘게 증가한 것이다. 여기에다 앞으로 국채로 전환될 예금보험기금 채권까지 남아 있어서 이것까지 감안하면 국채증가속도는 훨씬 빠를 전망이다. 더군다나 국채가 증가한 원인이 금융성 채무와 적자성 채무이다. 선진국들의 경우 국가부채가 증가한 가장 큰 원인은 케인스주의 복지정책에 따른 사회복지지출 비용 때문으로 국민이 어떠한 형태로든 혜택을 본 것인 데 비해 우리의 경우 정책적 채무이다.

향후 국가채무의 구조를 분석하고 관리하는 국가재정의 위기관리 능력을 배양할 필요가 있다.

3. 분야별 재원배분의 방향

큰 정부와 작은 정부의 논쟁, 국민 부담의 적정성 논쟁과 같은 거시적 담론은 사실 우리의 재정력과 재정 수요에 의해 결정된다. 이념적 논쟁을 이야기하기보다 구체적인 재정수요와 정부기능을 논의하는 상향식(*bottom up*) 방식을 통해 이에 대한 해결의 실마리를 찾을 수 있다.

1) 사회간접자본

성장 잠재력 향상을 위해 경제의 인프라를 구축하는 것은 정부의 중요한 역할이다. 그래서 1970년대 이래 급속한 경제발전 과정에서 정부는 도로, 항만, 공항 등의 SOC 투자에 주력하였다.

그런데 SOC 부분을 줄여야 한다는 목소리는 여러 군데에서 들리고 있다. 우선 정치적으로 결정된 지방공항의 과다용량이 문제가 되었다. 그리고 도로의 경우 이미 용량(*capacity*)이 충분하다는 것이다. 사실 이제는 물량 위주의 SOC 투자를 극복해야 할 시기이다. 흔히 '콘크리트 성장방식의 극복'이라는 개념을 적용하기도 한다. 건설경기가 한국경제의 경기를 좌우하기 때문에 물량을 공급해야 한다는 식의 접근을 극복해야 한다.

특히 사업의 선정과정에서 매우 신중한 노력이 필요하다. "몇 사람이 모여 앉아 '사람들 귀에 솔깃할 것이 뭔가'를 두고 머리를 짜내는 일은 이제 그만하자"는 주장이 그래서 설득력 있게 다가온다.

예비타당성 검토라고 하는 과학적 의사결정 기법을 도입하였으나 여전히 정치적 의사결정이 지배적이다. 그러나 그러한 정치적 결정의 결과는 항상 애물단지가 되고 있다. 지방공항, 지방의 컨벤션 센터 등이 과잉공급으로 유지관리비가 더 소요된다는 지적이 이러한 맥락에 있다. SOC 투자의 효율성 제고가 향후 재정 지출의 생산성과 관련하여 성패를 결정하는 계기가 될 것이다.

이런 맥락에서 "국책사업관리위원회"의 구성을 제안한다. 대형 국책사업의 경우 특정 부처 중심으로 판단할 것이 아니라, 국가 전체적 입장에서 이를 종합적으로 판단하는 기구를 설치할 필요가 있다. 여기에서 장기적인 계획을 구상하고 사업비의 추계, 그리고 지속적인 관리를 하도록 할 필요가 있다.

2) 복 지

외환위기 이후, 사회복지 · 보건 분야 재정투자는 예산 · 기금을 합한 총지출기준으로 1997년 21.0조 원에서 2005년 51.9조 원 수준으로 연평균 12.0% 증가하였다.[1] 1997~2004년간 전체 재정지출 증가율 8.5%에 비하면 사회복지 · 보건 분야가 보다 빠르게 증가하고 있다. 특히 사회복지 분야 중 보육 · 가족 및 여성, 기초생활보장, 노동, 취약계층지원 분야의 증가가 두드러지고 있다. 정부는 향후 복지 관련 재정지출을 늘리는 분명한 입장을 가지고 있고, 복지비 지출에 대해 공감대가 형성되고 있는 것도 사실이다.

우리의 사회 경제 여건에 비추어 사회복지비의 지출을 증가시켜야 한다는 주장에 동의하면서도 복지비의 증가 과정에서 발생할 수 있는 낭비적 요소의 제거 그리고 지출의 효율성 제고를 위한 노력이 필요하다는 지적도 있다.

첫째, 부처간 중복 가능성이 있는 사업들을 걸러내는 장치가 필요하다. 예컨대 농촌여성에 대한 교육이라고 하면 여성가족부, 교육인적자원부, 보건복지부 등의 사업이 동시에 진행될 우려가 있다. 국가적 차원의 관리가 필요하다.

---

1) 대한민국 정부, 〈2006~2010년 국가재정 운용계획〉, 2006.

둘째, 복지서비스 전달체계의 개선과 맞물려야 한다. 중앙정부에서는 자금을 주었다고 하는데 수혜자에게 전달되기까지 시차가 발생한다. 대상집단에게 필요한 복지가 전달되는 전달체계의 개선과 병행되어야 한다. 자칫 밑 빠진 독에 물 붓는 식이 되지 않아야 한다.

〈표 16-4〉 사회복지 · 보건 분야 재정투자 추이

(단위: 억 원, %)

구 분	1997년	2000년	2002년	2003년	2004년	2005년	연평균 증가율
사회복지 · 보건 분야	210,001	352,112	379,428	416,588	440,758	518,604	12.0
— 예 산	52,942	84,209	120,185	136,022	148,191	156,892	14.8
— 기 금	158,059	267,903	259,243	280,566	292,567	361,712	10.9
▪ 기초생활보장	9,624	24,710	34,303	35,402	39,283	46,261	21.7
▪ 취약계층지원 등[1]	4,349	6,210	9,400	10,508	12,940	11,940	13.5
▪ 공적연금	78,279	104,535	110,170	123,323	137,991	160,796	9.4
-보육 · 가족 및 여성	1,337	1,466	2,461	3,606	4,625	7,094	23.2
-국가보훈	11,885	13,881	18,572	22,258	23,721	25,116	9.8
-노동	29,174	48,913	57,690	62,692	65,262	82,122	13.8
-주택	58,816	129,849	107,378	113,443	109,899	134,994	10.9
-보건의료	5,834	5,011	7,697	8,514	9,195	9,905	6.8
▪ 건강보험지원	10,703	17,537	31,757	36,842	37,842	40,376	18.1

주: 1) 취약계층 지원 등 — 취약계층 지원 + 노인 · 청소년 + 사회복지 일반

자료: 대한민국 정부, 〈2006~2010년 국가재정 운용계획〉, 2006.

셋째, 자원봉사자의 역할을 강화할 필요가 있다. 복지국가 대신에 복지사회를 주장하는 논거가 여기에 있다. 지역공동체사회를 활성화시켜야 한다. 그런 의미에서 중앙, 지방, 시민사회의 역할분담 체계를 구축할 필요가 있다.

넷째, 무엇보다 복지 분야의 경우 성과관리체계가 중요하다. 실업자 구제를 위한 교육훈련의 경우 효과가 무엇인가를 추적 관리해야 한다. 예컨대 사회적 일자리 창출 사업의 경우에도 실질적인 효과를 평가하여 예산에 반영되어야 한다. 자금집행 그 자체가 목적이 아니라 성과를 달성하였는지를 관리하는 것이 특히 중요하다.

다섯째, 최근 복지를 사회투자(*social investment*)로 정리하여 새로운 성장전략으로 설정하는 접근은 눈여겨볼 만하다. 시혜적 복지가 아니라 사람에 대한 투자를 통해 사회 전체의 성장 잠재력을 발휘하고 이를 통해 지속 가능한 성장을 보장하는 것이다. 이를 위해 복지분야의 재정지출을 재유형화하는 작업도 필요하다.

여섯째, 의무적 지출의 증가를 별도로 관리하고 경계할 필요가 있다. 2007년도 보건복지재정 운용에서는 기초생활보장, 건강보험 지원, 경로연금 등 의무적 지출(*mandatory expenditure*)이 17조 원 규모로 총지출의 약 90%를 차지하므로, 예산안 심의를 통하여 보건복지부 지출을 통제하는 데는 근본적인 한계가 있다는 지적이 있었다. 1980년대 미국 재정적자의 주요인이 자격급여(*entitlement expenditure*)의 증가였다는 것을 상기할 필요가 있다.

3) 농업

많은 전문가들이 1990년부터 2006년까지 130조 원이 넘는 예산이 농업에 지출되었지만 부실과 비효율로 그다지 성과를 얻지 못했다는 점에서 통렬한 반성을 하고 있다. GDP 대비 농업의 비중은 2005년까지

2.9%까지 떨어졌다. 그러나 농업분야 재정투자는 계속 늘어났고 농업 관련 GDP의 42%를 재정투자로 메우고 있는 현실에 대해 매우 비판적 의견을 가지고 있다. 빚 탕감과 같은 정치적 논리로 문제를 해결할 수 없다는 것이다.

그리고 사회 복지적 차원에서 접근하는 농업지원에 대해서는 매우 비판적인 견해가 지배적이다. 농업분야에 대한 투자의 확대를 주장하기 전에 무엇을 어떻게 할 것인가에 대한 전략적 방향에 대한 합의 도출이 필요하다.

농업을 단순히 먹거리 산업이 아니라, 관광과 즐기는 산업으로 발전시켜야 한다. 최근 생산자이력 추적장치를 통해 축산물의 부가가치를 제고한 것처럼 농축산업을 IT와 결합하여 노동집약적 1차 산업이 아니라 1.5차 산업으로 융합된 산업으로 나아가도록 하는 R&D 지원이 필요하다는 논지도 이러한 맥락이다.

그런데 정부의 농업·농촌부문 재원배분 계획을 보면, 양곡관리·농산물수급과 농업생산기반은 지속적으로 감소하는 반면 농가소득·경영안정, 농업체질 강화, 그리고 농촌개발·복지증진은 증가하는 것으로 계획하고 있다. 특히 농촌개발·복지증진은 연평균 4.1%의 증가율로

〈표 16-5〉 농업·농촌부문의 비중 추이

(단위: %)

	2006	2007
농가소득·경영안정	27.2	28.7
농업체질 강화	23.2	21.6
양곡관리·농산물수급	28.5	26.5
농업생산기반	16.4	15.3
농촌개발·복지증진	4.8	7.9

자료: 대한민국 정부, 〈예산개요〉, 2007.

확대하려는 계획을 하고 있다. 이는 정부가 향후 농산어촌에 대한 재정투자방향을 FTA 협상 타결 등 농수산물시장 개방 추세에 대응하여 농어가 소득·복지증진, 농산어촌 개발을 통한 농림어업인의 삶의 질 향상 부문에 투자로 전환하려는 의지를 가지고 있는 것이라고 볼 수 있다.

농업이나 중소기업이라고 하면 우리 사회의 약자집단을 대표했고, 정부의 지원에 대해 비교적 관대한 입장이었다. 그러나 최근 이에 대해 비판적 의견이 지배적이며 이는 두 가지 의미로 해석된다. 하나는 어느 정도 지원을 했다는 점이 전제되어 있다. 두 번째는 이제는 이 부분에서도 선별적 지원이 필요하다는 분위기가 확대되고 있다. 정부의 지원에만 의존하는 타성을 극복해야 할 시기라는 점이다. 우선 자생력을 갖추기 위한 시장의 노력이 선행되어야 한다. 그리고 이에 따라 정부의 정책적 고려에 의한 선택과 집중에 의한 지원이 필요하다.

4) R&D

성장잠재력 확충을 위해 향후 중요하게 등장하는 세출항목이 R&D이다. 2008년 예산 기준으로 R&D 지출이 10조에 이른다. 최근에 R&D는 급격하게 증가하였고, IT 분야 등에서 중요한 성과가 있기도 했다.

그러나 이러한 양적 증가와 아울러 질적인 관리체계의 개선이 필요하다. 우선 정부 R&D의 투자에 대해 성과관리 체계의 구축도 중요하다. 과학기술부의 혁신본부가 단순히 예산의 계수조정이 아니라 기술개발 지도(*Technology Map*)를 설정하고 장기적 관점에서 기술개발의 전략을 수립하는 것이 필요하다. 부처별로 나눠 먹기식 배분이 아니라 국가적 전략이 필요한 것이다. 연구개발의 책임자가 행정부 주사 역할을 하고 있다는 자조의 목소리가 나오지 않도록 관리체계를 재검토하는 것도 필요하다.

그리고 과학기술뿐만 아니라 인문사회 분야를 포함하여 55개에 달하는 국책연구기관의 기능 재구조화도 필요하다. 정부가 수행해야 할 기술개발과 시장역할을 구분하여야 한다. 시장경제의 성숙도에 따라 정부의 역할이 변화하듯이 R&D 지원과 관련하여 정부와 시장의 역할 분담이 필요하다. 정부는 시장에서 투자가 되지 않는 원천기술 개발에 집중하여야 한다. 시스템 공학(*system engineering*)적 접근을 통해 아웃소싱을 활성화하고 시장경제를 활성화하는 노력도 필요하다.

특히 중소기업에 대한 R&D 투자의 전략적 배분도 필요하다. 최근 중소기업에 대한 연구개발비 규모는 많이 확대되었지만, 성장 잠재력 확충을 위한 지원이 필요하다. 무엇보다 개발된 기술이 상품화할 수 있도록 지원하는 체계의 구축도 마련되어야 한다. 그런 의미에서 'R&D'에서 나아가 비즈니스 모델이 반드시 접목되어 개발된 기술이 상품화되도록 하는 노력이 병행되어야 한다.

한편 R&D 연구비의 경우 집행하는 쪽에서는 간섭이 심하다고 하고, 주는 입장에서는 성과가 미비하다고 하는 비대칭을 극복하기 위한 제도적 장치의 개발이 필요하다. 이를 위해 핀란드의 국가혁신체제와 같은 혁신적 발상도 필요하다.

5) 인적 자원 개발

향후 고등교육을 포함하여 직업훈련, 평생교육 등에 대한 투자를 통해 인적 자원을 개발하는 것은 우리 경제에 필수적 과정이 될 것이다. 성장 지원형 복지라고 하여 육아 및 보육에 대한 투자를 여성인력의 공급을 확대하는 차원에서 접근하는 것이 이러한 맥락이다.

국가재정운용계획에 의하면 고등교육보다는 유아 및 초 중등에 대한 지원이 강화될 것으로 계획하고 있다. 향후 고등교육에 대한 정부의 투자를 보다 확대하는 것이 바람직하다. 문제는 가장 비중이 큰 고등교육 부문에 대한 투자내역은 BK21이나 NURI 사업과 같이 약 3분의 2가 대

〈표 16-6〉 교육분야 내 주요 세부 분야 중장기 재정투자 계획

(단위: 백만 원, %)

분 야	2006	2007	2008	2009	2010	증가율
고등교육	33,666	35,308	37,140	39,340	41,655	5.5
유아 및 초·중등	249,424	268,783	294,958	319,162	345,143	8.5
평생 · 직업교육부문	3,052	3,071	3,201	3,375	3,741	5.2
교육일반부문	1,507	1,728	1,804	1,911	2,026	7.7

자료: 대한민국 정부, 〈2006~2010년 국가재정 운용계획〉, 2006.

학 연구역량 강화를 위한 연구지원 사업이나 그 성과에 대한 논쟁이 많은 분야라는 점이다. 주요 사업에 대한 성과평가를 기반으로 대학의 연구역량 강화를 위한 투자를 보다 확대하는 것이 바람직하다.

6) 국방비

미국의 경우 "Gun or Butter?"의 논쟁은 재정구조를 이해하는 데 매우 중요한 쟁점을 제기한다. 국방비를 줄여서 복지비를 늘리자는 논쟁이고 이는 공화당과 민주당의 정치적 대립 구도이기도 하다.

우리나라의 경우 최근 정세에 비추어 국방비 증가를 예상하고 있는 경우가 많다. 실제 국가재정운용계획에서도 정부지출증가율 6.4%보다 국방비 증가율이 9.0%로서 높게 책정되어 있다.

그러나 재정 전문가들은 국방비에 대한 정서적 거부감을 가지고 있다. 국방비가 복지비의 증가를 가로막는 주요인이라는 생각이 지배하고 있기 때문이다. 냉전체제 해체 이후 그리고 새로운 무기 체계의 구축을 전제로 국방비를 줄여야 한다고 주장하지만 사실은 이러한 불신이 전제되어 있다.

국방비 지출의 경우 몇 가지 고려사항이 있다. 우선 통일비용과 맞물

려서 검토가 이루어져야 할 것이다. 장기적 예측이 무의미할 정도로 급격하게 변화하는 여건에 맞추어 신축적인 집행이 요구되기도 한다. 그리고 전력투자의 경우 경제성장에 미치는 효과도 고려할 필요가 있다. 연구개발의 경우 다른 연구기관과 공유한다든지, 경제발전에 미치는 효과를 보면서 진행할 필요가 있다. 외국의 무기를 구입하는 방식의 국방비 증가가 아니라 우리 경제의 성장과 관련하여 R&D 역량을 강화하는 방향의 국방비 운용이 요구되는 것도 이러한 맥락에 기인한다.

〈표 16-7〉 〈2006~2010년 국가재정운용계획〉의 국방분야 재원배분 계획

(단위: 조 원, %)

	2006	2007	2008	2009	2010	합 계	연평균 증가율
정부지출규모 (증가율)	224.1	238.5 (6.4)	253.8 (6.4)	269.9 (6.3)	287.0 (6.3)	1,273.3	6.4
국방비 (증가율)	22.5	24.7 (9.7)	26.9 (8.9)	29.2 (8.8)	31.8 (8.8)	135.1	9.0
병력운영 (증가율)	8.9	9.4 (4.9)	9.9 (6.0)	10.5 (6.1)	11.2 (6.2)	49.9	5.8
전력유지 (증가율)	7.4	7.7 (3.7)	8.1 (5.4)	8.6 (5.1)	8.3 (-2.9)	40.1	2.8
사병내무반 개선	0.7	0.5	0.5	0.5	0.6	2.8	-1.3
전력투자 (증가율)	5.8	6.8 (17.8)	8.1 (18.5)	9.5 (17.8)	11.1 (16.6)	41.3	17.7
병무행정 (증가율)	0.13	0.14 (7.7)	0.15 (5.0)	0.16 (5.4)	0.17 (4.9)	0.75	5.7

주: 국방부의 〈2007~2011 국방 중기계획〉 상 국방비 수치와 다소 차이가 있음.
자료: 대한민국정부, 〈2006~2010년 국가재정운용계획 개요〉, 2006. 10.

4. 중앙재정과 지방재정의 구조 재설계

1) 방향성: 자기책임의 원칙 확립

주민에 대한 공공서비스는 국가와 지방의 협력에 의해 이루어진다. 서비스 수혜자의 입장에서 보면 시청이 서비스를 제공하면 시민의 지위, 도청이 제공하면 도민의 지위, 국가가 제공하면 국민의 지위이다. 결국은 같은 사람이다. 따라서 국가의 기능을 잘 배분하고 이에 근거하여 재원을 배분하는 과정이 필요하다.

현재 국세와 지방세의 비중이 80 : 20이지만, 재정지출의 주체로 보면 45 : 55이다. 즉 중앙정부가 지방정부에 지원을 하는 재원을 가지고 지방자치단체가 재정지출을 하는 것이다. 이럴 경우 지방자치단체의 자기 책임성이 줄어든다. 자기 지역의 공공서비스를 제공할 때 자신의 부담으로 이루어지지 않기 때문에 도덕적 해이가 발생하는 것이다.

이런 맥락에서 일본에서 이루어진 삼위일체 개혁[2]은 매우 시사적이다. 교부금과 보조금을 줄여서 국가에 대한 의존을 줄이는 대신 지방세를 늘려서 지역의 부담으로 지역에서 필요한 재원을 마련하도록 한 것이다.

결국 우리의 지방재정 구조에서 지방세를 늘리고 의존재원을 줄이는 방향 설정이 필요하다.

2) 지방세 확충

자치의 정신을 살리기 위해서는 지방세의 확충이 필요하다. 자신의

2) 삼위일체 개혁은 일본 고이즈미 정부에서 추진한 지방재정분권개혁으로, 국고보조부담금(국고지출금) · 지방교부세 · 세원이양을 포함하는 세원배분에 관한 문제를 삼위일체로 개혁하는 것을 말한다(최낙범, 2005).

부담으로 필요한 재원을 부담할 때, 공공서비스가 갖는 요금적 성격도 강화된다.

이를 위해 그간 논의를 하다가 중단된 지방소비세와 지방소득세의 신설을 다시 고려할 필요가 있다. 물론 이를 위해서 정부 단계별로 세원을 엄격하게 분리해서는 안 되고, 조세의 외부성을 통제하면서 세원을 공유(*tax sharing*)하는 접근이 필요하다. 이럴 경우 소득과세와 소비과세를 '공동세' 형태의 세원공동이용방식을 활용하는 방향이 적합할 것이다.

3) 지방재정조정제도의 재설계

노무현정부에서 재정분권을 위한 지방재정제도 개선 노력으로 2005년을 전후하여 지방재정조정제도가 전면적으로 재구축되었다. 지방양여금제도를 폐지하고, 149개의 국고보조사업을 지방자치단체로 이양하는 과정에서 지방교부세의 법정교부율이 상향 조정되었고, 분권교부세와 국가균형발전특별회계가 신설되었다. 한편 '노무현정부'의 부동산 관련 조세정책을 추진하는 과정에서 종합토지세가 폐지되고 국세로서 종합부동산세가 신설되면서 발생한 지방자치단체의 세수입 결손을 보전하기 위하여 2006년부터 '부동산교부세'가 신설되었다.

이러한 일련의 제도개선으로 인해 2008년 현재 중앙정부가 운영하고 있는 지방재정조정제도는 지방교부세, 국고보조금, 국가균형발전특별회계 등으로 구성되어 있다. 향후 지방자치의 확충을 위해 이러한 지방재정조정제도의 지속적인 재설계 노력은 진행되어야 한다.

첫째, 지방양여금제도를 폐지하고 국가균형발전특별회계의 재원으로 전환한 것은 아쉬움이 있다. 지방양여금 제도는 전국적인 공통수요가 있고, 또 지역개발 효과가 큰 사업에 대해 집중적인 지원을 하기 위한 재원이었다. 향후 복지, 안전, 환경 등과 관련하여 이러한 재정 수요에 집중적으로 지원하기 위한 재원은 필요할 수 있다.

〈표 16-8〉 우리나라 지방재정조정제도의 현황

구 분	지방교부세	국고보조금	국가균형발전특별회계
근거법령	지방교부세법	보조금의 예산 및 관리에 관한 법률	국가균형발전특별법
목 적	자치단체 재원보장 재원불균형 완화	자치단체 특정사업 지원	자치단체 재정기반확충 지역간 균형발전 도모
재 원	내국세의 19.24%	국가의 일반회계 또는 특별회계예산으로 계상	주세 100%, 과밀부담금, 개발지역훼손부담금, 농특세전입금, 일반회계전입금 등
재원성격	일반재원+(특정재원)	보조목적사업의 용도에 한정	사업별 용도에 한정

둘째, 149개 국고보조사업을 지방으로 이양하면서 사무이양에 따른 재원이양을 실현하기 위하여 분권교부세를 신설하였으며, 이 용도의 재원으로 내국세의 0.83%를 지방교부세에 추가하였다. 이어서 2006년에는 지방에 이양된 사회복지 관련사업을 지방자치단체가 안정적으로 추진할 수 있도록 하기 위해 분권교부세율을 0.11% 상향 조정하여 내국세의 0.83%에서 0.94%로 인상되었다. 그러나 2010년이 되면 분권교부세는 보통교부세로 통합된다. 이럴 경우 복지관련 사업이 축소될 우려가 있다. 지금은 분권교부세 항목이기 때문에 그나마 복지비를 유지하지만, 보통교부세가 되면 세출항목이 별도로 관리되지 않기 때문이다. 이에 복지관련 분권교부세를 포괄보조금 형태로 전환할 필요가 제기된다.

셋째, 특별교부금의 경우 정치적 판단에 의한 결정이라는 비판에 직면하여 있다. 특별교부금의 경우 지출내역을 공개하고 규모를 줄이는 방안도 필요하다. 이러한 용도가 필요한 경우 예비비로 지출할 수 있기 때문이다.

넷째, 노무현정부 들어서 복지비를 늘리는 과정에서 지방자치단체의 재정부담이 늘어나고 있다. 중앙정부와 지방자치단체간의 복지 관련 재정배분의 원칙이 필요하다. 국가적 최저한(*National Minimum*)을 보장하는 복지의 경우 중앙정부의 역할이 강화되어야 한다.

다섯째, 국가균형발전특별회계의 경우 지역개발 계정과 지역혁신 계정으로 구분되어 운영되고 있다. 특히 1.4조 원에 달하는 지역혁신 역량강화 사업의 경우 실질적으로 지역의 발전을 도모하는 사업으로 진행되고 있는 가에 대한 세밀한 성과관리가 필요하다. 자칫 지역간 나눠먹기식으로 집행되지 않도록 관리되어야 한다.

5. 재정정책수단의 과제와 관련한 쟁점

개발연대를 지나면서 유지해온 재정구조의 우선순위를 조정하기 위한 노력은 진행되었으나, 재정정책의 수단을 재설계하는 노력은 상대적으로 미흡하였다. 재정정책 수단의 재설계라는 관점에서 제기되는 몇 가지 개혁과제를 정리한다.

1) 보조, 융자 제도의 재검토

재정지출의 방법으로 활용되던 보조, 융자, 출자방식에 대한 재검토가 필요하다.

보조금 방식이 도덕적 해이를 초래한다는 지적은 이미 많이 지적되었다. 최근 바우처 제도를 도입하려는 것이 소비자에게는 선택권을 확대하고 공급자에게는 경쟁을 부추기는 효과가 있다. 문제는 바우처가 활성화되기 위해서는 시장에서 충분한 공급자가 형성되어야 하고, 소비자가 자신에게 필요한 서비스를 판단할 수 있는 수준이 되어야 한다는 점이다. 우리의 시장여건 발전수준에 맞추어 활용하여야 한다.

특히 융자방식에 대한 전면적인 효율성 검토가 필요하다. 융자사업은 특별회계와 각종 기금 등에서 개별적으로 이루어지고 있다. 이로 인해 국가 전체적으로 효율성을 검증하기가 쉽지 않다. 무엇보다 민간 금융시장이 발달되어 있는 지금의 상황에서 정부가 융자기능을 수행하는 것이 적절하지 않다. 과거 민간 금융시장이 발달하지 못한 경우에는 정부가 직접 자금을 보유하여 이를 지원하였다. 그러나 이제 민간 금융시장에 충분한 자금 여력이 있기 때문에 민간 금융시장에서 융자를 하고, 정부가 지원하고자 할 때는 이자의 일정 부분을 보전하여 주는 방식으로 전환하는 것이다. 이는 민간 금융시장의 활성화에도 도움이 된다. 그리고 융자사업의 원금을 국가적으로 보다 시급하고 중요한 부문에 투입할 수 있는 재정의 여유 자금을 마련하는 기회도 된다. 특히 이럴 경우 융자성 자금을 관리하는 기금조직을 대폭 구조조정하는 계기를 마련할 수도 있을 것이다.

2) 경직성 경비의 관리

재정이 확대되는 과정에서 경계해야 할 것 중의 하나가 재정의 경직성이 동시에 확대될 우려가 있다는 것이다. 이러한 맥락에서 참여정부 들어서 복지 관련 예산증가가 시설투자비의 확충보다는 각종 자격급여가 증가하고 있다는 점을 주목할 필요가 있다. 예컨대 기초생활보호대상자의 확대 등 복지 사각지대를 해소하는 과정에서 일정한 자격이 있는 사람에게 일정한 급여를 지급하는 방식으로 도입되었다. 이는 재정운영의 측면에서 보면 경직적으로 지출하게 되는 효과가 발생한다.

이럴 경우 통합재정 지출을 의무지출과 재량지출을 구분하여 볼 필요가 있다. 의무지출(*mandatory spending*)이란 금융구조조정지원 · 사회보장급여 · 교부금 · 이자지출 등을 포함하며, 재량지출(*discretionary spending*)이란 이들을 제외한 것이다. 2004년의 경우 전체 지출 가운데 의무

〈그림 16-2〉 의무지출과 재량지출의 비중 추이

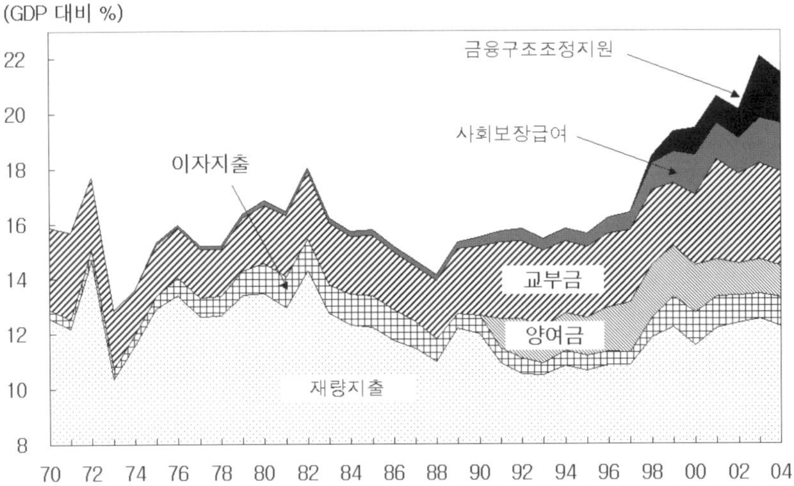

자료: 재정경제부, 〈한국통합재정수지〉, 각년도.

지출의 비중은 전체 지출의 43%에 달한 반면, 이를 제외한 재량지출은 전체 지출의 57%에 해당한다. 무엇보다 의무지출의 비중이 계속 상승하고 있다는 점을 중시해야 한다.

3) 다년도 예산제도의 도입

1년 단위의 예산구조에 대한 시각을 확대할 필요가 있다. 부처의 특성에 따라 2년 단위의 예산을 편성하고 심의할 필요가 있다. 특히 국방부와 같이 환경변화가 심하고 무기구입이라는 국제적 시장에 적응해야 하는 경우 2년 단위의 예산을 결정하여 주는 것이다. 물론 성과관리를 위한 결산은 1년 단위로 하더라도 보다 신축적인 재량권을 부여하는 것이다. 이럴 경우 의사결정의 비용을 줄이고 이월의 행정절차를 줄이는 효과가 있다.

4) 정보공개 활성화

대국민 예산 정보공개의 활성화가 필요하다. 정보 부족으로 인해 국민이 예산운영에 대한 불신감이 있기 때문이다. 디지털 예산회계 시스템이 구축되면 국민에게 실시간으로 재정정보를 공개하는 것이 원래의 취지였다. 그러나 아직은 내부 의사결정 지원 시스템에 국한되고 있다. 향후 재정운영과 관련한 다양한 정보를 국민에게 제공하는 노력이 필요하다.

'정보는 민주주의의 통화'일 뿐만 아니라 정부에 대한 국민신뢰의 출발이다.

5) 국민의 참여 활성화

국민의 참여를 활성화하여야 한다. 지역에서 확산되고 있는 참여예산제를 확대하는 노력이 필요하다. 그러나 참여를 보장하기 위한 시민의 위원회가 또 다른 관료적 절차로 전락하는 것은 경계해야 한다.

그래서 대안예산제가 주창되기도 한다. 주민이 직접 지역예산을 편성하는 것이다. 시민사회의 특성을 반영해야 하는 복지, 환경, 문화예산의 영역에서 이러한 활동이 나타나고 있는 것은 우리의 예산과정을 전면적으로 변화시키는 모멘텀이 될 것이다.

한편 기획예산처에서 운영하고 있는 예산낭비신고센터를 국민이 적극적으로 참여하기 위한 인센티브의 장치를 강화해야 한다. 예산의 결정 권한을 소수 정치인이나 엘리트 경제 관료로부터 시민에게 돌려주기 위한 노력이 필요하다.

6) 예외적 장치에 대한 통제권 강화

예외적 장치를 최소화하고 통제하기 위한 장치의 개발이 필요하다. “예산회계에 관한 특별법”에 근거하여 예비비의 일정 비율을 국가안전보장활동비로 사용하고 이를 밝히지 않아도 되도록 하고 있다. 이는 국가정보원의 본예산으로 편입하여 활용하도록 할 필요가 있다. 2006년 국가재정법의 개정으로 예비비를 100분의 1 이하로 축소시킨 것은 이러한 예산의 유용을 방지하기 위한 노력의 연장이었다. 그러나 양적으로 접근할 것이 아니라 제도적으로 접근할 필요가 있다.

특별교부금도 통치자금이라는 입장과 그러한 자금을 최소화해야 한다는 입장이 대립된다. 필요하면 예비비로 활용할 수 있다. 불필요한 국민의 불신을 야기하는 제도적 장치의 개선이 필요하다.

영수증 없이 사용할 수 있는 특수 활동비에 대해서도 사후적 책임을 묻는 장치를 마련해야 한다. 이런 의미에서 편법으로 운영되어온 우리의 재정운영에서 재정규율(*Fiscal Discipline*)을 확립할 필요가 있다.

7) 예산배정과 구분되는 사업배정의 통제권 강화

국회에서 총액으로 예산을 결정하면 구체적 대상과 내역을 행정부에서 결정하는 예산배정이 확대되고 있다. 예컨대 BK21 사업의 총액 예산만 배정하고 나면 구체적인 대학선정은 교육인적자원부에서 한다.

총액으로 예산을 배정하고 나면 구체적인 사업을 행정부에서 집행하는 이런 과정에서 입법부의 의도가 왜곡되거나 관료적 절차에서 부패가 발생하는 경우가 있다. 예산 배분과정이 곧 정책집행이 되는 이러한 경우에는 위원회를 통해 예산배분을 공개적으로 결정하고 의사결정 과정을 속기록으로 남겨서 투명성과 책임성을 확보하는 노력이 필요하다.

6. 결론: 지속 가능한 재정구조의 정립

"정부의 재정지출 규모가 크다 vs 작다"의 논쟁배경에는 정부에 대한 신뢰 수준이 전제되어 있다. "재정규모가 크다"라고 주장하는 배경에는 정부의 지출에 대한 불신이 전제되어 있다. 따라서 재정규모를 결정하기에 앞서 재정지출의 효율성을 제고하는 노력이 우선되어야 한다.

그간 우리의 재정은 급속한 성장을 지원하는 과정에서 민주성과 투명성보다는 능률성만을 지향하였다. 이러한 과정에서 납세자의 주권보다는 관료적 선호가 반영되었다. 그리고 편법과 예외적 장치가 일상화되는 문제가 노정되었다. 이제 재정운영에서 재정민주주의(*Fiscal Democracy*)를 확립하고 재정규율을 정립할 필요가 있다. 이를 통해 예산지출의 화폐적 가치(*Value for Money*)를 극대화하기 위한 노력이 필요하다.

이를 통해 "편성-심의-집행-결산"이라고 하는 예산과정은 국민의 세금으로 조성된 자금을 가장 효율적으로 활용하기 위한 가치사슬(*value chain*)로 연계되어야 한다. 예산과 결산, 예산과 계획, 예산과 성과관리가 연계되어야 할 이유가 있다. 이러한 변화를 뒷받침하기 위한 예산과정과 제도의 변화가 수반되어야 한다. 따라서 재정개혁은 거시적인 재원배분의 우선순위를 조정하는 노력과 더불어 개별 사업을 생애 주기적 관점에서 관리(*life cycle management*)하는 노력도 병행되어야 한다.

이러한 노력을 통해 재정운영이 독점적이고 폐쇄적인 과정이 아니라 효율적으로 그리고 민주적으로 운영되기를 기대하는 시민사회의 기대에 부응해야 한다.

참고문헌

강신택(2000). 《재무행정론(전정판)》. 박영사.

대한민국정부(2006). 〈2006~2010년 국가재정운용계획〉.

옥동석(2002). "재정개혁의 전략과 과제". 한국재정·공공경제학회. 〈공공경제〉 7(2).

윤성채(2001). "OECD 국가의 예산개혁 내용과 방향", 한국정부학회, 〈한국행정논집〉 13(14).

정부혁신지방분권위원회(2003). 《재정·세제개혁 로드맵》.

최낙범(2005). "일본의 삼위일체개혁의 추진과정과 특성". 〈지방정부연구〉 9(1).

황혜신(2005). 〈역대정부와 참여정부의 정부혁신 비교: 문민정부, 국민의 정부와의 비교를 중심으로〉. 한국행정학회. 2005년 하계공동학술대회 발표논문집.

한국개발연구원(2005). 〈재정위험의 관리와 중장기 재정지출구조 개선〉.

한국조세연구원(2003). 〈재정개혁의 목표와 과제〉.

______(2005). 〈재정지출의 분야별 재원배분에 관한 연구〉.

Blondal, Jon R. (2003). "Budget Reform in OECD Member Countries: Common Trends." *OECD Journal on Budgeting* 2(4).

Schick, Allen(2003). "The Role of Fiscal Rules in Budgeting." *OECD Journal on Budgeting* 3(3).

Shand, David(1998). "Budgetary Reforms in OECD member countries." *Journal of Public Budgeting, Accounting, and Financial Management* 10(1).

Weaver, R. K. (1988). *Automatic government: the politics of indexation.* Washington, D.C.: Brookings Institution.

White, J. (1998). "Entitlement budgeting vs. bureau budgeting." *Public Administration Review* 58: 510~521.

17 재정운영시스템의 개선

국가재정법의 운용을 중심으로

오연천

1. 서론

2004년 10월 예산회계법과 기금관리기본법을 포함한 국가재정법안이 국회에 제출된 이래 약 2년간의 심의과정을 거쳐 2006년 9월 국회를 통과하였다. 1961년 제정된 후 25차례의 개정을 거쳐 온 예산회계법이 이제 국가재정법으로 출발하면서 우리나라 예산회계시스템의 새로운 규범으로 자리 잡게 되었다.

최근 국가재정의 추이는 과거에 비해 세입증가율은 둔화되는 반면, 복지지출 등 세출소요는 계속 증가하고 있어, 한정된 국가재원의 전략적 배분 필요성이 절실하게 되었다. 외환위기를 극복하면서 국가채무가 증가하는 양상이고 앞으로 통일비용 등 중장기 재정압박 요인도 존재하기 때문에 재정건전성 유지를 위한 제도적 장치를 마련할 필요성도 증대되고 있다. 이와 아울러 재정운용의 효율성을 제고하며, 재정운용과정에서의 민간참여 및 정보공개 확대요구 등 재정의 투명성 강화를 요구하는 시민적 압력이 지속되었다.

새로 제정된 "국가재정법"은 국가재정운영시스템을 정립하고 성과중심의 재정운용에 주안점을 두면서 재정의 투명성과 건전재정의 기조확립을 담고 있다. 첫째, 재정운용의 효율성을 도모하고자 국가재정운용계획, 예산총액배분자율편성제도(*Top-down*), 성과관리제도, 특별회계·기금 여유재원의 전입·활용 등을 주요 내용으로 포함하고 있다. 둘째, 재정의 건전성을 강화하고자 국가채무관리계획, 세계잉여금 30% 이상의 국가채무 우선 상환 의무화 방안이 도입되었다. 셋째, 재정의 투명성을 강화하고자 예산편성 및 결산 일정의 조정, 재정운용 자문기구의 설치, 예산불법지출에 대한 일반국민들의 시정요구권이 도입되었다.

이 장에서는 "국가재정법"의 도입에 따른 국가재정법의 내용과 특징을 살펴보고 예산부문의 과제를 탐색하기로 한다. 특히 국가재정법의 내용과 특징을 재정의 건전성, 투명성, 효율성의 세 가지 측면으로 나누어 살펴보고, 국가재정법 도입과 관련한 향후 재정부문의 과제를 고찰하기로 한다. 또한 입법과정에서 제기된 미완의 쟁점과제가 어떤 것인지를 파악하고, 예산심의에 있어 향후 국회의 역할, 재정건전화 노력의 중요성, 결산심사의 방향 등을 차례로 서술하기로 한다. 마지막으로 새 정부에서 모습을 드러낼 것으로 예상되는 기획재정부 통합에 따른 예산부문의 위상을 조명하고 예산개혁의 근원적 처방으로서 사전적 재원배분구도의 타파와 재정구조의 탄력성 회복을 언급하도록 한다.

2. 국가재정법의 의의와 내용

1) 국가재정법의 추진배경

중장기 시각에서 재정을 운용하고 재정의 투명성을 제고하는 정책목표를 내걸고 추진된 "국가재정법"의 제정배경은 다음과 같다. 1961년

"예산회계법"이 제정된 이후 25차례에 걸쳐 개정이 이루어졌으나 기본체계가 그대로 유지되어 온 결과 개발연대와 1990년대 이래의 재정여건 변화에 부응하는 데 한계가 있었다. 1961년 459억 원이던 일반회계 예산이 2006년 147조 원으로 3,200배 증가하였고, 회계 · 기금의 수도 1961년 19개에서 2006년 83개로 대폭 증가하였음에도 재정운용의 근거법은 큰 변화가 없었다. 그러나 약 반세기가 지나면서 재정운용의 여건은 크게 변하였다. 과거에 비해 세입증가율은 둔화되는 반면 복지지출 등 세출수요는 계속 증가하여 한정된 국가재원의 전략적 배분 필요성이 증대되었다.

예산회계법 하에서의 우리나라 예산제도는 단년도 예산편성 및 운용, 일반회계 · 특별회계 · 기금을 통한 국가재정의 분리운용, 사업결과보다는 투입 위주의 사전적 통제, 회계 · 법적 책임성 확보에 중점을 두어 왔다. 그러나 외환위기의 극복 과정에서 재정적자와 국가채무가 불가피하게 증가함에 따라 재정의 통합, 건전, 효율, 투명성을 제고하기 위한 전반적인 재정혁신의 필요성이 제기되었다(권해상, 2003).

2001년 IMF는 우리나라의 재정투명성을 심사하고 대체로 긍정적 평가를 하였으나 일부 사항에 대하여 개선 권고를 하였다. 주된 권고내용은 국민참여를 통한 의견수렴과 재정활동에 대한 국민감시기능의 강화, 통합재정정보 작성체계의 보완, 기금과 특별회계의 합리화를 통한 재정의 통합운영, 재정정보의 공개확대(정부부채, 우발채무, 정부보증, 거시경제 및 재정전망에 사용되는 방법 및 가정 등), 성과주의 시범사업의 확대 등이었다.

미국, 영국 등 주요 선진국의 사례에서처럼 재정지출의 생산성 제고 노력의 체계화가 국가재정 운용에서 시급한 과제로 대두되고 있다는 점도 국가재정법 도입의 한 배경을 이룬다. 미국은 1993년 정부성과관리법(GPRA: *Government Performance and Result Acts*)을 제정하였고, 영국은 1998년 세출종합검토제도(CSR: *Comprehensive Spending Review*)를 도입한 바 있다. 이상과 같은 점들을 고려하여 예산의 편성, 집행, 회계·결산, 수입·지출, 성과관리 등 재정 전반을 규율하는 "국가재정법"이 도입되기에 이른 것이다.

2) 국가재정법의 주요 내용

국가재정법은 국가재정운영시스템을 정립하고 성과중심의 재정운용에 주안점을 두면서 재정의 투명성과 건전재정의 기조확립을 담고 있다. 국가재정법의 주요 내용을 보면 다음과 같다.

첫째, 재정운용의 효율성을 도모하고자 하였다. 이를 위해 매년 국가재정운용계획의 수립 및 국회제출을 의무화하였다. 예산 총액배분 자율편성제도(*Top-down*)의 도입근거를 신설하였고, 성과중심의 재정운용을 위해 성과관리제도 근거규정을 마련하였다. 또한 특별회계·기금 여유재원을 일반회계에 신축적으로 전입·활용케 하였다.

둘째, 재정의 건전성을 강화하고자 하였다. 매년 국가채무관리계획을 수립하고, 국회제출을 의무화하였다. 특히, 국가채무상환능력을 강화하기 위해 세계잉여금의 30% 이상을 우선적으로 국가채무상환에 사용하도록 의무화하였다. 또한 재정부담을 수반하는 법령의 제·개정시에는 재원조달 방안을 첨부하여 기획예산처와 사전협의토록 하였다.

셋째, 재정의 투명성을 강화하고자 하였다. 재정운용에 대한 의견수렴을 위해 자문기구를 설치하였고, 예산 불법지출에 대한 일반 국민들의 시정요구권을 도입하였으며, 결산일정을 2개월로 앞당겨 조기결산체계를 구축하였다. 국가재정법의 주요 내용을 정리하면 〈그림 17-1〉과 같다.

〈그림 17-1〉 국가재정법의 주요내용

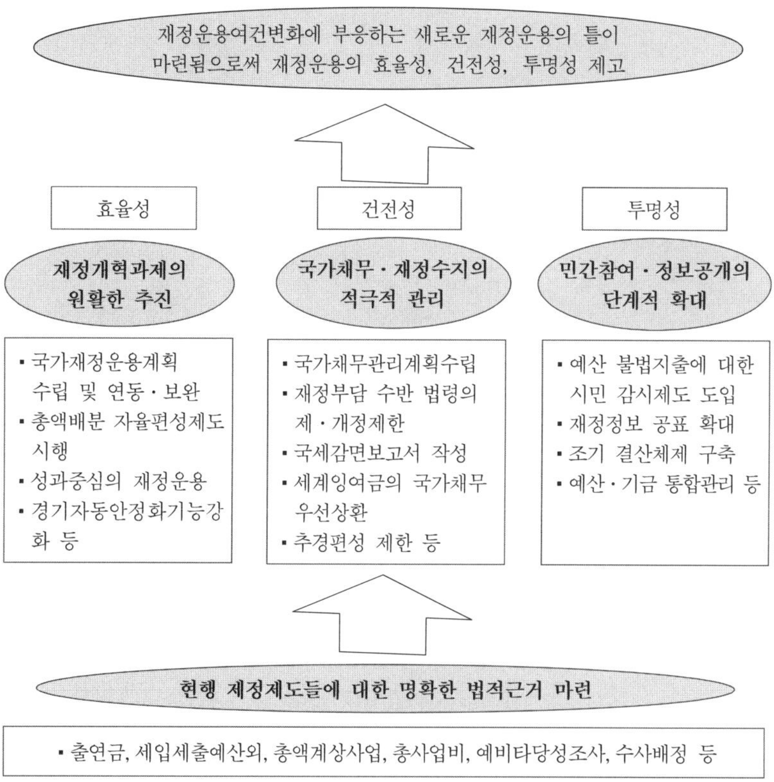

자료: 기획예산처(2006). www.mpb.go.kr

(1) 재정운용의 효율성 제고

재정운용의 효율성을 제고하기 위해 개정 또는 신설된 조항의 의의는 다음과 같다. 첫째, 5개 회계연도 이상의 기간 동안 재정운용의 기본방향과 목표, 중장기 재정전망, 분야별 재원배분계획, 조세부담률 · 국민부담률 전망을 포함한 국가재정운용계획을 수립, 예산안과 함께 국회제출을 의무화함으로써 중장기 재정운영계획이 단년도 예산편성의 기본틀로 활용되도록 하였다. 이로 인해 사업의 효율성을 높일 수 있을 것으로 전망된다.

둘째, 국가재정운용계획에 따라 분야별 · 부처별 지출한도를 미리 설정하고 그 한도 내에서 각 부처가 예산을 자율편성토록 하는 총액배분 자율예산제도가 도입되었다.

셋째, 각 부처의 사업결과에 대해서 기획예산처 장관이 각 부처에 성과계획서와 보고서를 요구할 수 있도록 함으로써 성과중심의 재정운용 제도가 확립되었다.

넷째, 특별회계와 기금이 일반회계에 전입 · 활용이 가능하도록 함으로써 전체적인 재정운용의 효율을 기하게 되었다.

① 성과중심의 재정운용

기존의 "예산회계법"에서는 성과중심의 재정운용에 대한 내용이 없었으나 "국가재정법"에서는 성과관리 재정운용계획이 도입되었다. 기획예산처 장관의 지침 시달 및 각 부처에 대한 성과계획서 · 보고서 제출요구권, 기획예산처 장관의 주요 재정사업 평가 및 이를 위한 관계기관의 조사 · 연구 · 위탁 관련자료 제출요구권을 규정하였다. 성과중심의 재정운용을 도모하는 규정은 제 8조에 명시되어 있다.[3)]

---

3) 제 8조 (성과중심의 재정운용) ① 각 중앙관서의 장과 법률에 따라 기금을 관리 · 운용하는 자(기금의 관리 또는 운용업무를 위탁받는 자를 제외하며, 이하 "기금관리주체"라 한다)는 재정활동의 성과관리체계를 구축하여야 한다.

② 각 중앙관서의 장은 제 31조 제 1항의 규정에 따라 예산요구서를 제출할 때에 다음 연도 예산의 성과계획서 및 전년도 예산의 성과보고서를 기획예산처 장관에게 제출하여야 하며, 기금관리주체는 제 66조 제 5항의 규정에 따라 기금운용계획안을 제출할 때에 다음 연도 기금의 성과계획서 및 전년도 기금의 성과보고서를 기획예산처 장관에게 제출하여야 한다.

③ 각 중앙관서의 장과 기금관리주체는 제 57조 제 1항 및 제 73조 제 1항의 규정에 따라 세입세출결산보고서 및 기금결산 보고서를 제출할 때에 예산 및 기금의 성과보고서를 재정경제부 장관에게 함께 제출하여야 한다.

④ 감사원은 제 60조 및 제 73조 제 4항의 규정에 따라 결산감사보고서 및 기금결산검사보고서를 송부할 때에 예산 및 기금의 성과검사보고서를 재정경제부장관에게 함께 송부하여야 하며, 국회에도 5월 31일까지 제출하여야 한다.

⑤~⑧ (생략)

② 중장기적 시각에서의 재정운용

기존의 "예산회계법" 제 16조는 중장기 재정운용계획에 대해 규정하고 있으나 "필요하다고 판단되는 경우"에 "중장기 재정운용계획"을 수립할 수 있도록 하는 내용의 임의규정에 머무르고 있었다. 이러한 "예산회계법"과 달리 국가재정법은 매년 정부가 재정운용계획을 수립하고 국회에 제출할 것을 의무화하고 있다. 기존의 중장기 재정운용계획만이 아니라 중장기 재정전망, 재정운용의 목표 등을 포함하였으며, 기예처장관이

〈표 17-1〉

예산회계법	국가재정법
제 16조 (중·장기계획의 수립) ① 기획예산처 장관은 재정운용의 효율화와 건전화를 위하여 수년간의 재정수요와 가용재원을 예측하는 것이 필요하다고 판단되는 경우에는 중·장기 재정운용계획을 수립할 수 있다. ② 각 중앙관서의 장은 예산을 수반하는 중·장기계획을 수립할 때에는 미리 기획예산처 장관과 협의하여야 한다. ③ ~ ④ (생략)	제 7조 (국가재정운용계획의 수립 등) ① 정부는 재정운용의 효율화와 건전화를 위하여 매년 당해 회계연도부터 5회계연도 이상의 기간에 대한 재정운용계획(이하 "국가재정운용계획"이라 한다)을 수립하여 회계연도 개시 90일 전까지 국회에 제출하여야 한다. ② 국가재정운용계획에는 다음 각 호의 사항이 포함되어야 한다. 1. 재정운용의기본방향과 목표 2. 중·장기 재정전망 3. 분야별 재원배분계획 및 투자방향 4. 재정규모증가율 5 ~ 8 (생략) ③ 기획예산처 장관은 국가재정운용계획을 수립함에 있어 필요한 때에는 관계 국가기관 또는 공공단체의 장에게 중·장기 대내·외 거시경제전망 및 재정전망 등에 관하여 자료의 제출을 요청하거나, 관계 국가기관 또는 공공단체의 장과 이에 관하여 협의할 수 있다. ④ (생략)

재정계획을 수립하면 관계기관에 거시경제 및 재정전망에 필요한 자료 제출을 요구할 수 있는 권한을 부여하였다. 중장기적 시각에서의 재정 운용에 대한 규정은 제7조에 명시되어 있는 바 그 내용은 〈표 17-1〉과 같다.

③ 특별회계 및 기금 등 여유재원의 활용

특별회계 및 기금 등 여유재원의 활용에 관하여 기존 "예산회계법"은 침묵하고 있었다. 그러나 이번 "국가재정법"에서는 특별회계 및 기금의 여유재원을 당해 회계·기금의 목적수행에 지장을 초래하지 않는 범위 내에서 일반회계 전입·활용이 가능하도록 명시화함으로써 통합재정운영의 기조를 구축하였다. 국가재정법 제13조에 수용된 특별회계 및 기금 등 여유재원의 활용 내용을 명시하고 있다.[4)]

④ 예산총액배분 자율편성제도(*Top-down*) 도입

기존 "예산회계법"에서는 규정되지 않았으나 사실상 수년 전부터 정부예산 편성 정책의 일환으로 시행되었던 총액배분 자율편성제도가 이번에 "국가재정법"이 도입되면서 새롭게 추가되었다. 즉 각 중앙기관의 장 및 기금관리 주체가 매년 12월 말까지 2회계연도 이상의 중기사업계획서를 기획예산처 장관에게 제출하고 장관은 이를 토대로 중앙관서 및 기금별 지출한도를 산정하여 예산안편성지침을 통보하여야 한다고 규정한 것이다. 지출한도 범위 내에서 각 중앙기관이 지출의 완급과 우선순

4) 제13조 (회계 · 기금 간 여유재원의 전입 · 전출) ① 정부는 국가재정의 효율적 운용을 위하여 필요한 경우에는 다른 법률의 규정에도 불구하고 회계 및 기금의 목적 수행에 지장을 초래하지 아니하는 범위 안에서 회계와 기금 간 또는 회계 및 기금 상호간에 여유재원을 전입 또는 전출하여 통합적으로 활용할 수 있다. 다만, 다음 각 호의 특별회계 및 기금을 제외한다.
1. 우제국보험특별회계, 2. 국민연금기금, 3. 공무원연금기금, 4. 사립학교교직원연금기금, 5. 군인연금기금, 6. 고용보험기금, 7. 산업재해보상보험 및 예방기금, 8. 임금채권보장기금 9. 그 밖의 차입금이나 「부담금 기본관리법」 제2조 규정에 따른 부담금 등을 주요 재원으로 하는 특별 회계와 기금 중 대통령령이 정하는 특별회계와 기금 (이하생략)

위를 조절토록 함으로써 자원배분의 효율성을 보강한 것이라고 해석할 수 있다.[5)]

(2) 재정의 건전성 강화

재정운용의 건전성을 제고하기 위해 개정 또는 신설한 조항의 의의는 다음과 같다.

첫째, 국가채권과 채무에 대한 효율적 관리이다. 체계적 계획을 통해 중장기 국가재정운용에 반영하며, 국가채무의 규모를 점차 줄여나가고자 한다. 이를 위해 세계잉여금의 일정 금액을 국가채무 상환에 쓰여지도록 하였다.

둘째, 추가편성요건이 강화되었다. 기존에 추가편성예산은 예산의 목적이나 내용에 제한을 두지 않았으나 "국가재정법"에는 추가경정예산의 편성사유를 엄격히 정하여 추경편성을 억제하였다.

① 국가채권과 채무의 효율적인 관리

국가의 채권과 채무는 종합적 계획을 수립하여 체계적으로 관리할 필요가 있으며, 중장기 국가재정운용계획에 이를 반영하는 것이 바람직하다. 우리나라의 GDP대비 국가채무 비율은 다른 OECD국가에 비해 아직 낮은 편이나 계속 증가하는 추세로 불확실 요인을 안고 있다.

기획예산처 발표에 따르면 국가채무의 증가원인(2003년~2007년) 중에 78%인 133조 원이 외환위기 극복을 위한 재정운용과 환율안정정책 추진 등에 투입되었다고 한다. 앞으로 저출산·고령화 시대에 따른 생

---

5) 제 29조 ① (생략) ② 기획예산처 장관은 제 7조의 규정에 따른 국가재정운용계획과 예산편성을 연계하기 위하여 제1항의 규정에 따른 예산편성지침에 중앙관서별 지출한도를 포함하여 통보할 수 있다.
제 66조 ① (생략) ② 기획예산처 장관은 제 7조의 규정에 따른 국가재정운용계획과 기금운용계획 수립을 연계하기 위하여 제 2항의 규정에 따른 기금운용계획안 작성지침에 기금별 지출한도를 포함하여 통보할 수 있다.

〈표 17-2〉

예산회계법	국가재정법
제 110조 (보증채무부담행위) ① 국가가 보증채무를 부담하고자 하는 경우에는 미리 국회의 동의를 얻어야 한다.	제 91조 (국가채무의 관리) ① 재정경제부 장관은 국가의 회계 또는 기금이 부담하는 금전채무에 대하여 매년 다음 각 호의 사항이 포함된 국가채무관리계획을 수립하여야 한다. (이하생략) 제 92조 (국가보증채무의 부담 및 관리) ① 국가가 보증채무를 부담하고자 하는 때에는 미리 국회의 동의를 얻어야 한다.

〈표 17-3〉

예산회계법	국가재정법
세계잉여금 중 다른 법률에 의하는 것과 제 1항의 규정에 의한 이월액을 공제한 잔액은 국무회의의 심의를 거쳐 대통령의 승인을 얻어 그 세계잉여금이 생긴 다음 연도까지 당해 회계의 세출예산에 구애됨 없이 다음 각 호의 용도에 사용할 수 있다. 1. 국채 또는 차입금의 원리금 상환 2. 국가배상법에 의하여 확정된 국가배상금	제 90조 (세계잉여금의 처리) ① 매 회계연도 세입세출의 결산상 잉여금 중 다른 법률에 따른 것과 제 48조의 규정에 따른 이월액을 공제한 금액(이하 ‘세계잉여금’이라 한다)은 “지방교부세법”제 5조 제 2항의 규정에 따른 교부세의 정산 및 “지방교육재정교부금법” 제 9조 3항의 규정에 따른 교부금의 정산에 사용할 수 있다. ② 제 1항의 규정에 따라 사용한 금액을 제외한 세계잉여금은 100분의 30이상을 “공적자금상환기금법”에 따른 공적자금상환기금에 우선적으로 출연하여야 한다. 1. 국채 또는 차입금의 원리금 2. “국가배상법”에 따라 확정된 국가배상금 ③ ~ ⑧ (이하생략)

산인구의 감소, 복지지출의 증가, 통일비용 등을 고려할 때 국가채무의 효율적 관리를 통한 재정건전성 제고가 재정정책 설계에 있어 중요변수의 하나로 간주된다(〈표 17-2〉).

기존의 "예산회계법"은 국가채무 발행과 한도를 국회동의를 통해 가능케 하였다. 더 나아가서 "국가재정법"은 국가채무가 발생할 시에 국가채무관리계획의 수립을 통해 국가채무를 효율적으로 관리토록 하였다. 국가채무에 대한 규정은 "국가재정법" 제 91조에 명시되어 있다. 또한 세계잉여금 중 일정금액은 국가채무에 우선적으로 사용되도록 의무화함으로써 과거 세계잉여금 발생시 관행화되었던 추경예산 편성을 억제하는 대신 국가채무변제에 우선순위를 두도록 제도화하였다(〈표 17-3〉).

② 추경편성요건 강화

기존의 예산회계법에서는 추가경정예산편성에서 편성사유의 제한을 두지 않았지만 새롭게 도입된 "국가재정법"에는 추가경정예산의 편성사유를 명확히 규정하여 불요불급한 추경편성을 억제하고, 본예산의 중요성과 재정건전화를 위한 지출의 우선순위를 명시적으로 선언한 것으로 해석할 수 있다. 추경편성요건을 강화하는 규정은 "국가재정법" 제 89조에 명시되어 있다.[6]

(3) 재정의 투명성 제고

재정운용의 투명성을 강화하기 위해 개정 또는 신설된 조항에 포함된 내용은 다음과 같다.

---

6) 제 89조(추가경정예산안 편성의 제한) ① 정부는 다음 각 호의 어느 하나에 해당하게 되어 이미 확정된 예산에 변경을 가할 필요가 있는 경우를 제외하고는 추가경정예산안을 편성할 수 없다. 1. 전쟁이나 대규모 자연재해가 발생한 경우, 2. 경기침체·대량실업 등 대내·외 여건에 중대한 변화가 발생하였거나 발생할 우려가 있는 경우, 3. 법령에 따라 국가가 지급하여야 하는 지출이 발생하거나 증가하는 경우

② 정부는 국회에서 추가경정예산안이 확정되기 전에 이를 미리 배정하거나 집행할 수 없다.

첫째, 그동안 일반회계에서 특별회계·기금으로의 일방적 재정지원 방식에서 탈피하여 회계·기금간 여유재원의 상호전출입이 가능토록 함으로써 공공재원의 유연한 활용과 효율적 운용을 도모하는 것이다.

둘째, 정부결산의 국회제출을 현재의 9월 2일에서 5월 말로 앞당김으로써 정기국회는 예산심의에 집중할 수 있도록 예산 및 결산순기를 조정하는 것이다. 이러한 변화를 통해 재정개혁과제의 원활한 토의와 의제설정에 있어 여유를 갖게 되었다.

셋째, 앞으로 중앙정부와 지방정부는 매년 1회 이상 인터넷이나 인쇄물 등으로 국민에게 재정에 관한 정보를 제공하도록 함으로써 재정정보의 공개를 촉진하고 있다.

넷째, 예산의 불법지출에 대한 국민감시제도의 도입을 통해 일반국민 누구나 해당부처 장관에게 예산의 불법지출에 대해 시정요구를 할 수 있게 하였다.

① 예산의 편성·결산에서 예산·기금과의 통합관리

기존의 "예산회계법"은 예산이 일반회계와 특별회계로 나누어져 관리된 이른바 '칸막이식 재정운용'이었으나 "국가재정법"은 예산의 범위에 기금을 포함해 통합재정시스템을 구축하였다. 예산결산도 예산일정을 변경하여 분야별·부처별 지출한도 설정을 1월~4월에 하고 조기결산을 가능케 하도록 결산 순기를 9월 초에서 5월 말로 조정하였다(〈표 17-4〉).

② 재정정보의 공개 확대

기존의 "예산회계법"에서는 중앙정부의 인쇄물 등 기타 방법을 통해서 중앙정부의 재정정보만을 공개하도록 되어 있었다. "국가재정법"은 중앙정부와 지방정부가 매년 1회 이상 인터넷, 인쇄물 등으로 국민에게 재정에 관한 정보를 공표하도록 하였다. 이런 맥락에서 기획예산처 장관과 재경부 장관은 각 중앙관서의 장(행자부 장관 등)에게 공표를 위해 필요한 자료제출을 요구할 수 있도록 하였다(〈표 17-5〉).

〈표 17-4〉

	예산회계법	국가재정법
예산의 범위	국가의 회계를 일반회계와 특별회계로 구분 기금관리기본법을 통해 기금의 운용계획 수립 및 결산절차를 별도 규정	국가의 회계를 일반회계, 특별회계, 기금까지 포함함. 기금도 예산의 개념으로 일원화하여 제2장(예산), 제3장(결산) 관련 규정을 공통적용하였음.
예산일정	① 사업계획서 제출: 매년 2월 말까지 기획예산처 장관에게 제출 ② 예산편성지침: 매년 3월 31일까지 중앙관서장에게 시달 ③ 예산요구서: 매년 5월 31일까지 기획예산처 장관에게 제출	① 중기사업계획서 제출: 매년 1월 31일까지 5회계연도 이상의 중기사업계획서를 기획예산처 장관에게 제출 ② 예산편성지침: 중앙관서별 지출한도가 포함된 지침을 매년 4월 30일까지 중앙관서장에게 통보 ③ 예산요구서: 매년 6월 30일까지 기획예산처 장관에게 제출
예산결산	① 결산보고서 제출: 다음 연도 2월 말까지 재경부장관에게 제출 ② 재경부 장관은 결산보고서를 6월 10일까지 감사원 및 기획예산처 장관에게 제출 ③ 감사원은 결산검사보고서를 8월 20일까지 재경부 장관에게 송부 ④ 정부는 세입세출결산을 다음다음 회계연도 개시 120일 전까지 국회에 제출	① 결산보고서의 제출: 다음 연도 2월 말까지 재경부 장관에게 제출(국고채무부담행위명세서, 성인지결산서, 통합재정수지보고서 등 포함) ② 재경부 장관은 결산보고서를 4월 10일까지 감사원 및 기획예산처 장관에게 제출 ③ 감사원은 결산감사보고서를 5월 20일까지 재경부 장관에게 송부 ④ 정부는 세입세출결산을 다음 연도 5월 31일까지 국회에 제출

〈표 17-5〉

예산회계법	국가재정법
중앙정부의 재정정보만 공개 인쇄물 기타 적당한 방법	제9조 ① 정부는 예산, 기금, 결산, 국채, 차입금, 국유재산의 현재액 및 통합재정수지 등 국가와 지방자치단체의 재정에 관한 중요한 사항을 매년 1회 이상 정보통신매체, 인쇄물 등 적당한 방법으로 알기 쉽고 투명하게 공표하여야 한다. ② (생략)

③ 불법재정지출에 대한 국민감시제도 도입

"국가재정법"에서는 불법재정지출에 대한 국민감시제도를 도입하여 예산·기금의 불법지출에 대해 일반 국민 누구나 해당부처 장관에게 시정요구를 할 수 있도록 하였다. 해당부처 장관은 시정요구자들에게 처리결과를 의무적으로 통지하며, 처리결과에 따라 예산이 절감된 경우 시정요구자에게 성과금의 지급이 가능하도록 하였다. 예산·기금의 불법재정지출에 대한 국민감시제도 도입과 관련한 내용은 "국가재정법" 제100조에 명시되어 있다.[7)]

7) 제100조 (예산·기금의 불법지출에 대한 국민감시) ① 국가의 예산 또는 기금을 집행하는 자, 재정지원을 받는 자, 각 중앙관서의 장(그 소속기관의 장을 포함한다) 또는 기금관리주체와 계약 그 밖의 거래를 하는 자가 법령을 위반함으로써 국가에 손해가 가하였음이 명백한 때에는 누구든지 집행에 책임있는 중앙관서의 장 또는 기금관리주체에게 불법지출에 대한 증거를 제출하고 시정을 요구할 수 있다.
② 제1항의 규정에 따라 시정요구를 받은 중앙관서의 장 또는 기금관리주체는 대통령령이 정하는 바에 따라 그 처리결과를 시정요구 한 자에게 통지하여야 한다.
③ (이하 생략)

3. 국가재정법 도입과 관련한 재정부문의 과제

1) 국가재정법 도입과정에서 파생된 쟁점과제

국가재정법의 내용은 그동안 예산개혁의 일환으로 또는 예산정책의 차원에서 지속적으로 추진되어 왔던 예산총액배분(*Top-Down*) 식 자율편성 방식과 성과지향 예산관리 방식 그리고 통합재정에 입각한 재정수지 관리 방식을 명시적인 법의 테두리로 격상시켰다는 데 일차적 의의를 부여할 수 있다. 그동안 단년도 회계연도 중심의 예산편성 및 심의방식을 5년 단위의 국가재정운용계획에 토대를 둔 중기 자원배분의 시각에서 국가재정 운용의 방향을 천명하였다는 데에도 새로운 차원의 의미를 확인할 수 있다.

더 나아가서 국민적 관심의 대상이 되고 있는 국가채무의 증가 추이에 대처하기 위해 재정 건전화 노력을 정부·국회에 부과하였다고 볼 수 있다. 끝으로 예산 편성 못지않게 사후관리 시스템으로서 결산의 중요성을 인식해, 예산안 심의와 중복되지 않도록 예산 순기를 조정한 것도 예산과정상의 중요한 변화라고 보인다.

기존 예산회계법의 연속선상에서 단일 법안을 제정하는 데 국회에서 2년 이상의 심의기간을 거쳤다는 사실은 예산편성과 심의 전반을 둘러싼 국회와 정부 간의 역할기대의 차이는 물론이고 교섭단체간에도 상당한 시각 차이가 존재했음을 반증하는 것이다.

행정부는 이미 예산총액배분(*Top-Down*) 방식의 부처별 자율 편성권과 성과 중심의 관리방식 전환 등 예산개혁 노력을 주된 무기로 행정부의 예산편성권의 재량적 범위를 넓히면서 국회로 하여금 행정부의 자율편성을 용인하는 기조 하에서 국회의 사후통제 역할을 강조하는 입장이었음을 미루어 짐작할 수 있다.

한편 국회는 행정부의 예산편성 초기단계부터 국회의 사전적·체계적 관여를 통하여 "행정부에 대한 견제"라는 국회 본연의 역할을 중시하는 관점이 주종을 이루었을 법하다. 행정부는 국회가 행정부 예산편성의 자율을 중시하는 기조 하에서 중장기적 관점에서 우선순위의 점검과 사후통제에 주력하도록 국회·행정부 간의 적절한 역할배분을 도모해야 한다는 입장을 상상할 수 있다. 반면 국회는 개별사업에 대한 심사를 배제한 예산심의는 행정부의 예산편성에 대한 백지위임을 뜻하는 바, 이는 국회 본연의 임무를 과소평가하는 것으로 생각할 수 있다.

예산을 둘러싼 정부·국회 간의 입장 차이와 결부하여 교섭단체 간에도 행정부 편성 예산안에 대한 국회의 심의 강도에 대한 인식은 차이를 보일 수밖에 없었다. 행정부를 불신하는 야권 교섭단체는 자연히 국회의 행정부 예산편성에 사전적 관여와 통제범위를 유지하는 기조에서 벗어나기 어려웠을 것이다.

특히 국가채무의 범위와 누적규모에 관해서는 교섭단체간에 근원적 시각의 차이가 노정된 바 있어 국가채무관리에 있어 행정부에 대한 견제와 국회개입을 국가재정법에서 어떻게 다룰 것인가에 대한 정치적 합의가 용이하지 않았을 것임을 짐작할 수 있다. 이러한 난관을 타개하기 위해 국가재정법에서는 국가채무를 정의하지 않고 "국제기준을 따른다"는 봉합수준의 타결이 이루어졌다고 볼 수 있다.

국채발행에 대한 국회의 견제적 역할은 국가재정법 제정과정에서도 주된 논란의 하나였다. 재정의 경기대응능력 제고를 위해 국채발행의 신축성 확보 조항을 국가재정법에 포함시키는 정부제안은 "국채발행의 신축성이 재정건전화 기조에 역행한다"는 국회의 견고한 입장에 밀려 수용되지 못했다.

국회·사법부·헌법위원회 등 이른바 헌법기관의 자율적 예산편성권 부여를 주장하는 국회의 입장은 현행헌법에 "예산편성권은 정부가 갖는다"는 조항에 의거, 예산 삭감시 사전에 해당기관의 장과 협의토록 한다는 타협안으로 조율되어 국가재정법에 수용되었다.

입법과정에서 제기되었던 이러한 논란은 향후 국가재정법 체제 하에서의 예산편성·심의과정에서 다시금 쟁점화할 가능성이 높다. 이런 점에서 국가재정법 체제 하에서, 추후 예산심의에 임하는 국회의 역할을 구체화하는 과정에서 교섭단체간의 합의를 통한 규범과 준칙이 시급히 마련되어야 할 것이다. 국가재정법에 수용된 개별조문 못지않게, 조문의 해석과 운영시스템을 어떻게 정립할 것인가가 바로 차기 국회와 행정부의 몫으로 남게 된 것이다.

2) 국가재정법 도입 이후의 국회역할과 주요 논점

(1) 행정부 편성 예산안에 대한 국회심의의 방향

최근 수년간 국회의 예산·결산 심의기능을 활성화하기 위한 제도개선 노력이 괄목할 만하게 전개되었다. 예산결산특별위원회의 상설화, 국회의 재정통제 범위의 통합재정으로의 확대, 결산심의 기능의 강화, 국회예산정책처의 신설 등이 최근에 이루어진 대표적인 제도개선 성과들이다.

그 결과 종전에 비해 국회의 예·결산 관련 권한과 제도적 기반이 강화되었으며 최근에는 국가재정법이 통과되기에 이르렀다. 그동안 행정부의 예산편성에 대한 국회의 미진한 심의기능을 보강하는 방안이 중점적으로 모색되었다면, 앞으로는 국가재정법의 틀 속에서 국회의 강화된 재정통제권한에 상응하여 국회의 보다 바람직한 역할 모색이 긴요하게 되었다.

국회의 행정부에 대한 균형과 견제장치로서의 예산심의·확정권의 권위를 결코 과소평가할 수 없다는 점을 감안하더라도, 방대하고 복잡한 국가예산을 국회가 개별항목까지 일일이 점검하는 것은 현실적으로 어려울 뿐 아니라 소망스럽지 않을 수도 있다. 부처별, 기능별로 쪼개진 미시적 예산(*micro-budgeting*)에 천착하는 것을 벗어나서 정부의 총예산규모와 경제전망 및 세입전망 등을 통한 거시적 예산(*macro-budgeting*)에 초점을 맞추는 것이 바람직하다.

예산을 통한 국회의 견제기능이 국가경쟁력 제고와 국민의 삶의 질 향상에 근접토록 하기 위해서는 국회가 국가의 장기비전과 재정정책의 기조, 예산규모와 국민부담, 국가채무관리, 주요 국책사업, 부문별 자원배분의 우선순위 등 국민경제적 수준과 전략적 차원의 의제에 전념하면서 세부사업의 경우 사후평가 및 점검을 통하여 국회의 소임을 다하는 것이 국가적 분업체계에 적합할 수 있다는 명제에 대해 허심탄회한 토론이 전개되어야 할 시점인 것이다. 이러한 논의에서 가장 큰 제약요인은 행정부에 대한 견제역할을 보는 관점면에서 여야 간 상당한 차이가 있다는 점이다. 국가재정법의 입법목표를 달성하느냐의 여부는 이러한 차이를 어떻게 극복하느냐에 달린 문제라고 생각한다.

(2) 예산심의의 중립성과 예결위의 역할

예산을 정치적 안건과 결부한 복합의제로 볼 것인가, 독립적 의제로 볼 것인가의 문제가 예산심의의 요체의 하나임에 분명하다. 국회의 예산심의·확정권을 새롭게 모색함에 있어 풀어야 할 전제는 여타의 국정이슈나 긴박한 정치현안과 어느 정도 선을 두면서 예산심의에 임할 것인가이다. 예산도 전체 국정시스템의 하위체제인 한 예산안을 국정현안과 별도로 다루는 것은 적절치 못하다. 그러나 여야 간의 치열한 정치적 사안의 쟁점이 예산심의의 기본축을 지나치게 흔들 수 있다는 데 문제가 있다. 예산안 심의와 정치적 쟁점 간에 일정한 완충거리(*buffering zone*)를 둘 때 예산안 심의에서의 대의기구의 본질적 역할을 최소한도로 수행할 수 있다는 문제인식이 뿌리내려야 한다.

정치적 대결로 예산안 심의가 표류하는 것보다는 차라리 정치적 쟁점과 거리를 두면서 예산안을 국민적 보편이익으로 귀결시키려는 노력이 정합적(*positive sum*) 결과를 창출해 내지 않을까? 이 과업은 제도적 과제라기보다는 대의정치의 전통과 정치문화를 합리적으로 정착하는 과제와 맞물려 있다고 볼 수 있다.

국회 예산심의에서 핵심적 역할을 담당하는 예산결산특별위원회의 실질적 위상정립은 국회예산심의의 활성화를 도모하는 데 있어 우선적 과제일 수밖에 없다. 각 부문별로 단계를 거쳐 총합하는 국가예산의 특성상 예결위는 각 부문별 국민이익을 옹호하는 상임위의 예비심사를 능가하는 번뇌에 찬 예산확정을 마무리해야 하는 입장이다. 부문이익과 전체이익의 조화, 행정부안과 국회안의 조정, 여권 교섭단체와 야권 교섭단체의 타협 등 관리적·합리적·정치적 의사결정의 3중고를 감내해야 한다.

예결위의 이러한 중차대한 역할에 비해서, 예결위가 자신에게 부여된 역할을 충실히 이행했다고 보기는 어렵다. 이 문제는 비단 예결위의 문제가 아니고 국회, 더 나아가서 정치권의 난제임에 틀림없다. 예결위가 소임을 다하기 위해서는 첫째, 충분한 시간과 인적자원을 가지고 심의에 임하는 문제. 둘째, 정치적 사안과 거리를 두면서 심의에 임하는 전통의 확립, 그리고 행정부 편성 예산안에 대한 대응적 포지션의 정립노력이 이루어져야 한다.

우선 〈표 17-6〉에 표시된 바와 같이 예결위가 실질적인 예산심의에 할당하는 기간이 매우 짧다는 점이다. 지난 1992년부터 2003년까지의 국회 예산결산특별위원회의 예산안 심의결과를 종합해 보면 평균 10.2일 정도를 예산안 심의에 활용하였다. 문제는 예산안 심의보다는 정치적 쟁점을 앞세운 나머지 예결위가 정상적으로 운영되지 못하는 경우가 많았다는 데 있다. 실질적인 예산심의가 이루어지기 위해서는 예산심의에 쏟는 시간을 충분히 확보하여야 하며, 예결위의 운영은 정치적 사안과 일정 거리를 유지하도록 하는 것이 바람직하다.

예결위의 빠듯한 심의일정은 충분한 토의를 거쳐 예산안에 임하는 국회의 포지션 정립보다는 개별의원이나 개별정파의 이익투입 또는 특정

〈표 17-6〉 국회 예산안 심의 일수 및 파행사유(예산결산특별위원회) 1992년~2003년

연도별	예산안 심의 시작일	예산안 통과일	실제 예산안 심의일 수	주요 파행사유	비 고
1992	11. 2	11.20	7일	추곡수매가 및 예산안에 대한 합의 이루어지지 않음	대선기간으로 정기국회 일정 조정
1993	11.19	12. 8	13일	6개 정치관계법과 김대중 내란사건 등의 과거사 청산문제에 대한 여야 간의 이견, 국가안전기획부법개정과 추곡수매동의안에 대한 여야 간의 의견차이	
1994	12. 1	12. 2	2일	1995년에 시행되는 지방자치선거에 따른 여야당의 실력겨루기	여당의 단독처리
1995	11. 9	12. 2	11일	박계동 의원의 노태우 전대통령 비자금 폭로사건 발생, 민주당의 경우 5·18특별법 처리와 예산안 통과를 연계시킬 방침 세움	
1996	11.14	12.13	13일	이양우 전 국방장관 사건, 강삼재 신한국당 사무총장의 '비자금장부' 발언 등에 대한 국정조사권 발동 문제, 제도개선협상실패	
1997	11. 5	11.18	8일	신당자금 공방 등 정치논쟁으로 일관	대선기간으로 정기국회 일정 조정
1998	11.23	12. 9	8일	제2건국위 관련 예산 배정 이유로 예결위 파행, 이회창 총재의 비리 관련 총재 동생 입건 문제로 대치, 경제청문회와 이른바 총풍사건의 수사 확대문제	

〈표 17-6〉 계속

연도별	예산안 심의 시작일	예산안 통과일	실제 예산안 심의일 수	주요 파행사유	비 고
1999	11. 22	12. 18	14일	옷로비 특검수사로 인한 정쟁대결, 16대 총선을 앞둔 시점으로 인해 선거법, 정치개혁법안 등에 대한 입장처리로 인해 대립	
2000	12. 1	12. 27	12일	한나라당 김용갑 의원의 '민주당은 조선공산당 2중대'발언으로 인해 여야 대치, 검찰총장, 대검차장 탄핵 관련 정국 대치	12. 11에 열린 임시회에서 예산안 심사 진행
2001	11. 14	12. 27	13일	검찰총장과 국정원장에 대한 인사청문회 처리와 각종 민생법안에 대한 여야의 대치	
2002	10. 29	11. 8	6일	한나라당의 의원 끌어들이기에 대한 민주당 반발 10월 14일부터 국회 등원 거부	대선기간으로 정기국회 일정 조정
2003	11. 12	12. 30	15일	대통령의 측근 비리혐의, 우리당 창당, 대통령 재신임 국민투표 논란 등 여야 간 논쟁, 대통령 측근 비리의혹, 특검법에 대한 대통령의 거부권 행사와 이에 맞선 한나라당의 등원 거부로 정기국회가 전면적으로 중단	12. 10에 열린 임시회에서 예산안 심사 진행, 표결
2004	11. 29	12. 31	8일	국가보안법, 사립학교법 등 4대 쟁점법안에 대한 열린우리당과 한나라당의 대립	
2005	11. 14	12. 30	8일	열린우리당의 사립학교법 개정안의 강행처리에 따른 한나라당의 반발	한나라당이 불참한 가운데 열린우리당과 세 야당만이 의결
2006	11. 23	12. 27	8일	사립학교법 재개정에 대한 열린우리당과 한나라당의 대립	
2007	11. 12	—	—	—	—

자료: 함께하는 시민행동(http://www.action.or.kr)

이익이나 특정 정당의 관심을 갖는 사업의 저지에 심의 에너지를 쏟게 되는 어려움을 안겨줄 수 있다. 더 나아가서 빠듯한 예결위 심의기간의 상당부분 조차도 국회 본회의에서 다루었던 각종 국정현안을(예산안과 연계되지 않은) 예결위에서 다시 질의·답변하고 공방하는 데 보내는 나머지 우선순위 조정, 주요 국책사업에 대한 심도 있는 점검은 뒷전에 머무르게 되는 사례가 있었음에 주목할 필요가 있다. "예결위는 예결위이어야 한다"는 명제를 국회는 더욱 경청해야 한다. 이를 위해 예결위의 운영준칙을 마련하는 것도 좋은 방법이 될 것이다.

예결위가 과거의 비상설위원회에서 상설위원회로 격상됨으로써 예산심의의 계속성과 일관성의 보강에 기여한 것이 사실이다. 왜냐하면 과거의 비상설 위원회는 정기국회에 즈음하여 한시적으로 각 교섭단체의 "헤쳐모여식", "회전문식", 위원회 구성으로 예결위 자체의 입장정립에 더욱 어려움이 많았기 때문이다. 현재의 상설적 지위의 예결위가 여타의 상임위원회와 마찬가지로 상임위원회로 존재형식을 전환하는 문제는 찬반양론이 있을 수 있으며, 국가재정법 제정을 계기로 다시금 논의를 전개할 필요가 있다.

예결위를 현재의 특별위원회로 존치하는 것의 장점은 첫째, 각 상임위의 입장을 존중하며 전체 예산안을 조율할 수 있다는 점, 둘째, 다수 의원들이 예결위에 참여할 기회를 가짐으로써 재정적 시각을 두루 갖출 수 있다는 점, 셋째, 예결위가 고착된 입장 또는 경직된 운영방식에서 벗어날 수 있다는 점 등을 들 수 있다. 반면 현행방식의 단점으로는 첫째, 소속 상임위의 이익에 경도될 수 있다는 점, 둘째, 전문성을 살릴 수 없다는 점, 셋째, 예산정책에 대한 중장기적 포지션을 정립하기 어렵다는 점, 넷째, 사실상 상임위와 예결위의 겸직(*two jobs*)으로 인해 예산심의에 충분한 시간을 할애하기 어렵다는 점 등을 들 수 있다.

이 문제는 국회가 다양한 시각에서 입장을 정리해야 할 사안이나, 행정부·입법부 간의 선의의 정책경쟁이나 역할분담의 차원, 그리고 국회

자체가 여야를 떠나 국회 스스로 재정에 대한 포지션을 확립하는 관행이 정착될수록 행정부에 대한 생산적 견제가 유효할 수 있다는 점이 고려되어야 할 것이다.

같은 맥락에서 예결위의 예산결정 시스템을 상임위원회와의 관계에서 어떻게 형성하는 것이 국가재정법의 제정취지에 부합하느냐의 논의가 제기될 수 있다. 소관상임위의 삭감 또는 증액 요구안을 예결위가 "어떤 제약" 을 갖고 조정 · 반영에 임하느냐가 관건이다. 특히 소관 상임위의 특성상 예결위가 영향을 미치는 예산증액요구를 어떤 제약 속에서 결정할 수 있느냐가 바로 예결위의 위상에 결정적 변수가 될 것이다. 이 사안은 국회법의 정교한 장치 속에서 다루어질 문제로서, 기본적으로 예결위에 여타의 상임위보다 우월한 지위와 위상을 부여할 것인지 여부로 집약될 수 있다.

3) 국가채무 및 재정건전화에 대한 접근시각

국가재정법은 세계잉여금을 국가채무 상환에 우선 사용한 후 나머지는 추경재원으로 사용토록 명문화함으로써 세계잉여금의 낭비요인을 배제하고 추경편성의 요건을 구체화하는 등 건전재정유지를 위한 제반 장치를 마련하였다. 그러나 국가채무의 범위, 국채발행에 대한 국회의 견제적 역할 등에 대해서는 상당 수준 여백을 남기고 있다. 따라서 이러한 여백을 메우기 위해 국가채무에 대한 설득력 있는 개념정립과 아울러 국회의 예산심의시 재정건전화를 도모할 수 있는 핵심 전략포인트를 프로그램화할 수 있는 방안이 강구되어야 할 것이다.

외환위기 이후 정부는 8년간 연속해서 적자재정을 꾸려가고 있다. 그에 따라 국가채무도 빠르게 증가하고 있으므로(〈표 17-7〉 참조) 재정여건이 급격히 악화되는 것을 막기 위해서 재정건전화를 위해 다각적 노력이 필요하다. 따라서 국가채무의 중차대한 성격에 비추어 볼 때, 국가채무에 관한한 사후적 관리에만 주안점을 둘 수 없고, 국가채무를 억제하기 위한 편성단계의 사전 노력이 국회 차원에서 강조될 수밖에 없는 상황임이 고려되어야 할 것이다.

미국의 경우 국채발행 권한에 대한 제약을 가하고 재정균형을 달성하기 위한 노력이 추진되어온 바 ① 세출액을 GDP 대비 일정비율에 제한하는 방안, ② 연방의회가 재정균형예산을 결의할 때까지 개회를 의무화하는 방안, ③ 세출액이 세입액을 초과하는 것을 금지하되 전시 또는 긴급사태시에는 예외로 하는 방안, ④ 개개의 세출예산조치가 각각의 세입수단을 마련하도록 하는 방안, ⑤ 국채발행한도액 인상은 연방의회에서 특별다수의 승인을 필요로 하는 방안 등이 논의되었다(Vile, 2003).

이러한 재정균형에 대한 노력은 재정균형법(Balanced Budget and Emergency Deficit Control Act 1985)과 포괄재정조정법(Ominbus Reconciliation Act 1990, 1993, 1997)의 재량적 지출에 법적상한을 설정한

〈표 17-7〉 국가채무의 종류

채무의 종류		내용
중앙정부		중앙정부 일반회계와 특별회계
지방정부		지방정부 일반회계, 특별회계, 기금
기금채무	일반기금	일반기금 중에서 사회보장성 기금 제외
	금융성기금	—
연금채무	공무원연금	연금의 책임준비금을 현금주의에 의해 인식하고 있지 않지만 이미 지급의무가 발생한 금액
	군인연금	
	사학연금	
사회보장채무		국민연금보험, 의료보험, 고용보험, 산재보험의 준비금 부족분
한국은행 통안증권		국채의 발행과 유사

자료: 박개성(2002).

〈표 17-8〉 2002년~2005년간 주요 국가채무 증가 내역

(단위: 조원, %)

구 분	2002년	2005년	증감
국가채무 (GDP 대비)	133.6 (19.5)	248.0 (30.7)	114.4 (11.2)
· 일반회계 적자국채	26.4	40.9	14.5
· 외환시장안정용 국채	20.7	67.1	46.4
· 공적자금상환용 국채	—	42.4	42.4
· 국민주택 채권	34.0	39.7	5.7

자료: 대한민국정부(2006).

Gap제와 Pay-as-you-go원칙 등으로 미국의 재정상황을 흑자로 전환하게 하는 계기를 만들었다.

차제에 건전재정을 재약하는 요소 중 하나로서 법률이 보장하는 각종 세입연계 "사전적 재원배분 방식"을 들 수 있는 바 이에 대한 총체적 재검토가 이루어져야 할 시점이다. 조세수입의 몇 퍼센트 등 해당부문의 지출을 자동적으로 예산에 계정케 하는 법률적 차원의 사전적 재원확정 배분방식은 행정부의 예산편성권은 물론이고 국회의 예산심의권을 부분적으로 무력케 하면서 재정여건 변화에 상응한 재정의 대응능력의 약화, 궁극적으로 재정의 경직적 구조 심화 등 재정건전화를 약화시키는 요소로 작용할 수 있다. 또한 경우에 따라 총선·대선 등 정치적 경쟁기간에 불쑥 들어가거나 아니면 그 비율이 증액될 수 있다. 따라서 재정개혁의 일환으로 국회가 재정구조의 개선을 도모할 수 있는 별도의 노력이 요망된다.

4) 사후적 예산통제시스템으로서의 결산심의 강화

국가재정법은 예산에 대한 사후통제시스템을 강조하고 있다. 그러나 유념할 것은 사후통제가 임기·선거·순환보직 등의 불연속적 인사시스템 속에서 말처럼 그렇게 용이하지 않다는 점이다. 여러 형태의 사후통제시스템 중에서 가장 확실한 것은 국회의 결산심의권을 차제에 확실히 보장하는 것이다.

결산심의로 발굴된 주요 정책사안이 예산심의에서 쟁점으로 부각되어, 사업의 우선순위가 조정되었다는 사례를 찾기가 쉽지 않았을 정도로 그동안 국회의 결산기능은 예산심의의 뒷전에 밀려 형식화할 수밖에 없는 상황이었다. 그러나 다행스럽게도 제 17대 국회에 이르러 결산심사의 내실화 노력이 급진전되고 있다. 예결위 내에서 야당이 위원장직을 맡은 결산소위가 설치되었고, 위법·부당한 현안에 대한 감사청구제도가 활용되고 있다.

특히, 국가재정법이 조기결산을 가능케 하는 예산결산 순기조정을 포함하고 있어 향후 결산심사의 강화가 예견되고 있다. 국가재정법의 취지를 십분 살리기 위해서는 결산기능 내실화, 제도화의 기반 위에서 국회가 결산심사의 중요성을 더욱 인식하고, 보다 충분한 심사기간과 추가적인 자원투입을 통하여 원활한 사후통제시스템이 가동될 수 있도록 하는 노력이 전개되어야 할 것이다.

현재 우리나라 감사원은 외국의 예처럼 예산편성이나 국회심의 단계에서 의견을 제시하고 감사결과를 제출하는 제도적 장치를 갖추고 있지 못하다. 감사원법상 국가기관 등에 대한 결산검사보고서를 국회에 제출하도록 되어 있으나 지금까지의 결산검사보고서를 보면 지나치게 형식에 치우쳐 있다. 즉, 각 부처별로 결산을 확인한 내용과 검사결과 적발된 위법·부당사항을 평면적으로 수록하고 있을 뿐 감사결과 내용이 국가의 재정운용방향이나 소관부처의 주요사업 또는 전체 예산구조와 체

〈표 17-9〉 예산회계법과 국가재정법의 결산 순기 비교

구 분	예산 회계법	국가 재정법
· 결산 보고서 제출 (각부처 → 재경부)	다음 연도 2월 말	동일
· 정부 결산 제출 (재경부 → 감사원)	다음 연도 6월 10일	다음연도 4월 10일
· 결산검사 보고서 송부 (감사원 → 재경부)	다음 연도 8월 20일	다음연도 5월 20일
· 정부결산 국회제출	다음연도 8월 2일	다음연도 5월 31일

자료: 이수원(2006).

계적으로 연계되어 있지 않아 국회의 예산심의 과정에서는 물론 정부기관에도 의미 있는 정보를 전달해 주지 못하고 있다. 특히 예산집행에 대한 체계적 분석이 이루어지지 못하고 있다는 비판을 받고 있다.

따라서 감사원의 결산검사보고서를 결산 그리고 추후 예산심의자료로 적절히 활용하기 위해서는 소관부처별로 위법 · 부당사항을 나열하고 있는 보고체계에서 벗어나 국가전체적인 입장에서 물자, 국유재산, 채권, 채무, 기금 등의 종합적인 현황과 문제점을 분석하도록 해야 한다. 정부의 주요사업에 대하여는 별도의 성과감사를 실시하여 해당 상임위원회와 예산결산특별위원회에 보고하고, 필요한 경우 출석하여 의견을 제시함으로써 감사원과 정보공유체계를 확립하는 방안도 논의되어야 한다.

4. 기획재정부 통합과 관련한 예산부문의 과제

1) 기획재정부 통합과 예산부문의 위상

새 정부는 인수위원회를 통해 기존의 기획예산처와 재정경제부를 기획재정부로 통합하는 정부조직 개편안을 발표한 바 있다. 이 법안이 국회를 통과할 경우, 독립된 지위를 누리고 있던 중앙예산부서가 10년 만에 과거 재정경제부의 하부기구로 환원될 것으로 전망된다. '간소하고 일 잘하는 정부'를 지향하는 새 정부의 정책기조에 입각한 부처 통폐합은 일응 이해가 간다고 하더라도 예산부서의 재정경제부 통합은 몇 가지 문제점이 있다.

첫째, 국가예산은 부분적으로 경제정책목표 달성을 위한 정책수단의 성격을 띠고 있지만 아울러 전체 국가활동을 뒷받침하는 보편적·총체적 정책수단이라는 점이 간과되어서는 안 된다. 재정경제부 하위체제로서 중앙예산기능이 위치하게 될 경우, 자칫 경제정책의 하위수단으로 치우친 나머지 국가예산이 갖고 있는 총체적 자원배분과 종합적 국정운영의 하부구조로서의 역할이 등한시될 위험성이 상존하고 있기 때문이다.

둘째, 이제 국가예산이 한 부처의 하위기구로 존재하기에는 너무 방대하고 복잡한 구조를 지녔을 뿐 아니라 다양한 국가적 정책목표를 균형 있게 전략적으로 접근해야 한다는 점에서 국무위원의 지위를 갖는 예산부서의 이점을 과소평가해서는 안 된다.

셋째, 통치권적 차원에서 볼 때, 국무위원의 지위를 가진 예산장관이 존치할 경우, 대통령이 행정 각 부처를 국가예산이라는 정책수단을 통하여 국정목표에 효율적으로 접근시킬 수 있는 이점이 존재하는 바, 통합부서로 운영됨으로써 이러한 이점이 상쇄될 수 있다는 점이다.

넷째, 아직도 국가재정법체제 하에서 재정개혁의 필요성이 상존하고 있는데 기획재정부의 하위체제의 지위를 통해서는 이러한 개혁목적을 달성하기 어렵다는 점이다.

정부조직 개편안이 마련된 마당에 이에 대한 시비를 논하는 것이 부적절할 수 있지만, 새롭게 출범할 통합부서에서 국가예산의 본질과 특성이 손상되지 않도록 운영과정에서 특별한 배려와 운영의 묘를 살려야 할 것이다. 이러한 차원에서 예산부서 책임자가 기획재정부의 하위체제를 형성한다고 하더라도 업무의 성격을 고려해 특별한 지위와 역할을 부여함과 아울러, 국가예산이 재정경제부의 경제정책목표에 경도되지 않도록 균형 있는 견제시스템이 모색되어야 할 것이다.

2) 사전적 재원배분구도의 타파와 재정구조의 탄력성 회복

예산개혁의 요체는 국가예산이 국민경제의 환경변화에 탄력적으로 대응할 수 있는 "재정적 대응능력"을 높이는 것이다. '김대중정부'와 '노무현정부'를 거치면서 우리나라 예산은 지속적으로 예산구조가 경직화되었다. 지방정부, 교육정부에 대한 이전재정 규모가 확대되고 사회복지관련 법제화가 활발히 진행되면서 세출예산이 법령을 통해 사전에 확정되는 범위가 넓어지게 된 것이다. 예산배분의 규모를 조세수입 또는 지출규모와 연계하여 사전적으로 확정하는 작업은 특정부문에 최소한도의 재원을 공여함으로써 해당부문의 정책목표에 접근하는 활동을 보장한다는 의미에서 이해할 수 있으나, 그 과정에서 배분예산의 효율성이나 집행과정에서의 성과향상을 판별할 여지가 적어질 뿐 아니라 재정구조의 경직성을 심화시킬 수 있다는 점에서 향후 전반적인 점검이 필요하다.

특히 이러한 사전적 재원 배분 획정이 특정 집단의 정치과정을 통한 끈질긴 이익투입의 결과로 형성된 것이라면 분명 공공재원의 효율적 배분을 제약할 여지가 있다. 사실상 특별법 제정을 무기로 특정 분야에 대한 사전적 재원배분을 도모하는 것은 "우리 분야가 제일 중요하다",

"우리 분야에 지출의 우선순위가 주어져야 한다"는 등 국민경제적 관점에서 지출의 우선순위를 균형 있게 고려하지 않는 이른바 "섹터 이기주의" 또는 재원할거주의의 양상을 띨 우려가 있다. 이와 같은 재원할거주의에 편승하는 것 자체가 바로 자원배분의 왜곡을 초래할 수 있는 "정치성 예산"의 핵심이라고 말할 수 있다.

사전적 재원배분구도가 고착될 경우 재정운영의 탄력성을 상실하여 정치·경제 환경변화에 대한 재정의 보편적 대응능력을 약화시킬 수 있을 뿐 아니라, 확보된 재원의 사후관리 노력이 미흡하여 재원관리의 비효율이 나타나는 가운데 해당부문의 일정 정책목표를 달성한 이후에도 재원배분구도의 복원이 어렵게 되는 수가 있음에 유념할 필요가 있다. 특히 재원의 사전적 배분구도가 고착되어 예산편성의 경직성이 높아질수록 신규사업의 입지가 좁아지는 등 예산편성과 심의는 그 만큼 제약된다. 조세부담율 증가를 최대한 억제하면서 가용재원의 범위 내에서 정부지출의 사회·경제적 성과를 극대화해야 하는 책무를 안고 있는 새 정부는 해당분야의 재원규모와 지출구조를 영기준(*zero-base*) 관점에서 출발하여 재평가하려는 개혁적 노력을 기울여야 할 시점이다.

참고문헌

기획예산처(2008). 〈2008년도 예산개요 참고자료〉.

김성철 외(2000). "국회 예산심의의 결정요인에 관한 실증분석". 〈한국행정학보〉 34(2).

대한민국 정부(2006). 〈2006~2010 국가재정운용계획〉.

박개성(2002). 〈공공혁신의 적〉. 앨리오앤컴퍼니.

박종흡(2002). "국회결산심사제도 개선을 위한 쟁점과 과제". 결산심의제도 개선을 위한 세미나 발표논문. 국회사무처.

오연천(2007.3). "국가재정법 시행에 따른 향후 과제". 〈국회보〉.

______(2008). "2008년도 예산안 및 기금운용계획안에 대한 공청회 진술서".

이수원(2006). "국가재정법 제정의 의미와 향후과제". 〈정책&지식포럼〉. 서울대학교 행정대학원 정책지식센터.

장문선 · 윤성식(2002). "국회 예산심의액 증감의 영향요인에 관한 실증적 분석". 〈한국정책학회보〉 11(2).

하복동(1998). "국회 예산심의 기능강화를 위한 감사원의 지원방안 연구". 〈감사논집〉.

Mueller, Dennis(Eds.) (1997). *Perspectives on Public Choice*. Cambridge University Press.

Niskanen, W. J.(1994). *Bureaucracy and Public Economics*. Edward Elgar.

Premchand, A.(1999). "Budgetary Management in the United States and in Australia, New Zealand, and the United Kingdom." In Roy T. Meyers. *Handbook of Government Budgeting*. Jossey-Bass Publishers.

Vile, John R.(2003). "Encyclopedia of Constitutional Amendments." *Proposed Amendments and Amending Issues. 1789~2002*. 2nd ed.. Santa Barbara, Cal: ABC-CLIO.

18 정책평가제도의 개선방안

정부업무평가기본법을 중심으로*

이근주 · 임도빈

1. 서론

오늘날 대부분의 나라에서 정책평가는 국가의 성과를 평가하는 중요한 수단의 하나로 자리잡았다(홍재환 · 윤기석, 2003; 김성준 · 윤수재, 2002). 우리나라도 1961년에 심사분석제도의 형태로 정책평가가 도입된 이래 지속적으로 변화와 발전을 했다. 현재 2006년도에 도입된 "정부업무평가기본법"을 근거로 하여 비교적 체계적으로 정책평가가 이루어지고 있다.

정책평가는 정책문제가 정확하게 정의되어 있는지, 목표를 올바르게 설정하였는지, 수단의 선택은 바람직하게 이루어졌는지, 집행은 효율적으로 이루어졌는지, 그리고 의도하였던 문제를 해결하는 데 얼마나 효과적이었는지 등과 관련된 정보를 산출하는 과정이다. 평가를 통하여

* 이 논문은 이근주(2007)를 바탕으로 수정 보완한 글이다.

생산된 정보는 정책의 개선, 강화 혹은 존폐와 관련된 의사결정 과정에 실천적 정보를 제공하기도 하고, 일반적으로 정책을 어떤 방식으로 추진하는 것이 바람직한가와 관련된 이론적 논거를 제공하기도 한다(Mark et al., 2000; Mohr, 1988; Rossi & Freeman, 1993). 정책평가 결과가 올바른 형태로 필요한 시기에 제공되도록 하기 위해서는 정책을 평가하는 제도 자체가 올바르게 설계되어야 한다.

이 글에서는 우리나라의 정책평가제도가 정책평가의 기본적 목적을 달성하기 위한 제도적 설계를 갖추고 있는지 판단하기 위해서 우리나라의 현행 평가제도와 과거의 평가제도, 그리고 미국과 일본의 정책평가제도를 비교한다. 우리나라의 정책평가제도는 2006년 도입된 "정부업무평가기본법"을 분석대상으로 삼고 있으며, 미국과 일본의 경우는 Government Performance and Results Act(GPRA)와 Government Policy Evaluation Act(GPEA)를 비교하고 있다. 여기서 다루는 정책평가의 범위는 중앙행정기관이 수행하는 정책에 대한 평가로 한정하도록 한다. 각각의 제도는 평가제도의 기본적 틀, 주관기관의 위치, 평가대상 및 평가방식 등을 기준으로 비교한다. 각각의 평가제도의 제도적 특징에 초점을 맞춘 비교연구는 우리나라 정책평가제도의 특징을 보다 쉽게 파악할 수 있게 하는 동시에 보다 바람직한 평가제도의 개선안을 모색할 수 있게 해줄 것이다.

2. 정책평가제도의 비교분석틀

1) 정책평가의 목적

정책평가를 하기 위해서는 정책평가의 목적이 정의되어야 한다. 이는 평가할 구체적 내용을 결정하고 내용의 적정성을 판단하기 위한 궁극적 기준 혹은 지침이 되는 것이다. 정책평가의 목적이 결정되면 이를 달성하기 위한 가장 적합한 수단과 활용방안을 마련할 수 있다. 정책평가의 수행목적에 따라 필요한 정보의 유형과 종류가 다르며, 다른 유형의 정보를 생산한다는 것은 정책의 다른 부분을 다른 기준으로 평가하는 것을 의미한다(Rossi & Freeman, 1993; Nachiamas, 1979; Mohr, 1988).

통상적으로 정책평가는 다수의 목적을 달성하기 위하여 수행된다(Mark et al., 2000; 노화준, 2001). 하지만 가장 핵심적인 목적은 해당 정책과 관련된 추후의 의사결정에 영향을 미치기 위한 것이라고 할 수 있다(Rossi & Freeman, 1993). 정책의 지속적 수행, 축소 혹은 폐지 등과 관련된 의사결정에 있어서 정책평가는 중요한 정보를 제공한다. 정책의 집행과정을 개선하기 위한 정보를 산출하기도 하며 정책의 성공과 실패 원인분석을 위하여 정책평가가 수행되기도 한다. 때로는 다른 분야의 유사한 정책의 도입에 있어 함의를 제공하기도 한다. 이러한 다양한 평가의 활용방식 혹은 목적은 다음의 네 가지 유형으로 분류될 수 있을 것이다.

첫 번째 목표는 정책이나 프로그램이 갖고 있는 장점과 가치를 평가하는 것이다. 이것은 정책이나 프로그램의 도입과 집행을 통하여 추구하는 효과 혹은 가치가 얼마나 달성되었는가에 대해 평가하는 것이다. 즉, 정책이 해결하고자 하는 문제를 얼마나 해결하였으며 그 효과는 어떠한지, 그리고 정책과 관련된 가치들이 얼마나 변화하였는가에 대한 정보를 산출하는 것이다. 이 목적을 위한 평가는 정책의 목표달성도와 관련된 주변적 가치에 어떠한 영향을 미쳤는가에 대한 인과관계를 밝히기 위하여 경험적이고 정밀한 분석에 초점을 두고 있다. 정책의 효과에 대한 평가는 스크리븐(Scriven, 1967)이 분류한 총괄평가(*summative evaluation*)와 유사하다고 할 수 있다.

정책평가는 프로그램이나 조직의 운영성과 향상을 위하여 이루어지기도 한다. 프로그램이나 조직의 운영성과를 향상시키기 위하여 이루어지는 평가는 정책과정에 대한 평가에 초점을 두어야 한다. 관리적 관점에서의 평가는 누구에게 평가정보를 제공하는가에 따라서 다르게 설계될 필요가 있다. 정책의 도입 여부 혹은 내용수정과 관련된 의사결정을 내리는 위치에 있는 사람이 필요로 하는 정보와 정책을 집행하는 위치에 있는 사람이 필요로 하는 정보의 내용과 수준이 다르기 때문이다. 이 경우 평가결과의 환류는 불특정 다수를 위한 정보의 공개방식보다는 실제 정보를 활용할 위치에 있는 정책담당자들에게 직접 전해지는 것이 보다 바람직하다고 할 수 있다. 이러한 유형의 정보제공은 분석의 정밀성보다는 정보제공의 시간적 적절성이 더 중요시되곤 한다.

평가의 세 번째 목적은 정책의 관리감독을 위한 순응의 확보 또는 책무성의 확보이다(Rossi & Freeman, 1993). 책무성을 위한 평가는 정책이나 프로그램이 법적으로 규정된 사항을 얼마나 충실하게 실천하였는가에 대한 평가가 핵심이 된다. 정책이 실제로 혜택을 받아야 하는 사람들에게 집행되었는지 여부, 자격이 없는 사람들이 수혜자가 된 경우는 없는지 여부, 또는 회계책임 등에 주된 관심을 두는 평가가 책무성의 확보를 위한 평가의 대표적인 것이다. 성과관리의 강화 측면에서 감독과 관리를 위한 평가는 절차적 문제에만 국한하지 않고 산출이나 영향에 대한 부분도 평가대상으로 삼는다. 하지만 이 경우 프로그램의 가치평가와 같은 높은 수준의 인과관계 규명보다는 단순히 산출과 성과의 존재에만 관심을 두는 경향이 있다. 이는 정책성과와 정책투입 간의 인과관계를 파악하기가 매우 어렵기 때문이다. 따라서 정책평가 결과는 책무성(혹은 성과관리) 측면을 고려하는 경향이 있다.

평가의 네 번째 목적은 지식의 발전을 위한 것이다. 이것은 사회과학에 대한 이해를 높이기 위한 학문적 지식을 발견하고 축적하기 위한 이론이나 가설을 검증하기 위하여 정책평가 결과를 자료로 활용하는 것이다. 이 경우 평가는 특정정책의 효과나 성패보다는 정책과정에서 나오는 자료를 활용하여 사회현상에 대한 이해를 촉진하고 이론적으로 논의된 가설을 검증하기 위한 활동이 된다.

이상의 네 가지 목표 중 마지막 목표는 학문적 관심이 주가 되기 때문에 평가제도의 설계에서는 크게 관심을 두지 않는다. 반면에 효과나 가치의 측정과 판단, 프로그램의 향상, 그리고 책무성의 확보를 위한 활동은 평가제도의 설계에 있어서 중요한 내용으로 취급되어야 한다.

2) 정책평가제도의 비교기준

주요국의 평가제도를 비교함에 있어 여기서는 다음의 기준을 활용하고자 한다.

첫 번째 기준은 평가의 주체이다. 누가 평가주체가 되는가에 따라 크게 자신에 의한 평가와 타인에 의한 평가로 구분할 수 있다. 자신에 의한 평가는 자체평가를 의미하며 타인에 의한 평가는 상위평가 혹은 특정평가를 의미한다.[1] 자체평가는 평가대상 정책의 주관부서 스스로가 스스로의 업무와 정책에 대하여 평가하는 것을 말하며 상위평가는 자체평가를 바탕으로 상급기관 혹은 정책평가 주관기관에서 2차적으로 하는 평가를 의미한다. 특정평가는 자체평가의 반대되는 개념으로서 하향적 평가라고 할 수 있다. 누가 평가주체가 되는가의 문제는 평가내용의 적정성, 평가결과의 활용 등의 측면에 영향을 미친다. 정책을 만들고 집행한 부처에서 스스로 정책을 평가하는 경우, 정책에 대한 정확한 판단을 할 수 있는 많은 자료를 확보할 수 있어 보다 정확한 평가를 할 수 있는 가능성이 커진다. 반면에 평가결과의 활용과 연계하여 고려한다면 자체평가가 항상 바람직스럽다고 보기는 어렵다. 자체평가의 결과가 자

1) 정책을 주관하는 기관에서 외부연구자를 활용하여 평가하는 것도 타인에 의한 평가로 볼 수 있으나 이 경우 평가를 수행하는 제3의 연구자는 주관기관에서 평가를 의뢰받아서 하는 경우가 대부분이기 때문에 외부인에 의한 평가라기보다는 스스로에 의한 평가로 보는 것이 더 타당하다고 할 수 있다.

신의 성과평가와 직·간접적으로 연계가 되는 경우 객관적이고 공정한 평가가 어려울 수도 있다.

두 번째로는 정책주기와 정책평가 주기의 문제이다. 성과관리 또는 예산과 정책평가를 연계하는 경우 정책평가가 1년을 주기로 이루어지는 경우가 많다. 매년 각 부처에서 추진한 정책의 추진과정과 성과를 평가하여 다음 연도의 활동내용과 예산에 반영하기 위해서이다. 민주국가에서 정책을 형성하고 집행하는 것은 많은 단계와 절차를 필요로 하며 흔히 1년 이상의 시일이 소요되기도 한다. 그리고 정책이 집행된 이후에도 정책집행의 결과가 성과로 연결되는 데에 많은 시간을 필요로 한다. 따라서 평가의 시점과 기간을 정하는 것은 평가주체를 정하는 것만큼이나 중요한 이슈가 된다. 정책이 적정하게 집행도 되지 않았는데 평가를 하거나 집행은 되었으나 성과가 나타나기 이전에 평가를 하게 된다면 올바른 평가가 이루어질 수 없기 때문이다.

세 번째로는 평가결과의 활용문제이다. 모든 정책평가는 평가결과를 특정의 목적을 위하여 활용하기 위해서 실시한다. 특히 제도화된 평가는 학문적 호기심의 충족보다는 정책내용의 개선이나 정책집행 과정의 개선 또는 책무성의 확보 등 실질적 목적을 달성하기 위해서 수행된다. 평가 후 정책의 수정과 보완 또는 예산 등과의 연계 등은 물론이고 간접적으로는 국가 전체적인 정책추진체제의 개선에 유용하게 쓰이기도 한다. 최근 들어 성과관리를 강조하면서 정책평가 결과를 개인의 성과와 연계시키려는 노력도 이루어지고 있다. 정책에 대한 평가결과와 기관 혹은 부서의 성과를 연계하고 이를 다시 세분화하여 개인의 성과와 연계하려는 경향도 정책평가의 내용과 방식에 영향을 미칠 수 있다.

3. 정책평가제도의 현황

1) 우리나라 정책평가제도의 변천

우리나라의 정부정책평가는 1961년 5·16 혁명 이후 내각수반 관할하의 기획조정실에서 심사분석제도를 도입한 것이 효시이다. 그후 심사분석제도는 몇 차례의 정부조직 개편을 통하여 그 소관부서가 변경되었으며 평가내용과 방식도 변화가 있었다.

심사분석제도는 경제개발 5개년계획의 집행 수준을 주기적으로 점검하기 위한 목적으로 도입된 것으로 경제개발 5개년계획의 성공적 수행을 위한 효과적 수단으로 이용되었다. 1961년부터 20년 동안 심사분석제도는 기획조정실에서 담당하였으나 1981년 이후 심사분석업무에 정책평가기능이 추가되어 경제기획원 심사평가국으로 이관되었다가 1990년에는 행정조정실에 정책평가기능이 이관되었다. 1998년 정부조직 개편에 따라 경제기획원의 심사분석업무와 행정조정실의 정책평가업무가 통합되면서 심사평가기능을 행정조정실에서 수행하기 시작하였다. 1998년 이전에는 정책평가업무가 대통령령이나 총리령에 근거하여 이루어졌으나, 1998년 "정부업무 등의 평가에 관한 기본법"이 제정되면서 정책평가기능이 법적 근거를 갖고 이루어지기 시작하였다. 2006년에는 통합적 정부업무평가제도 및 성과관리제도 도입을 목적으로 한 "정부업무평가기본법"이 통과되어 현재에 이르고 있다.

2) "정부업무평가기본법"(2006)의 주요내용

국무조정실(2007)에 따르면 정부업무평가의 목적은 "통합적인 성과관리체계의 구축 및 자율적인 평가역량의 강화를 통해 국정운영의 능률성·효과성 및 책임성 확보를 통해 정책 등의 품질을 제고시킴으로써

〈표 18-1〉 정부업무평가제도 변천 개요

	담당 기관	시 기	내 용	근 거
도입		1961. 9 ~ 1981. 10	5·16 직후 1961년 정부부문에 최초로 심사분석제도를 도입하여 기획조정실에서 정부정책의 평가기능을 수행	정부의 기획 및 심사분석에 관한 규정 (대통령령 제6143호 1972. 4)
과도	경제 기획원	1981. 11 ~ 1990. 3	1981년에 심사분석 업무를 경제기획원 심사평가국으로 이관	정부기획 및 심사분석에 관한 규정 (대통령령 제10821호 1982. 5)
	행정 조정실	1990. 4 ~ 1994. 12	행정조정실에 정책평가기능 신설	정부주요정책평가 및 조정에 관한 규정 (총리령 제364호 1990. 4)
재정비	행정 조정실	1994. 12 ~ 1998. 2	정부조직개편에 따라 경제기획원의 심사분석업무와 행정조정실의 정책평가업무를 통합하여 심사평가기능 수행, 정부투자기관평가는 경제기획원에서 계속 수행	정부업무의 심사평가 및 조정에 관한 규정 (대통령령 제14531호 1995. 2)
발전	국무 조정실	1998. 3 ~ 2006. 3	국민의 정부 출범과 함께 심사평가제도를 대폭으로 개편하여 "기관평가제도" 도입	정부업무 등의 평가에 관한 기본법 (법률 제6347호 2001. 1. 8)
통합	국무 조정실	2006. 4 ~ 현재	참여정부 출범 이후 통합적 정부업무평가제도 및 성과관리제도 도입 추진	정부업무평가기본법 (법률 제7928호 2006. 4. 1)

자료: 국무조정실(2007). 〈정부업무평가백서〉.

공공기관이 수행하는 정책 등의 최종 고객인 국민의 만족도를 향상시키는 데" 있다. 구체적으로 "정부업무평가란 국정운영의 능률성 · 효과성 및 책임성을 확보하기 위하여 중앙행정기관, 지방자치단체, 공공기관 등이 행하는 정책 · 사업 · 업무 등에 관하여 그 계획의 수립과 집행과정 및 결과 등을 점검 · 분석 · 평정하는 것"(국무조정실, 2007)을 의미한다.

(1) 주관기관

정부업무평가법에 따르면 중앙행정기관 또는 지방자치단체가 수행하고 있는 소관정책에 대하여는 부처나 단체 스스로 평가하는 것이 원칙이며 정부업무평가위원회에서는 자체평가 결과에 대한 근거자료 등을 확인 · 점검하고 평가의 객관성, 신뢰성에 문제가 있는 경우에만 재평가를 실시하도록 되어 있다. 그리고 국무총리(정부업무평가위원회)가 중앙행정기관을 대상으로 국정을 통합적으로 운영하기 위하여 필요한 정책 등을 평가하는 것으로는 관리대상 업무평가,[2] 고객만족도조사 및 특정시책 평가가 있다. 자체평가 및 특정평가의 내용과 협조부서는 〈표 18-2〉에 정리되어 있다.

정부업무평가위원회는 정책평가위원회와는 달리 외부전문가의 참여범위가 적은 편이며 행정자치부, 기획예산처 등 조직과 예산을 담당하는 부처의 장이 당연직 위원으로 참여하고 있다.

(2) 평가방법

각 부처는 정부업무평가 시행계획에 따라 평가대상, 평가방법, 세부평가 일정 등이 포함된 자체평가계획을 수립하고 위원장 1인을 포함하여 10~30인 이내로 구성된 자체평가위원회에서 평가를 실시한다. 자체평가위원회는 1년을 주기로 자체평가계획 심의, 반기별 추진실적 점

2) 혁신관리, 정책홍보관리, 대통령 지시사항, 규제개혁, 법적 의무 권장사항 및 법제업무, 정보공개, 청렴도, 위기관리.

검, 자체평가, 평가보고서 작성 등을 통하여 업무성과 및 목표달성도를 스스로 점검하고 그 결과를 자체평가에 반영한다. 각 부처가 제출한 자체평가 결과는 정부업무평가위원회의 위임을 받은 실무위원회가 부문별 자체평가 총괄관련기관과 협조하여 증빙자료에 대한 확인·점검을 실시한다. 그리고 자체평가결과에 대한 확인·점검 결과, 자체평가의 객관성 및 신뢰성에 문제가 있어 다시 평가할 필요가 있다고 판단되는 때에는 정부업무평가위원회 심의·의결을 거쳐 재평가를 실시할 수 있다.

한편 국정을 통합적으로 관리하기 위하여 필요한 정책 등은 특정평가 분야로 선정하여 평가할 수 있도록 되어 있다. 현재 국무조정실에서 실시하고 있는 특정평가의 내용과 평가대상은 〈표 18-3〉과 같다.

〈표 18-2〉 자체평가 및 특정평가의 주요내용

<table>
<tr><th colspan="3">구 분</th><th>평가시행기관</th><th>협조기관</th></tr>
<tr><td rowspan="5">자체평가</td><td colspan="2">주요정책과제</td><td rowspan="5">자체평가위원회
정부업무평가위원회</td><td>국무조정실</td></tr>
<tr><td colspan="2">재정성과</td><td>기획예산처</td></tr>
<tr><td colspan="2">인 사</td><td>중앙인사위원회</td></tr>
<tr><td colspan="2">조 직</td><td>행정자치부</td></tr>
<tr><td colspan="2">정보화</td><td>정보통신부·행정자치부</td></tr>
<tr><td rowspan="10">특정평가</td><td rowspan="8">관리대상업무</td><td>1. 혁신관리</td><td rowspan="10">국무총리
(정부업무평가위원회)</td><td>1. 행정자치부</td></tr>
<tr><td>2. 정책홍보관리</td><td>2. 국정홍보처</td></tr>
<tr><td>3. 대통령지시사항</td><td>3. 국무조정실</td></tr>
<tr><td>4. 규제개혁</td><td>4. 국무조정실</td></tr>
<tr><td>5. 법적의무, 권양사항, 법제업무</td><td>5. 노동부 등</td></tr>
<tr><td>6. 정보공개</td><td>6. 행정자치부</td></tr>
<tr><td>7. 청렴도</td><td>7. 국가청렴위원회</td></tr>
<tr><td>8. 위기관리</td><td>8. NSC사무처</td></tr>
<tr><td colspan="2">특정시책</td><td>국무조정실</td></tr>
<tr><td colspan="2">고객만족도</td><td>국무조정실</td></tr>
</table>

자료: 국무조정실(2007).

〈표 18-3〉 특정평가 주요내용

<table>
<tr><th colspan="3">평가분야</th><th>평가내용</th><th>평가기관</th></tr>
<tr><td rowspan="10">특정
평가</td><td rowspan="8">관리
대상
업무</td><td>① 혁신관리</td><td>· 혁신리더십, 혁신역량,
혁신문화, 혁신성과</td><td>행정자치부가
위임 받아 평가</td></tr>
<tr><td>② 정책
홍보관리</td><td>· 정책보도 수용 및 대응 적절성</td><td>국무조정실이
홍보처와
협조 · 평가</td></tr>
<tr><td>③ 대통령
지시사항</td><td>· 대통령 지시사항 추진실적</td><td>국무조정실 평가</td></tr>
<tr><td>④ 규제개혁</td><td>· 규제개혁 추진노력 및 실적</td><td>국무조정실 평가</td></tr>
<tr><td>⑤ 법적의무 ·
권장사항 및
법제업무</td><td>· 법적의무 · 권장사항 이행도
· 법제업무</td><td>국무조정실이
법제처등과
협조 · 평가</td></tr>
<tr><td>⑥ 정보공개</td><td>· 정보공개 기반, 실적, 만족도</td><td>국무조정실이
행자부와
협조 · 평가</td></tr>
<tr><td>⑦ 청렴도</td><td>· 체감청렴도, 잠재청렴도 등</td><td>국무조정실이
청렴위 등과
협조 · 평가</td></tr>
<tr><td>⑧ 위기관리</td><td>· 위기관리 체계 및
위기관리 활동 등</td><td>국무조정실이
NSC등과
협조 · 평가</td></tr>
<tr><td colspan="2">고객만족도</td><td>· 주요정책만족도,
행정서비스 만족도</td><td>국무총리</td></tr>
<tr><td colspan="2">특정시책</td><td>· 각종 특정과제 추진 성과</td><td>국무총리</td></tr>
</table>

(3) 평가결과 활용

2006년의 정부업무평가법은 이전의 법에 비하여 평가결과의 적극적 활용을 상대적으로 강조하고 있다. 우선 평가결과는 공개를 원칙으로 하고 있으며(제 26조, 제 27조), 평가결과를 예산 및 인사 등과 연계하도록 되어 있다(제 28조). 그리고 평가결과에 따른 자체 시정조치 및 감사를 규정하고 있으며(제 29조), 평가결과를 개인의 보상과도 연계하도록 하고 있다(제 30조). 특히 법 제 30조는 "중앙행정기관의 장은 평가의 결과에 따라 우수사례로 인정되는 소속 부서·기관 또는 공무원에게 포상, 성과급 지급, 인사상 우대 등의 조치를 하고, 그 결과를 위원회에 제출하여야 한다"고 규정하고 있어 평가결과는 반드시 개인에 대한 보상으로 이어지도록 설계되어 있다.

3) 우리나라 정책평가법의 특징

(1) 평가단위

2006년 기본법에서 평가의 주요단위는 정책이 아니라 기관이다. 주요 정책과제에 대한 평가는 정책평가라고 할 수 있으나 평가의 종합은 정책단위로 이루어지는 것이 아니라 기관단위로 이루어지며, 각 중앙행정기관 단위활동의 제 측면에 대한 평가의 성격을 지니고 있다. 따라서 복수의 기관이 관여하는 정책에 대한 평가는 구조적으로 평가대상으로 선정되기 어려운 구조를 갖고 있다.

(2) 평가주기

평가주기는 1년이다. 연초에 평가대상 정책을 선정하여 1년간의 정책형성, 집행 및 성과에 대해 평가한다. 기관역량평가와 만족도조사의 경우도 1년간의 실적을 중심으로 평가가 이루어진다. 평가주기가 1년으로 한정된 것은 점증주의적 시각에서 평가를 실시하고 그 결과를 다음

번 정책 및 예산과정에 반영한다는 측면에서 그 의의를 찾을 수 있으나, 장기적으로 추진하고 있는 과제에 대한 평가를 어렵게 하는 측면이 있다. 형성과 집행에 상당한 시일이 소요되며 집행의 성과도 수년간의 투자회임기간이 요구되는 정책의 경우 평가대상에 포함되기 어렵다. 그리고 포함될 경우에도 1년의 시각에서 형성, 집행 및 성과의 평가가 이루어지기 때문에 정책의 전체적 추진과정, 궁극적 성과와 사회적 영향에 대한 올바른 평가가 어렵다.

(3) 평가대상

기본법상 성과에 대한 평가와 정책과정에 대한 평가가 혼재되어 있다. 주요 정책과제에 대한 평가는 정책의 형성, 집행 및 성과에 대한 종합적 평가인 반면, 기관역량 평가는 정책성과를 달성하기 위한 기관의 일반적 투입에 대한 평가이다. 그리고 만족도조사는 정책 및 민원행정서비스 등 기관의 다양한 활동의 소비주체인 국민을 대상으로 실시한다.

(4) 평가주체

1998년 법에서는 국무조정실에 소속된 위원회에서 외부전문가들이 각 부처의 활동을 주도적으로 평가하는 구조였으나, 2006년 기본법에서는 각 부처의 자체평가를 강화하고 국무조정실의 평가는 사후적이고 한정적인 것으로 축소되었다. 특히 국무조정실 소속 정책평가위원회의 구성에 평가대상기관의 장이 당연직 위원으로 참여하고 있다. 자체평가의 강화는 평가결과의 활용도를 높일 수 있다는 측면에서 의의를 둘 수 있으나, 반면에 외부평가의 약화를 가져와 평가의 내실화에 부정적 영향을 미칠 수 있다.

(5) 평가결과의 활용

2006년 법에 따르면 평가결과는 성과관리 차원에서 개인에 대한 보상까지 반드시 연계되어져야 한다. 평가의 실효성을 확보하기 위한 조치라고 생각할 수 있으나 자체평가 결과를 바탕으로 조직 및 개인의 보상을 밀접하게 연계하는 제도는 그 유효성에 대하여 심각하게 재고해볼 필요가 있다. 현 제도하에서 외부평가는 매우 위축되어 있는 반면에 자체평가가 중요한 비중을 점하고 있다. 물론 자체평가는 평가기법상 바람직한 측면을 가지고 있다. 정책을 직접 다루는 부서에서 평가를 하기 때문에 평가정보에 보다 쉽게 접근할 수 있으며 정책의 실질적 맥락에서 이루어질 수 있다는 장점이 있다. 하지만 평가결과가 성과평가에 반영되고 성과평가 결과가 성과급을 포함한 다양한 보상과 직접적으로 연계가 되어 있는 상황이 문제이다. 자신이 부여한 점수가 자신에게 돌아오는 보상을 결정하는 구조에서 평가점수가 공정하고 객관성을 유지하기란 쉽지 않을 것이다. 그리고 이러한 상황에서는 외부전문가들로 구성된 자체평가위원회의 역할도 제한적일 수밖에 없다.

4. 미국과 일본의 정책평가제도

1) 미국의 GPRA

(1) 정책평가 개관

미국의 정책평가는 1960년대 중반 존슨 대통령 당시 계획예산제도(PPBS)가 도입된 이래, 닉슨 대통령의 목표관리제도(MBO), 카터 행정부의 영기준예산제도(ZBB) 등의 제도적 변천을 거쳤다. 가장 최근의 제도는 1993년 도입된 Government Performance and Results Act (GPRA)이다. GPRA는 내부지침으로 규정된 이전의 개혁과는 달리 법으로 규정되어 있어 과거의 개혁이 정권이 바뀜과 동시에 사장된 것과는 달리 1993년부터 지금까지 운영되고 있다. 또한 법으로 제정된 결과 GPRA는 과거의 개혁보다는 더 큰 강제력을 갖고 있으며 대통령만의 개혁이 아니라 대통령과 의회가 합의한 정책평가제도라는 점에서 그 특징을 가지고 있다. GPRA는 제도의 도입과 동시에 전면적으로 시행된 것이 아니라 1993년 이후 약 7~8년의 시험기간을 거쳐 제도의 문제점을 보완・개선하였다는 측면에서 과거의 제도와는 다른 접근전략을 활용하고 있다고 할 수 있다.

GPRA의 도입은 정부의 프로그램이 보다 책임성 있게 운영되어 국민들로부터 연방정부의 능력에 대한 신뢰를 가질 수 있도록 하는 데 그 목적이 있다. GPRA는 연방정부가 사업목표를 달성하기 위한 계획을 수립하고 이에 따라 성과를 평가하여 정책의 효과성 향상, 업무수행의 질적 향상 및 국민에 대한 책무성의 제고를 도모하고 있다.

(2) 주관기관

연방정부 수준에서 이루어지고 있는 정책평가는 GPRA(Government Performance Review Act)에 근거하고 있다. GPRA의 집행책임은 대통령 직속 관리예산처(Office of Management and Budget)에 있으며, OMB는 Memoranda와 Circular를 통하여 GPRA의 운영과 관련된 감독과 지시 기능을 수행하고 있다. OMB는 직접 정책평가를 실시하는 것이 아니라 각 부처로 하여금 장기적 전략계획, 연도별 성과계획과 성과계획서의 수립과 작성을 요구하는 역할을 한다(Sec. 306, Sec. 1115, Sec. 1116). 이 과정에서 각 기관은 계획과 보고서에 포함될 내용에 대하여 OMB와 협의한다. 작성된 보고서는 의회와 대통령에게 보고된다. OMB는 또한 정책성과 측정의 전문성을 제고하기 위하여 성과측정자문위원회(Performance Measurement Advisory Council)를 구성하여 정책성과 측정, 지표 개발 및 활용을 위하여 전문가의 자문을 구하고 있다.

OMB 이외에도 다수의 조직이 GPRA의 운영과 관련되어 중요한 역할을 수행하고 있다. 우선 인사관리처(OPM)는 GPRA와 관련된 교육훈련을 제공하고 있다(Section 9). 전략계획의 수립, 성과계획의 수립 및 성과보고서의 작성 등과 관련된 교육훈련을 정기적으로 제공하고 있다. 회계감사원(US General Accounting Office)도 의회의 요구에 의하여 GPRA의 집행과 관련된 보고서를 작성하여 의회에 보고한다(Section 8). GPRA에 대한 각 기관이 순응도와 평가사업의 진척도 분석·평가를 수행한다. GAO의 분석보고서는 각 기관이 제출한 전략계획, 성과계획 및 성과보고서의 검토를 통하여 이루어진다.

(3) 평가대상

GPRA의 적용대상은 모든 행정기관이라고 할 수 있다. 국가보안상 정보가 보호되어야 할 필요가 있는 경우를 제외하고 모든 연방행정기관은 GPRA의 적용대상으로서 전략계획 및 성과계획의 수립과 성과보고의 의무가 있다. 구체적으로는 14개 연방정부 부처(*departments*), 모든 독립행정기관(*agency*), 그리고 모든 공기업이 적용대상이다. 하지만 연간지출이 2천만 불 이하의 소규모 기관은 적용대상에서 제외된다(Sec. 1117).

OMB는 GPRA의 평가대상이 되는 각 부처의 업무상 차이를 인정하여 공통적 평가기준을 사용하고 있지 않다. OMB는 단지 전략계획, 성과계획 및 성과보고서에 포함된 내용을 법에 근거하여 구체적으로 제시해주고 제출된 계획 및 보고서를 검토하여 수정을 요구할 수 있으나 그것도 최소한에 그치도록 운영하고 있다. 즉, GPRA의 요구사항을 충족시키는 방법도 스스로 개발하도록 하여 유연성 있게 제도를 운영함으로써 자체적으로 성과평가를 수행할 수 있는 여건을 마련해주고 있다는 것이다.

(4) 평가방식

GPRA 평가는 기본적으로 자체평가이기 때문에 어떤 정책이 평가대상에 포함되고 어떤 목표를 제시해야 하는지에 대한 규정은 없다. 단지 각 부처로 하여금 전략계획, 성과계획 및 성과보고서를 작성하도록 의무를 부여하고 있다.

전략계획(*Strategic plan*)은 장기적 비전과 목표를 갖고 업무를 추진할 수 있도록 최소한 5개년에 걸쳐 작성되어야 한다. 작성된 전략계획은 환경변화를 반영한 적실성 있는 보고서가 될 수 있도록 3년 주기로 갱신해야 한다. 전략계획에 포함될 주요내용은 기관의 존재이유와 운영 중에 있는 정책프로그램의 필요성에 대한 상세한 기술 등이다. 성과계획(*performance plan*)은 연도별로 작성하는 것으로 각 프로그램의 집행과 관련된 구체적 활동내용을 담고 있다. 따라서 성과보고서는 회계연도가 끝난 후 다음 해 3월 31일까지 대통령과 의회에 제출해야 한다.

(5) 평가결과의 활용

GPRA로 생성되는 전략계획, 성과계획 및 성과보고서는 각 부처의 정책활동의 책무성을 제고하고 동시에 성과를 향상시키기 위한 것이다. 그리고 평가결과를 예산편성 시 중요한 자료로 활용하도록 하기 위해 성과보고서는 대통령 예산에 포함하여 의회에 제출된다. 이것은 과거 계획예산(PPBS)의 장점만을 딴 것으로 평가되고 있다(GAO, 1997).

2) 일 본

(1) 정책평가 개관

일본의 정책평가제도는 2001년 "정책평가 표준적 가이드라인"이 마련된 이래 2001년 제정되고 2002년부터 시행되고 있는 "정부정책평가법"(Government Policy Evaluation Act: GPEA)에 근거하고 있다. 동법은 국민에 대한 정부의 책무성 제고, 고품질의 효과적인 행정서비스 제공 및 성과지향 행정으로의 전환 등의 목표를 달성하기 위하여 정부 전체적인 정책평가시스템을 도입하기 위하여 제정되었다. 이러한 목적을 달성하기 위하여 동법은 사업평가(*project evaluation*), 성과평가(*performance evaluation*), 그리고 심층평가(*comprehensive evaluation*)의 세 가지 표준적인 평가방식을 제안하고 있다.

(2) 주관기관

정책평가를 주관하는 부처는 총무성이다. 총무성은 정책평가시스템의 전반적 관리업무를 담당하고 있으며, 구체적으로는 각 부처가 자체적으로 실시한 정책평가에 대한 상위평가를 실시한다. 상위평가는 부처간의 형평성과 통일성을 확보하기 위한 활동으로서 평가결과는 각 부처에 환류된다. 총무성의 상위평가는 정부가 지향하는 목표를 기준으로 삼아 각 부처의 활동을 동일한 측면에서 평가하는 활동이라고 할 수 있다. 또한 객관적이고 엄밀한 정책평가가 이루어질 수 있도록 각 부처의 활동을 감시, 감독하는 역할을 수행한다.

총무성의 정책평가업무를 지원하고 자문하기 위하여 민간전문가로 구성된 '정책평가 및 독립행정법인평가위원회'가 운영되고 있다. 이 위원회는 총무성의 정책평가활동 추진계획, 추진실적 및 주요성과에 대하여 검토하고 자문하는 역할을 수행한다.

GPEA 체제하의 정책평가는 각 부처의 자체평가를 강조하고 있다. 각 부처의 자체평가는 국민에 대한 책무성의 제고와 정책관리의 효과성을 제고하기 위한 활동으로 각 부처는 필요성, 효율성 및 효과성의 시각에서 자신들의 소관정책에 대한 정책을 평가할 의무가 있다. 각 부처의 자체평가 결과는 총무성에 보고하여 국가 전체적 차원에서 일관성 있게 평가된다. 총무성 및 각 부처의 정책평가 결과 및 평가에 활용된 자료는 연차보고서나 백서 등의 형태로 국민들에게 공개된다. 각 부처는 자체적으로 추진하고 있는 주요정책이나 국민들로부터 평가에 대한 요구가 높아 평가를 실시할 필요가 있는 정책을 대상으로 중점적으로 평가한다. 평가는 내각의 기본적 평가방침을 근거로 해당 행정기관이 자체적으로 수행한다.

(3) 평가대상

평가대상은 정책이며 정책효과에 대한 정보를 확보하고 분석하기에 적절한 시점에 평가가 이루어진다(제 3조). 정책평가가 객관적이고 엄밀하게 이루어질 수 있도록 각 부처는 다음과 같은 원칙에 의하여 평가를 수행한다.

- 정책평가는 정책의 특성을 감안하여 정책효과를 적절하게 평가할 수 있는 가장 합리적인 수단으로 선택해야 하며, 가능한 한 계량적 방식을 활용해야 한다.
- 정책의 특수성에 맞게 필요한 평가전문가를 적극적으로 활용해야 한다.

GPEA는 정부가 각 부처에서 활용할 수 있는 정책평가 기본지침을 만들 것을 명시하고 있다. 평가의 구체적 기준에는 다음과 같은 내용을 포함해야 한다.

- 정책평가에 관한 기본정책
- 정책평가의 관점에 관한 사항
- 정책효과와 관련된 정보의 획득과 연구에 관련된 사항
- 사전적인 정책평가의 실시와 관련된 사항
- 사후적인 정책평가의 실시와 관련된 사항
- 평가전문가의 확보와 활용에 관련된 사항

- 인터넷 등의 수단을 통한 정책평가 정보의 제공과 관련된 사항

(4) 평가방식

일본의 정책평가는 각 부처의 자체평가를 강조하는 방식으로 운영되고 있다. 체계적 평가를 위하여 각 부처의 장은 장기적 안목에서 기본평가계획을 수립해야 하며 매년 실시할 구체적 평가계획을 담고 있는 연도별 평가계획도 수립해야 한다.

기본평가계획(*basic plan*)은 각 부처의 중기 정책평가 계획서이다. 각 부처의 장은 GPEA에서 제시된 기준에 따라 소관정책의 기본평가계획을 수립해야 한다. 평가계획은 향후 3년에서 5년간 수행할 정책평가에 대한 내용을 담고 있어야 하며, 평가계획이 확정되면 그 결과를 총무성에 보고해야 한다.

연도별평가계획(*operational plan*)은 기본평가계획에 근거하여 매년 수행할 정책평가계획으로서 사후정책평가계획에 해당된다. 각 기관의 장은 평가계획을 매년 작성해야 한다. 평가계획은 그 해에 평가할 정책을 선정하고 구체적 평가내용 및 방식 등을 담고 있어야 한다. 평가대상 정책의 선정기준은 다음과 같다.

- 정책효과를 달성하기 위한 핵심적 활동이 5년 이상 10년 이내의 기간 동안 이루어지지 않은 정책
- 5년에서 10년까지 정책의 효과가 나타나지 않은 정책
- 기타 평가가 필요하다고 판단되어 기관의 평가계획에 포함된 정책

각 부처의 장은 정책결정을 내리기 전에 사전적 정책평가를 수행해야 한다. 사전평가는 모든 정책에 대한 것이 아니라 다음과 같은 경우를 대상으로 한다.

- 정책이 국민 사회 및 경제에 상당한 영향을 미칠 것이 예상되는 경우 또는 해당정책이 목표를 달성하기 위해서 많은 비용이 필요한 경우
- 정책효과에 대한 분석을 위하여 사전·사후 평가의 수행이 요구되는 경우

각 부처의 정책평가 활동이 일관성 있고 체계적으로 운영될 수 있도록 하는 정책평가제도의 운영책임은 총무성에 있다. 총무성은 이러한 역할을 수행하기 위하여 각 부처에 필요한 자료를 요청, 조사수행, 결과공표, 권고 등의 기능을 수행한다. 총무성의 이러한 정보는 감사 등의 활동에 필요한 정보로 활용될 수 있다.

총무성은 특히 정부 전체적으로 정책의 일관성 유지를 위하여 두 개 이상의 부처에서 채택한 정책 혹은 두 개 이상의 부처에 관련된 정책에 대한 종합적 평가를 수행한다. 또한 각 부처에서 특정정책에 대한 평가가 누락되었다고 판단된 경우, 그리고 각 부처의 요구로 공동평가가 필요한 경우 정책평가를 수행할 수 있다.

(5) 평가결과의 활용

GPEA는 정책평가 결과를 공개하도록 의무화하고 있다. 총무성과 각 부처는 정책평가 결과를 보고서나 백서 등의 형태로 공개해야 하며 평가과정에서 분석에 활용한 자료도 함께 공개해야 한다. 각 부처의 장은 최소한 1년에 한 번은 정책평가 결과가 자신의 부처에서 정책계획과 개발에 어떻게 반영되었는가를 보고해야 하며 동일한 정보를 국민에게도 공개해야 한다. 동시에 GPEA는 각 부처가 정책평가 결과를 예산, 계획수립 및 정책개발에 중요정보로 활용할 것을 명시하고 있다(제 4조). 각 부처의 보고서, 총무성의 보고서 및 평가반영 내용 등은 매년 내각에 보고된다. 평가결과가 다양하게 활용되고 있지만 구성원 개개인의

성과와는 밀접하게 연결되어 있지 않다는 점이 우리나라와 크게 다른 점이다.

5. 우리나라 정책평가제도의 개선방향

1) 정책평가의 본래 목적에 충실

우리나라 정책평가의 목적은 정책이나 정부의 활동에 대한 종합적 평가에 있지 않다. 우리나라 정책평가의 목적은 국무총리에게 부처를 총괄하기 위한 수단을 제공하는 데 더 큰 목적이 있다. 그 결과 정부업무평가의 결과는 기관별 점수로 요약된다. 요약된 점수는 기관별 순위로 해석되어 국무총리가 부처에 영향력을 행사할 수 있는 수단으로 활용된다. 이런 특성으로 인해 정부부처가 수행하는 업무나 추진하는 정책에 대한 평가를 통한 정책의 품질향상은 그 중요도가 떨어질 수밖에 없다.

이러한 문제를 해결하기 위해서는 정부업무평가의 궁극적 목적을 정책개선에 두어야 한다. 정책평가를 통하여 정책의 효과성을 증대시킬 수 있는 새로운 대안을 찾거나 정책을 보다 효율적이고 효과적으로 추진할 수 있는 방안을 모색하는 데 필요한 정보를 생산해야 한다. 정책평가의 본래적 목적을 상실한 채 부가적이고 부수적인 목적을 달성하기 위해 정책평가를 활용하는 경우 정책을 개선하지도 못하고 다른 목적도 달성하지 못한다.

2) 평가대상의 적정화

정책평가의 대상은 기관이 되어서도 안 되고 기관이 수행하는 다양하고 일상적인 업무가 되어서도 안 된다. 정책평가의 대상과 단위는 정책이 되어야 한다. 기관이나 기관의 하위조직 단위로 평가가 이루어지는 경우 세부적이고 일상적인 업무 중심으로 평가가 이루어질 가능성이 크다. 실제로 그러한 문제가 크게 발생하고 있다. 기존의 평가체계에서 다수 부처가 관여하는 대규모 국책사업이 배제되는 경우가 비일비재한 이유는 평가가 기관을 단위로 이루어지기 때문이다. 정작 평가해야 할 것은 제외하고 주변적인 것을 대상으로 하는 획일적 평가요소를 통해 경쟁을 부추기는 것은 관료들을 보신주의로 반응하도록 만드는 것이다(임도빈, 2007b).

정책을 단위로 평가한다는 것은 기관이나 조직 등이 아니라 정부가 수행하는 기능이나 구체적 정책을 단위로 삼아 평가가 이루어져야 함을 의미한다. 부처별로 이루어지는 평가에 있어서도 부처별 정책의 특수성을 고려해야 한다. 우리의 경우 부처별로 평가대상이 되는 정책의 수에 대한 지침이 존재하고 있다. 매년 그 내용은 차이가 있으나 과·팀 단위로 실제 사정에 맞게 평가대상 업무가 선정되어야 한다.[3)]

3) 정책평가 시점의 다양화

정책주기의 관점에서 정책평가 시점을 정할 필요가 있다. 우리나라의 경우 모든 정부업무평가는 1년을 주기로 이루어진다. 그 결과 장기적으로 집행되는 정책, 상당 기간의 집행 이후 정책효과가 나타나는 정책에 대한 올바른 평가는 불가능하다. 매년 정책을 새롭게 선정하여 1년 단위로 평가하는 기존의 방식을 따르면 평가대상과 초점이 1년간의 실적과 성과에 한정될 수밖에 없으며 이는 장기적 관점에서 투입과 산출 및

---

3) 평가대상의 선정과 관련하여 미국의 경우 OMB에서 평가와 관련된 지침을 각 부처에 보내지만 강제분포적인 기준을 찾을 수 없으며, 일본의 경우도 문제가 있는 정책을 중심으로 평가를 수행하는 것을 원칙으로 하고 있어 우리와 상황과 다르다. 특히 일본의 경우는 평가대상과제의 선정기준으로서 장기적으로 집행이 안 되는 정책, 집행성과가 나타나지 않는 정책 등의 기준을 활용하고 있다. 기관별로 몇 개의 과제를 반드시 평가해야 한다는 내용은 찾아볼 수 없다.

영향에 대한 포괄적 평가를 불가능하게 하기 때문이다. 장기적으로 집행되는 정책, 정책효과가 상당 기간의 집행 이후에야 나타나는 정책에 대한 올바른 평가가 가능하도록 정책평가의 주기를 정책의 순환주기에 맞추어야 한다.[4] 정책에는 그 자체가 가진 특징 때문에 일정한 시간적 지속이나 리듬이 필요한데, 이를 충분히 고려하여 평가가 이뤄져야 한다(임도빈, 2007a: 7~8). 그렇지 않으면 엉뚱한 것을 평가하는 타당성의 오류를 범할 수 있다.

4) 자체평가 역할의 재정립

외부기관이나 상위기관이 각 부처의 정책을 평가하는 경우 정확하고 풍부한 정보에의 접근이 어려운 경우가 많다는 점과 정책평가가 궁극적으로는 각 부처의 정책역량을 제고하는 데 필수적인 활동이라는 점을 고려한다면 자체평가의 강화는 반드시 필요하다고 할 수 있다. 우리나라와 마찬가지로 미국과 일본의 정책평가제도도 각 부처의 자체평가를 정책평가의 기본으로 삼고 있다.[5]

그러나 개별부처의 평가가 자신들의 활동을 합리화하는 도구로 활용되어서는 안 된다. 이런 점에서 현행법 체계하에서 자체평가의 결과가 개인의 성과급 결정 등 인사와 직접적으로 연결되어 있는 것은 심각한 문제이다. 자체평가는 그 자체로는 매우 의미 있는 평가방법이지만 평가결과의 활용이 개인의 보상과 연결될 경우 평가에 참여하는 개인들이

---

4) 일본의 경우 정책평가를 위한 계획이 수립되고, 장기적 계획에 따른 정책평가가 일관성 있게 이루어지고 있다. 3~5년간의 정책평가계획을 수립하고 그 계획에 따라 매년 실시할 평가계획을 수립하여 집행하고 있다. 평가대상 정책의 선정도 정책효과가 나타나는 시점을 파악하여 평가하는 것을 원칙으로 하고 있다. 따라서 평가가 내실 있게 이루어질 수 있으며 실제 정책효과와 성과에 대한 장기적 관점에서의 평가가 가능하다고 할 수 있다.

5) 미국의 OMB나 일본의 총무성의 역할은 이러한 자체평가를 지원하고 보완하는 수준에 그치고 있다. 이는 정책평가를 수행하는 데 있어서 핵심적으로 요구되는 실적 및 성과정보가 각 부처에 있다는 점에서 가장 합리적인 선택이라고 할 수 있다.

전략적 행동을 보일 가능성이 크다. 자신이 부여한 점수가 자신의 보수를 결정하는 경우 평가가 관대해질 가능성이 커지게 된다.

현행법 체계하에서 부처의 자체평가는 외부전문가들로 이루어진 자체평가위원회에서 이루어지도록 되어 있으나, 위원들의 정책평가 관련 정보 접근에 한계가 있으며, 임기도 짧거나 보장되어 있지 않기 때문에 제대로 이뤄지기에는 한계가 있다.

5) 정책평가에 대한 투자의 확대

외부전문가의 적극적 활용은 내부인력에 의한 자체평가의 문제점을 극복하기 위해 절대적으로 필요하다.[6] 또한 객관적이고 학문적으로 인정된 평가방법론의 채택은 평가결과의 신뢰성과 타당성을 높이는 데 도움을 줄 수 있다.

성과지표에 의한 평가를 강화하고 평가과정에서 계량적 방법론과 모형을 더 적극적으로 도입, 활용할 필요가 있다. 우리나라의 경우 평가의 객관성과 공정성을 확보하기 위하여 외부전문가로 구성된 평가위원회를 구성하여 운영하고 있어 외부전문가의 시각이 반영되도록 하고 있는 것은 바람직하다. 그러나 대부분의 평가가 대부분의 정책에 공통적으로 적용되는 투입지표 중심으로 이루어지고 있어 평가과정에서 계량적 평가기법의 활용에 한계가 있다고 할 수 있다. 따라서 내부평가위원이나 외부평가위원이 정책에 대해 심층적으로 평가할 수 있도록 전문성을 향상시켜는 노력이 필요하다.

---

6) 일본의 경우 자체평가의 수행에 있어서 객관적이고 계량적인 방법론의 활용을 강조하고 있으며, 이를 위해 외부전문가의 활용을 의무화하고 있다.

6) 평가결과의 합리적 활용

모든 평가의 궁극적 목적은 정확한 피드백(*feedback*)을 통해 유사한 오류는 반복하지 않게 하거나 향후 개선토록 하는 것이다. 그러나 현재 여러 평가가 이뤄지고 있기는 하지만 이러한 학습효과는 부족하다. 평가를 위한 평가, 평가를 잘 받기 위한 각 부처 수준의 각종 제도적 적응(*institutional adaptation*)이 이뤄져 관료제에 짐이 되고 있다(임도빈, 2007).

물론 현재 국무총리가 각 부처에 평가결과를 보내 필요한 시정조치를 요구할 수 있고 조치결과를 다시 총리에게 보고하도록 운영되고 있으나 피드백이 평가의 주기능이 되지 못하고 있다. 또한 아직은 평가결과가 예산과 연계되어 운영되거나 정책조정 자료로 충분하게 활용되지는 못하고 있다.

평가결과가 정책조정 자료로 활용되기 위해서는 부처단위의 평가보다 여러 부처에 관련되는 정책을 중점적으로 평가해야 한다. 부처 이기주의가 고질적 병인 현실에서 국무총리가 정책평가를 주관하고 있는 것은 정책평가를 통하여 부처간 정책조정의 원활을 꾀하기 위함이다. 따라서 정책평가 결과가 부처간에 정책내용을 조정하고 그 결과가 예산에 반영될 수 있도록 하는 방향으로 적극적으로 활용할 필요가 있다.

7) 개인성과 평가와의 차별화와 적극적 활용

평가결과를 개인의 성과와 연결하는 것은 매우 신중해야 한다. 기업에서도 정책성과를 결정하는 요인이 매우 다양하고 평가결과와 개인의 노력 간의 관련성을 확인하는 것이 매우 어렵다. 하물며 공공기관의 특성을 고려한다면 평가결과와 개인의 성과를 무리하게 연계할 경우 평가의 내실화를 저해하고 관대화 경향을 유도하여 오히려 정책평가가 형식화되기 때문이다.

정책평가는 정책개선을 위한 정보의 생산을 위한 활동이다. 보다 풍부한 정책정보의 생산을 위해서는 정책평가가 보다 다양한 시각에서 이루어질 필요가 있다. 현재는 사전에 정한 공통적 기준에 의하여 모든 정책을 평가하고 있다. 이는 부처간의 성과를 비교하고 관리하기 위한 노력이지만 이러한 접근은 정책의 개선을 위한 다양한 평가적 정보의 생산을 저해하고 있다.

정책단계별로 다양한 시각에서 정책을 평가할 경우 정책에 대한 보다 정확한 이해와 시각의 형성이 가능하며, 이러한 폭넓은 시각의 정책분석과 평가는 정책과 관련된 보다 정확하고 풍부한 정보의 생산과 정책의 실질적 개선을 가능하게 할 것이다.

'평가'라는 개념이 점수 매기기이기는 하지만, 정책평가의 용도가 기관이나 개인의 서열 매기기에 집중되어서는 안 된다. 특히 한국과 같이 승진경쟁이 심한 행정문화에서는 이것이 정책평가를 잘못되게 하는 근본원인이다. 정책평가를 통해 정책담당자가 '학습'할 수 있도록 하는 것이 가장 중요하다.

참고문헌

국무조정실(2007). 〈정부업무평가 백서〉.

김성준·윤수재(2002). 《주요국의 평가제도 연구》. 한국행정연구원.

김현구(2002). "정부업무 기관평가제도의 분석적 조명: 성격, 형성, 과제". 정부업무기관평가제도의 성공적 정착과 발전방향 발표논문집.

박재희(2002). "기관평가제도의 효과적 운영방안". 한국행정연구원.

오석홍 외(2000). 《정책학의 주요이론》. 법문사.

윤수재(2003). "우리나라 중앙정부의 정책평가시스템 발전방향". 정부업무평가시스템 정착방안 2003년 한국정책분석학회 춘계학술대회.

______(2003). "정부업무평가제도에 대한 탐색적 진단". 〈국정평가체계의

발전방향과 전자정부정책의 과제〉. 한국정책학회 추계학술세미나.

이광희(2006). 《통합국정평가체계 구축 및 평가기관간 역할 정립 방안》. 한국행정연구원.

이근주(2001). "미국 GPRA의 현황과 평가". 〈한국행정연구〉 10(1).

_____(2007). "정책평가제도간 비교를 통한 「정부업무평가기본법」의 개선 방안 모색". 〈국정관리연구〉 2(1).

임도빈(2007a). "시간의 개념분석: 행정학 연구에 적용가능성을 중심으로". 〈한국행정학회보〉 41(2): 1~21.

_____(2007b). "관료제, 민주주의, 그리고 시장주의: 정부개혁의 반성과 과제". 〈한국행정학보〉 41(3): 41~65.

정정길 외(2003). 《정책학원론》. 대명출판사.

차의환(2002). 《정책평가의 이론과 실제》. 한울 아카데미.

홍재환·윤기석(2003). 《주요국의 평가제도 연구》. 한국행정연구원.

Federal Register. 67(111).

Federal Register. 67(103).

GAO(1997). *Performance Budgeting: Past initiatives insights for GPRA implementation*.

Government Performance Resutls Act of 1993.

Government Policy Evaluation Act(GPEA).

Mark, M. M., G. T. Henry and G. Julnes(2000). *Evaluation: An Integrated Framework for Understanding, Guiding and Improving Policies and Programs*. Jossey-Bass.

Mohr, L. B. (1988). *Impact Analysis for program evaluation*(2nd Eds.). Thousand Oaks, CA: Sage.

Nachmias, D. (1979). *Public Policy Evaluation: Approach and Methods*. St. Martin's Press: New York.

OMB(1995). *Primer on Performance Measurement*.

_____(1995). *Memorandum: OMB-95-05*.

Rossi, P. H. and H. E. Freeman(1993). *Evaluation: A Systematic Approach*. Sage.

Scriven, M. S. (1967). "The Methodology of evaluation". In R. W. Tyler, R. M. Gagne and M. S. Scirven (Eds.). *Perspectives of curriculum evaluation (AERA Monograph Series on Curriculum Evaluation)*. Skokie, IL: Rand McNally.

http://govinfo.library.unt.edu/npr/library/misc/gprasour.html.
http://www.gao.gov.

필자소개

(가나다 순)

금현섭
Kum, Huynsub

서울대 사회복지학과 졸업
서울대 행정대학원 행정학 석사
미국 University of Texas Austin 정책학 박사
현재 서울대학교 행정대학원 교수
주요 논문: "Government Expenditures and the Economic Well-Being of the Elderly in the United States, 1989~2002"(with Edward Wolff and Ajit Zacharias), "Estimating the Inequality of Household Incomes"(with Edward Wolff and Ajit Zacharias) 등

김동건
Kim, Dong-Kun

서울대학교 경제학과 졸업
미국 University of Georgia 경제학 석사 및 박사
현재 서울대학교 행정대학원 교수
주요 저서: 《비용편익분석》, 《주요국의 재정개혁》, 《주요국의 재정제도》(공저), 《현대재정학》 등

김신복
Kim, Shinbok

서울대 교육학과 졸업
서울대 행정대학원 행정학 석사
미국 University of Pittsburgh 행정학 박사
현재 서울대학교 행정대학원 교수
주요 저서: 《발전기획론》, 《비교행정론》, 《교육정책론》(공저) 등

김준기
Kim, Junki

영국 London School of Economics and Political Science 경제학과 졸업
미국 Harvard University 정책학 석사 및 박사
현재 서울대학교 행정대학원 교수
주요 저서: 《세계화시대의 국가정책》(공저), 《정부와 NGO》, 《한국의 사회복지 네트워크의 효과성에 관한 연구》 등

노경수
Lho, Kyongsoo

미국 Harvard University 국제정치학과 졸업
영국 Oxford University 국제정치학 석사 및 박사
현재 서울대학교 행정대학원 교수
주요 저서: *One Korea? Challenges and Prospects for Reunification*, *Northeast Asia towards 2000: Independence and Conflict?* 등

박순애 Park, Soonae	연세대 행정학과 졸업 연세대 행정대학원 석사 미국 University of Michigan(Ann Arbor) 행정학 박사 현재 서울대학교 행정대학원 교수 주요 저서: 《사례중심 다변량분석론》(공저), 《지방정부론》(공저), 《행정학의 주요이론》(공저) 등
오연천 Oh, Yeon-Cheon	서울대학교 정치학과 졸업 미국 New York University 행정학 석사 및 박사 현재 서울대학교 행정대학원 교수 주요 저서: 《한국조세론》, 《재정개혁의 전망과 재산세제의 개선과제》, 《세계화 시대의 국가정책》(공저) 등
우지숙 Woo, Jisuk	연세대 신문방송학과 졸업 미국 University of Pennsylvania 언론학 석사 및 박사 미국 New York University School of Law, Juris Doctor 현재 서울대학교 행정대학원 교수 주요 저서: *Copyright Law and Computer Programs: The Role of Communication in Legal Structure*, 《디지털시대 방송의 이해》(공저) 등

이근주
Lee, Geunjoo

서울대학교 언어학과 졸업
서울대학교 행정대학원 정책학 석사
미국 Indiana University 행정학 박사
현재 이화여자대학교 행정학과 교수
주요 저서: 《조직학의 주요이론》(공저), 《첫걸음 사회과학》, *Building Good Governance*: *Reforms in Seoul* 등

이달곤
Lee, Dalgon

서울대 전자공학과 졸업
서울대 행정대학원 행정학 석사
미국 Harvard University 정책학 석사 및 박사
현재 서울대학교 행정대학원 교수
주요 저서: 《50년대의 지방자치》(공저), 《협상론》, 《지방정부론》 등

이석원
Lee, Suk-Won

서울대 국제경제학과 졸업
서울대 행정대학원 행정학 석사
미국 New York University 행정학 박사
현재 서울대학교 행정대학원 교수
주요 논문: "세계화와 복지정책: OECD 국가들에 대한 경험적 분석", "Propensity Score Matching 방법에 의한 실업자 직업훈련 사업의 효과성 평가" 등

이송호
Lee, Songho

서울대 정치학과 졸업
서울대 행정대학원 행정학 석사
미국 Ohio State University 정책학 박사
현재 경찰대 행정학과 교수
주요 저서: 《대통령과 보좌관》 등

이승종
Lee, Seung-Jong

서울대 사회교육과 졸업
서울대 행정대학원 행정학 석사
미국 Northwestern University 정치학 박사
현재 서울대학교 행정대학원 교수
주요 저서: 《민주정치와 시민참여》, 《지방자치론: 정치와 정책》, 《새한국정부론》 등

이원희
Lee, Won-hee

서울대학교 경제학과 졸업
서울대학교 행정대학원 행정학 석사 및 박사
현재 한경대학교 행정학과 교수
주요 저서: 《지방재정학》(공저), 《재정민주주의의 이상과 현실》, 《새 열린 행정학》 등

임도빈
Im, Tobin

서울대학교 사회교육과 졸업
서울대학교 행정대학원 행정학 석사
프랑스 파리정치대학원(I. E. P. de Paris) 사회학 박사
현재 서울대학교 행정대학원 교수
주요 저서: 《한국지방조직론》, 《프랑스의 정치행정체제》, 《비교행정론》(공저), 《인사행정론》(공저) 등

전영한
Chun, Younghan

서울대 심리학과 졸업
서울대 행정대학원 행정학 석사
미국 University of Georgia 행정학 박사
현재 서울대학교 행정대학원 교수
주요 논문: "Goal Ambiguity in U.S. Federal Agencies"(with H. Rainey), "Goal Ambiguity and Organizational Performance"(with H. Rainey) 등

정광호
Jung, Kwangho

서울대 사회학과 졸업
서울대 행정대학원 행정학 석사
미국 Syracuse University 행정학 박사
현재 서울대학교 행정대학원 교수
주요 저서 및 논문: 《장관론》(공저), "The Double Edged Sword of Public Resource Dependence: Impacts on Autonomy and Legitimacy in Cultural Nonprofit Organizations"(with J. Moon) 등

최병선
Choi, Byung-Sun

서울대 경영학과 졸업
서울대 행정대학원 행정학 석사
미국 Harvard University 정책학 박사
현재 서울대학교 행정대학원 교수
주요 저서: 《정부규제론》, 《행정개혁의 신화와 논리》(공편저), 《무역정치경제론》, 《규제의 역설》(공저) 등

최 종 원 Choi, Jong-Won	서울대 경제학과 졸업 서울대 행정대학원 행정학 석사 미국 University of Michigan 정책학 박사 현재 서울대학교 행정대학원 교수 주요 저서: 《정보정책론》(공저), 《정책학원론》(공저), 《행정의 시차적 접근》(공저) 등
홍 준 형 Hong, Joon-Hyung	서울대 법과대학 졸업 서울대 대학원 법학석사 독일 Universität Gottingen 법학박사 현재 서울대학교 행정대학원 교수 주요 저서: 《환경법》, 《행정법총론》, 《행정구제법》 등

나남커뮤니케이션스 ⑤

주) 나남 나남의 책은 쉽게 팔리지 않고 오래 팔립니다 2008

843 **현대사회복지 실천이론**
말콤 페인/서진환(성공회대)·이선혜(중앙대)·정수경(전주대) 공역

844 **산업복지론**
조흥식(서울대)·김진수(강남대)·홍경준(성균관대) 공저

845 **사회복지정책의 이해**
김태성(서울대) 저

846 **의료사회사업론**
윤현숙(한림대)·김연옥(서울시립대)·황숙연(서울대강사) 공저

847 **현대사회학이론**
조나단 터너/정태환(고려대) 외 역

849 **현대일본의 사회운동론**
정진성(서울대) 저

851 **지훈육필시집**
조지훈 저

853 **미군정기 신문의 사회사상**
김민환(고려대) 저

854 **포르노에도 텍스트가 있는가**
윤혜준(한국외국어대) 저

856 **세계화와 복지국가**
송호근(서울대) 편

857 **눈으로 보는 한국광고사**
신인섭(한림대)·서범석(세명대) 공저

860 **사회복지실천기술론**
김혜란(서울대)·홍선미(한신대)·공계순(호서대) 공저

861 **사회복지실천기술연습**
Barry Cournoyer/김인숙(가톨릭대)·김용석(가톨릭대) 공역

863 **사회복지개론**
김상균·최일섭·최성재·조흥식·김혜란 공저

864 **고령화 사회의 도전**
임춘식(한남대) 저

865 **인터넷시대의 취재와 보도**
남시욱(세종대) 저

867 **인간·종교·국가**
이문영(경기대) 저

868 **옥외광고론**
서범석(세명대) 저

869 **공론장의 구조변동**
위르겐 하버마스/한승완(국가안보정책연구소) 역

871 **불과 한국인의 삶**
김형국(서울대) 편

872 **주체·의미·문화**
김덕영(한국디지털대) 저

873 **장정5 - 다시 대륙으로**
김준엽(前 고려대총장) 저

874 **인터넷 저널리즘과 여론**
강미은(숙명여대) 저

875 **중국 농민공과 국가 - 사회관계**
이민자(서강대강사) 저

881 **코드: 사이버공간의 법이론**
로렌스 레식/김정오(연세대) 역

883 **현대신문학**
서정우(前 연세대) 편

884 **사회복지 윤리와 철학**
김상균(서울대)·오정수(충남대)·유채영(연세대) 공저

885 **사회복지의 역사**
감정기(경남대)·최원규(전북대)·진재문(경남대) 공저

887 **매스커뮤니케이션 이론**
데니스 맥퀘일/양승찬·강미은·도준호 공역

888 **양방향 TV**
김대호(인하대) 저

892 **백범일지**
김 구 저

894 **수화의 이해와 실제 - 초급과정**
이준우(나사렛대) 저

898 **한국 지방자치와 민주주의**
안청시(서울대) 외

899 **예산론**
윤성식(고려대) 저

900 **광기의 역사**
미셸 푸코/이규현 역

902 **상상의 공동체**
베네딕트 앤더슨/윤형숙(목포대) 역

903 **한국언론과 명예훼손소송**
이광범(판사) 외

906 **가족과 레질리언스**
프로마 월시/양옥경(이화여대) 외 역

910 **함께 이루는 남녀평등**
심영희(한양대) 외

917 **이봉창 평전 - 항일투쟁의 불꽃**
홍인근(前 동아일보) 저

918 **사회복지개론**
표갑수(청주대) 저

919 **젠더연구**
크리스티나 폰 브라운 외/탁선미 외 역

920 **'탈주술화' 과정과 근대: 학문, 종교, 정치**
막스 베버/전성우(한양대) 역

922 **실전기자론**
박진용(대구매일) 저

923 **기사쓰기, 이렇게 공부하라**
이재경(이화여대) 편

924 **한국의 문화변동과 가치관**
임희섭(고려대) 외

926 **대통령과 권력**
로버트 윌슨/허용범(조선일보) 역

930 **수화의 이해와 실제 - 중급과정**
이준우(나사렛대) 저

931 **정치리더십과 한국 민주주의**
정윤재(한국정신문화연구원) 저

932 **대통령 비서실장론**
함성득(고려대) 저

934 **인간이라는 자연의 미래 : 자유주의 우생학 비판**
위르겐 하버마스/장은주(영산대) 역

938 **인간커뮤니케이션**
홍기선(고려대) 저

939 **한국1950: 전쟁과 평화**
박명림(연세대) 저

940 **혼돈과 질서의 만남**
C. 라오/이재창(고려대)·송일성(성신여대) 역

941 **의료개혁과 의료권력**
조병희(서울대) 저

942 **미국통상정책과 대응전략**
오영호(산업자원부) 저

경기도 파주시 교하읍 출판도시 518-4 TEL : 031)955-4600 FAX : 031)955-4555 www.nanam.net

나남커뮤니케이션스 ⑥

주) 나남 나남의 책은 쉽게 팔리지 않고 오래 팔립니다 2008

943 **위대한 피아니스트**
쇤베르크/윤미재(이화여대) 역

944 **한국인 이해의 개념틀**
조긍호(서강대) 저

946 **민족과 국가**
로버트 거/이신화(고려대) 역

954 **일본 - 성장과 위기의 정치경제학**
손 열(중앙대) 저

957 **광고매체기획론**
박현수(단국대) 저

958 **정보체계론**
권기헌(경희대) 저

959 **미디어와 정보사회**
오택섭(고려대)·강현두(前서울대)·최정호(울산대) 공저

963 **영상콘텐츠산업론**
공용배(단국대) 저

968 **콘텍스트 브랜딩**
아쿠츠 사토시·이시다 시게루/휘닉스커뮤니케이션즈 마케팅플래닝본부 역

970 **사회과학데이터 분석법 I**
최현철·오택섭(고려대) 공저

971 **사회과학데이터 분석법 II**
최현철·오택섭(고려대) 공저

972 **노사관계와 국가경쟁력**
이원덕(한국노동연구원) 외

973 **기호학 마케팅 커뮤니케이션**
장마리 플로슈/김성도(고려대) 역

975 **경제사**
김준호(대전대) 저

976 **영상이미지의 구조**
주창윤(서울여대) 저

978 **언론과 명예훼손 소사전**
이재진(한양대) 저

981 **지역사회복지론**
표갑수(청주대) 저

982 **미디어 인터뷰**
박성희(이화여대) 저

984 **세계화와 문화**
존 톰린슨/김승현(고려대)·정영희(고려대 강사) 공역

986 **한국저널리즘 관행연구**
이재경(이화여대) 저

987 **정책평가기법 - 편익분석론**
김홍배(한양대) 저

988 **리영희: 살아있는 신화**
김만수(대전대 강사) 저

989 **방송·통신융합 이해**
김국진(정보통신정책연구원) 저

990 **장애인복지실천론**
김미옥(이화여대) 저

995 **카피라이팅론**
김동규(동명정보대) 저

996 **반민특위 연구**
이강수(정부기록보존소) 저

997 **저널리즘: 위기·변화·지속**
이민웅(한양대) 저

999 **광고 What & How**
이화자(호남대) 저

1004 **폭력과 싸우고 근본주의와도 싸우기**
김진석(인하대) 저

1006 **사회구조와 행위**
김용학(연세대) 저

1007 **사회복지 질적 연구방법의 이론과 활용**
에드먼드 셔먼·윌리엄 리드 편/유태균(숭실대)·이선혜(중앙대)·서진환(성공회대) 공역

1008 **한말애국계몽운동의 사회사**
신용하(前 서울대) 저

1009 **한국의 문화유산**
최정호(前 연세대) 저

1010 **증보 신채호의 사회사상연구**
신용하(前 서울대) 저

1014 **커뮤니케이션 이론**
세버린·탠카드/박천일(숙명여대)·강형철(숙명여대)·안민호(숙명여대) 공역

1015 **학교와 사회복지실천**
한인영(이화여대)·홍순혜(서울여대)·김혜란(서울대) 공저

1019 **사회복지연구조사방법론**
김환준(계명대) 저

1022 **민주주의는 실패한 신인가**
한스헤르만 호페/박효종(서울대) 역

1023 **일상문화읽기: 자기성찰의 사회학**
일상문화연구회

1025 **환경이 아프면 몸도 아프다**
시민환경연구소 환경보건위원회 편

1026 **브레이크아웃**
마틴 러스/임상균(ING은행) 역

1027 **수화의 이해와 실제**
이준우(나사렛대)·남기현(나사렛대) 공저

1030 **비언어적 커뮤니케이션론**
김우룡(외대)·장소원(서울대) 공저

1031 **대통령의 무혈혁명**
조용중(성곡언론문화재단 이사) 저

1035 **한국권력구조의 이해**
진영재(연세대) 편저

1036 **영원한 재야 대인 홍남순**
홍남순평전 간행위원회 편

1038 **한국사회 이해의 새로운 패러다임**
송호근(서울대) 편

1042 **강대국 국제정치의 비극**
존 미어셰이머/이춘근(자유기업원 부원장) 역

1043 **사회복지실천이론의 이해와 적용**
연세사회복지실천연구회 역

1045 **표류하는 한국경제, 활로는 없는가**
윤건영(연세대) 외 공저

1048 **남북경제통합론**
박상봉(미래한국신문) 저

1049 **질병의 사회심리학**
알랜 래들리/조병희(서울대)·전신현(한국디지털대) 공역

1051 **영상경제학**
브루스 M. 오웬·스티븐 S. 와일드맨/최양수(연세대) 역

1052 **현대 중국의 대외경제정책**
오용석(경성대) 저

1054 **세상은 꿈꾸는 사람들의 것이다: 참여연대 실천경영론**
박원순(아름다운 재단) 저

나남커뮤니케이션스⑧

주) 나남

나남의 책은 쉽게 팔리지 않고 오래 팔립니다

2008

1138 **땅은 사유재산이다**
김정호(자유기업원 원장) 저

1139 **디지털시대의 방송편성론**
한진만(강원대), 심미선(순천향대) 외 공저

1140 **직업으로서의 학문**
막스 베버/전성우(한양대) 역

1141 **사회문제와 사회복지**
표갑수(청주대) 저

1142 **파워브랜드를 만드는 광고전략**
김원규(Communications 'of Cours') 저

1143 **미국법 오해와 이해**
이수형(동아일보) 저

1145 **후진타오 시대의 중국정치**
조영남(서울대) 저

1146 **한국언론인물사상사**
조맹기(서강대) 저

1148 **한국의 법문화**
김정오(연세대) 저

1151 **정보화시대의 신성장국가론**
홍성걸(국민대), 윤석만(포스코) 외 공저

1152 **마케팅커뮤니케이션의 통합과 온광고론**
김일철(동의대), 돈 E. 슐츠(미국 노스웨스턴대) 공저

1153 **복지국가의 태동**
송호근(서울대), 홍경준(성균관대) 공저

1155 **황우석사태와 한국사회**
김세균·최갑수(서울대), 홍성태(상지대) 외 공저

1156 **민족일보연구**
김민환(고려대) 저

1157 **노예의 길**
프리드리히 A. 하이에크/
김이석(국회예산정책처) 역

1158 **종교사회학의 이해**
이원규(감리교신학대) 저

1159 **방송대본 이렇게 써라**
한소진(드라마 작가) 저

1160 **여성과 자유**
웬디 맥엘로이 편/
서은경(AFX NEWS) 역

1167 **한국 세기 뛰어넘기**
권태준(前 서울대) 저

1168 **정신보건과 사회복지**
양옥경(이화여대) 저

1171 **도선국사 풍수비법**
리귀홍(전통풍수지리학회장) 저

1174 **인간·경제·국가 ①, ②**
머레이 N. 라스바드/
전용덕(대구대),
김이석(국회예산정책처) 공역

1176 **공공의료제도의 치명적 위험**
리처드 A. 엡스타인/
안진환(인트랜스번역원) 역

1179 **다시 광장에서**
송호근(서울대) 저

1181 **민주주의와 법원의 위헌심사**
존 하트 일리/
전원열(대법원 재판연구관) 역

1188 **현실주의 국제정치학**
이춘근(자유기업원 부원장) 저

1189 **복지재정과 시민참여**
김태일(고려대), 박정수(이화여대), 이재원(부경대) 외 공저

1190 **직업으로서의 정치**
막스 베버/
전성우(한양대) 역

1191 **북미핵협상**
남찬순(순천향대 초빙교수) 저

1193 **유학자의 성찰**
윤사순(고려대 명예교수) 저

1196 **디지털 크로스로드**
조나단 넥터라인, 필립 와이저 공저/
정영진(법무법인 율촌 변호사) 역

1198 **상상력에 엔진을 달아라**
임현우(계명대) 저

1199 **역사에 대한 예의**
전진우(동아일보) 저

1201 **광고카피창작론**
김병희(서원대) 저

1203 **자원봉사론**
남기철(동덕여대) 저

1204 **부와 빈곤의 역사**
존 P. 파웰슨/
권기대(돌 미디어 대표) 역

1205 **IPTV**
김국진(미디어미래연구소 소장),
최성진(서울산업대) 공저

1206 **경제사회학이론**
박길성(고려대),
이택면(한국여성개발원) 공저

1216 **친구와의 서신 교환선**
니콜라이 고골/
석영중(고려대) 역

1217 **민주시민의 도덕**
로버트 프리먼 버츠/
김해성(강원대) 역

1218 **다른 것이 아닌 것**
니콜라우스 쿠사누스/
조규홍(한국중세철학회) 역

1219 **세계시민주의와 민족국가**
프리드리히 마이네케/
이상신·최호근(고려대) 공역

1220 **폭력에 대한 성찰**
조르주 소렐/
이용재(전북대) 역

1224 **기사쓰기 워크북**
하준우(동아일보) 저

1225 **서구자유주의의 융성과 쇠퇴**
앤서니 아블라스터/
조기제(진주교대) 역

1228 **글로벌 브랜드 커뮤니케이션**
마리케 드 무이/
김유경(외대)·전성률(서강대) 역

1233 **휴머니즘론**
박호성(서강대) 저

1235 **이념의 힘**
복거일(소설가) 저